列宁年谱

第一卷

1870—1905年

中共中央党史和文献研究院编译

人民出版社

目　　录

插　　图

前　　言

　　弗拉基米尔·伊里奇·列宁是伟大的无产阶级革命家和思想家,列宁主义创始人,苏联共产党和苏维埃社会主义国家的主要创建者。

　　列宁原姓乌里扬诺夫,1870 年 4 月 22 日(俄历 4 月 10 日)出生于俄国伏尔加河畔的辛比尔斯克市(今乌里扬诺夫斯克市),当时恰逢俄国历史上最黑暗的时期。年少时,列宁目睹家乡的城市贫民和附近农民的困苦生活和悲惨遭遇,内心激起了对劳动群众的深切同情和对社会现状的强烈不满。他广泛阅读进步书籍,特别是俄国革命民主主义者别林斯基、车尔尼雪夫斯基等人的著作,深受革命民主主义思想的影响。中学时,列宁开始接触马克思主义著作,积极寻求社会变革的真理。在大学时代,他积极参加进步学生运动,深入工人群众,开展反对沙皇专制的宣传鼓动工作,因此受到反动当局的迫害,被捕流放。在艰苦卓绝的斗争中,他系统深入地学习和钻研马克思主义著作,积极投身革命运动,经过斗争实践的淬炼,逐步成长为坚定的马克思主义者和杰出的无产阶级革命家。

　　1895 年 12 月,列宁领导成立了彼得堡工人阶级解放斗争协会,第一次在俄国实现了马克思主义同工人运动的结合;1903 年筹备召开了俄国社会民主工党第二次代表大会,倡议并参与制定党纲草案,形成以列宁为首的布尔什维克派。列宁创造性地运用马克思主义基本原理,深刻阐明新型无产阶级政党的指导思想、根本宗旨、斗争策略和组织原则,批判孟什维克的机会主义,与第二国际修正主义等各种错误思潮作坚决斗争,捍卫马克思主义立场和原则,为俄国无产阶级革命指明方向。在列宁的领导下,布尔什维克党在思想上和组织上得到巩固和发展,成为领导俄国革命的核心力量。

1917 年 11 月(俄历 10 月),列宁领导布尔什维克党举行武装起义,率领俄国人民取得十月革命的伟大胜利,创建了世界上第一个社会主义国家。这场伟大的革命实现了一次历史性飞跃,使科学社会主义从理论变成现实,不仅开创了俄国历史的新纪元,而且开创了世界历史的新纪元。

苏维埃政权建立后,列宁领导俄国人民浴血奋战,打败了外国武装干涉,平定了国内反革命武装叛乱,捍卫和巩固了年轻的苏维埃政权。列宁对社会主义建设道路进行了艰苦的、卓有成效的探索,制定并实施了新经济政策,发展商品经济,利用国家资本主义发展生产力,成功实现了向社会主义过渡。列宁晚年是在同疾病的顽强斗争中度过的。在备受病痛折磨的情况下,列宁从未停止过对经济社会发展相对落后的俄国如何建设社会主义的思考。他在病床上口授了一系列书信和文章,对执政党建设、苏维埃国家建设中的一系列重大问题发表了许多精辟见解。

列宁始终高度重视科学理论的指导作用。在领导俄国无产阶级革命和社会主义建设的实践中,他坚持把马克思主义的精髓与具体实际相结合,根据新的时代特征和斗争需要,提出新的战略思想和新的理论观点,丰富和发展了马克思主义,把马克思恩格斯创

立的科学理论体系推进到列宁主义阶段。列宁在理论上的一系列重大建树,构成了列宁主义的核心内容:

列宁创立了**关于帝国主义的理论**,他深刻地总结了马克思《资本论》问世以来世界资本主义的最新变化,考察了资本主义从自由竞争向垄断的历史性转变,阐明了帝国主义的本质和特征,揭示了帝国主义时代经济和政治发展不平衡的规律,指出帝国主义是无产阶级社会主义革命的前夜。

列宁提出了**建立新型无产阶级政党的理论**,系统科学地阐述了无产阶级政党建设的基本原则、根本宗旨、组织原则和奋斗目标。列宁强调无产阶级政党执政后,必须适应自己地位的变化,不断加强自身建设。要建立和健全党的监督制度,防止党员特别是党的领导干部产生官僚主义和脱离群众的倾向,始终保持党的先进性和纯洁性。

列宁丰富和发展了马克思恩格斯创立的**无产阶级革命理论**,首次提出"社会主义可能首先在少数甚至在单独一个资本主义国家内获得胜利"的科学论断;在领导俄国十月革命的伟大斗争中,他又进一步阐明了从民主革命向社会主义革命转变的理论和策略,不仅切实地推动了俄国革命的进程,而且极大地促进了世界各国人民的革命运动。

列宁捍卫和发展了**马克思主义国家学说和无产阶级专政理论**,在与第二国际机会主义者的斗争中全面系统地阐发了马克思主义国家学说,深刻揭示了国家的基本特征、主要职能及其产生和消亡的规律,阐明了无产阶级民主和资产阶级民主的根本区别,全面论述了无产阶级专政的实质和使命,以及共产主义两个阶段的学说。

列宁深入考察民族关系和殖民地人民的反抗斗争,形成了**关于民族和殖民地问题的理论**。他充分肯定被压迫民族解放运动的意义,强调这个运动是世界社会主义运动的组成部分,是改变世界格局的重要因素。他号召全世界无产者和被压迫民族联合起来,组成反对剥削阶级、反对帝国主义的联合战线,共同推进全人类的进步事业。

列宁对经济社会发展相对落后国家的社会主义发展道路进行深入探索,提出**关于社会主义建设的理论观点**。他对社会主义发展道路的特殊性和多样性问题作了深刻论述,指出各国在进行社会主义革命和建设时,既要遵循共同规律,又要注重把马克思主义同本国具体情况相结合。列宁强调,无产阶级夺取政权后要把主要力量转向经济建设,努力提高全社会的劳动生产率。他深刻论述了坚持工人阶级政党的领导和巩固的工农联盟对于建设社会主义事业的重大意义;阐明了思想文化建设对于巩固社会主义阵地的极端重要性;提出了加强国家政权建设和发展社会主义民主的具体措施;强调必须对经济基础和上层建筑的各个环节经常采取改革措施,以促进社会主义经济、政治、文化的全面发展。

"十月革命一声炮响,给我们送来了马克思列宁主义。"在中国人民和中华民族的伟大觉醒中,在马克思列宁主义同中国工人运动的紧密结合中,中国共产党应运而生,中国的历史发展揭开了崭新的一页。中国共产党自成立之日起,就坚持以马克思列宁主义为旗帜,坚持把马克思主义基本原理与中国具体实际相结合,同中华优秀传统文化相结合,团结带领中国人民经过艰苦卓绝的斗争,取得了中国革命、建设和改革的伟大成就。

中国共产党非常重视马克思列宁主义的传播。20 世纪 50 年代至今相继出版了《列宁全集》中文第一版（39 卷）、中文第二版（60 卷）以及中文第二版增订版（60 卷），四卷本《列宁选集》第一版、第二版、第三版以及第三版修订版，五卷本《列宁专题文集》，《列宁文稿》（17 卷）以及列宁著作的各种选读本和单行本。列宁著作中文版的出版发行，对于我国广大干部群众学习研究马克思列宁主义理论起了极其重要的作用。

为深入推进列宁著作和思想的学习、研究与宣传，中共中央党史和文献研究院决定依据苏共中央马克思列宁主义研究院（简称为苏共中央马列主义研究院）编写、苏联国家政治书籍出版社 1970—1985 年出版的《弗拉基米尔·伊里奇·列宁年谱》，编译出版中文版《列宁年谱》，共 13 卷（第 13 卷为索引卷），各卷涉及的时期和主要内容如下：

第 1 卷：1870 年 4 月 22 日（俄历 4 月 10 日）至 1905 年 1 月 21 日（俄历 1 月 8 日），涵盖列宁的童年、中学、大学时代，早期的革命活动、在国外创办《火星报》以及为创建新型无产阶级革命政党而斗争的过程。

第 2 卷：1905 年 1 月 22 日（俄历 1 月 9 日）至 1912 年 5 月 5 日（俄历 4 月 22 日），涵盖 1905 年俄国革命爆发到《真理报》面世期间列宁的生活和革命活动。在列宁领导下，布尔什维克党在思想上和组织上得到巩固和发展，成为领导俄国革命的核心力量。

第 3 卷：1912 年 5 月 5 日（俄历 4 月 22 日）至 1917 年 3 月 15 日（俄历 3 月 2 日），涵盖列宁在国外为批判第二国际修正主义和机会主义、反对帝国主义战争、捍卫和发展马克思主义而进行的革命实践活动以及理论研究工作。

第 4 卷：1917 年 3 月 15 日（俄历 3 月 2 日）至 1917 年 11 月 7

日(俄历10月25日),是俄国二月革命后到十月革命胜利时期。详细记述了列宁从国外回到彼得格勒,领导俄国人民取得了十月革命胜利的全过程。

第5卷:1917年11月8日(俄历10月26日)至1918年7月29日,记叙十月革命胜利后列宁领导布尔什维克党和俄国人民建立世界上第一个社会主义国家、为建设和巩固年轻的苏维埃政权而进行的斗争。

第6卷:1918年7月29日至1919年3月18日,涵盖列宁领导党和人民应对国内战争、反对外国武装干涉、创建共产国际等重要活动。

第7卷:1919年3月18日至1919年11月6日,涵盖俄共(布)第八次代表大会到十月革命两周年纪念日这一时期。记述列宁领导党和人民为彻底战胜国内外反革命力量、捍卫和巩固苏维埃政权进行的艰苦卓绝的斗争,列宁对国际共产主义运动的关注以及对俄国社会主义建设一系列重大理论问题和实践问题的探索。

第8卷:1919年11月7日至1920年6月9日前后,列宁领导党和人民取得国内战争和反对外国武装干涉的决定性胜利,并从理论上、实践上引导和推进社会主义经济建设,同时对国际共产主义运动中的机会主义与"左"倾思潮进行了批判和斗争。

第9卷:1920年6月10日至1921年1月22日,列宁领导党和人民取得国内战争和反对外国武装干涉的彻底胜利,并对俄国如何建设社会主义进行探索。

第10卷:1921年1月23日至1921年7月12日,列宁从当时俄国的政治和经济的实际情况出发,果断地作出停止施行战时共产主义政策、改行新经济政策的重大决策,开始从理论上和实践上解决社会主义建设的许多复杂问题。

第 11 卷:1921 年 7 月 12 日至 1921 年 11 月 30 日,列宁对实行新经济政策半年多来的成就以及经验教训进行了总结,并对存在的问题提出了进一步调整的措施。

第 12 卷:1921 年 12 月 1 日至 1924 年 1 月 31 日,列宁晚年在健康状况越来越恶化的情况下,仍在继续领导党和国家的工作,思考党和国家机关改革,总结俄国社会主义革命和建设的经验,并探索进一步发展的道路。

本年谱收录的列宁生平活动史实条目近 39 000 条,内容翔实、史料丰富。不仅全面详细记录和反映了列宁的生平事业、理论贡献、人格风范,重点记述了列宁创建和领导布尔什维克党从小到大、从弱到强以及夺取政权、保卫政权,探索社会主义建设道路的奋斗历程,而且详细记述了列宁撰写许多重要著作的背景和过程,对于我们深入研究列宁的生平活动、深刻领会列宁提出的思想理论观点及其历史地位、深刻感悟列宁的崇高风范,具有重要的启示作用和史料价值。

年谱的记述按年代顺序编排。1918 年 2 月 14 日以前俄国通用俄历,年谱中采用俄历和公历两种历法标注日期时,括号内的日期是公历。两种历法所标日期,1900 年 2 月以前相差 12 天(如俄历为 1 日,公历为 13 日),从 1900 年 3 月起相差 13 天。1918 年 2 月 14 日及以后,所标注的日期均为公历。个别资料来源中报刊出版日期公历在前,俄历在后,编译时未作调整。

年谱对史实的叙述,首先记载有确切日期的具体事件,然后记载一般的、综合性的事件。凡经历数天、数月或数年的事件,都按这些事件开始的日期排列。一日之内的各项事件,按事件发生的时间顺序先后排列。有些事件时间跨度或具体日期无法确定,则采用某月某日以前、某月某日以后或某月某日和某月某日之间,或采用不早于、不晚于某月某日等表述形式。

正文条目和资料来源中的人名、地名、组织机构名称,原则上与《列宁全集》中文第二版增订版中的译名作了统一。《列宁全集》中文第二版增订版中没有的,则按通行的原则译出。正文条目中的列宁著作引文,均与《列宁全集》中文第二版增订版的最新译文作了统一。有些地名、组织机构在历史上发生过变化,编译时按原文译出,未作任何解释或改动。需要特别说明的是,部分国家名、城市名、街道名、图书馆名等标注的现名,系俄文版编辑出版时的名称。

年谱各卷均附有人名索引(部分卷次还附有列宁的笔名和党内化名索引)、地名索引、组织机构索引。人名索引、地名索引不含书名、文章标题、出版社、建筑物、工矿企业名称中出现的人名和地名。组织机构索引不含书名、文章标题中出现的组织和机构。

我们在编译年谱第1—4卷时,参考了生活·读书·新知三联书店1984年出版的中译本,特此致谢。

中共中央党史和文献研究院

2021年12月

弗·伊·列宁

（1891年）

1870 年

4 月 10 日（22 日）

弗拉基米尔·伊里奇·乌里扬诺夫（列宁）诞生。

弗拉基米尔·伊里奇的父亲伊里亚·尼古拉耶维奇·乌里扬诺夫，当时任辛比尔斯克省国民教育视察员，后来担任该省国民教育总监。他出身于阿斯特拉罕市一个贫苦的小市民家庭，他的父亲原来是农奴。

列宁的母亲玛丽亚·亚历山德罗夫娜是医生亚·Д.布兰克的女儿。

乌里扬诺夫一家当时住在辛比尔斯克（现乌里扬诺夫斯克）射手街普里贝洛夫斯卡娅家的厢房（现乌里扬诺夫街 17 号 a）里。

《列宁全集》中文第 2 版增订版第 30 卷第 417 页；《列宁和辛比尔斯克》，乌里扬诺夫斯克，1968 年，第 36、208—209 页；《真理报》，1969 年 7 月 22 日，第 203 号。

秋天

乌里扬诺夫一家迁入射手街普里贝洛夫斯卡娅家（现乌里扬诺夫街 17 号）的二楼居住。

《列宁和辛比尔斯克》，乌里扬诺夫斯克，1968 年，第 208—209 页；《真理报》，1969 年 7 月 22 日，第 203 号；楚瓦什苏维埃社会主义自治共和国中央国家档案馆，第 501 号全宗，第 1 号目录，第 4 号案卷，第 18—19 张。

1871 年

1871 年—1874 年

夏天，乌里扬诺夫一家住在喀山省莱舍夫县科库什基诺村弗·伊·列宁的外祖父亚·Д.布兰克家中。

《列宁和辛比尔斯克》，乌里扬诺夫斯克，1968 年，第 215 页。

1871 年—1875 年

乌里扬诺夫一家住在辛比尔斯克射手街扎尔科娃家的房子（现乌里扬诺夫街 21 号）里。

《列宁和辛比尔斯克》，乌里扬诺夫斯克，1968 年，第 214 页；
《真理报》，1969 年 7 月 22 日，第 203 号。

1875 年

夏天

列宁随同父母在辛比尔斯克县新尼库利诺村纳扎里耶夫家的庄园里住了大约六周时间。

安·伊·乌里扬诺娃-叶利扎罗娃：《回忆亚·伊·乌里扬诺夫》，1931 年，第 40 页；A.伊万斯基：《青年时代的列宁》，1964 年，第 31—32 页。

1875 年—1876 年

乌里扬诺夫一家住在辛比尔斯克莫斯科街科斯捷尔金家的房子（现列宁街 74 号）里。

《列宁和辛比尔斯克》，乌里扬诺夫斯克，1968 年，第 228 页；乌里扬诺夫斯克州国家档案馆，第 148 号全宗，第 1 号目录，第 94 号案卷，第 43—44 张。

列宁学会识字读书。

《回忆弗·伊·列宁》，第 1 卷，1968 年，第 21 页。

1876 年

1876 年—1877 年

乌里扬诺夫一家住在辛比尔斯克莫斯科街阿那克萨哥罗夫家的房子(现列宁街 72 号)里。

A.伊万斯基:《青年时代的列宁》,1964 年,第 34 页。

1876 年—1879 年

列宁跟随母亲学习外语和音乐。

《回忆弗·伊·列宁》,第 1 卷,1968 年,第 114 —115 页;《家庭与学校》杂志,1946 年,第 10—11 期,第 9 页。

1877 年

2 月 1 日（13 日）

辛比尔斯克宗教法庭应伊·尼·乌里扬诺夫的请求，将他儿子弗拉基米尔的出生证发给了他。

《列宁和辛比尔斯克》，乌里扬诺夫斯克，1968 年，第 36 页。

夏天

乌里扬诺夫一家在伏尔加河畔斯塔夫罗波尔市玛·亚·乌里扬诺娃的妹妹 C.亚·拉甫罗娃家度假。

安·伊·乌里扬诺娃-叶利扎罗娃：《回忆亚·伊·乌里扬诺夫》，1931 年，第 40 页。

秋天—1878 年冬

列宁跟随 В.А.卡拉什尼科夫老师，后来又跟随 И.Н.尼古拉耶夫和 В.П.普鲁沙克维奇老师学习，准备进入辛比尔斯克古典中学一年级。

安·伊·乌里扬诺娃：《伊里奇的童年和中学时代》，1964 年，第 10—12 页；《星火》杂志，1926 年，第 7 期，第 6 页；А.Л.卡拉梅舍夫：《弗·伊·列宁学习时代的辛比尔斯克中学》，乌里扬诺夫斯克，1958 年，第 103—104 页。

1877 年—1878 年 7 月

乌里扬诺夫一家住在辛比尔斯克波克罗夫斯卡亚街科索拉波

夫家的房子(现列·托尔斯泰街 28 号)里。

《列宁和辛比尔斯克》,乌里扬诺夫斯克,1968 年,第 230 页。

1878 年

夏天

列宁随同父亲、哥哥和姐姐去喀山的一位姨母——安·亚·韦列田尼科娃家,并从那里去科库什基诺村。

> 安·伊·乌里扬诺娃:《伊里奇的童年和中学时代》,1964 年,第 8—10 页。

1878 年 8 月 2 日(14 日)—1887 年 6 月底

乌里扬诺夫一家住在辛比尔斯克莫斯科街的一幢房子(现列宁街 58 号)①里,这幢房子是以母亲玛丽亚·亚历山德罗夫娜的名义买下的。

> 苏共中央马列主义研究院,未发表的关于弗·伊·列宁的回忆录全宗,1878 年 11 月辛比尔斯克公证人 B.苏罗夫的文据簿摘录,第 118 号,第 53 张;B.阿列克谢耶夫和 A.施韦尔:《乌里扬诺夫一家在辛比尔斯克(1869 —1887 年)》,1925 年,第 57 页。

---

① 1929 年 11 月 7 日这幢房子改建为弗·伊·列宁纪念馆。——俄文编者注

1879 年

夏天—8 月 8 日（20 日）以前

列宁同亲属在科库什基诺村度假。

> 苏共中央马列主义研究院中央党务档案馆，第 14 号全宗，第 1 号目录，第 74 号保管单位，第 4 张背面。

8 月 8 日—14 日（20 日—26 日）

列宁参加辛比尔斯克古典中学入学考试。

> 《辛比尔斯克省新闻》，1879 年 7 月 17 日，第 52 号；苏共中央马列主义研究院中央党务档案馆，第 14 号全宗，第 1 号目录，第 89 号保管单位，第 21 张；《列宁和辛比尔斯克》，乌里扬诺夫斯克，1968 年，第 38 页。

8 月 16 日（28 日）

列宁考入辛比尔斯克中学一年级。

> 《列宁和辛比尔斯克》，乌里扬诺夫斯克，1968 年，第 38 页。

1879 年 8 月 16 日（28 日）—1887 年 6 月 10 日（22 日）

列宁在辛比尔斯克中学学习。

> 《列宁和辛比尔斯克》，乌里扬诺夫斯克，1968 年，第 38、67—68 页。

10 月 2 日（14 日）

经辛比尔斯克中学教务会议决定，列宁作为在国民教育部中等学校工作十年以上职员的子弟，免缴学费。

> 《列宁和辛比尔斯克》，乌里扬诺夫斯克，1968 年，第 38—39 页。

乌里扬诺夫一家合影（1879年，辛比尔斯克）

1878—1887年乌里扬诺夫一家在辛比尔斯克的住所

不早于 1879 年

乌里扬诺夫家的孩子们编了一种手写的家庭杂志——《星期六》。弗拉基米尔·伊里奇用笔名"库贝什金"在杂志上写了一些小故事。每逢星期六晚上,他们就当着父母的面朗读这本杂志。

安·伊·乌里扬诺娃-叶利扎罗娃:《回忆亚·伊·乌里扬诺夫》,1931 年,第 51—54 页。

1879 年—1887 年 6 月

列宁阅读大量书籍,他从尼·米·卡拉姆津公共图书馆、中学图书馆以及从同学那里借阅图书。

A.JL卡拉梅舍夫:《弗·伊·列宁学习时代的辛比尔斯克中学》,乌里扬诺夫斯克,1958 年,第 112 页。

1880 年

6 月 14 日（26 日）

经辛比尔斯克中学教务会议决定，第一学年结束后，授予列宁一等奖——一本封面烫印"品学兼优"金字的书，并颁发奖状。

《列宁和辛比尔斯克》，乌里扬诺夫斯克，1968 年，第 39 页；А. Л. 卡拉梅舍夫：《弗·伊·列宁学习时代的辛比尔斯克中学》，乌里扬诺夫斯克，1958 年，第 106 页。

夏天

乌里扬诺夫一家住在喀山省科库什基诺村。

尼·韦列田尼科夫：《沃洛佳·乌里扬诺夫》，1967 年，64 页。

8 月 15 日（27 日）—1881 年 6 月 15 日（27 日）

列宁在二年级学习，各科均获得最高分数——5 分。

《列宁和辛比尔斯克》，乌里扬诺夫斯克，1968 年，第 40 — 41 页。

1881 年

6 月 12 日（24 日）

经辛比尔斯克中学教务会议决定,列宁因成绩优秀、学习努力,在第二学年结束后被授予一等奖,并升入三年级。

《列宁和辛比尔斯克》,乌里扬诺夫斯克,1968 年,第 42、43 页。

夏天—8 月 15 日（27 日）以前

乌里扬诺夫一家住在喀山省科库什基诺村。

尼·韦列田尼科夫:《沃洛佳·乌里扬诺夫》,1967 年,64 页。

8 月 15 日（27 日）—1882 年 6 月 10 日（22 日）以前

列宁在三年级学习,开始学习希腊文、代数和古代史课程。各科均获得优良成绩。

A.Л.卡拉梅舍夫:《弗·伊·列宁学习时代的辛比尔斯克中学》,乌里扬诺夫斯克,1958 年,第 107 页。

8 月 17 日（29 日）

列宁在中学第二学年结束后获得奖状。

《列宁和辛比尔斯克》,乌里扬诺夫斯克,1968 年,第 43 页。

1882 年

1 月 1 日（13 日）

伊·尼·乌里扬诺夫因多年卓有成效的工作，获得"三级弗拉基米尔"勋章和贵族称号。

苏共中央马列主义研究院中央党务档案馆，第 2 号全宗，第 1 号目录，第 22 号保管单位，第 2—3 张。

3 月

列宁给波里斯·福尔马科夫斯基写了一封绘画信，题名为《图腾信》。这封信是模仿印第安人文字的一种戏作。

《青春》杂志，1958 年，第 4 期，第 4 页。

6 月 10 日（22 日）

经辛比尔斯克中学教务会议决定，列宁因成绩优秀、学习努力、操行可嘉，在第三学年结束后获得奖状和一本书。

《列宁和辛比尔斯克》，乌里扬诺夫斯克，1968 年，第 43—44 页。

6 月

列宁随同全家在科库什基诺村度暑假。同往常一样，他在村里和农民交往，近距离地观察他们的生活。

尼·韦列田尼科夫：《沃洛佳·乌里扬诺夫》，1967 年，64 页；《少先队真理报》，1959 年 6 月 5 日，第 45 号。

8 月 15 日（27 日）——1883 年 6 月 15 日（27 日）

列宁在四年级学习，各科均获得最高分数——5 分。

> 《列宁和辛比尔斯克》，乌里扬诺夫斯克，1968 年，第 48 — 49 页。

9 月—12 月

列宁在四年级语文课上写过以下几篇作文：辛比尔斯克城郊景色；马以及马给人带来的好处；秋黄时节的伏尔加河；罗蒙诺索夫怎样在家里学习读书识字和在莫斯科学习各门科学；穷乡僻壤和荒沙大漠（比较）；城里的集日；鸟和鱼（按提纲进行比较）。

> H.O.雷日科夫：《亚·伊·和弗·伊·乌里扬诺夫学习时代的辛比尔斯克中学(1874—1887 年)》，乌里扬诺夫斯克，1931 年，第 21—22 页。

秋天—1883 年春

列宁在上四年级时帮助同班同学 П.乌沙科夫学习拉丁文和希腊文。

> 《为了和平与劳动》(《红骑兵》)，顿河畔罗斯托夫，1925 年 1 月 10 日，第 970 号。

1883 年

1 月—5 月

列宁在语文课上写过以下几篇作文:冬天和老年(比较);风的益处;以致同学书信或致亲属书信的形式讲述自己的学习情况和感想;冬日的傍晚;春景;笔述在拉丁文课上读过的科内利乌斯·奈波斯和尤利乌斯·凯撒的文章片断。

> H.O.雷日科夫:《亚·伊·和弗·伊·乌里扬诺夫学习时代的辛比尔斯克中学(1874—1887 年)》,乌里扬诺夫斯克,1931年,第 21、22 页。

5 月 30 日(6 月 11 日)以前

列宁参加四年级语文、数学、历史、拉丁文、希腊文、德语、法语、地理等科考试;各科都获得了最高分数——5 分。

> 《列宁和辛比尔斯克》,乌里扬诺夫斯克,1968 年,第 45 —46 页。

5 月 30 日(6 月 11 日)

经辛比尔斯克中学教务会议决定,列宁因成绩优秀、学习努力、操行可嘉,第四学年结束后被授予一等奖——E.H.沃多沃佐娃著《欧洲各民族的生活》第 2 卷《北方居民》一书,并颁发奖状。

> 《列宁和辛比尔斯克》,乌里扬诺夫斯克,1968 年,第 47 页。

5 月,30 日(6 月 11 日)以后

列宁随同全家去科库什基诺村,中途在喀山的安·亚·韦列田尼科娃姨母家小住。

> 尼·韦列田尼科夫:《沃洛佳·乌里扬诺夫》,1967 年,第 54—56 页。

夏天

列宁随同全家住在科库什基诺村。

> 尼·韦列田尼科夫:《沃洛佳·乌里扬诺夫》,1967 年,第 55—56 页。

8 月 15 日(27 日)—1884 年 6 月 15 日(27 日)

列宁在五年级学习,除希腊文和法语外,其他各科都获得最高分数——5 分,希腊文和法语得 4 分。

> 《列宁和辛比尔斯克》,乌里扬诺夫斯克,1968 年,第 50—51 页。

9 月—12 月

列宁在语文课上写过以下几篇作文:水灾;群山及其秀丽景色和益处;抒情诗的特点;吝啬鬼和挥霍无度的人(评述);谣言不可轻信(论说文)。

> H.O.雷日科夫:《亚·伊·和弗·伊·乌里扬诺夫学习时代的辛比尔斯克中学(1874—1887 年)》,乌里扬诺夫斯克,1931 年,第 22 页。

1884 年

1 月—5 月

列宁在语文课上写过以下几篇作文：农业的益处；骑士生活及普希金剧作《悭吝骑士》中主要人物的分析；旅行的益处；文字发明的益处；笔述撒路斯提乌斯描写朱古达战争若干章节的内容。

H.O.雷日科夫：《亚·伊·和弗·伊·乌里扬诺夫学习时代的辛比尔斯克中学（1874—1887 年）》，乌里扬诺夫斯克，1931年，第 22—23 页。

6 月 11 日（23 日）

辛比尔斯克中学教务会议在第五学年结束后授予列宁奖状。

《列宁和辛比尔斯克》，乌里扬诺夫斯克，1968 年，第 52 页。

10 月 2 日（14 日）以前

列宁给在彼得堡大学学习的哥哥亚·伊·乌里扬诺夫写信，请他买几本书寄到辛比尔斯克来，其中包括《名胜古迹》第 3 册。

《乌里扬诺夫家书集》，1969 年，第 16 页。

10 月 6 日（18 日）

亚·伊·乌里扬诺夫在给父亲伊·尼·乌里扬诺夫的信中告知，已按弗拉基米尔·伊里奇的请求给他寄书。

《乌里扬诺夫家书集》，1969 年，第 16 页。

1884 年—1887 年

列宁读尼·加·车尔尼雪夫斯基的小说《怎么办？》。

《文学问题》杂志，1957 年，第 8 期，第 131—132 页。

列宁对亚·谢·普希金、米·尤·莱蒙托夫、尼·瓦·果戈理、伊·谢·屠格涅夫、尼·阿·涅克拉索夫、米·叶·萨尔蒂科夫–谢德林、列·尼·托尔斯泰、维·格·别林斯基、亚·伊·赫尔岑、尼·亚·杜勃罗留波夫、德·伊·皮萨列夫等人的作品，以及外国文学经典作家的作品非常着迷。

娜·康·克鲁普斯卡娅：《论列宁》，1965 年，第 34、35 页；А.Л.卡拉梅舍夫：《弗·伊·列宁学习时代的辛比尔斯克中学》，乌里扬诺夫斯克，1958 年，第 112—114 页；《为了共产主义教育》，1937 年 1 月 22 日，第 11 号。

1885 年

5 月 14 日（26 日）—6 月初

第六学年结束，列宁参加语文、数学、物理、历史、拉丁文、希腊文、德语、法语等科的考试。

辛比尔斯克中学学生操行证书中写道：他是一个"很有才能、很勤勉、很认真的学生。各科成绩都很好。操行优良。全年各科平均分数优秀。准予升入七年级"。

《列宁和辛比尔斯克》，乌里扬诺夫斯克，1968 年，第 53—54 页。

夏天

列宁第一次看到卡·马克思的《资本论》。这本书是列宁的哥哥亚历山大·伊里奇暑假带回家来的。他对弗拉基米尔·伊里奇有很大的影响。

安·伊·乌里扬诺娃-叶利扎罗娃：《回忆亚·伊·乌里扬诺夫》，1931 年，第 85—86 页；И.康德拉季耶夫：《列宁在喀山》，第 2 版，喀山，1962 年，第 20 页。

1885 年—1886 年 1 月 12 日（24 日）以前

列宁与宗教决裂。这件事是由于父亲和一位教师谈起孩子们不好好做礼拜而引起的。娜·康·克鲁普斯卡娅后来回忆道："客人看着弗拉基米尔·伊里奇说：'打，该打！'伊里奇非常气愤，决定同宗教一刀两断，彻底决裂；他跑到院子里，把那时还戴在脖子上的十字架摘了下来，扔在地上。"

《列宁全集》中文第 2 版增订版第 42 卷第 548 页；娜·康·克鲁普斯卡娅：《论列宁》，1965 年，第 35—36 页。

1886 年

1 月 12 日（24 日）

列宁的父亲伊里亚·尼古拉耶维奇·乌里扬诺夫因脑溢血逝世。

安·伊·乌里扬诺娃-叶利扎罗娃：《回忆亚·伊·乌里扬诺夫》，1931 年，第 95—96 页。

1 月 12 日（24 日）晚

列宁到伊·雅·雅柯夫列夫家，告知父亲去世。

《历史学杂志》，1942 年，第 1—2 期，第 160 页。

1 月 14 日（26 日）

玛·亚·乌里扬诺娃在丈夫去世后，向辛比尔斯克国民教育厅厅长递交申请书，要求给她和 4 个年幼的子女：弗拉基米尔、德米特里、奥丽珈和玛丽亚发抚恤金。

《列宁和辛比尔斯克》，乌里扬诺夫斯克，1968 年，第 77—78 页。

1 月 15 日（27 日）

列宁参加父亲的葬礼。

《同时代人回忆伊·尼·乌里扬诺夫》，萨拉托夫，1968 年，第 74—75 页。

冬天

列宁教姐姐安·伊·乌里扬诺娃学习拉丁文，帮助她准备参加高等女子学校的考试。

《回忆弗·伊·列宁》,第 1 卷,1968 年,第 23—24 页。

4 月 17 日(29 日)

玛·亚·乌里扬诺娃向喀山学区督学递交申请书,要求对没有任何收入的家庭给予一次性补助。

A.伊万斯基:《青年时代的列宁》,1964 年,第 237 页。

6 月 9 日(21 日)

经辛比尔斯克中学教务会议决定,列宁升入八年级。

苏共中央马列主义研究院中央党务档案馆,第 11 号全宗,第 2 号目录,第 16 号保管单位,第 21 张。

6 月

在辛比尔斯克中学学生操行证书上,班主任老师 A.费多特琴科给列宁的评语是:"该生很有才能,很勤勉。在班级学习认真。各科平均成绩 $4\frac{8}{11}$,操行优秀。

第一季度因病缺席 10 堂课。

第二季度因病缺席 21 堂课。平均成绩 $4\frac{10}{11}$。认真程度、努力程度和操行等均得 5 分。

第三季度学习成绩、认真努力程度和操行等都被评为 5 分。因家中有事共缺席 30 堂课。

第四季度各科均获得 5 分。因家中有事缺席 11 堂课。在班级非常认真努力。操行优秀。受到家长的严格管教。"

《列宁和辛比尔斯克》,乌里扬诺夫斯克,1968 年,第 55 页。

夏天

列宁随同全家住在喀山省科库什基诺村。

经常和亚历山大·伊里奇下象棋,同他谈论政治问题和经济问题。

《回忆弗·伊·列宁》,第 1 卷,1968 年,第 105 — 106 页;《关于伊里奇》,1924 年,第 137 页。

9 月 11 日(23 日)

玛·亚·乌里扬诺娃向辛比尔斯克地方法院递交申请书,要求批准她以及 5 个未成年子女——亚历山大、弗拉基米尔、德米特里、奥丽珈和玛丽亚有权继承伊·尼·乌里扬诺夫的财产。

《列宁和辛比尔斯克》,乌里扬诺夫斯克,1968 年,第 87 — 88 页。

9 月 15 日(27 日)

列宁提交一篇题为《库利科沃会战的意义》的中学作文。

H.O.雷日科夫:《亚·伊·和弗·伊·乌里扬诺夫学习时代的辛比尔斯克中学(1874—1887 年)》,乌里扬诺夫斯克,1931 年,第 23 页;《列宁和辛比尔斯克》,乌里扬诺夫斯克,1968 年,第 463 页。

9 月 19 日(10 月 1 日)

辛比尔斯克地方法院批准玛·亚·乌里扬诺娃有权继承伊·尼·乌里扬诺夫动产的四分之一;女儿奥丽珈和玛丽亚各继承八分之一;儿子亚历山大、弗拉基米尔、德米特里各继承六分之一。

《列宁和辛比尔斯克》,乌里扬诺夫斯克,1968 年,第 89 — 90 页。

9 月—12 月

列宁将西塞罗的《论义务》卷三的若干段落、霍多巴伊和维诺格拉多夫合编文选第 2 册中关于第二次布匿战争的几篇文章从拉丁文译成俄文。

《列宁和辛比尔斯克》,乌里扬诺夫斯克,1968 年,第 463 页。

在做希腊文课的家庭作业时,列宁选用 Э.乔尔内文选中的文章《斯巴达的制度。来库古》;在准备课堂作业时,选用《亚历山大对暴动士兵的演说》。

《列宁和辛比尔斯克》,乌里扬诺夫斯克,1968 年,第 463 页。

在学习法语时,列宁选用故事集《弗拉基米尔受洗礼(卡拉姆津历史)》中的片断作为从俄文译成法文的笔译材料。

《列宁和辛比尔斯克》,乌里扬诺夫斯克,1968 年,第 463 页。

10 月 20 日(11 月 1 日)

列宁把家庭作文《俄国文学中的感伤主义流派》交给老师。

H.O.雷日科夫:《亚·伊·和弗·伊·乌里扬诺夫学习时代的辛比尔斯克中学(1874—1887 年)》,乌里扬诺夫斯克,1931 年,第 23 页;《列宁和辛比尔斯克》,乌里扬诺夫斯克,1968 年,第 463 页。

11 月 17 日(29 日)

列宁完成题为《真正的爱国表现在哪里?》的家庭作文。

H.O.雷日科夫:《亚·伊·和弗·伊·乌里扬诺夫学习时代的辛比尔斯克中学(1874—1887 年)》,乌里扬诺夫斯克,1931 年,第 23 页;《列宁和辛比尔斯克》,乌里扬诺夫斯克,1968 年,第 463 页。

12 月 15 日(27 日)

列宁写了一篇谈劳动的必要性的中学作文。

H.O.雷日科夫:《亚·伊·和弗·伊·乌里扬诺夫学习时代的辛比尔斯克中学(1874—1887 年)》,乌里扬诺夫斯克,1931 年,第 23 页;《列宁和辛比尔斯克》,乌里扬诺夫斯克,1968 年,第 463 页。

1886 年冬—1887 年

列宁教楚瓦什小学教师 H.M.奥霍特尼科夫学习古代语言和语文,帮助他准备参加中学课程的考试并升入大学。奥霍特尼科夫与列宁在同一年通过中学毕业考试,并考取大学。

《回忆弗·伊·列宁》,第 1 卷,1968 年,第 23 页;《国民教育》,1958 年,第 4 期,第 27—29 页。

列宁在上七、八年级时,帮助同班同学学习数学、希腊文和拉丁文。

《为了共产主义教育》,1937 年 1 月 22 日,第 11 号;《莫斯科》杂志,1957 年,第 7 期,第 104 页。

1887 年

1 月—5 月

列宁在中学语文课上写过以下几篇作文：普希金诗歌的特点；子女爱父母应当表现在哪里；古罗斯的官制和彼得大帝的官级表；印刷术对文明成就的影响；教派分裂运动的起源及其扩大的原因。

H.O.雷日科夫：《亚·伊·和弗·伊·乌里扬诺夫学习时代的辛比尔斯克中学(1874—1887 年)》，乌里扬诺夫斯克，1931年，第 23 页；《列宁和辛比尔斯克》，乌里扬诺夫斯克，1968年，第 464 页。

在学习拉丁文时，列宁将霍多巴伊文选中的《斯巴达立法者来库古》(第 199—206 节)从俄文笔译成拉丁文；将西塞罗作品卷三的某些段落从拉丁文译成俄文。

《列宁和辛比尔斯克》，乌里扬诺夫斯克，1968 年，第 464 页。

列宁将 Э.乔尔内文选第 14 页从俄文译成希腊文，将第 21—22 页——《普卢塔克的亚历山大传》从希腊文译成俄文。

《列宁和辛比尔斯克》，乌里扬诺夫斯克，1968 年，第 464 页。

在学习德语时，列宁选用格鲁别历史随笔集中的《梭伦》一文作为从俄文译成德文的笔译材料。

《列宁和辛比尔斯克》，乌里扬诺夫斯克，1968 年，第 464 页。

列宁选用《卡尔卡河之战(卡拉姆津历史)》一文作为从俄文译

成法文的笔译材料。

《列宁和辛比尔斯克》,乌里扬诺夫斯克,1968 年,第 464 页。

3 月 1 日(13 日)

列宁的哥哥亚历山大·伊里奇·乌里扬诺夫因参与谋刺亚历山大三世被捕。

安·伊·乌里扬诺娃-叶利扎罗娃:《回忆亚·伊·乌里扬诺夫》,1931 年,第 136—138 页。

3 月,1 日(13 日)以后

列宁拜访乌里扬诺夫一家的好友 B.B.卡什卡达莫娃,她告诉列宁,彼得堡来信说,亚历山大·伊里奇和安娜·伊里尼奇娜被捕,她请列宁让玛丽亚·亚历山德罗夫娜在精神上对此事有所准备。弗拉基米尔·伊里奇知道信的内容后说:"事情很严重,结果对萨沙①可能不利。"

《亚历山大·伊里奇·乌里扬诺夫和 1887 年 3 月 1 日案件》,1927 年,第 274 页;B.阿列克谢耶夫和 A.施韦尔:《乌里扬诺夫一家在辛比尔斯克(1869 — 1887 年)》,1925 年,第 52—53 页。

4 月 1 日(13 日)

列宁收到第 308 号征兵区登记证。

弗拉基米尔·伊里奇因是寡母身边唯一有劳动能力的儿子这一家庭情况而免服兵役。

《列宁和辛比尔斯克》,乌里扬诺夫斯克,1968 年,第 60、478 页。

4 月 15 日(27 日)

列宁在一篇题为《人民生活富裕的原因》的作文里,写到社会

---

① 指亚历山大·伊里奇·乌里扬诺夫。——译者注

中存在被压迫的阶级。

在发还作文时,中学校长费·米·克伦斯基问道:"你在这里写些什么被压迫阶级,这和你有什么相干?"

娜·康·克鲁普斯卡娅:《论列宁》,1965 年,第 35 页;《为了共产主义教育》,1937 年 1 月 22 日,第 11 号。

4 月 18 日(30 日)

列宁向中学校长递交申请书,请求参加毕业考试。

《列宁全集》中文第 2 版增订版第 1 卷第 476 页。

在申请参加辛比尔斯克中学毕业考试的名单中有列宁的名字,给他的评语是:非常勤奋认真,极为细心、认真地完成书面作业,在课堂上注意听讲,喜爱钻研各门课程,特别是古代语言课程。

教务会议批准列宁参加毕业考试。

《列宁和辛比尔斯克》,乌里扬诺夫斯克,1968 年,第 63 — 64 页。

4 月 26 日(5 月 8 日)

列宁收到 H.M.奥霍特尼科夫的便条,请列宁给他讲解中世纪历史教科书中他难以理解的一页。

《苏维埃俄罗斯报》,1968 年 6 月 29 日,第 150 号。

5 月 5 日(17 日)—6 月 6 日(18 日)

列宁参加辛比尔斯克中学毕业考试。

《列宁和辛比尔斯克》,乌里扬诺夫斯克,1968 年,第 65 — 67 页。

5 月 5 日(17 日)

列宁写语文课作文。

《列宁和辛比尔斯克》,乌里扬诺夫斯克,1968 年,第 478 页。

5 月 7 日（19 日）

列宁参加拉丁文笔试。

《列宁和辛比斯克》，乌里扬诺夫斯克，1968 年，第 478 页。

5 月 8 日（20 日）以前

列宁在考试前帮助同班同学复习数学。

《为了共产主义教育》，1937 年 1 月 22 日，第 11 号。

5 月 8 日（20 日）

列宁参加毕业考试的算术和几何笔试，获得 5 分。

苏共中央马列主义研究院中央党务档案馆，第 4 号全宗，第 1 号目录，第 9 号保管单位，第 81 张；《列宁和辛比斯克》，乌里扬诺夫斯克，1968 年，第 478 页。

清晨，亚·伊·乌里扬诺夫及其他因谋刺亚历山大三世被判决的同志——彼·雅·舍维廖夫、瓦·斯·奥西潘诺夫、瓦·杰·格涅拉洛夫、帕·伊·安德列尤什金——在施吕瑟尔堡监狱院内被杀害。

《亚历山大·伊里奇·乌里扬诺夫和 1887 年 3 月 1 日案件》，1927 年，第 125、179、260 页；B.阿列克谢耶夫和 A.施韦尔：《乌里扬诺夫一家在辛比斯克（1869 — 1887 年）》，1925 年，第 33 页。

不晚于 5 月 10 日（22 日）

列宁得知哥哥被杀害的消息。

据玛·伊·乌里扬诺娃回忆，列宁在听到这个消息后，说："不，我们要走的不是这条路，不应该走这条路。"

苏共乌里扬诺夫斯克州委党务档案馆，第 57 号全宗，第 1 号目录，第 131 号保管单位，第 6 张；《回忆弗·伊·列宁》，第 1 卷，1968 年，第 138、144、193 页。

5 月 12 日（24 日）

列宁参加毕业考试的代数和三角笔试,获得 5 分。

苏共中央马列主义研究院中央党务档案馆,第 4 号全宗,第 1 号目录,第 9 号保管单位,第 82 张;《列宁和辛比尔斯克》,乌里扬诺夫斯克,1968 年,第 479 页。

5 月 13 日（25 日）

列宁参加希腊文笔试,获得 5 分。

苏共中央马列主义研究院中央党务档案馆,第 4 号全宗,第 1 号目录,第 9 号保管单位,第 83 张;《列宁和辛比尔斯克》,乌里扬诺夫斯克,1968 年,第 479 页。

5 月 22 日（6 月 3 日）

列宁参加历史和地理口试。

历史考试回答下列问题:平民与贵族的斗争;罗马的儿童教育;波格丹·赫梅尔尼茨基和小俄罗斯的合并;费多尔·阿列克谢耶维奇;南斯拉夫各民族的中世纪史;教会分立;英女王伊丽莎白;查理四世;宗教改革运动出现的原因。地理考试回答:俄国的高地;非洲的气候和灌溉;意大利最重要的城市。两科均获得 5 分。

《列宁和辛比尔斯克》,乌里扬诺夫斯克,1968 年,第 65 页。

5 月 27 日（6 月 8 日）

列宁参加毕业考试的神学考试,获得 5 分。

《列宁和辛比尔斯克》,乌里扬诺夫斯克,1968 年,第 65 页。

5 月 29 日（6 月 10 日）

列宁参加毕业考试的拉丁文口试。回答下列问题:直接引语和间接引语;抽象名词和具体名词;形容词和动词中的复述体;西塞罗的哲学;关于最高幸福的学说。

答案被评为 5 分。

《列宁和辛比尔斯克》,乌里扬诺夫斯克,1968 年,第 66 页。

6 月初

列宁同亚历山大·伊里奇在彼得堡大学的同学伊·尼·切博塔廖夫谈话,向他了解哥哥的革命思想、他们在同一住所共同生活的最后几天的情形、预审和开庭审判的情况,以及哥哥在法庭上的表现。

《关于伊里奇》,1924 年,第 137 页。

6 月 1 日(13 日)

列宁参加毕业考试的希腊文口试。回答下列问题:《伊利亚特》,第 8 章,第 228—246 页;修昔底德,I,38;代词的用法;条件复合句;直接引语变为间接引语的规则;复合否定;阿提卡居民的阶层划分;斯巴达的国家制度;斯巴达人的生活方式。

答案被评为 5 分。

《列宁和辛比尔斯克》,乌里扬诺夫斯克,1968 年,第 66 页。

6 月 6 日(18 日)

列宁参加毕业考试的数学口试:算术解答期票核算问题;代数回答复利和定期存款的计算问题;几何——矩形面积的测量;三角——弧的分度;计算某些弧的三角函数线。答案被评为 5 分。

《列宁和辛比尔斯克》,乌里扬诺夫斯克,1968 年,第 67 页。

6 月 10 日(22 日)

辛比尔斯克中学教务会议向列宁颁发毕业证书,并授予金质奖章。

《列宁和辛比尔斯克》,乌里扬诺夫斯克,1968 年,第 67 —
68 页。

6 月 10 日（22 日）以后

列宁获得第 468 号毕业证书。他在 1887 年 4 月 18 日递交的参加考试申请书上签收："已领到第 468 号毕业证书和其他一切证件及其副本。**弗拉基米尔·乌里扬诺夫**"。

《列宁全集》中文第 2 版增订版第 1 卷第 476 页。

不晚于 6 月中

列宁决定入喀山大学法律系。在辛比尔斯克中学志愿进入大学的八年级学生名单中有弗·伊·列宁的签字："我志愿进入喀山大学法律系。"

《列宁和辛比尔斯克》，乌里扬诺夫斯克，1968 年，第 60 页。

6 月 15 日（27 日）

乌里扬诺夫一家由于要从辛比尔斯克迁居喀山而卖掉莫斯科街的房子。

A.伊万斯基：《青年时代的列宁》，1964 年，第 727 页。

6 月 23 日（7 月 5 日）

因要迁出辛比尔斯克，列宁以玛·亚·乌里扬诺娃的名义（并由她署名）给辛比尔斯克中学校长写申请书，请求准许弟弟德·伊·乌里扬诺夫从中学四年级退学，并发给他证件和 3 个学年的成绩证明，以便在喀山中学继续学习。

《列宁和辛比尔斯克》，乌里扬诺夫斯克，1968 年，第 69 页。

6 月 24 日（7 月 6 日）

列宁领到弟弟的出生证明，并办签收手续："领到编号为 1434 号的德米特里·伊里奇·乌里扬诺夫的出生证。他的哥哥**弗·乌里扬诺夫**"。

《列宁和辛比尔斯克》，乌里扬诺夫斯克，1968 年，第 69 页。

6 月底

关于 1887 年度参加毕业考试并取得毕业证或肄业证者的报告中注明:弗·伊·列宁获得金质奖章,他有"极大的希望在学术上获得进一步的成就",他志愿进入喀山大学法律系。

《列宁和辛比尔斯克》,乌里扬诺夫斯克,1968 年,第 72 页。

6 月底

列宁同母亲玛·亚·乌里扬诺娃和妹妹奥·伊·乌里扬诺娃一起从辛比尔斯克去科库什基诺村。

B.阿列克谢耶夫和 A.施韦尔:《乌里扬诺夫一家在辛比尔斯克(1869—1887 年)》,1925 年,第 55 页;尼·韦列田尼科夫:《沃洛佳·乌里扬诺夫》,1967 年,第 59—60 页。

7 月 3 日(15 日)

由于列宁年满 17 岁而停止向他发放父亲的抚恤金。

《乌里扬诺夫斯克伊·尼·乌里扬诺夫师范学院学报》,第 18 卷,第 3 册,乌里扬诺夫斯克,1963 年,第 64 页。

7 月 29 日(8 月 10 日)以前

列宁因要进入喀山大学,从科库什基诺到达喀山。

《列宁全集》中文第 2 版增订版第 1 卷第 477 页。

7 月 29 日(8 月 10 日)

列宁抄录下列证件副本:出生证明、6 月 10 日(22 日)辛比尔斯克中学发的毕业证书、征兵区登记证以及父亲的履历表。这些证件的副本是升大学所必需的。

苏共中央马列主义研究院中央党务档案馆,第 2 号全宗,第 1 号目录,第 6 号保管单位,第 6、7—16、30 张,第 30 张背面,第 31、32、33—42 张。

列宁向喀山大学校长 H.A.克列姆廖夫递交申请书,请求录取他进入法律系一年级。

中学毕业时的列宁(1887年,辛比尔斯克)

喀山大学

19世纪的彼得堡大学

在申请书上有先后两项看来是校长作出的批示。前一项批示是："待收到鉴定后再定"；后一项是在收到鉴定后写的："录取"。

《列宁全集》中文第 2 版增订版第 1 卷第 477 页；苏共中央马列主义研究院中央党务档案馆，第 2 号全宗，第 1 号目录，第 6 号保管单位，第 2 张。

8 月 10 日（22 日）

辛比尔斯克中学校长费·米·克伦斯基将升入大学的辛比尔斯克中学毕业生的鉴定寄送喀山大学，其中有对列宁的鉴定，称列宁是天分极高、一贯努力认真的学生。克伦斯基写道："无论在校内或校外，乌里扬诺夫的一言一行，从未使学校领导和教师对他有过不好的看法。"

《弗·伊·列宁和鞑靼》，喀山，1964 年，第 125 — 126 页；《列宁和辛比尔斯克》，乌里扬诺夫斯克，1968 年，第 73 — 74 页。

8 月 11 日（23 日）

辛比尔斯克中学校长向喀山学区主管人寄送中学八年级毕业生中"对其思想成熟不容有任何怀疑的"学生名单。其中有列宁。

苏共中央马列主义研究院中央党务档案馆，第 4 号全宗，第 1 号目录，第 9 号保管单位，第 126 张。

8 月 13 日（25 日）

列宁被录取为喀山大学法律系学生。

《弗·伊·列宁和鞑靼》，喀山，1964 年，第 127 页。

8 月 13 日和 25 日（8 月 25 日和 9 月 6 日）之间

列宁领到 1887 — 1888 学年第一学期第 197 号大学学生证，并办签收手续。

《弗·伊·列宁和鞑靼》，喀山，1964 年，第 126 页。

8 月 19 日（31 日）

列宁在喀山大学按字母排列的学生住址登记簿上登记自己的

住址:第一山街罗斯托娃宅(现乌里扬诺夫街 24 号)。

《回忆弗·伊·列宁》,第 1 卷,1968 年,第 27 页;《弗·伊·列宁和鞑靼》,喀山,1964 年,第 30 页。

8 月 25 日(9 月 6 日)

列宁开始在喀山大学听课。

《弗·伊·列宁和鞑靼》,喀山,1964 年,第 295 页。

9 月 2 日(14 日)

列宁进入喀山大学后,在"不加入和不参与任何组织,例如同乡会等,不经直接主管的专门批准,甚至连法律准许的协会也不参加"的责任书上签字。

《弗·伊·列宁和鞑靼》,喀山,1964 年,第 30 页。

9 月—12 月 4 日(16 日)以前

列宁在喀山参加革命学生小组,按照警察司的说法:"此小组之倾向极端有害"。小组在索巴奇巷阿格耶夫的房子(现涅克拉索夫街 22 号)内菲拉托娃的住所和其他地方进行活动。

《列宁全集》中文第 2 版增订版第 42 卷第 551 页;《弗·伊·列宁和鞑靼》,喀山,1964 年,第 133 页;《新世界》杂志,1957 年,第 4 期,第 147 页。

列宁加入萨马拉—辛比尔斯克同乡会。经常去同乡会成员组织的秘密食堂。

《列宁全集》中文第 2 版增订版第 42 卷第 551 页;《乌里扬诺夫斯克社会活动家》,1927 年,第 1 期,第 27—28 页。

10 月 6 日(18 日)以前

列宁在第一学期报名听下列课程:神学教授米洛维多夫——4 讲;正式教授扎戈斯金的《俄国法史》——6 讲、《法学通论》——2 讲;兼职教授多尔米东托夫的《罗马法史》——5 讲;奥尔洛夫的

《英语》——3 讲。

《弗·伊·列宁和鞑靼》,喀山,1964 年,第 31 页。

10 月 6 日(18 日)

列宁向喀山大学学监提交缴纳 1887 — 1888 学年听课费的证明。

《弗·伊·列宁和鞑靼》,喀山,1964 年,第 31 页。

11 月 3 日(15 日)以前

列宁和全家一起迁入新委员部街索洛维约娃家的房子(现科姆列夫街 15 号)居住。住所在楼下。

《回忆弗·伊·列宁》,第 1 卷,1968 年,第 27 页;《弗·伊·列宁和鞑靼》,喀山,1964 年,第 30 页;苏共中央马列主义研究院中央党务档案馆,第 13 号全宗,第 1 号目录,第 13 号保管单位,第 30 张;第 273 号保管单位,第 5—6 张。

11 月 3 日、4 日、10 日、11 日、18 日、23 日、25 日、26 日(11 月 15 日、16 日、22 日、23 日、30 日,12 月 5 日、7 日、8 日)

列宁在喀山大学听课。

《新世界》杂志,1957 年,第 4 期,第 146 页。

12 月 1 日(13 日)以前

喀山大学辛比尔斯克学生同乡会成员选派列宁作为参加全校同乡会联合会的代表。

苏共中央马列主义研究院中央党务档案馆,第 14 号全宗,第 1 号目录,第 110 号保管单位,第 13 张;《乌里扬诺夫斯克伊·尼·乌里扬诺夫师范学院学报》,第 18 卷,第 3 册,乌里扬诺夫斯克,1963 年,第 78 页。

12 月 1 日(13 日)

列宁作为萨马拉—辛比尔斯克同乡会代表,参加喀山大学和兽医学院同乡会秘密代表会议。会议听取了莫斯科大学生代表关于 1887 年 11 月底莫斯科学潮的情况介绍。会上通过了告喀山全市大学生书,同时指定 12 月 4 日(16 日)为学生行动的日期。

《红色文献》杂志,1934 年,第 1 期,第 58—59 页;《国立喀山弗·伊·乌里扬诺夫-列宁大学学报》,第 114 卷,第 9 册,喀山,1954 年,第 16—17 页;《乌里扬诺夫斯克伊·尼·乌里扬诺夫师范学院学报》,第 18 卷,第 3 册,乌里扬诺夫斯克,1963 年,第 79 页。

12 月 4 日(16 日)

列宁参加在喀山大学为声援在莫斯科发动的学生运动而召开的学生集会。这次学生运动的目的在于反对反动的 1884 年大学章程和国民教育大臣 1887 年 6 月 18 日发布的禁止"车夫、仆役、厨师、洗衣妇、小商贩以及此类人等"的子女进入中学和初级中学的通告。

集会结束以后,下午 4 时许,列宁是最先一个把自己的学生证退还给学校的。

喀山学区督学在为被大学开除的学生所作的鉴定中写道:弗拉基米尔·乌里扬诺夫"在集会前两天就使人怀疑他在准备进行某种不良的活动:他长时间在吸烟室逗留,同泽格日达、拉德金等人交谈,回家一趟,又返回来,受他人委托带回某些东西,并就某些问题窃窃私语;12 月 4 日他是第一批冲进大礼堂的,并和波良斯基一起最先从二楼走廊跑过去。鉴于乌里扬诺夫的家庭所处的特殊状况,他在集会中所持的这种态度使学监部门有理由认为,他完全有可能进行各种非法的、甚至犯罪的示威活动"。

《列宁文集》俄文版第 2 卷第 441—442 页;《红色文献》杂志,1934 年,第 1 期,第 55,64 页;《回忆弗·伊·列宁》,第 1 卷,1968 年,第 27—28 页。

喀山大学学监 Н.Г.波塔波夫向喀山学区督学 П.Н.马斯连尼

科夫呈交参加集会的学生名单,其中列有 153 人。名单中姓名旁
边划有两个或三个加号的学生均被大学开除。名单中第 139 号下
注明:"乌里扬诺夫,弗拉基米尔·伊里奇,法律系＋＋＋——12
月 4 日被开除"。

A.伊万斯基:《青年时代的列宁》,1964 年,第 393 页。

喀山学区督学向喀山大学校长递交报告书,要求将参加集会
的大学生从大学开除。在列入名单的学生当中有弗·伊·乌里扬
诺夫。

苏共中央马列主义研究院中央党务档案馆,第 2 号全宗,第 1
号目录,第 6 号保管单位,第 20 张,第 20 张背面,第 21 张;第
4 号全宗,第 1 号目录,第 17 号保管单位,第 12、13 张;第 19
号保管单位,第 2 张;《莫斯科》杂志,1958 年,第 4 期,第 25—
26 页;A.伊万斯基:《青年时代的列宁》,1964 年,第 393—
394 页。

12 月 4 日或 5 日(16 日或 17 日)

喀山大学校长 H.A.克列姆廖夫签署"参加 1887 年 12 月 4 日
集会,在退出礼堂时交出学生证,并声明愿意离开大学的学生名
单",第 83 号下写着列宁的姓名。

苏共中央马列主义研究院中央党务档案馆,第 4 号全宗,第 1
号目录,第 16 号保管单位,第 120 张;第 17 号保管单位,第 56
张背面。

12 月 4 日(16 日)夜至 5 日(17 日)凌晨

列宁因参加学潮被捕入狱。

《列宁全集》中文第 2 版增订版第 30 卷第 417 页;《回忆弗·
伊·列宁》,第 1 卷,1968 年,第 27—28 页;《星火》杂志,1926
年,第 11 期,第 5 页;《红色文献》杂志,1934 年,第 1 期,第
61 页。

12 月 5 日(17 日)

列宁给喀山大学校长 H.A.克列姆廖夫写申请书要求退学,因

为在现有的大学生活条件下无法继续学习。

《列宁全集》中文第 2 版增订版第 1 卷第 478 页。

列宁收到喀山大学学生图书馆和主图书馆关于他所借图书已经还清的证明。

《弗·伊·列宁和鞑靼》,喀山,1964 年,第 126 页。

喀山大学校委会根据学区督学的建议作出决定,将列宁和其他参加 12 月 4 日(16 日)集会的学生从大学开除。

苏共中央马列主义研究院中央党务档案馆,第 2 号全宗,第 1
号目录,第 6 号保管单位,第 21 张;《弗·伊·列宁和鞑靼》,
喀山,1964 年,第 129 页。

12 月 7 日(19 日)

列宁接到喀山大学的开除通知书。

《弗·伊·列宁和鞑靼》,喀山,1964 年,第 127—128 页。

12 月 7 日(19 日)晚

列宁由喀山被放逐到喀山省莱舍夫县科库什基诺村,受警察暗中监视。

傍晚,列宁同母亲玛·亚·乌里扬诺娃和妹妹玛·伊·乌里扬诺娃一起乘马车离开喀山。他们被警察一直跟随到出城关卡。

《红色文献》杂志,1934 年,第 1 期,第 70 页;《回忆弗·伊·
列宁》,第 1 卷,1968 年,第 138 页;《弗·伊·列宁和鞑靼》,
喀山,1964 年,第 130 页。

12 月 7 日(19 日)以后—1888 年夏

列宁住在科库什基诺村,大量阅读书籍,特别是尼·加·车尔尼雪夫斯基、尼·亚·杜勃罗留波夫、尼·阿·涅克拉索夫、米·叶·萨尔蒂科夫-谢德林、格·伊·乌斯宾斯基的作品;阅读《同时代人》、《俄罗斯言论》、《祖国纪事》、《欧洲通报》、《俄国财富》等杂志;学习大学课程,打算返回大学。

《回忆弗·伊·列宁》,第 1 卷,1968 年,第 28—29、97—98 页;《文学问题》杂志,1957 年,第 8 期,第 132、133—134 页。

12 月 7 日(19 日)以后

列宁给一个升入南方某大学的中学同学写信,讲述 1887 年 12 月喀山的学生运动情况,请他告知他所在大学的状况。

安娜·伊里尼奇娜警告说,这样直言不讳的信件可能损害这个同学的名誉。在她的坚持下,弗拉基米尔·伊里奇把信销毁了。

《回忆弗·伊·列宁》,第 1 卷,1968 年,第 28—29 页。

12 月 8 日(20 日)

喀山大学学监将包括列宁在内的被大学开除的学生名单告知警察局长,并要求没收他们的居住证明和学生证。

《弗·伊·列宁和鞑靼》,喀山,1964 年,第 128—129 页。

12 月 9 日(21 日)

喀山大学校委会将列宁因参加 12 月 4 日(16 日)集会被开除一事通知法律系。

《弗·伊·列宁和鞑靼》,喀山,1964 年,第 129—130 页。

12 月 21 日(1888 年 1 月 2 日)

喀山省宪兵局局长要求喀山大学学监提供到辛比尔斯克去的被开除学生的笔迹样本。

学监将列宁的一份申请书作为笔迹样本送出。

苏共中央马列主义研究院中央党务档案馆,第 4 号全宗,第 1 号目录,第 14 号保管单位,第 61 张;《莫斯科》杂志,1958 年,第 4 期,第 33—34 页。

12 月 27 日（**1888 年 1 月 8 日**）

警察开始暗中监视弗·伊·列宁。

《红色文献》杂志,1934 年,第 1 期,第 68 页;《弗·伊·列宁和萨马拉》,古比雪夫,1966 年,第 243 页。

12 月 30 日（**1888 年 1 月 11 日**）

喀山学区督学向国民教育大臣呈报因参加学生闹事而被开除的学生名单。第 41 号下写着列宁的姓名。

苏共中央马列主义研究院中央党务档案馆,第 4 号全宗,第 1 号目录,第 16 号保管单位,第 232—233 张。

1888 年

1 月 25 日（2 月 6 日）

喀山省宪兵局局长请求喀山省省长对 1887 年 12 月 7 日（19 日）放逐到莱舍夫县科库什基诺村的列宁实行严格的秘密监视，因为他"参加了并且有可能继续积极参加在喀山青年学生当中组织革命小组的活动"。在文件上有批示："知照莱舍夫县警察局长"。

苏共中央马列主义研究院中央党务档案馆，第 4 号全宗，第 1 号目录，第 1 号保管单位，第 2 张；《弗·伊·列宁和鞑靼》，喀山，1964 年，第 130 页。

1 月 27 日（2 月 8 日）

在喀山省省长给莱舍夫县警察局长的命令中指出，对列宁和去看望列宁的人立即实行最严格的秘密监视，检查他现在和将来同谁通信。有关监视结果应报告喀山省宪兵局局长和省长本人。

《弗·伊·列宁和鞑靼》，喀山，1964 年，第 131—132 页。

2 月 8 日（20 日）

喀山省宪兵局局长编写有关列宁的警察局登记表，并把对他实行警察暗中监视的情况呈报警察司。

《弗·伊·列宁和鞑靼》，喀山，1964 年，第 132 页。

2 月 13 日（25 日）

辛比尔斯克中学校长费·米·克伦斯基致函喀山学区督学，

说明中学对学生、尤其是对列宁所采取的培养方式。克伦斯基力图推卸由于原辛比尔斯克中学学生参加革命活动所应承担的责任，他写道：弗拉基米尔·乌里扬诺夫"可能陷于精神错乱状态，因为不幸的家庭曾遭受变故，这可能会对这个敏感的青年产生有害的影响"（指的是亚历山大·伊里奇被处死刑一事）。

《列宁和辛比尔斯克》，乌里扬诺夫斯克，1968 年，第 467 — 469 页。

4 月 20 日（5 月 2 日）

列宁秘密去喀山后返回科库什基诺村，告诉安·伊·乌里扬诺娃-叶利扎罗娃说，在彼得堡有 40 人被大学开除，大多数是法律系三、四年级学生。

苏共中央马列主义研究院中央党务档案馆，第 13 号全宗，第 1 号目录，第 273 号保管单位，第 14 张；《新世界》杂志，1957 年，第 4 期，第 148 页。

5 月 9 日（21 日）

列宁向国民教育大臣递交申请书，请求重返喀山大学。在收到喀山学区督学关于弗拉基米尔·伊里奇的详细鉴定后，这项请求被驳回。

在同一天，玛·亚·乌里扬诺娃就此事向警察司司长彼·尼·杜尔诺沃递交申请书。在玛·亚·乌里扬诺娃的信上，有如下批语："难望能作出有利于乌里扬诺夫的决定"。

《列宁全集》中文第 2 版增订版第 1 卷第 479 页；《弗·伊·列宁和鞑靼》，喀山，1964 年，第 133 页。

6 月 14 日（26 日）

因列宁提出申请希望能在喀山大学继续学习，喀山学区督学根据国民教育司的要求，为列宁及其家庭作出详细鉴定，鉴定的结尾写道:"尽管他有杰出的才能和丰富的知识,但无论从道德方面还是从政治方面来说,暂时都还不能认为他是一个可靠的人。"

在这一文件上还有国民教育司司长的批语:"呈报。此人不就是那个乌里扬诺夫的弟弟吗?不也是辛比尔斯克中学的吗?是的,这从文件的末尾可以看出。绝对不应接受。"并附有他的批示:"根据 6 月 22 日给大臣先生的报告,大臣阁下命令拒绝申请人的请求。"

> 《列宁全集》中文第 2 版增订版第 1 卷第 521 页;《弗·伊·列宁和喀山》,喀山,1964 年,第 134—135 页。

7 月 15 日(27 日)

玛·亚·乌里扬诺娃再次向警察司司长递交申请书,请求准许列宁进入喀山大学。

警察司司长在回复申请书时知照喀山省省长说,该司认为接受弗拉基米尔·伊里奇重返喀山大学为时尚早。

> 《弗·伊·列宁和喀山》,喀山,1964 年,第 135、136—137 页;《莫斯科》杂志,1958 年,第 4 期,第 47—48 页。

7 月 27 日(8 月 8 日)

列宁在科库什基诺村参加表姐 A.伊·韦列田尼科娃的葬礼。

> 鞑靼苏维埃社会主义自治共和国中央国家档案馆,第 4 号全宗,第 496 号案卷,第 323 张。

8 月 19 日(31 日)

经宫廷事务部办公厅决定,列宁被列入因各种过失被开除而禁止担任国家公职的人员黑名册。

> 《弗·伊·列宁和喀山》,喀山,1964 年,第 137 页。

8 月 31 日(9 月 12 日)

在国民教育大臣 И.Д.杰利亚诺夫来喀山期间,玛·亚·乌里扬诺娃再次递交申请书,请求准许列宁进入下列任何一所俄国大学:莫斯科大学、基辅大学、哈尔科夫大学或杰尔普特大学。

这项请求被大臣驳回。

> 苏共中央马列主义研究院中央党务档案馆,第 11 号全宗,第 2 号目录,第 20 号保管单位,第 20、21 张;《弗·伊·列宁和鞑靼》,喀山,1964 年,第 138 页。

9 月 6 日(18 日)

列宁给内务大臣写申请书,请求准许出国继续求学。

9 月 16 日(28 日)警察司司长致函喀山省省长,告知申请人的请求被驳回。

> 《列宁全集》中文第 2 版增订版第 1 卷第 480 页;《红色文献》杂志,1934 年,第 1 期,第 67 页。

9 月 14 日(26 日)以前

列宁写信给尼·加·车尔尼雪夫斯基。没有收到回信。

> 《文学问题》杂志,1957 年,第 8 期,第 133 页。

9 月,14 日(26 日)以前

列宁同母亲玛·亚·乌里扬诺娃和弟弟德米特里·伊里奇一起迁居喀山。

全家迁入第一山街奥尔洛夫的房子(现乌里扬诺夫街 58 号)内①。

> 《弗·伊·列宁和鞑靼》,喀山,1964 年,第 319 页;《苏共历史问题》杂志,1960 年,第 6 期,第 171 页。

9 月 30 日(10 月 12 日)

喀山省省长把警察司拒绝列宁出国继续求学的请求一事知照警察局长,指示向列宁宣布此项命令,并要求:"如此人离开喀山,

---

① 1937 年这所房子改建为弗·伊·列宁故居纪念馆。——俄文编者注

应立即报告其去向"。

苏共中央马列主义研究院中央党务档案馆,第 4 号全宗,第 3 号目录,第 1 号保管单位,第 6 张。

11 月 7 日(19 日)

列宁同妹妹奥·伊·乌里扬诺娃一起观看古诺的歌剧《浮士德》。

《回忆弗·伊·列宁》,第 1 卷,1968 年,第 117 页;《星火》杂志,1962 年,第 17 期,第 25 页。

秋天——1889 年 5 月以前

列宁在喀山参加尼·叶·费多谢耶夫组织的一个马克思主义小组,出席小组会议,参加对一些报告的讨论。

《列宁全集》中文第 2 版增订版第 43 卷第 320 页;《回忆弗·伊·列宁》,第 1 卷,1968 年,第 31 页;И.康德拉季耶夫:《列宁在喀山》,第 2 版,喀山,1962 年,第 81、84—85、86 页。

12 月 11 日(23 日)

列宁和弟弟德·伊·乌里扬诺夫在喀山歌剧院观看法国作曲家雅克·阿列维的歌剧《红衣主教之女》。

《回忆弗·伊·列宁》,第 1 卷,1968 年,第 115 页;《戏剧》杂志,1963 年,第 4 期,第 22 页。

冬天

列宁利用大量时间攻读马克思主义文献;阅读卡·马克思《资本论》第 1 卷及马克思和恩格斯的其他著作,并作摘要;研究查·达尔文、亨·巴克尔、大卫·李嘉图及其他思想家的著作。

《回忆弗·伊·列宁》,第 1 卷,1968 年,第 30 页;《国立喀山弗·伊·乌里扬诺夫-列宁大学学报》,第 114 卷,第 9 册,喀山,1954 年,第 26 页。

列宁拜访民意党运动的参加者 М.П.切特韦尔戈娃,她住在彼得罗巴甫洛夫斯克街（现穆萨·扎利尔街 1/36 号）。

　　　　　　　　　　　《回忆弗·伊·列宁》，第 1 卷，1968 年，第 30 页；《新世界》杂
　　　　　　　　　　　志，1957 年，第 4 期，第 147 页；1959 年，第 4 期，第 195 页。

　　列宁在喀山经常出席在被喀山大学开除的学生叶·契里科夫住所举行的革命进步青年的集会。

　　　　　　　　　　　《回忆弗·伊·列宁》，第 1 卷，1968 年，第 30 页。

　　列宁经常同表兄弟 A.亚·阿尔达舍夫一起去象棋俱乐部。在家里常和德米特里·伊里奇下棋，并与萨马拉象棋手安·尼·哈尔金通信交流棋艺。

　　　　　　　　　　　《回忆弗·伊·列宁》，第 1 卷，1968 年，第 106—107 页。

1889 年

1 月—2 月

玛·亚·乌里扬诺娃用卖掉辛比尔斯克的房子所得的钱,在萨马拉省博格丹诺沃乡阿拉卡耶夫卡村附近买下一处不大的田庄。

《回忆弗·伊·列宁》,第 1 卷,1968 年,第 31、150 — 151 页;《弗·伊·列宁和萨马拉》,古比雪夫,1966 年,第 227 页。

4 月 29 日(5 月 11 日)

列宁收到第 108 号诊断书。喀山大学医学系教授 Н.И.科托夫希科夫和市内医生 А.И.斯米尔诺夫在诊断书中指出,弗拉基米尔·伊里奇患有胃病,为了治疗,他必须饮用碱性水,最好是法国的维希矿泉水。

《弗·伊·列宁和鞑靼》,喀山,1964 年,第 141 页。

5 月 3 日(15 日)

列宁同全家从喀山迁居阿拉卡耶夫卡村附近的田庄。

苏共中央马列主义研究院中央党务档案馆,第 4 号全宗,第 3 号目录,第 5 号保管单位,第 8 张,第 8 张背面;《弗·伊·列宁和萨马拉》,古比雪夫,1966 年,第 228 页。

5 月 13 日(25 日)以前

列宁向喀山省省长递交申请书,请求准许发给他出国护照,以便出国就医,同时附上病情诊断书。

在申请书上有如下批示："拟驳回,因为他可以去高加索(叶先图基第 17 号矿泉)"。

《弗·伊·列宁和鞑靼》,喀山,1964 年,第 142 页。

5 月 18 日、21 日、24 日、26 日、28 日,6 月 1 日、3 日、6 日、8 日、10 日(5 月 30 日,6 月 2 日、5 日、7 日、9 日、13 日、15 日、18 日、20 日、22 日)

《萨马拉报》上登载列宁想要教课的广告:"前大学生想要授课,可登门。来信请寄:沃兹涅先斯克街绍什金娜宅,叶利扎罗夫收转弗·乌·"。

《萨马拉报》,1889 年 5 月 18、21、24、26、28 日、6 月 1、3、6、8、10 日,第 107、109、111、113、115、117、119、121、123、125 号。

6 月 14 日(26 日)

列宁接到萨马拉省省长关于拒绝发给他出国护照的通知,并在上面签字:"弗拉基米尔·乌里扬诺夫阅"。

《弗·伊·列宁和萨马拉》,古比雪夫,1966 年,第 230 页。

6 月 23 日(7 月 5 日)

萨马拉省宪兵局局长给警察司的秘密报告指出,5 月 4 日(16)日乌里扬诺夫一家迁至阿拉卡耶夫卡村附近的田庄,其中有弗拉基米尔·伊里奇(受警察暗中监视)、玛丽亚·亚历山德罗夫娜、安娜·伊里尼奇娜(受警察公开监视)、奥丽珈·伊里尼奇娜、玛丽亚·伊里尼奇娜,以及马尔克·季莫费耶维奇·叶利扎罗夫("此人在政治上未必可靠")。对乌里扬诺夫一家监视结果未发现有任何不轨行为。

《弗·伊·列宁和萨马拉》,古比雪夫,1966 年,第 230 页。

7 月 13 日（25 日）

尼·叶·费多谢耶夫和他在喀山组织的一些马克思主义小组的成员被捕，其中包括列宁所在小组的成员。

《列宁全集》中文第 2 版增订版第 43 卷第 320 页；《回忆弗·伊·列宁》，第 1 卷，1968 年，第 31 页；《无产阶级革命》杂志，1923 年，第 8 期，第 63 页；《红色史料》杂志，1923 年，第 7 期，第 287 页。

7 月 28 日（8 月 9 日）

列宁在特罗斯强卡村作为证婚人出席姐姐安娜·伊里尼奇娜和马尔克·季莫费耶维奇·叶利扎罗夫的婚礼。

苏共中央马列主义研究院中央党务档案馆，第 13 号全宗，第 1 号目录，第 5 号保管单位。

9 月 5 日（17 日）

列宁同全家迁居萨马拉（现古比雪夫），住在警察广场库拉金的房子（现斯捷潘·拉辛街 10 号）里。

《弗·伊·列宁和萨马拉》，古比雪夫，1966 年，第 231 页；И. 叶尔卡诺夫：《亲切而珍贵的……　列宁在古比雪夫州住过的地方》，古比雪夫，1969 年，第 27 — 32 页。

省宪兵局局长发公函给萨马拉警察局长，告知乌里扬诺夫一家已从阿拉卡耶夫卡村附近的田庄去萨马拉；命令二区警察分局局长对列宁实行最严密的监视。

《弗·伊·列宁和萨马拉》，古比雪夫，1966 年，第 231 页。

1889 年 9 月 5 日（17 日）和 1893 年 8 月 20 日（9 月 1 日）之间

列宁研究瓦·沃·（瓦·巴·沃龙佐夫）的《俄国资本主义的命运》一书，在书中作批注、计算和着重标记。后来，他在《什么是"人民之友"以及他们如何攻击社会民主党人？》和《俄国资本主义的发展》这两部著作中，对该书进行了批判。

苏共中央马列主义研究院中央党务档案馆,第 2 号全宗,第 1 号目录,第 12 号保管单位;《列宁文集》俄文版第 33 卷第 26—27 页;《无产阶级革命》杂志,1940 年,第 1 期,第 23 页。

9 月 5 日(17 日)以后

列宁结识瓦·安·约诺夫。瓦·安·约诺夫在当时持民意党人的立场。

《回忆弗·伊·列宁》,第 1 卷,1968 年,第 34 页。

列宁结识萨马拉革命小组第一批组织者之一的阿·巴·斯克利亚连科,以及斯克利亚连科小组成员 М.И.谢苗诺夫(布兰)。

《回忆弗·伊·列宁》,第 1 卷,1968 年,第 34 页;阿·别利亚科夫:《领袖的青少年时代》,1960 年,第 30 页;《弗·伊·列宁和萨马拉》,古比雪夫,1966 年,第 338 页。

9 月 28 日(10 月 10 日)

玛·亚·乌里扬诺娃写信给伊里亚·尼古拉耶维奇·乌里扬诺夫的好友——喀山大学教授 Н.И.伊利明斯基,请他帮助弗拉基米尔·伊里奇重返喀山大学。

苏共中央马列主义研究院中央党务档案馆,第 11 号全宗,第 2 号目录,第 20 号保管单位,第 22—23 张;《弗·伊·列宁和鞑靼》,喀山,1964 年,第 143 页。

萨马拉市一区警察分局局长在给市警察局长的报告中称,对弗·伊·列宁已实行"最严密的警察监视"。

《弗·伊·列宁和萨马拉》,古比雪夫,1966 年,第 232 页。

9 月—1893 年 8 月 20 日(9 月 1 日)以前

列宁在设于贵族街赫里斯坚津的房子(现古比雪夫街 95 号)内的萨马拉公共图书馆从事研究工作,用安·伊·乌里扬诺娃-叶利扎罗娃的借书证借书回家。

同时,他还在贵族会议图书馆借阅图书。

《弗·伊·列宁和萨马拉》,古比雪夫,1966 年,第 332 —
333 页。

10 月 10 日(22 日)

列宁在萨马拉同全家迁至复活街卡特科夫的房子(现少先队
街 6 号)内。

《回忆弗·伊·列宁》,第 1 卷,1968 年,第 107 页;《新世界》
杂志,1957 年,第 4 期,第 151 页。

10 月 17 日(29 日)以后

列宁获悉尼·加·车尔尼雪夫斯基逝世,在他的照片上题词:
"1889 年 10 月 17 日卒于萨拉托夫"。

苏共中央马列主义研究院中央党务档案馆,第 2 号全宗,第 1
号目录,第 13 号保管单位;《回忆弗·伊·列宁》,第 1 卷,
1968 年,第 241 页。

10 月 28 日(11 月 9 日)

列宁向国民教育大臣递交申请书,请求准许以校外考生资格
参加任何一所高等学校法学副博士考试。

在申请书上有如下批示:"向督学和警察司查询此人情况,他
是否是坏人。警察司可能已获悉他在那里干些什么"。

《列宁全集》中文第 2 版增订版第 1 卷第 481 页;苏共中央马
列主义研究院中央党务档案馆,第 2 号全宗,第 1 号目录,第
14 号保管单位,第 1 张。

10 月 31 日(11 月 12 日)

由于列宁从阿拉卡耶夫卡村附近的田庄迁到城里,萨马拉县
警察局长决定将有关列宁的往来公函全部寄呈萨马拉市警察
局长。

苏共中央马列主义研究院中央党务档案馆,第 4 号全宗,第 3
号目录,第 5 号保管单位,第 12 张;《弗·伊·列宁和萨马
拉》,古比雪夫,1966 年,第 237—238 页。

11 月 11 日（23 日）

国民教育部向警察司查询列宁在政治上是否可靠,并要求作出他能否以校外考生资格在某所高等学校参加法学副博士考试的决定。警察司对此查询回复说:乌里扬诺夫在喀山期间曾和一些政治上不可靠的分子来往。

弗拉基米尔·伊里奇的请求被驳回。

> 苏共中央马列主义研究院中央党务档案馆,第 2 号全宗,第 1 号目录,第 14 号保管单位,第 7 张,第 7 张背面;第 4 号全宗,第 3 号目录,第 11 号保管单位,第 11、12 张;《红色文献》杂志,1934 年,第 1 期,第 69 页。

秋天

列宁前往喀山。

> 苏共中央马列主义研究院中央党务档案馆,第 13 号全宗,第 1 号目录,第 357 号保管单位,第 1 张;《苏维埃鞑靼报》,喀山,1967 年 3 月 26 日,第 73 号。

12 月初

列宁在萨马拉阿·巴·斯克利亚连科的住所结识萨马拉省察廖夫希纳村的教师阿·亚·别利亚科夫。

> 阿·别利亚科夫:《领袖的青少年时代》,1960 年,第 30 页。

12 月 2 日（14 日）以前—1890 年冬

列宁检查弟弟德米特里·伊里奇学习外语的情况。

> 《弗·伊·列宁和萨马拉》,古比雪夫,1966 年,第 241—242、244 页。

12 月,20 日（1890 年 1 月 1 日）以后

列宁在阿·巴·斯克利亚连科的住所见到新民意党人 M.B.萨布纳耶夫。萨布纳耶夫跑遍伏尔加河流域,他来萨马拉是为了组织萨马拉新民意党人小组。列宁批判了萨布纳耶夫的观点。

阿·别利亚科夫：《领袖的青少年时代》,1960 年,第 31—36 页。

1889 年冬—1890 年

列宁在萨马拉结识阿·安·普列奥布拉任斯基,他是萨马拉省沙尔涅利田庄农业移民营的成员。该田庄距阿拉卡耶夫卡 3 俄里。

《回忆弗·伊·列宁》,第 3 册,1960 年,第 15 页。

1889 年底—1890 年春

列宁研究卡·马克思的《资本论》,给斯克利亚连科小组成员讲课。

阿·别利亚科夫：《领袖的青少年时代》,1960 年,第 39 页；《弗·伊·列宁和萨马拉》,古比雪夫,1966 年,第 336 页。

1889 年底—1890 年

列宁在萨马拉继续研究马克思和恩格斯的著作,翻译《共产党宣言》,随后在萨马拉和塞兹兰的秘密小组中宣读。译稿没有保存下来,塞兹兰小组一个组员的母亲因为害怕搜查而把它销毁了。

《回忆弗·伊·列宁》,第 1 卷,1968 年,第 157—158 页。

1889 年底—1893 年 8 月 20 日(9 月 1 日)以前

列宁研究《哲学的贫困》、《反杜林论》、《德意志意识形态》、《英国工人阶级状况》以及卡·马克思和弗·恩格斯的其他著作。其中许多著作当时只有德文本和法文本。

《回忆弗·伊·列宁》,第 1 卷,1968 年,第 32、33 页；《弗·伊·列宁和萨马拉》,古比雪夫,1966 年,第 346—347 页；《回忆弗·伊·列宁》,第 1 册,1956 年,第 120 页；娜·康·克鲁普斯卡娅：《论列宁》,1965 年,第 310 页。

列宁在萨马拉经常拜访民意党人 A.И.利瓦诺夫和 B.Ю.维滕一家,他们住在花园街和先驱街拐角戈尔杰耶夫的房子(现花园街和涅克拉索夫街拐角 83/90 号)里,列宁还经常拜访老民粹派分子尼·斯·多尔戈夫,他住在萨拉托夫街基恰耶娃的房子(现伏龙芝街 173 号)里。列宁细心地听他们讲述对民粹派分子和民意党人的审讯过程,进行秘密活动的方法,监狱中的生活条件以及与狱外同志联系的办法等情况。

《回忆弗·伊·列宁》,第 1 卷,1968 年,第 34 页;第 2 卷,1969 年,第 34 页;И.叶尔卡诺夫:《亲切而珍贵的……　列宁在古比雪夫州住过的地方》,古比雪夫,1969 年,第 66—71 页。

1890 年

1 月

列宁在贵族街商业俱乐部(现古比雪夫街 104 号)参加演员 B.C.米罗柳博夫的告别演出会。晚会被用来同有革命思想的进步青年会面。

> И.叶尔卡诺夫:《亲切而珍贵的…… 列宁在古比雪夫州住过的地方》,古比雪夫,1969 年,第 140—141 页;阿·别利亚科夫:《领袖的青少年时代》,1960 年,第 40—41 页。

5 月 8 日—11 日(20 日—23 日)

列宁和阿·巴·斯克利亚连科小组成员 И.А.库兹涅佐夫、B.B.萨维茨基、Н.Я.波列扎耶夫、阿·亚·别利亚科夫一起沿伏尔加河和乌萨河进行"环球旅行"。

> 阿·别利亚科夫:《领袖的青少年时代》,1960 年,第 43—60 页;《回忆弗·伊·列宁》,第 2 卷,1969 年,第 173 页;《弗·伊·列宁和萨马拉》,古比雪夫,1966 年,第 341—342 页。

5 月 8 日(20 日)早 8 时 30 分

列宁及其同伴来到一个很大的商业村——叶卡捷琳诺夫卡,去了 А.П.涅恰耶夫家。弗拉基米尔·伊里奇和涅恰耶夫的父亲交谈,谈到村社的分化,农业中资本主义的增长,以及大多数农民破产等问题。

> 阿·别利亚科夫:《领袖的青少年时代》,1960 年,第 45—47 页。

5 月 10 日（22 日）

列宁和阿·巴·斯克利亚连科小组成员一起参观察廖夫希纳村（现伏尔加斯基镇），在山岭街（现苏维埃街）瓦西里·克尼亚泽夫的家中稍作停留，会见旧布扬村的农民阿莫斯·普罗科菲耶维奇和科别利马村的农民彼得·叶弗列莫夫（叶尔菲雷奇）。

> 阿·别利亚科夫：《领袖的青少年时代》，1960 年，第 55 — 60 页；И.叶尔卡诺夫：《亲切而珍贵的…… 列宁在古比雪夫州住过的地方》，古比雪夫，1969 年，第 132 — 136 页。

5 月 12 日（24 日）

玛·亚·乌里扬诺娃致函警察司，请求准许她的儿子弗拉基米尔升入一所大学，或以校外考生资格参加国家考试。

> 苏共中央马列主义研究院中央党务档案馆，第 4 号全宗，第 3 号目录，第 11 号保管单位，第 16、17 张；第 11 号全宗，第 2 号目录，第 20 号保管单位，第 26 — 27 张。

5 月 14 日（26 日）以前

乌里扬诺夫一家迁至邮政街和索科利尼基街（现工人街和列宁街）拐角雷季科夫的房子内①。

> 《弗·伊·列宁和萨马拉》，古比雪夫，1966 年，第 244 — 245 页。

5 月 14 日（26 日）以后

列宁结识塞兹兰革命小组的组织者之一——阿·伊·叶拉马索夫。

> 苏共中央马列主义研究院中央党务档案馆，第 14 号全宗，第 1 号目录，第 175 号保管单位，第 3 张；《回忆弗·伊·列宁》，第 1 卷，1968 年，第 156 — 157 页。

---

① 1939 年这所房子改建为弗·伊·列宁故居纪念馆。——俄文编者注

5 月 17 日（29 日）

玛·亚·乌里扬诺娃向国民教育大臣递交申请书,请求准许她的儿子进入俄国任何一所大学,或以校外考生资格参加法律系考试。

国民教育司回复此项申请,准许弗拉基米尔·伊里奇以校外考生资格在一所按 1884 年章程管理的大学所属之考试委员会参加考试。

《红色史料》杂志,1924 年,第 2 期,第 35 页;《弗·伊·列宁和萨马拉》,古比雪夫,1966 年,第 245—247 页。

5 月 22 日（6 月 3 日）

萨马拉省宪兵局局长要求萨马拉警察局长报告有关列宁在萨马拉居住期间的活动、社交、职业以及政治可靠程度等项情况。

奉命执行该项任务的萨马拉一区和三区警察分局局长答复说:列宁居住在他们所管辖的地区期间,未发现有任何不轨行为。

《弗·伊·列宁和萨马拉》,1966 年,第 247—249 页。

5 月 31 日（6 月 12 日）

萨马拉省宪兵局局长报告警察司:列宁在萨马拉居住期间没有固定职业,在政治方面未发现有任何问题,但与"值得怀疑的分子"有交往。

《弗·伊·列宁和萨马拉》,古比雪夫,1966 年,第 249 页;苏共中央马列主义研究院中央党务档案馆,第 4 号全宗,第 3 号目录,第 11 号保管单位,第 20 张。

春天

因受警察监视,列宁和阿·巴·斯克利亚连科小组成员利用乘船游览伏尔加河和萨马拉河的机会进行活动。在一次旅行中,他们听取了被大学开除的学生威·阿·布赫霍尔茨所作的题为《关于幸福的伦理学学说的基础》的报告,并进行了讨论。

《弗·伊·列宁和萨马拉》,古比雪夫,1966 年,第 340 — 341 页;阿·别利亚科夫:《领袖的青少年时代》,1960 年,第 92 — 93 页。

6 月 12 日(24 日)

列宁给国民教育大臣写申请书,请求准许在彼得堡大学考试委员会参加法律系各科考试。

《列宁全集》中文第 2 版增订版第 1 卷第 482 页。

1890 年 6 月 12 日(24 日)和 1891 年 4 月 5 日(17 日)之间

因准备国家考试,列宁研究亚·德·格拉多夫斯基的《俄国国家法原理》(1—3 卷),在书中标出重点,并在空白处作摘记。

苏共中央马列主义研究院中央党务档案馆,第 2 号全宗,第 1 号目录,第 16、17、18 号保管单位;《克里姆林宫的弗·伊·列宁藏书》,1961 年,第 365 页。

7 月 9 日(21 日)

警察司司长在致萨马拉省省长的公函中,要求通知玛·亚·乌里扬诺娃:就她提出请求准许她儿子弗拉基米尔完成中辍的学业一事,弗拉基米尔应向教育主管部门递交申请书,请予准许进入一所大学,“在教育主管部门征求意见时,警察司将予以相应之答复”。

《弗·伊·列宁和萨马拉》,古比雪夫,1966 年,第 251 页。

夏天—8 月 19 日(31 日)以前

列宁和全家一起住在阿拉卡耶夫卡村附近的田庄。他时常在傍晚拜访沙尔涅利田庄的阿·安·普列奥布拉任斯基。他们在谈话中就资本主义制度下的农民状况问题展开争论。列宁向普列奥布拉任斯基介绍尼古拉·—逊(尼·弗·丹尼尔逊)的《俄国的经济发展》一书以及自己所作的摘录。

《回忆弗·伊·列宁》,第 1 卷,1968 年,第 155—156 页;《回忆弗·伊·列宁》,第 3 册,1961 年,第 16—17 页。

列宁阅读弗·恩格斯的《英国工人阶级状况》一书德文版。

《回忆弗·伊·列宁》,第 1 卷,1968 年,第 32 页。

列宁和妹妹奥丽珈·伊里尼奇娜用法语学唱《国际歌》。

《回忆弗·伊·列宁》,第 1 卷,1968 年,第 117 页。

8 月 19 日(31 日)

列宁从阿拉卡耶夫卡村附近的田庄前往萨马拉。

《弗·伊·列宁和萨马拉》,古比雪夫,1966 年,第 255 页。

8 月,20 日(9 月 1 日)以后

列宁第一次去彼得堡,商谈在彼得堡大学参加法律系课程的国家考试事宜。

《弗·伊·列宁和萨马拉》,古比雪夫,1966 年,第 252 页;《列宁在彼得堡》,1957 年,第 11 页。

10 月 5 日(17 日)

萨马拉市三区警察分局局长向萨马拉警察局长的报告称:列宁现在彼得堡,并将在该地逗留至少三个月。

《弗·伊·列宁和萨马拉》,古比雪夫,1966 年,第 256 页。

1890 年 10 月 19 日(31 日)和 1891 年 4 月 10 日(22 日)之间

因准备国家考试,列宁研究尤·扬松的《统计学理论》一书,在书中标出重点,在空白处作摘记;在封面上注明:"1890 年 10 月 19 日,弗·乌里扬诺夫"。

苏共中央马列主义研究院中央党务档案馆,第 2 号全宗,第 1 号目录,第 19 号保管单位;《克里姆林宫的弗·伊·列宁藏书》,1961年,第285页。

10月24日(11月5日)

列宁离开彼得堡回萨马拉。

苏共中央马列主义研究院中央党务档案馆,第11号全宗,第4号目录,第17号保管单位,第4张;《弗·伊·列宁和萨马拉》,古比雪夫,1966年,第257页。

11月5日(17日)

萨马拉省宪兵局局长要求萨马拉警察局长向他报告:列宁是否已从彼得堡回到萨马拉。

《弗·伊·列宁和萨马拉》,古比雪夫,1966年,第257页。

12月10日(22日)

列宁寄信给在彼得堡的奥·伊·乌里扬诺娃(这封信没有找到)。

《乌里扬诺夫家书集》,1969年,第44页。

1890年

列宁在萨马拉结识Г.亚·克列缅茨律师,并经常去拜访他。他是革命民粹派分子、著名宣传家、自1881年起流放东西伯利亚的德·亚·克列缅茨的哥哥。

И.叶尔卡诺夫:《亲切而珍贵的…… 列宁在古比雪夫州住过的地方》,古比雪夫,1969年,第172—175页。

1890年—1891年

列宁在萨马拉结识阿·亚·舒赫特,他原是民意党人,后来成为布尔什维克。他们的交往持续到在彼得堡和侨居国外期间。

《真理报》,1933年6月3日,第151号。

1891 年

1 月 14 日（26 日）以前

列宁从萨马拉寄信给彼得堡的 B.B.巴尔捷涅夫，请他从大学领取有关当前考试的各种材料。

《乌里扬诺夫家书集》，1969 年，第 49 页。

1 月 23 日（2 月 4 日）

列宁收到妹妹奥·伊·乌里扬诺娃从彼得堡寄来的信，她在信中说，H.M.科尔库诺夫教授的俄国国家法讲义尚未出版，可以订购，应考申请书要在报上发布通告后才能递交，并说，春季要参加法律系前两个年级课程的考试。

《乌里扬诺夫家书集》，1969 年，第 49—50 页。

3 月初

列宁在贵族街牙医安·阿·卡茨涅尔松的住所（现古比雪夫街 127 号）参加秘密集会，就俄国经济发展道路问题发言，批驳民粹派分子罗西涅维奇的观点。

阿·别利亚科夫：《领袖的青少年时代》，1960 年，第 67—70 页；И.叶尔卡诺夫：《亲切而珍贵的……　列宁在古比雪夫州住过的地方》，古比雪夫，1969 年，第 97—100 页。

3 月 21 日和 26 日（4 月 2 日和 7 日）之间

列宁随同阿·亚·舒赫特一家从萨马拉去彼得堡，参加彼得堡大学法律系课程的国家考试。

苏共中央马列主义研究院中央党务档案馆,第 2 号全宗,第 4 号目录,第 18 号保管单位,第 19 张;《星火》杂志,1940 年,第 10 期,第 4 页。

3 月 26 日(4 月 7 日)以前

因准备参加法律系的大学课程考试,列宁写关于刑法问题的学年论文。

《列宁全集》中文第 2 版增订版第 1 卷第 483、568 页。

3 月 26 日(4 月 7 日)

列宁向彼得堡大学法律系考试委员会主席递交申请书,请求以校外考生资格参加大学课程考试。随申请书附上关于刑法问题的论文。

申请书上有如下批示:"经国民教育大臣准许"。

《列宁全集》中文第 2 版增订版第 1 卷第 483 页;苏共中央马列主义研究院中央党务档案馆,第 2 号全宗,第 1 号目录,第 21 号保管单位。

3 月 26 日和 4 月 1 日(4 月 7 日和 13 日)之间

列宁在盖有印章的彼得堡居住登记表上填写,他"来自萨马拉,参加圣彼得堡帝国大学法律系考试委员会主持的考试"。

苏共中央马列主义研究院中央党务档案馆,第 2 号全宗,第 1 号目录,第 22 号保管单位,第 1 张。

3 月 29 日和 5 月 9 日(4 月 10 日和 5 月 21 日)之间

列宁住在彼得堡,住址是:图奇科夫沿河街 12 号(现马卡罗夫沿河街 20 号)47 室。

苏共中央马列主义研究院中央党务档案馆,第 11 号全宗,第 4 号目录,第 18 号保管单位,第 20 张;《消息报》,1961 年 4 月 18 日,第 93 号;《列宁在彼得堡》,1957 年,第 12 页。

3 月 29 日（4 月 10 日）

列宁的妹妹奥·伊·乌里扬诺娃来看望列宁。她在 4 月 1 日（13 日）给母亲的信中写道，弗拉基米尔·伊里奇的房间很舒适，他的应考申请书已被收下，他乐得及准备考试。

《乌里扬诺夫家书集》，1969 年，第 65 页。

3 月底—4 月

列宁多次到瓦西里耶夫岛十条 39 号别斯图热夫高等女子学校宿舍看望妹妹奥·伊·乌里扬诺娃。

《青年近卫军》杂志，1924 年，第 2—3 期合刊，第 33 页；《列宁在彼得堡》，1957 年，第 12 页。

3 月底—5 月 17 日（29 日）以前，或秋天

列宁拜访住在瓦西里耶夫岛六条 17 号 16 室的彼得堡大学编外副教授谢·费·奥登堡，了解哥哥亚·伊·乌里扬诺夫生活和学习的详细情况，以及有关妹妹奥·伊·乌里扬诺娃的详细情况。

《弗·伊·列宁在萨马拉》，1933 年，第 97—98 页；《列宁在彼得堡》，1957 年，第 16—17 页。

4 月 4 日—24 日（4 月 16 日—5 月 6 日）

列宁参加彼得堡大学法律系课程国家考试（春季考试）。

《红色史料》杂志，1925 年，第 1 期，第 138—142 页。

4 月 4 日和 5 日（16 日和 17 日）

列宁在科学院小会议厅参加俄国法史和国家法的考试。第一门课程的考试回答关于"非自由人"地位的问题，要求说明在古罗斯封建公国农奴的各种依附方式和依附程度。第二门课程的考试回答关于等级制度的问题。两门课程的考试他都获得了最好的成绩——"优秀"。

苏共中央马列主义研究院中央党务档案馆,第 4 号全宗,第 1 号目录,第 24 号保管单位,第 1—2 张;《红色史料》杂志,1925 年,第 1 期,第 141—142 页;《苏联司法》杂志,1960 年,第 4 期,第 38 页;《列宁在彼得堡》,1957 年,第 14 页。

4 月 6 日(18 日)

列宁利用考试休息日沿涅瓦大街散步,午饭后到别斯图热夫高等女子学校宿舍看望妹妹奥·伊·乌里扬诺娃,并和她一起观看涅瓦河上的冰排。傍晚去拜访亲戚佩斯科夫斯基一家。

《乌里扬诺夫家书集》,1969 年,第 66 页。

4 月 8 日(20 日)

奥·伊·乌里扬诺娃在写给母亲玛·亚·乌里扬诺娃的信中说,弗拉基米尔·伊里奇已经考完两门课程,都得了 5 分,并说,他的作息时间安排得很适当。

《乌里扬诺夫家书集》,1969 年,第 66 页。

4 月 10 日(22 日)

列宁在科学院小会议厅参加政治经济学与统计学的考试,回答关于工资形式以及关于十七世纪德国统计学家康林的问题。获得最好的成绩——"优秀"。

苏共中央马列主义研究院中央党务档案馆,第 4 号全宗,第 1 号目录,第 24 号保管单位,第 3、9、11 张;《红色史料》杂志,1925 年,第 1 期,第 142 页;《列宁在彼得堡》,1957 年,第 14 页。

4 月 16 日和 17 日(28 日和 29 日)

列宁在科学院小会议厅参加法学通论和法哲学史的考试,回答关于柏拉图法学著作内容的问题。获得最好的成绩——"优秀"。

苏共中央马列主义研究院中央党务档案馆,第 4 号全宗,第 1

号目录,第 24 号保管单位,第 5 张;《红色史料》杂志,1925年,第 1 期,第 142 页;《列宁在彼得堡》,1957 年,第 14 页。

4 月—5 月 17 日(29 日)以前

列宁在皇村(现普希金市)靠近巴甫洛夫公路的一所住宅里拜访阿·亚·舒赫特一家。

《星火》杂志,1940 年,第 10 期,第 4 页;《列宁在彼得堡》,1957年,第 16 页。

列宁拜访住在波多利斯克街 2 号 6 室的工艺学院教师 Л.Ю. 亚韦因,从他那里借到一些马克思主义书刊,其中包括《新时代》杂志和《社会立法和统计学文库》周刊。

《弗·伊·列宁在萨马拉》,1933 年,第 7 页;《列宁在彼得堡》,1957 年,第 16 页。

4 月 24 日(5 月 6 日)

列宁在科学院小会议厅参加罗马法史的考试,回答有关"长官的告示"的问题。

苏共中央马列主义研究院中央党务档案馆,第 4 号全宗,第 1号目录,第 24 号保管单位,第 7 张;《红色史料》杂志,1925年,第 1 期,第 142 页;《列宁在彼得堡》,1957 年,第 14 页。

4 月底

列宁的妹妹奥·伊·乌里扬诺娃患肠伤寒症,列宁把她送入亚历山德罗夫医院(现"十月革命二十五周年纪念"医院,丰坦卡沿河街 132 号),并按时去探望她。

《回忆弗·伊·列宁》,第 1 卷,1968 年,第 37 — 38、154 — 155页;《列宁在彼得堡》,1957 年,第 15 页。

4 月底—5 月初

列宁给在萨马拉的母亲发电报:"奥丽珈患肠伤寒,已住院,护理很好,医生认为,预后可望良好……"

《回忆弗·伊·列宁》,第1卷,1968年,第37—38、155页。

5月初

列宁给母亲发第二封电报:"奥丽珈病情转重,最好妈妈明日启程。"

《回忆弗·伊·列宁》,第1卷,1968年,第155页。

5月8日(20日)

奥·伊·乌里扬诺娃逝世。

《回忆弗·伊·列宁》,第1卷,1968年,第155页。

5月9日(21日)

列宁登记彼得堡的住址是:利戈夫街(现利戈夫大街)41号。5月17日(29日)以前他住在这里。

苏共中央马列主义研究院中央党务档案馆,第2号全宗,第1号目录,第22号保管单位,第1张;《列宁在彼得堡》,1957年,第15页。

5月10日(22日)

列宁同母亲玛·亚·乌里扬诺娃和好友在彼得堡沃尔科沃墓地参加妹妹奥·伊·乌里扬诺娃的葬礼。

《列宁全集》中文第2版增订版第53卷第1页;《回忆弗·伊·列宁》,第1卷,1968年,第37—38页;《列宁在彼得堡》,1957年,第15页。

5月17日(29日)

列宁同玛·亚·乌里扬诺娃一起从彼得堡回萨马拉。

《弗·伊·列宁和萨马拉》,古比雪夫,1966年,第259页;《回忆弗·伊·列宁》,第1卷,1968年,第37—38页。

5月,17日(29日)以后

列宁回到阿拉卡耶夫卡村附近的田庄,在这里一直住到9月1日(13日),但时常去萨马拉。

苏共中央马列主义研究院中央党务档案馆,第 14 号全宗,第 1 号目录,第 184 号保管单位;《弗·伊·列宁和萨马拉》,古比雪夫,1966 年,第 259、260—261 页。

5 月 28 日（6 月 9 日）

萨马拉省宪兵局局长要求萨马拉警察局长向他报告弗·伊·列宁从彼得堡抵达萨马拉的时间,并提出要对弗·伊·列宁实行警察暗中监视。

《弗·伊·列宁和萨马拉》,古比雪夫,1966 年,第 259 页。

5 月 29 日（6 月 10 日）

萨马拉县警察局长向萨马拉省省长报告,弗·伊·列宁和安·伊·乌里扬诺娃-叶利扎罗娃到达阿拉卡耶夫卡村附近的田庄,已对他们实行警察监视。

《弗·伊·列宁和萨马拉》,古比雪夫,1966 年,第 259 页。

9 月 1 日（13 日）

列宁从阿拉卡耶夫卡去萨马拉。

《弗·伊·列宁和萨马拉》,古比雪夫,1966 年,第 261 页。

9 月,1 日（13 日）以后

列宁从萨马拉去彼得堡参加彼得堡大学余下几门课程的考试。

《弗·伊·列宁和萨马拉》,古比雪夫,1966 年,第 261 页。

9 月 7 日—11 月 12 日（9 月 19 日—11 月 24 日）

列宁在彼得堡住在叶卡捷琳戈夫大街（现里姆斯基-科萨科夫大街）3 号 8 室。

《真理报》,1962 年 8 月 29 日,第 241 号;《列宁在彼得堡》,1957 年,第 18 页。

9 月 7 日和 11 月 12 日（9 月 19 日和 11 月 24 日）之间

列宁在彼得堡科学院图书馆阅览室从事研究工作，在读者登记簿上填写自己的姓名、住址和研究题目：《政治经济学与统计学》。

苏共中央马列主义研究院中央党务档案馆，第 2 号全宗，第 1 号目录，第 25343 号保管单位，第 1 张背面；《真理报》，1962 年 8 月 29 日，第 241 号。

9 月 10 日和 15 日（22 日和 27 日）之间

列宁在彼得堡大学会议厅参加笔试——写一篇法学方面的论文。

苏共中央马列主义研究院中央党务档案馆，第 4 号全宗，第 1 号目录，第 24 号保管单位；《红色史料》杂志，1925 年，第 1 期，第 142 页。

9 月上半月—11 月 11 日（23 日）以前

列宁在彼得堡工艺学院教师 Л.Ю.亚韦因的住所（波多利斯克街 2 号 6 室），同彼得堡的几个马克思主义者会见，得到一些马克思主义书刊。

安·伊·乌里扬诺娃-叶利扎罗娃：《弗·伊·乌里扬诺夫（尼·列宁）。生平活动简述》，1934 年，第 28 页；苏共列宁格勒州委史研究院党务档案馆，第 4000 号全宗，第 5 号目录，第 4792 号保管单位，第 2 张；《列宁在彼得堡》，1957 年，第 16 页。

9 月 16 日和 21 日（9 月 28 日和 10 月 3 日）之间

列宁在科学院小会议厅参加刑法与刑事诉讼程序的口试，回答关于刑事诉讼程序中辩护的问题以及关于盗窃证件的问题。

列宁获得最好的成绩——"优秀"。

苏共中央马列主义研究院中央党务档案馆，第 4 号全宗，第 1 号目录，第 24 号保管单位，第 12 张；《红色史料》杂志，1925 年，第 1 期，第 142 — 143 页；《列宁在彼得堡》，1957 年，第 14 页。

9 月 24 日和 10 月 3 日(10 月 6 日和 15 日)之间

列宁在科学院小会议厅参加罗马法的口试,回答关于赠予、赠予的实质和由此产生的关系,关于不被允许的行为,关于时间对权利生效和失效的影响,关于时间的计算、时效及其类别等问题。列宁获得的成绩为"优秀"。

苏共中央马列主义研究院中央党务档案馆,第 4 号全宗,第 1 号目录,第 24 号保管单位,第 13 张;《红色史料》杂志,1925 年,第 1 期,第 143 页;《列宁在彼得堡》,1957 年,第 14 页。

10 月 4 日和 11 日(16 日和 23 日)之间

列宁在科学院小会议厅参加民法和民事诉讼程序、商法和商事诉讼程序的口试。

民法口试回答关于代理、买卖和供应,即各种类型的转让合同的问题。商法口试回答关于商业账册的问题。两科均获得最好的成绩——"优秀"。

苏共中央马列主义研究院中央党务档案馆,第 4 号全宗,第 1 号目录,第 24 号保管单位,第 14、15 张;《红色史料》杂志,1925 年,第 1 期,第 143 页;《列宁在彼得堡》,1957 年,第 14 页。

10 月 12 日和 19 日(24 日和 31 日)之间

从晚上 7 时起,列宁在科学院小会议厅参加警察法和财政法口试。警察法口试回答关于"警察学及其内容"的问题,财政法口试回答关于预算的问题。两科均获得最好的成绩——"优秀"。

苏共中央马列主义研究院中央党务档案馆,第 4 号全宗,第 1 号目录,第 24 号保管单位,第 16、17 张;《红色史料》杂志,1925 年,第 1 期,第 143 页;《列宁在彼得堡》,1957 年,第 14 页。

10 月 20 日(11 月 1 日)

列宁就申请临时出国一事去见警察司副司长。这项请求被驳回。

苏共中央马列主义研究院中央党务档案馆,第 4 号全宗,第 3 号目录,第 11 号保管单位,第 22 张。

11 月 2 日和 9 日（14 日和 21 日）之间

从晚上 7 时起,列宁在科学院小会议厅参加教会法和国际法的口试。弗拉基米尔·伊里奇在教会法口试中回答关于俄国教会法史的问题,在国际法口试中回答有关中立法的问题。两科获得的成绩均为"优秀"。

苏共中央马列主义研究院中央党务档案馆,第 4 号全宗,第 1 号目录,第 24 号保管单位,第 18、19 张;《红色史料》杂志,1925 年,第 1 期,第 143—144 页;《列宁在彼得堡》,1957 年,第 14 页。

11 月 11 日（23 日）

列宁从彼得堡回萨马拉。

《红色文献》杂志,1934 年,第 1 期,第 71 页;《列宁在彼得堡》,1957 年,第 15、18 页;《弗·伊·列宁和萨马拉》,古比雪夫,1966 年,第 263—264 页。

11 月 14 日（26 日）

列宁从彼得堡回到萨马拉。

《列宁全集》中文第 2 版增订版第 53 卷第 27 页;苏共中央马列主义研究院中央党务档案馆,第 4 号全宗,第 3 号目录,第 4 号保管单位,第 26 张;《弗·伊·列宁和萨马拉》,古比雪夫,1966 年,第 262 页。

11 月 14 日（26 日）以后

列宁结识玛·彼·哥卢别娃,她是八十年代革命运动的参加者,"雅各宾党人",起初持民粹主义观点,后来在弗拉基米尔·伊里奇的影响下成为社会民主党人。列宁经常去她在贵族街基里洛夫楼（现古比雪夫街 65 号）的住所。

ДИПЛОМЪ.

Предъявитель сего, **Владиміръ Ивановъ Ульяновъ**, вѣроисповѣданія Православнаго, родившійся 10 Апрѣля 1870 г., съ разрѣшенія Г. Министра Народнаго Просвѣщенія, подвергался испытанію въ Юридической испытательной коммиссіи при ИМПЕ-РАТОРСКОМЪ С.-Петербургскомъ университетѣ въ Апрѣлѣ, Маѣ, Сентябрѣ, Октябрѣ и Ноябрѣ мѣсяцахъ 1891 года.

По представленіи сочиненія и послѣ письменнаго отвѣта, признанныхъ весьма удовлетворительными, оказалъ на устномъ испыта-ніи слѣдующіе успѣхи: по **Догмѣ римскаго права, Исторіи римскаго права. Гражданскому праву и судопроизвод-ству. Торговому праву и судопроизводству, Уголовному праву и судопроизводству, Исторіи русскаго права. Церковному праву, Государственному праву, Между-народному праву, Полицейскому праву, Политической Экономіи и Статистикѣ, Финансовому праву. Энцикло-педіи права и Исторіи философіи права**—весьма удовлетво-рительные.

Посему, на основаніи ст. 81 общаго устава ИМПЕРАТОР-СКИХЪ Россійскихъ университетовъ 23 Августа 1884 года. Владиміръ Ульяновъ, въ засѣданіи Юридической испытательной коммиссіи 15 Ноября 1891 г., удостоенъ диплома **первой** степени, со всѣми правами и преимуществами, поименованными въ ст. 92 устава и въ V п. ВЫСОЧАЙШЕ утвержденнаго въ 23 день Августа 1884 года мнѣнія Государственнаго Совѣта. Въ удостовѣреніе сего и данъ сей дипломъ Владиміру Ульянову, за надлежащею подписью и съ приложеніемъ печати Управленія С.-Петербургскаго учебнаго округа. Городъ С.-Петербургъ. Января 14 дня 1892 года.

Попечитель С.-Петербургскаго учебнаго округа *Капустинъ*.

Предсѣдатель Юридической испытательной коммиссіи *В. Сергѣевичъ*

Правитель Канцеляріи *С. Гринбергъ*.

№ 534.

列宁的彼得堡大学毕业证书（1891年）

《回忆弗·伊·列宁》,第 2 卷,1969 年,第 32—35 页;И.叶尔卡诺夫:《亲切而珍贵的……   列宁在古比雪夫州住过的地方》,古比雪夫,1969 年,第 71—75 页。

11 月 15 日(27 日)

彼得堡大学法律系考试委员会决定授予列宁一级毕业证书。

苏共中央马列主义研究院中央党务档案馆,第 4 号全宗,第 1 号目录,第 24 号保管单位,第 24 张;《红色史料》杂志,1924 年,第 1 期,第 56 页。

11 月 22 日(12 月 4 日)

彼得堡大学考试委员会发给列宁领取一级毕业证书的第 205 号证明。

苏共中央马列主义研究院中央党务档案馆,第 2 号全宗,第 1 号目录,第 24 号保管单位,第 4 张;《历史学杂志》,1943 年,第 1 期,第 55 页。

12 月初

列宁出席瓦·瓦·沃多沃佐夫关于德国社会民主党的报告会,并作为评论者发言,对报告人的强烈的"'议会主义'的……观点提出不同意见"。报告会在索科利尼基街沃多沃佐夫的住所(现列宁街 87 号)举行。

《回忆弗·伊·列宁》,第 2 卷,1969 年,第 35 页;阿·别利亚科夫:《领袖的青少年时代》,1960 年,第 85—88 页。

不晚于 1891 年

列宁在萨马拉阿·巴·斯克利亚连科小组会议上阐述阿什利《英国经济史》一书的内容。

《老同志阿·巴·斯克利亚连科》,1922 年,第 11 页;《弗·伊·列宁和萨马拉》,古比雪夫,1966 年,第 342 页。

1891 年底

列宁在萨马拉铁路工厂工人小组中作《关于村社、村社的命运和革命的道路》的专题报告。

阿·别利亚科夫:《领袖的青少年时代》,1960 年,第 97 —
98 页。

1891 年—1893 年 8 月 20 日(9 月 1 日)以前

列宁经常到住在萨拉托夫街沃夏金房子(现伏龙芝街 65 号)
里的萨马拉地方法院律师安·尼·哈尔金家去,借用他的丰富藏
书。他们最初由于爱好象棋而相识,后来在一起承办律师业务。

《回忆弗·伊·列宁》,第 1 卷,1968 年,第 106—107 页;И.叶
尔卡诺夫:《亲切而珍贵的⋯⋯ 列宁在古比雪夫州住过的地
方》,古比雪夫,1969 年,第 158—161 页。

列宁在萨马拉拜访萨马拉省地方自治局统计处处长、民粹派
分子伊·马·克拉斯诺彼罗夫,此人编辑过在萨马拉出版的自治
局统计资料汇编。

《回忆弗·伊·列宁》,第 2 卷,1969 年,第 34 页;И.叶尔卡诺
夫:《亲切而珍贵的⋯⋯ 列宁在古比雪夫州住过的地方》,古
比雪夫,1969 年,第 86—89 页。

1891 年 12 月 31 日(1892 年 1 月 12 日)夜至 1892 年 1 月 1 日(13 日)凌晨

列宁同斯克利亚连科小组和铁路工人小组的同志们一起在牙
医安·阿·卡茨涅尔松的住所欢度新年。

阿·别利亚科夫:《领袖的青少年时代》,1960 年,第 88—
89 页。

1892 年

1 月 4 日（16 日）

安·尼·哈尔金律师向萨马拉地方法院递交报告，请求把弗·伊·列宁注册为他的助理。

苏共中央马列主义研究院中央党务档案馆，第 2 号全宗，第 1 号目录，第 24 号保管单位，第 3 张；《弗·伊·列宁和萨马拉》，古比雪夫，1966 年，第 263 页。

1 月 14 日（26 日）

列宁自彼得堡学区管理局领到大学一级毕业证书。

苏共中央马列主义研究院中央党务档案馆，第 2 号全宗，第 1 号目录，第 23 号保管单位；《青春》杂志，1958 年，第 4 期，第 6 页（影印件）。

在同一天或晚些时候，列宁把他的毕业证书上的"伊万诺夫"更正为"伊林"。

苏共中央马列主义研究院中央党务档案馆，第 2 号全宗，第 1 号目录，第 23 号保管单位；《青春》杂志，1958 年，第 4 期，第 6 页（影印件）。

1 月 30 日（2 月 11 日）

根据萨马拉地方法院各部门全体会议的决定，列宁注册为安·尼·哈尔金的律师助理。

苏共中央马列主义研究院中央党务档案馆，第 2 号全宗，第 1 号目录，第 24 号保管单位，第 3 张；《弗·伊·列宁和萨马拉》，古比雪夫，1966 年，第 263 页。

1 月 30 日（2 月 11 日）以后

列宁去法院侦查员 Я.Л.泰特尔在先驱街和花园街拐角雷巴科夫的房子（现涅克拉索夫街和花园街 85/72 号）里的住所，在那里遇见十二月党人的儿子 В.И.安年科夫，他当时是萨马拉地方法院院长。

《新世界》杂志，1957 年，第 4 期，第 151 — 152 页；《弗·伊·列宁和萨马拉》，古比雪夫，1966 年，第 478 页。

2 月 28 日（3 月 11 日）

列宁向萨马拉地方法院递交申请书，请求发给他律师证书。

《列宁全集》中文第 2 版增订版第 1 卷第 484 页。

3 月 5 日（17 日）

列宁在萨马拉地方法院为农民 В.Ф.穆连科夫案件出庭辩护，此人被控犯"渎神"罪和辱骂"皇帝陛下及其继承人"罪。

苏共中央马列主义研究院中央党务档案馆，第 4 号全宗，第 1 号目录，第 25 号保管单位，第 42 张；《苏联司法》杂志，1958 年，第 4 期，第 29 页。

3 月 11 日（23 日）

列宁在萨马拉地方法院开庭时，为农民 М.В.奥帕林和退役兵 Т.И.萨哈罗夫被控盗窃 300 卢布一案出庭辩护。

苏共中央马列主义研究院中央党务档案馆，第 4 号全宗，第 1 号目录，第 28 号保管单位，第 35、44、46、47 张；《列宁文集》俄文版第 2 卷第 444 页。

4 月 15 日（27 日）

列宁将为领取律师证书向省金库缴纳 78 卢布的收款单据交给萨马拉地方法院办公室。

《弗·伊·列宁和萨马拉》，古比雪夫，1966 年，第 269 页。

О.Г.吉尔什菲尔德律师向萨马拉地方法院院长递交报告，说一些被告人希望由律师助理弗·乌里扬诺夫作自己的辩护人,列宁在这份报告上注明:"同意为被告季什金、佐林、乌日金、扎伊采夫、克拉西利尼科夫、盖斯基和穆连科夫等人进行辩护。律师助理:弗·乌里扬诺夫"。

苏共中央马列主义研究院中央党务档案馆,第 2 号全宗,第 1 号目录,第 25 号保管单位,第 51 张;《弗·伊·列宁和萨马拉布尔什维克组织》,古比雪夫,1964 年,第 29 页。

4 月 16 日(28 日)

列宁在萨马拉地方法院两次出庭辩护:一次为贫农 И.И.乌日金、К.Ф.扎伊采夫、И.B.克拉西利尼科夫等被控从本地富农科皮亚科夫的仓库中盗窃粮食未遂案进行辩护;另一次为农民 B.Ф.穆连科夫案件进行辩护,他极为贫困,被控犯有几起小的盗窃罪。

苏共中央马列主义研究院中央党务档案馆,第 4 号全宗,第 1 号目录,第 29 号保管单位,第 43、45、46 张;第 30 号保管单位,第 39、42 张;《历史学杂志》,1943 年,第 1 期,第 57 — 58 页。

4 月 18 日(30 日)

列宁在萨马拉地方法院为预备役兵 E.Я.季什金和农民 И.Ф.佐林被控盗窃一案出庭辩护。

苏共中央马列主义研究院中央党务档案馆,第 4 号全宗,第 1 号目录,第 32 号保管单位,第 38、39、42 张;《历史学杂志》,1943 年,第 1 期,第 57 页。

5 月

列宁同马·季·叶利扎罗夫——安·伊·乌里扬诺娃的丈夫一起去塞兹兰和别斯图热夫卡村。叶利扎罗夫的哥哥住在那里。当他们在塞兹兰乘船到伏尔加河东岸去时,承包摆渡的商人阿列菲耶夫强迫他们返回西岸改乘他的渡船过河。列宁和叶利扎罗夫抗议此种蛮横行为,但当时却只好依从。在返回萨马拉后,弗拉基米尔·伊里奇就此向塞兹兰县二区地方行政长官控告阿列菲耶夫。

> 《萨马拉报》,1892 年 10 月 3 日,第 212 号;《回忆弗·伊·列宁》,第 1 卷,1968 年,第 110—113 页;《弗·伊·列宁和萨马拉》,古比雪夫,1966 年,第 477 页。

春天

列宁会见俄国"雅各宾党人"代表 А.И.罗曼诺娃,她是玛·彼·哥卢别娃的朋友,后来转向孟什维克方面。

> 《回忆弗·伊·列宁》,第 2 卷,1969 年,第 34—35 页;《弗·伊·列宁和萨马拉》,古比雪夫,1966 年,第 347—348 页。

6 月 1 日(13 日)

列宁向警察司司长递交申请书,请求告知萨马拉地方法院院长,说明该司对发给列宁律师证书一事并无障碍。警察司对此项申请回复说,当萨马拉地方法院院长征询意见时,将给予回答。

> 《列宁全集》中文第 2 版增订版第 1 卷第 485、570 页。

6 月 5 日(17 日)

列宁在萨马拉地方法院为萨马拉省尼古拉耶夫斯克县卡缅诺-布罗茨卡亚乡维亚佐夫基村的农民 М.С.巴姆布罗夫被控盗窃各种衣物一案出庭辩护。列宁证实被告人的行动是由于"迫不得已和无法生活",从而争取到从轻判处。

> 苏共中央马列主义研究院中央党务档案馆,第 4 号全宗,第 1 号目录,第 33 号保管单位,第 28 张;《历史学杂志》,1943 年,第 1 期,第 57 页。

6 月 9 日(21 日)

列宁在萨马拉地方法院开庭时,为农民 П.Г.奇诺夫、Ф.И.库克廖夫、С.Е.拉甫罗夫等被控盗窃一案出庭辩护,请求从宽处理。

苏共中央马列主义研究院中央党务档案馆,第 4 号全宗,第 1 号目录,第 31 号保管单位,第 48、49、51、52 张;《历史学杂志》,1943 年,第 1 期,第 57—58 页。

6 月 11 日(23 日)

列宁向萨马拉地方法院院长递交申请书,请求法院向警察司征询意见,以证实警察司方面对发给律师证书一事并无障碍。

《列宁全集》中文第 2 版增订版第 1 卷第 486 页。

6 月 13 日(25 日)

列宁去萨马拉县博格丹诺沃乡阿拉卡耶夫卡村附近的田庄。

《弗·伊·列宁和萨马拉》,古比雪夫,1966 年,第 268 页;《回忆弗·伊·列宁》,第 1 卷,1968 年,第 36 页。

6 月 15 日(27 日)

列宁去塞兹兰县(距萨马拉 100 公里)。商人阿列菲耶夫的案件由该县二区地方行政长官审理。因阿列菲耶夫的律师提出,须出示证明阿列菲耶夫有摆渡专营权的证件,案件延期审理。

《萨马拉报》,1892 年 10 月 3 日,第 212 号;《回忆弗·伊·列宁》,第 1 卷,1968 年,第 112 页;И.叶尔卡诺夫:《亲切而珍贵的…… 列宁在古比雪夫州住过的地方》,古比雪夫,1969 年,第 168—170 页。

6 月 18 日(30 日)

萨马拉地方法院院长就可否发给列宁律师证书一事向警察司征询意见。在征询意见的公函上有如下批示:"继续暗中监视乌里扬诺夫,并告知:对于发给有权办理诉讼案件的证书并无障碍。7 月 2 日"。

苏共中央马列主义研究院中央党务档案馆,第 2 号全宗,第 1 号目录,第 24 号保管单位,第 8 张;第 4 号全宗,第 3 号目录,第 11 号保管单位,第 25 张;《弗·伊·列宁和萨马拉》,古比雪夫,1966 年,第 266—267 页。

7 月 4 日（16 日）

警察司知照萨马拉地方法院院长，对发给列宁承办诉讼案件权证书一事，该司并无障碍。

苏共中央马列主义研究院中央党务档案馆，第 2 号全宗，第 1 号目录，第 24 号保管单位，第 8 张；第 4 号全宗，第 3 号目录，第 11 号保管单位，第 27 张；《弗·伊·列宁和萨马拉》，古比雪夫，1966 年，第 267 页。

7 月 23 日（8 月 4 日）

根据萨马拉地方法院各部门全体会议的决定，列宁取得 1892 年度承办诉讼案件的资格，1892 年 8 月 5 日《萨马拉省新闻》曾就此事发布公告。

《萨马拉省新闻》，1892 年 8 月 5 日，第 60 号；《弗·伊·列宁和萨马拉》，古比雪夫，1966 年，第 267 页。

7 月 27 日（8 月 8 日）

列宁领到 1892 年度在萨马拉地方法院承办诉讼案件权证书。

《弗·伊·列宁和萨马拉》，古比雪夫，1966 年，第 268、269 页。

1892 年夏—1893 年 8 月 20 日（9 月 1 日）以前

列宁写了几篇批判自由主义民粹派思想家瓦·巴·沃龙佐夫、尼·康·米海洛夫斯基和谢·尼·尤沙柯夫等人观点的专题报告，并在各秘密小组中宣读。这些报告是《什么是"人民之友"以及他们如何攻击社会民主党人？》一书的准备材料。

《回忆弗·伊·列宁》，第 1 卷，1968 年，第 35 页。

9 月 8 日（20 日）

列宁从阿拉卡耶夫卡村附近的田庄返回萨马拉。

《弗·伊·列宁和萨马拉》，古比雪夫，1966 年，第 270 页。

9 月 15 日（27 日）

列宁在萨马拉地方法院为萨马拉市民 Н.И.古谢夫被控虐待妻子一案出庭辩护。弗拉基米尔·伊里奇在辩护发言中拒绝提出对被告人从轻处罚的请求。

苏共中央马列主义研究院中央党务档案馆，第 4 号全宗，第 1 号目录，第 27 号保管单位，第 67、69、70 张；《列宁文集》俄文版第 2 卷第 445—446 页。

9 月 17 日（29 日）

列宁在萨马拉地方法院为普鲁士籍工人 B.X.萨德洛赫和一个士兵的 13 岁儿子 C.C.列宾被控从商人科尔舒诺夫的箱子里盗窃物品一案出庭辩护。小孩被判无罪，萨德洛赫被判在拘留教养所监禁一年。

苏共中央马列主义研究院中央党务档案馆，第 4 号全宗，第 1 号目录，第 34 号保管单位，第 41、50 张；《列宁文集》俄文版第 2 卷第 446 页。

9 月 25 日（10 月 7 日）

列宁因商人阿列菲耶夫案件第二次去塞兹兰县。被告人及其律师未出庭。经缺席审理，地方行政长官判决阿列菲耶夫监禁一个月，船长谢苗诺夫监禁一周。

《萨马拉报》，1892 年 10 月 3 日，第 212 号；《回忆弗·伊·列宁》，第 1 卷，1968 年，第 112—113 页。

1892 年 9 月以后—1893 年 8 月 20 日（9 月 1 日）以前

列宁读尼·叶·费多谢耶夫的著作《关于 1861 年以前的农民购买地》和《文学作品中农奴制改革后的生活》，并在书中写评语。

这两本书是由尼·叶·费多谢耶夫的朋友和助手玛·格·霍普芬豪斯带到萨马拉来的，她这次来是为了使弗拉基米尔·伊里奇和费多谢耶夫两人建立联系。

《回忆弗·伊·列宁》,第 1 卷,1968 年,第 102 — 103 页;
《弗·伊·列宁和萨马拉》,古比雪夫,1966 年,第 342 — 343
页;阿·别利亚科夫:《领袖的青少年时代》,1960 年,第 93 —
96 页;И.叶尔卡诺夫:《亲切而珍贵的……　列宁在古比雪夫
州住过的地方》,古比雪夫,1969 年,第 146 — 151 页。

10 月 19 日(31 日)

　　萨马拉省省长曾于 1892 年 6 月 16 日(28 日)发出指示,如法
院主管部门询问,警察司可予以回答。列宁在这项指示上签字:
"萨马拉,1892 年 10 月 19 日。律师助理弗·乌里扬诺夫"。

苏共中央马列主义研究院中央党务档案馆,第 2 号全宗,第 1
号目录,第 27 号保管单位,第 36 张;《弗·伊·列宁和萨马
拉》,古比雪夫,1966 年,第 272 页。

10 月 26 日(11 月 7 日)

　　列宁经被告人选聘,在萨马拉地方法院担任辩护人,为市民
B.И.阿拉舍耶夫、A.A.卡尔塔舍夫和 Д.A.佩鲁什金被控在萨马
拉盗窃商人杜希诺夫的钢轨和女商人巴哈列娃的生铁车轮一案出
庭辩护。

苏共中央马列主义研究院中央党务档案馆,第 4 号全宗,第 1
号目录,第 35 号保管单位,第 88,91 张;《列宁文集》俄文版第
2 卷第 446 页。

11 月 17 日(29 日)

　　列宁在萨马拉省彼得罗巴甫洛夫斯克乡斯韦特洛夫基村农民
Ф.E.拉普捷夫的申请书上签注:"同意为拉普捷夫辩护。律师助理
弗·伊·乌里扬诺夫"。

苏共中央马列主义研究院中央党务档案馆,第 2 号全宗,第 1
号目录,第 28 号保管单位,第 14 — 15 张;《列宁文集》俄文版
第 2 卷第 446 页。

11 月 18 日（30 日）

列宁在萨马拉地方法院上午开庭时为退役兵 В.П. 克拉斯诺谢洛夫被控盗窃一案出庭辩护。

苏共中央马列主义研究院中央党务档案馆，第 4 号全宗，第 1 号目录，第 38 号保管单位，第 40、42 张，第 43 张背面，第 62—63、88、91 张。

11 月 19 日（12 月 1 日）

列宁在萨马拉地方法院开庭时为农民 Ф.Е. 拉普捷夫被控欺凌自己的父亲一案出庭辩护。因被告答应增补两个证人，列宁请求法庭延期审理。由于父子和解，此案未再审理。

苏共中央马列主义研究院中央党务档案馆，第 4 号全宗，第 1 号目录，第 36 号保管单位，第 46、51、53 张；《列宁文集》俄文版第 2 卷第 446 页。

11 月 24 日（12 月 6 日）

列宁在可能是写给彼得堡的瓦·瓦·沃多沃佐夫的信中，讲述布古鲁斯兰县地方行政长官——地主阿克萨科夫在歉收的 1891 年把坏粮卖给农民的详细情况，描述县地方自治会议选举农民议员的情况，并对实行地方行政长官条例后地方自治机构的权限进行了评述。

《弗·伊·列宁和萨马拉》，古比雪夫，1966 年，第 22—23 页。

不早于 11 月

列宁读安·巴·契诃夫的小说《第六病室》。列宁在向姐姐安娜·伊里尼奇娜谈到自己对小说的印象时说："当我昨天晚上读完这篇小说时，我简直觉得可怕，我无法待在自己的房间里，就起身走了出去。我感到，好像我自己也是被禁锢在第六病室里一样。"

《回忆弗·伊·列宁》，第 1 卷，1968 年，第 38 页；《俄国思想》杂志，1892 年，第 11 期，第 76—123 页。

12 月 4 日（16 日）

安·尼·哈尔金律师把承办商人 И.С.切克马廖夫诉讼案的委托书交给弗·伊·列宁。

苏共中央马列主义研究院中央党务档案馆,第 4 号全宗,第 1 号目录,第 39 号保管单位,第 16 张。

12 月 8 日（20 日）

在萨马拉地方法院开庭时,由于原告提出新的证据,列宁作为破产债务人 И.И.库兹涅佐夫案件被告 И.С.切克马廖夫的辩护人,要求对此案的审理延期至 1893 年 1 月 19 日。

苏共中央马列主义研究院中央党务档案馆,第 4 号全宗,第 1 号目录,第 39 号保管单位,第 14—15、30 张。

12 月 17 日（29 日）

列宁在萨马拉地方法院为奥伦堡铁路别津丘克车站站长、退役准尉亚济科夫和该站扳道工、退役兵库兹涅佐夫的案件出庭辩护。亚济科夫和库兹涅佐夫被控违反交通线路保护条例,以致造成车站铁路事故。

《列宁文集》俄文版第 2 卷第 447 页;《苏维埃国家和法律》杂志,1956 年,第 3 期,第 65—66 页。

1892 年

在列宁的领导下,成立萨马拉马克思主义者小组(阿·巴·斯克利亚连科、М.И.谢苗诺夫、玛·伊·列别捷娃、И.А.库兹涅佐夫等)。小组积极宣传马克思主义,对伏尔加河流域的进步青年产生很大影响。

《列宁全集》中文第 2 版增订版第 41 卷第 412 页;《弗·伊·列宁和萨马拉》,古比雪夫,1966 年,第 337—352 页;《回忆弗·伊·列宁》,第 1 卷,1968 年,第 34—35 页;И.叶尔卡诺夫:《亲切而珍贵的……　列宁在古比雪夫州住过的地方》,古比雪夫,1969 年,第 100—107 页。

1892 年—不晚于 1893 年春

列宁在萨马拉马克思主义小组作关于卡·马克思《哲学的贫困》一书的专题报告。

《回忆弗·伊·列宁》,第 1 卷,1968 年,第 34 页;И.叶尔卡诺夫:《亲切而珍贵的…… 列宁在古比雪夫州住过的地方》,古比雪夫,1969 年,第 121 页。

1893 年

1 月 4 日（16 日）

列宁收到安·尼·哈尔金律师交来的承办商人 Л.И.布里斯凯尔诉讼案的委托书。

苏共中央马列主义研究院中央党务档案馆,第 4 号全宗,第 1 号目录,第 40 号保管单位,第 21 张。

1 月 5 日（17 日）

列宁向萨马拉地方法院递交申请书,请求发给他 1893 年度承办诉讼案件权证书。

《列宁全集》中文第 2 版增订版第 1 卷第 487 页。

萨马拉省金库将收到承办 1893 年度诉讼案件权证书费用 75 卢布的收据交给列宁。

《列宁全集》中文第 2 版增订版第 1 卷第 487 页。

1 月 7 日（19 日）

萨马拉地方法院各部门全体会议决定,发给列宁 1893 年度承办诉讼案件权证书。

《弗·伊·列宁和萨马拉》,古比雪夫,1966 年,第 272 页。

1 月 8 日（20 日）

列宁领到 1893 年度在萨马拉地方法院承办诉讼案件权证书。

《弗·伊·列宁和萨马拉》,古比雪夫,1966 年,第 272 页。

1 月 12 日—13 日（24 日—25 日）

列宁在萨马拉地方法院为布里斯凯尔被控侵占属于商人康斯坦丁诺夫所有的 12317 卢布 58 戈比的案件出庭辩护。法庭不顾列宁提出的关于布里斯凯尔无罪的充足的法律根据，判康斯坦丁诺夫胜诉。但是萨拉托夫高等法院民事庭根据被告人的上诉，肯定了列宁的论据，于 5 月 19 日（31 日）判康斯坦丁诺夫败诉。

苏共中央马列主义研究院中央党务档案馆，第 4 号全宗，第 1 号目录，第 40 号保管单位，第 18—19、21、24—25、31 张；《苏维埃国家和法律》杂志，1956 年，第 3 期，第 69 页。

1 月 19 日（31 日）

列宁收到农民 A.K.帕拉列耶夫的委托书，承办合并庄园和领取已故妹妹 A.K.莫罗琴科娃的财产一案。5 月 18 日（30 日）法庭听取 C.И.莫罗琴科夫对 A.K.帕拉列耶夫的起诉，判决后者胜诉。

苏共中央马列主义研究院中央党务档案馆，第 4 号全宗，第 1 号目录，第 37 号保管单位，第 32、41 张，第 47 张背面；《苏维埃国家和法律》杂志，1956 年，第 3 期，第 68—69 页。

1893 年 1 月—1894 年

列宁和尼·叶·费多谢耶夫通过玛·格·霍普芬豪斯建立通信联系。列宁翻阅费多谢耶夫的手稿《论农奴制度衰落的经济原因》，并提出自己的意见。

《列宁全集》中文第 2 版增订版第 43 卷第 320—321 页，第 44 卷第 1、6 页；《回忆弗·伊·列宁》，第 1 卷，1968 年，第 102—103 页；阿·别利亚科夫：《领袖的青少年时代》，1960 年，第 93—96 页；《弗·伊·列宁和萨马拉》，古比雪夫，1966 年，第 343 页；《红色史料》杂志，1926 年，第 6 期，第 13 页；《苦役与流放》杂志，1930 年，第 1 期，第 13—14 页。

3 月初

列宁在民粹派分子尼·斯·多尔戈夫的住所会见伊·克·拉

拉扬茨,他刚从喀山被放逐到萨马拉,受警察监视。拉拉扬茨后来成为马克思主义小组的积极成员。

《回忆弗·伊·列宁》,第 1 册,1956 年,第 116—119 页;《老同志阿·巴·斯克利亚连科》,1922 年,第 21 页。

不早于 3 月

列宁研究弗·叶·波斯特尼柯夫的《南俄农民经济》一书,在书上作批注、计算和着重标记。列宁在《农民生活中新的经济变动》、《论所谓市场问题》等文章中,后来又在《俄国资本主义的发展》一书中,详细地分析了这本书。

《列宁全集》中文第 2 版增订版第 1 卷第 467—475 页。

不晚于 1893 年春

列宁研究民粹派分子尼·亚·卡雷舍夫的《根据地方自治局的统计资料所作的俄国经济调查总结》第 2 卷《农民的非份地租地》一书,作批注和着重标记。列宁在《农民生活中新的经济变动》和《民粹主义的经济内容及其在司徒卢威先生的书中受到的批评》两部著作中提到了这本书,后来在《俄国资本主义的发展》一书中对它进行了批判。

《列宁全集》中文第 2 版增订版第 1 卷第 2、10、11、14、426 页;苏共中央马列主义研究院中央党务档案馆,第 2 号全宗,第 1 号目录,第 53 号保管单位。

4 月 24 日(5 月 6 日)

列宁在萨马拉地方法院开庭时为市民 В.Г.尤金被控"盗窃未遂"案出庭辩护。

苏共中央马列主义研究院中央党务档案馆,第 4 号全宗,第 1 号目录,第 41 号保管单位,第 25、26 张。

5 月 12 日(24 日)

列宁在萨马拉地方法院开庭时为萨马拉市民 В.Т.克雷洛夫

被控盗窃案出庭辩护。

苏共中央马列主义研究院中央党务档案馆,第 4 号全宗,第 1 号目录,第 42 号保管单位,第 42 张。

5 月 20 日(6 月 1 日)以后—8 月 31 日(9 月 12 日)以前

列宁研究尼·亚·卡雷舍夫发表于 1893 年《俄国财富》杂志第 5 期上的《国民经济概述》一文,在文章中划出重点,并在空白处作批注:"换句话说,扩大和巩固商品经济(见 α),同时消灭由这种商品经济所产生的对农民的剥削(见 β)。啊,多机灵的卡雷舍夫先生!"

苏共中央马列主义研究院中央党务档案馆,第 2 号全宗,第 1 号目录,第 34 号保管单位;《克里姆林宫的弗·伊·列宁藏书》,1961 年,第 577 页。

春天

列宁在萨马拉马克思主义小组作《农民生活中新的经济变动。(评弗·叶·波斯特尼柯夫《南俄农民经济》一书)》的专题报告,后就同一题目写论文。这篇论文是保存下来的列宁的第一篇著作。

《列宁全集》中文第 2 版增订版第 1 卷第 1—55 页;《回忆弗·伊·列宁》,第 1 卷,1968 年,第 33—34 页。

春天或夏天

列宁研究尼古拉·—逊(尼·弗·丹尼尔逊)的《我国改革后的社会经济概况》一书,在给尼·叶·费多谢耶夫的信中批评这本书,并在萨马拉马克思主义小组作关于这本书的专题报告。

《苦役与流放》杂志,1930 年,第 1 期,第 13 页;《回忆弗·伊·列宁》,第 3 册,1961 年,第 17 页。

6 月 22 日(7 月 4 日)以前

列宁和全家一起从萨马拉去阿拉卡耶夫卡村附近的田庄。

《回忆弗·伊·列宁》,第 1 卷,1968 年,第 36、121 页;《弗·伊·列宁和萨马拉》,古比雪夫,1966 年,第 273 页。

6 月底—8 月 12 日（24 日）以前

阿·巴·斯克利亚连科和伊·克·拉拉扬茨多次到阿拉卡耶夫卡村附近的田庄拜访列宁。

《回忆弗·伊·列宁》，第 1 册，1956 年，第 121 页。

在阿拉卡耶夫卡村附近的田庄，列宁常常和周围村庄的农民，特别是近卫兵村的农民德·雅·基斯利科夫会见、交谈。

格列勃·乌斯宾斯基在随笔《三个村庄》中描写过这个农民。基斯利科夫在以后的几年中经常对农民进行革命宣传。

《列宁全集》中文第 2 版增订版第 45 卷第 37 页；《回忆弗·
伊·列宁》，第 3 册，1961 年，第 17 页。

7 月 23 日（8 月 4 日）

列宁以母亲玛·亚·乌里扬诺娃的名义订立合同，把萨马拉省博格丹诺沃乡阿拉卡耶夫卡村附近的田庄卖给 C.P.丹年贝格。

苏共中央马列主义研究院中央党务档案馆，第 2 号全宗，第 1
号目录，第 25342 号保管单位，第 1 张—第 1 张背面。

8 月 12 日（24 日）以前

为搜集和研究有关农民经济的材料，列宁同阿·安·普列奥布拉任斯基一起编制对萨马拉县特罗斯强卡乡涅雅洛夫基村进行按户调查的调查表。

《回忆弗·伊·列宁》，第 3 册，1961 年，第 17—18 页。

8 月 12 日（24 日）

列宁和全家一起从阿拉卡耶夫卡村附近的田庄返回萨马拉。

《弗·伊·列宁和萨马拉》，古比雪夫，1966 年，第 273、
275 页。

8 月 12 日（24 日）以后

列宁在萨马拉地方法院为格拉福夫的案件出庭辩护。

《列宁全集》中文第 2 版增订版第 53 卷第 1—2 页。

8 月 16 日（28 日）

列宁因打算到彼得堡司法区工作，向萨马拉地方法院院长递交申请书，请求发给他担任律师助理并曾于 1892 年和 1893 年获得承办诉讼案件权证书的证明文件。

《列宁全集》中文第 2 版增订版第 1 卷第 488 页。

8 月 18 日（30 日）

列宁领到萨马拉地方法院签发的证明文件，证明他自 1892 年 1 月 30 日（2 月 11 日）起担任萨马拉地方法院律师助理，1892 年和 1893 年都曾发给他承办诉讼案件权证书。

《弗·伊·列宁和萨马拉》，古比雪夫，1966 年，第 274 页。

8 月 20 日（9 月 1 日）以前

列宁撰写《瓦·沃·著作中对民粹主义的论证》一文，评论瓦·沃·（瓦·巴·沃龙佐夫）《俄国资本主义的命运》一书，并在萨马拉马克思主义小组作同一题目的专题报告（手稿没有找到）。

《回忆弗·伊·列宁》，第 1 册，1956 年，第 121、160 页；《无产阶级革命》杂志，1923 年，第 8 期，第 61 页。

列宁编制对萨马拉县三个乡（杜博沃-乌苗特乡、沃斯克列先斯克乡和托梅洛沃乡）进行按户调查的调查表，该项调查曾由阿·巴·斯克利亚连科进行。

德·伊·乌里扬诺夫和玛·伊·乌里扬诺娃：《关于列宁》，1934 年，第 33 页，第 108—111 页（附录）；《弗·伊·列宁和萨马拉布尔什维克组织》，古比雪夫，1964 年，第 43—44 页。

8 月 20 日（9 月 1 日）

列宁从萨马拉去彼得堡。

苏共中央马列主义研究院中央党务档案馆，第 4 号全宗，第 3 号目录，第 4 号保管单位，第 39 张背面，第 40 张；《弗·伊·列宁和萨马拉》，古比雪夫，1966 年，第 274 页。

8 月 23 日（9 月 4 日）

列宁在从萨马拉去彼得堡途中，在下诺夫哥罗德停留，住在大波克罗夫卡和小波克罗夫卡街拐角（现斯维尔德洛夫街和沃罗比约夫街拐角）尼卡诺罗夫旅馆内；结识当地的马克思主义者帕·尼·斯克沃尔佐夫、米·格·格里戈里耶夫、谢·伊·米茨凯维奇，得到去彼得堡的秘密接头地址。

《回忆弗·伊·列宁》，第 1 卷，1968 年，第 121 页；第 2 卷，1969 年，第 55—56 页；《无产阶级革命》杂志，1924 年，第 4 期，第 102 页；第 7 期，第 67 页。

8 月 24 日（9 月 5 日）

列宁从下诺夫哥罗德去莫斯科。顺路去弗拉基米尔同尼·叶·费多谢耶夫会面。会面未成，因为费多谢耶夫当时尚未获释出狱。

《列宁全集》中文第 2 版增订版第 43 卷第 320 页；《红色史料》杂志，1926 年，第 6 期，第 13 页；《回忆弗·伊·列宁》，第 2 卷，1969 年，第 55 页；《苦役与流放》杂志，1930 年，第 1 期，第 12 页。

8 月 25 日或 26 日（9 月 6 日或 7 日）

列宁在去彼得堡途中在莫斯科自己亲属家（大帕拉舍夫斯基巷（现尤任斯基巷）6 号 21 室）暂住；结识当地的马克思主义者，并同他们建立联系。

莫斯科市中央国家档案馆，第 418 号全宗，第 307 号目录，第 834 号保管单位，第 45、46 张；《列宁在莫斯科和莫斯科郊区》,1970 年,第 16—17 页。

8 月 26 日(9 月 7 日)

列宁在鲁勉采夫博物院图书馆(现荣膺列宁勋章的苏联国立列宁图书馆)阅览室查阅资料,在登记簿上填写:"弗拉基米尔·乌里扬诺夫,律师助理,大布龙纳亚街,伊万诺夫宅 3 室"。

苏共中央马列主义研究院中央党务档案馆,第 2 号全宗,第 1 号目录,第 35 号保管单位,第 1 张;《莫斯科布尔什维克报》,1940 年 1 月 21 日,第 17 号;《列宁在莫斯科和莫斯科郊区》,1970 年,第 18 页。

8 月 31 日(9 月 12 日)

列宁到达彼得堡。

《列宁全集》中文第 2 版增订版第 53 卷第 2 页;《红色文献》杂志,1934 年,第 1 期,第 75 页。

8 月 31 日(9 月 12 日)—10 月初

列宁在彼得堡住在谢尔吉耶夫街(现柴可夫斯基街)58 号20 室。

《红色文献》杂志,1934 年,第 1 期,第 75 页;《列宁在彼得堡》,1957 年,第 18 页。

8 月 31 日(9 月 12 日)以后

列宁自彼得堡发电报给萨马拉的伊·克·拉拉扬茨:"我站在您一边"。拉拉扬茨曾来信谈到他和阿·巴·斯克利亚连科的争论,这封电报是对来信的回答。

《红色史料》杂志,1926 年,第 6 期,第 26 页。

9 月 3 日(15 日)

列宁注册为 M.Ф.沃尔肯施泰因律师的律师助理。

苏共中央马列主义研究院中央党务档案馆,第 2 号全宗,第 4 号目录,第 8 号保管单位,第 1—2 张;《红色史料》杂志,1924 年,第

1 期,第 12 页;《苏联司法》杂志,1960 年,第 4 期,第 41 页。

1893 年 9 月 3 日(15 日)以后—1894 年

列宁多次拜访 M.Φ.沃尔肯施泰因律师,他住在斯帕斯街和普列奥布拉任斯基街(现雷列耶夫街和拉吉舍夫街)拐角 26/42 号。

苏共列宁格勒州委党史研究院党务档案馆,第 4000 号全宗,第 5 号目录,第 3220 号保管单位,第 2 张;《列宁在彼得堡》,1957 年,第 18—19 页。

9 月上半月

列宁抵达彼得堡后,去沃尔科沃墓地,他的妹妹奥丽珈·伊里尼奇娜·乌里扬诺娃葬在那里。

《列宁全集》中文第 2 版增订版第 53 卷第 1 页。

9 月 27 日(10 月 9 日)以后

列宁收到玛·伊·乌里扬诺娃从莫斯科寄来的信,信中谈到她在中学的学习情况,并问列宁是否去过艾尔米塔什博物馆或者剧院,以及是否需要为他保存《俄罗斯新闻》。

《列宁全集》中文第 2 版增订版第 53 卷第 3—4 页。

9 月底—10 月初

列宁与彼得堡大学一年级学生米·亚·西尔文结识。下诺夫哥罗德的马克思主义者曾经请列宁转给西尔文一封信。

《无产阶级革命》杂志,1924 年,第 7 期,第 66 页;米·亚·西尔文:《列宁在党的诞生时期》,1958 年,第 40—41 页。

1893 年 9 月—1895 年

列宁参加在调解法官会审法庭办事处(小市民街(现公民街)26 号)召开的律师助理会议,也经常去彼得堡地方法院(利季约大街 4 号)律师公会,在那里进行法律答疑及承办诉讼案件。

米·亚·西尔文:《列宁在党的诞生时期》,1958 年,第 69 页;

《无产阶级革命》杂志,1924 年,第 3 期,第 107 页;《列宁在彼得堡》,1957 年,第 19 页。

列宁经常去国立公共图书馆(现荣膺劳动红旗勋章萨尔蒂科夫-谢德林公共图书馆)和自由经济学会图书馆借阅图书。

《无产阶级革命》杂志,1930 年,第 1 期,第 87 页;《列宁在彼得堡》,1957 年,第 25 页。

10 月 2 日(14 日)

列宁迁到驿站街(现陀思妥耶夫斯基街)4 号 11 室,在这里住到 1894 年 1 月初。

苏共中央马列主义研究院中央党务档案馆,第 2 号全宗,第 1 号目录,第 22 号保管单位,第 4 张背面;米·亚·西尔文:《列宁在党的诞生时期》,1958 年,第 41 页;《列宁在彼得堡》,1957 年,第 20—21 页。

10 月 4 日(16 日)

列宁收到玛·亚·乌里扬诺娃 10 月 2 日(14 日)从莫斯科寄来的信。

《列宁全集》中文第 2 版增订版第 53 卷第 1 页。

10 月 5 日(17 日)

列宁给住在莫斯科的母亲写信,告知自己在彼得堡的生活情况,并说,可望在一个法律事务所找到工作。

《列宁全集》中文第 2 版增订版第 53 卷第 1—2 页。

10 月 16 日(28 日)

彼得堡律师公会决定发给列宁承办诉讼案件权证书。

苏共中央马列主义研究院中央党务档案馆,第 2 号全宗,第 4 号目录,第 8 号保管单位,第 1—2 张。

10 月 24 日(11 月 5 日)

列宁在皇村拜访阿·亚·舒赫特一家。

苏共中央马列主义研究院中央党务档案馆,第 4 号全宗,第 1 号目录,第 43 号保管单位;《星火》杂志,1940 年,第 10 期,第 4 页;《列宁在彼得堡》,1957 年,第 16 页。

10 月

列宁在自己的住处结识工艺学院学生、马克思主义小组成员格·波·克拉辛和斯·伊·拉德琴柯。

《老布尔什维克》文集,第 2 辑,1933 年,第 188 页。

列宁加入彼得堡工艺学院学生马克思主义小组(斯·伊·拉德琴柯、瓦·瓦·斯塔尔科夫、彼·库·扎波罗热茨、格·马·克尔日扎诺夫斯基、阿·亚·瓦涅耶夫、米·亚·西尔文、格·波·克拉辛等人)。

第一次同小组成员会见是在格·马·克尔日扎诺夫斯基和瓦·瓦·斯塔尔科夫的住所(科洛缅斯卡亚街 9 号 47 室)。格·马·克尔日扎诺夫斯基后来回忆说:"我们面前的这位年轻的弗拉基米尔·乌里扬诺夫,在值得纪念的 1893 年,已经不仅仅是一个通晓我国文学和马克思、恩格斯著作的第一流专家,而且是一个有独立见解的思想家。"

米·亚·西尔文:《列宁在党的诞生时期》,1958 年,第 41—44 页;格·马·克尔日扎诺夫斯基:《伟大的列宁》,1968 年,第 10 页;《列宁在彼得堡》,1957 年,第 21 页。

列宁写信给在莫斯科的妹妹玛·伊·乌里扬诺娃,谈自己在公共图书馆的工作情况,并问她和弟弟德米特里·伊里奇的功课怎样。

《列宁全集》中文第 2 版增订版第 53 卷第 3 页。

列宁、格·马·克尔日扎诺夫斯基、瓦·瓦·斯塔尔科夫、格·波·克拉辛、阿·亚·瓦涅耶夫和亚·列·马尔琴科听米·

亚·西尔文作关于瓦·沃·（瓦·巴·沃龙佐夫）的《我们的方针》一书的专题报告。

> 米·亚·西尔文：《列宁在党的诞生时期》，1958 年，第 46 页；《列宁在彼得堡》，1957 年，第 20 页。

10 月底

在斯·伊·拉德琴柯住所（第五连队街（现第五红军街）19 号）召开的工艺学院学生马克思主义小组会上，列宁对格·波·克拉辛的《市场问题》的专题报告提出批评。娜·康·克鲁普斯卡娅谈到列宁的这次发言时写道："这位新来的马克思主义者把市场问题提得特别具体，把它和群众的利益联系起来；在整个问题的看法中都令人感觉到这是活的马克思主义，是从具体环境和发展中考察一切现象的。"

> 《回忆弗·伊·列宁》，第 1 卷，1968 年，第 222—223 页；米·亚·西尔文：《列宁在党的诞生时期》，1958 年，第 46—50 页；《列宁在彼得堡》，1957 年，第 22—23 页。

秋天以前

列宁研究《萨拉托夫省统计资料汇编。第 11 卷。卡梅申县》一书，在书中作批注、计算，并划出重点。列宁在《论所谓市场问题》和《俄国资本主义的发展》两部著作中利用过这本汇编。

> 《列宁全集》中文第 2 版增订版第 1 卷第 90、91 页；苏共中央马克思主义研究院中央党务档案馆，第 2 号全宗，第 1 号目录，第 36 号保管单位。

秋天

列宁开始研究俄国尼·尼·奥勃鲁切夫主编的《军事统计汇编》第 4 编；作批注和着重标记。列宁在《论所谓市场问题》、《什么是"人民之友"以及他们如何攻击社会民主党人？》和《俄国资本主义的发展》等著作中利用过这本汇编。

《列宁全集》中文第 2 版增订版第 1 卷第 82、277 页，第 3 卷第 221 页；《列宁文集》俄文版第 33 卷第 390—425 页；苏共中央马列主义研究院中央党务档案馆，第 2 号全宗，第 1 号目录，第 40 号保管单位。

列宁撰写《论所谓市场问题》一文。

《列宁全集》中文第 2 版增订版第 1 卷第 56—101 页。

列宁在工艺学院学生马克思主义小组会议上作《论所谓市场问题》的专题报告，这是对格·波·克拉辛关于市场问题专题报告的答复。

这次会议是在瓦西里耶夫岛七条 74 号 10 室季·巴·涅夫佐罗娃和索·巴·涅夫佐罗娃姊妹家召开的。

《无产阶级革命》杂志，1930 年，第 1 期，第 85—86 页；《回忆弗·伊·列宁》，第 2 卷，1969 年，第 15 页；《列宁在彼得堡》，1957 年，第 23—25 页。

1893 年秋—1894 年

列宁多次到工艺学院学生小组成员格·波·克拉辛的住所（小皇村巷（现童村巷）14—16 号）去拜访他。1893 年深秋，列宁在这里第一次会见了波罗的海工厂工人瓦·安·舍尔古诺夫。

《关于伊里奇》，1924 年，第 108—111 页；《回忆弗·伊·列宁》，第 2 卷，1969 年，第 38 页；《列宁在彼得堡》，1957 年，第 25—26 页。

不晚于 12 月下半月

列宁将文章《农民生活中新的经济变动》寄给自由派杂志《俄国思想》。文章未能发表，因为关于这个题目已经在第 2 期上发表了民粹派分子瓦·巴·沃龙佐夫的文章。

《列宁全集》中文第 2 版增订版第 44 卷第 2、3 页。

12 月下半月

彼·巴·马斯洛夫曾来信要求把尼·叶·费多谢耶夫论农民

改革的论文寄给他,列宁回信说,论文已经寄出,并谈到《俄国思想》杂志编辑部拒绝刊登他的论文《农民生活中新的经济变动》,他请马斯洛夫对这篇文章提出意见,并把文章转寄给费多谢耶夫。

《列宁全集》中文第 2 版增订版第 44 卷第 1—2 页。

1893 年底

在 1894 年司法年鉴的律师名单中,在律师助理一栏里列有弗·伊·乌里扬诺夫的姓名,并注明住址——驿站街。

《1894 年司法年鉴》,第 276 页。

不早于 1893 年

列宁对 1872 年版的《资本论》第 1 卷和 1885 年版的《资本论》第 2 卷俄文译本作了校订。

苏共中央马列主义研究院中央党务档案馆,第 2 号全宗,第 1 号目录,第 24935 号保管单位;《克里姆林宫的弗·伊·列宁藏书》,1961 年,第 34、39 张。

1893 年—1897 年

列宁在卡·马克思的相片背面题词:"1818 年 5 月 2 日[①]诞生,1883 年 3 月 14 日逝世"。

苏共中央马列主义研究院中央党务档案馆,第 2 号全宗,第 1 号目录,第 42 号保管单位。

---

① 应为 5 月 5 日。——译者注

1894 年

1 月 9 日（21 日）以前

列宁从彼得堡到达莫斯科，住在亲属处。

《回忆弗·伊·列宁》，第 1 卷，1968 年，第 41—42 页；第 2
卷，1969 年，第 57—58 页；《列宁在莫斯科和莫斯科郊区》，
1970 年，第 19—20 页；《伏尔加公社报》，古比雪夫，1969 年 5
月 8 日，第 106 号。

列宁在莫斯科参加莫斯科大学组织的医生和自然科学家第九
次代表大会的统计学小组会议，听报告，结识与会代表。

《苏联科学和文化史纲》，1968 年，第 10 页；《真理报》，1966 年
1 月 20 日，第 20 号。

1 月 9 日（21 日）

列宁在秘密集会上发言反驳民粹派分子瓦·沃·（瓦·巴·
沃龙佐夫），对他的观点进行了批判。

莫斯科保安处给警察司的报告曾经指出，他"十分在行地"论
证了自己的观点。这是列宁在莫斯科的第一次公开讲演。

《回忆弗·伊·列宁》，第 1 卷，1968 年，第 41—42 页；第 2
卷，1969 年，第 57—58 页；《红色文献》杂志，1934 年，第 1 期，
第 76 页；《列宁在莫斯科和莫斯科郊区》，1970 年，第 19—
21 页。

1 月，9 日（21 日）以后

列宁访问下诺夫哥罗德，住在彼得罗巴甫洛夫斯克街雅库波

夫斯卡娅的房子（现沃洛达尔斯基街 13 号）里。

列宁在当地马克思主义小组中作评论瓦·沃·（瓦·巴·沃龙佐夫）《俄国资本主义的命运》一书的专题报告。

《回忆弗·伊·列宁》，第 2 卷，1969 年，第 58—59 页；《无产阶级革命》杂志，1924 年，第 4 期，第 102—103 页。

1 月，不晚于 12 日（24 日）

列宁了解莫斯科第一个马克思主义组织向工人进行宣传鼓动的活动情况。该组织成立于 1893 年 9 月底。小组由亚·尼·维诺库罗夫、谢·伊·米茨凯维奇、马·尼·利亚多夫、П.И.维诺库罗娃、叶·伊·斯庞季和 С.И.普罗科菲耶夫等六人组成。会见是在莫斯科河南岸大奥夫钦尼科夫巷亚·尼·维诺库罗夫的住所进行的。

谢·伊·米茨凯维奇：《革命的莫斯科》，1940 年，第 131、158—159 页；《列宁在莫斯科和莫斯科郊区》，1970 年，第 22 页；《苏联科学和文化史纲》，1968 年，第 12 页。

1 月 12 日—15 日（24 日—27 日）

列宁回到彼得堡后住在利戈夫街（现利戈夫大街）41 号。

苏共中央马列主义研究院中央党务档案馆，第 2 号全宗，第 1 号目录，第 22 号保管单位，第 1 张；《列宁在彼得堡》，1957 年，第 15 页。

1 月 13 日（25 日）

由彼得堡市莫斯科区第 8 警察所对列宁实行警察暗中监视。

苏共中央马列主义研究院中央党务档案馆，第 4 号全宗，第 3 号目录，第 8 号保管单位，第 42 张；《红色文献》杂志，1934 年，第 1 期，第 77 页；《列宁在彼得堡》，1957 年，第 26—27 页。

1 月 15 日—2 月 12 日（1 月 27 日—2 月 24 日）

列宁住在列什图科夫巷（现江布尔巷）15 号 14 室。

苏共中央马列主义研究院中央党务档案馆，第 4 号全宗，第 3

号目录,第 8 号保管单位,第 42 张;《红色文献》杂志,1934
年,第 1 期,第 77 页;《列宁在彼得堡》,1957 年,第 26 —
27 页。

1 月

列宁结识社会民主主义者谢·巴·舍斯捷尔宁,他当时任伊
万诺沃-沃兹涅先斯克市法官。列宁同他商定在彼得堡和伊万诺
沃两市马克思主义小组之间建立联系。

《老布尔什维克》文集,第 2 辑,1933 年,第 133 页。

1894 年 2 月 12 日(24 日)—1895 年 4 月 25 日(5 月 7 日)

列宁在彼得堡的住址是:大哥萨克巷(现伊里奇巷)7/4 号
13 室[①]。

苏共中央马列主义研究院中央党务档案馆,第 4 号全宗,第 3
号目录,第 8 号保管单位,第 42 张;《红色文献》杂志,1934
年,第 1 期,第 77 页;《列宁在彼得堡》,1957 年,第 27 页。

不早于 2 月 12 日(24 日)

列宁在自己位于哥萨克巷的住所会见瓦·安·舍尔古诺夫,
向他介绍由自己译成俄文的布鲁诺·舍恩兰克的《工业辛迪加和
托拉斯》一书。

《关于伊里奇》,1924 年,第 11 页;《回忆弗·伊·列宁》,第 2
卷,1969 年,第 38 — 39 页;《列宁在彼得堡》,1957 年,第
27 页。

2 月 12 日(24 日)以后

新海军部港工人 B.A.克尼亚泽夫拜访列宁,就接受遗产一事
进行咨询。列宁给他提出一些建议,写了领取户籍的申请书;谈了
关于马克思主义工人小组的活动情况。

《回忆弗·伊·列宁》,第 2 卷,1969 年,第 43—44 页。

---

① 　现为弗·伊·列宁故居纪念馆。——俄文编者注

2 月底

列宁参加在克拉松工程师的住所(大奥赫塔大街 99 号)举行的彼得堡马克思主义者会议。出席会议的,除弗拉基米尔·伊里奇外,还有娜·康·克鲁普斯卡娅、罗·爱·克拉松、Я.П.科罗布科、斯·伊·拉德琴柯、C.M.谢列布罗夫斯基等人。在这里,列宁第一次见到克鲁普斯卡娅。

> 《回忆弗·伊·列宁》,第 1 卷,1968 年,第 223 — 224 页;《红色史料》杂志,1925 年,第 2 期,第 144—145 页。

列宁在罗·爱·克拉松工程师的住所结识合法马克思主义者的代表人物彼·伯·司徒卢威和米·伊·杜冈-巴拉诺夫斯基。

> 《红色史料》杂志,1925 年,第 2 期,第 144—145 页;米·亚·西尔文:《列宁在党的诞生时期》,1958 年,第 66 页;《列宁在彼得堡》,1957 年,第 28 页。

1894 年 2 月以后—1895 年 12 月 9 日(21 日)以前

列宁经常在星期日去看望娜·康·克鲁普斯卡娅,她和母亲一起住在涅瓦大街 97 号。

> 《回忆弗·伊·列宁》,第 1 卷,1968 年,第 225、227 页;《列宁在彼得堡》,1957 年,第 36—38 页。

3 月初

瓦·安·约诺夫告诉弗·伊·列宁,他已和阿·伊·叶拉马索夫商定一道去纽约、伦敦、巴黎和日内瓦,以便同俄国的革命侨民,包括同格·瓦·普列汉诺夫建立联系。

> 《苏共古比雪夫组织简史》,古比雪夫,1967 年,第 28 页;Л.П.缅施科夫:《保安机关与革命》,第 1 册,1925 年,第 403 页。

4 月以前

列宁研究弗·恩格斯的《家庭、私有制和国家的起源》一书,并将某些段落自德文译成俄文。

苏共中央马列主义研究院中央党务档案馆,第2号全宗,第1号目录,第43号保管单位,第1张。

列宁研究刊载于1892年《俄国思想》杂志第6期上的尼·康·米海洛夫斯基的《文学和生活》一文。列宁在《什么是"人民之友"以及他们如何攻击社会民主党人?》第一编中对这篇文章进行了批判。

《列宁全集》中文第2版增订版第1卷第156—158、173—174页;苏共中央马列主义研究院中央党务档案馆,第2号全宗,第1号目录,第44号保管单位,第1—2张。

4月

列宁完成《什么是"人民之友"以及他们如何攻击社会民主党人?(答《俄国财富》杂志反对马克思主义者的几篇文章)》一书第一编的写作。

《列宁全集》中文第2版增订版第1卷第102—172页;《史料学问题》,第4辑,1955年,第27页。

5月28日(6月9日)

列宁收到彼·巴·马斯洛夫自萨马拉寄来的信,马斯洛夫建议恢复通信联系,并告知自己对《农民生活中新的经济变动》一文的意见。

《列宁全集》中文第2版增订版第44卷第3—6页。

5月30日(6月11日)

列宁写信给彼·巴·马斯洛夫,信中分析了他对《农民生活中新的经济变动》一文所提出的意见。

《列宁全集》中文第2版增订版第44卷第3—6页。

5月31日(6月12日)

彼·巴·马斯洛夫来信建议把《农民生活中新的经济变动》这

篇文章和他自己的文章放在一起发表,列宁回信要求推迟到秋季发表,并告知在 6 月 12 日(24 日)以前他还住在彼得堡原来的地方。

《列宁全集》中文第 2 版增订版第 44 卷第 6—7 页。

不晚于 5 月

列宁完成《什么是"人民之友"以及他们如何攻击社会民主党人?》一书第二编的写作。

列宁在这一编中对自由主义民粹派思想家之一谢·尼·尤沙柯夫进行了批判。

这本书的第二编至今没有找到。

《列宁全集》中文第 2 版增订版第 1 卷第 574 页;米·亚·西尔文:《列宁在党的诞生时期》,1958 年,第 72、76 页;《史料学问题》,第 4 辑,1955 年,第 21—25 页。

春天

列宁主持马克思主义工人小组组织员会议。会议在瓦西里耶夫岛金丝鸟街 13 号 13 室瓦·安·舍尔古诺夫的住所召开。

苏共列宁格勒州委党史研究院党务档案馆,第 4000 号全宗,第 5 号目录,第 3226 号保管单位,第 6 张;《列宁在彼得堡》,1957 年,第 29 页;苏联中央国家十月革命和社会主义建设档案馆,第 102 号全宗,第 137 号目录,第 7 号卷宗,第 339 号保管单位,第 2 册,1895 年,第 137 张。

6 月 14 日(26 日)以前

列宁在彼得堡马克思主义小组作专题报告,对尼·卡雷舍夫的《根据地方自治局的统计资料作出的俄国经济调查总结。第 2 卷。农民的非份地租地》一书进行了分析批判。

苏共中央马列主义研究院中央党务档案馆,第 2 号全宗,第 1 号目录,第 53 号保管单位;米·亚·西尔文:《列宁在党的诞生时期》,1958 年,第 54 页。

列宁完成《什么是"人民之友"以及他们如何攻击社会民主党

人?》一书第三编的写作。

列宁在这一编中批判了自由主义民粹派分子谢·尼·克里文柯。

> 《列宁全集》中文第 2 版增订版第 1 卷第 173—264 页;米·亚·西尔文:《列宁在党的诞生时期》,1958 年,第 72 页;《无产阶级革命》杂志,1923 年,第 2 期,第 74 页。

6 月 14 日(26 日)

列宁从彼得堡去莫斯科。

> 《列宁全集》中文第 2 版增订版第 44 卷第 6 页;《回忆弗·伊·列宁》,第 1 卷,1968 年,第 43、122—123 页;《红色文献》杂志·1934 年,第 1 期,第 76 页;《弗·伊·列宁和萨马拉》,古比雪夫,1966 年,第 277 页。

6 月 15 日(27 日)—8 月 27 日(9 月 8 日)以前

列宁住在莫斯科郊区库尔斯克铁路柳布利诺车站附近亲属的别墅里,进行了大量的工作,将考茨基的小册子《爱尔福特纲领解说》自德文译成俄文。同谢·伊·米茨凯维奇、阿·亚·甘申、马斯连尼科夫兄弟等人会见。

> 《列宁全集》中文第 2 版增订版第 44 卷第 7—8 页;《回忆弗·伊·列宁》,第 1 卷,1968 年,第 43、122—123 页;《红色文献》杂志,1934 年,第 1 期,第 78 页;苏共中央马列主义研究院中央党务档案馆,第 2 号全宗,第 1 号目录,第 57 号保管单位。

列宁经常去库德林-花园街 135 号(现花园-库德林街 7 号)谢·伊·米茨凯维奇家里。有一次去时,他把自己的《什么是"人民之友"以及他们如何攻击社会民主党人?》一书第一编手稿交给了阿·亚·甘申。

> 谢·伊·米茨凯维奇:《革命的莫斯科》,1940 年,第 131、195 页;《回忆弗·伊·列宁》,第 2 卷,1969 年,第 64 页;《列宁在莫斯科和莫斯科郊区》,1970 年,第 25—26 页。

6 月

列宁为《什么是"人民之友"以及他们如何攻击社会民主党人?》一书第一编第 1 版写跋——《出版者说明》。

《列宁全集》中文第 2 版增订版第 1 卷第 171 页;《史料学问题》,第 4 辑,1955 年,第 28 页。

列宁的《什么是"人民之友"以及他们如何攻击社会民主党人?》一书第一编第 1 版在彼得堡用胶印版秘密刊印出版,印数 50 份。

苏共中央马列主义研究院中央党务档案馆,第 2 号全宗,第 1 号目录,第 45 号保管单位;米·亚·西尔文:《列宁在党的诞生时期》,1958 年,第 71 页;谢·伊·米茨凯维奇:《革命的莫斯科》,1940 年,第 196—198 页;《史料学问题》,第 4 辑,1955 年,第 27—28 页。

7 月 21 日(8 月 2 日)以前

列宁研究柳·费·米洛维多娃自瑞士寄给他的弗·恩格斯的著作《论住宅问题》。

《列宁全集》中文第 2 版增订版第 44 卷第 7—8 页。

7 月 21 日(8 月 2 日)

列宁对柳·费·米洛维多娃自瑞士寄来的信答复说,他正在为《什么是"人民之友"以及他们如何攻击社会民主党人?》一书在国外出版做准备工作;他已收到弗·恩格斯的《论住宅问题》一书;并请她将恩格斯的著作《论俄国的社会问题》连同跋一起寄来。

《列宁全集》中文第 2 版增订版第 44 卷第 7—8 页。

7 月

列宁为《什么是"人民之友"以及他们如何攻击社会民主党人?》一书第一编第 2 版写跋。

《列宁全集》中文第 2 版增订版第 1 卷第 172 页。

《什么是"人民之友"以及他们如何攻击社会民主党人?》一书第一编第 2 版在彼得堡用胶印版秘密刊印出版。

> 苏共中央马列主义研究院中央党务档案馆,第 2 号全宗,第 1 号目录,第 46 号保管单位,第 41 张;米·亚·西尔文:《列宁在党的诞生时期》,1958 年,第 74 页;《史料学问题》,第 4 辑,1955 年,第 29—30 页。

7 月—8 月

列宁为秘密出版《什么是"人民之友"以及他们如何攻击社会民主党人?》一书去哥尔克(弗拉基米尔省)阿·亚·甘申处。

> 苏共中央马列主义研究院,未发表的关于弗·伊·列宁的回忆录全宗,阿·甘申:《回忆弗·伊·列宁》,第 1 页。

8 月 27 日(9 月 8 日)

列宁从莫斯科返回彼得堡。

> 《列宁全集》中文第 2 版增订版第 44 卷第 7 页;《红色文献》杂志,1934 年,第 1 期,第 78 页;《列宁在彼得堡》,1957 年,第 27—28 页。

8 月—9 月

《什么是"人民之友"以及他们如何攻击社会民主党人?》一书在弗拉基米尔省哥尔克镇、从 9 月初起在莫斯科小市民一道街用油印机秘密印刷第一编和第二编单行本各 100 份。这本书第二编未能印完。

> 《回忆弗·伊·列宁》,第 2 卷,1969 年,第 64—65 页;《红色文献》杂志,1934 年,第 1 期,第 82 页;《史料学问题》,第 4 辑,1955 年,第 30—31、32—35 页;C.M.:《莫斯科的早期工人运动》,载于《目前形势》文集,1906 年,第 4 页。

夏天

列宁的《什么是"人民之友"以及他们如何攻击社会民主党人?》一书第一编在切尔尼戈夫省博尔兹纳县刊印。

Выпускъ III.

ЧТО ТАКОЕ „ДРУЗЬЯ НАРОДА"

И

КАКЪ ОНИ ВОЮЮТЪ ПРОТИВЪ

СОЦІАЛ — ДЕМОКРАТОВЪ

Сентябрь 1894.

Изданіе
провинціальной группы
соціал-демократовъ.

1894年列宁《什么是"人民之友"以及他们如何攻击
社会民主党人?》一书胶印本第3编封面

《回忆弗·伊·列宁》,第 2 卷,1969 年,第 61 页;《往事》杂志,1924 年,第 23 期,第 156 页;《史料学问题》,第 4 辑,1955 年,第 31—32 页。

9 月

《什么是"人民之友"以及他们如何攻击社会民主党人?》一书第三编第 1 版在彼得堡用胶印版秘密刊印出版,印数 50 份。为保密起见,在封面上印有"社会民主党地方小组刊印"的字样。

米·亚·西尔文:《列宁在党的诞生时期》,1958 年,第 76 页;《回忆弗·伊·列宁》,第 2 卷,1969 年,第 61 页;《史料学问题》,第 4 辑,1955 年,第 38 页。

1894 年 9 月底—1895 年 12 月 8 日(20 日)以前

列宁在涅瓦关卡外的亚历山德罗夫钢厂工人尼·叶·梅尔库洛夫的房间里,给工人小组讲课,并参加涅瓦关卡进步工人的集会。

《列宁全集》1924 年俄文第 1 版第 1 卷第 554—555 页;《红色文献》杂志,1934 年,第 1 期,第 91 页;《列宁在彼得堡》,1957 年,第 36、48 页。

10 月

《什么是"人民之友"以及他们如何攻击社会民主党人?》一书第一编第 4 版在彼得堡用胶印版秘密刊印出版,印数 50 份。

米·亚·西尔文:《列宁在党的诞生时期》,1958 年,第 74—76 页;《回忆弗·伊·列宁》,第 2 卷,1969 年,第 61、65 页;《史料学问题》,第 4 辑,1955 年,第 31 页。

不晚于 11 月

《什么是"人民之友"以及他们如何攻击社会民主党人?》一书第二编单行本在彼得堡用胶印版秘密刊印出版,印数 50 份。

尤·马尔托夫:《一个社会民主党人的笔记》,1924 年,第 239—240 页;《回忆弗·伊·列宁》,第 2 卷,1969 年,第 65 页;娜·康·克鲁普斯卡娅:《论列宁》,1960 年,第 235 页;

《史料学问题》,第4辑,1955年,第35—37页。

秋天

列宁在彼得堡马克思主义小组宣读自己的《什么是"人民之友"以及他们如何攻击社会民主党人?》一书。

《回忆弗·伊·列宁》,第1卷,1968年,第225页。

列宁因各种党内事务,多次走访工艺学院学生、马克思主义小组成员阿·亚·瓦涅耶夫和米·亚·西尔文,他们住在花园街49号33室。

《什么是"人民之友"以及他们如何攻击社会民主党人?》一书第一编第4版和第三编第1版的胶印版就在这里装订成册。

米·亚·西尔文:《列宁在党的诞生时期》,1958年,第76页;《列宁在彼得堡》,1957年,第29页。

在革命马克思主义者同彼得堡合法马克思主义者代表的讨论会上,列宁作《马克思主义在资产阶级著作中的反映》的专题报告,批驳彼·伯·司徒卢威的《俄国经济发展问题的评述》一书。列宁这次专题报告的基本论点,写入后来所著《民粹主义的经济内容及其在司徒卢威先生的书中受到的批评》一书。这次会议在亚·尼·波特列索夫的住所(湖泊巷和利戈夫街拐角9/3号6室)召开,代表革命马克思主义者出席的有弗·伊·列宁、瓦·瓦·斯塔尔科夫、斯·伊·拉德琴柯;代表合法马克思主义者出席的有彼·伯·司徒卢威、罗·爱·克拉松等人。

《列宁全集》中文第2版增订版第1卷第576页,第16卷第86页;苏共列宁格勒州委党史研究院党务档案馆,第4000号全宗,第5号目录,第3215号保管单位,第1张;《列宁在彼得堡》,1957年,第34—35页。

列宁参加彼得堡社会民主主义小组成员会议。会议在"便宜住宅协会"宿舍（第三连队街和塔拉索夫巷（现第三红军街和叶戈罗夫街）拐角 7/5 号）索·巴·涅夫佐罗娃的房间里召开。在一年当中，列宁因各种党内事务，经常去别斯图热夫高等女子学校学生索·巴·涅夫佐罗娃处。

《无产阶级革命》杂志，1930 年，第 1 期，第 87 页；《列宁在彼得堡》，1957 年，第 33—34 页。

秋冬

列宁领导在维堡区黑河沿街 31 号工人 П.Д.德米特里耶夫住所活动的小组，组内 5 名成员是几个工厂的代表。

《回忆弗·伊·列宁》，第 2 卷，1969 年，第 43 页；苏共列宁格勒州委党史研究院党务档案馆，第 4000 号全宗，第 5 号目录，第 49 号保管单位，第 2 张；第 53 号保管单位，第 9 张背面；《列宁在彼得堡》，1957 年，第 35 页。

秋天或冬天

列宁参加在涅瓦关卡外玻璃街 35 号 1 室工人 И.Ф.科斯京房间里举行的工人集会。

《红色文献》杂志，1934 年，第 1 期，第 106 页；《列宁在彼得堡》，1957 年，第 32 页。

秋天—1894 年 12 月底

列宁领导一个有马克斯韦尔纺织厂工人和谢米扬尼科夫工厂工人参加活动的小组。

小组在涅瓦关卡外斯摩棱斯克村施吕瑟尔堡大街 42 号（现奥布霍夫保卫战大街 70 号）19 室菲·伊·和 A.伊·博德罗夫兄弟的房间里进行活动。

《宣传员》，1936 年，第 20—28 页；《苦役与流放》杂志，1925 年，第 1 期，第 17—18 页；《列宁在彼得堡》，1957 年，第 33 页。

1894 年秋—不晚于 1895 年 12 月 8 日（20 日）

在涅瓦关卡外斯摩棱斯克村施吕瑟尔堡大街（现奥布霍夫保卫战大街）29 号涅瓦机械厂（原谢米扬尼科夫工厂）工人伊·瓦·巴布什金的房间里，列宁给涅瓦关卡工人小组讲授政治经济学课程。小组由 6 人组成，主要是谢米扬尼科夫工厂的工人。伊·瓦·巴布什金回忆道："我们的课程进行得非常生动有趣……对于讲课，我们大家都感到非常满意，而且常常为我们讲师的智慧赞叹不已。"

> 《回忆弗·伊·列宁》，第 2 卷，1969 年，第 36—37 页；《列宁全集》1924 年俄文第 1 版第 1 卷第 623 页；《列宁在彼得堡》，1957 年，第 30—32 页。

列宁多次走访奥布霍夫工厂工人瓦·安·舍尔古诺夫，他住在涅瓦关卡外亚历山大村新亚历山大街 23 号 5 室；列宁还多次给工人小组讲课，参加工人集会。

> 《红色文献》杂志，1934 年，第 1 期，第 101、107 页；《列宁全集》1924 年俄文第 1 版第 1 卷第 558—559、562、604、609 页；《列宁在彼得堡》，1957 年，第 29—30 页。

列宁领导工人运动指导中心小组。该小组有社会民主党人、工人小组领导人和各小组的工人组织员参加。列宁经常参加中心小组的会议，这些会议在瓦西里耶夫岛港口现钞街 71 号 4 室这所房子的顶楼召开，这房子是由西门子—哈耳斯克工厂的工人伊·伊·雅柯夫列夫为革命目的租用的。

> 米·亚·西尔文：《列宁在党的诞生时期》，1958 年，第 44—46 页；《红色文献》杂志，1934 年，第 1 期，第 85、87、90—91 页；《列宁在彼得堡》，1957 年，第 36 页。

在列宁指导下，西门子—哈耳斯克工厂工人伊·伊·雅柯夫列夫学习马克思的《资本论》。学习是在弗拉基米尔·伊里奇的住所进行的。

苏共列宁格勒州委党史研究院党务档案馆,第 4000 号全宗,第 5 号目录,第 52 号保管单位,第 4—8 张;《列宁在彼得堡》,1957 年,第 36 页。

列宁领导由彼得堡区、瓦西里耶夫岛、维堡区和科尔皮诺镇几个小组的代表组成的进步工人小组。小组的第一次活动在彼得堡区看守所街和大炮兵街拐角 6/2 号新海军部港工人 B.A.克尼亚泽夫的房间里进行。

《回忆弗·伊·列宁》,第 2 卷,1969 年,第 42—43 页;《列宁在彼得堡》,1957 年,第 32—33 页。

12 月 13 日(25 日)以前

列宁写信给萨马拉第一个马克思主义小组的成员玛·伊·列别捷娃。

《列宁全集》中文第 2 版增订版第 53 卷第 5 页脚注。

12 月 13 日(25 日)

列宁给在莫斯科的玛·伊·乌里扬诺娃写信,询问母亲的健康情况;了解莫斯科大学的生活;为难于弄到《资本论》第 3 卷而感到遗憾,并请她把这一点转告马·季·叶利扎罗夫。

《列宁全集》中文第 2 版增订版第 53 卷第 5—6 页。

12 月 13 日(25 日)以后

列宁在卡·马克思《资本论》德文版第 3 卷上作了一些札记、批注和着重标记。

苏共中央马列主义研究院中央党务档案馆,第 2 号全宗,第 1 号目录,第 24931 号保管单位;《克里姆林宫的弗·伊·列宁藏书》,1961 年,第 44 页。

12 月 15 日和 24 日(12 月 27 日和 1895 年 1 月 5 日)之间

列宁收到玛·伊·乌里扬诺娃的信,信中写道,她很长时间因病未能去中学上课,并为以后的学习感到不安。

《列宁全集》中文第 2 版增订版第 53 卷第 6—8 页。

12 月 24 日（1895 年 1 月 5 日）以后

列宁因彼得堡涅瓦机械厂（原谢米扬尼科夫工厂）12 月 23 日发生的工潮,写了俄国马克思主义者致谢米扬尼科夫工厂工人的第一份鼓动传单。

伊·瓦·巴布什金参加了传单的编写和散发工作。

《列宁全集》中文第 2 版增订版第 20 卷第 79 页;《回忆弗·
伊·列宁》,第 1 卷,1968 年,第 230 页;《列宁在彼得堡》,1957
年,第 32 页;Г.米什凯维奇:《伊·瓦·巴布什金》,1963 年,第
79—85 页。

12 月 24 日（1895 年 1 月 5 日）

列宁写信给玛·伊·乌里扬诺娃,信中对她的健康状况表示不安,劝她不要过于劳累,并问她对尼·瓦·舍尔古诺夫的作品有什么意见。

《列宁全集》中文第 2 版增订版第 53 卷第 6—8 页。

12 月底

列宁探望生病的索·巴·涅夫佐罗娃。

《无产阶级革命》杂志,1930 年,第 1 期,第 87 页;《列宁在彼
得堡》,1957 年,第 34 页。

1894 年冬—1895 年

列宁召集工人运动指导中心小组会议,同各工人小组的代表讨论从小组宣传转向群众性政治鼓动的问题;宣读了维尔诺社会民主党人小组印行的小册子《论鼓动》中的一些段落。会议作出决定:在不放弃组内宣传的同时,立即根据工人们迫切的经济要求和政治要求,在他们中间进行广泛的口头或书面的鼓动工作。

会议在特罗伊茨基大街(现莫斯克温娜街)3 号阿·亚·瓦涅耶夫和米·亚·西尔文的住所举行。

米·亚·西尔文:《列宁在党的诞生时期》,1958 年,第 85—92 页;《无产阶级革命》杂志,1924 年,第 7 期,第 74—75 页;《列宁在彼得堡》,1957 年,第 38—39 页。

为了解涅瓦关卡工人斯摩棱斯克星期日夜校(所谓的"科尔尼洛夫学校")讲授社会经济课程的情况,列宁听了女教师 $\Pi.\Phi.$库杰莉关于十八世纪法国革命史的课。

《关于伊里奇》,1924 年,第 87—89 页;《列宁在彼得堡》,1957 年,第 39—40 页。

1894 年底—1895 年初

列宁写《民粹主义的经济内容及其在司徒卢威先生的书中受到的批评(马克思主义在资产阶级著作中的反映)。评彼·司徒卢威〈俄国经济发展问题的评述〉一书。1894 年圣彼得堡版》。

《列宁全集》中文第 2 版增订版第 1 卷第 297—465 页。

1894 年底—1895 年 12 月 8 日(20 日)以前

列宁在瓦西里耶夫岛港口现钞街 71 号 4 室工人伊·伊·雅柯夫列夫的房间里,领导名为"港口小组"的工人小组活动。

《红色文献》杂志,1934 年,第 1 期,第 85 页;《列宁在彼得堡》,1957 年,第 36 页。

1894 年—1895 年

列宁在涅瓦关卡外瓷器厂村施吕瑟尔堡大街 25 号(现奥布霍夫保卫战大街 149 号)涅瓦民间娱乐协会图书馆馆长安·伊·切丘琳娜-美舍利亚科娃的房间里会见瓦·安·舍尔古诺夫和涅瓦关卡的其他工人。

《列宁在彼得堡》,1957 年,第 40 页;苏共列宁格勒州委党史研究院党务档案馆,第 4000 号全宗,第 5 号目录,第 3226 号保管单位,第5张。

列宁编写研究工人劳动条件和生活条件的调查表,这一表格曾在彼得堡社会民主党人小组成员以及其他小组的宣传员中散发。

《列宁全集》俄文第5版第2卷第561页;《回忆弗·伊·列宁》,第2卷,1969年,第36—37、50—51页。

1895 年

1 月

列宁在亚·尼·波特列索夫的住所(湖泊巷 9/3 号 6 室)宣读自己的论文《民粹主义的经济内容及其在司徒卢威先生的书中受到的批评》。

《红色史料》杂志,1925 年,第 2 期,第 146 页;B.E.穆什图科夫和 Π.E.尼基京:《列宁曾在这里生活和工作》,1967 年,第 48 页。

2 月 17 日或 18 日(3 月 1 日或 2 日)

列宁出席在自由经济学会召开的报告会,听取施坦格关于他在巴甫洛沃组织手工业劳动组合的报告。

《列宁研究院集刊》,第 3 辑,1928 年,第 71 页;B.E.穆什图科夫和 Π.E.尼基京:《列宁曾在这里生活和工作》,1967 年,第 52 页。

2 月 18 日或 19 日(3 月 2 日或 3 日)

列宁参加在彼得堡举行的彼得堡、莫斯科、基辅和维尔诺社会民主党人小组成员会议。参加会议的有:格·马·克尔日扎诺夫斯基、雅·马·利亚霍夫斯基、叶·伊·斯庞季、季·M.科佩尔宗(格里申);会上讨论了由原来在小范围的小组中进行马克思主义宣传转变为群众性政治鼓动的问题,以及为工人出版通俗读物的问题。维尔诺和莫斯科的社会民主党人主张只进行经济鼓动,认为俄国无产阶级尚未成熟到领会政治口号的地步。列宁反对这种实质上是机会主义性质的论点,证明必须把经济鼓动和政治鼓动结合起来。

《列宁研究院集刊》,第 3 辑,1928 年,第 71—72、73 页;《回忆列宁》,第 3 册,1925 年,第 21—22 页。

2 月

列宁在列斯诺伊同朋友们、彼得堡社会民主党人小组成员们在一起度过了一个晚上。

《无产阶级革命》杂志,1930 年,第 1 期,第 87—88 页;《列宁在彼得堡》,1957 年,第 41 页。

列宁在阿·亚·瓦涅耶夫的住所(第一连队街(现第一红军街)22 号)会见米·亚·西尔文,对新港工人酝酿罢工的消息深为关切,对西尔文打算写题为《港口工人应当争取什么》的传单表示赞同。

米·亚·西尔文:《列宁在党的诞生时期》,1958 年,第 98 页;《列宁在彼得堡》,1957 年,第 42 页。

3 月,15 日(27 日)以前

列宁走访彼得堡社会民主党人小组成员索·巴·和季·巴·涅夫佐罗娃姊妹,她们住在办公厅街(现《真理报》街)12 号。

娜·康·克鲁普斯卡娅:《向列宁学习如何工作》,1933 年,第 56—57 页;《列宁在彼得堡》,1957 年,第 42 页;B.E.穆什图科夫和 Л.E.尼基京:《列宁曾在这里生活和工作》,1967 年,第 61 页。

列宁患肺炎。卧病在床,研究卡·马克思《资本论》第 3 卷。

《回忆弗·伊·列宁》,第 1 卷,1968 年,第 124 页;《无产阶级革命》杂志,1930 年,第 1 期,第 88 页;《青年近卫军》杂志,1924 年,第 2—3 期,第 34 页。

3 月 15 日(27 日)

列宁领到出国护照。

《红色文献》杂志,1934 年,第 1 期,第 78、81 页。

4 月 2 日（14 日）

列宁因即将出国,召集彼得堡社会民主党人小组开会。会议在皇村马厩街 11 号（现普希金市五一节街）米·亚·西尔文的家里召开。出席会议的有娜·康·克鲁普斯卡娅、瓦·瓦·斯塔尔科夫、彼·库·扎波罗热茨、阿·亚·雅库波娃等人。

《回忆弗·伊·列宁》,第 1 卷,1968 年,第 228 页;米·亚·西尔文:《列宁在党的诞生时期》,1958 年,第 97 — 98 页;《列宁在彼得堡》,1957 年,第 44 页。

4 月,24 日（5 月 6 日）以前

列宁召集星期日学校的女教师开会,出席会议的有娜·康·克鲁普斯卡娅、莉·米·克尼波维奇、П.Ф.库杰莉、安·伊·美舍利亚科娃等人。

《回忆弗·伊·列宁》,第 1 卷,1968 年,第 228 — 229 页。

4 月 24 日（5 月 6 日）以前

列宁同瓦·瓦·斯塔尔科夫、斯·伊·拉德琴柯、彼·伯·司徒卢威、亚·尼·波特列索夫、罗·爱·克拉松一起参加出版《俄国经济发展问题的资料》文集的筹备工作,这本文集刊载了列宁的著作《民粹主义的经济内容及其在司徒卢威先生的书中受到的批评》。

文集被沙俄书报检查机关扣留,印好的文集几乎全部被焚毁。

《列宁全集》中文第 2 版增订版第 16 卷第 89、90、91 页;《回忆弗·伊·列宁》,第 1 卷,1968 年,第 230 页;《红色史料》杂志,1925 年,第 2 期,第 146 页;《回忆弗·伊·列宁》,第 1 册,1956 年,第 127、129 页。

列宁经常去娜·康·克鲁普斯卡娅家,她住在小意大利街和兹纳缅斯卡亚街（现茹柯夫斯基街和起义街）拐角 28/12 号。

苏共列宁格勒州委党史研究院党务档案馆,第 4000 号全宗,

第 5 号目录,第 3215 号保管单位,第 1 张;《列宁在彼得堡》,
1957 年,第 44 页。

4 月 24 日(5 月 6 日)

列宁在瓦西里耶夫岛彼得堡社会民主党人小组成员奥·伊·
查钦娜的住所,同获释出狱的伊·克·拉拉扬茨会见,并于当晚同
他一起去莫斯科。

列宁住在雅柯夫列夫巷(现叶利扎罗娃街)19 号亲戚家里。

《回忆弗·伊·列宁》,第 1 卷,1968 年,第 123 — 124 页;《回
忆弗·伊·列宁》,第 1 册,1956 年,第 127—129 页。

4 月 25 日(5 月 7 日)

列宁启程出国,以同劳动解放社建立联系并了解西欧工人运
动情况。

《红色文献》杂志,1934 年,第 1 期,第 78 页;《回忆弗·伊·
列宁》,第 1 卷,1968 年,第 230 页。

5 月 1 日(13 日)

列宁通过国境,前往瑞士。

《列宁全集》中文第 2 版增订版第 53 卷第 9 页;《红色文献》杂
志,1934 年,第 1 期,第 98 页。

5 月 2 日(14 日)

列宁在去瑞士途中,在萨尔茨堡(奥地利)停留两小时。

《列宁全集》中文第 2 版增订版第 53 卷第 9 页。

列宁自萨尔茨堡写信给玛·亚·乌里扬诺娃,谈到用德语交
谈感到困难。

《列宁全集》中文第 2 版增订版第 53 卷第 9 页。

5 月 3 日和 27 日(5 月 15 日和 6 月 8 日)之间

列宁拜访罗·爱·克拉松在洛桑的亲戚,从他们那里得到

格·瓦·普列汉诺夫的地址。

《新世界》杂志,1963 年,第 12 期,第 120 页。

列宁在瑞士结识劳动解放社的成员;在日内瓦拜访格·瓦·普列汉诺夫;在苏黎世拜访帕·波·阿克雪里罗得,并同阿克雪里罗得在离苏黎世不远的阿福尔泰恩村住了一星期。列宁约定和他们建立经常的联系,并在国外出版《工作者》文集。

《格·瓦·普列汉诺夫和帕·波·阿克雪里罗得通信集》,第 1 卷,1925 年,第 265—275 页;《回忆弗·伊·列宁》,第 1 卷,1968 年,第 230 页;尤·马尔托夫:《一个社会民主党人的笔记》,1924 年,第 255 页。

列宁在瑞士会见俄国社会民主党人阿·米·沃登和亚·尼·波特列索夫,同他们一起度过了几天并讨论了哲学问题。

《马克思主义年鉴》杂志,1927 年,第 3 期,第 75 页。

5 月 8 日(20 日)以前

列宁在日内瓦拜访阿·亚·舒赫特一家。

《列宁全集》中文第 2 版增订版第 53 卷第 10 页。

5 月 8 日(20 日)

列宁自瑞士写信给玛·亚·乌里扬诺娃,叙述旅途观感,告知曾会见阿·亚·舒赫特一家。

《列宁全集》中文第 2 版增订版第 53 卷第 10 页。

5 月 26 日(6 月 7 日)

警察司将列宁列入归国后必须受到监视的人员名单。名单发给各边防站宪兵队长。

《红色文献》杂志,1934 年,第 1 期,第 78 页。

5 月 27 日(6 月 8 日)以前—6 月

列宁住在巴黎,结识法国工人运动和国际工人运动著名活动家、卡·马克思的女婿保·拉法格。

> 《列宁全集》中文第 2 版增订版第 53 卷第 11 页；尤·马尔托
> 夫：《一个社会民主党人的笔记》，1924 年，第 265—266 页。

5 月 27 日（6 月 8 日）

列宁在给玛·亚·乌里扬诺娃的信中，告知收到了她从莫斯科寄来的信；描述巴黎并询问家事。

> 《列宁全集》中文第 2 版增订版第 53 卷第 11 页。

警察司将列宁列为涉嫌加入社会民主党人组织的人员名单第一号。鉴定注明，列宁同阿·亚·和 B.亚·瓦涅耶夫兄弟、瓦·瓦·斯塔尔科夫、季·巴·和索·巴·涅夫佐罗娃姊妹、B.B.西比列娃等人一起，"领导着在工人中间进行革命宣传的小组，并因该小组的需要，为取得各种革命联系，于 4 月 25 日出国"。

> 《红色文献》杂志，1934 年，第 1 期，第 79 页。

不早于 5 月—不晚于 9 月 7 日（19 日）

列宁在国外期间，就卡·马克思和弗·恩格斯的《神圣家族，或对批判的批判所做的批判。驳布鲁诺·鲍威尔及其伙伴》一书作摘要。

> 《列宁全集》中文第 2 版增订版第 55 卷第 5—36 页。

6 月

列宁在巴黎就古·勒弗朗塞的《1871 年巴黎公社运动研究》一书第一部分作摘要。

> 苏共中央马列主义研究院中央党务档案馆，第 2 号全宗，第 1
> 号目录，第 62、63 号保管单位；《外国文学》杂志，1957 年，第 4
> 期，第 7—8、9—17 页。

7 月 6 日（18 日）

列宁在给玛·亚·乌里扬诺娃的信中，告知自己在瑞士一所疗养院治病的情况并询问家事。

《列宁全集》中文第 2 版增订版第 53 卷第 12—13 页。

警察司司长发公函给俄国国外密探机关负责人,通知说,列宁出国的目的在于运回革命书刊并同国外侨民建立联系,要求对他的活动严加监视。

《红色文献》杂志,1934 年,第 1 期,第 79 页。

7 月下半月—9 月初

列宁在柏林停留期间,在普鲁士国立图书馆阅览室进行研究工作,阅读国外马克思主义书刊,出席工人集会。

《列宁全集》中文第 2 版增订版第 53 卷第 14—15 页;苏共中央马列主义研究院中央党务档案馆,第 2 号全宗,第 1 号目录,第 23548 号保管单位;《列宁研究院集刊》,第 1 辑,1927年,第 171—173 页;《马克思主义年鉴》杂志,1926 年,第 1期,第 81—85 页。

列宁在柏林同伊·李·艾森施塔特、威·阿·布赫霍尔茨、M.M.罗森包姆会见,约定在维尔诺社会民主党人和彼得堡社会民主党人之间建立经常联系。

《马克思主义年鉴》杂志,1926 年,第 1 期,第 81—85 页;尤·马尔托夫:《一个社会民主党人的笔记》,1924 年,第 255 页。

列宁自柏林给在苏黎世的帕·波·阿克雪里罗得寄去各种资料和手稿。

《格·瓦·普列汉诺夫和帕·波·阿克雪里罗得通信集》,第1 卷,1925 年,第 275 页。

7 月 22 日(8 月 3 日)

列宁在社会民主党集会上听阿·施塔特哈根作关于德国社会民主党土地纲领的报告,集会在柏林市郊工人区(下巴尼姆区)举行。

《前进报》,1895 年 8 月 6 日,第 181 号;《马克思主义年鉴》杂志,1926 年,第 1 期,第 83—84 页;《回忆弗·伊·列宁》,第 1 卷,1968 年,第 230 页。

7 月 22 日或 23 日(8 月 3 日或 4 日)

列宁自柏林写信给玛·亚·乌里扬诺娃,告知自己的地址(这封信没有找到)。

《列宁全集》中文第 2 版增订版第 53 卷第 13—14 页;《列宁全集》俄文第 5 版第 55 卷第 460 页。

7 月 24 日(8 月 5 日)以后—12 月 8 日(20 日)以前

列宁写题为《弗里德里希·恩格斯》的悼念文章,这篇悼文可能就是载于 1896 年《工作者》第 1—2 期合刊上的文章节略(这一文件没有找到)。

《列宁全集》俄文第 5 版第 2 卷第 562 页;《回忆弗·伊·列宁》,第 1 册,1956 年,第 148 页;《资料和文章集》,第 1 辑,1921 年,第 125、247—248 页。

7 月 27 日(8 月 8 日)

列宁在柏林去德意志剧院,观看格·豪普特曼的话剧《织工》。

《列宁全集》中文第 2 版增订版第 53 卷第 14 页。

7 月 29 日(8 月 10 日)

列宁写信给玛·亚·乌里扬诺娃,讲述自己在柏林的生活,再次告知自己的地址。

《列宁全集》中文第 2 版增订版第 53 卷第 13—14 页。

8 月 2 日(14 日)以前

列宁翻译 1895 年 8 月 14 日维也纳《新评论报》第 33 号刊载的《弗里德里希·恩格斯》一文(手稿没有找到)。

《列宁全集》俄文第 5 版第 2 卷第 566 页;《列宁研究院集刊》,第 1 辑,1927 年,第 129—130 页;《列宁全集》1924 年俄文第

1 版第 1 卷第 560、561—562 页。

8 月 17 日（29 日）

列宁收到马·季·叶利扎罗夫的信。来信说在莫斯科找房子很困难。列宁给他写了回信（列宁的回信没有找到）。

《列宁全集》中文第 2 版增订版第 53 卷第 15 页；《列宁全集》俄文第 5 版第 55 卷第 464 页。

列宁在给玛·亚·乌里扬诺娃的信中，讲述自己在柏林的生活，说经常到普鲁士国立图书馆去看书，并常去参加民间晚会。

《列宁全集》中文第 2 版增订版第 53 卷第 15 页。

8 月 26 日（9 月 7 日）

列宁收到母亲寄来的信和钱。

《列宁全集》中文第 2 版增订版第 53 卷第 16 页。

列宁在从柏林寄给玛·亚·乌里扬诺娃的信中，讲述自己在国外的生活，告知即将返回俄国，问要给德米特里·伊里奇和玛丽亚·伊里尼奇娜带些什么书籍。

《列宁全集》中文第 2 版增订版第 53 卷第 16 页。

9 月 2 日（14 日）

格·瓦·普列汉诺夫在致威·李卜克内西的信中介绍列宁："我把我们最杰出的俄国朋友当中的一位介绍给您。他即将返回俄国，因此务必不要让任何人知道他曾去过夏洛滕堡。他将向您讲述一件对我们来说非常重要的事情。我相信，您会做到您力所能及的一切。他还将向您转告我们的近况。"

《战斗的唯物主义者》，第 4 册，1925 年，第 208、213 页。

9 月 2 日和 7 日（14 日和 19 日）之间

列宁在夏洛滕堡（柏林附近）拜访威·李卜克内西。

《战斗的唯物主义者》,第 4 册,1925 年,第 208、213 页。

9 月 7 日(19 日)

列宁从国外归来。他用夹底皮箱带回违禁的马克思主义书刊。警察对他加强监视。

《回忆弗·伊·列宁》,第 1 卷,1968 年,第 47、230 页;《红色文献》杂志,1934 年,第 1 期,第 81 页。

在韦尔日博洛沃边防所所长给警察司的报告中说,列宁从国外归来,他的行李经过最严格的检查,未发现任何违禁物品。

《红色文献》杂志,1934 年,第 1 期,第 81 页。

9 月 7 日和 29 日(9 月 19 日和 10 月 11 日)之间

列宁访问维尔诺、莫斯科和奥列霍沃-祖耶沃,同当地社会民主主义团体的成员建立了联系,并与他们约定支持在国外出版的《工作者》文集。

《列宁全集》中文第 2 版增订版第 44 卷第 9—10 页;《红色文献》杂志,1934 年,第 1 期,第 81 页。

9 月 7 日(19 日)以后

列宁写《弗里德里希·恩格斯》一文,该文发表于 1896 年《工作者》文集第 1—2 期合刊。

《列宁全集》中文第 2 版增订版第 2 卷第 1—12 页。

列宁自莫斯科写信给在奔萨的伊·克·拉拉扬茨和普·伊·库利亚布科,告知自己已从国外归来(这封信没有找到)。

《回忆弗·伊·列宁》,第 1 册,1956 年,第 130、264—265 页。

列宁为《工作者》文集审阅稿件。

《列宁全集》中文第 2 版增订版第 2 卷第 565 页,第 44 卷第 11—12 页;《老布尔什维克》文集,第 2 辑,1933 年,第 134 页。

9 月 16 日（28 日）

在维尔纳省宪兵局局长给警察司的报告中说,列宁自韦尔日博洛沃启程,"据所买车票判断,前往维尔诺市",但维尔诺市未发现此人。

《红色文献》杂志,1934 年,第 1 期,第 81 页。

9 月 29 日（10 月 11 日）

列宁返回彼得堡。

《红色文献》杂志,1934 年,第 1 期,第 81、98 页。

不早于 9 月 29 日（10 月 11 日）

列宁会见阿·亚·瓦涅耶夫和 Я.П.波诺马廖夫,从他们那里了解马克思主义工人小组的情况。

《红色文献》杂志,1934 年,第 1 期,第 89 页。

9 月 29 日（10 月 11 日）以后

列宁阅读瓦·奥·克柳切夫斯基的《俄国近代史教程（1883—1884 学年）》一书的石印本,作批注和着重标记。

苏共中央马列主义研究院中央党务档案馆,第 2 号全宗,第 1 号目录,第 71 号保管单位。

列宁主持彼得堡革命马克思主义者小组和马尔托夫小组的联席会议。会上讨论了把这些组织合并为一个统一的社会民主党人组织和在工人中间开展群众性政治鼓动的问题。除列宁外,参加会议的有:格·马·克尔日扎诺夫斯基、瓦·瓦·斯塔尔科夫、尔·马尔托夫、雅·马·利亚霍夫斯基。

会议是在赫尔松街（现执委会街）31/13 号 10 室格·马·克尔日扎诺夫斯基的住所召开的。

尤·马尔托夫:《一个社会民主党人的笔记》,1924 年,第

263—270 页;《无产阶级革命》杂志,1924 年,第 7 期,第 73 页;《红色文献》杂志,1934 年,第 1 期,第 98 页;《列宁在彼得堡》,1957 年,第 47—48 页。

列宁主持彼得堡革命马克思主义者的会议,会上完成了成立全市社会民主党人组织的组织程序。列宁被选入领导核心,并被任命为所有出版物的编辑。根据列宁的提议,在由中心小组和工人小组组成的彼得堡社会民主党人组织机构中设立一些区小组,以便领导各工人小组。

会议是在维堡区辛比尔斯克街(现共青团街)12/4 号斯·伊·拉德琴柯的住所召开的。

12 月 15 日(27 日),全市社会民主党人组织命名为"工人阶级解放斗争协会"。

尤·马尔托夫:《一个社会民主党人的笔记》,1924 年,第 271—276 页;米·亚·西尔文:《列宁在党的诞生时期》,1958 年,第 99—123 页;《回忆弗·伊·列宁》,第 1 卷,1968 年,第 48—49 页;娜·康·克鲁普斯卡娅:《论列宁》,1965 年,第 119—121 页;《红色史料》杂志,1925 年,第 2 期,第 146—147 页;《列宁在彼得堡》,1957 年,第 50—52 页。

9 月 30 日(10 月 12 日)

列宁走访涅瓦大街 139 号,这里住着一些工人。

《红色文献》杂志,1934 年,第 1 期,第 89—90 页;《列宁在彼得堡》,1957 年,第 46 页。

9 月 30 日—11 月 22 日(10 月 12 日—12 月 4 日)

列宁住在泰罗夫巷(现布林科巷)和花园街拐角 6/44 号 30 室。

《红色文献》杂志,1934 年,第 1 期,第 81、98 页;《列宁在彼得堡》,1957 年,第 45 页。

10 月 1 日(13 日)

列宁走访工人 И.Ф.费多罗夫(瓦西里耶夫岛七条 86/8 号 12

室),同工人们交谈了三个小时。

后来,在列宁的领导下,这里召开过社会民主党人组织的一些会议,举行过工人小组成员的秘密集会。

《红色文献》杂志,1934 年,第 1 期,第 90 页;《列宁在彼得堡》,1957 年,第 46 页。

10 月 2 日(14 日)以前

列宁参加由社会民主党人小组起草的小册子《俄国工厂立法》的出版工作。

《红色文献》杂志,1934 年,第 1 期,第 83—84 页。

10 月—12 月 8 日(20 日)

列宁每天去伊·尼·切博塔廖夫家(韦列亚街 12 号),在那里吃午饭,并度过午休时间。

《回忆弗·伊·列宁》,第 1 卷,1968 年,第 231 页;《列宁在彼得堡》,1957 年,第 46—47 页;《关于伊里奇》,1924 年,第 137—138 页。

11 月初

列宁写信给在苏黎世的帕·波·阿克雪里罗得,告知维尔诺、莫斯科、奥列霍沃-祖耶沃各社会民主党人小组的活动情况,告诉他秘密通信的地址和方法,请他寄书刊和油墨来;询问筹备出版《工作者》文集的进展情况。列宁在寄信的同时,还为《工作者》文集寄去几篇关于俄国工人运动的通讯及《告托伦顿工厂男女工人》传单的开头部分。

《列宁全集》中文第 2 版增订版第 44 卷第 9—11 页。

11 月 7 日(19 日)

在托伦顿工厂罢工期间,列宁同瓦·瓦·斯塔尔科夫一起探访工人尼·叶·梅尔库洛夫,交给他 40 卢布,请他转交给被捕工人的家属。

《红色文献》杂志,1934 年,第 1 期,第 91 页;《老近卫军》,1926 年,第 143 页。

11 月,7 日(19 日)以后

彼得堡工人阶级解放斗争协会印发列宁写的传单《告托伦顿工厂男女工人》。

《列宁全集》中文第 2 版增订版第 2 卷第 13—17 页。

11 月 10 日(22 日)

在拉菲尔姆卷烟厂(现米·索·乌里茨基卷烟厂)卷烟女工罢工期间,列宁和米·亚·西尔文为获得罢工进展的消息,来到工厂附近的小饭店。

尤·马尔托夫:《一个社会民主党人的笔记》,1924 年,第 277—278 页;《列宁在彼得堡》,1957 年,第 50 页。

11 月 12 日(24 日)

列宁同瓦·瓦·斯塔尔科夫一起再次探访尼·叶·梅尔库洛夫,交给他一些传单,以便在托伦顿工厂内散发。

《红色文献》杂志,1934 年,第 1 期,第 91 页;《老近卫军》,1926 年,第 143 页。

11 月中

列宁写信给在苏黎世的帕·波·阿克雪里罗得,告知收到了关于德国社会民主党布雷斯劳代表大会的报告,同民意社印刷厂建立了联系,《工人事业报》即将出版。列宁在寄信的同时,为《工作者》文集寄去传单《告托伦顿工厂男女工人》的后一部分,并告诉他手头还有关于俄国各地罢工的材料。

《列宁全集》中文第 2 版增订版第 44 卷第 11—12 页。

11 月 23 日—24 日（12 月 5 日—6 日）

列宁自花园街迁至韦列亚街 5 号 21 室，在这里住了两天。

米·亚·西尔文:《列宁在党的诞生时期》,1958 年,第 99 页;
苏共中央马列主义研究院中央党务档案馆,第 2 号全宗,第 1
号目录,第 22 号保管单位,第 4 张;《列宁在彼得堡》,1957
年,第 53 页。

11 月 25 日（12 月 7 日）以前

列宁写《农庄中学与感化中学》一文，刊登在 11 月 25 日《萨马拉新闻》第 254 号上。

《列宁全集》中文第 2 版增订版第 2 卷第 18—24 页;《萨马拉
新闻》,1895 年 11 月 25 日,第 254 号。

11 月 25 日（12 月 7 日）

由于警察加强监视，列宁从韦列亚街迁至戈罗霍瓦亚街（现捷尔任斯基街）61 号，在这所房子里一直住到被捕。

《红色文献》杂志,1934 年,第 1 期,第 112 页;《列宁在彼得
堡》,1957 年,第 53、55 页。

11 月下半月

列宁在各工人小组代表会议上提出罢工期间工人对厂方的要求，并对这些要求作说明。会议是在橡胶厂工人 B.普罗申的住所（湾河道 124 号）召开的。

《红色史料》杂志,1924 年,第 1 期,第 11 页;《列宁在彼得
堡》,1957 年,第 53 页。

11 月底

列宁主持工人阶级解放斗争协会会员会议，讨论今后的工作问题和筹备出版该组织的第一个秘密机关刊物——《工人事业报》问题。

会议是在季·巴·和索·巴·涅夫佐罗娃姊妹的房间（瓦西

里耶夫岛大直街 8/4 号 20 室)里举行的。

> 米·亚·西尔文:《列宁在党的诞生时期》,1958 年,第 103 页;尤·马尔托夫:《一个社会民主党人的笔记》,1924 年,第 274—275 页;《列宁在彼得堡》,1957 年,第 53 页。

秋天

列宁写小册子《对工厂工人罚款法的解释》。

> 《列宁全集》中文第 2 版增订版第 2 卷第 25—64 页。

列宁翻阅 1893 年彼得堡出版的《俄国工厂工业和商业》一书,在第 273 页上写批语:"岂有此理的文章"。

> 《列宁全集》中文第 2 版增订版第 3 卷第 436 页;苏共中央马列主义研究院中央党务档案馆,第 2 号全宗,第 1 号目录,第 25248 号保管单位;《苏共历史问题》杂志,1962 年,第 3 期,第 218 页。

秋冬

列宁化名费多尔·彼得罗维奇,走访彼得堡社会民主党人组织成员、普梯洛夫工厂钳工 Б.И.季诺维也夫。他在菜园巷 6 号的住所是纳尔瓦关卡外的党的活动中心。

> 《红色文献》杂志,1934 年,第 1 期,第 88—89 页;《列宁在彼得堡》,1957 年,第 49—50 页。

11 月—不晚于 12 月 8 日(20 日)

列宁进行出版秘密报纸《工人事业报》创刊号的准备工作,该报是彼得堡斗争协会的机关报。他写社论《告俄国工人》和《我们的大臣们在想些什么?》、《1895 年雅罗斯拉夫尔的罢工》等文章,并审阅创刊号的全部稿件。

> 《列宁全集》中文第 2 版增订版第 2 卷第 65—68 页,第 6 卷第 30 页;《列宁全集》俄文第 5 版第 2 卷第 562 页;娜·康·克鲁普斯卡娅:《论列宁》,1960 年,第 178—179 页;尤·马尔托夫:《一个社会民主党人的笔记》,1924 年,第 290 页。

列宁编写应收入《工人事业报》创刊号的文章目录,登记以后各期所有的稿件,并根据稿件积累情况,草拟《工人事业报》将不定期出刊的广告(这一文件没有找到)。

《列宁全集》俄文第 5 版第 2 卷第 561 页;《列宁全集》1924 年俄文第 1 版第 1 卷第 560 页;《列宁研究院集刊》,第 1 辑,1927 年,第 129—130 页。

秋天—不晚于 12 月 8 日(20 日)

列宁常去探访当时在亚历山德罗夫机械厂做工的伊·瓦·巴布什金,并常同彼得堡马克思主义小组成员及涅瓦关卡的进步工人会见。

苏共列宁格勒州委党史研究院党务档案馆,第 4000 号全宗,第 5 号目录,第 65 号保管单位,第 7 张;《列宁在彼得堡》,1957 年,第 48 页。

12 月 3 日(15 日)

彼得堡秘密印刷所开始印刷列宁的小册子《对工厂工人罚款法的解释》。这本小册子印了 3 000 份。

《红色史料》杂志,1924 年,第 2 期,第 73 页;《回忆列宁》,第 4 册,1925 年,第 39 页。

12 月 5 日(17 日)

列宁在从彼得堡给玛·亚·乌里扬诺娃的信中告知,关于确认阿尔达舍夫夫妇的一位亲戚有继承权的案件,他暂时尚未决定受理。信中还谈到自己住所的不便。

《列宁全集》中文第 2 版增订版第 53 卷第 17 页。

12 月 6 日(18 日)

列宁在传统的大学生舞会上会见彼得堡工人阶级解放斗争协会会员。舞会在贵族会议大厅(现列宁格勒音乐厅)举行。

波·伊·哥列夫:《党史片断》,1924 年,第 17 页;《列宁在彼得堡》,1957 年,第 54—55 页。

12 月 6 日和 8 日（18 日和 20 日）

在以列宁为首的斗争协会领导小组会议上讨论准备付印的《工人事业报》创刊号问题。会议分别在斯·伊·拉德琴柯的住所（维堡区辛比尔斯克街（现共青团街）12/4 号）和娜·康·克鲁普斯卡娅的住所（格罗德诺巷和兹纳缅斯卡亚街（现起义街）拐角 7/36 号）召开。

《回忆弗·伊·列宁》，第 1 卷，1968 年，第 231 页；米·亚·西尔文：《列宁在党的诞生时期》，1958 年，第 106 — 107 页；《列宁在彼得堡》，1957 年，第 50—52、54 页。

12 月 8 日（20 日）以前

列宁经常去《新闻报》书店阅览室（大海洋街（现赫尔岑街）33 号），翻阅各种俄国报纸和外国报纸，搜集写作资料。

米·亚·西尔文：《列宁在党的诞生时期》，1958 年，第 65 页；《列宁在彼得堡》，1957 年，第 40 页。

列宁写关于伊万诺沃-沃兹涅先斯克纺织工人罢工和彼得堡机器制鞋公司工厂一个作坊内工人罢工的文章（这些文件没有找到）。

《列宁全集》俄文第 5 版第 2 卷第 563 页；《列宁全集》1924 年俄文第 1 版第 1 卷第 561 页；《列宁研究院集刊》，第 1 辑，1927 年，第 129—130 页。

列宁参加在工艺学院学生、马克思主义小组成员彼·库·扎波罗热茨住所召开的彼得堡社会民主党人小组的会议。

《红色史料》杂志，1925 年，第 2 期，第 199 页；《无产阶级革命》杂志，1924 年，第 7 期，第 68 — 69 页；《列宁在彼得堡》，1957 年，第 48 页。

列宁会见工人 B.A.克尼亚泽夫，指导他一旦被捕时，在法庭上应该怎么办。

《回忆弗·伊·列宁》，第 2 卷，1969 年，第 45 页。

列宁为研究加工工业品的销售问题,拟订计划,并选定参考书。

《列宁全集》中文第 2 版增订版第 53 卷第 18 页。

列宁阅读亚·瓦·波果热夫的《德国和俄国的工厂生活》(1882 年莫斯科版)和萨拉托夫省统计资料汇编第 1 — 12 卷(1882—1893 年萨拉托夫版)、沃罗涅日省统计资料汇编第 1 — 11 卷(1884 — 1892 年沃罗涅日版),以及《圣彼得堡市法令汇编》(1883 年圣彼得堡版)。

《列宁全集》中文第 2 版增订版第 53 卷第 24 页。

列宁研究 А.И.科别利亚茨基的《工厂视察机关官员和工厂主手册》(1895 年圣彼得堡第 3 版)和《俄国工厂工业和商业》(1893 年圣彼得堡版)。

《列宁全集》中文第 2 版增订版第 53 卷第 24 页。

12 月 8 日(20 日)夜至 9 日(21 日)凌晨

列宁和他的彼得堡斗争协会的战友(阿·亚·瓦涅耶夫、彼·库·扎波罗热茨、格·马·克尔日扎诺夫斯基、瓦·瓦·斯塔尔科夫等人)被捕。在搜查和逮捕瓦涅耶夫时,警察没收了准备付印的《工人事业报》创刊号的稿件。列宁被捕后,被送往拘留所,关入第 193 号单人牢房,他在这里度过了 14 个多月。

《红色文献》杂志,1934 年,第 1 期,第 91 — 95 页;《回忆弗·伊·列宁》,第 1 卷,1968 年,第 48 — 49、231 页;第 2 卷,1969 年,第 19 — 20、53 页。

12 月 9 日(21 日)以后

列宁起草社会民主党《纲领草案》。

《列宁全集》中文第 2 版增订版第 2 卷第 69 — 72 页。

1895 年 12 月 9 日（21 日）以后—1897 年 2 月 14 日（26 日）以前

列宁同被监禁的同志互相通信，并利用狱中的暗号敲墙联系。通信的办法主要是利用监狱图书馆的书籍，在书中把组成单词所必需的字母用点或线划出来。

列宁同狱外的彼得堡斗争协会会员建立联系，以自己的建议和指示来帮助协会，他坚持召开党的第一次代表大会，不时送出他写的小册子和传单。他在信件中常常委托代办一些事情：组织人来探望那些没有人探望的同志，或者给需要的同志送来御寒衣物（大部分信件没有找到）。

《回忆弗·伊·列宁》，第 3 册，1961 年，第 21 页；《回忆弗·伊·列宁》，第 1 卷，1968 年，第 52—55、72—74、232—233 页；第 2 卷，1969 年，第 20 页；娜·康·克鲁普斯卡娅：《向列宁学习如何工作》，1933 年，第 58 页。

列宁与亲属频繁通信。大部分信件的内容是请他们送来他进行研究工作所需要的书籍（这些信件没有找到）。

《列宁全集》俄文第 5 版第 2 卷第 564 页；《回忆弗·伊·列宁》，第 1 卷，1968 年，第 72、74—75、232—233 页。

列宁在狱中为自己规定了严格的作息制度，经常做体操。

《列宁全集》中文第 2 版增订版第 53 卷第 84—85 页。

12 月 21 日（1896 年 1 月 2 日）

列宁在狱中第一次受审。

《列宁全集》中文第 2 版增订版第 44 卷第 531—533 页。

12 月 21 日（1896 年 1 月 2 日）以后

列宁给娜·康·克鲁普斯卡娅写了一封密码信，告诉她自己被审时的"供词"，要她请亲属买一只皮箱，式样要和国外带回来的那只相像（这封信没有找到）。

《回忆弗·伊·列宁》,第 1 卷,1968 年,第 49—50、72 页。

1895 年底

列宁开始写作《俄国资本主义的发展》一书。

《列宁全集》中文第 2 版增订版第 53 卷第 18—20、21 页。

1896 年

1 月 2 日（14 日）

列宁在给亚·基·切博塔廖娃的信中告诉狱外同志，他打算写《俄国资本主义的发展》一书。他开出一份所需图书的单子，在书单中用暗语询问斗争协会的同志们的遭遇。例如，列宁要求把瓦·沃·（瓦·巴·沃龙佐夫）的《俄国资本主义的命运》一书送来，是询问绰号为"韦韦"的瓦·瓦·斯塔尔科夫的情况；他要求把Н.И.科斯托马罗夫的《混乱时代的英雄们》一书送来，是询问绰号叫"米宁"和"波扎尔斯基"的阿·亚·瓦涅耶夫和米·亚·西尔文的情况（附有书单的信的后半部分没有保存下来）。

《列宁全集》中文第 2 版增订版第 53 卷第 18—20 页；《回忆弗·伊·列宁》，第 1 卷，1968 年，第 50—51、72、162 页。

1896 年 1 月 2 日（14 日）和 1897 年 2 月 14 日（26 日）之间

列宁在狱中每星期两次收到为写作《俄国资本主义的发展》一书需用的书籍；安·伊·乌里扬诺娃-叶利扎罗娃（每星期三和星期六）从彼得堡的几个图书馆——自由经济学会图书馆、科学院图书馆、大学图书馆等——借书给他送来。

《回忆弗·伊·列宁》，第 1 卷，1968 年，第 52、53、56、73、75、233 页。

1896 年 1 月 2 日（14 日）和 1897 年 2 月 17 日（3 月 1 日）之间

列宁研究《俄国工业历史统计概述》第 1 卷（1883 年圣彼得堡

版)和第 2 卷(1886 年圣彼得堡版),计算商业性农业的增长,首先计算甜菜制糖业、马铃薯淀粉业和奶油制造业的增长;计算欧俄 50 个省谷物和马铃薯的每人平均产量。

《列宁全集》中文第 2 版增订版第 57 卷第 116—122 页。

在载于德·阿·季米里亚捷夫主编的《俄国工业历史统计概述》第 1 卷(1883 年圣彼得堡版)中的阿·克本论采矿工业和制盐工业的文章中,列宁标出介绍乌拉尔采矿工业的段落。

《列宁全集》中文第 2 版增订版第 57 卷第 380 页。

1896 年 1 月 2 日(14 日)和 1897 年 4 月 17 日(29 日)之间

列宁研究《弗拉基米尔省手工业》一书第 1 编(维·斯·普鲁加文著,1882 年莫斯科版),在书中作批注,划出重点,并计算数字。

苏共中央马列主义研究院中央党务档案馆,第 2 号全宗,第 1 号目录,第 23549 号保管单位;《克里姆林宫的弗·伊·列宁藏书》,1961 年,第 273 页。

1896 年 1 月 2 日(14 日)和 1899 年 1 月 30 日(2 月 11 日)之间

列宁研究彼·安·奥尔洛夫编的包括 1879 年资料的《欧俄(包括波兰王国和芬兰大公国)工厂一览表》(1881 年圣彼得堡版),编制 1879 年各生产行业的大企业统计表:统计有 16 名和 16 名以上工人的工厂和有 16 名以下工人的小企业的数目,对《一览表》提供的工人数字打了问号,因为数字没有包括在家做工的人;计算包括在统计表中的各生产行业的企业总数,同时还按各个省份、按各种生产行业统计总数,并把这些数字同 1890 年《一览表》的资料进行对比。

《列宁全集》中文第 2 版增订版第 57 卷第 333—379、615—619 页。

列宁重新研究瓦·沃·(瓦·巴·沃龙佐夫)《俄国资本主义的命运》(1882年圣彼得堡版)一书。他在一条批语中写道:"对!这无疑标志着资本主义的萌芽。资本主义快要到来了——由此应得出这个结论,而不是瓦·沃·先生的那个结论。"

《列宁全集》中文第2版增订版第57卷第29—34页。

列宁再次研究尼·亚·卡雷舍夫的《根据地方自治局的统计资料所作的俄国经济调查总结》第2卷(1892年多尔帕特版);列宁1893年春天在萨马拉初次读这本书。书中有一些批注和划出的重点。

《列宁全集》中文第2版增订版第57卷第37—40页。

列宁阅读C.卡普斯京的小册子《何谓土地村社》(1882年圣彼得堡版),在空白处作批注,在文中划出重点,指出作者的结论和书中的实际内容不一致。

《列宁全集》中文第2版增订版第57卷第41—43页。

列宁研究尼·安·布拉戈维申斯基编的《地方自治局按户调查经济资料综合统计汇编》第1卷《农民经济》(1893年莫斯科版),在书中空白处作了大量标记。在一个单独的笔记本上对汇编的资料进行了详细分析。

《列宁全集》中文第2版增订版第57卷第44—47页。

列宁研究维·斯·普鲁加文的《弗拉基米尔省尤里耶夫县的村社、手工业和农业》(1884年莫斯科版)一书,在单独的笔记本上整理资料,根据按户调查的资料对农户进行分类;在书中作了很多批注。

《列宁全集》中文第2版增订版第57卷第63—72页。

列宁阅读《省地方自治局向省1894年会议提出的关于经济部

分的报告》汇编（1894 年特维尔版），作批注，并划出重点。

苏共中央马列主义研究院中央党务档案馆，第 2 号全宗，第 1 号目录，第 118 号保管单位；《克里姆林宫的弗·伊·列宁藏书》，1961 年，第 256—258 页。

列宁阅读 E.И.克拉斯诺彼罗夫的《彼尔姆省统计材料。彼尔姆省奥汉斯克县沃兹涅先斯克乡。1890 年所作的彼尔姆省奥汉斯克县村民经济状况按户调查统计资料总结》（1893 年彼尔姆版），在书中作批注，划出重点，并摘录有关农民收支情况和按播种面积的农户分类的资料。

《列宁全集》中文第 2 版增订版第 57 卷第 73—75 页。

列宁阅读塔夫利达省统计资料汇编——《汇编第 1 卷附录。梅利托波尔县各村镇经济状况统计表》（第 1 编，1885 年辛菲罗波尔版）和第 5 卷《别尔江斯克县各村镇经济状况统计表》（1887 年辛菲罗波尔版），对表中按播种面积划分的农户类别的资料感兴趣，并进行计算。

《列宁全集》中文第 2 版增订版第 57 卷第 76—79 页。

列宁研究《波尔塔瓦省经济统计汇编》第 8 卷、第 14 卷和第 15 卷（1888 年版，1893 年版和 1894 年版），按插种面积和租地面积对霍罗尔、皮里亚京和康斯坦丁格勒三县的农户进行分类。

《列宁全集》中文第 2 版增订版第 57 卷第 94—101 页。

列宁研究沃罗涅日省科罗托亚克县和泽姆良斯克县统计资料汇编第 3 卷第 1 编（1886 年沃罗涅日版）和第 5 卷第 1 编（1888 年沃罗涅日版），在科罗托亚克县农户分类比较表中，划出各类农户用自己牲畜耕种或雇工耕种的土地面积的资料，改正书中的计算错误。

《列宁全集》中文第 2 版增订版第 57 卷第 102—103 页。

列宁阅读《萨马拉省统计资料汇编》第 6 卷《经济统计篇。尼古拉耶夫斯克县》(1889 年萨马拉版)。第 14 页及以下各页中巴拉科沃村农业人口数量和文化程度统计表所列的资料引起列宁的注意。他在从事副业的"农民和外地人"人数统计表中,着重划出关于各县各种专业建筑工人人数的资料,并计算出这些建筑工人的总数。

《列宁全集》中文第 2 版增订版第 57 卷第 111 页。

列宁研究谢·哈里佐勉诺夫主编的《萨拉托夫省统计资料汇集》第 1 册(1888 年萨拉托夫版),划出导言中论述按户调查的常用方法和分析原始资料时涉及到的某些论点,在书中作批注。

《列宁全集》中文第 2 版增订版第 57 卷第 114 页。

列宁在发表于《萨拉托夫地方自治机关汇编》1894 年第 6 号上的斯·费·鲁德涅夫《欧俄农民的副业》一文中,计算从事副业的农民人数。

《列宁全集》中文第 2 版增订版第 57 卷第 115 页。

列宁阅读 Е.И.克拉斯诺彼罗夫的《1890 年喀山科学工业展览会上的手工业和手工艺》(1891 年彼尔姆版)一书;把别兹沃德诺耶村的金属筛底的生产作为"资本主义工场手工业分活到户的有趣例子"划出来,并标出因"扶植"手工业而在展览会上获奖的包买主。

《列宁全集》中文第 2 版增订版第 57 卷第 290—291 页。

列宁在 Г.Н.贝奇科夫的《诺夫哥罗德县 3 个乡农民经济状况和经营按户调查试验》(1882 年诺夫哥罗德版)一书中,标出有关农民畜牧业的一些资料。

《列宁全集》中文第 2 版增订版第 57 卷第 123—124 页。

　　根据发表在 1891 年《下诺夫哥罗德航运业和工业通报》杂志第 1、2、3 期上的尼·费·安年斯基的报告,列宁用单独的笔记本记下对巴甫洛沃副业经济状况的研究。他把报告中的材料和其他出处的材料加以比较,确定尼·费·安年斯基把巴甫洛沃区五分之三的生产说成手工业生产是错误的,并得出结论说,在巴甫洛沃区居于首位的是雇佣工人和家庭工人,资本主义生产占统治地位。

　　　　　　　　　　　《列宁全集》中文第 2 版增订版第 57 卷第 292—295 页。

　　列宁阅读谢·安·哈里佐勉诺夫《弗拉基米尔省手工业》第 2 编(1882 年莫斯科版),标出有关制鞋业、毛纺织业、制毡业的资料。

　　　　　　　　　　　《列宁全集》中文第 2 版增订版第 57 卷第 314—315 页。

　　列宁在发表于《1890 年莫斯科省统计年鉴》(1890 年莫斯科版)上的康·安·维尔涅尔的《1890 年莫斯科省博戈罗茨克县的手工业》一文中作批注,就各类手工业进行数字计算,并指出,许多小的手工业企业即是大的工厂生产的家庭体系。

　　　　　　　　　　　《列宁全集》中文第 2 版增订版第 57 卷第 328—332 页。

　　列宁根据德·尼·日班科夫《斯摩棱斯克省的工厂卫生调查》(第 1 编,1894 年斯摩棱斯克版;第 2 编,1896 年斯摩棱斯克版)研究斯摩棱斯克的工业,将该书的材料和 1890 年的《工厂一览表》进行对比,并按行业类别划分所有的企业。

　　　　　　　　　　　《列宁全集》中文第 2 版增订版第 57 卷第 383—394 页。

　　列宁把 B.Φ.斯维尔斯基《弗拉基米尔省的工厂和其他工业企业》(1890 年克利亚济马河畔弗拉基米尔版)一书的资料同 1890 年的《工厂一览表》进行对比,并在总结部分分别划出开工的企业和停产或被撤销的企业。

《列宁全集》中文第 2 版增订版第 57 卷第 395—404 页。

列宁研究 Д.И.施什马廖夫的《下诺夫哥罗德与舒亚—伊万诺沃铁路区域工业简明概论》(1892 年圣彼得堡版)一书,标出有关这一区域某些工厂的历史和经济状况的材料;将该书的资料同 1890 年的《工厂一览表》进行对比。

《列宁全集》中文第 2 版增订版第 57 卷第 405—416 页。

列宁在《莫斯科省地方自治机关统计年鉴》(1886 年莫斯科版)一书中作笔记。1880 年和 1885 年发给莫斯科省农民人口的居民证引起了他的重视。针对该书作者的一段文字:"这种劳动人口有 54％以上外出做零工。由此足以看出,减少外出谋生的需要和促使找活干的人之间的竞争缓和这类办法,对当地居民该有多么重要的意义,也就是说,竭力提高莫斯科省农民的农业收入和手工业收入是多么重要……",列宁在空白处写道:"一下子就露出了民粹派的问题提法"。

《列宁全集》中文第 2 版增订版第 57 卷第 417—419 页。

列宁阅读《莫斯科省统计资料汇编》第 7 卷第 3 编(1883 年莫斯科版),重点划出关于农民非农业副业——制鞋业、缝纫业等的资料,以及关于本地零工和外出零工的平均工资的资料。

《列宁全集》中文第 2 版增订版第 57 卷第 420—421 页。

列宁阅读刊登在 B.皮罗戈夫主编的《科斯特罗马省统计资料》第 7 编(1887 年科斯特罗马版)上的德·尼·日班科夫《从 1866—1883 年的资料看外出谋生对科斯特罗马省人口迁徙的影响》一文;作批注,重点划出关于外出谋生对农民生活的影响的一段文字。

《列宁全集》中文第 2 版增订版第 57 卷第 427—430 页。

1896 年 1 月 2 日（14 日）和 1899 年之间

列宁研究 C.H.库利宾编的《1890 工厂年度俄国采矿工业统计资料汇编》（1892 年圣彼得堡版），划出重点，并计算这一工业部门中蒸汽机的数目和马力、金矿和白金矿工人人数、冶金工厂和其他工厂工人人数。

《列宁全集》中文第 2 版增订版第 57 卷第 381—382 页。

1896 年 1 月 9 日（21 日）以后—1897 年 2 月 14 日（26 日）以前

列宁被捕一个月后，获准每周与亲友会见两次，每星期一和星期四，一次是单独会见——半小时；第二次是一般会见——隔着铁栏，一小时。

《回忆弗·伊·列宁》，第 1 卷，1968 年，第 51—53、72—73、76 页。

1 月 12 日（24 日）

列宁在给安·伊·乌里扬诺娃-叶利扎罗娃的信中，告知送来的东西已经收到，谈到自己的健康情况，并请她带一支铁管的活动铅笔来。

《列宁全集》中文第 2 版增订版第 53 卷第 21 页。

1 月 13 日（25 日）以后

列宁研究康·费·戈洛文的《不要进步的农夫或不要农夫的进步（关于经济唯物主义问题）》（1896 年圣彼得堡版）和麦·席佩耳的《现代工业中技术的进步》（1895 年敖德萨版）。

《列宁全集》中文第 2 版增订版第 53 卷第 22 页。

1 月 14 日（26 日）以前

列宁得到检察官的许可，同意他请牙科医生来看病。列宁写信延请牙科医生。

《列宁全集》中文第 2 版增订版第 53 卷第 22 页。

列宁寄给安·伊·乌里扬诺娃-叶利扎罗娃一份他写作时所需书籍的单子(书单没有保存下来)。

《列宁全集》中文第 2 版增订版第 53 卷第 22 页。

1 月，14 日(26 日)以前和 14 日(26 日)

列宁写了两份由安·伊·乌里扬诺娃-叶利扎罗娃代领他的物品的委托书。

《列宁全集》中文第 2 版增订版第 53 卷第 22 页。

1 月 14 日(26 日)

列宁在给安·伊·乌里扬诺娃-叶利扎罗娃的信中，感谢她送来书籍，告知已开了一张新的书单给她，并说自己现在正在翻译德文书，请她把翻译需要的词典送来，对亚·基·切博塔廖娃费心延请牙科医生表示感谢。

《列宁全集》中文第 2 版增订版第 53 卷第 22—23 页。

1 月 16 日(28 日)

列宁在写给安·伊·乌里扬诺娃-叶利扎罗娃的回信中，请她给自己送来下列书籍：卡·马克思的《资本论》第 2 卷、格·瓦·普列汉诺夫的《论一元论历史观之发展》(1895 年圣彼得堡版)、大卫·李嘉图的《政治经济学原理》(1895 年莫斯科版)、尼古拉·—逊(尼·弗·丹尼尔逊)的《我国改革后的社会经济概况》(1893 年圣彼得堡版)、约·英格拉姆的《政治经济学史》(1891 年莫斯科版)、阿·福维尔的《法国经济》(1887—1890 年巴黎版)，以及地方自治机关的资料汇编(下诺夫哥罗德省、萨拉托夫省、特维尔省等省的)；告诉她自己正在研究米·伊·杜冈-巴拉诺夫斯基的《现代英国的工业危机及其原因和对人民生活的影响》(1894 年圣彼得堡版),重读尼·瓦·舍尔古诺夫的文集。

《列宁全集》中文第 2 版增订版第 53 卷第 23—25 页。

1 月 16 日（28 日）以后

列宁写信给斗争协会会员，提出为工人写传单的题目：资本家的利润和工人的工资，八小时工作日；并建议组成工人小分队散发传单。这封信用密码写在《军事统计汇编》的地图上。

《列宁全集》中文第 2 版增订版第 53 卷第 24 页；苏共中央马
列主义研究院中央党务档案馆，第 2 号全宗，第 1 号目录，第
129 号保管单位，第 14 张背面—第 15 张；《苏共历史问题》杂
志，1964 年，第 10 期，第 68—69 页。

1896 年 1 月 16 日（28 日）和 1899 年 1 月 30 日（2 月 11 日）之间

列宁阅读特维尔省统计资料汇编第 4、8、10 卷（1890 年特维尔版，1893 年特维尔版，1894 年特维尔版），计算该省几个县份的建筑工人人数，其中包括本地的和外出的建筑工人。

《列宁全集》中文第 2 版增订版第 53 卷第 24 页，第 57 卷第
104—110 页。

列宁研究《下诺夫哥罗德省土地估价材料》汇编第 4、7、9、11、12 编（1888—1893 年下诺夫哥罗德版）；按耕畜数量划分农户，并按县进行统计：克尼亚吉宁县、瓦西里县、马卡里耶夫县；分析戈尔巴托夫县和谢苗诺夫县手工业的资料；把为市场做工的手工业者与为"业主"做工的工人、在别人作坊里做工的工人区分开来。

《列宁全集》中文第 2 版增订版第 53 卷第 24 页，第 57 卷第
81—93、296—301、305—313 页。

列宁在《萨拉托夫省统计资料汇编》第 10、11 卷（1891 年萨拉托夫版）上作批注。

《列宁全集》中文第 2 版增订版第 53 卷第 24 页，第 57 卷第
112—113 页。

列宁研究《萨拉托夫省统计资料汇编》第 7 卷第 2 册(1892 年萨拉托夫版),在空白处作批注,把汇编列举的资料同 1890 年的《工厂一览表》进行对比;并浏览汇编第 5 卷(1886 年萨拉托夫版)。

《列宁全集》中文第 2 版增订版第 53 卷第 24 页,第 57 卷第 422—426 页;苏共中央马列主义研究院中央党务档案馆,第 2 号全宗,第 1 号目录,第 24982 号保管单位。

列宁研究尼·尼·奥勃鲁切夫主编的《军事统计汇编》第 4 编(1871 年圣彼得堡版);标出 1863 年城市人口数字和城市人口在人口总数中所占比重,并在空白处写上总计数;将汇编的统计资料同其他出处的资料进行对比,指出汇编统计资料在俄国工业发展问题上的错误;重点标出生产额在 10 万卢布以上的工厂。

《列宁全集》中文第 2 版增订版第 53 卷第 24 页,第 57 卷第 255—287 页。

1 月 31 日(2 月 12 日)

在伦敦出版的《快报》上刊登了搜查和逮捕彼得堡工人和知识分子的消息。在被捕者当中有以下几人:律师弗·伊·乌里扬诺夫(一个 1887 年被处死刑的人的弟弟),彼·库·扎波罗热茨(工艺学院五年级学生),工艺工程师格·马·克尔日扎诺夫斯基和瓦·瓦·斯塔尔科夫,工人尼·叶·梅尔库洛夫、瓦·安·舍尔古诺夫等。

《快报》,伦敦,1896 年 2 月 12 日(公历),第 29 号,第 7 页。

1896 年 1 月—1899 年 1 月

列宁重新研究卡·马克思的《资本论》1872 年和 1885 年德文版和俄文版第 1 卷和第 2 卷,以及 1894 年德文版第 3 卷。

《列宁全集》中文第 2 版增订版第 53 卷第 25 页,第 57 卷第 5—24、25—26 页。

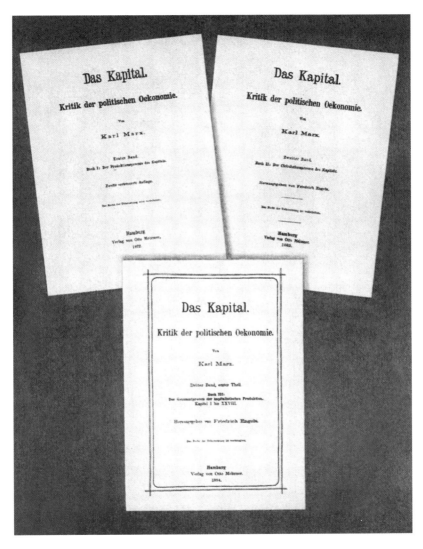

列宁使用过的马克思《资本论》:1872年德文第2版第1卷扉页、
1885年德文版第2卷扉页和1894年德文版第3卷封面

2 月 4 日（16 日）

在德国社会民主党中央机关报《前进报》上刊载报道弗·伊·列宁的小册子《对工厂工人罚款法的解释》在俄国出版的消息。报道中指出："这种小册子……对于加强广大工人的社会民主主义意识具有重大意义。可以有充分理由期望，这种工人读物必将发展成为俄国无产阶级政治觉醒的重要因素。"

《前进报》，柏林，1896 年 2 月 16 日，第 40 号，附页 3。

3 月 5 日（17 日）

大臣委员会禁止发行社会民主党人和合法马克思主义者于 1895 年共同刊印的《说明我国经济发展状况的资料》文集，其中刊载了以克·土林的笔名发表的列宁的著作：《民粹主义的经济内容及其在司徒卢威先生的书中受到的批评》。

苏联中央国家历史档案馆（列宁格勒市），第 776 号全宗，第 20 号目录，第 1517 号案卷；《红色史料》杂志，1924 年，第 2 期，第 22 页。

3 月 19 日（31 日）

出版总署通知彼得堡书报检查委员会：大臣委员会禁止发行印数为 2 000 份的《说明我国经济发展状况的资料》文集。

苏联中央国家历史档案馆（列宁格勒市），第 777 号全宗，第 4 号目录，第 90 号案卷；《红色史料》杂志，1924 年，第 2 期，第 22 页。

玛·亚·乌里扬诺娃给警察司写申请书，要求将列宁从拘留所交保释放。申请遭到拒绝。

《红色文献》杂志，1934 年，第 1 期，第 113—114 页；苏共中央马列主义研究院中央党务档案馆，第 11 号全宗，第 2 号目录，第 20 号保管单位，第 31 张。

3 月 30 日（4 月 11 日）

列宁在狱中第二次受审。

《列宁全集》中文第 2 版增订版第 44 卷第 533—534 页。

不早于 3 月

列宁的《弗里德里希·恩格斯》一文在《工作者》文集第 1—2 期合刊上发表。

《列宁全集》中文第 2 版增订版第 2 卷第 1—12 页；《工作者》
文集，1896 年，第 1—2 期合刊，第 109 页。

4 月 19 日（5 月 1 日）以前

列宁写五一节传单（传单没有保存下来）。

《列宁全集》俄文第 5 版第 2 卷第 563 页；《苦役与流放》杂志，
1934 年，第 1 期，第 110、113 页。

5 月 7 日（19 日）

列宁在狱中第三次受审。

《列宁全集》中文第 2 版增订版第 44 卷第 534 页。

5 月 10 日（22 日）以前

列宁为工人写通俗小册子《谈谈罢工》。当民意党人的拉赫塔印刷厂遭到搜查时，该书被毁。

《列宁全集》俄文第 5 版第 2 卷第 563 页；П.库杰莉：《处在十
字路口的民意党人（拉赫塔印刷厂案件）》，1925 年，第 27 页；
《回忆弗·伊·列宁》，第 1 卷，1968 年，第 55 页。

5 月 27 日（6 月 8 日）

列宁在狱中第四次受审。

《列宁全集》中文第 2 版增订版第 44 卷第 534—535 页。

由律师公会主席 В.О.柳斯季赫提出，经彼得堡律师 М.Ф.沃尔肯施泰因附议的保释原律师助理弗·伊·列宁的申请书送交警察司。申请没有下文。

《红色文献》杂志,1934 年,第 1 期,第 114—115 页。

1896 年 5 月—1897 年 2 月 14 日(26 日)以前

亲属去狱中探望列宁:安娜·伊里尼奇娜每星期四去探望,玛丽亚·亚历山德罗夫娜和玛丽亚·伊里尼奇娜每星期一去探望。

《回忆弗·伊·列宁》,第 1 卷,1968 年,第 53、72 — 73、125 页。

春天

列宁在和娜·康·克鲁普斯卡娅的通信中,讨论筹备党的第一次代表大会的问题(这些信没有找到)。

苏共中央马列主义研究院中央党务档案馆,第 12 号全宗,第 2 号目录,第 65 号保管单位,第 1、33 张;娜·康·克鲁普斯卡娅:《向列宁学习如何工作》,1933 年,第 58 页。

6 月—7 月

列宁写社会民主党《党纲说明》。

《列宁全集》中文第 2 版增订版第 2 卷第 72 — 93 页;《回忆弗·伊·列宁》,第 1 卷,1968 年,第 55—56 页。

上半年

列宁几次写信给亚·基·切博塔廖娃,请她送来需要的东西和书籍(这些信没有找到)。

《关于伊里奇》,1924 年,第 138 页。

8 月 12 日(24 日)以前

列宁在给娜·康·克鲁普斯卡娅的一个密码便条中,请她和阿·亚·雅库波娃在 2 时 15 分他放风时到什帕列拉街来,站在他从走廊上的窗子里能看见她们的地方。娜·康·克鲁普斯卡娅写道:这个计划没有成功。

《回忆弗·伊·列宁》，第 1 卷，1968 年，第 232、233、234 页；《新世界》杂志，1957 年，第 2 期，第 166—167 页。

1896 年 8 月以后—不晚于 1897 年 3 月

列宁写《评经济浪漫主义。西斯蒙第和我国的西斯蒙第主义者》一文。

《列宁全集》中文第 2 版增订版第 2 卷第 102—231 页；《新言论》杂志，1897 年，第 7 期，第 25 页；《无产阶级革命》杂志，1928 年，第 11—12 期合刊，第 224 页。

11 月 25 日（12 月 7 日）以前

彼得堡斗争协会印发列宁在狱中写的传单《告沙皇政府》。

《列宁全集》中文第 2 版增订版第 2 卷第 94—99 页。

秋天

列宁的弟弟德·伊·乌里扬诺夫到狱中探望他，这次会见是隔着双重铁栏进行的。

《回忆弗·伊·列宁》，第 1 卷，1968 年，第 125 页。

12 月 2 日（14 日）以前

列宁写《19 世纪初政治经济学概论》（概论没有找到）。

《列宁全集》中文第 2 版增订版第 44 卷第 536 页；《列宁全集》俄文第 5 版第 2 卷第 563 页。

12 月 2 日（14 日）

列宁给彼得堡地方法院检察官写申请书，请求准许他把一封信和两份手稿（《农民生活中新的经济变动》和《19 世纪初政治经济学概论》）交给姐姐安娜·伊里尼奇娜·乌里扬诺娃-叶利扎罗娃。

《列宁全集》中文第 2 版增订版第 44 卷第 536 页。

12 月 5 日（17 日）

玛·亚·乌里扬诺娃向警察司递交申请书，请求指定克拉斯诺亚尔斯克或米努辛斯克作为儿子的流放地点。

《回忆弗·伊·列宁》,第 1 卷,1968 年,第 57、75 页;《红色文献》杂志,1934 年,第 1 期,第 118 页;苏共中央马列主义研究院中央党务档案馆,第 11 号全宗,第 2 号目录,第 20 号保管单位,第 37 张。

1896 年

列宁写《以"老年派"名义写给彼得堡"工人阶级解放斗争协会"会员的通知》,提醒狱外同志警惕奸细 H.米哈伊洛夫。

《列宁全集》中文第 2 版增订版第 2 卷第 100—101 页。

列宁用狱中的暗语同被捕的同志商议在审问时应该说些什么,以便对上口供。

《回忆弗·伊·列宁》,第 2 卷,1969 年,第 20—21 页;米·亚·西尔文《列宁在党的诞生时期》,1958 年,第 165 页。

列宁在恩·别尔托夫(格·瓦·普列汉诺夫)《论一元论历史观之发展。答米海洛夫斯基先生、卡列耶夫先生及其同伙》(1895 年圣彼得堡版)一书的封底上注明:"摘自 **Zur Kritik**① 导言的引文:第 158、163 页,比较第 180 页(比较第 187 页),比较**第 128 页**"。②

苏共中央马列主义研究院中央党务档案馆,第 2 号全宗,第 1 号目录,第 25555 号保管单位。

1896 年—1897 年

列宁自德文翻译卡·毕歇尔《国民经济的发生(1890 年 10 月 13 日在卡尔斯鲁厄高等技术学校作为序论课宣读的报告)》一书。

《列宁全集》俄文第 5 版第 2 卷第 566 页;苏共中央马列主义

---

① 指马克思《政治经济学批判》一书。——译者注

② 这本书于 1945 年在柏林被一个参加攻城的苏联军人发现,并已转交苏共中央马列主义研究院中央党务档案馆。——俄文编者注

研究院中央党务档案馆,第 2 号全宗,第 1 号目录,第 126 号
保管单位。

不早于 1896 年—不晚于 1899 年 1 月 30 日(2 月 11 日)

列宁阅读发表于《1895 年莫斯科省统计年鉴》(1896 年莫斯科
版)一书中斯·费·鲁德涅夫关于制刷业和编筐业情况的文章,重
点划出关于吸收妇女和儿童参加生产、关于劳动分工的发展、关于
手工业者对包买主依附关系的增强等段落。

《列宁全集》中文第 2 版增订版第 57 卷第 431—434 页。

列宁研究 A.P.斯维尔谢夫斯基主编的《雅罗斯拉夫尔省概
述》第 2 编《雅罗斯拉夫尔省农民的外出零工》(1896 年雅罗斯拉
夫尔版)中的图表。他在文中标出外出零工的增长情况,并与
1890 年的《一览表》中的资料进行对比。

《列宁全集》中文第 2 版增订版第 57 卷第 435—444 页。

列宁研究《1894 年塞兹兰—维亚济马铁路在运输方面与前几
年相比的商业活动简况》一书第 4 编(1896 年卡卢加版);作标记;
对有关货运性质和货运去向的资料感兴趣。

《列宁全集》中文第 2 版增订版第 57 卷第 288—289 页。

列宁研究 1896 年出版的地方自治局卫生视察员尼·伊·捷
贾科夫和彼·菲·库德里亚夫采夫向赫尔松省地方自治局医生和
代表第十三次全省代表大会作的报告;标出关于农业工人迁徙方
法和他们在雇用劳动力的市场上聚集情况的资料;在空白处记下
有关他们劳动和生活条件、工伤事故等方面的资料。

《列宁全集》中文第 2 版增订版第 57 卷第 126 — 144、145 —
155 页;尼·伊·捷贾科夫:《赫尔松省农业工人及其卫生监
督组织》,赫尔松,1896 年,301 页;彼·菲·库德里亚夫采夫:
《1895 年塔夫利达省卡霍夫卡镇尼古拉耶夫大市集的外来农业
工人和对他们的卫生监督》,赫尔松,1896 年,168 页。

1897 年

1 月 29 日(2 月 10 日)

沙皇签署诏书,判处列宁流放东西伯利亚,受警察公开监视,为期三年。

《红色文献》杂志,1934 年,第 1 期,第 119 页;《资料和文章集》,第 1 辑,1921 年,第 177—178 页。

2 月 10 日(22 日)

玛·亚·乌里扬诺娃向警察司司长递交申请书,说因列宁身体不好,请求准许他持通行证自费去流放地。

《红色文献》杂志,1934 年,第 1 期,第 118—119 页。

2 月 12 日(24 日)

列宁获准持通行证自费去流放地。

《红色文献》杂志,1934 年,第 1 期,第 119 页。

2 月 13 日(25 日)

向列宁宣读把他流放到东西伯利亚的诏书,并要求他签字。

《红色史料》杂志,1925 年,第 3 期,第 203 页;《红色文献》杂志,1934 年,第 1 期,第 119 页。

2 月 14 日(26 日)以前

列宁收到玛丽亚·伊里尼奇娜、德米特里·伊里奇和马尔克·季莫菲耶维奇等亲属的照片。

《回忆弗·伊·列宁》,第 1 卷,1968 年,第 125 页;米·亚·西尔文:《列宁在党的诞生时期》,1958 年,第 109 页。

2 月 14 日（26 日）

玛·亚·乌里扬诺娃给警察司写申请书,请求准许她儿子在彼得堡她那里停留到 2 月 17 日（3 月 1 日）晚间,以便整理行装和听取医生意见。

苏共中央马列主义研究院中央党务档案馆,第 11 号全宗,第 2 号目录,第 20 号保管单位,第 39 张。

列宁被释放出拘留所,并获准在彼得堡停留到 2 月 17 日（3 月 1 日）晚间。

他住在母亲玛·亚·乌里扬诺娃处（谢尔吉耶夫街（现柴可夫斯基街）13 号 16 室）。

《列宁研究院集刊》,第 3 辑,1928 年,第 74 — 75 页;《红色文献》杂志,1934 年,第 1 期,第 119 页;《回忆弗·伊·列宁》,第 1 卷,1968 年,第 57 页;《列宁在彼得堡》,1957 年,第 58 页。

列宁会见彼得堡斗争协会会员阿·亚·雅库波娃。

《回忆弗·伊·列宁》,第 1 卷,1968 年,第 57 页。

2 月 14 日和 17 日（2 月 26 日和 3 月 1 日）之间

列宁在彼得堡召集彼得堡斗争协会会员开会。和列宁一起被捕的老年派会员（阿·亚·瓦涅耶夫、格·马·克尔日扎诺夫斯基、彼·库·扎波罗热茨等）同狱外的青年派会员在会上相逢。由于青年派会员的经济主义倾向,在老年派会员和青年派会员之间展开了激烈争论。列宁尖锐地批判了青年派会员中初步形成的机会主义。

会议是在维堡区斯·伊·拉德琴柯的住所（大萨姆普桑大街 16 号（现卡·马克思大街 18 号））和涅瓦大街尔·马尔托夫的住

以列宁为首的彼得堡工人阶级解放斗争协会领导成员,左起:
瓦·瓦·斯塔尔科夫、格·马·克尔日扎诺夫斯基、亚·列·马尔琴科、
弗·伊·列宁、彼·库·扎波罗热茨、尔·马尔托夫、阿·亚·瓦涅耶夫(1897年)

所(普希金街拐角 77/1 号 100 室)召开的。

《列宁全集》中文第 2 版增订版第 6 卷第 32 — 33 页;《回忆弗·伊·列宁》,第 1 卷,1968 年,第 57、75 — 76 页;尤·马尔托夫:《一个社会民主党人的笔记》,1924 年,第 316 — 317 页;《往事》杂志,1924 年,第 24 期,第 15 页;第 25 期,第 116 页;《列宁在彼得堡》,1957 年,第 58 — 60 页。

列宁同即将出发去流放地的彼得堡斗争协会会员阿·亚·瓦涅耶夫、彼·库·扎波罗热茨、格·马·克尔日扎诺夫斯基、亚·列·马尔琴科、尔·马尔托夫、瓦·瓦·斯塔尔科夫一起合影,还单独照了相。

《列宁全集》中文第 2 版增订版第 53 卷第 73 页;《回忆弗·伊·列宁》,第 1 卷,1968 年,第 57 页,第 112 至 113 页之间;娜·康·克鲁普斯卡娅:《列宁回忆录》,第 2 版,1968 年,第 48 至 49 页之间。

列宁"用化学方法"写信给在拘留所里的娜·康·克鲁普斯卡娅。列宁在信中向她表白爱情。

《回忆弗·伊·列宁》,第 1 卷,1968 年,第 234 页;《新世界》杂志,1957 年,第 2 期,第 167 页。

列宁在动身去流放地之前看望伊·尼·切博塔廖夫和亚·基·切博塔廖娃夫妇。

《关于伊里奇》,1924 年,第 138 页。

2 月 15 日(27 日)

玛·亚·乌里扬诺娃因自己有病,请求警察司准许她儿子在莫斯科停留一周。

《红色文献》杂志,1934 年,第 1 期,第 120、121 页。

2 月 17 日(3 月 1 日)

列宁从彼得堡启程,经莫斯科前往西伯利亚流放地。

《列宁研究院集刊》,第 3 辑,1928 年,第 74 — 75 页;《回忆弗·伊·列宁》,第 1 卷,1968 年,第 76 页。

2 月 18 日(3 月 2 日)

玛·亚·乌里扬诺娃给警察司写申请书,说因她的健康状况恶化,请求准许她儿子在莫斯科停留。

《列宁研究院集刊》,第 3 辑,1928 年,第 75—76 页。

2 月 18 日—23 日(3 月 2 日—7 日)

列宁住在莫斯科阿尔巴特的索巴奇亚广场 18 号 4 室亲属家,在这里停留两天。

《列宁研究院集刊》,第 3 辑,1928 年,第 74—75、82 页;《红色文献》杂志,1934 年,第 1 期,第 121—122 页;《回忆弗·伊·列宁》,第 1 卷,1968 年,第 57、125—126 页;《列宁在莫斯科和莫斯科郊区》,1970 年,第 30—31 页;《无产阶级革命》杂志,1929 年,第 2—3 期合刊,第 192—193 页;《铁路、航运及其他客运交通正式运行指南》,1896 年,第 108、163、169、170、172 时间表。

列宁在莫斯科时去鲁勉采夫博物院图书馆阅览室(现苏联国立弗·伊·列宁图书馆)。

《红色文献》杂志,1934 年,第 1 期,第 121 页;《回忆弗·伊·列宁》,第 1 卷,1968 年,第 59、126 页。

2 月 19 日(3 月 3 日)

玛·亚·乌里扬诺娃发电报给彼得堡警察司司长,说因她在病中,请求准许她儿子在莫斯科再停留一周。

《列宁研究院集刊》,第 3 辑,1928 年,第 76 页。

列宁在莫斯科亲戚的住所会见德·伊·乌里扬诺夫的朋友阿·伊·雅柯夫列夫。

苏共中央马列主义研究院中央党务档案馆,第 13 号全宗,第 1 号目录,第 116 号保管单位,第 1—3 张;《历史学杂志》,1942 年,第 1—2 期,第 160—161 页;《苏维埃俄罗斯报》,1969 年 11 月 24 日,第 275 号。

2 月 22 日(3 月 6 日)

列宁给莫斯科保安处写申请书,请求准许他在母亲处停留到警察司对他母亲 2 月 18 日(3 月 2 日)和 2 月 19 日(3 月 3 日)的申请书和电报作出答复为止。

《列宁全集》中文第 2 版增订版第 44 卷第 537—538 页。

玛·亚·乌里扬诺娃给东西伯利亚总督写申请书,说因她儿子身体不好,要求指定克拉斯诺亚尔斯克或叶尼塞斯克省南部的某一城市为他的流放地点。

《列宁研究院集刊》,第 3 辑,1928 年,第 81—82 页。

列宁收到通行证,并书面保证当日晚 11 时乘车离开莫斯科。

《红色文献》杂志,1934 年,第 1 期,第 122 页。

2 月 23 日(3 月 7 日)

列宁 14 时 30 分从莫斯科出发,乘莫斯科—库尔斯克铁路线列车去西伯利亚流放地;他在库尔斯克火车站同弟弟德·伊·乌里扬诺夫告别。

《红色文献》杂志,1934 年,第 1 期,第 121—122 页;《回忆弗·伊·列宁》,第 1 卷,1968 年,第 58、126 页;《无产阶级革命》杂志,1929 年,第 2—3 期合刊,第 192—193 页;《铁路、航运及其他客运交通正式运行指南》,1896 年,第 108、163、169、172 时间表。

列宁到达图拉,在那里同送他来的母亲玛·亚·乌里扬诺娃、妹妹玛·伊·乌里扬诺娃、姐姐安·伊·乌里扬诺娃-叶利扎罗娃和姐夫马·季·叶利扎罗夫告别。

《红色文献》杂志,1934 年,第 1 期,第 122 页;《无产阶级革命》,1929 年,第 2—3 期合刊,第 193 页。

2 月 23 日和 3 月 2 日(3 月 7 日和 14 日)之间

列宁在去流放地途中,给在莫斯科的玛·亚·乌里扬诺娃写过两封信(这两封信没有找到)。

《列宁全集》中文第 2 版增订版第 53 卷第 26 页。

2 月 25 日(3 月 9 日)

列宁到达萨马拉;给彼得堡的亚·米·卡尔梅柯娃写信(这封信没有找到);结识克拉斯诺亚尔斯克的医生弗·米·克鲁托夫斯基,他在 80—90 年代曾追随民粹派。

《无产阶级革命》杂志,1929 年,第 1 期,第 92—93 页;《铁路、航运及其他客运交通正式运行指南》,1896 年,第 170 时间表。

2 月 25 日—3 月 4 日(3 月 9 日—16 日)

列宁与弗·米·克鲁托夫斯基同车去克拉斯诺亚尔斯克,从他那里知道了一些对自己有用的关于克拉斯诺亚尔斯克的消息,列宁给克鲁托夫斯基看一本 1896—1897 年《萨马拉新闻》合订本,让他注意阅读批判民粹派观点的几篇文章,同他进行热烈的谈话和争论。

《列宁全集》中文第 2 版增订版第 53 卷第 27—28 页;《无产阶级革命》杂志,1929 年,第 1 期,第 93—96 页。

3 月 2 日(14 日)

列宁到达鄂毕河左岸的克里沃谢科沃车站,乘马拉雪橇渡过河去。

列宁从鄂毕车站写信给在莫斯科的母亲玛·亚·乌里扬诺娃,叙述旅途观感:"我刚走完的西西伯利亚铁路沿线地区(从车里雅宾斯克到克里沃谢科沃 1 300 俄里,三昼夜行程),景色异常单调;到处是荒无人烟的草原。没有房子,没有城市,村庄很少,偶尔看到树林,其他全是草原。整整三天,看到的就是白雪和天空……"

《列宁全集》中文第 2 版增订版第 53 卷第 26—28 页。

3 月 4 日（16 日）

列宁到达克拉斯诺亚尔斯克。

《列宁全集》中文第 2 版增订版第 53 卷第 26 页。

3 月,不早于 4 日（16 日）—不晚于 6 日（18 日）

列宁向叶尼塞斯克省省公署查询,是否收到警察司关于指定他流放地点的命令,获悉还没有下达任何有关他的指令。

《列宁全集》中文第 2 版增订版第 44 卷第 538—539 页。

不早于 3 月 4 日（16 日）—不晚于 4 月 30 日（5 月 12 日）

在克拉斯诺亚尔斯克停留期间,列宁住在大卡钦斯克街（现马尔科夫斯基街）克·加·波波娃家,当时有许多政治流放者都住在那里。

《列宁全集》中文第 2 版增订版第 53 卷第 31、36 页;《无产阶级革命》杂志,1929 年,第 1 期,第 94—95 页。

列宁会见被放逐到克拉斯诺亚尔斯克来的社会民主党人彼·阿·克拉西科夫,同他交换会见格·瓦·普列汉诺夫后的感想,并讨论许多当前的迫切问题。

苏共中央马列主义研究院中央党务档案馆,党史文件全宗,第 8 号目录,第 61 号保管单位;《消息报》,1963 年 4 月 19 日,第 94 号;《克拉斯诺亚尔斯克共青团员报》,1957 年 4 月 21 日,第 48 号。

列宁会见政治流放者 B.A.布克什尼斯、H.A.梅尔哈列夫、A.A.菲力波夫、瓦·安·卡拉乌洛夫、H.B.亚采维奇、Π.E.库拉科夫、B.H.库德里亚绍夫等人。

《列宁全集》中文第 2 版增订版第 53 卷第 30、32 页;《往事》杂志,1924 年,第 25 期,第 125—126 页;《莫斯科晚报》,1927 年 6 月 7 日,第 126 号。

列宁去克拉斯诺亚尔斯克市立图书馆,翻阅最新的报纸和杂志;空闲时游览城市。

《列宁全集》中文第 2 版增订版第 53 卷第 30、32、36 页。

列宁从克拉斯诺亚尔斯克通过玛·伊·乌里扬诺娃寄信给统计学家瓦·安·约诺夫(这封信没有找到)。

《列宁全集》中文第 2 版增订版第 53 卷第 60、79 页。

3 月 4 日和 10 日(16 日和 22 日)之间

列宁写信给在莫斯科的玛·亚·乌里扬诺娃,把自己在克拉斯诺亚尔斯克的地址告诉仳(这封信没有找到)。

《列宁全集》中文第 2 版增订版第 53 卷第 31 页。

3 月 4 日和 11 日(16 日和 23 日)之间

列宁会见因彼得堡斗争协会案件被判流放而抵达克拉斯诺亚尔斯克的雅·马·利亚霍夫斯基,收到玛·伊·乌里扬诺娃托他转交的信和母亲捎来的一些东西。

《列宁全集》中文第 2 版增订版第 53 卷第 27、28 页。

3 月 4 日和 26 日(3 月 16 日和 4 月 7 日)之间

列宁发电报给玛·亚·乌里扬诺娃(这封电报没有找到)。

《列宁全集》中文第 2 版增订版第 53 卷第 29、31 — 32 页。

3 月 6 日(18 日)

列宁写申请书递交给伊尔库茨克总督,请求批准他在克拉斯诺亚尔斯克停留到下达指定他居住地点的命令时为止,并因身体衰弱请求将他的流放地点指定在叶尼塞斯克省境内,最好是在克拉斯诺亚尔斯克专区或米努辛斯克专区内(在申请书上有当时正在克拉斯诺亚尔斯克的伊尔库茨克总督于 1897 年 3 月 6 日加盖的印记)。

《列宁全集》中文第 2 版增订版第 44 卷第 538—539 页,第 53
卷第 30 页。

3 月 6 日和 24 日(3 月 18 日和 4 月 5 日)之间

列宁在克拉斯诺亚尔斯克检查身体。

《无产阶级革命》杂志,1928 年,第 11—12 期合刊,第 228—
230 页;1929 年,第 1 期,第 95 页。

3 月 7 日(19 日)

列宁得到弗·米·克鲁托夫斯基为他写给克拉斯诺亚尔斯克
藏书家、商人根·瓦·尤金的一封介绍信,以便他在尤金的图书馆
里进行研究工作。

《列宁研究院集刊》,第 3 辑,1928 年,第 84 页;《无产阶级革
命》杂志,1929 年,第 1 期,第 95—96 页。

3 月 9 日(21 日)

列宁第一次去根·瓦·尤金的图书馆。

《列宁全集》中文第 2 版增订版第 53 卷第 28 页。

3 月 9 日(21 日)—不晚于 4 月 30 日(5 月 12 日)

列宁经常在根·瓦·尤金私人图书馆进行研究工作,继续写
作《俄国资本主义的发展》一书。

《列宁全集》中文第 2 版增订版第 53 卷第 28、30、33 页;《无产
阶级革命》杂志,1929 年,第 1 期,第 95—96 页。

3 月 10 日(22 日)

列宁寄信给玛·亚·乌里扬诺娃(这封信没有找到)。

《列宁全集》中文第 2 版增订版第 53 卷第 28 页;苏共中央马
列主义研究院中央党务档案馆,第 2 号全宗,第 1 号目录,第
150 号保管单位。

列宁在给玛·伊·乌里扬诺娃的信中说,收到了她托雅·
马·利亚霍夫斯基捎来的信和母亲捎来的东西,同意她的建议,让

她把在鲁勉采夫图书馆(现苏联国立弗·伊·列宁图书馆)所作的各种书籍的摘录给他寄来,还描述了他昨天去过的根·瓦·尤金图书馆:"昨天我终于到这儿著名的尤金图书馆去了,尤金殷勤地接待了我,并且让我参观了他的书库。他还允许我在图书馆里看书,而我想,我是能去的(在这方面只有两个障碍:第一,他的图书馆在城外,但还不算远,总共两俄里左右,因此可以把这当做愉快的散步。第二,图书馆还没有完全整理好,因此我经常去借书,会给主人带来过多的麻烦)。究竟如何,看情形再说吧。我想,第二个障碍也是可以排除的。我还很不熟悉他的图书馆,但是,不管怎样这里收藏的书籍是相当丰富的,例如:这里有18世纪末叶直到现在的各种杂志(最重要的杂志)的全套合订本。我想这些杂志可以成为我写作上迫切需要的参考材料。"

《列宁全集》中文第2版增订版第53卷第28—29页。

3月13日(25日)和4月30日(5月12日)之间

列宁同来到克拉斯诺亚尔斯克的格·马·克尔日扎诺夫斯基的妹妹安·马·罗森贝格见面,介绍她和医士学校的学生相识,参加他们秘密学习政治经济学的活动。

《列宁全集》中文第2版增订版第53卷第32页;《共青团真理报》,1966年12月14日,第289号;《斗争中的同志们》,克拉斯诺亚尔斯克,1965年,第108—109页。

3月15日(27日)

列宁送别去伊尔库茨克省流放地的雅·马·利亚霍夫斯基。

《列宁全集》中文第2版增订版第53卷第30页。

列宁在给玛·亚·乌里扬诺娃的信中,谈到自己在克拉斯诺亚尔斯克的情况,谈到他常去根·瓦·尤金的图书馆和市立图书馆看书,谈到他结识了在克拉斯诺亚尔斯克的流放者,还提到他等待着安·伊·乌里扬诺娃-叶利扎罗娃的消息:那批官费去流放地的流放者什么时候从莫斯科前来克拉斯诺亚尔斯克。

《列宁全集》中文第 2 版增订版第 53 卷第 29—31 页;《回忆弗·伊·列宁》,第 2 卷,1969 年,第 68 页。

3 月 16 日(28 日)

列宁在 3 月 15 日(27 日)给玛·亚·乌里扬诺娃的信末附言,谈到他想把短期借用的书寄还给安·伊·乌里扬诺娃-叶利扎罗姓,并写上给他来信的地址。

《列宁全集》中文第 2 版增订版第 53 卷第 31 页。

3 月 16 日和 27 日(3 月 28 日和 4 月 8 日)之间

列宁收到玛·亚·乌里扬诺娃的信和电报。

《列宁全集》中文第 2 版增订版第 53 卷第 28、30、31—32 页。

列宁收到玛·伊·乌里扬诺娃的信和她从列宁去流放地后寄给列宁的(显然是半合法性质的)信中所作的摘录。

《列宁全集》中文第 2 版增订版第 53 卷第 32 页。

3 月 25 日(4 月 6 日)

列宁收到格·马·克尔日扎诺夫斯基的电报,说一批流放者自莫斯科乘邮车出发。列宁立即把收到电报的事告诉格·马·克尔日扎诺夫斯基在克拉斯诺亚尔斯克的妹妹安·马·罗森贝格。

《列宁全集》中文第 2 版增订版第 53 卷第 32 页。

3 月 26 日(4 月 7 日)

列宁给在莫斯科的玛·亚·乌里扬诺娃写信,说收到了关于一批流放者自莫斯科出发的电报;说给他的书籍和信件可以寄到格·马·克尔日扎诺夫斯基的妹妹安·马·罗森贝格处;请安·

伊·乌里扬诺娃-叶利扎罗娃替他找到《财政部年鉴》(第 1 编,1869 年版)、《俄罗斯帝国统计年鉴》(第 2 辑第 6 编,1872 年版)和德·阿·季米里亚捷夫编的《欧俄工厂工业主要部门统计图表(附厂名清册)》(第 3 册,1873 年版)。

《列宁全集》中文第 2 版增订版第 53 卷第 32—33 页。

列宁把写给他的一封信的答复寄给在莫斯科的玛·伊·乌里扬诺娃。来信的内容是玛丽亚·伊里尼奇娜转告他的(列宁的复信没有找到)。

《列宁全集》中文第 2 版增订版第 53 卷第 32 页。

不早于 1897 年 3 月—不晚于 1899 年 1 月 30 日(2 月 11 日)

列宁研究《1896 年卡卢加省统计概述》(1897 年卡卢加版)中公布的有关外出做零工的材料,在书页的空白处作记号和写批注,根据统计表进行计算。

《列宁全集》中文第 2 版增订版第 57 卷第 445—451 页。

列宁阅读刊登在《1896 年下诺夫哥罗德全俄工业和艺术展览会上的手工工业》(1897 年彼尔姆版)一书中的 $E.И.$ 克拉斯诺彼罗夫的报告,在文中和空白处作批注。

《列宁全集》中文第 2 版增订版第 57 卷第 452 页。

4 月 4 日(16 日)

列宁和安·马·罗森贝格一起到克拉斯诺亚尔斯克车站,迎接和一批流放者一起到来的阿·亚·瓦涅耶夫、格·马·克尔日扎诺夫斯基、尔·马尔托夫和瓦·瓦·斯塔尔科夫。在他们见面时,宪兵把列宁和罗森贝格带离车站,进行审问。

《共青团真理报》,1966 年 12 月 14 日,第 289 号;《斗争中的同志们》,克拉斯诺亚尔斯克,1965 年,第 121、122 页;尤·马尔托夫:《一个社会民主党人的笔记》,1924 年,第 334—335 页。

4 月 5 日(17 日)

列宁同被关押在克拉斯诺亚尔斯克监狱中的斗争协会的同志建立联系。

根据同阿·亚·瓦涅耶夫商量的结果,列宁给在彼得堡的瓦涅耶夫的未婚妻多·瓦·特鲁霍夫斯卡娅发电报,建议她请求警察司指定叶尼塞斯克省米努辛斯克专区为瓦涅耶夫的流放地(电报没有找到)。

《列宁全集》中文第 2 版增订版第 53 卷第 34 页;《斗争中的同志们》,克拉斯诺亚尔斯克,1965 年,第 122、125、127—128 页。

列宁收到雅·马·利亚霍夫斯基从伊尔库茨克发来的电报,来电说已听到指定米努辛斯克为列宁居住地的消息。

《列宁全集》中文第 2 版增订版第 53 卷第 34 页。

列宁在给玛·亚·乌里扬诺娃的信中,对指定米努辛斯克专区为他、格·马·克尔日扎诺夫斯基和瓦·瓦·斯塔尔科夫的流放地一事表示满意,说打算在通航期开始后去那里,请她按安·马·罗森贝格的地址给他往克拉斯诺亚尔斯克寄书,不必等最后确定流放地点后再寄,还提到他已看过合法马克思主义者的杂志《新言论》。

《列宁全集》中文第 2 版增订版第 53 卷第 34—35 页。

4 月 5 日和 17 日(17 日和 29 日)之间

列宁给玛·亚·乌里扬诺娃和安·伊·乌里扬诺娃-叶利扎罗娃寄出几封信,信中谈到他从非官方消息中得知,已指定舒申斯克村为他的流放地点(这些信件没有找到)。

《列宁全集》口文第 2 版增订版第 53 卷第 35 页。

列宁给玛·伊·乌里扬诺娃写信,请她从各种书籍中摘录他写作《俄国资本主义的发展》一书所必需的统计资料(这封信没有找到)。

《列宁全集》中文第 2 版增订版第 53 卷第 35、37 页。

4 月 6 日(公历)

在列宁和斗争协会的其他会员流放西伯利亚一个月之后,罗马尼亚报纸《社会主义运动》刊登了一篇题为《俄国消息》的文章,文中说:"皇帝陛下摆脱了一批致力于无产阶级解放事业的青年战士。工艺学院学生彼得·扎波罗热茨被送往东西伯利亚监禁五年。他的同志们——国家公务员乌里扬诺夫、机械工程师克尔日扎诺夫斯基和斯塔尔科夫……也将被送往这个'愉快的'地区居住三年。"

《苏联历史》杂志,1966 年,第 2 期,第 189—190 页。

4 月 11 日(23 日)

根据叶尼塞斯克省省长命令,对列宁实行警察公开监视。

《无产阶级革命》杂志,1928 年,第 11—12 期合刊,第 240 页。

4 月 16 日(28 日)

列宁收到亲属的三封信。在玛·伊·乌里扬诺娃的信中,显然附有列宁写作《俄国资本主义的发展》一书所必需的各种书籍的摘录。

《列宁全集》中文第 2 版增订版第 53 卷第 35—37 页。

4 月 17 日(29 日)

列宁在给玛·亚·乌里扬诺娃的信中,讲述他了解到的关于舒申斯克村的情况,告诉她已指定捷辛斯克村为格·马·克尔日扎诺夫斯基和瓦·瓦·斯塔尔科夫的居住地点,并向母亲详细讲述了自己在克拉斯诺亚尔斯克的生活。

《列宁全集》中文第 2 版增订版第 53 卷第 35—37 页。

列宁在给安·伊·乌里扬诺娃-叶利扎罗娃的信中,请她用《评经济浪漫主义》一文的稿费给他买下列几本书:《弗拉基米尔省手工业》(第 3—5 编,1882—1884 年版)、《收成和粮价对俄国国民经济某些方面的影响》(第 1—2 卷,1897 年版)、彼·安·奥尔洛夫和 C.Г.布达戈夫的《欧俄工厂一览表。工厂统计材料》(1894 年版);还请她订一些杂志和报纸,并请她写信给彼·伯·司徒卢威,要求给他寄一些俄国书和外国书以代替部分稿费;说打算翻译一些东西;询问因彼得堡斗争协会案同娜·康·克鲁普斯卡娅等一起被捕的季·巴·和索·巴·涅夫佐罗娃姊妹的遭遇。列宁要安娜·伊里尼奇娜把她出国旅行的事事先告诉他,以便他有可能托她办一些事情。

《列宁全集》中文第 2 版增订版第 53 卷第 37—39 页;《列宁家
书集》,1934 年,第 39 页,注 18。

1897 年 4 月 17 日(29 日)和 1899 年 1 月 30 日(2 月 11 日)之间

列宁阅读《弗拉基米尔省手工业》(第 4 编,1882 年版)一书,并在书页空白处作批注,进行计算和写批语。

《列宁全集》中文第 2 版增订版第 57 卷第 456—463 页。

列宁研究《弗拉基米尔省手工业》(第 5 编,1884 年版)一书,在书页空白处作计算、写批语,标出涉及小手工业生产者对大企业主的依赖关系等方面的资料。

《列宁全集》中文第 2 版增订版第 57 卷第 323—327 页。

4 月 23 日—30 日(5 月 5 日—12 日)

列宁会见从克拉斯诺亚尔斯克转解犯监狱中释放出来的阿·

亚·瓦涅耶夫、格·马·克尔日扎诺夫斯基、瓦·瓦·斯塔尔科夫、尔·马尔托夫。

> 《斗争中的同志们》,克拉斯诺亚尔斯克,1965 年,第 129 页;尤·马尔托夫:《一个社会民主党人的笔记》,1924 年,第 336 页。

4 月 24 日(5 月 6 日)

列宁收到克拉斯诺亚尔斯克警察局长发放的去舒申斯克村的通行证,并签字。监狱视察员同时要求警察局"严密监视此人出发去指定地点。出发时立即报告出发的时间"。

> 《无产阶级革命》杂志,1928 年,第 11—12 期合刊,第 240—241 页。

4 月 26 日—28 日(5 月 8 日—10 日)

列宁发出了一封要求汇款的挂号信。这封信大概是寄给《新言论》杂志编辑部的,要求汇寄《评经济浪漫主义》一文第一部分的稿费(这封信没有找到)。

> 《列宁全集》中文第 2 版增订版第 53 卷第 40 页。

4 月 29 日(5 月 11 日)

列宁给叶尼塞斯克省省长写申请书,请求依法发给他补助金,并委托安·马·罗森贝格转递这份申请书。

> 《列宁全集》中文第 2 版增订版第 44 卷第 539—540 页。

4 月 30 日(5 月 12 日)以前

列宁在离开克拉斯诺亚尔斯克前,写信给在莫斯科的玛·亚·乌里扬诺娃(这封信没有找到)。

> 《列宁全集》中文第 2 版增订版第 53 卷第 45 页。

4 月 30 日(5 月 12 日)

列宁同格·马·克尔日扎诺夫斯基和瓦·瓦·斯塔尔科夫一

起乘"圣尼古拉"号轮船去米努辛斯克市,列宁应从那里出发,到为他指定的流放地舒申斯克村去。

《无产阶级革命》杂志,1928 年,第 11—12 期合刊,第 242 页;《斗争中的同志们》,克拉斯诺亚尔斯克,1965 年,第 129—130 页。

4 月—7 月

列宁的《评经济浪漫主义》一文发表在《新言论》杂志第 7—10 期上,署名"克·土林"。

《列宁全集》中文第 2 版增订版第 2 卷第 102—231 页;《新言论》杂志,1897 年 4 月,第 7 期,第 25—50 页;5 月,第 8 期,第 25—60 页;6 月,第 9 期,第 26—53 页;7 月,第 10 期,第 18—32 页。

1897 年 4 月以后—1899 年 1 月 30 日(2 月 11 日)以前

列宁阅读发表在 1897 年《新言论》杂志第 7 期上的米·伊·杜冈-巴拉诺夫斯基的《资本在我国手工工业发展中的历史作用》一文,在文章中着重标出评述工场手工业和工厂的部分。

《列宁全集》中文第 2 版增订版第 57 卷第 483 页。

5 月 6 日(18 日)

列宁同格·马·克尔日扎诺夫斯基和瓦·瓦·斯塔尔科夫到达米努辛斯克市。

《列宁全集》中文第 2 版增订版第 53 卷第 39 页;《无产阶级革命》杂志,1928 年,第 11—12 期合刊,第 243、245、250 页。

1897 年 5 月 6 日(18 日)以后—1899 年

列宁在几次去米努辛斯克期间,都到米努辛斯克博物馆图书馆去,同博物馆的组织者 H.M.马尔季亚诺夫以及费·雅·柯恩会见,从图书馆借阅书籍。

《列宁全集》中文第 2 版增订版第 53 卷第 479 页;《克拉斯诺

亚尔斯克工人报》,1941 年 1 月 21 日,第 17 号。

5 月 7 日（19 日）

列宁向米努辛斯克警察局长递交申请书,请求依法发给他补助金。

《列宁全集》中文第 2 版增订版第 44 卷第 540 页。

列宁从米努辛斯克给在莫斯科的玛·亚·乌里扬诺娃写信,告知他已到达米努辛斯克,并打算于 5 月 8 日（20 日）动身到舒申斯克村去。

《列宁全集》中文第 2 版增订版第 53 卷第 39 页。

5 月 8 日（20 日）

列宁自米努辛斯克市启程,当日到达叶尼塞斯克省米努辛斯克专区舒申斯克村,住在农民 A.Д.济里亚诺夫家;对列宁实行警察公开监视。

《列宁全集》中文第 2 版增订版第 53 卷第 39、50 页;《无产阶级苴命》杂志,1928 年,第 11—12 期合刊,第 245 页;《红色文献》杂志,1934 年,第 1 期,第 122 页;《回忆弗·伊·列宁》,第 1 卷,1968 年,第 238 页。

5 月 8 日和 14 日（20 日和 26 日）之间①

列宁在寄给莫斯科亲属的几封信中,描述从克拉斯诺亚尔斯克到舒申斯克的行程,讲到必须乘马车走的那段路程的艰难情况,并说他的钱还够用两星期左右（这些信没有找到）。

《列宁全集》中文第 2 版增订版第 53 卷第 40、43—44 页。

5 月 8 日（20 日）以后

列宁交给舒申斯克邮递员一份代领邮件的委托书（这一文件

---

①　这里和其他一些地方,在确定日期时,考虑了舒申斯克收发邮件的日期。——俄文编者注

没有保存下来）。

《列宁全集》中文第 2 版增订版第 53 卷第 71 页。

1897 年 5 月 8 日（20 日）以后—1899 年 1 月 30 日（2 月 11 日）以前

在舒申斯克村流放期间，列宁继续进行准备出版《俄国资本主义的发展》一书的工作。

列宁研究刊载于《莫斯科省统计资料汇编》（第 4 卷第 1、2 册，1890 年版和 1893 年版）一书中的莫斯科省工业调查报告；对各县工人分布情况、工厂的劳动场所和住房条件以及工厂的卫生状况等作批注和计算。

《列宁全集》中文第 2 版增订版第 57 卷第 464—482 页。

1897 年 5 月 8 日（20 日）和 1900 年 1 月 29 日（2 月 10 日）之间

列宁经常同流放的同志们阿·亚·瓦涅耶夫、格·马·克尔日扎诺夫斯基、瓦·瓦·斯塔尔科夫、潘·尼·勒柏辛斯基、米·亚·西尔文等通信。列宁的信件所涉及的问题范围很广：讨论准备出版的《俄国资本主义的发展》一书中的问题，讨论俄国和西欧社会民主主义出版物中的一些新书；列宁对当时许多现实问题发表看法，提出自己关于创办全俄政治报纸的计划。

《回忆弗·伊·列宁》，第 2 卷，1969 年，第 22、72—73 页；
米·亚·西尔文：《列宁在党的诞生时期》，1958 年，第 196
页；《无产阶级革命》杂志，1924 年，第 7 期，第 78 页；《俄国社
会民主主义运动》，第 1 卷，1928 年，第 346—348 页。

列宁深入全面地研究西伯利亚农村。在同 A.Д.济里亚诺夫、伊·奥·叶尔莫拉耶夫[①]、П.Т.斯特罗加诺夫等农民谈话时，关心

---

① 　原文有误，应为"伊·索·叶尔莫拉耶夫"。——译者注

他们的生活条件和农业经济状况。

　　列宁经常为舒申斯克村和邻近地区的农民提供法律咨询帮助。

　　　　　　　《列宁全集》中文第 2 版增订版第 43 卷第 104 页;《回忆弗·
　　　　　　　伊·列宁》,第 1 卷,1968 年,第 237—238 页;《劳动顿河报》,
　　　　　　　顿河畔罗斯托夫,1924 年 4 月 23 日,第 818 号;《红色田地》杂
　　　　　　　志,1924 年,第 7 期,第 172—173 页。

　　列宁按时收到《西伯利亚生活》(托木斯克)、《东方评论》(伊尔库茨克)等地方报纸。

　　　　　　　米·亚·西尔文:《列宁在党的诞生时期》,1958 年,第
　　　　　　　194 页。

5 月 10 日和 18 日（22 日和 30 日）之间

　　列宁收到玛·伊·乌里扬诺娃作的图书内容摘录和玛·亚·乌里扬诺娃 1897 年 4 月 20 日和 24 日（5 月 2 日和 6 日）的来信。她在 4 月 24 日的信中写道,关于钱的情况已经问过他两次,但没有得到回复。

　　　　　　　《列宁全集》中文第 2 版增订版第 53 卷第 40、43 页。

5 月 17 日和 25 日（5 月 29 日和 6 月 6 日）之间

　　列宁收到安·伊·乌里扬诺娃-叶利扎罗娃对他 4 月 17 日（29 日）去信的回复。

　　　　　　　《列宁全集》中文第 2 版增订版第 53 卷第 37—39、47 页。

5 月 18 日（30 日）

　　列宁给在莫斯科的玛·亚·乌里扬诺娃写信,信中描述了舒申斯克村的情况,请母亲不要为了请求把他调换到捷辛斯克村而到他这里来,问有没有把书寄往克拉斯诺亚尔斯克,询问萨马拉马克思主义者(彼·巴·马斯洛夫等人)同《新言论》杂志编辑部"冲

突"的详细情况,告知自己用钱的情况。

《列宁全集》中文第 2 版增订版第 53 卷第 40—43 页;《列宁家书集》,1934 年,第 42 页,注 5。

列宁给在莫斯科的玛·伊·乌里扬诺娃写信,说她作的图书内容摘录收到了;列宁在回答妹妹"责怪"他"太不好客"时,强调说,到遥远的舒申斯克来旅行,"是一件很麻烦和很不方便的事";并请她寄图书目录来。

《列宁全集》中文第 2 版增订版第 53 卷第 43—45 页。

5 月 20 日或 23 日(6 月 1 日或 4 日)

列宁收到瓦·瓦·斯塔尔科夫从捷辛斯克村寄来的信,斯塔尔科夫在信中讲到他们居住地点的详细情况。

《列宁全集》中文第 2 版增订版第 53 卷第 41、46 页。

5 月 20 日(6 月 1 日)以后

列宁给在克拉斯诺亚尔斯克的彼·阿·克拉西科夫写信,讲述舒申斯克村的情况,说对自然环境很满意,对其他情况则不然,告知收到捷辛斯克村的来信(这封信没有找到)。

苏共中央马列主义研究院中央党务档案馆,第 362 号全宗,第 1 号目录,第 37290 号保管单位。

5 月 23 日(6 月 4 日)

列宁收到玛·亚·乌里扬诺娃 1897 年 5 月 5 日(17 日)的来信。

《列宁全集》中文第 2 版增订版第 53 卷第 45 页。

5 月 25 日(6 月 6 日)

列宁给在莫斯科的玛·亚·乌里扬诺娃写信,告知自己在舒申斯克村的生活情况,对给他的书寄晚了表示遗憾。

《列宁全集》中文第 2 版增订版第 53 卷第 46 页。

列宁给在莫斯科的安·伊·乌里扬诺娃-叶利扎罗娃写信,请她订一批报刊(《俄国财富》、《俄罗斯新闻》、《财政与工商业通报》等),指明特别需要为他买哪些书,询问能否从图书馆借出书籍,请她多寄些图书馆和书店的图书目录来,请她代向涅夫佐罗娃姊妹和娜·康·克鲁普斯卡娅问好,并问她们的案子怎样了。

《列宁全集》中文第 2 版增订版第 53 卷第 47—49 页;《列宁家书集》,1934 年,第 49 页,注 6。

1897 年 5 月 25 日(6 月 6 日)以后—1899 年 1 月 30 日(2 月 11 日)以前

列宁根据《财政部年鉴》(第 1 编,1869 年版)研究工厂统计资料,在书页空白处作批注,进行数字计算,统计各省外出工人人数、各年度某些行业工厂工人人数等等,并把这些资料和《军事统计汇编》的材料进行对比。

《列宁全集》中文第 2 版增订版第 57 卷第 625—639 页。

不早于 1897 年 5 月—不晚于 1898 年 1 月

列宁写关于亚·亚·米库林的《赫尔松省敖德萨直辖市和尼古拉耶夫总督管辖区的工厂工业和手工工业》(1897 年敖德萨版)一书的书评(书评没有找到)。

《列宁全集》中文第 2 版增订版第 53 卷第 91 页;《1897 年俄国出版的书籍目录》,圣彼得堡,1898 年,第 111、115 页。

6 月 6 日(18 日)

列宁收到玛·亚·乌里扬诺娃和玛·伊·乌里扬诺娃从华沙寄来的信。

《列宁全集》中文第 2 版增订版第 53 卷第 50 页。

6 月 8 日（20 日）

列宁给在瑞士的玛·亚·乌里扬诺娃写信，对母亲决定去国外休养表示非常高兴，讲述在舒申斯克的生活情况，并谈及流放的同志们。

《列宁全集》中文第 2 版增订版第 53 卷第 50 页。

列宁给在瑞士的安·伊·乌里扬诺娃-叶利扎罗娃写信，请她多寄些图书目录、图书广告和报纸来，表示很想得到一些廉价版的政治经济学和哲学方面的古典著作原本，描述捷辛斯克村流放同志们的生活，转达格·马·克尔日扎诺夫斯基的问候。

《列宁全集》中文第 2 版增订版第 53 卷第 51 页。

列宁写明信片给马·季·叶利扎罗夫（明信片没有找到）。

《列宁全集》中文第 2 版增订版第 53 卷第 53 页。

6 月 8 日和 15 日（20 日和 27 日）之间

列宁开始收到《俄罗斯新闻》。

《列宁全集》中文第 2 版增订版第 53 卷第 52、53 页。

6 月 8 日（20 日）以后

列宁把自己写的《评经济浪漫主义。西斯蒙第和我国的西斯蒙第主义者》一文从 1897 年《新言论》杂志第 8 期上剪下来，在文章的第 1 页上标出发表文章的杂志名称。

《克里姆林宫的弗·伊·列宁藏书》，1961 年，第 80 页；苏共中央马列主义研究院中央党务档案馆，第 2 号全宗，第 1 号目录，第 167 号保管单位。

6 月 9 日（21 日）

从 1897 年 5 月 1 日起每月发给列宁 8 卢布的补助金。

《无产阶级革命》杂志，1928 年，第 11—12 期合刊，第 251—252 页。

6 月 10 日（22 日）

　　列宁收到马·季·叶利扎罗夫 1897 年 5 月 23 日（6 月 4 日）的来信，叶利扎罗夫在信中问列宁，寄给他的一箱书收到了没有，同时还告诉他关于出售科库什基诺产业的事情。

《列宁全集》中文第 2 版增订版第 53 卷第 52 页。

6 月 13 日（25 日）

　　列宁收到马·季·叶利扎罗夫给他寄来的《涅瓦民间娱乐协会（委员会 1895—1896 年度的报告）》（1896 年版）一书。

《列宁全集》中文第 2 版增订版第 53 卷第 53 页。

6 月 15 日（27 日）以前

　　列宁收到德·伊·乌里扬诺夫的信。

《列宁全集》中文第 2 版增订版第 53 卷第 54 页。

6 月 15 日（27 日）

　　列宁给在莫斯科的马·季·叶利扎罗夫复信，说书没有收到，而且连寄书的事也不知道，询问书是寄给谁收的、什么时候寄出的和其中是否有新书。列宁写道，他老是在考虑从首都的图书馆借书寄到这里来的事；请叶利扎罗夫和德·伊·乌里扬诺夫经常给他写信，并把这封信转寄给在国外的母亲。

《列宁全集》中文第 2 版增订版第 53 卷第 52—53 页。

6 月 15 日和 7 月 19 日（6 月 27 日和 7 月 31 日）之间

　　列宁在收到玛·亚·乌里扬诺娃关于出售科库什基诺产业的来信后，回信答复（列宁的信没有找到）。

《列宁全集》中文第 2 版增订版第 53 卷第 52、54 页。

6 月 17 日（29 日）以前

　　列宁给在叶尼塞斯克的阿·亚·瓦涅耶夫写信，讲述自己在舒申斯克村的生活情况（这封信没有找到）。

《斗争中的同志们》，克拉斯诺亚尔斯克，1965 年，第 136 页。

6 月底

列宁接到克拉斯诺亚尔斯克的消息说，亲属给他寄来的书将于 6 月底运到。

《列宁全集》中文第 2 版增订版第 53 卷第 57 页。

6 月—7 月

安·伊·乌里扬诺娃-叶利扎罗娃为完成弗·伊·列宁的委托，在国外旅行期间，同劳动解放社成员（格·瓦·普列汉诺夫、维·伊·查苏利奇、帕·波·阿克雪里罗得）建立联系，代弗拉基米尔·伊里奇向他们致意，并与他们商定给列宁写信和寄书的方法。

《列宁全集》中文第 2 版增订版第 44 卷第 13—14 页，第 53 卷第 38—39、49、52 页；苏共中央马列主义研究院中央党务档案馆，第 13 号全宗，第 1 号目录，第 634 号保管单位，第 2 张；《无产阶级革命》杂志，1929 年，第 2—3 期合刊，第 201 页。

7 月 1 日（13 日）

列宁收到玛·伊·乌里扬诺娃 1897 年 6 月 16 日（28 日）从国外寄来的信。

《列宁全集》中文第 2 版增订版第 53 卷第 465 页。

列宁给克拉斯诺亚尔斯克发了两封信，查问寄给他的一箱书的事情（信件没有找到）。

《列宁全集》中文第 2 版增订版第 53 卷第 57 页。

7 月 3 日（15 日）

列宁给玛·亚·乌里扬诺娃和玛·伊·乌里扬诺娃写信。在给玛丽亚·伊里尼奇娜的信中，列宁开列了一个马克思主义学习大纲,在阅读材料中列有德国社会民主党的机关刊物《前进报》和《新时代》杂志(这封信没有找到)。

《列宁全集》中文第 2 版增订版第 53 卷第 465 页。

1897 年 7 月 8 日(20 日)以后——1899 年 1 月 30 日(2 月 11 日)以前

列宁在《1896 年下诺夫哥罗德全俄工业和艺术展览会》(1897 年版)一书中作批注;研究俄国工业的资料,有时把这些资料和 1890 年的《工厂一览表》进行对比。

《列宁全集》中文第 2 版增订版第 57 卷第 453—455 页。

列宁阅读《俄国手工工业报告和研究》(第 4 卷,1897 年版)一书,在关于弗拉基米尔省手工业的资料中,计算全省各个县份手工业者的总数,并单独列出织布工人。

《列宁全集》中文第 2 版增订版第 57 卷第 577—579 页。

7 月 18 日(30 日)

列宁收到玛·亚·乌里扬诺娃和玛·伊·乌里扬诺娃 1897 年 6 月 29 日(7 月 11 日)从瑞士寄来的信,同时收到德·伊·乌里扬诺夫的来信,他叙述了他的喀山之行。

《列宁全集》中文第 2 版增订版第 53 卷第 54、55 页。

列宁收到从捷辛斯克村寄来的信,来信邀请他去参加瓦·瓦·斯塔尔科夫和安·马·罗森贝格的婚礼。

《列宁全集》中文第 2 版增订版第 53 卷第 55 页。

7 月 19 日(31 日)以前

列宁在给玛·亚·乌里扬诺娃的信中告知钱已收到;关于寄到克拉斯诺亚尔斯克的书,目前还一无所知。

《列宁全集》中文第 2 版增订版第 53 卷第 54 页。

列宁收到一笔钱(大概是发表于《新言论》杂志上的《评经济浪漫主义》一文第一部分的稿费)。

《列宁全集》中文第 2 版增订版第 53 卷第 40、54 页。

列宁收到雅·马·利亚霍夫斯基从上连斯克(伊尔库茨克省)寄来的信,从信中获悉喀山第一批马克思主义小组的组织者和领导人尼·叶·费多谢耶夫也被流放到那个地方。

《列宁全集》中文第 2 版增订版第 53 卷第 55 页。

7 月 19 日(31 日)

列宁给在瑞士的玛·亚·乌里扬诺娃和玛·伊·乌里扬诺娃写信,说她们的来信收到了;信中还描述了舒申斯克村的自然环境和生活条件,告知写作《俄国资本主义的发展》一书的进程,并说,听到因彼得堡斗争协会案被捕的彼·库·扎波罗热茨病情严重,感到非常难过。

《列宁全集》中文第 2 版增订版第 53 卷第 54—57 页。

7 月 19 日和 8 月 17 日(7 月 31 日和 8 月 29 日)之间

列宁在给玛·亚·乌里扬诺娃的信中说,彼·伯·司徒卢威已同意他的要求,用一部分稿费买书寄给他,并且已收到了司徒卢威寄来的一些书(这封信没有找到)。

《列宁全集》中文第 2 版增订版第 53 卷第 59 页。

列宁收到安·伊·乌里扬诺娃-叶利扎罗娃寄来的两本书:路·龚普洛维奇的《社会学原理》(1885 年维也纳版)和《社会立法和统计学文库》(柏林)。

《列宁全集》中文第 2 版增订版第 53 卷第 58 页。

列宁收到安·伊·乌里扬诺娃-叶利扎罗娃的来信,信中说有几封亲属寄给他的信没有送到他手里。

《列宁全集》中文第 2 版增订版第 53 卷第 58 页。

1897 年 7 月 20 日（8 月 1 日）和 1899 年 1 月 30 日（2 月 11 日）之间

列宁研究《彼尔姆省手工工业状况概述》（1896 年彼尔姆版）一书；整理 1894—1895 年手工业按户调查资料，在书页空白处作批注。

《列宁全集》中文第 2 版增订版第 57 卷第 484—561 页。

1897 年 7 月 29 日（8 月 10 日）和 1899 年 1 月 30 日（2 月 11 日）之间

列宁研究谢·安·哈里佐勉诺夫的著作《弗拉基米尔省手工业》（第 3 编，1882 年版），在书中作记号和批注，标出关于资本由商业向工业转移的资料，关于出身于手工业者的工厂主的资料，关于雇佣工人和本户工人人数的资料以及其他资料。

《列宁全集》中文第 2 版增订版第 57 卷第 315—323 页。

7 月 30 日（8 月 11 日）

列宁在捷辛斯克村参加瓦·瓦·斯塔尔科夫和安·马·罗森贝格的婚礼。

《列宁全集》中文第 2 版增订版第 53 卷第 55 页；《列宁家书集》，1934 年，第 56、57 页，注 4。

7 月—8 月 17 日（29 日）以前

列宁写信给玛·亚·乌里扬诺娃，告知有一封她寄来的信"在米努辛斯克耽搁了两个月左右"（列宁的信没有找到）。

《列宁全集》中文第 2 版增订版第 53 卷第 58 页。

因为有一封亲属的来信被邮局长期耽搁，列宁向米努辛斯克邮局提出质询，并把那封信的信封附去作为证据（列宁的这一文件没有找到）。

《列宁全集》中文第 2 版增订版第 53 卷第 58 页。

7 月—1898 年 1 月 24 日（2 月 5 日）以前

列宁给在上连斯克（伊尔库茨克省）的尼·叶·费多谢耶夫写过两封信（这两封信没有找到）。

《列宁全集》中文第 2 版增订版第 53 卷第 55、83 页。

8 月 6 日（18 日）以后—9 月 7 日（19 日）以前

列宁阅读登载在 1897 年 8 月 6 日第 215 号《俄罗斯新闻》上的一篇图拉通讯。通讯中谈到，省地方自治局为了进行资产估价工作而聘请的一批统计学家，没有得到地方当局的批准。

《列宁全集》中文第 2 版增订版第 53 卷第 60 页；《俄罗斯新闻》，1897 年 8 月 6 日，第 215 号。

8 月 15 日（27 日）

列宁收到玛·亚·乌里扬诺娃和玛·伊·乌里扬诺娃 1897 年 7 月 29 日（8 月 10 日）从瑞士寄来的信。

《列宁全集》中文第 2 版增订版第 53 卷第 57 页。

列宁收到安·伊·乌里扬诺娃-叶利扎罗娃从国外寄来的用化学方法写的信，她在信中说，格·瓦·普列汉诺夫和帕·波·阿克雪里罗得请她转告列宁：“……在俄国为工人写作，没有一个人能写得像他这样好”。

《无产阶级革命》杂志，1929 年，第 2—3 期合刊，第 201 页。

列宁在收到安·伊·乌里扬诺娃-叶利扎罗娃来信的同时，收到帕·波·阿克雪里罗得从苏黎世寄来的用化学方法写的信，他和格·瓦·普列汉诺夫在信中对弗·伊·列宁的小册子《对工厂工人罚款法的解释》给予高度评价。

《列宁全集》中文第 2 版增订版第 44 卷第 13 页。

8 月 16 日（28 日）

列宁写信给帕·波·阿克雪里罗得，信中谈到很想为工人写作，但在流放地做到这一点有困难，告知自己写作《俄国资本主义的发展》一书的情况，商定通信的方法。

这封信，和其他写给帕·波·阿克雪里罗得的信一样，列宁用化学方法写好这封信，放在书脊里寄给在柏林的安·伊·乌里扬诺娃-叶利扎罗娃，由她再转寄给苏黎世的阿克雪里罗得。

《列宁全集》中文第 2 版增订版第 44 卷第 13—14 页；苏共中央马列主义研究院中央党务档案馆，第 2 号全宗，第 1 号目录，第 173 号保管单位。

列宁在给帕·波·阿克雪里罗得写信的同时，也给安·伊·乌里扬诺娃-叶利扎罗娃写了信，强调指出，格·瓦·普列汉诺夫和帕·波·阿克雪里罗得对他为工人写的著作所给予的好评，对他说来特别珍贵（这封信没有找到）。

《无产阶级革命》杂志，1929 年，第 2—3 期合刊，第 201 页。

8 月，17 日（29 日）以前

列宁因寄给他的书迟迟未到，写信给在克拉斯诺亚尔斯克的克·加·波波娃。

《列宁全集》中文第 2 版增订版第 53 卷第 57 页。

8 月 17 日（29 日）

列宁在给玛·亚·乌里扬诺娃的信中，对他还没有收到那箱书表示不安；说每星期都给她写信，有时一星期写两封；说他在写一篇论文，题目是：《1894—1895 年度彼尔姆省手工业调查以及"手工"工业中的一般问题》。

《列宁全集》中文第 2 版增订版第 2 卷第 237—334 页,第 53
卷第 57—59 页。

8 月,17 日(29 日)以后

列宁收到玛·亚·乌里扬诺娃的信,信中说,她向叶尼塞斯克
省省长递交了申请书,提出由于列宁有病,请求把他迁往克拉斯诺
亚尔斯克就医。这一请求遭到拒绝。

《列宁全集》中文第 2 版增订版第 53 卷第 61 页;《列宁家书
集》,1934 年,第 61 页,注 5。

列宁就这封信给玛·亚·乌里扬诺娃写了回信(信件没有找
到)。

《列宁全集》中文第 2 版增订版第 53 卷第 57—59、61 页。

1897 年 8 月 17 日(29 日)和 1899 年 1 月 30 日(2 月 11 日)之间

列宁研究 E.И.克拉斯诺彼罗夫的《1887 年在叶卡捷琳堡市
举行的西伯利亚—乌拉尔科学工业展览会上的彼尔姆省手工工
业》(第 1—3 编,1888—1889 年彼尔姆版),在书页空白处写批注,
并进行数字计算。

《列宁全集》中文第 2 版增订版第 57 卷第 562—574 页。

1897 年 8 月 28 日(9 月 9 日)以前

列宁请阿·亚·瓦涅耶夫给他设法搞到下诺夫哥罗德县和巴
拉赫纳县的地方自治机关汇编。瓦涅耶夫完成了列宁的这项
委托。

《斗争中的同志们》,克拉斯诺亚尔斯克,1965 年,第 146、
150 页。

8 月

列宁在给玛·亚·乌里扬诺娃的一封信中谈到,他收到阿·
亚·瓦涅耶夫的来信,来信说,叶尼塞斯克专区警察局长斯托亚诺

夫非法要求瓦涅耶夫交出属于他自己所有的猎枪（列宁的信没有找到）。

《列宁全集》中文第 2 版增订版第 53 卷第 90 页；《列宁家书集》，1934 年，第 95、97 页，注 5；《斗争中的同志们》，克拉斯诺亚尔斯克，1965 年，第 141—142 页。

8 月—不晚于 9 月 7 日（19 日）

列宁写《1894—1895 年度彼尔姆省手工业调查以及"手工"工业中的一般问题》一文。列宁在文章中利用了一系列书籍的统计资料（《彼尔姆省手工工业状况概述》（1896 年版）、E.И.克拉斯诺彼罗夫的《1887 年在叶卡捷琳堡市举行的西伯利亚—乌拉尔科学工业展览会上的彼尔姆省手工工业》（第 1—3 编，1888—1889 年版）等等）。

《列宁全集》中文第 2 版增订版第 2 卷第 237—334 页，第 53 卷第 58、59 页。

夏天

列宁写小册子《新工厂法》。

《列宁全集》中文第 2 版增订版第 2 卷第 335—378 页。

1897 年 9 月 3 日（15 日）以后—1899 年 1 月 30 日（2 月 11 日）以前

列宁阅读《1896 年弗拉基米尔省农业概述》（1897 年克利亚济马河畔弗拉基米尔版），在书页空白处作批注，标出全省各类县商业性蔬菜种植业和消费性蔬菜种植业的资料。

《列宁全集》中文第 2 版增订版第 57 卷第 161 页。

9 月 5 日（17 日）

列宁收到玛·伊·乌里扬诺娃 1897 年 8 月 18 日（30 日）寄自洛桑的信，信中说她打算游览瑞士。

《列宁全集》中文第 2 版增订版第 53 卷第 60 页。

列宁收到从彼得堡寄来的 1897 年 6 月份的《新言论》杂志。

《列宁全集》中文第 2 版增订版第 53 卷第 60 页。

9 月 7 日（19 日）

列宁将他写的《1894 — 1895 年度彼尔姆省手工业调查以及"手工"工业中的一般问题》一文按挂号印刷品寄给在莫斯科的马·季·叶利扎罗夫。

《列宁全集》中文第 2 版增订版第 53 卷第 59 页。

在写给马·季·叶利扎罗夫的信中，列宁请他把这篇文章连同附信（列宁的附信没有找到）一并转寄给彼·伯·司徒卢威；问为什么瓦·安·约诺夫不给他回信；并问向图书馆借书的事情接洽得怎么样了。

《列宁全集》中文第 2 版增订版第 53 卷第 59—60 页。

列宁给在莫斯科的玛·伊·乌里扬诺娃写信，说不想为迁出舒申斯克村而奔走，并问她对过冬有什么打算。

《列宁全集》中文第 2 版增订版第 53 卷第 60—61 页。

9 月 12 日和 30 日（9 月 24 日和 10 月 12 日）之间

列宁收到马·季·叶利扎罗夫 1897 年 9 月 12 日（24 日）的来信，他在信中问到《俄国资本主义的发展》一书写作的情况。

《列宁全集》中文第 2 版增订版第 53 卷第 62 页。

1897 年 9 月 12 日（24 日）和 1899 年 1 月 30 日（2 月 11 日）之间

列宁阅读《下诺夫哥罗德省土地估价材料。经济部分。第 8 编。下诺夫哥罗德县》（1895 年下诺夫哥罗德版）一书，在书页空白处作记号。

《列宁文集》俄文版第 33 卷第 539 页。

列宁研究《下诺夫哥罗德省土地估价材料。第 10 编。巴拉赫纳县》（1896 年下诺夫哥罗德版）一书，在空白处作记号和批注，标出居民不从事农业的副业村，统计村中无马农户的数目。

《列宁全集》中文第 2 版增订版第 57 卷第 302—305 页；《斗争中的同志们》，克拉斯诺亚尔斯克，1965 年，第 146、150 页。

9 月 27 日—28 日（10 月 9 日—10 日）

列宁去米努辛斯克，在那里会见了民意党人和其他政治流放者。列宁和瓦·瓦·斯塔尔科夫一起向地方法院写上诉书，控告治安法官对斯塔尔科夫擅自到米努辛斯克去一事判决过严。

《列宁全集》中文第 2 版增订版第 53 卷第 64 页；《斗争中的同志们》，克拉斯诺亚尔斯克，1965 年，第 147 页。

9 月 27 日或 28 日（10 月 9 日或 10 日）

列宁写信给在莫斯科的玛·亚·乌里扬诺娃，答应到捷辛斯克村再写信给她。列宁从米努辛斯克返回时，将到捷辛斯克去（这封信没有找到）。

《列宁全集》中文第 2 版增订版第 53 卷第 61—62 页。

9 月 29 日—10 月 4 日（10 月 11 日—16 日）

列宁和瓦·瓦·斯塔尔科夫一道，从米努辛斯克来到捷辛斯克村，在格·马·克尔日扎诺夫斯基和瓦·瓦·斯塔尔科夫处住了五天。列宁和同志们一起去打猎。

《列宁全集》中文第 2 版增订版第 53 卷第 61—62、63—65 页；《斗争中的同志们》，克拉斯诺亚尔斯克，1965 年，第 147 页。

9 月 30 日（10 月 12 日）

列宁从捷辛斯克村给在莫斯科的玛·亚·乌里扬诺娃写信，描述流放的同志格·马·克尔日扎诺夫斯基和瓦·瓦·斯塔尔科夫的生活，转达他们的问候。

《列宁全集》中文第 2 版增订版第 53 卷第 61—63 页。

9 月底或 10 月上半月

列宁帮助受警察公开监视的格·伊·奥库洛娃向地方法院写上诉书,控告治安法官对她擅自到米努辛斯克去一事判决过严(这一文件没有找到)。

苏联中央革命博物馆,格·伊·奥库洛娃全宗,33160/40;《革命中的妇女》,1959 年,第 44—45 页。

9 月

列宁写《论报纸上的一篇短文》一文。

《列宁全集》中文第 2 版增订版第 2 卷第 379—385 页。

1897 年 9 月以后—1899 年 1 月 30 日(2 月 11 日)以前

列宁研究《工厂索引》(1897 年版),作摘录,按省统计奶酪厂和奶油厂的数目。

《列宁全集》中文第 2 版增订版第 57 卷第 125 页,第 3 卷第 232 页。

10 月 4 日和 7 日(16 日和 19 日)之间

列宁写信给在莫斯科的玛·亚·乌里扬诺娃,信中简短地描述了捷辛斯克村之行(这封信没有找到)。

《列宁全集》中文第 2 版增订版第 53 卷第 61—63 页。

1897 年 10 月 4 日(16 日)和 1899 年 1 月 30 日(2 月 11 日)之间

列宁研究《收成和粮价对俄国国民经济某些方面的影响》文集第 1 卷和第 2 卷(1897 年版),在书页空白处作记号和批注,仔细研究实际数据,并与其他文献进行对比。

《列宁全集》中文第 2 版增订版第 57 卷第 162—206 页。

10 月 7 日(19 日)

列宁收到玛·亚·乌里扬诺娃和德·伊·乌里扬诺夫的

来信。

《列宁全集》中文第 2 版增订版第 53 卷第 63 页。

10 月 12 日（24 日）

列宁在给母亲玛·亚·乌里扬诺娃的信中说，收到 1896 年和 1897 年的《哲学和心理学问题》杂志；描述在米努辛斯克和捷辛斯克村同朋友、熟人们会面的情形；谈到同阿·巴·斯克利亚连科以及伊·克·拉拉扬茨经常通信；请她把彼得图书馆的图书目录寄来。

《列宁全集》中文第 2 版增订版第 53 卷第 63—65 页。

10 月 14 日（26 日）

列宁收到玛·伊·乌里扬诺娃 1897 年 9 月 29 日（10 月 11 日）的来信，信中谈到列宁寄给马·季·叶利扎罗夫的信去迟了。

《列宁全集》中文第 2 版增订版第 53 卷第 66 页。

10 月 19 日（31 日）

列宁在写给玛·亚·乌里扬诺娃的信中说，关于寄给《新言论》杂志编辑部的《1894—1895 年度彼尔姆省手工业调查以及“手工”工业中的一般问题》一文，估计不久将会得到答复。

《列宁全集》中文第 2 版增订版第 53 卷第 67 页。

列宁为了得到书目方面的材料，在给玛·伊·乌里扬诺娃的信中，请她寄一本《三年级系统自修大纲》（1897 年版），有关这本书的出版消息，他是在 1897 年 10 月 4 日第 274 号《俄罗斯新闻》上看到的，此外，还请她寄一份新出的月刊《圣彼得堡和莫斯科沃尔弗图书公司各书店出版消息》。

《列宁全集》中文第 2 版增订版第 53 卷第 67 页。

10 月

列宁的文章《论报纸上的一篇短文》在《新言论》杂志第 1 期上发表,署名"克·土林"。

> 《列宁全集》中文第 2 版增订版第 2 卷第 379—385 页;《新言论》杂志,1897 年,第 1 期,第 126—131 页。

列宁阅读和浏览他订的 9 月份的各种杂志。

> 《列宁全集》中文第 2 版增订版第 53 卷第 67 页。

11 月

列宁赴米努辛斯克。警察局长在给叶尼塞斯克省省长的报告中就此事写道:"我荣幸地报告阁下,在舒申斯克村受警察公开监视的行政流放者弗拉基米尔·伊里奇·乌里扬诺夫在其申请未获批准之前,于 1897 年 11 月擅离该村去米努辛斯克市。据此情况,我遵照 12 月 31 日的指令,对乌里扬诺夫擅自外出,首次给予训诫处分。"

> C.别利亚耶夫斯基和 H.戈罗杰茨基:《列宁曾到过这里》,克拉斯诺亚尔斯克,1968 年,第 28 页。

不早于 11 月

列宁写《新工厂法》小册子的附录。

> 《列宁全集》中文第 2 版增订版第 2 卷第 368—378 页。

12 月 5 日(17 日)以前

列宁写信给安·伊·乌里扬诺娃-叶利扎罗娃,请她来信告知他的稿费收入和购书支出的账目情况(这封信没有找到)。

> 《列宁全集》中文第 2 版增订版第 53 卷第 72 页。

12 月,10 日(22 日)以前

列宁收到玛·伊·乌里扬诺娃 1897 年 11 月 24 日(12 月 6

日)寄来的信和书籍:《三年级系统自修大纲》(1897 年版)、《圣彼得堡和莫斯科沃尔弗图书公司各书店出版消息》第 1—2 期、《有关维亚特卡省手工业状况的资料》第 2 编(1890 年版)、《1885 年刑罚和感化法典》(1895 年版)和《治安法官施罚条例》(1897 年版)。后两本书是列宁为了秘密地向农民解答法律问题所需要的。

《列宁全集》中文第 2 版增订版第 43 卷第 104 页,第 53 卷第 69—70 页。

列宁收到格·马·克尔日扎诺夫斯基的来信,信中说他已向当局提出申请,请求准许他到舒申斯克村来住十天。

《列宁全集》中文第 2 版增订版第 53 卷第 68 页。

12 月 10 月(22 日)前后

列宁读安·拉布里奥拉的《论唯物主义历史观》(1897 年版)。

《列宁全集》中文第 2 版增订版第 53 卷第 69 页。

12 月 10 日(22 日)

列宁告诉玛·亚·乌里扬诺娃说,他收到了格·马·克尔日扎诺夫斯基的信,说季·巴·涅夫佐罗娃已被判决流放北方省份,为期三年,她要求把她转到米努辛斯克专区来。同时,列宁还说,娜·康·克鲁普斯卡娅也打算这样做,不过她的判决如何还不大清楚。

《列宁全集》中文第 2 版增订版第 53 卷第 68—69 页。

列宁在给安·伊·乌里扬诺娃-叶利扎罗娃的信中,对安·拉布里奥拉的《论唯物主义历史观》(1897 年版)一书给予好评,并建议安娜·伊里尼奇娜把这本书的第二部分翻译出来。

《列宁全集》中文第 2 版增订版第 53 卷第 69 页。

列宁告诉玛·伊·乌里扬诺娃说,他收到了她寄来的信和书,并说已从亚·米·卡尔梅柯娃书店预订了沙·塞纽博斯的《现代欧洲政治史。1814——1896 年党派和政治制度的演变》(1898 年版)一书。

《列宁全集》中文第 2 版增订版第 53 卷第 69——70 页。

列宁在给彼·伯·司徒卢威的信中,建议在《新言论》杂志上刊载安·拉布里奥拉《论唯物主义历史观》一书第二部分的译文(这封信没有找到)。

《列宁全集》中文第 2 版增订版第 53 卷第 69 页。

列宁在给娜·康·克鲁普斯卡娅的信中,请她了解一下彼·伯·司徒卢威对在《新言论》杂志上刊载安·拉布里奥拉《论唯物主义历史观》一书第二部分的译文有何意见(这封信没有找到)。

《列宁全集》中文第 2 版增订版第 53 卷第 69 页。

1897 年 12 月 10 日(22 日)和 1899 年 1 月 30 日(2 月 11 日)之间

列宁在《有关维亚特卡省手工业状况的资料》(第 2 编,1890 年维亚特卡版)一书中作批注,划出重点。该书的民粹派编者关于包买主和手工业者关系的研究引起列宁的注意。

《列宁全集》中文第 2 版增订版第 57 卷第 575——576 页。

12 月 19 日(31 日)

列宁收到玛·伊·乌里扬诺娃寄来的明信片和阿·瓦·谢苗诺夫的《对 17 世纪中叶到 1858 年俄国对外贸易和工业的历史资料的研究》一书的头两卷(1859 年版)。

《列宁全集》中文第 2 版增订版第 53 卷第 71——72 页。

列宁收到玛·伊·乌里扬诺娃和安·伊·乌里扬诺娃-叶利扎罗娃 1897 年 12 月 5 日(17 日)寄来的信。

12 月 21 日（1898 年 1 月 2 日）以前

列宁在从舒申斯克寄给娜·康·克鲁普斯卡娅的信中，请她把他的照片以及彼得堡工人阶级解放斗争协会领导人于 1897 年流放前在彼得堡的合影寄给他（这封信没有找到）。

12 月，21 日（1898 年 1 月 2 日）以前

列宁收到尔·马尔托夫 1897 年 10 月 29 日（11 月 10 日）的来信，信中谈到他在图鲁汉斯克的生活。

12 月 21 日（1898 年 1 月 2 日）

列宁在写给玛·亚·乌里扬诺娃的信中，对德·伊·乌里扬诺夫被捕的事有希望弄清楚表示高兴，谈到托人在克拉斯诺亚尔斯克打听寄给他的包裹的事。

列宁在给玛·伊·乌里扬诺娃的信中说，他收到了她寄来的明信片和书籍，向她表示感谢，告诉她，他将会得到在法学会图书馆借书所必需的介绍信。

列宁告诉安·伊·乌里扬诺娃-叶利扎罗娃，他在为《新言论》杂志写文章；请她寄来法文版《国际社会主义丛书》中的卡·马克思的《哲学的贫困》（1896 年版）、《黑格尔法哲学批判》（1895 年版）和弗·恩格斯的《暴力在历史中的作用》（1897 年版）等书。

12 月 24 日—1898 年 1 月 2 日(1 月 5 日—14 日)

格·马·克尔日扎诺夫斯基在舒申斯克列宁那里做客十天。

《列宁全集》中文第 2 版增订版第 53 卷第 74、78 页。

12 月 27 日(1898 年 1 月 8 日)以前

列宁收到玛·亚·乌里扬诺娃的两笔汇款。

《列宁全集》中文第 2 版增订版第 53 卷第 74 页。

12 月 27 日(1898 年 1 月 8 日)

列宁给在莫斯科的玛·亚·乌里扬诺娃写信,告知汇款收到了,并转达格·马·克尔日扎诺夫斯基的问候。

《列宁全集》中文第 2 版增订版第 53 卷第 74—75 页。

列宁写信告诉在莫斯科的玛·伊·乌里扬诺娃说,他很高兴亲属到他这里来,推想娜·康·克鲁普斯卡娅的判决问题在最近就能得到解决。

《列宁全集》中文第 2 版增订版第 53 卷第 75—76 页。

12 月 28 日(1898 年 1 月 9 日)

列宁把为《新言论》杂志写的文章《我们拒绝什么遗产?》寄给亲属。由于杂志被查封,文章未能刊出。这篇文章后来发表在《经济评论集》中。

《列宁全集》中文第 2 版增订版第 2 卷第 386—427 页,第 53 卷第 75 页。

12 月 30 日(1 月 11 日)

列宁收到玛·亚·乌里扬诺娃 1897 年 12 月 15 日(27 日)的来信,信中说她为列宁冬季在流放地的生活条件担心。

《列宁全集》中文第 2 版增订版第 53 卷第 77 页。

列宁收到马·季·叶利扎罗夫 1897 年 12 月 16 日(28 日)的

来信和附上的两份通知,上面列有彼·伯·司徒卢威和米·伊·杜冈-巴拉诺夫斯基在自由经济学会第三部(农业统计和政治经济学部)会议上所作的报告提纲。

> 《列宁全集》卩文第 2 版增订版第 53 卷第 78—79 页;《自由经济学会论文集》,第 1 卷,1898 年,第 35 页。

1897 年底

列宁写小册子《俄国社会民主党人的任务》。

> 《列宁全集》中文第 2 版增订版第 2 卷第 428—451 页。

不早于 1897 年—不晚于 1899 年 1 月 30 日(2 月 11 日)

列宁翻阅《1896 年下诺夫哥罗德省的农业概况》(1897 年下诺夫哥罗德版);着重标出论述外出做零工原因的地方,按外出做零工的类别统计县份的数目。

> 《列宁全集》中文第 2 版增订版第 57 卷第 580—581 页。

列宁阅读潘·阿·维赫利亚耶夫编的《特维尔省统计资料汇编》(第 13 卷第 2 编,农民经济,1897 年特维尔版);在书页空白处作批注,着重标出涉及农业经济资料的地方。

> 《列宁全集》中文第 2 版增订版第 57 卷第 207—217 页。

1897 年或 1898 年

H.M.马尔季亚诺夫和民族学学者阿·A.雅里洛夫到舒申斯克拜访列宁。

> 苏共中央马列主义研究院中央党务档案馆,第 2 号全宗,第 1 号目录,第 19000 号保管单位;费·柯恩:《五十年来》文集,第 2 卷,1933 年,第 235—236 页。

1898 年

1 月 4 日(16 日)以前

列宁写信给彼得堡,要求给他订一份自由派的报纸《祖国之子报》(这封信没有找到,收信人不详)。

《列宁全集》中文第 2 版增订版第 53 卷第 79—80 页。

1 月 4 日(16 日)

列宁给在莫斯科的玛·亚·乌里扬诺娃写信,询问安·伊·乌里扬诺娃-叶利扎罗娃为被捕的德·伊·乌里扬诺夫奔走活动的结果,说娜·康·克鲁普斯卡娅可能到舒申斯克来。

《列宁全集》中文第 2 版增订版第 53 卷第 77—78 页。

列宁给在莫斯科的马·季·叶利扎罗夫写信,询问是否已经转告瓦·安·约诺夫,让他通知亨·布劳恩(《社会立法和统计学文库》杂志的编辑和出版人),说列宁同意翻译他的一部著作(没有查明是哪一部著作);请叶利扎罗夫把刊登民粹派分子 M.A.洛津斯基报告的那一期《帝国自由经济学会学报》和 1896 年自由经济学会讨论币制改革问题的速记记录寄来。

《列宁全集》中文第 2 版增订版第 53 卷第 79—80 页。

1 月 8 日(20 日)

列宁在给警察司司长的电报中,请求准许他的未婚妻娜·康·克鲁普斯卡娅在舒申斯克村度过流放期。

《列宁全集》中文第 2 版增订版第 44 卷第 541 页。

1 月 24 日（2 月 5 日）

列宁给在莫斯科的玛·亚·乌里扬诺娃写信，说他收到了阿·瓦·谢苗诺夫《对 17 世纪中叶到 1858 年俄国对外贸易和工业的历史资料的研究》（第 3 卷，1859 年版）一书和《法学通报》杂志；请她再买两本书：尼·阿·卡布鲁柯夫的《农业经济学讲义》和瓦·沃·（瓦·巴·沃龙佐夫）的《俄国手工工业概述》；还说娜·康·克鲁普斯卡娅可能到舒申斯克来。

《列宁全集》中文第 2 版增订版第 53 卷第 80—81 页。

列宁给在莫斯科的安·伊·乌里扬诺娃-叶利扎罗娃写信，问她是否有可能把他的文章印成专集出版（后来这本文集定名为《经济评论集》）。

《列宁全集》中文第 2 版增订版第 53 卷第 80—84 页。

列宁给在彼得堡的娜·康·克鲁普斯卡娅写信，请她征询彼·伯·司徒卢威的意见，是否可以把列宁的文章印成专集出版（这封信没有找到）。

《列宁全集》中文第 2 版增订版第 53 卷第 82、90—91 页。

列宁写信给伊·克·拉拉扬茨（这封信没有找到）。

《列宁全集》中文第 2 版增订版第 53 卷第 81 页。

年初

列宁结识到舒申斯克来的政治流放者、工人奥·亚·恩格贝格，帮助他安排住处，写领取补助金的申请书，还帮助他提高马克思主义水平。

《列宁全集》中文第 2 版增订版第 53 卷第 90 页；《列宁格勒真理报》，1937 年 3 月 30 日，第 73 号；《芬苏协会杂志》，1965

年,第 5 期(芬兰文版);克拉斯诺亚尔斯克边疆区国家档案馆,第 595 号全宗,第 65 号目录,第 58 号保管单位,第 3 — 5 张。

1898 年初—1899 年 1 月 30 日(2 月 11 日)

列宁阅读《1897 年莫斯科省统计年鉴》(1897 年版),着重标出有关乳品业和农业资本主义化过程的地方。

《列宁全集》中文第 2 版增订版第 57 卷第 219—220 页。

2 月 6 日(18 日)

列宁收到亲属 1898 年 1 月 22、23 日(2 月 3、4 日)的来信,信中谈到娜·康·克鲁普斯卡娅要来舒申斯克并托她带来列宁需要的物品。

《列宁全集》中文第 2 版增订版第 53 卷第 84—86 页。

2 月 7 日(19 日)

列宁给在莫斯科的玛·亚·乌里扬诺娃写信,说他收到了亚·波格丹诺夫的《经济学简明教程》,并说他想写一篇关于这本书的评论。又说他在 1897 年《俄国思想》杂志第 12 期上看到有关《祖国之子报》的消息,说这份报纸被称为民粹派的机关报。信中还请求把他开列的一张书单转寄给娜·康·克鲁普斯卡娅,让她最好能把这些书随身带来(在随信附上的书单中列有统计汇编多种,以及其他关于俄国经济的书籍)。

《列宁全集》中文第 2 版增订版第 53 卷第 86—89 页。

2 月 7 日和 14 日(19 日和 26 日)之间

列宁写关于亚·波格丹诺夫《经济学简明教程》一书的书评。

《列宁全集》中文第 2 版增订版第 4 卷第 1—8 页,第 53 卷第 86、89 页。

1898 年 2 月 7 日（19 日）以后——1899 年 1 月 30 日（2 月 11 日）以前

列宁在《1893 年和 1894 年军马调查》（《俄罗斯帝国统计资料》，第 37 卷，1896 年版）汇编中作计算和评注；通过 1888 年——1891 年和 1893 年——1894 年 38 省调查资料的比较，列宁指出无马农户在迅速增长，并得出对农民剥夺日益加剧的结论。

《列宁全集》中文第 2 版增订版第 57 卷第 156——160 页。

2 月，14 日（26 日）以前

列宁收到娜·康·克鲁普斯卡娅的来信，信中说彼·伯·司徒卢威建议或者筹一笔款子或者找一个出版人来出版列宁的文集，因此她就不从司徒卢威那里取回手稿了。

列宁在寄往彼得堡的回信中，请克鲁普斯卡娅从司徒卢威那里把文章取回来，转寄给马·季·叶利扎罗夫（列宁的信没有找到）。

《列宁全集》中文第 2 版增订版第 53 卷第 90——91 页。

2 月 14 日（26 日）

列宁给在莫斯科的玛·亚·乌里扬诺娃写信，说收到了寄来的书，其中包括谢·尼·布尔加柯夫的《论资本主义生产条件下的市场》一书，并对这本书提出了批评意见；另外还谈到工人流放者伊·卢·普罗明斯基一家的经济情况极为困难。

《列宁全集》中文第 2 版增订版第 53 卷第 89——90 页。

列宁给在莫斯科的马·季·叶利扎罗夫写信，谈到有关出版他的文集的准备工作问题。

《列宁全集》中文第 2 版增订版第 53 卷第 90——91 页。

列宁从舒申斯克按挂号印刷品把他从图书馆借来的书寄回给

在莫斯科的安·伊·乌里扬诺娃-叶利扎罗娃。

《列宁全集》中文第 2 版增订版第 53 卷第 90 页。

2 月 18 日(3 月 2 日)

列宁写信给娜·康·克鲁普斯卡娅(这封信没有找到)。

《列宁全集》中文第 2 版增订版第 53 卷第 92—93 页。

列宁寄信给在莫斯科的马·季·叶利扎罗夫,并寄去为收入《经济评论集》而作了改动的《评经济浪漫主义。西斯蒙第和我国的西斯蒙第主义者》一文的修订稿;列宁请求把他的《民粹主义空想计划的典型》和《我们拒绝什么遗产?》两篇文章收进这本文集。

《列宁全集》中文第 2 版增订版第 53 卷第 92—93 页。

2 月 24 日(3 月 8 日)

列宁收到玛·伊·乌里扬诺娃和安·伊·乌里扬诺娃 2 月 9 日(21 日)的来信和两本杂志:《法学通报》1887 年第 12 期和《俄罗斯帝国统计年鉴》1866 年第 1 辑第 1 编,以及《经最高当局批准召开的俄国技术教育和职业教育工作者第二次代表大会的日志》(代表大会委员会出版)。大概在最后一本书中有一封用化学方法写给列宁的信。

《列宁全集》中文第 2 版增订版第 53 卷第 94、95 页。

列宁写信给娜·康·克鲁普斯卡娅(这封信没有找到)。

《列宁全集》中文第 2 版增订版第 53 卷第 96 页。

列宁给在莫斯科的玛·亚·乌里扬诺娃写信,说今天收到了"从俄罗斯和西伯利亚各地寄来的大批信件,因此整天像过节一样地兴高采烈";并说希望在收到出版文集和"从英文翻译一大本"译著的稿费后,能改善他的经济状况,并增订一些书刊,请她托娜·康·克鲁普斯卡娅带些钱来,告知收到了玛·伊·乌里扬诺娃的信。

《列宁全集》中文第 2 版增订版第 53 卷第 94—95 页。

列宁给在莫斯科的玛·伊·乌里扬诺娃写信,要求给他寄几件需要的东西来。

《列宁全集》中文第 2 版增订版第 53 卷第 96 页。

1898 年 2 月 24 日(3 月 8 日)和 1899 年 1 月 30 日(2 月 11 日)之间

列宁整理附在《俄罗斯帝国统计年鉴》(第 1 辑,1866 年版)一书中的工厂统计资料,把有关俄国采矿工业工人数量的资料摘录在书中空白处。

《列宁全集》中文第 2 版增订版第 57 卷第 582—588 页。

2 月 27 日(3 月 11 日)

列宁在《手工业。1895—1896 农业年度统计》(1897 年版)一书的封面上注明:"1898 年 2 月 27 日"。

《克里姆林宫的弗·伊·列宁藏书》,1961 年,第 262 页。

列宁在《俄国工业发展统计总结(米·伊·杜冈-巴拉诺夫斯基 1898 年 1 月 17 日在帝国自由经济学会第三部会议上所作的报告)》(1898 年版)抽印本第一页上注明:"1898 年 2 月 27 日",并在报告第 21 页的表格上作了一个标记。

苏共中央马列主义研究院中央党务档案馆,第 2 号全宗,第 1 号目录,第 205 号保管单位;《列宁文集》俄文版第 33 卷第 436 页。

1898 年 2 月 27 日(3 月 11 日)和 1899 年 1 月 30 日(2 月 11 日)之间

列宁在《帝国自由经济学会学报》(第 2 卷第 5 期,1898 年)一书中,在讨论米·伊·杜冈-巴拉诺夫斯基的报告《俄国工业发展统计总结》的文章页边上作批注。

《列宁全集》中文第 2 版增订版第 57 卷第 589—592 页。

2 月下半月

列宁收到彼·伯·司徒卢威的信,信中说莫斯科的书报检查办法非常苛刻,而他有可能在彼得堡出版列宁的文集,但他建议推迟到秋天出版。

《列宁全集》中文第 2 版增订版第 53 卷第 90—91、97—98 页。

列宁收到娜·康·克鲁普斯卡娅的来信,她在信中特别谈到列宁文集的出版问题。

《列宁全集》中文第 2 版增订版第 53 卷第 98、103 页。

3 月 1 日(13 日)

列宁写信给娜·康·克鲁普斯卡娅(这封信没有找到)。

《列宁全集》中文第 2 版增订版第 53 卷第 97 页。

列宁给在莫斯科的玛·亚·乌里扬诺娃写信,对一直没有得到德·伊·乌里扬诺夫获释出狱的消息表示不安,并谈了自己的生活情况。

《列宁全集》中文第 2 版增订版第 53 卷第 97 页。

列宁给在莫斯科的马·季·叶利扎罗夫写信,对自己的文集能够在莫斯科出版表示怀疑,因为那里的书报检查办法非常苛刻,他建议在彼得堡出版这本文集。

《列宁全集》中文第 2 版增订版第 53 卷第 97—98 页。

3 月 8 日(20 日)

列宁给在莫斯科的玛·亚·乌里扬诺娃写信,讲述阿·亚·瓦涅耶夫、伊·卢·普罗明斯基等流放的同志们的生活,请她托娜·康·克鲁普斯卡娅捎一副象棋和一些钱来。

《列宁全集》中文第 2 版增订版第 53 卷第 98—99 页。

列宁给在莫斯科的安·伊·乌里扬诺娃-叶利扎罗娃写信,信中提出,为了翻译悉·韦伯和比·韦伯合著的《英国工联主义的理论和实践》一书,请给他找一本帕·马·努罗克的英语语法和一本英语地名和专有名词词典。

《列宁全集》中文第 2 版增订版第 53 卷第 99—100 页。

列宁写信给娜·康·克鲁普斯卡娅(这封信没有找到)。

《列宁全集》中文第 2 版增订版第 53 卷第 99 页。

3 月,不早于 8 日(20 日)—8 月 16 日(28 日)

列宁自英文翻译悉·韦伯和比·韦伯合著的《英国工联主义的理论和实践》一书的第 1 卷,并在俄译稿中加了很多脚注。

《列宁全集》中文第 2 版增订版第 53 卷第 94—95、99、115—116、467 页;悉·韦伯和比·韦伯:《英国工联主义的理论和实践》,弗·伊林译自英文,第 1 卷,圣彼得堡,1900 年,XVI,366 页。

1898 年 3 月 11 日(23 日)以后—1899 年 1 月 30 日(2 月 11 日)以前

列宁阅读瓦·安·约诺夫 1898 年 3 月 11 日宣读的并在《帝国自由经济学会学报》(第 1 卷第 2 期,1898 年)上发表的报告《萨拉托夫省私有经济和农民经济方面的特有现象》抽印本,在书中空白处作批注。

《列宁全集》中文第 2 版增订版第 57 卷第 218 页。

3 月 13 日(25 日)

列宁收到娜·康·克鲁普斯卡娅从邮局寄来的悉·韦伯和比·韦伯合著的《英国工联主义的理论和实践》一书的德文译本和

《财政与工商业通报》杂志。他还收到玛·伊·乌里扬诺娃寄来的
1898 年第 53—56 号《莫斯科新闻》,其中有几篇攻击马克思主义
者的文章引起他的注意。

《列宁全集》中文第 2 版增订版第 53 卷第 101—102 页。

3 月,14 日(26 日)以前

列宁收到玛·亚·乌里扬诺娃 1898 年 2 月 16 日(28 日)的
来信和表哥亚·伊·韦列田尼科夫从喀山寄来的信。

《列宁全集》中文第 2 版增订版第 53 卷第 101 页。

3 月 14 日(26 日)

列宁给在莫斯科的玛·亚·乌里扬诺娃写信,谈到寄书到舒
申斯克来的方法,以及期待着娜·康·克鲁普斯卡娅早日到来。

《列宁全集》中文第 2 版增订版第 53 卷第 101 页。

3 月 28 日(4 月 9 日)

列宁在给马·季·叶利扎罗夫的信中说,鉴于莫斯科书报检
查办法非常苛刻,确定在彼得堡出版论文集《经济评论集》,并写
道,因为在翻译悉·韦伯和比·韦伯合著的《英国工联主义的理论
和实践》,所以暂时把《俄国资本主义的发展》一书的写作停下
来了。

《列宁全集》中文第 2 版增订版第 53 卷第 103 页。

不早于 3 月—5 月 20 日(6 月 1 日)以后

列宁和格·马·克尔日扎诺夫斯基及瓦·瓦·斯塔尔科夫
通信,讨论有关社会民主党人谢·格·赖钦逃跑之后同流放的
民意党人的关系问题。格·伊·奥库洛娃回忆说:"弗拉基米
尔·伊里奇密切注视着事件的进展,并随时提出我们应该持什
么态度的意见。"

《列宁全集》中文第 2 版增订版第 44 卷第 541—542 页,第 53 卷第 107 页;苏联中央革命博物馆,格·伊·奥库洛娃全宗,33160/40。

1898 年 4 月 25 日(5 月 7 日)和 1899 年 1 月 30 日(2 月 11 日)之间

列宁在《1897 年俄罗斯帝国第一次人口普查。第 1 编。1897 年 1 月 28 日按县调查的帝国人口》(1897 年版)一书中作标记,作关于 50 个省份人口的计算和札记。

《列宁全集》中文第 2 版增订版第 57 卷第 593 页。

4 月

列宁关于亚·波格丹诺夫《经济学简明教程》一书的书评在《世间》杂志第 4 期上发表。

《列宁全集》中文第 2 版增订版第 4 卷第 1—8 页;《世间》杂志,1898 年,第 4 期,第 98—103 页,第 2 部分。

5 月 7 日(19 日)以前

叶尔马科夫斯克村圯段医生谢·米·阿尔卡诺夫到舒申斯克找列宁,请列宁教他儿子学习中学课程。列宁未接受这个请求,但答应同即将来到他这里的未婚妻娜·康·克鲁普斯卡娅谈一谈这件事。

《无产阶级革命》杂志,1929 年,第 1 期,第 87—89 页。

5 月 7 日(19 日)

列宁在舒申斯克村外打猎。

因彼得堡工人阶级解放斗争协会案被判流放三年的娜·康·克鲁普斯卡娅同母亲伊丽莎白·瓦西里耶夫娜到达列宁的流放地。

《列宁全集》中文第 2 版增订版第 53 卷第 104 页;娜·康·克

鲁普斯卡娅:《列宁回忆录》,第 2 版,1968 年,第 27 页。

列宁收到玛·亚·乌里扬诺娃的两封来信,一封是由娜·康·克鲁普斯卡娅带来的,一封是 1898 年 4 月 20 日(5 月 2 日)从邮局寄来的。

《列宁全集》中文第 2 版增订版第 53 卷第 104、469 页。

不早于 5 月 7 日(19 日)

列宁从娜·康·克鲁普斯卡娅那里获悉,1898 年 3 月在明斯克召开了俄国社会民主工党第一次代表大会。

娜·康·克鲁普斯卡娅:《列宁回忆录》,第 2 版,1968 年,第 26 页;潘·勒柏辛斯基:《党的第一次代表大会》,1930 年,第 23—24 页。

5 月 7 日和 6 月 14 日(5 月 19 日和 6 月 26 日)之间

列宁和娜·康·克鲁普斯卡娅去叶尼塞河对岸旅行。

《列宁全集》中文第 2 版增订版第 53 卷第 470 页。

5 月 10 日(22 日)以前

列宁收到安·伊·乌里扬诺娃-叶利扎罗娃的来信。

《列宁全集》中文第 2 版增订版第 53 卷第 105 页。

5 月 10 日(22 日)

列宁在给玛·亚·乌里扬诺娃的信中,感谢她托娜·康·克鲁普斯卡娅给他带来很多东西,说他即将举行婚礼,还说他非常高兴母亲能到舒申斯克来。

《列宁全集》中文第 2 版增订版第 53 卷第 104—105 页。

列宁向米努辛斯克专区警察局长提出申请,请求发给他和娜·康·克鲁普斯卡娅结婚所必需的证件。

《列宁全集》中文第 2 版增订版第 44 卷第 542 页,第 53 卷第 105 页。

列宁写信给谢·米·阿尔卡诺夫医生,说娜·康·克鲁普斯卡娅不同意给他的儿子补习,列宁邀请他来舒申斯克时到他们家做客。

《列宁全集》中文第 2 版增订版第 44 卷第 15 页;《无产阶级革命》杂志,1929 年,第 1 期,第 87—89 页。

5 月,不晚于 10 日(22 日)

列宁收到流放的同志们(格·马·克尔日扎诺夫斯基和瓦·瓦·斯塔尔科夫)从捷辛斯克村寄来的信,列宁在回信中邀请他们前来参加婚礼(列宁的信没有找到)。

《列宁全集》中文第 2 版增订版第 53 卷第 105 页。

5 月 12 日或 15 日(24 日或 27 日)

列宁收到玛·伊·乌里扬诺娃 1898 年 5 月 1 日(13 日)的来信。

《列宁全集》中文第 2 版增订版第 53 卷第 106 页。

5 月 14 日或 15 日(26 日或 27 日)

列宁应安·伊·乌里扬诺娃-叶利扎罗娃的要求,将《哲学和心理学问题》杂志按挂号印刷品寄给玛丽亚·乌里扬诺娃。

《列宁全集》中文第 2 版增订版第 53 卷第 108、111、113、116 页。

5 月 17 日(29 日)

列宁给在波多利斯克的玛·亚·乌里扬诺娃写信,说寄给他的书还没有收到。

《列宁全集》中文第 2 版增订版第 53 卷第 106 页。

5 月,20 日(6 月 1 日)以后

列宁和娜·康·克鲁普斯卡娅从舒申斯克去米努辛斯克参加

会议,会上社会民主党人同民意党人发生了分裂。为请求发给和娜·康·克鲁普斯卡娅结婚所必需的证件,列宁找了米努辛斯克专区警察局长。列宁从邮局收到了亲属寄给他的一箱书。

《列宁全集》中文第 2 版增订版第 44 卷第 541—542 页,第 53 卷第 107、472 页;娜·康·克鲁普斯卡娅:《列宁回忆录》,第 2 版,1968 年,第 36—37 页;潘·尼·勒柏辛斯基:《在转折关头》,1955 年,第 96—98 页。

5 月 31 日(6 月 12 日)

列宁写信给在波多利斯克的玛·亚·乌里扬诺娃(这封信没有找到)。

《列宁全集》中文第 2 版增订版第 53 卷第 107 页。

5 月—不晚于 11 月 11 日(23 日)

列宁给米·亚·西尔文复信。西尔文曾来信说,他已经到达流放地点塔谢耶沃村(列宁的信没有找到)。

米·亚·西尔文:《列宁在党的诞生时期》,1958 年,第 175 页。

春天

列宁收到彼·伯·司徒卢威的来信,信中建议把《俄国资本主义的发展》一书分成几部分在《科学评论》杂志或别的杂志上刊载。

《列宁全集》中文第 2 版增订版第 53 卷第 125 页。

6 月 5 日(17 日)

列宁收到玛·亚·乌里扬诺娃 1898 年 5 月 20 日(6 月 1 日)的来信。

《列宁全集》中文第 2 版增订版第 53 卷第 106 页。

6 月 7 日(19 日)

列宁在给玛·亚·乌里扬诺娃的信中告知一箱书收到了;说

由于缺少必需的证件,他和娜·康·克鲁普斯卡娅的婚礼将延期举行。信中还详细描述了来舒申斯克的沿途情况,因为玛·亚·乌里扬诺娃准备到这里来。

《列宁全集》中文第2版增订版第53卷第106—107页。

6月14日(26日)

列宁给在波多利斯克的玛·亚·乌里扬诺娃写信,说他收到了玛·伊·乌里扬诺娃1898年5月30日(6月11日)的来信,问给她寄去的《哲学和心理学问题》是否收到。说打算在译完悉·韦伯和比·韦伯合著的《英国工联主义的理论和实践》一书以后继续写作《俄国资本主义的发展》一书,请玛丽亚·伊里尼奇娜把他所需要的书带来。

《列宁全集》中文第2版增订版第53卷第108—109页。

列宁同磨粉工人谈话,了解农民经济问题。

《列宁全集》中文第2版增订版第53卷第470页。

6月30日(7月12日)

列宁向叶尼塞斯克省省长提出申请,请求尽快发给他和娜·康·克鲁普斯卡娅结婚所必需的证明。

《列宁全集》中文第2版增订版第44卷第541—542页。

7月3日(15日)

列宁收到从亚·米·卡尔梅柯娃书店寄来的《1897年俄罗斯帝国第一次人口普查。第2编。1897年1月28日调查的城市人口》(1897年版)一书,书中贴有1898年6月16日(28日)书店给弗·伊·乌里扬诺夫的账单。

苏共中央马列主义研究院中央党务档案馆,第2号全宗,第1号目录,第219号保管单位。

1898 年 7 月 3 日（15 日）和 1899 年 1 月 30 日（2 月 11 日）之间

列宁在《1897 年俄罗斯帝国第一次人口普查。第 2 编。1897 年 1 月 28 日调查的城市人口》（1897 年版）一书上作标记，摘录 50 个省份的人口数量，把城市按人口数量进行分类。列宁细致地研究调查材料，改正计算中的错误，比较并核对该书第 1 编和第 2 编的资料。

《列宁全集》中文第 2 版增订版第 57 卷第 594—595 页。

7 月 9 日（21 日）以前

列宁用化学方法给帕·波·阿克雪里罗得写信（这封信没有找到）。

苏共中央马列主义研究院中央党务档案馆，第 13 号全宗，第 1 号目录，第 274 号保管单位，第 3 张。

7 月 10 日（22 日）

列宁和娜·康·克鲁普斯卡娅结婚。舒申斯克村农民 C.A. 叶尔莫拉耶夫、C.H.茹拉夫廖夫等作为婚礼的见证人。

苏共中央马列主义研究院中央党务档案馆，第 4 号全宗，第 1 号目录，第 46 号保管单位；C.别利亚耶夫斯基和 H.戈罗杰茨基：《列宁曾到过这里》，克拉斯诺亚尔斯克，1968 年，第 31 页。

列宁从农民 А.Д.济里亚诺夫家搬到农妇 П.А.彼得罗娃家。[①]

娜·康·克鲁普斯卡娅：《列宁回忆录》，第 2 版，1968 年，第 30—31 页；《克拉斯诺亚尔斯克工人报》，1941 年 1 月 21 日，第 17 号。

7 月 14 日（26 日）

列宁收到安·伊·乌里扬诺娃-叶利扎罗娃 1898 年 6 月 27

---

① 1938 年这两幢房子改建为弗·伊·列宁故居纪念馆。——俄文编者注

日（7月9日）的来信。

《列宁全集》中文第 2 版增订版第 53 卷第 110 页。

列宁收到雅·马·利亚霍夫斯基从上连斯克寄来的信，信中告知尼·叶·费多谢耶夫死去的消息。信中说，费多谢耶夫请求转告列宁，他是"对生活充满了坚定的信心"而死去的，"并不是由于绝望"而自杀。

《列宁全集》中文第 2 版增订版第 53 卷第 110 页。

列宁和娜·康·克鲁普斯卡娅收到阿·亚·雅库波娃从克拉斯诺亚尔斯克寄来的信。她因为参加彼得堡工人阶级解放斗争协会将被流放到卡扎钦斯科耶村去。

《列宁全集》中文第 2 版增订版第 53 卷第 111 页。

7 月 15 日（27 日）以前

列宁收到谢·伊·米茨凯维奇的来信，他是莫斯科工人协会的组织者之一，当时被流放到雅库特州。

《列宁全集》中文第 2 版增订版第 53 卷第 111 页。

7 月 15 日（27 日）

列宁在给安·伊·乌里扬诺娃-叶利扎罗娃的信中告知得到尼·叶·费多谢耶夫死去的消息；说翻译韦伯夫妇著作第 1 卷的工作即将结束；请给他寄几本即将出版的《经济评论集》的作者赠书来。

《列宁全集》中文第 2 版增订版第 53 卷第 110—112 页。

7 月下半月

列宁收到雅·马·利亚霍夫斯基从上连斯克寄来的信，信中描述了尼·叶·费多谢耶夫死时的情况；利亚霍夫斯基还把安·伊·乌里扬诺娃-叶利扎罗娃给费多谢耶夫的一封信退给了列宁，因为这封信寄到的时候,费多谢耶夫已经死了。

《列宁全集》中文第 2 版增订版第 53 卷第 112—115 页。

7 月底

列宁收到玛·亚·乌里扬诺娃 1898 年 7 月 15 日(27 日)的来信。

《列宁全集》中文第 2 版增订版第 53 卷第 112 页。

7 月—8 月

列宁在舒申斯克村外打猎。

《列宁全集》中文第 2 版增订版第 53 卷第 134—135、472 页。

8 月 2 日(14 日)

列宁给在波多利斯克的玛·亚·乌里扬诺娃写信,赞同玛·伊·乌里扬诺娃去布鲁塞尔学习的计划;告知已收到哲学书籍。

《列宁全集》中文第 2 版增订版第 53 卷第 113—115 页。

1898 年 8 月 8 日(20 日)和 1899 年 1 月 30 日(2 月 11 日)之间

列宁研究尼·亚·卡雷舍夫的《俄国国民经济资料。1. 90 年代中叶我国的工厂工业》(1898 年版)一书,在书页空白处作标记和写批注,并把这本书的资料同 1890 年的《工厂一览表》作比较。

《列宁全集》中文第 2 版增订版第 57 卷第 606—614 页。

8 月 9 日(21 日)

列宁写完《俄国资本主义的发展(大工业国内市场形成的过程)》一书的初稿。

《列宁全集》中文第 2 版增订版第 53 卷第 471—472 页。

8 月 10 日—13 日(22 日—25 日)

列宁在米努辛斯克,他是为治病到那里去的。

《列宁全集》中文第 2 版增订版第 53 卷第 115 页；《红色文献》杂志,1934 年,第 1 期,第 123—124 页；苏共中央马列主义研究院中央党务档案馆,第 4 号全宗,第 3 号目录,第 14 号保管单位,第 111、112 张。

8 月 10 日（22 日）

列宁在米努辛斯克收到安·伊·乌里扬诺娃-叶利扎罗娃 1898 年 7 月 30 日（8 月 11 日）的来信,同时从阿尔汉格尔斯克,可能是从米·格·格里戈里耶夫那里,得到消息说,尼·叶·费多谢耶夫的朋友玛·格·霍普芬豪斯自杀了。

《列宁全集》中文第 2 版增订版第 53 卷第 115—116 页；《无产阶级革命》杂志,1923 年,第 8 期,第 66 页。

8 月 12 日（24 日）

列宁得到米努辛斯克市代理医生斯米尔诺夫关于必须在牙科专家那里继续治疗的证明,并写申请书给叶尼塞斯克省省长,请求允许他到克拉斯诺亚尔斯克去一星期,以便治疗牙病。

《列宁全集》中文第 2 版增订版第 44 卷第 543 页；苏共中央马列主义研究院中央党务档案馆,第 4 号全宗,第 3 号目录,第 14 号保管单位,第 112 张。

8 月 13 日（25 日）

列宁在有警察在场的情况下,在米努辛斯克市代理医生斯米尔诺夫处检查身体,斯米尔诺夫医生再次证明,必须在牙科专家那里进行治疗。

苏共中央马列主义研究院中央党务档案馆,第 4 号全宗,第 3 号目录,第 14 号保管单位,第 111 张。

8 月 14 日（26 日）

列宁收到亲属寄来的亚·沙霍夫的《19 世纪上半叶文学运动概论》和路·龚普洛维奇的《社会学体系》两本书以及《圣彼得堡和

莫斯科沃尔弗图书公司各书店出版消息》1898 年 1 月号和 3 月号
两期书目杂志。

《列宁全集》中文第 2 版增订版第 53 卷第 117、118 页。

8 月 16 日（28 日）

列宁在给玛·亚·乌里扬诺娃的信中谈到他的米努辛斯克之
行，对没有收到有关出版他的评论集的消息表示不安。

《列宁全集》中文第 2 版增订版第 53 卷第 115—116 页。

列宁在寄往波多利斯克的信中告诉安·伊·乌里扬诺娃-叶
利扎罗娃，收到了她寄来的信和书刊；谈到尼·叶·费多谢耶夫死
时的悲惨情况。

《列宁全集》中文第 2 版增订版第 53 卷第 116—117 页。

列宁把他的悉·韦伯和比·韦伯合著的《英国工联主义的理
论和实践》一书第 1 卷的译稿按挂号印刷品寄往彼得堡亚·米·
卡尔梅柯娃书店转交彼·伯·司徒卢威，并附去一封信，要求把他
的稿费寄给玛·亚·乌里扬诺娃（这封信没有找到）。

《列宁全集》中文第 2 版增订版第 53 卷第 115—116、121 页。

列宁给安·伊·乌里扬诺娃-叶利扎罗娃按挂号印刷品寄去
阿·内格里的《暴风雨》一书和她让寄去的图书目录。

《列宁全集》中文第 2 版增订版第 53 卷第 116 页。

8 月，20 日（9 月 1 日）以前

瓦·瓦·斯塔尔科夫来舒申斯克村拜访列宁。

《斗争中的同志们》，克拉斯诺亚尔斯克，1965 年，第 166—
167 页。

8 月 25 日（9 月 6 日）

列宁收到亲属 1898 年 8 月 21 日（9 月 2 日）发来的关于德·

伊·乌里扬诺夫获释的电报以及玛·亚·乌里扬诺娃和安·伊·
乌里扬诺娃-叶利扎罗娃的信。列宁从安·伊·乌里扬诺娃-叶利
扎罗娃的信中得知,他为《经济评论集》出版前途担忧还为时过早。

《列宁全集》中文第 2 版增订版第 53 卷第 117、473 页。

8 月,26 日(9 月 7 日)以前

列宁写《论我国工厂统计问题(卡雷舍夫教授在统计学方面的
新功绩)》一文。列宁在《俄国资本主义的发展》一书中广泛地引用
了这篇文章的资料和结论。

《列宁全集》中文第 2 版增订版第 53 卷第 118 页。

8 月 26 日(9 月 7 日)

列宁把《论我国工厂统计问题(卡雷舍夫教授在统计学方面的
新功绩)》一文寄给亲属,以便发表。

《列宁全集》中文第 2 版增订版第 53 卷第 117—118 页。

列宁给在波多利斯克的玛·亚·乌里扬诺娃写信,说收到了
家里发来的电报,以及寄来的信件和书刊;谈到自己在舒申斯克的
生活情况。

《列宁全集》中文第 2 版增订版第 53 卷第 117—118 页。

不晚于 8 月

列宁收到格·马·克尔日扎诺夫斯基和季·巴·克尔日扎诺
夫斯卡娅从捷辛斯克村寄来的信,他们在信中建议,以研究捷辛斯
克的一座在地质方面很有价值的山为理由,争取获准到他们那
里去。

《列宁全集》中文第 2 版增订版第 53 卷第 117 页;娜·康·克
鲁普斯卡娅:《列宁回忆录》,第 2 版,1968 年,第 35—36 页。

列宁根据克尔日扎诺夫斯基夫妇的建议向米努辛斯克警察局

长写申请书,请求准许他和他的妻子到捷辛斯克村去进行地质考察。列宁的请求获得了批准。

娜·康·克鲁普斯卡娅:《列宁回忆录》,第 2 版,1968 年,第 35—36 页。

9 月 2 日(14 日)

列宁给在奥尔洛夫(维亚特卡省)的亚·尼·波特列索夫写信,请求帮他弄到载有格·瓦·普列汉诺夫的《伯恩施坦与唯物主义》、《康拉德·施米特反对卡尔·马克思和弗里德里希·恩格斯》以及《纪念黑格尔逝世六十周年》等文章的各期《新时代》杂志。列宁批评发表于 1898 年《俄国财富》杂志第 6 期和第 7 期上的哈·约·日特洛夫斯基反对《唯物主义和辩证逻辑》的文章,认为格·瓦·普列汉诺夫极有必要在俄国刊物上著文批驳新康德主义。列宁对马·波·拉特涅尔在第 7 期《俄国财富》上发表的《关于〈资本论〉第 1 卷新版》一文表示强烈反对,因为拉特涅尔在这篇文章中"回避主要论点(如阶级斗争学说)"。

《列宁全集》中文第 2 版增订版第 44 卷第 16—18 页。

1898 年 9 月 2 日(14 日)以后—1899 年 1 月 17 日(29 日)以前

列宁阅读帕·波·阿克雪里罗得发表在 1897—1898 年卷第 2 册第 30 期和第 31 期《新时代》杂志上的文章:《俄国社会民主主义的历史合理性》。

《列宁全集》中文第 2 版增订版第 44 卷第 17、20—22 页,第 53 卷第 151 页;《俄国社会民主主义运动》,第 1 卷,1928 年,第 36、350 页,注 86。

9 月 4 日(16 日)以前

列宁收到玛·亚·乌里扬诺娃的来信。

《列宁全集》中文第 2 版增订版第 53 卷第 465 页。

列宁收到雅·马·利亚霍夫斯基的来信,信中谈到有一些新的流放者路过上连斯克。

《列宁全集》中文第 2 版增订版第 53 卷第 465 页。

9 月 4 日(16 日)

列宁在给玛·亚·乌里扬诺娃的信中谈到谢·伊·米茨凯维奇、瓦·瓦·斯塔尔科夫、潘·尼·勒柏辛斯基和奥·波·勒柏辛斯卡娅夫妇以及阿·亚·雅库波娃这些被流放的社会民主党人同志现居住在什么地方(这封信没有找到)。

《列宁全集》中文第 2 版增订版第 53 卷第 465 页。

9 月,8 日(20 日)以前

列宁得到叶尼塞斯克省省长允许,去克拉斯诺亚尔斯克治病一星期。

《列宁全集》中文第 2 版增订版第 53 卷第 474 页。

9 月 8 日(20 日)

清早,列宁从舒申斯克村出发去米努辛斯克,当日到达那里。

《列宁全集》中文第 2 版增订版第 53 卷第 474—475 页;苏共中央马列主义研究院中央党务档案馆,第 4 号全宗,第 3 号目录,第 17 号保管单位,第 175 张;《斗争中的同志们》,克拉斯诺亚尔斯克,1965 年,第 168 页。

列宁收到米努辛斯克警察局长发放的去克拉斯诺亚尔斯克的通行证明。

列宁大概通过马车夫从米努辛斯克捎了一张便条给娜·康·克鲁普斯卡娅,她根据这一便条的内容断定,旅行的开头是顺利的(这一便条没有保存下来)。

《列宁全集》中文第 2 版增订版第 53 卷第 474—475 页;苏共中央马列主义研究院中央党务档案馆,第 4 号全宗,第 3 号目录,第 17 号保管单位,第 175 张。

9 月 8 日或 9 日（20 日或 21 日）

列宁寄信给玛·亚·乌里扬诺娃（这封信没有找到）。

《列宁全集》中文第 2 版增订版第 53 卷第 119、475、476 页。

9 月 9 日（21 日）

列宁同格·马·克尔日扎诺夫斯基的妹妹安·马·斯塔尔科娃（罗森贝格）和母亲埃·埃·罗森贝格一道，乘"克拉斯诺亚尔斯克人"号轮船自米努辛斯克去克拉斯诺亚尔斯克。

《列宁全集》中文第 2 版增订版第 53 卷第 119、476 页；苏共中央马列主义研究院中央党务档案馆，第 4 号全宗，第 3 号目录，第 17 号保管单位，第 175 张；《斗争中的同志们》，克拉斯诺亚尔斯克，1965 年，第 168 页。

9 月 11 日（23 日）

娜·康·克鲁普斯卡娅替列宁代收了一封从图拉寄来的信，这封信很可能是德·伊·乌里扬诺夫寄来的。

《列宁全集》中文第 2 版增订版第 53 卷第 474 页。

9 月 11 日—20 日（9 月 23 日—10 月 2 日）

列宁在克拉斯诺亚尔斯克，住在布拉戈维申斯克街（现列宁大街）124 号流放的社会民主党人彼·阿·克拉西科夫那里。

列宁同社会民主党人 Л.Н.斯科尔尼亚科夫以及其他政治流放者会见，在和斯科尔尼亚科夫谈话时，赞同他提出的组织铁路工厂工人小组的建议。列宁在当地市立图书馆和商人尤金的图书馆里查阅图书资料；并编制刚刚到来的一批政治流放者的名单。

在空闲的时候，列宁去探望安·马·斯塔尔科娃，有时下象棋或者去购买必需的东西。

《列宁全集》中文第 2 版增订版第 53 卷第 119、476、477 页；《斗争中的同志们》，克拉斯诺亚尔斯克，1965 年，第 169 —171、174 —175、176 页；《克拉斯诺亚尔斯克共青团员报》，

1957 年 4 月 21 日，第 48 号；苏共中央马列主义研究院中央党务档案馆，第 2 号全宗，第 1 号目录，第 25443 号保管单位；第 4 号全宗，第 3 号目录，第 17 号保管单位，第 166—167、171—175、180 张。

9 月 12 日—20 日（9 月 24 日—10 月 2 日）

列宁在克拉斯诺亚尔斯克同跟随自己丈夫潘·尼·勒柏辛斯基一起到流放地来的奥·波·勒柏辛斯卡娅会见，向勒柏辛斯卡娅了解卡扎钦斯科耶村流放者的生活：健康状况、物质条件、马克思主义者同民意党人之间的关系，询问马克思主义者从事写作的情况。

《列宁全集》中文第 2 版增订版第 53 卷第 120、477 页；《斗争中的同志们》，克拉斯诺亚尔斯克，1965 年，第 170、176 页；奥·勒柏辛斯卡娅《同伊里奇见面》，1966 年，第 7 页。

1898 年 9 月 12 日（24 日）和 1899 年 1 月 30 日（2 月 11 日）之间

列宁在《下诺夫哥罗德省土地估价材料。经济部分。第 2 编。卢科扬诺夫县》（1897 年下诺夫哥罗德版）一书中作标记，着重标出各项劳动使用的劳动力情况等资料。

《列宁全集》中文第 2 版增订版第 57 卷第 80—81 页。

9 月，16 日（28 日）以前

列宁收到安·伊·乌里扬诺娃-叶利扎罗娃 1898 年 8 月 24 日（9 月 5 日）寄来的信和《新时代》、《社会立法和统计学文库》等杂志，以及娜·斯·索汉斯卡娅（科汉诺夫斯卡娅）《自传》一书。安娜·伊里尼奇娜利用这本书给列宁写信：用化学方法把信写在书的行间。

《列宁全集》中文第 2 版增订版第 53 卷第 119—120 页；《列宁家书集》，1934 年，第 133、134 页，注 6。

9 月 16 日（28 日）

列宁从克拉斯诺亚尔斯克写信给在波多利斯克的玛·亚·乌

里扬诺娃,信中描述克拉斯诺亚尔斯克之行,并说此行使他感到十分满意,还谈到社会民主党人流放者当中的一些新消息。

《列宁全集》中文第 2 版增订版第 53 卷第 119—120 页。

9 月 20 日—25 日(10 月 2 日—7 日)

列宁同奥·波·勒柏辛斯卡娅、安·马·斯塔尔科娃及埃·埃·罗森贝格一道乘"克拉斯诺亚尔斯克人"号轮船自克拉斯诺亚尔斯克返回米努辛斯克,旅途中看了很多书;在和斯塔尔科娃的谈话中,提到妇女在社会中的地位和作用问题。

《列宁全集》中文第 2 版增订版第 53 卷第 119 — 120、476 — 477 页;《斗争中的同志们》,克拉斯诺亚尔斯克,1965 年,第 171、176 页;《共青团真理报》,1966 年 12 月 14 日,第 289 号;奥·勒柏辛斯卡娅:《同伊里奇见面》,1966 年,第 7—9 页;苏共中央马列主义研究院中央党务档案馆,第 4 号全宗,第 3 号目录,第 17 号保管单位,第 171—173、180 张。

9 月 25 日(10 月 7 日)

夜晚,列宁从克拉斯诺亚尔斯克返回舒申斯克村。

回到舒申斯克后列宁收到玛·伊·乌里扬诺娃的两封来信。

《列宁全集》中文第 2 版增订版第 53 卷第 476 页。

列宁和娜·康·克鲁普斯卡娅收到阿·亚·雅库波娃从卡扎钦斯科耶村寄来的信。

《列宁全集》中文第 2 版增订版第 53 卷第 477 页。

9 月—10 月

列宁在叶尼塞河的小岛上打猎。

《列宁全集》中文第 2 版增订版第 53 卷第 134、476、478 页。

10 月 8 日(20 日)

列宁给安·伊·乌里扬诺娃-叶利扎罗娃寄回她寄来的两本书:《科学评论》杂志和《哲学和心理学问题》杂志。

《列宁全集》中文第 2 版增订版第 53 卷第 122 页。

10 月 9 日和 15 日（21 日和 27 日）之间

列宁的第一本文集《经济评论集》在俄国出版，署名"弗拉基米尔·伊林"，印数为 1 200 册。文集收入列宁的下列著作：《评经济浪漫主义》、《1894—1895 年度彼尔姆省手工业调查以及"手工"工业中的一般问题》、《民粹主义空想计划的典型》、《我们拒绝什么遗产?》、《论我国工厂统计问题》。

弗·伊·列宁：《经济评论集》，圣彼得堡，1898 年，290 页，书名前作者署名：弗拉基米尔·伊林；《1898 年俄国出版的书籍目录。附按字母顺序排列的索引》，圣彼得堡，1900 年，第305 页。

10 月 11 日（23 日）

列宁和娜·康·克鲁普斯卡娅到米努辛斯克专区伊万诺夫卡村去探望流放的社会民主党人维·康·库尔纳托夫斯基，参观了那里的制糖厂，库尔纳托夫斯基就在这个制糖厂担任化学工程师。

《列宁全集》中文第 2 版增订版第 53 卷第 479 页；娜·康·克鲁普斯卡娅：《列宁回忆录》，第 2 版，1968 年，第 35 页。

列宁给在波多利斯克的玛·亚·乌里扬诺娃写信，问玛·伊·乌里扬诺娃是否已去布鲁塞尔；并说彼得堡一直没有消息，不知他们是否收到了韦伯夫妇著作的译稿和是否出版了《经济评论集》；说他自己已经基本完成《俄国资本主义的发展》一书的写作，并开始作最后的加工。

《列宁全集》中文第 2 版增订版第 53 卷第 121—122 页。

10 月，14 日（26 日）以前

列宁完成《俄国资本主义的发展》一书第 1 章的定稿。娜·康·克鲁普斯卡娅向玛·亚·乌里扬诺娃谈到这件事时写道，她

觉得这一章很有意思。

《列宁全集》中文第 2 版增订版第 53 卷第 478 页。

10 月 30 日（11 月 11 日）

列宁收到玛·亚·乌里扬诺娃 1898 年 10 月 14 日（26 日）的来信。

《列宁全集》中文第 2 版增订版第 53 卷第 122 页。

10 月下半月

列宁写信给阿·巴·斯克利亚连科（这封信没有找到）。

《列宁全集》中文第 2 版增订版第 53 卷第 123 页。

11 月 1 日（13 日）

列宁给在波多利斯克的玛·亚·乌里扬诺娃写信，请她把他的信转寄给阿·巴·斯克利亚连科；建议安·伊·乌里扬诺娃-叶利扎罗娃在去彼得堡时，就出版他的《俄国资本主义的发展》一书采取一些措施，答应再过一个至一个半星期就把书稿的头两章寄去。

《列宁全集》中文第 2 版增订版第 53 卷第 123 页。

11 月 1 日—4 日（13 日—16 日）

格·马·克尔日扎诺夫斯基在列宁这里做客，他们一起打猎，一起阅读《俄国资本主义的发展》书稿的头几章。

《列宁全集》中文第 2 版增订版第 53 卷第 122 — 123、480 — 481 页；《斗争中的同志们》，克拉斯诺亚尔斯克，1965 年，第 182—183 页。

1898 年 11 月 4 日（16 日）以后—1893 年 1 月 30 日（2 月 11 日）以前

列宁在《科斯特罗马省评价委员会》这本小册子中标注"注意"，并划出重点。

《列宁文集》俄文版第 33 卷第 540 页；苏共中央马列主义研究院中央党务档案馆，第 2 号全宗，第 1 号目录，第 234 号保管单位。

11 月 7 日和 11 日（19 日和 23 日）之间

列宁把《俄国资本主义的发展》一书的头两章和这本书的序言寄给在波多利斯克的玛·亚·乌里扬诺娃。

列宁给在波多利斯克的安·伊·乌里扬诺娃-叶利扎罗娃写信，请她打听一下，玛·伊·沃多沃佐娃是否愿意出版他这本书，同时还谈到所希望的出版条件和设想的书籍装帧等等。

列宁完成《俄国资本主义的发展》一书第 3 章的定稿工作。

《列宁全集》中文第 2 版增订版第 53 卷第 124—126 页。

1898 年 11 月 8 日（20）和 1899 年 1 月 30 日（2 月 11 日）之间

列宁研究《沃罗涅日省 12 个县综合汇编》（1897 年沃罗涅日版）一书，在书页空白处作摘记和批注，指出调查材料分析方法中的错误。

《列宁全集》中文第 2 版增订版第 57 卷第 221—222 页。

11 月 10 日（22 日）

列宁和娜·康·克鲁普斯卡娅收到一大包书籍。

《列宁全集》中文第 2 版增订版第 53 卷第 480 页。

列宁收到他的新出版的文集《经济评论集》，在文集中校勘排印错误。

《列宁全集》中文第 2 版增订版第 53 卷第 127 页；苏共中央马列主义研究院中央党务档案馆，第 2 号全宗，第 1 号目录，第 237 号保管单位。

11 月 11 日（23 日）

列宁给在布鲁塞尔的玛·伊·乌里扬诺娃写信，说收到了她的来信,请她寄几份登载议会辩论速记记录的报纸,以及旧书商和书店的各种欧洲语言的图书目录来;并且答应把《经济评论集》给她寄去。

《列宁全集》中文第 2 版增订版第 53 卷第 126—127 页。

列宁给在波多利斯克的安·伊·乌里扬诺娃-叶利扎罗娃写信,请她把《经济评论集》寄给他的熟人。随信寄去列宁编写的文集勘误表。

这封信在邮寄途中失落了,安娜·伊里尼奇娜没有收到。后来,列宁只是对收在《土地问题》文集(第 1 册,1908 年版)中的《评经济浪漫主义》一文作了修订。

《列宁全集》中文第 2 版增订版第 53 卷第 129、131、140—141 页。

列宁给彼·伯·司徒卢威寄去一份勘误表,上面开列了《经济评论集》中歪曲意思的排印错误,请他把这个勘误表印成单页,发售时附在书里(这封信没有找到)。

《列宁全集》中文第 2 版增订版第 53 卷第 131 页。

11 月 11 日(23 日)以后

列宁把他的论文集《经济评论集》的一册样书寄给塔谢耶沃村的米·亚·西尔文,同时还把文集寄给其他流放的同志们。

《列宁全集》中文第 2 版增订版第 53 卷第 131、132 页;米·亚·西尔文:《列宁在党的诞生时期》,1958 年,第 175—176 页。

11 月 15 日(27 日)以前

列宁写信给德·伊·乌里扬诺夫,问他将怎样服兵役,"当士兵还是当医助"(这封信没有找到)。

《列宁全集》中文第 2 版增订版第 53 卷第 128 页。

11 月 15 日（27 日）

列宁写信给因进行革命活动被流放到阿尔汉格尔斯克省的米·格·格里戈里耶夫（这封信没有找到）。

《列宁全集》中文第 2 版增订版第 53 卷第 129 页。

列宁给在波多利斯克的玛·亚·乌里扬诺娃写信，询问他们的生活情况和德·伊·乌里扬诺夫的生活情况，问到马·季·叶利扎罗夫是否还在工人星期日夜校讲课。

《列宁全集》中文第 2 版增订版第 53 卷第 128 页；《列宁家书集》，1934 年，第 146、148 页，注 2。

列宁给在波多利斯克的安·伊·乌里扬诺娃-叶利扎罗娃写信，请她把赠给作者的《经济评论集》寄给阿尔汉格尔斯克的米·格·格里戈里耶夫、沃罗涅日的伊·克·拉拉扬茨、彼得堡的彼·巴·马斯洛夫；说收到了《新时代》杂志，同时还说，在《法兰克福报》上读到了关于德国社会民主党斯图加特代表大会的很有趣的报道。

《列宁全集》中文第 2 版增订版第 53 卷第 128—130 页。

11 月 16 日和 22 日（11 月 28 日和 12 月 4 日）之间

列宁收到安·伊·乌里扬诺娃-叶利扎罗娃 1898 年 11 月 1 日和 4 日（13 日和 16 日）寄来的两封信。

《列宁全集》中文第 2 版增订版第 53 卷第 131 页。

11 月 18 日（30 日）

就弗拉基米尔·伊林的《经济评论集》出版一事，彼得堡保安处在给警察司的报告中写道："知道他的真实姓名的人不多，因为社会民主党人对此严格保密，保护这个作者就是保护他们的首领之一。实际上，他是政治流放者弗拉基米尔·伊里奇·乌里扬诺夫,是 1887 年被处死刑的恐怖分子亚历山大·乌里扬诺夫的亲兄弟。"

《红色文献》杂志,1934 年,第 1 期,第 124—125 页。

11 月 22 日(12 月 4 日)

列宁给在波多利斯克的玛·亚·乌里扬诺娃按挂号印刷品寄去《1895 年图拉省省志》。

《列宁全集》中文第 2 版增订版第 53 卷第 130 页。

列宁给在波多利斯克的玛·亚·乌里扬诺娃写信,请德·伊·乌里扬诺夫把《1895 年图拉省省志》转寄给萨马拉的阿·巴·斯克利亚连科。

《列宁全集》中文第 2 版增订版第 53 卷第 130 页。

列宁给在波多利斯克的安·伊·乌里扬诺娃-叶利扎罗娃写信,同意玛·伊·沃多沃佐娃关于出版《俄国资本主义的发展》一书的建议,并认为必须同出版者商定技术方面和校对方面的有关事宜;还说,有希望过两个星期把书的第 3 章和第 4 章寄去。列宁请安娜·伊里尼奇娜把论文集《经济评论集》的样书寄给布鲁塞尔的玛·伊·乌里扬诺娃、阿尔汉格尔斯克的亚·列·马尔琴科和彼得堡的彼·巴·马斯洛夫;托她用稿费所得的钱为他预订 1899 年的《俄国财富》、《世间》、《田地》、《社会立法和统计学文库》等杂志和《俄罗斯新闻》、《法兰克福报》等报纸。

《列宁全集》中文第 2 版增订版第 53 卷第 131—133 页。

1898 年 11 月 24 日(12 月 6 日)和 1899 年 1 月 30 日(2 月 11 日)之间

列宁研究《普斯科夫省农民的手工业及其在 1895—1897 年的状况》(1898 年普斯科夫版)一书,在书页空白处作批注,划出书中有关外出做零工和本地手工业的资料,并进行数字计算。

《列宁全集》中文第 2 版增订版第 57 卷第 620—622 页。

11 月 27 日(12 月 9 日)

列宁收到玛·亚·乌里扬诺娃和德·伊·乌里扬诺夫的来信。

《列宁全集》中文第 2 版增订版第 53 卷第 133 页。

11 月 28 日(12 月 10 日)

列宁给在波多利斯克的玛·亚·乌里扬诺娃写信,探问家里人的生活情况,托安·伊·乌里扬诺娃-叶利扎罗娃为他预订 1899 年的《帝国自由经济学会学报》杂志,告知已完成《俄国资本主义的发展》一书前一半的写作。

《列宁全集》中文第 2 版增订版第 53 卷第 133—134 页。

列宁给在波多利斯克的德·伊·乌里扬诺夫写信,讲述自己在舒申斯克的生活情况。

《列宁全集》中文第 2 版增订版第 53 卷第 134—135 页。

列宁在《卡卢加省统计概述。第 1 卷。科泽利斯克县。第 2 编正文(第 1 部分:经济概况;第 2 部分:农民经济)。卡卢加省地方自治局提交 1897 年统计会议的报告附录》(1898 年卡卢加版)一书的封面上标注:"1898 年 11 月 28 日"。

《列宁文集》俄文版第 33 卷第 206 页;苏共中央马列主义研究
院中央党务档案馆,第 2 号全宗,第 1 号目录,第 242 号保管
单位。

11 月

列宁收到从彼得堡书店订购的马·柯瓦列夫斯基的《俄国的经济制度》(1898 年巴黎版)一书。

《列宁全集》中文第 2 版增订版第 53 卷第 144 页。

秋天

列宁的小册子《俄国社会民主党人的任务》在日内瓦出版。

《列宁全集》中文第 2 版增订版第 2 卷第 428—451 页；弗·伊·列宁：《俄国社会民主党人的任务》，日内瓦，1898 年，32 页，封面和扉页未注明作者。

12 月 1 日或 4 日（13 日或 16 日）

列宁收到玛·亚·乌里扬诺娃、安·伊·乌里扬诺娃-叶利扎罗娃和马·季·叶利扎罗夫的来信。

《列宁全集》中文第 2 版增订版第 53 卷第 135—136 页。

列宁收到阿·亚·瓦涅耶夫从叶尼塞斯克寄来的信，瓦涅耶夫在信中说他得了伤寒病。

《列宁全集》中文第 2 版增订版第 53 卷第 135—136 页。

列宁收到尔·马尔托夫从图鲁汉斯克寄来的信，信中谈到生活条件很艰苦，说希望迁移到别的地方去。

《列宁全集》中文第 2 版增订版第 53 卷第 136 页。

列宁收到雅·马·利亚霍夫斯基从上连斯克寄来的信，信中说给尼·叶·费多谢耶夫建立墓碑的钱不够，要再募集一些；说给列宁寄来了"两三种有意思的文件"，还说，10 月 18 日亚历山德罗夫监狱新来了一批要到雅库特去的政治流放者；告知在布良斯克工厂工人中间发生骚乱和工潮。

利亚霍夫斯基的信是 1898 年 11 月 20 日（12 月 2 日）由流放者伊·佐布宁在伊尔库茨克邮电局投寄的。1899 年 2 月在搜查佐布宁时发现凭条，因此在 5 月 2 日（14 日）对列宁进行了搜查，并没收了利亚霍夫斯基的这封信。

《列宁全集》中文第 2 版增订版第 53 卷第 136 页；苏共中央马列主义研究院中央党务档案馆，第 4 号全宗，第 3 号目录，第 23 号保管单位，第 5 张—第 5 张背面；第 24 号保管单位，第 18 张—第 18 张背面。

1898 年 12 月 4 日（16 日）和 1899 年 1 月 30 日（2 月 11 日）之间

列宁研究《根据业主方面的材料所编的农业统计资料》（第 7 编，欧俄马铃薯的栽培，1897 年版），着重标出有关马铃薯生产和用马铃薯酿酒的工厂数量的资料，并把这些资料摘记在书页空白处。

《列宁全集》中文第 2 版增订版第 57 卷第 223—233 页。

12 月 6 日（18 日）

列宁给在波多利斯克的玛·亚·乌里扬诺娃写信，讲述自己的生活情况和流放的同志们的生活情况。

《列宁全集》中文第 2 版增订版第 53 卷第 135—136 页。

列宁给在波多利斯克的安·伊·乌里扬诺娃-叶利扎罗娃和马·季·叶利扎罗夫写信，请他们把报刊上有关《经济评论集》的评论给他寄来，并委托他们同玛·伊·沃多沃佐娃商洽出版《俄国资本主义的发展》一书的时间和条件。

《列宁全集》中文第 2 版增订版第 53 卷第 136—139 页。

列宁和娜·康·克鲁普斯卡娅把《俄国资本主义的发展》一书的前 4 章誊清。

《列宁全集》中文第 2 版增订版第 53 卷第 137 页。

1898 年 12 月 9 日和 28 日（12 月 21 日和 1899 年 1 月 9 日）之间

列宁读刊登在 1898 年 12 月 9 日《俄罗斯新闻》第 279 号上关于彼·司徒卢威作题为《19 世纪初至 1861 年俄国农奴经济发展

的基本情况》报告的报道。

《列宁全集》中文第 2 版增订版第 53 卷第 146 页。

12 月，9 日（21 日）以后

列宁收到米·亚·西尔文从塔谢耶沃村寄来的 1898 年 12 月 9 日第 145 号《叶尼塞报》，报上刊载了西尔文署名"贝尔"的对《经济评论集》一书的评论。

米·亚·西尔文：《列宁在党的诞生时期》，1958 年，第 181 页。

12 月 12 日（24 日）以前

列宁和娜·康·克鲁普斯卡娅提出申请，请求准许他们到米努辛斯克市去一个星期。

《列宁全集》中文第 2 版增订版第 53 卷第 139、481 页。

列宁写信给特维尔省地方自治局统计处，请该处寄给他一本《特维尔省统计资料综合汇编》（第 13 卷第 1 编，1897 年版）（这封信没有找到）。

《列宁全集》中文第 2 版增订版第 53 卷第 141 页。

12 月 12 日（24 日）

列宁把《俄国资本主义的发展》一书第 3 章和第 4 章书稿按挂号印刷品寄给在波多利斯克的玛·亚·乌里扬诺娃。

《列宁全集》中文第 2 版增订版第 53 卷第 140 页。

列宁给在波多利斯克的玛·亚·乌里扬诺娃写信，说收到了安·伊·乌里扬诺娃-叶利扎罗娃 1898 年 11 月 28 日（12 月 10 日）寄来的明信片和她寄来的《新时代》杂志以及《帝国自由经济学会前圣彼得堡识字运动委员会 1895 年工作报告》（1896 年版）。

《列宁全集》中文第 2 版增订版第 53 卷第 139 页。

列宁给在波多利斯克的安·伊·乌里扬诺娃-叶利扎罗娃写信,请她在收到的《俄国资本主义的发展》一书的手稿上作一些修改;问能不能补买到他所缺的 1897—1898 年《新时代》杂志第 1—6 期和第 9—10 期。

《列宁全集》中文第 2 版增订版第 53 卷第 140—141 页。

12 月 15 日(27 日)

列宁写信给亲属(这封信没有找到)。

《列宁全集》中文第 2 版增订版第 53 卷第 465—466 页。

12 月 20 日(1899 年 1 月 1 日)以前

列宁委托亚·米·卡尔梅柯娃书店给他寄来尼·亚·卡雷舍夫的《俄国国民经济资料》一文的抽印本(1898 年《莫斯科农学院通报》第 2 期第 2 分册)。书店没有完成这项委托。

《列宁全集》中文第 2 版增订版第 53 卷第 143 页。

12 月 20 日(1 月 1 日)

列宁在舒申斯克村外打猎。

《列宁全集》中文第 2 版增订版第 53 卷第 142 页。

列宁向亚·米·卡尔梅柯娃书店订购了一本伊·雅·巴甫洛夫斯基的《俄德词典》。

《列宁全集》中文第 2 版增订版第 53 卷第 143、162 页。

列宁在娜·康·克鲁普斯卡娅给玛·亚·乌里扬诺娃的信中附笔祝亲人们新年好,请安娜·伊里尼奇娜寄一些伊·谢·屠格涅夫作品的德文译本和一本学习德语用的德语语法书,同时还请她弄到尼·亚·卡雷舍夫的《俄国国民经济资料》一文的抽印本(1898 年《莫斯科农学院通报》第 2 期第 2 分册)。

《列宁全集》中文第 2 版增订版第 53 卷第 143、161—162 页。

12 月 22 日（1 月 3 日）

列宁给在布鲁塞尔的玛·伊·乌里扬诺娃写信,说收到了她寄来的马·柯瓦列夫斯基的书,强调指出这本书的编纂性质;询问玛·伊·乌里扬诺娃在布鲁塞尔的生活情况,请她把刊登有趣的议会演说词的《法兰西共和国公报》寄来。

《列宁全集》中文第 2 版增订版第 53 卷第 144—145 页。

12 月 24 日—1899 年 1 月 2 日（1 月 5 日—14 日）

列宁和娜·康·克鲁普斯卡娅去米努辛斯克。米努辛斯克专区各地被流放的马克思主义者在这里聚会迎接新年。列宁和克鲁普斯卡娅住在克尔日扎诺夫斯基家和斯塔尔科夫家。

列宁参加讨论成立同志互助基金会的问题;多次与人交谈和辩论;闲暇时间下象棋、滑冰。

《列宁全集》中文第 2 版增订版第 53 卷第 142、145—146、
148、483、485 页;娜·康·克鲁普斯卡娅:《列宁回忆录》,第 2
版,1968 年,第 36 页;潘·尼·勒柏辛斯基:《在转折关头》,
1955 年,第 96—109 页;亚·西·沙波瓦洛夫:《在争取社会
主义的斗争中》,1957 年,第 140—141、145—146 页。

12 月 27 日（1 月 8 日）

列宁收到玛·伊·乌里扬诺娃 1898 年 12 月 8 日（20 日）从布鲁塞尔寄来的信,并于 1898 年 12 月 22 日（1899 年 1 月 3 日）在舒申斯克写给玛丽亚·伊里尼奇娜的信中附笔说收到了这封信。

《列宁全集》中文第 2 版增订版第 53 卷第 145、146 页。

列宁收到安·伊·乌里扬诺娃-叶利扎罗娃 1898 年 12 月 5 日（17 日）寄来的明信片和 12 月 8 日（20 日）寄来的信。

《列宁全集》中文第 2 版增订版第 53 卷第 146 页。

12 月 28 日（1 月 9 日）

列宁在给玛·亚·乌里扬诺娃的信中说,他已经到达米努辛斯克,并描述在那里的生活。

《列宁全集》中文第 2 版增订版第 53 卷第 145—146 页。

列宁在给安·伊·乌里扬诺娃-叶利扎罗娃的信中说,收到了她的明信片和信,还说他写完了《俄国资本主义的发展》一书第 5 章和第 6 章,并对出版和校对事宜提出意见。

《列宁全集》中文第 2 版增订版第 53 卷第 146—147 页。

列宁在给德·伊·乌里扬诺夫的信中请他代买一支猎枪(这封信没有保存下来)。

《列宁全集》中文第 2 版增订版第 53 卷第 148 页。

12 月 31 日(1 月 12 日)夜至 1899 年 1 月 1 日(1 月 13 日)凌晨

列宁同流放的马克思主义者同志们一起在米努辛斯克欢度新年。

《列宁全集》中文第 2 版增订版第 53 卷第 148、483、485 页。

1898 年下半年—1899 年

列宁就哲学问题与流放中的社会民主党人弗·威·林格尼克通信,坚决反对主观唯心主义,捍卫卡·马克思和弗·恩格斯的哲学观点。据潘·尼·勒柏辛斯基证实,他们的信件往往构成整篇的论文(列宁的信件没有找到)。

《回忆弗·伊·列宁》,第 2 卷,1969 年,第 66—67 页;潘·尼·勒柏辛斯基:《在转折关头》,1955 年,第 114—115 页。

1898 年冬或 1899 年冬

列宁在给尔·马尔托夫的信中说,彼得堡的《工人思想报》避而不谈政治斗争任务,同时还说,国外俄国社会民主党人联合会的青年派成员即经济派系攻击劳动解放社(这封信没有找到)。

尤·马尔托夫:《一个社会民主党人的笔记》,1924 年,第
400—401 页。

年底

列宁写《市场理论问题述评(评杜冈-巴拉诺夫斯基先生和布
尔加柯夫先生的论战)》一文。

《列宁全集》中文第 2 版增订版第 4 卷第 40—50 页。

1898 年

列宁和住在沃罗涅日的伊·克·拉拉扬茨通信,信中谈到同
志们的情况、新出的马克思主义书刊以及自己的工作和计划。列
宁从拉拉扬茨那里收到沃罗涅日省统计资料汇编及为写作《俄国
资本主义的发展》一书需用的其他统计资料。

《列宁全集》中文第 2 版增订版第 53 卷第 129 页;《红色史料》
杂志,1926 年,第 6 期,第 26—27 页。

不早于 1898 年—不晚于 1899 年 1 月 30 日(2 月 11 日)

列宁根据《1897 年特维尔省统计年鉴》(1898 年特维尔版)一
书,了解外出做零工的状况,在文内和书页空白处作了许多批注并
计算各季节外出做零工的数字和外出做零工的男女人数。

《列宁全集》中文第 2 版增订版第 57 卷第 623—624 页。

1899 年

1 月 3 日（15 日）

列宁在给玛·亚·乌里扬诺娃的信中说,他已从米努辛斯克回来,并说希望在最近结束《俄国资本主义的发展》一书付印的准备工作。

《列宁全集》中文第 2 版增订版第 53 卷第 148 页。

1 月 8 日（20 日）

列宁收到玛·亚·乌里扬诺娃和安·伊·乌里扬诺娃-叶利扎罗娃 1898 年 12 月 24 日（1899 年 1 月 5 日）寄来的信。

《列宁全集》中文第 2 版增订版第 53 卷第 149 页。

1 月 8 日和 27 日（1 月 20 日和 2 月 8 日）之间

列宁收到亚·尼·波特列索夫于 12 月 24 日（1899 年 1 月 5 日）从奥尔洛夫市（维亚特卡省）寄来的信,信中谈到对列宁的《我们拒绝什么遗产?》一文的一些意见。

《列宁全集》中文第 2 版增订版第 44 卷第 19—20 页。

1 月 10 日（22 日）

列宁在给玛·亚·乌里扬诺娃的信中说,《俄国资本主义的发展》一书必须经过三次校对,并且要安·伊·乌里扬诺娃-叶利扎罗娃同校对员保持直接的联系;答应很快寄出该书的第 5 章和第 6 章,并寄去第 2 章的增补;还说关于杜冈-巴拉诺夫斯基博士论文答辩会的报道已经在《俄罗斯新闻》上看到了。

《列宁全集》中文第 2 版增订版第 53 卷第 149—150 页。

1 月 12 日或 16 日（24 日或 28 日）

列宁和娜·康·克鲁普斯卡娅收到玛·亚·乌里扬诺娃
1898 年 12 月 17 日（29 日）寄给他们的包裹,内有给列宁的象棋。

《列宁全集》中文第 2 版增订版第 53 卷第 149、151、482、484
页;苏共中央马列主义研究院中央党务档案馆,第 12 号全宗,
第 2 号目录,第 2 号保管单位,第 5 张。

1 月 16 日（28 日）

列宁收到安·伊·乌里扬诺娃-叶利扎罗娃寄来的 1898 年度
的《新时代》杂志。

《列宁全集》中文第 2 版增订版第 53 卷第 151 页。

1 月 17 日（29 日）

列宁在给玛·亚·乌里扬诺娃的信中告知收到了书刊,谈到
流放同志们的生活;问《俄国资本主义的发展》一书是否已开始付
印,需要多少时间才能拿到清样,安娜·伊里尼奇娜是不是坚持看
最后一次校样,并请她把开头几个印张的清样寄给他。

《列宁全集》中文第 2 版增订版第 53 卷第 151 页。

列宁从舒申斯克村给在波多利斯克的玛·亚·乌里扬诺娃按
挂号印刷品寄去《俄国资本主义的发展》一书的第 5 章和第 6 章以
及该书目录。

《列宁全集》中文第 2 版增订版第 53 卷第 151 页。

1 月 22 日（2 月 3 日）

列宁收到玛·伊·乌里扬诺娃从布鲁塞尔寄来的图书目录。

《列宁全集》中文第 2 版增订版第 53 卷第 152 页。

列宁从彼·伯·司徒卢威的妻子尼·亚·司徒卢威给娜·康·克鲁普斯卡娅的信中得知,在彼得堡有一种新的合法马克思主义者的科学、文学和政治杂志《开端》获准出版,还得知他译的悉·韦伯和比·韦伯合著的《英国工联主义的理论和实践》一书被认为译得很好,并且很快就要出版。

《列宁全集》中文第 2 版增订版第 53 卷第 485 页。

1 月,不晚于 24 日(2 月 5 日)

列宁通过安·马·斯塔尔科娃给住在米努辛斯克专区别亚的波兰流放者、社会民主党人 C.K.库利克寄去《新言论》杂志和《新时代》杂志。

《斗争中的同志们》,克拉斯诺亚尔斯克,1965 年,第 188 页。

1 月 24 日(2 月 5 日)

列宁在从舒申斯克村寄往布鲁塞尔给玛·伊·乌里扬诺娃的信中说,很快可以写完《俄国资本主义的发展》一书,请她设法搞到刊载议会辩论速记记录的《法兰西共和国公报》,以及关于法国和英国农业经济学的著作,或关于工业形式演变的著作,询问她在布鲁塞尔的生活情况。

《列宁全集》中文第 2 版增订版第 53 卷第 152—153 页。

1 月 26 日(2 月 7 日)

列宁收到德·伊·乌里扬诺夫寄来的信,信中说已经寄出枪械商店的价目表。

《列宁全集》中文第 2 版增订版第 53 卷第 153 页。

列宁在给德·伊·乌里扬诺夫的回信中告诉他需要买什么规格的猎枪,并对德米特里·伊里奇"又有回到大学读书的希望"表示高兴,对他指出《俄国资本主义的发展》一书中的一处错误表示感谢,并请他把这一错误通知出版社。

《列宁全集》中文第 2 版增订版第 53 卷第 153—156 页。

列宁给在奥尔洛夫市(维亚特卡省)的亚·尼·波特列索夫写信,信中指出,在《我们拒绝什么遗产?》一文中,当谈到 19 世纪 60 年代思想"遗产"时,他只是由于考虑到书报检查问题,才提到资产阶级自由派的代表人物斯卡尔金的,但他认为尼·加·车尔尼雪夫斯基才是这一"遗产"的真正代表。列宁在信中对刊登在《新时代》杂志上的帕·阿克雪里罗得写的《俄国社会民主主义的历史合理性》一文发表了自己的意见。

《列宁全集》中文第 2 版增订版第 44 卷第 19—22 页。

1 月 26 日和 3 月 21 日(2 月 7 日和 4 月 2 日)之间

列宁研究卡·考茨基《土地问题。现代农业趋势和社会民主党的土地政策概述》(1899 年斯图加特版)一书,作内容摘要,在书页中进行数字计算,作批注和标记,并划出重点。

苏共中央马列主义研究院中央党务档案馆,第 2 号全宗,第 1 号目录,第 258、259 号保管单位;《列宁文集》俄文版第 19 卷第 25—84 页。

1 月 26 日和 4 月 27 日(2 月 7 日和 5 月 9 日)之间

列宁收到亚·尼·波特列索夫标题为《关于"遗产"和"继承人"的杂志短评》的文稿。在这篇文章中,波特列索夫就列宁在《我们拒绝什么遗产?》一文中所涉及的一些问题展开争论(波特列索夫的文章被书报检查机关从 1899 年《开端》杂志第 4 期中撤掉了)。

《列宁全集》中文第 2 版增订版第 44 卷第 19—22、27—28、33 页。

1 月 29 日（2 月 10 日）

列宁收到安·伊·乌里扬诺娃-叶利扎罗娃寄来的《新时代》杂志和德·伊·乌里扬诺夫寄来的购买猎枪用的价目表。

《列宁全集》中文第 2 版增订版第 53 卷第 157 页。

列宁收到彼·伯·司徒卢威为了约写书评而寄来的罗·格沃兹杰夫的《富农经济的高利贷及其社会经济意义》（1898 年版）一书。

《列宁全集》中文第 2 版增订版第 53 卷第 157、161 页。

1 月 30 日（2 月 11 日）

列宁完成《俄国资本主义的发展》一书的付印准备工作。这本书是在研究和利用大量著作和文献——俄文和外文书籍、统计参考资料、评论和文章的基础上写成的。格·马·克尔日扎诺夫斯基回忆说："他是在普通的学生小练习簿上用纤细的笔迹写这本书的"，并把这些练习簿寄给流放的同志们阅读。"可以说，我们是《俄国资本主义的发展》的'第一批读者'。"

《列宁全集》中文第 2 版增订版第 53 卷第 157 页；苏共中央马列主义研究院，未发表的关于弗·伊·列宁的回忆录全宗，格·马·克尔日扎诺夫斯基 1926 年给《列宁全集》俄文第 3 版第 3 卷编者的信，第 1—2 页。

列宁在《俄罗斯新闻》上看到了一种新的科学、文学和政治月刊——合法马克思主义者的机关刊物《开端》杂志的出版广告。

《列宁全集》中文第 2 版增订版第 53 卷第 157 页。

列宁在给玛·亚·乌里扬诺娃的信中说，他已经写完《俄国资本主义的发展》一书，并且描述了阿·亚·瓦涅耶夫、维·康·库尔纳托夫斯基、弗·威·林格尼克等流放的同志们的生活情况。

《列宁全集》中文第 2 版增订版第 53 卷第 157—158 页。

1 月 30 日和 2 月 3 日（2 月 11 日和 15 日）之间

列宁写关于罗·格沃兹杰夫的《富农经济的高利贷及其社会经济意义》一书的书评。

> 《列宁全集》中文第 2 版增订版第 4 卷第 51—54 页，第 53 卷第 157、161 页。

1 月

列宁的《市场理论问题述评（评杜冈-巴拉诺夫斯基先生和布尔加柯夫先生的论战）》一文在《科学评论》杂志第 1 期上发表。

> 《列宁全集》中文第 2 版增订版第 4 卷第 40—50 页；《科学评论》杂志，1899 年，第 1 期，第 37—45 页。

娜·康·克鲁普斯卡娅受列宁委托写信给在彼得堡的彼·伯·司徒卢威，告诉他列宁打算就尼·阿·卡布鲁柯夫的《论俄国农民经济发展的条件》（1899 年版）一书写一篇书评（这封信没有找到）。

> 《列宁全集》中文第 2 版增订版第 53 卷第 186 页。

2 月 3 日（15 日）

列宁把《俄国资本主义的发展》一书的第 7 章和第 8 章、这两章的目录和第 7 章的两个附录（二和三）以及关于罗·格沃兹杰夫的《富农经济的高利贷及其社会经济意义》一书的书评，从舒申斯克村寄给在波多利斯克的玛·亚·乌里扬诺娃。

> 《列宁全集》中文第 2 版增订版第 53 卷第 158—161 页。

列宁在给玛·亚·乌里扬诺娃的信中，托安·伊·乌里扬诺娃-叶利扎罗娃把他寄去的《俄国资本主义的发展》一书的最后两章和就罗·格沃兹杰夫的书所写的书评，尽快转寄给在彼得堡的彼·伯·司徒卢威。

《列宁全集》中文第 2 版增订版第 53 卷第 161 页。

2 月 3 日和 7 日（15 日和 19 日）之间

列宁写关于帕尔乌斯的《世界市场和农业危机》（译自德文，1898 年版）一书的书评。

《列宁全集》中文第 2 版增订版第 4 卷第 55—56 页。

2 月 7 日（19 日）

列宁按挂号印刷品寄给玛·亚·乌里扬诺娃一期《圣彼得堡和莫斯科沃尔弗图书公司各书店出版消息》，其中显然有一封用化学方法写的信，同时还寄去了关于帕尔乌斯的《世界市场和农业危机》一书的书评。

《列宁全集》中文第 2 版增订版第 53 卷第 161—162 页；《列宁家书集》，1934 年，第 184 页，注 1。

列宁在给玛·亚·乌里扬诺娃的信中，请她把他的关于帕尔乌斯《世界市场和农业危机》一书的书评转寄给彼·伯·司徒卢威，还请求她寄一本《俄德词典》来。

《列宁全集》中文第 2 版增订版第 53 卷第 162 页。

2 月 12 日（24 日）

列宁收到安·伊·乌里扬诺娃-叶利扎罗娃 1899 年 1 月 27 日（2 月 8 日）寄来的信，信中谈到《俄国资本主义的发展》一书的出版问题。

《列宁全集》中文第 2 版增订版第 53 卷第 163—164 页。

2 月 12 日—13 日（24 日—25 日）

流放的社会民主党人米·亚·西尔文去叶尔马科夫斯克村途中在列宁处停留。列宁在同他交谈时探问当前的时事和好友的生活；交给西尔文一号经济派的报纸《工人思想报》，建议他看一看，

以便对这一报纸的倾向得出自己的见解。列宁对西尔文发表在
1898 年 12 月 9 日（21 日）《叶尼塞报》上的关于《经济评论集》的书
评予以好评。

《列宁全集》中文第 2 版增订版第 53 卷第 164—165 页；米·
亚·西尔文：《列宁在党的诞生时期》，1958 年，第 180—181
页；《叶尼塞报》，1898 年 12 月 9 日，第 145 号。

2 月 13 日（25 日）

列宁在给安·伊·乌里扬诺娃-叶利扎罗娃的信中，感谢她、
德·伊·乌里扬诺夫和统计学家瓦·安·约诺夫为出版《俄国资
本主义的发展》一书操心奔走；告知收到了亚·尼·波特列索夫附
有对列宁的《我们拒绝什么遗产？》一文意见的信。

《列宁全集》中文第 2 版增订版第 53 卷第 163—165 页。

2 月 13 日（25 日）以后

列宁把俄国社会民主工党第一次代表大会《宣言》、小册子《俄
国社会民主党人的任务》和社会民主党的其他书刊交给米·亚·
西尔文阅读，并向他推荐有关经济问题的书籍，供他研究。

米·亚·西尔文：《列宁在党的诞生时期》，1958 年，第
186 页。

2 月 14 日（26 日）

列宁给安·伊·乌里扬诺娃-叶利扎罗娃寄去《俄国资本主义
的发展》一书第 7 章的增补。

《列宁全集》中文第 2 版增订版第 53 卷第 165 页。

2 月 17 日（3 月 1 日）

列宁寄信给在米努辛斯克的瓦·瓦·斯塔尔科夫、安·马·
斯塔尔科娃夫妇和格·马·克尔日扎诺夫斯基、季·巴·克尔日
扎诺夫斯卡娅夫妇，邀请他们到舒申斯克村来，信中还写道，由于

想就罗·卢森堡的书写一篇书评,他非常需要在 C.K.库利克手中的卡·考茨基的文章。

列宁大概准备就 1898 年在莱比锡出版的卢森堡的《波兰的工业发展》一书写书评,为此,他需要考茨基的《波兰完了吗?》一文,这篇文章刊登在 1895—1896 年《新时代》杂志第 42 期和第 43 期上(列宁的信没有找到)。

> 《列宁全集》中文第 2 版增订版第 4 卷第 202—203 页,第 25 卷第 234 页;《斗争中的同志们》,克拉斯诺亚尔斯克,1965 年,第 188、192、194 页;《克里姆林宫的弗·伊·列宁藏书》,1961 年,第 246、646 页;苏共中央马列主义研究院中央党务档案馆,第 4 号全宗,第 3 号目录,第 26 号保管单位,第 18 张。

2 月,21 日(3 月 5 日)以前

列宁写关于《俄国工商业。工商界参考书》(1899 年版)一书的书评。

> 《列宁全集》中文第 2 版增订版第 4 卷第 57—59 页,第 53 卷第 165 页。

2 月 21 日(3 月 5 日)

列宁在给玛·亚·乌里扬诺娃的信中,请把他寄去的关于《俄国工商业。工商界参考书》一书书评的手稿,转寄给彼·伯·司徒卢威;说虽然没有收到编辑部寄来的《科学评论》杂志第 1 期,也没有收到他自己的文章《市场理论问题述评》的抽印本,但是已经听到了彼·伯·司徒卢威对这篇文章的意见。

> 《列宁全集》中文第 2 版增订版第 4 卷第 40—50 页,第 53 卷第 165—166 页;《科学评论》杂志,1899 年,第 1 期,第 37—45 页。

列宁从舒申斯克村给在波多利斯克的玛·亚·乌里扬诺娃寄去关于《俄国工商业。工商界参考书》一书的书评。

《列宁全集》中文第 2 版增订版第 4 卷第 57—59 页,第 53 卷第 165 页。

2 月 21 日和 27 日(3 月 5 日和 11 日)之间

列宁收到安·伊·乌里扬诺娃-叶利扎罗娃寄来的《新时代》杂志、一份省地方自治机关出版的农业概况和《俄国资本主义的发展》一书的第一批清样。

《列宁全集》中文第 2 版增订版第 53 卷第 167 页;《列宁家书集》,1934 年,第 190 页,注 1;第 191 页,注 2。

2 月 23 日(3 月 7 日)

列宁收到玛·伊·乌里扬诺娃从布鲁塞尔寄来的信和剪报。

《列宁全集》中文第 2 版增订版第 53 卷第 172—174 页。

2 月 24 日—28 日(3 月 8 日—12 日)

格·马·克尔日扎诺夫斯基、季·巴·克尔日扎诺夫斯卡娅夫妇、瓦·瓦·斯塔尔科夫、民意党人革命者 M.Л.斯托亚诺夫斯基、波兰工人社会民主党人 A.П.切卡利斯基和 A.M.柯瓦列夫斯基在列宁家里做客。

《列宁全集》中文第 2 版增订版第 53 卷第 166、172 页;《斗争中的同志们》,克拉斯诺亚尔斯克,1965 年,第 192、195、196—197 页;Г.海特:《继续探索》,克拉斯诺亚尔斯克,1970 年,第 134 页。

列宁因打算写一篇文章回答彼·伯·司徒卢威的论文《论资本主义生产条件下的市场问题(评布尔加柯夫的书和伊林的文章)》,请在他那里做客的瓦·瓦·斯塔尔科夫尽快把《说明我国经济发展状况的资料》(1895 年版)文集寄来。这本文集中载有列宁的文章:《民粹主义的经济内容及其在司徒卢威先生的书中受到的批评(马克思主义在资产阶级著作中的反映)。评彼·司徒卢威〈俄国经济发展问题的评述〉一书》(1894 年圣彼得堡版)。

《列宁全集》中文第 2 版增订版第 4 卷第 75 页,第 53 卷第 168 页;《斗争中的同志们》,克拉斯诺亚尔斯克,1965 年,第 196—197 页。

列宁从米努辛斯克来的格·马·克尔日扎诺夫斯基和瓦·瓦·斯塔尔科夫那里得到 1899 年《科学评论》杂志第 1 期,其中载有列宁的文章《市场理论问题述评》和彼·伯·司徒卢威答复的文章《论资本主义生产条件下的市场问题(评布尔加柯夫的书和伊林的文章)》。

《列宁全集》中文第 2 版增订版第 53 卷第 168 页。

2 月 26 日(3 月 10 日)

列宁收到马·季·叶利扎罗夫 1899 年 2 月 8 日(20 日)的来信,信中寄来一局象棋的对局,这局棋是他参加同世界象棋冠军埃·拉斯克尔一人对多人同时进行的比赛时赢的;信中提到有人对列宁的《我们拒绝什么遗产?》一文进行攻击,并谈了他对列宁《俄国资本主义的发展》一书的意见,还说他想辞职进工程学校。

《列宁全集》中文第 2 版增订版第 53 卷第 169—170 页;《列宁家书集》,1934 年,第 192 页,注 1、2。

2 月 28 日(3 月 12 日)

被流放的社会民主党人米·亚·西尔文来到列宁这里。

《列宁全集》中文第 2 版增订版第 53 卷第 173 页。

列宁给在波多利斯克的玛·亚·乌里扬诺娃写信,说流放的同志们曾经到他们这里来做客;问母亲打算怎样度过夏天。

《列宁全集》中文第 2 版增订版第 53 卷第 166—167 页。

列宁给在波多利斯克的安·伊·乌里扬诺娃-叶利扎罗娃写信,说他收到了《俄国资本主义的发展》一书的第一批清样,信中另附勘误表一份;还说他想就彼·伯·司徒卢威的《论资本主义生产条件下的市场问题》一文发表文章,予以答复。

《列宁全集》中文第 2 版增订版第 53 卷第 167—169 页。

列宁给在波多利斯克的马·季·叶利扎罗夫写信,说收到了他 1899 年 2 月 8 日(20 日)的来信;就他对于《俄国资本主义的发展》一书的意见谈了自己的看法;并说正殷切地盼望着看到报刊上对自己的《我们拒绝什么遗产?》一文的反映。

《列宁全集》中文第 2 版增订版第 53 卷第 169—170 页。

3 月 2 日或 5 日(14 日或 17 日)

列宁收到亲属寄来的三部德文版的伊·谢·屠格涅夫的小说(列克拉姆出版社版)。

《列宁全集》中文第 2 版增订版第 53 卷第 171 页。

3 月 7 日(19 日)

列宁写信给在波多利斯克的玛·亚·乌里扬诺娃,请她寄一本俄德词典和一本德语语法来;告知即将写完《再论实现论问题》一文;并谈到一些流放的同志的生活情况。

《列宁全集》中文第 2 版增订版第 53 卷第 171—172 页。

娜·康·克鲁普斯卡娅给在布鲁塞尔的玛·伊·乌里扬诺娃写信,说列宁准备就尼·阿·卡布鲁柯夫的《论俄国农民经济发展的条件(农业经济学概论)》(1899 年版)一书写一篇文章(文章没有写成)。

《列宁全集》中文第 2 版增订版第 53 卷第 173、184、186 页。

在娜·康·克鲁普斯卡娅寄往布鲁塞尔给玛·伊·乌里扬诺娃的信中,列宁附笔感谢她寄来剪报。

《列宁全集》中文第 2 版增订版第 53 卷第 172—174 页。

3 月 13 日（25 日）

维·康·库尔纳托夫斯基和米·亚·西尔文从叶尔马科夫斯克村来到列宁这里。

《斗争中的同志们》，克拉斯诺亚尔斯克，1965 年，第 198 页。

列宁约请维·康·库尔纳托夫斯基和潘·尼·勒柏辛斯基在他所打算进行的新的工作（校订俄国工厂统计资料）中担任统计员。关于这一点，库尔纳托夫斯基在 1899 年 3 月 17 日（29 日）寄给叶·伊·奥库洛娃的信中写道：“将要编写和计算近两万张卡片”。

《维·康·库尔纳托夫斯基传略》，1948 年，第 39 页。

3 月上半月

列宁写《再论实现论问题》一文，驳斥彼·伯·司徒卢威妄图修正马克思的实现论。

《列宁全集》中文第 2 版增订版第 4 卷第 60—78 页，第 53 卷第 168、171、173 页。

3 月 16 日（28 日）

列宁收到玛·亚·乌里扬诺娃 1899 年 2 月 28 日（3 月 12 日）的来信，信中说，她可能同安·伊·乌里扬诺娃-叶利扎罗娃一起到舒申斯克来，并附寄了一张自己的照片。

《列宁全集》中文第 2 版增订版第 53 卷第 174 页。

列宁收到安·伊·乌里扬诺娃-叶利扎罗娃寄来的《俄国资本主义的发展》一书第 2 章和第 3 章的清样，同时还收到一份书目杂志《马·奥·沃尔弗图书公司各书店出版消息》，在这本杂志里显然有一封用化学方法写在字行之间的信。

《列宁全集》中文第 2 版增订版第 53 卷第 175 页；《列宁家书

集》,1934 年,第 198 页,注 4。

3 月 17 日(29 日)

列宁写信给在图鲁汉斯克的尔·马尔托夫(这封信没有找到)。

《列宁全集》中文第 2 版增订版第 53 卷第 180 页。

列宁给在波多利斯克的玛·亚·乌里扬诺娃写信,说明夏天到舒申斯克来应该怎样走,因为玛·亚·乌里扬诺娃准备到儿子这里来;列宁在信中还感谢她寄来了照片。

《列宁全集》中文第 2 版增订版第 53 卷第 174—175 页。

列宁给在波多利斯克的安·伊·乌里扬诺娃-叶利扎罗娃写信,告知他对《俄国资本主义的发展》一书的印刷质量很满意;列宁在信中附寄了第 4—11 印张的勘误表、序言的附言及一份熟人名单,请她在出书后按名单寄书给这些人。

《列宁全集》中文第 2 版增订版第 53 卷第 175—176 页。

列宁在娜·康·克鲁普斯卡娅寄往布鲁塞尔给玛·伊·乌里扬诺娃的信中附笔,说对彼得堡和芬兰发生的事情他知道得很少很少(指 1899 年彼得堡及其他城市 30 所高等学校发生的罢课事件,以及在芬兰由于 1899 年 2 月 3 日(15 日)废除芬兰宪法而引起的骚动)。

《列宁全集》中文第 2 版增订版第 53 卷第 180 页。

3 月,不早于 21 日(4 月 2 日)

列宁写关于卡·考茨基的《土地问题》一书的书评。

《列宁全集》中文第 2 版增订版第 4 卷第 79—84 页,第 53 卷第 179 页。

3 月 21 日(4 月 2 日)

列宁给在波多利斯克的玛·亚·乌里扬诺娃寄去关于卡·考

茨基《土地问题》一书的书评。

《列宁全集》中文第 2 版增订版第 53 卷第 180—181 页。

列宁给在波多利斯克的玛·亚·乌里扬诺娃写信,托安·伊·乌里扬诺娃-叶利扎罗娃把他寄去的关于卡·考茨基的《土地问题》一书的书评转寄《开端》杂志,还托安娜·伊里尼奇娜写信给玛·伊·乌里扬诺娃,请她把 1897—1898 年《新时代》杂志所缺的各期寄来。

《列宁全集》中文第 2 版增订版第 53 卷第 180—181 页。

3 月 23 日或 26 日(4 月 4 日或 7 日)

列宁收到伊·齐昂的《虚无主义者和虚无主义》一书,显然是用这本书给列宁传送一封用化学方法写的信。

《列宁全集》中文第 2 版增订版第 53 卷第 183 页;《列宁家书集》,1934 年,第 201、205 页,注 5。

3 月 24 日—31 日(4 月 5 日—12 日)

列宁的《俄国资本主义的发展(大工业国内市场形成的过程)》一书出版,署名:**弗拉基米尔·伊林**。

《1899 年俄国出版的书籍目录》,圣彼得堡,1900 年,第 97 页;弗·伊·列宁:《俄国资本主义的发展》,1899 年,标题前作者署名:弗拉基米尔·伊林。

3 月 28 日或 31 日(4 月 9 日或 12 日)

列宁给玛·亚·乌里扬诺娃写信(这封信没有找到)。

《列宁全集》中文第 2 版增订版第 53 卷第 181—182 页。

3 月 30 日(4 月 11 日)

列宁收到亚·米·卡尔梅柯娃书店 3 月 26 日(4 月 7 日)发来的一封电报,问列宁是否同意《俄国资本主义的发展》一书的定价和给作者的稿酬。

ИЗДАНІЕ М. И. ВОДОВОЗОВОЙ.

Владиміръ Ильинъ.

РАЗВИТІЕ КАПИТАЛИЗМА

ВЪ РОССІИ.

Процессъ образованія внутренняго рынка для крупной
промышленности.

Цѣна 2 р. 50 к.

С.-ПЕТЕРБУРГЪ.
Типо-литографія А. Лейферта, Бол. Морская 65.
1899.

列宁《俄国资本主义的发展》1899年第1版封面

《列宁全集》中文第 2 版增订版第 53 卷第 183 页。

3 月 31 日（4 月 12 日）

列宁给亚·米·卡尔梅柯娃书店回电，同意《俄国资本主义的发展》一书的定价和给作者的稿酬。

《列宁全集》中文第 2 版增订版第 53 卷第 183 页。

3 月

《开端》杂志第 3 期发表了《俄国资本主义的发展》第 3 章的头 6 节，标题是：《现代俄国农业中资本主义经济对徭役经济的排挤》，以及关于罗·格沃兹杰夫的《富农经济的高利贷及其社会经济意义》（1898 年版）一书的书评、帕尔乌斯的《世界市场和农业危机。经济论文集》（译自德文，1898 年版）一书的书评和《俄国工商业。工商界参考书》（1899 年版）一书的书评。

《列宁全集》中文第 2 版增订版第 3 卷第 160—190 页，第 4 卷第 51—59 页；《开端》杂志，1899 年，第 3 期，第 1 部分，第 96—121 页。

4 月以前

列宁的小册子《新工厂法》在日内瓦出版。

《列宁全集》中文第 2 版增订版第 2 卷第 335—378 页；《工人思想报》，1899 年，第 6 号，第 4 页；弗·伊·列宁：《新工厂法》，日内瓦，1899 年，52 页，封面和扉页未注明作者。

4 月 2 日（14 日）

列宁收到流放的同志从米努辛斯克寄来的《开端》杂志 1899 年第 1—2 期合刊。

《列宁全集》中文第 2 版增订版第 53 卷第 183—184、487 页。

列宁收到玛·亚·乌里扬诺娃和德·伊·乌里扬诺夫的来信。

《列宁全集》中文第 2 版增订版第 53 卷第 181 页。

列宁收到安·伊·乌里扬诺娃-叶利扎罗娃寄来的《俄国资本主义的发展》一书的第 11—16 印张清样。

《列宁全集》中文第 2 版增订版第 53 卷第 183 页。

列宁收到安·伊·乌里扬诺娃-叶利扎罗娃寄来的约·克·海泽的德语语法《德语语法或德语教科书》(1893 年版)和一本《实际生活》杂志。这本杂志显然是用来给列宁传送一封用化学方法写的信。

《列宁全集》中文第 2 版增订版第 53 卷第 182—183 页;《列宁家书集》,1934 年,第 201、205 页,注 4。

4 月 4 日（16 日）

列宁给在波多利斯克的玛·亚·乌里扬诺娃写信,说非常想见到母亲;列宁确切说明母亲应动身的日期(5 月下半月),以便她能乘船直达米努辛斯克。列宁请德·伊·乌里扬诺夫把由维亚特卡寄来的书编一份书单,并把书单寄到舒申斯克来。列宁还在信中告知,他在《俄罗斯新闻》第 77 号上看到了马·季·叶利扎罗夫赢了俄国象棋学派创始人米·伊·契戈林的消息。

《列宁全集》中文第 2 版增订版第 53 卷第 181—182 页;《俄罗斯新闻》,1899 年 3 月 19 日,第 77 号。

列宁给在波多利斯克的安·伊·乌里扬诺娃-叶利扎罗娃写信,感谢她寄来书刊,请她给他订一份《开端》杂志。列宁对他在《开端》第 1—2 期合刊上看到的谢·尼·布尔加柯夫的《论农业资本主义演进的问题》一文评价极差;说他打算写文章来评论卡·考茨基的《土地问题》(1899 年斯图加特版)一书和布尔加柯夫的文章;同时还说,由于发表了其他作者的文章,他不再写文章来评论尼·阿·卡布鲁柯夫的《论俄国农民经济发展的条件》(1899 年版)一书了。

列宁在信中附上《俄国资本主义的发展》一书第 11—16 印张清样的勘误表(这份勘误表没有保存下来)。

《列宁全集》中文第 2 版增订版第 53 卷第 182—184 页。

4 月 4 日和 5 月 9 日(4 月 16 日和 5 月 21 日)之间

列宁写两篇文章,总标题是《农业中的资本主义(论考茨基的著作和布尔加柯夫先生的文章)》。

《列宁全集》中文第 2 版增订版第 4 卷第 85—134 页,第 53 卷第 184、191 页。

4 月 6 日(18 日)

列宁收到德·伊·乌里扬诺夫寄来的猎枪。

《列宁全集》中文第 2 版增订版第 53 卷第 182、184—185 页。

不晚于 4 月 11 日(23 日)

列宁把卡·马克思的《资本论》德文版第 3 卷下册第 314 页(《资本论。政治经济学批判》,第 3 卷下册,1894 年汉堡版)摘译成俄文,并抄下法国 1882 年和 1892 年及德国 1882 年和 1895 年农村居民的统计资料,他在《农业中的资本主义》一文中引用了这些资料。

《列宁全集》中文第 2 版增订版第 4 卷第 86—89 页,第 53 卷第 184、185 页;《列宁文集》俄文版第 19 卷第 309—310 页。

4 月 11 日(23 日)

列宁给在波多利斯克的玛·亚·乌里扬诺娃写信,预先告诉她说,因叶尼塞河即将解冻,通信可能中断。

《列宁全集》中文第 2 版增订版第 53 卷第 185 页。

列宁给在波多利斯克的安·伊·乌里扬诺娃-叶利扎罗娃写信,告知他想在下一次邮班寄出《农业中的资本主义》一文,并请她把这篇文章转寄给《开端》杂志发表,如果该杂志编辑部拒绝发表这篇文章,就寄给《生活》杂志或《科学评论》杂志。

> 《列宁全集》中文第 2 版增订版第 53 卷第 185 页。

4 月 15 日（27 日）

《俄罗斯新闻》上刊出书籍出版广告:"**弗拉基米尔·伊林**:《俄国资本主义的发展（大工业国内市场形成的过程)》"。

> 《俄罗斯新闻》,1899 年 4 月 15 日,第 104 号。

4 月 19 日（5 月 1 日）以后

列宁读俄国社会民主工党莫斯科委员会的传单:《5 月 1 日号召书——4 月 19 日》,并对它进行修改。

> 苏共中央马列主义研究院中央党务档案馆,第 2 号全宗,第 1 号目录,第 276 号保管单位。

4 月 27 日（5 月 9 日）以前

列宁获悉,1898 年 11 月国外俄国社会民主党人联合会第一次代表大会由于联合会内部的机会主义分子——经济派的加强而发生分裂。

> 《列宁全集》中文第 2 版增订版第 44 卷第 27 页;《俄国社会民主主义运动》,第 1 卷,1928 年,第 42、352 页,注 117。

列宁阅读 1898 年出版的维·伊·查苏利奇的《让·雅克·卢梭》一书。

> 《列宁全集》中文第 2 版增订版第 44 卷第 27、28 页;《俄国社会民主主义运动》,第 1 卷,1928 年,第 42、352 页,注 119。

4 月,27 日（5 月 9 日）以前

列宁请米·亚·西尔文了解一下,能否请他的未婚妻在来叶

尔马科夫斯克村的途中,顺路到波多利斯克列宁的亲属那里去一趟。

关于列宁的这一请求,米·亚·西尔文曾于 1899 年 4 月 27 日(5 月 9 日)告知他的未婚妻奥·亚·帕佩廖克,同时强调指出,他"在自己的思想发展方面要多多感谢"弗·伊·列宁。

《列宁全集》中文第 2 版增订版第 53 卷第 187 页;《斗争中的同志们》,克拉斯诺亚尔斯克,1965 年,第 200 页。

列宁写信给彼得堡亚·米·卡尔梅柯娃书店,请给他寄一本爱·伯恩施坦的《社会主义的前提和社会民主党的任务》(1899 年斯图加特版)(列宁的信没有找到)。

《列宁全集》中文第 2 版增订版第 44 卷第 26 页,第 53 卷第 189 页。

列宁在 1899 年《科学评论》杂志第 3 期上读到彼·巴·马斯洛夫的文章:《自然经济的理想化》,注意到其中一条反对列宁的《我们拒绝什么遗产?》一文的注释。

《列宁全集》中文第 2 版增订版第 44 卷第 28 页,第 53 卷第 189 页。

4 月 27 日(5 月 9 日)

列宁写信给亚·尼·波特列索夫,在信中尖锐地批判合法马克思主义者谢·尼·布尔加柯夫的《论农业资本主义演进的问题》一文(1899 年《开端》杂志第 1—2 期合刊和第 3 期),布尔加柯夫是在批评卡·考茨基的《土地问题》一书的幌子下修正马克思主义;信中告知,《俄国资本主义的发展》一书已经出版;并阐述了《我们拒绝什么遗产?》一文的意义和作用。

《列宁全集》中文第 2 版增订版第 44 卷第 23—28 页。

4 月 30 日（5 月 12 日）

列宁收到安·伊·乌里扬诺娃-叶利扎罗娃寄来的三包挂号印刷品,其中有三本刚出版的《俄国资本主义的发展》以及悉·韦伯和比·韦伯的《英国工联主义的理论和实践》一书的译稿。

《列宁全集》中文第 2 版增订版第 53 卷第 188 页。

列宁收到彼得堡亚·米·卡尔梅柯娃书店拒绝给他寄送爱·伯恩施坦的《社会主义的前提和社会民主党的任务》（1899 年斯图加特版）一书的通知。

《列宁全集》中文第 2 版增订版第 44 卷第 26 页,第 53 卷第
189 页。

4 月

列宁写信给在布鲁塞尔的玛·伊·乌里扬诺娃,请她给弄一本爱·伯恩施坦的《社会主义的前提和社会民主党的任务》（1899 年斯图加特版）寄来（这封信没有找到）。

《列宁全集》中文第 2 版增订版第 53 卷第 189 页。

列宁阅读约·霍布森的《现代资本主义的演进》（1898 年版）,在书页空白处作标记,并在文中划出重点。

《列宁全集》中文第 2 版增订版第 4 卷第 135—137 页;苏共中
央马列主义研究院中央党务档案馆,第 2 号全宗,第 1 号目
录,第 278 号保管单位;《克里姆林宫的弗·伊·列宁藏书》,
1961 年,第 249 页。

列宁写关于约·霍布森的《现代资本主义的演进》一书的书评。

《列宁全集》中文第 2 版增订版第 4 卷第 135—137 页。

由于《开端》杂志处境危险,同时编辑部也力图避免在他们的杂志上进行论战,彼·伯·司徒卢威把弗·伊·列宁寄给《开端》

杂志的《再论实现论问题》一文转给《科学评论》杂志。

《列宁全集》中文第 2 版增订版第 53 卷第 188 页。

列宁阅读 1899 年《俄国财富》杂志第 4 期上发表的尼·康·米海洛夫斯基写的《文学和生活》的部分章节。

《列宁全集》中文第 2 版增订版第 53 卷第 189 页;《俄国财富》
杂志,1899 年,第 4 期,第 189—219 页,第 II 部分。

4 月—5 月 9 日(21 日)以前

列宁阅读发表在 1899 年《法兰克福报》上的关于爱·伯恩施坦的《社会主义的前提和社会民主党的任务》一书的几篇短评。

《列宁全集》中文第 2 版增订版第 53 卷第 191 页。

5 月 1 日(13 日)

列宁和娜·康·克鲁普斯卡娅同被流放的工人奥·亚·恩格贝格、伊·卢·普罗明斯基及其全家在一起庆祝五一节。

《回忆弗·伊·列宁》,第 1 卷,1968 年,第 239 页。

列宁在给玛·亚·乌里扬诺娃的信中,告知收到了安·伊·乌里扬诺娃-叶利扎罗娃的信和挂号印刷品;问母亲身体如何,说如果她决定到他这里来,可以跟被流放的社会民主党人米·亚·西尔文的未婚妻一起来,西尔文的未婚妻打算在 5 月底启程。

《列宁全集》中文第 2 版增订版第 53 卷第 187 页。

列宁在给安·伊·乌里扬诺娃-叶利扎罗娃的信中,询问是否把《俄国资本主义的发展》一书给所有的熟人都寄去了;表示同意负责校订悉·韦伯和比·韦伯合著的《英国工联主义的理论和实践》一书第 2 卷的俄译稿,因此要求把第 2 卷的英文原本和德文译本寄来;列宁尖锐地批评了谢·尼·布尔加柯夫的《论农业资本主义演进的问题》一文;请求给他弄到爱·伯恩施坦的《社会主义的

前提和社会民主党的任务》一书,并把对《俄国资本主义的发展》一
书的评论寄来。

《列宁全集》中文第 2 版增订版第 53 卷第 188—190 页。

5 月 1 日和 9 日（13 日和 21 日）之间

列宁到舒申斯克村外的树林中打猎。

《列宁全集》中文第 2 版增订版第 53 卷第 190 页。

5 月 2 日（14 日）

列宁在舒申斯克村遭到搜查和审问,因为警察查出列宁同被
流放的社会民主党人有书信往来(特别是和雅·马·利亚霍夫斯
基通信,商谈给尼·叶·费多谢耶夫建立墓碑的问题)。

《回忆弗·伊·列宁》,第 1 卷,1968 年,第 245 页;《红色文
献》杂志,1934 年,第 1 期,第 126 页。

由于雅·马·利亚霍夫斯基的信被搜出和没收,列宁在审问
记录上写了如下的"供词":"从我这里拿去的这封盖有伊尔库茨克
市 1898 年 11 月 20 日邮戳的信,是因政治案件被流放的雅柯夫·
马克西莫维奇·利亚霍夫斯基写来的,他和我从彼得堡同时被流
放,现住上连斯克市。最近通信的内容是谈一位同志——尼古
拉·叶夫格拉福维奇·费多谢耶夫逝世之事。利亚霍夫斯基写信
告诉我此事的详细情况,并谈到为死者立墓碑的事。这封信是舒
申斯克乡邮差交给我的,我记得是在去年,1898 年 12 月的最初几
天。至于伊万·佐布宁,这个名字我还是第一次听到。"

苏共中央马列主义研究院中央党务档案馆,第 2 号全宗,第 1
号目录,第 280 号保管单位,第 13 张,第 13 张背面;《工人之
路报》,鄂木斯克,1926 年 9 月 15 日,第 210 号。

列宁在搜查记录上签字:"读过搜查记录,无其他补充。弗拉
基米尔·乌里扬诺夫"。搜查记录上写明,没收了雅·马·利亚霍

夫斯基寄给弗·伊·列宁的一封信,这封信是由伊·M.佐布宁1898 年 11 月 20 日(12 月 2 日)在伊尔库茨克邮电局投寄的。

苏共中央马列主义研究院中央党务档案馆,第 2 号全宗,第 1号目录,第 280 号保管单位,第 12 张背面;《工人之路报》,鄂木斯克,1926 年 9 月 15 日,第 210 号。

5 月 2 日(14 日)以后

列宁在捎给住在叶尔马科夫斯克村的米·亚·西尔文的便条中告知,警察在他家里进行了搜查。西尔文收到便条后,前来看望弗·伊·列宁。

《无产阶级革命》杂志,1924 年,第 7 期,第 79 页。

5 月 4 日或 7 日(16 日或 19 日)

列宁收到玛·伊·乌里扬诺娃从布鲁塞尔寄来的信,信中说,她打算很快动身回家。

《列宁全集》中文第 2 版增订版第 53 卷第 190 页。

列宁收到潘·尼·勒柏辛斯基从米努辛斯克县库拉基诺村寄来的信,说他没有收到列宁的《俄国资本主义的发展》一书。

《列宁全集》中文第 2 版增订版第 53 卷第 191 页。

5 月 9 日(21 日)

列宁在给玛·亚·乌里扬诺娃的信中告知,他收到了玛·伊·乌里扬诺娃的信,并问母亲关于来舒申斯克的事是如何决定的,列宁说他即将寄出《农业中的资本主义》第二篇文章的手稿。

《列宁全集》中文第 2 版增订版第 53 卷第 190—191 页。

列宁在给安·伊·乌里扬诺娃-叶利扎罗娃的信中说,他今天写完了《农业中的资本主义》第二篇文章;问谁是《生活》杂志实际上的编辑;对至今没有看到爱·伯恩施坦的《社会主义的前提和社会民主党的任务》一书表示遗憾；并问是否把《俄国资本主义的发展》一书按他开的名单寄给所有的人了。

《列宁全集》中文第 2 版增订版第 53 卷第 191 页。

5 月 25 日或 28 日(6 月 6 日或 9 日)

列宁收到马·季·叶利扎罗夫和安·伊·乌里扬诺娃-叶利扎罗娃的信，安娜·伊里尼奇娜在信中写道，彼·伯·司徒卢威建议列宁写政治经济学简明教程；列宁从这封信中还得知，就《俄国资本主义的发展》一书已经出版一事，曾经给他来过电报(他没有收到这封电报)。

《列宁全集》中文第 2 版增订版第 53 卷第 192、193 页。

5 月，29 日(6 月 10 日)以前

列宁写《答普·涅日丹诺夫先生》一文，驳斥修正主义。

《列宁全集》中文第 2 版增订版第 4 卷第 138 —143 页，第 53 卷第 193 页。

5 月 29 日(6 月 10 日)

列宁写信给米努辛斯克邮局，要求查找给他发来的关于《俄国资本主义的发展》一书出版的电报。

《列宁全集》中文第 2 版增订版第 53 卷第 192—193 页。

列宁给在波多利斯克的安·伊·乌里扬诺娃-叶利扎罗娃写信，说他拒绝彼·伯·司徒卢威提出的写政治经济学简明教程的建议；问悉·韦伯和比·韦伯合著的《英国工联主义的理论和实践》一书第 1 卷是否付印了。

《列宁全集》中文第 2 版增订版第 53 卷第 192 页。

5 月 29 日或 30 日(6 月 10 日或 11 日)

列宁写信给马·季·叶利扎罗夫(这封信没有找到)。

《列宁全集》中文第 2 版增订版第 53 卷第 193 页。

5 月 30 日（6 月 11 日）

列宁在给安·伊·乌里扬诺娃-叶利扎罗娃的信的附笔中告诉玛·亚·乌里扬诺娃,给她按挂号印刷品寄去《答普·涅日丹诺夫先生》一文和《评经济浪漫主义。西斯蒙第和我国的西斯蒙第主义者》的抽印本。

《列宁全集》中文第 2 版增订版第 53 卷第 193 页。

春天

列宁来到叶尔马科夫斯克村米·亚·西尔文和维·康·库尔纳托夫斯基处。

米·亚·西尔文:《列宁在党的诞生时期》,1958 年,第 184—185 页。

6 月 14 日（26 日）

列宁写信给玛·亚·乌里扬诺娃,说已经有整整一个星期没有从家里得到任何信息,请她把他的《俄国资本主义的发展》一书寄一本给维亚特卡省的叶·叶·库古舍夫(这封信没有找到)。

《列宁全集》中文第 2 版增订版第 53 卷第 466 页。

6 月 15 日或 18 日（27 日或 30 日）

列宁收到玛·亚·乌里扬诺娃 1899 年 5 月 31 日（6 月 12 日)的来信,信中问是否需要把特维尔省和维亚特卡省的统计资料汇编寄到舒申斯克去,还问有无必要申请让列宁和娜·康·克鲁普斯卡娅迁往克拉斯诺亚尔斯克。

《列宁全集》中文第 2 版增订版第 53 卷第 194 页。

6 月,18 日（30 日）以前

阿·亚·瓦涅耶夫、多·瓦·瓦涅耶娃夫妇来到舒申斯克列宁和娜·康·克鲁普斯卡娅家做客。

《列宁全集》中文第 2 版增订版第 53 卷第 194、488 页。

6 月,不晚于 18 日(30 日)

列宁收到叶尔马科夫斯克村的同志们寄来的信,得知阿·亚·瓦涅耶夫的病仍未好转。

《列宁全集》中文第 2 版增订版第 53 卷第 194 页。

列宁收到米·亚·西尔文寄来的信,来信说,他的未婚妻(奥·亚·帕佩廖克)夏末才能来。

《列宁全集》中文第 2 版增订版第 53 卷第 194 页。

6 月 18 日(30 日)

列宁收到亚·尼·波特列索夫 1899 年 6 月 2 日(14 日)从奥尔洛夫(维亚特卡省)寄来的信,来信对列宁的《俄国资本主义的发展》一书给予好评。列宁从来信中得知,在彼得堡的社会民主党人当中出现了修正主义的言论。

《列宁全集》中文第 2 版增订版第 44 卷第 29—33 页。

6 月,20 日(7 月 2 日)以前

潘·尼·勒柏辛斯基、奥·波·勒柏辛斯卡娅夫妇带女儿来到舒申斯克列宁和娜·康·克鲁普斯卡娅家做客两天。

《列宁全集》中文第 2 版增订版第 53 卷第 488 页。

列宁收到 1899 年 5 月份《开端》杂志第 5 期,阅读刊登在这期杂志上的关于亚·波格丹诺夫的《自然史观的基本要素》一书的书评。

《列宁全集》中文第 2 版增订版第 44 卷第 32 页,第 53 卷第
195—196 页。

列宁阅读发表在 1899 年《科学评论》杂志第 5 期上的米·

伊·杜冈-巴拉诺夫斯基的论文《马克思的资本主义抽象理论的基本错误》。

《列宁全集》中文第 2 版增订版第 53 卷第 195 页。

列宁给亚·米·卡尔梅柯娃书店去信,要求给他邮寄亚·波格丹诺夫的《自然史观的基本要素》(1899 年版)一书。

《列宁全集》中文第 2 版增订版第 44 卷第 32 页,第 53 卷第 196 页。

列宁收到来信,得知内务部曾经要求《开端》杂志编辑部公开该杂志创刊号和 4 月号各篇文章作者的真实姓名。

《列宁全集》中文第 2 版增订版第 53 卷第 195 页。

列宁和娜·康·克鲁普斯卡娅得到许可去米努辛斯克。

《列宁全集》中文第 2 版增订版第 53 卷第 488 页。

列宁收到一封可能是从伊尔库茨克省上连斯克寄来的信,信中说,雅·马·利亚霍夫斯基在赤塔当出诊医生。

《列宁全集》中文第 2 版增订版第 53 卷第 195 页。

6 月 20 日(7 月 2 日)

列宁给在波多利斯克的玛·亚·乌里扬诺娃写信,请她不要给他再寄统计资料汇编,因为流放期即将结束,谈到他对彼·伯·司徒卢威主编的《开端》杂志"能否恢复旧观"感到绝望。

《列宁全集》中文第 2 版增订版第 53 卷第 194—195 页。

列宁在给德·伊·乌里扬诺夫的信中,对格·瓦·普列汉诺夫反对伯恩施坦的行动表示赞许;说他对亚·波格丹诺夫的《自然史观的基本要素》一书很感兴趣,并说《开端》杂志上关于该书的一篇书评,写得"荒谬透顶,尽是些装腔作势的词句,而对问题的实质却避而不谈"。

《列宁全集》中文第 2 版增订版第 53 卷第 195—196 页。

娜·康·克鲁普斯卡娅在给玛·亚·乌里扬诺娃的信中说："沃洛佳①现在正努力阅读各种哲学著作（现在这是他的正业），如霍尔巴赫、爱尔维修等等"。

《列宁全集》中文第 2 版增订版第 53 卷第 487 页。

6 月 20 日和 7 月 3 日（7 月 2 日和 15 日）之间

列宁和娜·康·克鲁普斯卡娅写信给格·马·克尔日扎诺夫斯基、季·巴·克尔日扎诺夫斯卡娅夫妇，邀请他们到舒申斯克村来。

《列宁全集》中文第 2 版增订版第 53 卷第 489 页。

列宁和娜·康·克鲁普斯卡娅收到瓦·瓦·斯塔尔科夫的来信，信中说，他现在正在工厂里，回来时将到舒申斯克村来。斯塔尔科夫还在信中约列宁和克鲁普斯卡娅同他一起去米努辛斯克。

《列宁全集》中文第 2 版增订版第 53 卷第 489 页。

列宁和娜·康·克鲁普斯卡娅收到叶尔马科夫斯克村同志们的来信，说阿·亚·瓦涅耶夫的病情日益恶化。

《列宁全集》中文第 2 版增订版第 53 卷第 489 页。

6 月 27 日（7 月 9 日）

列宁写信给在奥尔洛夫（维亚特卡省）的亚·尼·波特列索夫，信中说米·伊·杜冈-巴拉诺夫斯基的《马克思的资本主义抽象理论的基本错误》一文（载于 1899 年《科学评论》杂志第 5 期）是"愚蠢和自命不凡的废话"；说他自己正在努力研究哲学，并说他"坚决地站在一元论者（格·瓦·普列汉诺夫）这边"，同时支持普

---

① 即弗拉基米尔·伊里奇·列宁。——译者注

列汉诺夫站在马克思主义立场上批判新康德主义;列宁写道,为了同马克思主义的"批评家们"(司徒卢威之流)划清界限并同他们进行斗争,必须创办秘密的马克思主义书刊和制定纲领;列宁还说,他的流放期将在 1900 年 1 月 29 日结束。

《列宁全集》中文第 2 版增订版第 44 卷第 29—34 页。

6 月 27 日(7 月 9 日)以后

列宁研究亚·波格丹诺夫的《自然史观的基本要素》一书。

《列宁全集》中文第 2 版增订版第 44 卷第 32 页,第 45 卷第 172 页,第 53 卷 196 页。

6 月

列宁收到玛·伊·乌里扬诺娃寄来的信,信中说,给列宁寄去了安·拉布里奥拉的《社会主义和哲学》(1899 年巴黎版)和茹·盖得的《为社会主义而进行的经常斗争》(1899 年巴黎版)。

《列宁全集》中文第 2 版增订版第 53 卷第 196—197 页。

6 月以后

列宁研究《普斯科夫省地主经济和农民经济中的耕作工具及机器在农民经济中的应用》(1899 年普斯科夫版)一书,在书中标出有关犁在地主经济和农民经济中的推广和使用的部分。

《列宁全集》中文第 2 版增订版第 57 卷第 234—238 页。

7 月 2 日(14 日)

列宁和娜·康·克鲁普斯卡娅收到玛·亚·乌里扬诺娃 1899 年 6 月 16 日(28 日)的来信。

《列宁全集》中文第 2 版增订版第 53 卷第 488 页。

7 月 3 日(15 日)以前

列宁和娜·康·克鲁普斯卡娅收到阿·亚·雅库波娃从卡扎

钦斯科耶村的来信。

《列宁全集》中文第 2 版增订版第 53 卷第 489 页。

7 月 3 日（15 日）

列宁写信给玛·亚·乌里扬诺娃（这封信没有找到）。

《列宁全集》中文第 2 版增订版第 53 卷第 488—489 页。

7 月，3 日（15 日）以后或 8 月

列宁和娜·康·克鲁普斯卡娅到达格·马·克尔日扎诺夫斯基和瓦·瓦·斯塔尔科夫那里，当时他们住在米努辛斯克近郊。

《列宁全集》中文第 2 版增订版第 53 卷第 489 页；苏共中央马列主义研究院，未发表的关于弗·伊·列宁的回忆录全宗，季·巴·克尔日扎诺夫斯卡娅：《回忆弗·伊·列宁》，第 6 页；《消息报》，1969 年 8 月 22 日，第 198 号。

7 月 6 日或 9 日（18 日或 21 日）

列宁收到亲属给他寄来的两本书：安·拉布里奥拉的《社会主义和哲学》（1899 年巴黎版）和茹·盖得的《为社会主义而进行的经常斗争》（1899 年巴黎版）。

《列宁全集》中文第 2 版增订版第 53 卷第 196—197 页。

7 月 9 日（21 日）

列宁收到雅·马·利亚霍夫斯基的来信，说他在赤塔当医生，并打算以后到斯列坚斯克也当医生。

《列宁全集》中文第 2 版增订版第 53 卷第 197 页。

7 月 11 日（23 日）

列宁给在波多利斯克的玛·亚·乌里扬诺娃写信，说收到了拉布里奥拉和盖得的书，打算去米努辛斯克，还说收到了雅·马·利亚霍夫斯基的来信。

《列宁全集》中文第 2 版增订版第 53 卷第 196—197 页。

7 月，11 日（23 日）以后

列宁收到安·伊·乌里扬诺娃-叶利扎罗娃用化学方法写来的信，信中附有她用化学方法抄录的由叶·德·库斯柯娃起草的经济派团体的宣言，安娜·伊里尼奇娜称它为"青年派的信条"。

《列宁全集》中文第 2 版增订版第 53 卷第 198 页；苏共中央马列主义研究院中央党务档案馆，第 13 号全宗，第 1 号目录，第 53 号保管单位。

7 月 13 日（25 日）

安·伊·乌里扬诺娃-叶利扎罗娃受列宁的委托写信给彼·伯·司徒卢威，问是否将在《科学评论》上发表 1899 年 2 月或 3 月初就给他寄去的列宁的文章《再论实现论问题》。她写道："每星期我都接到作者的来信，他在信中对文章尚未发表并因此会变得完全过时，表示遗憾和不快。"如果《科学评论》拒绝发表这篇文章，安娜·伊里尼奇娜要求把它转给《生活》或《世间》；她说，列宁没有收到韦伯夫妇著作的原文和德文译本，同时她还要求告知，对《农业中的资本主义》一文是如何处理的。

苏共中央马列主义研究院中央党务档案馆，第 13 号全宗，第 1 号目录，第 45 号保管单位。

出版人玛·伊·沃多沃佐娃在一封信中写道："最近我的某些出版物之受人欢迎，简直令人惊奇，——我指的是伊林的那本《俄国资本主义的发展》。这本书我是春天出版的，尽管夏天来了，复活节之前又有大批青年涌出首都，但这本书还是快得使人不能相信地销售一空…… 不能不怀着极大的兴趣来读这本书。"

O.拉松斯基：《书籍的力量》，沃罗涅日，1966 年，第 117 页。

7 月 21 日（8 月 2 日）

列宁代行政流放者伊·卢·普罗明斯基写申请书交叶尼塞斯

克省省公署,请求在流放期满后将其全家由舒申斯克村用官费送回原籍。

《真理报》,1960 年 3 月 23 日,第 83 号。

7 月 25 日(8 月 6 日)

格鲁吉亚报纸《犁沟报》发表关于《俄国资本主义的发展》一书的书评。作者伊·卢津是一位住在高加索的俄国社会民主党人,他在书评中指出,这本书的目的在于反对民粹派,并且强调说:"弗拉·伊林的书以其严格科学的客观研究而值得重视"。

《犁沟报》,1899 年 7 月 25 日(格鲁吉亚文);《苏共党史》,第 1 卷,1964 年,第 320 页。

7 月底或 8 月初

列宁发电报给在波多利斯克的玛·亚·乌里扬诺娃,谈她原来打算到舒申斯克来的事(这封电报没有找到)。

《列宁全集》中文第 2 版增订版第 53 卷第 200—201 页。

8 月 1 日(13 日)

米·亚·西尔文、奥·亚·西尔文娜夫妇和其他流放的同志们来到列宁这里。

《列宁全集》中文第 2 版增订版第 53 卷第 198 页。

列宁在给玛·亚·乌里扬诺娃的信中写道,他们这里完全是夏天的天气了,他答应很快就写信给安·伊·乌里扬诺娃-叶利扎罗娃,详细地谈谈经济派的《信条》。

《列宁全集》中文第 2 版增订版第 53 卷第 197—198 页。

8 月 3 日(15 日)

列宁收到 4 月号《开端》杂志。

《列宁全集》中文第 2 版增订版第 53 卷第 200 页。

8 月 3 日或 6 日（15 日或 18 日）

列宁收到玛·亚·乌里扬诺娃 1899 年 7 月 15 日（27 日）的来信，信中说，请求她代办的阿·亚·瓦涅耶夫的事情已经办好了（列宁请她代办什么事情，不详）。

《列宁全集》中文第 2 版增订版第 53 卷第 198 页。

8 月 3 日和 7 日（15 日和 19 日）之间

列宁阅读 1899 年 4 月号《开端》杂志，其中亚·尼·波特列索夫的文章《最迫切的问题》，特别使他感兴趣。

《列宁全集》中文第 2 版增订版第 53 卷第 200 页。

8 月 7 日（19 日）以前

列宁阅读鲁·施塔姆勒《从唯物史观看经济和法》（1896 年莱比锡版）。

《列宁全集》中文第 2 版增订版第 53 卷第 199 页。

列宁阅读发表在 1897—1898 年《新时代》杂志第 35 期上的亨·库诺的文章《社会哲学的迷途。1.施塔姆勒教授》。

《列宁全集》中文第 2 版增订版第 53 卷第 199 页。

列宁阅读发表在 1899 年《科学评论》杂志第 7 期上的帕·尼·斯克沃尔佐夫的文章《论市场问题（评彼得·司徒卢威先生的文章〈论资本主义生产条件下的市场问题〉）》。

《列宁全集》中文第 2 版增订版第 53 卷第 200 页。

8 月 7 日（19 日）

列宁给在波多利斯克的玛·亚·乌里扬诺娃写信，说阿·亚·瓦涅耶夫病情严重，还说，最近大概就能见到他；又说今天格·马·克尔日扎诺夫斯基、季·巴·克尔日扎诺夫斯卡娅夫妇和瓦·瓦·斯塔尔科夫将要到舒申斯克来。

《列宁全集》中文第 2 版增订版第 53 卷第 198—199 页。

列宁在给玛·伊·乌里扬诺娃的信中,对鲁·施塔姆勒的《从唯物史观看经济和法》一书和发表在 1899 年《科学评论》第 7 期上的帕·尼·斯克沃尔佐夫的《论市场问题》一文给以否定的评价。他说,他觉得 1899 年 4 月号的《开端》杂志很有意思。

《列宁全集》中文第 2 版增订版第 53 卷第 199—200 页。

8 月 13 日（25 日）

列宁收到玛·伊·乌里扬诺娃和德·伊·乌里扬诺夫的来信,信中告知,因玛·亚·乌里扬诺娃患病,他们决定不来舒申斯克了。

《列宁全集》中文第 2 版增订版第 53 卷第 200—201 页。

8 月 15 日（27 日）

列宁给在波多利斯克的玛·亚·乌里扬诺娃写信,说家里人因玛·亚·乌里扬诺娃生病决定不来舒申斯克的信已经收到了;列宁关心母亲的病情,询问他们打算在哪里居住。

《列宁全集》中文第 2 版增订版第 53 卷第 200—201 页。

列宁给在波多利斯克的玛·亚·乌里扬诺娃按挂号印刷品寄去以前给他寄来的一本书（书名不详）。

《列宁全集》中文第 2 版增订版第 53 卷第 201 页。

8 月 19 日（31 日）

被流放的社会民主党人叶·瓦·巴拉姆津、格·马·克尔日扎诺夫斯基、季·巴·克尔日扎诺夫斯卡娅夫妇、瓦·瓦·斯塔尔科夫、安·马·斯塔尔科娃夫妇、弗·威·林格尼克和亚·西·沙波瓦洛夫为去叶尔马科夫斯克村而来到舒申斯克列宁家里,在这里停留到第二天。

《列宁全集》中文第 2 版增订版第 53 卷第 201 页；亚·西·沙波瓦洛夫：《在争取社会主义的斗争中》，1957 年，第 155—157 页。

8 月，20 日（9 月 1 日）以前

列宁草拟《俄国社会民主党人抗议书》，以反驳经济派的宣言——《信条》。列宁在《抗议书》中号召俄国社会民主党人对《信条》所表述的整个思想体系作坚决的斗争，起来捍卫革命的马克思主义。

《列宁全集》中文第 2 版增订版第 4 卷第 144—156 页，第 53 卷第 206 页。

8 月 20 日（9 月 1 日）

列宁收到玛·亚·乌里扬诺娃、玛·伊·乌里扬诺娃和安·伊·乌里扬诺娃-叶利扎罗娃 1899 年 8 月 7 日（19 日）寄来的信，同时还有一期《科学评论》杂志和玛·伊·乌里扬诺娃剪辑的报纸。

《列宁全集》中文第 2 版增订版第 53 卷第 201 页。

列宁、娜·康·克鲁普斯卡娅、奥·亚·恩格贝格随同前一天到来的叶·瓦·巴拉姆津、格·马·克尔日扎诺夫斯基、季·巴·克尔日扎诺夫斯卡娅夫妇、瓦·瓦·斯塔尔科夫、安·马·斯塔尔科娃夫妇、弗·威·林格尼克以及亚·西·沙波瓦洛夫从舒申斯克出发去叶尔马科夫斯克，参加讨论由列宁草拟的驳斥经济派宣言的《抗议书》。

《列宁全集》中文第 2 版增订版第 53 卷第 201 页；亚·西·沙波瓦洛夫：《在争取社会主义的斗争中》，1957 年，第 155—157 页。

8 月 20 日—22 日（9 月 1 日—3 日）

列宁在叶尔马科夫斯克村召集在米努辛斯克专区被流放的马

克思主义者开会,讨论经济派的《信条》。讨论《信条》的准备会议是在潘·尼·勒柏辛斯基、奥·波·勒柏辛斯卡娅夫妇的住所召开的。最后一次会议是在阿·亚·瓦涅耶夫的住所召开的,会上,17名被流放的马克思主义者通过了列宁起草的《俄国社会民主党人抗议书》,并在《抗议书》上签了名。《抗议书》批驳了俄国伯恩施坦派的文件。

《列宁全集》中文第 2 版增订版第 53 卷第 201、206 页;《回忆弗·伊·列宁》,第 1 卷,1968 年,第 243 页;潘·尼·勒柏辛斯基:《在转折关头》,1955 年,第 113—115 页;奥·波·勒柏辛斯卡娅:《走向革命的路》,彼尔姆,1963 年,第 78—83 页;亚·西·沙波瓦洛夫:《在争取社会主义的斗争中》,1957 年,第 155—163 页。

8 月 22 日(9 月 3 日)以前

列宁收到从雅库特寄来的信,信中说,被流放的社会民主党人在阅读爱·伯恩施坦的《社会主义的前提和社会民主党的任务》。

《列宁全集》中文第 2 版增订版第 53 卷第 204 页。

8 月 22 日(9 月 3 日)

列宁和娜·康·克鲁普斯卡娅从叶尔马科夫斯克村回到舒申斯克。

《列宁全集》中文第 2 版增订版第 53 卷第 205 页。

列宁收到玛·伊·乌里扬诺娃寄来的信和剪报,以及安·伊·乌里扬诺娃-叶利扎罗娃寄来的《新时代》杂志和列宁写的驳斥自由主义民粹派尼·瓦·列维茨基的几篇文章的抽印本(这几篇文章没有找到)。

《列宁全集》中文第 2 版增订版第 53 卷第 203、205 页。

列宁给在波多利斯克的玛·亚·乌里扬诺娃写信,说收到了信和报刊,并对母亲的健康情况表示关切。

《列宁全集》中文第 2 版增订版第 53 卷第 201—202 页。

列宁发电报给玛·亚·乌里扬诺娃,告知在 9 月中旬以前轮船通航到米努辛斯克。列宁发这封电报,是因为安·伊·乌里扬诺娃-叶利扎罗娃来信说,玛丽亚·亚历山德罗夫娜是否到舒申斯克来将取决于轮船是否通航到米努辛斯克(这封电报没有找到)。

《列宁全集》中文第 2 版增订版第 53 卷第 205—206 页。

娜·康·克鲁普斯卡娅给在波多利斯克的玛·伊·乌里扬诺娃写信,讲述列宁在舒申斯克的生活,说他在学习英文。

《列宁全集》中文第 2 版增订版第 53 卷第 202—204 页。

列宁给在波多利斯克的玛·伊·乌里扬诺娃写信,说得知为他弄到了爱·伯恩施坦的《社会主义的前提和社会民主党的任务》一书,感到非常高兴;说 1899 年 10 月将在汉诺威举行德国社会民主党代表大会,请她早一些想办法把刊登大会报告的报纸及时寄给他。鉴于爱·伯恩施坦的修正主义言论,代表大会把"对党的基本观点和策略的攻击"这一问题列入了议程。

《列宁全集》中文第 2 版增订版第 53 卷第 204—205 页。

8 月 22 日(9 月 3 日)以后

列宁写信给在图鲁汉斯克的尔·马尔托夫,同时寄去经济派《信条》的副本以及在米努辛斯克专区流放的社会民主党人开会通过的《抗议书》副本。

列宁从马尔托夫的回信中得知,图鲁汉斯克的流放者同意《抗议书》的观点。

尤·马尔托夫:《一个社会民主党人的笔记》,1924 年,第407—408 页;亚·西·沙波瓦洛夫:《在争取社会主义的斗争中》,1957 年,第 163 页;米·亚·西尔文:《列宁在党的诞生时期》,1958 年,第 192 页。

列宁将《俄国社会民主党人抗议书》副本寄给在维亚特卡省奥尔洛夫市的亚·尼·波特列索夫。在那里流放的 17 个社会民主党人（瓦·瓦·沃罗夫斯基、尼·埃·鲍曼、亚·尼·波特列索夫等）也一致抗议经济派的《信条》。

> 尤·马尔托夫：《一个社会民主党人的笔记》，1924 年，第408—409 页；亚·西·沙波瓦洛夫：《在争取社会主义的斗争中》，1957 年，第 163 页；米·亚·西尔文：《列宁在党的诞生时期》，1958 年，第 192 页。

8 月 25 日（9 月 6 日）以前

列宁收到安·伊·乌里扬诺娃-叶利扎罗娃寄来的弗·梅林的《德国社会民主党史》一书第 1—2 册（1897—1898 年斯图加特版）。

> 《列宁全集》中文第 2 版增订版第 53 卷第 206 页。

8 月 25 日（9 月 6 日）

列宁给在波多利斯克的玛·亚·乌里扬诺娃写信，说信、书籍和剪报都已收到；谈到玛·亚·乌里扬诺娃可能到舒申斯克来；对已收到的《信条》评价极坏。鉴于彼·伯·司徒卢威默不作答，列宁请安·伊·乌里扬诺娃-叶利扎罗娃把寄给他的文章手稿都取回来，并直接同各杂志编辑部取得联系。

> 《列宁全集》中文第 2 版增订版第 53 卷第 205—206 页。

8 月 31 日（9 月 12 日）

列宁收到亲属寄来的爱·伯恩施坦的《社会主义的前提和社会民主党的任务》（1899 年斯图加特版）、两份《莫斯科新闻》和一本王德威尔得的书（书名不详）。

> 《列宁全集》中文第 2 版增订版第 53 卷第 207 页。

列宁收到从彼得堡寄来的悉·韦伯和比·韦伯合著的《英国

工联主义的理论和实践》一书的英文本第 2 卷,这本书是为校订俄译文用的。

《列宁全集》中文第 2 版增订版第 53 卷第 208 页。

夏天

列宁努力研究各种哲学问题:重读普列汉诺夫的著作,研究法国的唯物主义哲学家,以及唯心主义哲学家、新康德主义者。

《列宁全集》中文第 2 版增订版第 44 卷第 31—32 页,第 53 卷
第 487 页。

列宁和娜·康·克鲁普斯卡娅到捷辛斯克村去了三天,走访被流放的社会民主党人亚·西·沙波瓦洛夫、叶·瓦·巴拉姆津和弗·威·林格尼克。列宁在同林格尼克谈论哲学问题时,表示坚决反对新康德主义。

娜·康·克鲁普斯卡娅:《列宁回忆录》,第 2 版,1968 年,第
36 页;亚·西·沙波瓦洛夫:《在争取社会主义的斗争中》,
1957 年,第 146—155 页。

9 月 1 日(13 日)

列宁在给玛·亚·乌里扬诺娃的信中告知,收到了书和《莫斯科新闻》;对爱·伯恩施坦的《社会主义的前提和社会民主党的任务》一书提出尖锐的批评;请玛·伊·乌里扬诺娃寄来载有帕尔乌斯批驳爱·伯恩施坦的文章以及格·瓦·普列汉诺夫反对爱·伯恩施坦并反对考茨基对伯恩施坦采取调和态度的《我们为什么要感激他呢? 致卡·考茨基的公开信》一文的各期《萨克森工人报》。

《列宁全集》中文第 2 版增订版第 53 卷第 207—208 页。

列宁订购悉·韦伯和比·韦伯合著的《英国工联主义的理论和实践》一书德文本第 2 卷,这本书是为校订该书俄译文用的。

《列宁全集》中文第 2 版增订版第 53 卷第 208 页。

9 月初—1900 年 1 月 19 日（31 日）

列宁同娜·康·克鲁普斯卡娅一起校订从彼得堡寄来的悉·韦伯和比·韦伯合著的《英国工联主义的理论和实践》一书第 2 卷俄译稿,校订译文（有很大一部分重新译过）,并加了很多脚注。

《列宁全集》中文第 2 版增订版第 53 卷第 208、209、213、490 页;悉·韦伯和比·韦伯:《英国工联主义的理论和实践》,第 2 卷,1901 年,第 362、438、443、458—459、463、469、485、518、519、533、675、704、722 页。

9 月 1 日（13 日）以后

列宁就爱·伯恩施坦的《社会主义的前提和社会民主党的任务》一书用化学方法写信给安·伊·乌里扬诺娃-叶利扎罗娃（这封信没有找到）。

《列宁全集》中文第 2 版增订版第 53 卷第 208 页。

9 月 9 日—15 日（21 日—27 日）

列宁翻译的悉·韦伯和比·韦伯合著的《英国工联主义的理论和实践》一书第 1 卷出版。

《1899 年俄国出版的书籍目录》,圣彼得堡,1900 年,第 288—289 页。

9 月 10 日（22 日）

列宁在叶尔马科夫斯克村参加在流放地逝世的彼得堡工人阶级解放斗争协会会员阿·亚·瓦涅耶夫的葬礼,并在他的墓前发表讲话。

《列宁全集》中文第 2 版增订版第 53 卷第 209 页;《回忆弗·伊·列宁》,第 1 卷,1968 年,第 243 页。

9 月 11 日（23 日）

列宁给在波多利斯克的玛·亚·乌里扬诺娃写信,告知阿·

亚·瓦涅耶夫逝世,米·亚·西尔文要去服兵役;提到校订悉·韦伯和比·韦伯一书第 2 卷俄译稿的工作进展;通知即将把《农业中的资本主义》第二篇文章的修订稿寄出,并请安·伊·乌里扬诺娃-叶利扎罗娃在手稿上照此修改。

《列宁全集》中文第 2 版增订版第 53 卷第 209 页。

9 月 11 日和 10 月 17 日（9 月 23 日和 10 月 29 日）之间

列宁给玛·亚·乌里扬诺娃写信,告知在报上已看到悉·韦伯和比·韦伯合著的《英国工联主义的理论和实践》一书第 1 卷的出版消息,并且自己订购了一本（这封信没有找到）。

《列宁全集》中文第 2 版增订版第 53 卷第 210 页。

9 月 13 日（25 日）

列宁给在波多利斯克的玛·亚·乌里扬诺娃按挂号印刷品寄去自己的《农业中的资本主义》一文的修订稿。

《列宁全集》中文第 2 版增订版第 53 卷第 209 页。

9 月底或 10 月最初几日

列宁和娜·康·克鲁普斯卡娅收到玛·伊·乌里扬诺娃 1899 年 9 月 14 日（26 日）的来信。

《列宁全集》中文第 2 版增订版第 53 卷第 490 页。

10 月 12 日（24 日）

列宁收到亲属寄来的《社会主义运动》杂志（这个杂志是 1899 年 1 月在巴黎由让·龙格编辑创刊的）,以及 1898 年 10 月 3—8 日举行的德国社会民主党斯图加特代表大会的会议记录。

《列宁全集》中文第 2 版增订版第 53 卷第 210 页。

10 月 13 日（25 日）

格·瓦·普列汉诺夫在日内瓦收到弗·伊·列宁写的《俄国

社会民主党人抗议书》，并送去付排，准备在《工人事业》第 4 — 5 期合刊上发表。

《格·瓦·普列汉诺夫和帕·波·阿克雪里罗得通信集》，第 2 卷，1925 年，第 96 — 97，98 页。

10 月 15 日（27 日）

列宁收到安·伊·乌里扬诺娃-叶利扎罗娃寄来的莫斯科工会代表大会的小册子，这本小册子可能用来传送用化学方法写的一封信。

《列宁全集》中文第 2 版增订版第 53 卷第 210 页；《列宁家书集》，1934 年，第 234 页，注 4。

10 月 17 日（29 日）以前

列宁收到流放的同志寄来的《科学评论》杂志。

《列宁全集》中文第 2 版增订版第 53 卷第 210 页。

10 月, 17 日（29 日）以前

维·康·库尔纳托夫斯基到舒申斯克来住了两天，列宁同他一起去打猎。

《列宁全集》中文第 2 版增订版第 53 卷第 490 页。

列宁得知彼得堡将出版一种新的社会政治和文学报纸《北方信使报》。

《列宁全集》中文第 2 版增订版第 53 卷第 210 页。

列宁收到从彼得堡寄来的 1899 年《生活》杂志第 7 期。

《列宁全集》中文第 2 版增订版第 53 卷第 210 页。

列宁收到尔·马尔托夫从图鲁汉斯克寄来的信，信中说，在 1899 年《新闻和交易所报》第 152 号上刊登了一篇 M.恩格尔哈特的小品文《摊牌》，批评列宁的《俄国资本主义的发展》一书。

《列宁全集》中文第 2 版增订版第 53 卷第 210 页。

10 月 17 日（29 日）

列宁给在莫斯科的玛·亚·乌里扬诺娃写信，感谢给他寄来了书刊；说他很高兴看到新的法文杂志《社会主义运动》和德国社会民主党斯图加特代表大会会议记录；请她寄来载有 M.恩格尔哈特关于《俄国资本主义的发展》一书的小品文的 1899 年那号《新闻和交易所报》。

《列宁全集》中文第 2 版增订版第 53 卷第 210 页。

10 月 27 日（11 月 8 日）

列宁给叶尼塞斯克省省长写申请书，请求采取措施按时发给他依法应得的流放者补助金。

苏共中央马列主义研究院中央党务档案馆，第 2 号全宗，第 1 号目录，第 296 号保管单位；А.Г.伊万科夫《列宁在西伯利亚流放时期》，1962 年，第 154—155 页。

10 月 31 日（11 月 12 日）

列宁写信给在叶尔马科夫斯克村的谢·米·阿尔卡诺夫医生，请他来给流放的患病同志奥·亚·恩格贝格诊治。

《列宁全集》中文第 2 版增订版第 44 卷第 34—35 页。

不早于 10 月

列宁接受崩得中央委员会的两次提议：先是请他参加编辑《工人报》（俄国社会民主工党第一次代表大会承认它是党的正式机关报），后来是请他为该报撰稿。列宁为《工人报》写了三篇文章：《我们的纲领》、《我们的当前任务》和《迫切的问题》，同时还写了一封谈撰稿条件和文章选题的《给编辑部的信》。

《列宁全集》中文第 2 版增订版第 4 卷第 157—174 页，第 6 卷第 150—151 页。

11 月, 14 日（26 日）以前

列宁给在米努辛斯克的维·康·库尔纳托夫斯基和瓦·瓦·斯塔尔科夫、安·马·斯塔尔科娃夫妇写信,说他很快就会收到卡·考茨基为反驳爱·伯恩施坦而写的一本新书:《伯恩施坦与社会民主党的纲领。反批评》(1899 年斯图加特版)。

《斗争中的同志们》,克拉斯诺亚尔斯克,1965 年,第 206 页。

11 月 22 日（12 月 4 日）以前

列宁用化学方法给帕·波·阿克雪里罗得写信,并通过安·伊·乌里扬诺娃-叶利扎罗娃转寄(这封信没有找到)。

苏共中央马列主义研究院中央党务档案馆,第 13 号全宗,第
1 号目录,第 274 号保管单位,第 5 张,第 5 张背面。

11 月下半月

列宁从亚·尼·波特列索夫那里借到卡·考茨基的书:《伯恩施坦与社会民主党的纲领。反批评》(1899 年斯图加特版)。借期两周。

《回忆弗·伊·列宁》,第 1 卷,1968 年,第 240、297 页;《斗争
中的同志们》,克拉斯诺亚尔斯克,1965 年,第 220—221 页。

列宁写关于卡·考茨基的《伯恩施坦与社会民主党的纲领。反批评》一书的书评。据米·亚·西尔文回忆,书评手稿曾在很多流放者手中流传,并给大家留下深刻的印象。

《列宁全集》中文第 2 版增订版第 4 卷第 175—185 页;《无产
阶级革命》杂志,1924 年,第 7 期,第 79 页。

11 月下半月—12 月初

列宁和娜·康·克鲁普斯卡娅一起在两周内把卡·考茨基的《伯恩施坦与社会民主党的纲领。反批评》一书译成俄文。米·亚·西尔文回忆说,考茨基这本书的译文"是弗拉基米尔·伊里奇用纤细的笔迹写在普通的学生练习簿上的。译文在我们手中彼此

传递,传遍了周围所有的流放地……";列宁的同志们还把译文抄录下来,转寄到其他更远的政治流放者的住地。

《回忆弗·伊·列宁》,第 1 卷,1968 年,第 240、297 页;米·亚·西尔文:《列宁在党的诞生时期》,1958 年,第 195 页;《斗争中的同志们》,克拉斯诺亚尔斯克,1965 年,第 220—221 页;《维·康·库尔纳托夫斯基传略》,1948 年,第 46 页。

秋天

列宁给帕·波·阿克雪里罗得写了三封信,通过安·伊·乌里扬诺娃-叶利扎罗娃转寄(这些信没有找到)。

苏共中央马列主义研究院中央党务档案馆,第 13 号全宗,第 1 号目录,第 274 号保管单位,第 6 张背面。

12 月初

列宁写的《俄国社会民主党人抗议书》以《工人事业》第 4—5 期合刊抽印本的形式在日内瓦出版。《工人事业》编辑部未征得格·瓦·普列汉诺夫同意就发行了《抗议书》,并且还写了编后记,说什么经济派的观点只是某些个别人的偏向,对社会民主党来说并不构成危害。

《工人事业》杂志,1899 年,第 4—5 期合刊抽印本;《格·瓦·普列汉诺夫和帕·波·阿克雪里罗得通信集》,第 2 卷,1925 年,第 99—100 页。

12 月,不晚于 20 日(1 月 1 日)

列宁把自己译的考茨基《伯恩施坦与社会民主党的纲领。反批评》一书的译稿寄给瓦·瓦·斯塔尔科夫和维·康·库尔纳托夫斯基,请他们急速抄好。瓦·瓦·斯塔尔科夫在给安·马·斯塔尔科娃的信中写道:"我们就要抄好了,准备今天就让邮差带给老头①。我们这样急急忙忙是因为这个东西将要送去出版,而老

---

① 指列宁。——译者注

头又想要赶在这本书(考茨基的《反伯恩施坦论》)可能出现第二种
译本之前。尤其是《科学评论》已经答应在这本杂志上刊用它。整
个这一周我们都在抄写……"(考茨基这本书的译本第一次发表于
1905 年,以《论文集》为题,未标明译者姓名;1906 年第 2 版标出:
"列宁译"。)

《斗争中的同志们》,克拉斯诺亚尔斯克,1965 年,第 220—221
页;《维·康·库尔纳托夫斯基传略》,1948 年,第 46 页;卡·
考茨基:《论文集》,1905 年,190 页;卡·考茨基:《论文集》,列
宁译,第 2 版,1906 年,140 页。

1899 年 12 月 20 日和 1900 年 1 月 13 日(1 月 1 日和 25 日)之间

列宁通过奥·亚·西尔文娜得知被征入伍的米·亚·西尔文
在服役期间的艰苦处境。

米·亚·西尔文:《列宁在党的诞生时期》,1958 年,第 200、
202 页。

列宁给在阿钦斯克的米·亚·西尔文写信,说 1899 年《科学
评论》杂志第 12 期刊登了帕·尼·斯克沃尔佐夫关于《俄国资本
主义的发展》一书的书评(这封信没有找到)。

苏共中央马列主义研究院中央党务档案馆,第 563 号全宗,第
1 号目录,第 18 号保管单位,第 26 张背面;米·亚·西尔文:
《列宁在党的诞生时期》,1958 年,第 200、201 页。

12 月 21 日(1 月 2 日)

列宁从在米努辛斯克的维·康·库尔纳托夫斯基和瓦·瓦·
斯塔尔科夫那里收到寄给他们抄写的卡·考茨基《伯恩施坦与社
会民主党的纲领。反批评》一书的译稿。

《斗争中的同志们》,克拉斯诺亚尔斯克,1965 年,第 220—
221 页。

12 月 30 日—1900 年 1 月 2 日(1 月 11 日—14 日)

维·康·库尔纳托夫斯基在舒申斯克列宁和娜·康·克鲁普

斯卡娅家里做客,他们一起度过新年。

《斗争中的同志们》,克拉斯诺亚尔斯克,1965 年,第 225 —
226、228 页。

年底

列宁撰写下列文章:《我们党的纲领草案》、《俄国社会民主党
中的倒退倾向》、《论工业法庭》、《谈谈罢工》。

《列宁全集》中文第 2 版增订版第 4 卷第 186 — 208、209 —
238、239 — 250、251 — 260 页。

列宁写关于谢·尼·普罗柯波维奇的《西欧工人运动。批判
性研究的尝试》一书的书评。

《列宁全集》中文第 2 版增订版第 4 卷第 261 — 271 页。

1899 年底或 1900 年初

列宁写《论〈宣言书〉》一文。

《列宁全集》中文第 2 版增订版第 4 卷第 272 — 281 页。

1899 年

列宁在流放的最后一年谋划创建马克思主义的革命无产阶级
政党的组织计划。这项计划的基础是设想在国外创办全俄马克思
主义的秘密报纸。娜·康·克鲁普斯卡娅回忆说:"他用很多不眠
之夜,周详地考虑着自己计划的一切细节,他同克尔日扎诺夫斯基
讨论这个计划,同我讨论这个计划,同马尔托夫和波特列索夫通信
商量这个计划,并同他们约好到国外去。"列宁和流放的同志们商
谈将来的工作和在俄国的联系办法。

《回忆弗·伊·列宁》,第 1 卷,1968 年,第 244 — 245 页;第 2
卷,1969 年,第 24 页;尤·马尔托夫:《一个社会民主党人的
笔记》,1924 年,第 411 页;米·亚·西尔文:《列宁在党的诞
生时期》,1958 年,第 185 页;《苦役与流放》杂志,1927 年,第 6
期,第 8 — 10 页。

列宁在娜·康·克鲁普斯卡娅写小册子《女工》时，提出了很多建议。

《列宁全集》中文第 2 版增订版第 4 卷第 158—159 页；娜·康·克鲁普斯卡娅：《论列宁》，1965 年，第 186 页；娜·康·克鲁普斯卡娅：《教育文集》（十卷本），第 1 卷，1957 年，第 71—102 页。

列宁同在叶尔马科夫斯克村流放的潘·尼·勒柏辛斯基通信交流棋艺。

《回忆弗·伊·列宁》，第 1 卷，1968 年，第 242 页；第 2 卷，1969 年，第 72—73 页。

1900 年

1 月初

列宁写信给在叶尔马科夫斯克村的潘·尼·勒柏辛斯基和奥·波·勒柏辛斯卡娅夫妇,信中就离开流放地的准备工作提出建议(这封信没有找到)。

奥·波·勒柏辛斯卡娅:《走向革命的路》,彼尔姆,1963 年,第 94 页。

1 月 3 日—5 日(15 日—17 日)

瓦·瓦·斯塔尔科夫在舒申斯克村列宁和娜·康·克鲁普斯卡娅家里做客。他在给安·马·斯塔尔科娃的信中写道:"看见了老头①,他很精神,很健康。在他们那里过得非常好。他是多么好,多么富于同情心的人啊!……我到他们那里的那天,我们在幻想中度过了整个晚上。真是幻想了好一阵子!……"

列宁请瓦·瓦·斯塔尔科夫到米努辛斯克后,去警察局了解一下,什么时候和怎样发放流放期满的通知书。他们约定一起走。

《斗争中的同志们》,克拉斯诺亚尔斯克,1965 年,第 228、230—231、232 页。

1 月 7 日或 11 日(19 日或 23 日)

列宁收到瓦·瓦·斯塔尔科夫从米努辛斯克寄来的信,信中

---

① 指列宁。——译者注

说,他去警察局问过,那里回答说:通知流放期满的事将不会拖延,在下一邮班就把通知书寄往各乡。斯塔尔科夫建议在 1 月 29 日(2 月 11 日)[①]以前作好启程的准备。

《斗争中的同志们》,克拉斯诺亚尔斯克,1965 年,第 232 页。

1 月 12 日(24 日)

列宁在寄往米努辛斯克给瓦·瓦·斯塔尔科夫的信中写道:"乡里(通过私人的和间接的途径)通知说,关于释放我和把娜嘉[②]送往'乌法市'的文件已经来了,因此我们雇了一位马车夫,准备在星期五,即 28 日,让他把东西运走,29 日清早再把我们载到城里。"(引自瓦·瓦·斯塔尔科夫的信。信的原件没有找到。)

苏共中央马列主义研究院中央党务档案馆,第 2 号全宗,第 1
号目录,第 25442 号保管单位。

1 月 14 日(26 日)

列宁收到瓦·瓦·斯塔尔科夫的回信,他在信中写道:一切都很顺利,可以在 1900 年 1 月 30 日(2 月 11 日)早晨,最迟在午饭后,从米努辛斯克出发。

苏共中央马列主义研究院中央党务档案馆,第 2 号全宗,第 1
号目录,第 25442 号保管单位。

1 月中

列宁写《非批判的批判(评 1899 年《科学评论》杂志第 12 期帕·斯克沃尔佐夫先生的论文《商品拜物教》)》一文,以答复帕·尼·斯克沃尔佐夫对《俄国资本主义的发展》一书有敌意的评论。

[①] 原文如此,应为"1 月 29 日(2 月 10 日)"或"1 月 30 日(2 月 11 日)"。——译者注

[②] 即娜·康·克鲁普斯卡娅。——译者注

列宁从流放地回来以后,于 3 月写完这篇文章。

《列宁全集》中文第 2 版增订版第 3 卷第 563—585 页,第 53 卷第 213 页。

1 月 16 日(28 日)

列宁给在米努辛斯克的瓦·瓦·斯塔尔科夫写信,请他去问一下警察局长,娜·康·克鲁普斯卡娅是否需要申请并得到许可才能自费去乌法;还委托他办下列几件事:定一辆带篷的雪橇,去地方金库一趟,购买一些东西(这封信没有找到)。

苏共中央马列主义研究院中央党务档案馆,第 2 号全宗,第 1 号目录,第 25442 号保管单位。

1 月 18 日(30 日)

列宁收到瓦·瓦·斯塔尔科夫从米努辛斯克寄来的信,斯塔尔科夫告知:向警察局长问过关于娜·康·克鲁普斯卡娅的事,原来申请允许她自费走的事,要到警察司去办理,警察局长个人不能给她发通行证,因为他没有得到任何命令。

《列宁全集》中文第 2 版增订版第 53 卷第 212 页。

1 月,19 日(31 日)以前

列宁收到亚·尼·波特列索夫的信,从信中得知,书报检查机关禁止印行谢·尼·普罗柯波维奇的《西欧工人运动》一书。

《列宁全集》中文第 2 版增订版第 53 卷第 213 页。

1 月 19 日(31 日)

列宁为要求发给娜·康·克鲁普斯卡娅自费去乌法的许可证一事发出两封电报:一封给警察司,另一封给娜·康·克鲁普斯卡娅的好友——阿·伊·克尼波维奇和尼·米·克尼波维奇(这两封电报没有找到)。

《列宁全集》中文第 2 版增订版第 53 卷第 212 页。

娜·康·克鲁普斯卡娅在给玛·亚·乌里扬诺娃的信中写道:"现在我们这里尽是谈走的事。书我们都装箱了……大约合 15 普特。书和一部分东西我们准备托运。"

《列宁全集》中文第 2 版增订版第 53 卷第 212—213 页。

列宁在娜·康·克鲁普斯卡娅给玛·伊·乌里扬诺娃的信中附笔,说很快就要见面了,告知谢·尼·普罗柯波维奇的《西欧工人运动》一书被书报检查机关扣压了。

《列宁全集》中文第 2 版增订版第 53 卷第 213 页。

列宁把他校订的悉·韦伯和比·韦伯合著的《英国工联主义的理论和实践》一书第 2 卷俄译稿寄往彼得堡。

《列宁全集》中文第 2 版增订版第 53 卷第 213 页。

1 月 28 日(2 月 9 日)

列宁把书籍和自己的一部分东西从舒申斯克村发往普斯科夫。后来书籍被扣留在莫斯科车站,根据莫斯科警察局登记的清单,共有 243 种书刊。实际上书刊要比这多得多。列宁从西伯利亚发出的书籍当中,有卡·马克思和弗·恩格斯的著作,有许多经济学、哲学书籍,有西方文学和俄国文学著作等。

《列宁全集》中文第 2 版增订版第 53 卷第 212—213 页;苏共中央马列主义研究院中央党务档案馆,第 4 号全宗,第 3 号目录,第 26 号保管单位,第 15—21 张。

1 月 29 日(2 月 10 日)

列宁流放期满。列宁同娜·康·克鲁普斯卡娅和她的母亲伊·瓦·克鲁普斯卡娅,清晨从舒申斯克村乘车出发去欧俄。由于禁止在两个首都,在有高等学校的城市和大工业中心居住,列宁便选择普斯科夫这个便于同彼得堡联系的城市为定居地点。

《列宁全集》中文第 2 版增订版第 53 卷第 212—213 页;《红色文献》杂志,1934 年,第 1 期,第 129—130 页;苏共中央马列主义研究院中央党务档案馆,第 2 号全宗,第 1 号目录,第 25442 号保管单位。

列宁同娜·康·克鲁普斯卡娅和她的母亲伊·瓦·克鲁普斯卡娅到达米努辛斯克。

《列宁全集》中文第 2 版增订版第 53 卷第 212—213 页;苏共中央马列主义研究院中央党务档案馆,第 2 号全宗,第 1 号目录,第 25442 号保管单位。

1 月 29 日或 30 日(2 月 10 日或 11 日)

列宁发电报给玛·亚·乌里扬诺娃,告知他已从米努辛斯克出发(这封电报没有找到)。

《列宁全集》中文第 2 版增订版第 53 卷第 213 页;《回忆弗·伊·列宁》,第 1 卷,1968 年,第 63 页。

1 月 30 日(2 月 11 日)

列宁同娜·康·克鲁普斯卡娅和她的母亲伊·瓦·克鲁普斯卡娅,以及瓦·瓦·斯塔尔科夫和奥·亚·西尔文娜,清晨从米努辛斯克出发去阿钦斯克车站。

《列宁全集》中文第 2 版增订版第 53 卷第 212 页;《红色文献》杂志,1934 年,第 1 期,第 129—130 页;《回忆弗·伊·列宁》,第 1 卷,1968 年,第 245—246 页;苏共中央马列主义研究院中央党务档案馆,第 2 号全宗,第 1 号目录,第 25442 号保管单位;苏共中央马列主义研究院,未发表的关于弗·伊·列宁的回忆录全宗,米·亚·西尔文:《回忆弗·伊·列宁》,第 9—10 页。

2 月 2 日(14 日)

列宁同娜·康·克鲁普斯卡娅和她的母亲伊·瓦·克鲁普斯卡娅,以及瓦·瓦·斯塔尔科夫和奥·亚·西尔文娜乘马拉雪橇行几百俄里,到达阿钦斯克车站。

《回忆弗·伊·列宁》,第 1 卷,1968 年,第 245 — 246 页;苏共中央马列主义研究院,未发表的关于弗·伊·列宁的回忆录全宗,米·亚·西尔文:《回忆弗·伊·列宁》,第 9 — 10 页。

列宁、娜·康·克鲁普斯卡娅、她的母亲伊·瓦·克鲁普斯卡娅,以及他们的旅伴瓦·瓦·斯塔尔科夫和奥·亚·西尔文娜,于早晨 7 时乘伊尔库茨克—莫斯科邮政客运列车从阿钦斯克车站出发。列宁与家里人同去乌法,克鲁普斯卡娅将在乌法度过她余下的流放期。

《铁路、航运及其他客运交通正式运行指南(1899 — 1900 年冬季运行)》,1899 年,第 3 部分,第 170 — 173 时间表;《回忆弗·伊·列宁》,第 1 卷,1968 年,第 246 页;苏共中央马列主义研究院,未发表的关于弗·伊·列宁的回忆录全宗,米·亚·西尔文:《回忆弗·伊·列宁》,第 9 — 10 页。

鉴于列宁流放期满,玛·亚·乌里扬诺娃向警察司司长递交申请书,请求准许弗·伊·列宁和娜·康·克鲁普斯卡娅从流放地回来时在莫斯科她的家里住一星期,并请求准许克鲁普斯卡娅住在她丈夫选择的居住地普斯科夫。

《无产阶级革命》杂志,1929 年,第 11 期,第 150 页。

2 月 6 日（18 日）

列宁和娜·康·克鲁普斯卡娅到达乌法,在一家旅馆暂住(地址不详)。

《回忆弗·伊·列宁》,第 1 卷,1968 年,第 246 页;巴什基尔苏维埃社会主义自治共和国中央国家档案馆,第 11 号全宗,第 1 号目录,第 1561 号案卷,第 8 张背面;《苏共历史问题》杂志,1966 年,第 4 期,第 96 — 97 页。

列宁拜访他在喀山时就已知道的民意党运动的参加者 М.П. 切特韦尔戈娃,并同她进行谈话。

弗·伊·列宁(1900年2月,莫斯科)

《回忆弗·伊·列宁》,第 1 卷,1968 年,第 246 页。

2 月 6 日(18 日)—不早于 9 日(21 日)

列宁多次同当地的社会民主党人亚·德·瞿鲁巴、阿·伊·斯维杰尔斯基、维·尼·克罗赫马尔等人会见;同他们就革命工作问题进行交谈,向他们介绍自己的在国外出版全俄秘密政治报纸的计划。

《回忆弗·伊·列宁》,第 1 卷,1968 年,第 246 页;《无产阶级革命》杂志,1924 年,第 3 期,第 129—131 页。

2 月,不早于 9 日(21 日)

列宁离开乌法去莫斯科。

《回忆弗·伊·列宁》,第 1 卷,1968 年,第 246 页。

2 月,不晚于 16 日(28 日)

弟弟德·伊·乌里扬诺夫在波多利斯克市车站迎接从流放地回来的列宁。德·伊·乌里扬诺夫住在这里,并受警察的监视。

《回忆弗·伊·列宁》,第 1 卷,1968 年,第 128 页。

列宁到达莫斯科,住在安·伊·乌里扬诺娃-叶利扎罗娃处,地址是巴赫梅季耶夫街 25 号(现奥布拉兹佐夫街 27 号)5 宅厢房。

《红色文献》杂志,1934 年,第 1 期,第 130—131 页;《列宁在莫斯科和莫斯科郊区》,1970 年,第 31—33 页。

2 月 16 日和 20 日(2 月 28 日和 3 月 4 日)之间

列宁住在莫斯科,同当地的和从外地来看望他的社会民主党人会见,同莫斯科的、叶卡捷琳诺斯拉夫的社会民主党小组商谈建立联系的问题,并同他们讨论革命工作的其他重要问题。

《回忆弗·伊·列宁》,第 1 卷,1968 年,第 64—66 页;《红色文献》杂志,1934 年,第 1 期,第 131—132 页;《无产阶级革命》杂志,1929 年,第 1 期,第 68 页。

2 月 17 日(3 月 1 日)

　　列宁和玛·伊·乌里扬诺娃造访小市民二道街 81 号(现吉利亚罗夫斯基街 49 号)格·汝·克拉辛的住所。

《红色文献》杂志,1934 年,第 1 期,第 131 页;《列宁在莫斯科和莫斯科郊区》,1970 年,第 34 页。

2 月 17 日—20 日(3 月 1 日—4 日)

　　列宁把自己亲笔题词的相片寄给工人伊·卢·普罗明斯基和奥·亚·恩格贝格,以纪念在西伯利亚流放地共同度过的岁月。

苏共口央马列主义研究院中央党务档案馆,第 2 号全宗,第 1 号目灵,第 307、308 号保管单位。

2 月 18 日和 19 日(3 月 2 日和 3 日)

　　列宁在安·伊·乌里扬诺娃-叶利扎罗娃的住所会见俄国社会民主工党叶卡捷琳诺斯拉夫委员会和《南方工人报》的代表伊·克·拉拉扬茨,同他就准备召开俄国社会民主工党第二次代表大会问题、《火星报》出版计划问题以及俄国社会民主党活动的其他重要问题进行了谈话。

《红色文献》杂志,1934 年,第 1 期,第 131 页;《无产阶级革命》杂志,1929 年,第 1 期,第 68—70 页。

2 月 18 日(3 月 2 日)

　　列宁同伊·克·拉拉扬茨去大众艺术剧院(马车市 3 号,"艾尔米塔什"花园),观看格·豪普特曼的话剧《亨什尔》。

《列宁全集》中文第 2 版增订版第 53 卷第 241 页;С.Д.德列旬:《弗拉基米尔·伊里奇在观众厅》,1967 年,第 26—27、30—31 页;《列宁在莫斯科和莫斯科郊区》,1970 年,第 34—35 页。

2 月 20 日和 24 日(3 月 4 日和 8 日)之间

　　列宁到达下诺夫哥罗德,住在茹柯夫街社会民主党人 A.И.皮斯库诺夫处（现米宁街 25 号），了解当地社会民主党人的工作，并谈到革命工作的各项任务。

《革命运动史料》，第 4 卷，下诺夫哥罗德，1922 年，第 16 页；《苏共高尔基组织简史》，高尔基市，1961 年，第 58 页。

2 月，不晚于 25 日（3 月 9 日）

列宁到达彼得堡，住在著名社会活动家亚·米·卡尔梅柯娃处（利季约大街 60 号 5 室），同当地社会民主党人会见，向他们介绍出版全俄政治报纸的计划。

《红色文献》杂志，1934 年，第 1 期，第 133 页；《列宁在彼得堡》，1957 年，第 60 页。

列宁同秘密回到俄国的维·伊·查苏利奇会见；向她介绍出版报纸和科学政治杂志的计划；就劳动解放社参加这些刊物的问题进行商谈。

《格·瓦·普列汉诺夫和帕·波·阿克雪里罗得通信集》，第 2 卷，1925 年，第 102—105 页；《列宁在彼得堡》，1957 年，第 60 页。

2 月 26 日（3 月 10 日）

列宁从彼得堡来到他流放期满后选择的居住地普斯科夫。他在这里受到警察的暗中监视。

《红色文献》杂志，1934 年，第 1 期，第 132 页。

2 月 26 日—5 月 19 日（3 月 10 日—6 月 1 日）

列宁住在普斯科夫：先在大卢茨卡亚街（现苏维埃街）40 号住了几天；后来迁往斯捷纳亚街斯·伊·拉德琴柯和柳·尼·拉德琴柯的住所（现斯维尔德洛夫街，十月革命街拐角）；再后来，由于警察加强监视，迁到阿尔汉格尔斯克街（现列宁街）3 号居住[①]。

① 1924 年这里建立了弗·伊·列宁故居纪念馆。——俄文编者注

《红色史料》杂志,1924 年,第 1 期,第 29 页;《列宁在彼得堡》,1957 年,第 61—62 页。

2 月 28 日(3 月 12 日)

列宁去普斯科夫警察局,阅知警察司 1 月 5 日(18 日)关于在三年内禁止他在工业中心和有高等学校的城市居住的决定,并签字如下:"1900 年 2 月 28 日向我宣布该项决定。律师助理弗·乌里扬诺夫";同时领到第 38 号身份证。

《红色史料》杂志,1925 年,第 3 期,第 204—205 页;И.Н.拉里奥诺夫:《弗·伊·列宁在普斯科夫》,第 2 版,普斯科夫,1960年,第 11、19 页。

2 月

列宁写的《俄国社会民主党人抗议书》收入由格·瓦·普列汉诺夫作序、由劳动解放社在日内瓦出版的《〈工人事业〉杂志编辑部指南》文集。

《〈工人事业〉杂志编辑部指南》,日内瓦,1900 年 2 月。

3 月 6 日(19 日)

《普斯科夫市小报》第 23 号刊登了列宁写的广告:"愿延请一位有文化的德国人讲授德语(理论和实践)。来信请寄:阿尔汉格尔斯克街切尔诺夫宅卢里叶住所(转弗·乌·)"。

《普斯科夫市小报》,1900 年 3 月 19 日,第 23 号;И.Н.拉里奥诺夫:《弗·伊·列宁在普斯科夫》,第 2 版,普斯科夫,1960年,第 17 页。

3 月 10 日(23 日)

列宁向警察司司长提出申请,请求准许娜·康·克鲁普斯卡娅不在乌法而在普斯科夫度过流放期。

《列宁全集》中文第 2 版增订版第 53 卷第 214 页。

3 月，15 日（28 日）以前

列宁收到《生活》杂志编辑部寄来的 2 月号杂志，上面刊载了他的《农业中的资本主义（论考茨基的著作和布尔加柯夫先生的文章）》一文。

> 《列宁全集》中文第 2 版增订版第 4 卷第 85—134 页，第 53 卷第 214 页；《无产阶级革命》杂志，1929 年，第 11 期，第 146—147 页。

3 月 15 日（28 日）

列宁在给玛·亚·乌里扬诺娃的回信中告知：已向警察司提出申请，要求准许娜·康·克鲁普斯卡娅在普斯科夫度过余下的流放期，如遭拒绝，想请母亲亲自去申请一下；并说收到《生活》杂志和得到彼得堡发生逮捕事件的消息。

> 《列宁全集》中文第 2 版增订版第 53 卷第 214 页。

3 月底

列宁阅读 Б.李沃夫的小册子《社会规律（社会学绪论初探）》（1899 年圣彼得堡版）。小册子中评论了 1899 年《科学评论》杂志第 12 期上刊载的帕·尼·斯克沃尔佐夫的《商品拜物教》一文。列宁在小册子上作标记，并划出重点。

> 苏共中央马列主义研究院中央党务档案馆，第 2 号全宗，第 1 号目录，第 314 号保管单位。

列宁收到娜·康·克鲁普斯卡娅从乌法寄来的信，信中谈到她长时间生病。列宁给她寄了钱。

> 《列宁全集》中文第 2 版增订版第 53 卷第 216 页。

3 月底—4 月 4 日（17 日）以前

列宁会见尔·马尔托夫，他是从流放地去波尔塔瓦途经普斯科夫到列宁这里的。列宁向他介绍在国外出版《火星报》和《曙光》

杂志的计划；谈到在俄国的社会民主党的工作任务问题。

《列宁全集》中文第 2 版增订版第 53 卷第 215 页。

　　列宁制定《〈火星报〉和〈曙光〉杂志编辑部声明草案》，阐述全俄政治报纸和科学政治杂志的纲领和任务。

《列宁全集》中文第 2 版增订版第 4 卷第 282—291 页；《列宁
文集》俄文版第 4 卷第 57 页。

　　列宁同尔·马尔托夫和亚·尼·波特列索夫会见，讨论《〈火星报〉和〈曙光〉杂志编辑部声明草案》。

《列宁文集》俄文版第 4 卷第 49—61 页。

　　列宁收到米·亚·西尔文的来信，信中邀请他去里加同当地的社会民主党人会见。

《回忆列宁》，第 4 册，1925 年，第 46 页。

　　列宁在彼得罗夫镇 6 号[①]主持革命的马克思主义者与合法马克思主义者（彼·伯·司徒卢威、米·伊·杜冈-巴拉诺夫斯基）的"普斯科夫会议"，宣读他关于出版《火星报》和《曙光》杂志的《编辑部声明》草案，解释草案的重要原则；在讨论国外编辑部工作的组织问题以及合法马克思主义者参加报纸和杂志工作的问题时发言。会议同意列宁的声明草案。

《列宁全集》中文第 2 版增订版第 4 卷第 282—291 页；《列宁
文集》俄文版第 4 卷第 58—59 页；《红色史料》杂志，1924 年，
第 1 期，第 18 页；И.Н.拉里奥诺夫：《弗·伊·列宁在普斯科
夫》，第 2 版，普斯科夫，1960 年，第 21 页。

3 月—5 月上半月

　　列宁多次会见从彼得堡来到他这里的亚·米·卡尔梅柯娃，就准备将来出版报纸的问题进行商谈。

---

　　①　1938 年这里建立了弗·伊·列宁故居纪念馆。——俄文编者注

《红色史料》杂志,1924 年,第 1 期,第 28—29 页;《往事》杂志,1926 年,第 1 期,第 77—79 页。

根据普斯科夫统计处的建议,列宁积极参加制定对普斯科夫省农民经济、副业和手工业发展进行广泛估价和统计调查的大纲。

《红色达吉斯坦》,马哈奇卡拉,1926 年 1 月 22 日,第 18 号;И.Н.拉里奥诺夫:《弗·伊·列宁在普斯科夫》,第 2 版,普斯科夫,1960 年,第 12、18 页。

为完成普斯科夫统计处交给的任务,列宁从普斯科夫去伊兹博尔斯克。

И.Н.拉里奥诺夫:《弗·伊·列宁在普斯科夫》,第 2 版,普斯科夫,1960 年,第 27 页。

列宁去彼得罗巴甫洛夫斯克街(现统一街)7 号市立图书馆,研读经济、统计和社会问题方面的书刊;同当地社会民主党人会见。

《红色史料》杂志,1924 年,第 1 期,第 28—29 页;《列宁在彼得堡》,1957 年,第 64 页。

列宁参加当地革命知识分子和反对派知识分子的会议,发言批判修正主义。

《红色史料》杂志,1924 年,第 1 期,第 28—29 页。

列宁同普斯科夫社会民主党人(亚·米·斯托帕尼、斯·伊·拉德琴柯、尼·尼·洛霍夫等人)商谈在普斯科夫组织《火星报》协助小组。

《红色史料》杂志,1934 年,第 1 期,第 27—30 页。

4 月 2 日(15 日)

为了同拉脱维亚社会民主党人建立联系,列宁从伊兹博尔斯克秘密来到里加,住在米·亚·西尔文处(文登街(现采苏街)17 号 5 室)。当天,他和里加社会民主党组织领导人扬·奥佐尔和

K.祖季斯在伊丽莎白街 16 号(现基洛夫街 18 号)会见,详细了解他们的工作,同他们商谈在国外出版报纸和杂志的工作以及建立联系和联系地址的问题。

《拉脱维亚革命者回忆列宁》,里加,1969 年,第 49 — 56、57 — 60 页;И.Н.拉里奥诺夫:《弗·伊·列宁在普斯科夫》,第 2 版,普斯科夫,1960 年,第 27 页。

4 月 5 日(18 日)

列宁收到米·亚·西尔文 4 月 4 日(17 日)从里加寄来的信,信中谈到由于变更服役地点,他将动身去西伯利亚。

《列宁全集》中文第 2 版增订版第 53 卷第 215—216 页。

4 月,6 日(19 日)以前

列宁收到出版社寄来的《俄国资本主义的发展》一书的稿费,并给乌法的娜·康·克鲁普斯卡娅寄钱。

《列宁全集》中文第 2 版增订版第 53 卷第 216 页。

不晚于 4 月 6 日(19 日)

列宁给《科学评论》杂志编辑部寄去《非批判的批判》一文的一条注释,以反驳刊登在《生活》杂志(1899 年第 10 期和 1900 年第 2 期)上的彼·伯·司徒卢威的文章和刊登在《科学评论》杂志(1899 年第 5 期和 1900 年第 3 期)上的米·伊-杜冈-巴拉诺夫斯基的文章。列宁的文章及注释刊登在 1900 年《科学评论》杂志第 5 期和第 6 期上。

《列宁全集》中文第 2 版增订版第 53 卷第 216 页,第 3 卷第 585 页。

4 月 6 日(19 日)

列宁给玛·伊·乌里扬诺娃写信,回复她 4 月 3 日(16 日)对没有收到列宁的信表示不安的来信。列宁在信中谈到自己在普斯科夫的生活,说自己正在编写悉·韦伯和比·韦伯合著的《英国工联主义的理论和实践》一书的索引和学习外语,并说收到了米·亚·西尔文的信。

《列宁全集》中文第 2 版增订版第 53 卷第 215—217 页。

列宁给母亲和姊妹们寄去印有普斯科夫风景的明信片。

《列宁全集》中文第 2 版增订版第 53 卷第 215 页;苏共中央马
列主义研究院中央党务档案馆,第 2 号全宗,第 1 号目录,第
315、316 号保管单位。

4 月 6 日(19 日)以后

列宁阅读 И.达维多夫的《什么是经济唯物主义?(批判方法概论)》(1900 年哈尔科夫版),在空白处作批注,并着重标出作者歪曲卡·马克思的哲学唯物主义的段落。

苏共中央马列主义研究院中央党务档案馆,第 2 号全宗,第 1
号目录,第 318 号保管单位。

4 月 20 日(5 月 3 日)

列宁给警察司司长写申请书,请求准许他去乌法看望生病的妻子,期限为一个半月。

《列宁全集》中文第 2 版增订版第 53 卷第 219 页;《无产阶级
革命》杂志,1929 年,第 11 期,第 153—154 页。

4 月 26 日(5 月 9 日)

列宁在给玛·亚·乌里扬诺娃的信中告知,寄去曾经答应给她的《科学评论》杂志抽印本;问安·伊·乌里扬诺娃-叶利扎罗娃现在在什么地方,她夏天将在什么地方休养。

《列宁全集》中文第 2 版增订版第 53 卷第 217 页。

4 月 29 日(5 月 12 日)

警察司根据玛·亚·乌里扬诺娃的请求,准许列宁来莫斯科母亲处住一星期。

《红色文献》杂志,1934年,第1期,第133—134页。

4月下旬

列宁同亚·尼·波特列索夫商谈波特列索夫出国为出版《火星报》和《曙光》杂志作好技术准备的问题,并让他把列宁写的《编辑部声明草案》带给劳动解放社。

《列宁全集》中文第2版增订版第4卷第282—291页,第53卷第216页;《列宁文集》俄文版第4卷第44、60页。

4月,30日(5月13日)以前

列宁收到玛·亚·乌里扬诺娃和玛·伊·乌里扬诺娃4月25日(5月8日)的来信。

《列宁全集》中文第2版增订版第53卷第218页。

列宁收到娜·康·克鲁普斯卡娅的信,信中谈到她的生活和健康情况。

《列宁全集》中文第2版增订版第53卷第218页。

列宁收到《科学评论》杂志编辑米·米·菲力波夫的来信,信中告知,列宁的《非批判的批判》一文由于政治原因被书报检查官删掉近三分之一。

《列宁全集》中文第2版增订版第53卷第218页。

4月30日(5月13日)

列宁在给玛·亚·乌里扬诺娃的信中告知,他打算在大约两星期以后到波多利斯克她那里去;说已经提出申请到乌法去看娜·康·克鲁普斯卡娅;请姐姐安娜·伊里尼奇娜不要把《社会立法和统计学文库》杂志寄给娜捷施达·康斯坦丁诺夫娜。

《列宁全集》中文第2版增订版第53卷第218页。

4 月下半月—5 月 19 日（6 月 1 日）以前

列宁写《火星报》小组给俄国社会民主工党第二次代表大会的报告，并收到代表劳动解放社参加代表大会的代表委托书。

> 《格·瓦·普列汉诺夫和帕·波·阿克雪里罗得通信集》，第 2 卷，1925 年，第 132—133 页；尔·马尔托夫：《俄国社会民主党历史》，第 2 版，1923 年，第 55 页。

4 月—5 月

列宁写关于卡·罗·卡乔罗夫斯基的《俄国村社（数字和实际调查经验）》（第 1 卷第 1 分册，1900 年版）一书的书评。

> 《列宁全集》中文第 2 版增订版第 53 卷第 216 页；В.И.诺维科夫：《弗·伊·列宁和普斯科夫火星派》，1968 年，第 49 页。

5 月 5 日（18 日）

列宁领到去德国的出国护照，并交付 10 卢布护照税。

> 《列宁全集》中文第 2 版增订版第 53 卷第 219—220 页；《红色文献》杂志，1934 年，第 1 期，第 134 页。

列宁去波多利斯克省省长办公室询问关于他 4 月 20 日（5 月 3 日）申请去乌法的事，申请遭到拒绝。

> 《列宁全集》中文第 2 版增订版第 53 卷第 220 页；《无产阶级革命》杂志，1929 年，第 11 期，第 154—155 页。

列宁收到玛·亚·乌里扬诺娃 4 月 2 日（15 日）从波多利斯克寄来的信和玛·伊·乌里扬诺娃的附笔，信中对列宁的健康情况表示不安。

> 《列宁全集》中文第 2 版增订版第 53 卷第 219—220 页。

列宁给在波多利斯克的玛·亚·乌里扬诺娃写信，说领到了出国护照，告知预定从普斯科夫启程的日期，并说打算在动身之前解决一些出版问题和财务问题。

5 月 10 日(23 日)

列宁回复玛·亚·乌里扬诺娃 5 月 8 日(21 日)的来信。乌里扬诺娃在信中说,已经代列宁得到警察司的许可,准许他去波多利斯克。列宁复信对很快能和母亲见面表示高兴,说他决意动身前往,并请母亲去彼得堡为他提出申请,要求准许他去乌法看望娜·康·克鲁普斯卡娅。

《列宁全集》中文第 2 版增订版第 53 卷第 220—221 页。

5 月 13 日(26 日)以后

经玛·亚·乌里扬诺娃出面申请,列宁得到警察司的许可,准许他和母亲一起去乌法看望娜·康·克鲁普斯卡娅,期限为一个半月。

《红色文献》杂志,1934 年,第 1 期,第 134 页。

5 月中

列宁会见到普斯科夫来访的国外俄国社会民主党人联合会的代表,就召开俄国社会民主工党第二次代表大会问题进行交谈。

《列宁全集》中文第 2 版增订版第 44 卷第 43 页;《列宁文集》俄文版第 4 卷第 45、52、54 页。

5 月 18 日(31 日)

列宁在给玛·亚·乌里扬诺娃的信中告知,他要过些时候才能从普斯科夫到波多利斯克去,他将在 5 月 21 日或 23 日(6 月 3 日或 5 日)到达波多利斯克。

《列宁全集》中文第 2 版增订版第 53 卷第 221—222 页。

5 月,19 日(6 月 1 日)以前

列宁收到娜·康·克鲁普斯卡娅从乌法寄来的信。

《红色史料》杂志,1924 年,第 1 期,第 22 页。

列宁写信给莉·米·克尼波维奇(这封信没有找到)。

《红色史料》杂志,1924 年,第 1 期,第 22—23 页。

5 月 19 日(6 月 1 日)

列宁同来到普斯科夫的尔·马尔托夫会见,讨论在俄国开展革命工作以协助《火星报》的各项问题,商谈建立联系和联系地址的问题。

《红色史料》杂志,1924 年,第 1 期,第 24 页。

列宁在离开普斯科夫前拜访 Н.Ф.洛帕廷,从他那里取得出版《火星报》的经费。

《红色史料》杂志,1924 年,第 1 期,第 20、27—28、30 页。

列宁把东西(一箱书籍)发往波多利斯克德·伊·乌里扬诺夫处,乘晚车从普斯科夫去彼得堡。

《红色史料》杂志,1924 年,第 1 期,第 22 页。

5 月 20 日(6 月 2 日)

为保密起见,列宁于早 7 时 25 分在亚历山德罗夫站下车,去皇村,并于上午 9 时从该地乘另外一次列车去彼得堡。

《回忆弗·伊·列宁》,第 1 卷,1968 年,第 67 页;《红色史料》杂志,1924 年,第 1 期,第 21、22—23 页。

由于即将出国,列宁秘密来到彼得堡,同当地的社会民主党人会见,同他们商谈革命工作的一些问题。

《红色史料》杂志,1924 年,第 1 期,第 21—22 页;《回忆弗·伊·列宁》,第 1 卷,1968 年,第 67 页。

列宁在彼得堡来到人口调查统计委员会所在的楼房,把从普斯科夫带来的一小手提篮书刊留在那里。

列宁两次去《北方信使报》编辑部,后来又去过受警察监视的
医士瓦·费·科热夫尼科-娃的住所;列宁同当地的社会民主党人
会见和交谈。

5 月 20 日(6 月 2 日)夜至 21 日(6 月 3 日)凌晨

列宁在彼得堡,住在彼得堡工人阶级解放斗争协会会员亚·
列·马尔琴科的母亲处(大哥萨克巷 11 号 6 室)。

5 月 21 日(6 月 3 日)

早晨,列宁因非法来到首都被警察逮捕,羁押在彼得堡行政长
官公署拘留所。

在搜查列宁时搜去以下物品:(1)5 月 19 日(6 月 1 日)发货
(一箱书籍)至波多利斯克市的莫斯科—文达瓦—雷宾斯克铁路货
运单副页;(2)一本记有著作摘录的笔记本;(3)一封给娜·康·克
鲁普斯卡娅的信;(4)给阿斯特拉罕的莉·米·克尼波维奇发信的
单据;(5)现金 1 300 卢布。

5 月 21 日—31 日(6 月 3 日—13 日)

列宁被拘留。

5 月,21 日(6 月 3 日)以后

列宁写信给玛·亚·乌里扬诺娃,告知自己被捕,请她不要担

心,相信很快可以获释(这封信没有找到)。

《回忆弗·伊·列宁》,第 1 卷,1968 年,第 67 页。

5 月 21 日和 31 日(6 月 3 日和 13 日)之间

由于列宁被捕,他从普斯科夫发往波多利斯克的行李(书籍、手稿)被莫斯科警察扣留,并受到检查。

В.И.诺维科夫:《弗·伊·列宁和普斯科夫火星派》,1968 年,
第 60 页。

5 月 23 日(6 月 5 日)

列宁受审讯,就被捕时从他身上搜去的物品和现金作出说明。

《红色史料》杂志,1924 年,第 1 期,第 22—23 页。

5 月 31 日(6 月 13 日)

列宁获释,并由一名警官解送去波多利斯克玛·亚·乌里扬诺娃处。

《红色史料》杂志,1924 年,第 1 期,第 25 页。

不早于 5 月 31 日(6 月 13 日)

列宁写信给在国外的亚·尼·波特列索夫,告知自己曾在彼得堡被捕,又平安获释,并打算在 3—4 周以后到国外去(这封信没有找到)。

В.И.诺维科夫:《弗·伊·列宁和普斯科夫火星派》,1968 年,
第 61 页。

5 月底(6 月初)

列宁发电报给在沃罗涅日省博布罗夫市他的革命战友谢·巴·舍斯捷尔宁、索·巴·舍斯捷尔宁娜夫妇,邀请他们到波多利斯克来。

《无产阶级革命》杂志,1930 年,第 1 期,第 88 页;《回忆弗·
伊·列宁》,第 1 卷,1968 年,第 68 页。

5 月—6 月

列宁的《非批判的批判》一文在《科学评论》杂志第 5 期和第 6 期上发表。

> 《列宁全集》中文第 2 版增订版第 3 卷第 563—585 页；《科学评论》杂志，1900 年 5 月，第 5 期，第 945—954 页；6 月，第 6 期，第 1061—1067 页。

春天

列宁收到他为悉·韦伯和比·韦伯合著的《英国工联主义的理论和实践》第 2 卷译文编制索引所得的稿费。

> 苏共中央马列主义研究院中央党务档案馆，第 302 号全宗，第 1 号目录，第 45 号保管单位，第 5 张—第 5 张背面。

6 月 1 日—7 日（14 日—20 日）

列宁住在波多利斯克的亲属处：谢尔普霍夫街克德罗娃宅（现列宁大街 47 号）①。

> 《红色文献》杂志，1934 年，第 1 期，第 134—136 页；《无产阶级革命》杂志，1930 年，第 1 期，第 88—89 页；《列宁在莫斯科和莫斯科郊区》，1970 年，第 35—39 页。

6 月 1 日和 6 日（14 日和 19 日）之间

列宁同应邀来波多利斯克的潘·尼·勒柏辛斯基交谈，商谈他今后在普斯科夫的工作和支持《火星报》的事。

> 潘·尼·勒柏辛斯基：《在转折关头》，1955 年，第 118 页。

谢·巴·舍斯捷尔宁、索·巴·舍斯捷尔宁娜夫妇应列宁的邀请来到波多利斯克。列宁同他们商谈协助《火星报》的问题。当知道他们要到下诺夫哥罗德去看望亲属时，列宁委托他们通知当地的社会民主党人说他将要去那里。

---

① 1924 年这里建立了弗·伊·列宁故居纪念馆。——俄文编者注

《回忆弗·伊·列宁》,第 1 卷,1968 年,第 68 页;《无产阶级革命》杂志,1930 年,第 1 期,第 88—89 页。

6 月,7 日(20 日)以前

列宁写信给在乌法的娜·康·克鲁普斯卡娅,说他很快将和玛·亚·乌里扬诺娃一起到她那里去(这封信没有找到)。

《列宁全集》中文第 2 版增订版第 53 卷第 495 页。

6 月 7 日(20 日)

列宁同玛·亚·乌里扬诺娃和安·伊·乌里扬诺娃-叶利扎罗娃一起,从波多利斯克启程去乌法看望娜·康·克鲁普斯卡娅;乘火车到达下诺夫哥罗德,准备从这里换乘轮船去乌法。

《红色文献》杂志,1934 年,第 1 期,第 136 页;《回忆弗·伊·列宁》,第 1 卷,1968 年,第 68 页。

6 月 8 日或 9 日(21 日或 22 日)

列宁在下诺夫哥罗德(现高尔基市)稍作停留,在田地街皮亚托夫的房子里会见当地的社会民主党人,讨论在国外出版秘密的全俄社会民主党报纸的计划,商谈请他们支持办报的事和联系办法。

《无产阶级革命》杂志,1930 年,第 1 期,第 89 页。

6 月 15 日(28 日)

列宁到达乌法娜·康·克鲁普斯卡娅处,住在宪兵街和监狱街拐角(现克鲁普斯卡娅街和陀思妥耶夫斯基街拐角)78 号[①]。

《回忆弗·伊·列宁》,第 1 卷,1968 年,第 70 页;《乌法》,莫斯科,1969 年,第 8 页。

6 月 15 日和 7 月 2 日(6 月 28 日和 7 月 15 日)之间

列宁住在乌法,会见当地的社会民主党人亚·德·瞿鲁巴、

---

① 1941 年这里建立了弗·伊·列宁故居纪念馆。——俄文编者注

阿·伊·斯维杰尔斯基、维·尼·克罗赫马尔等人,商谈请他们协助未来办报的事和联系办法。

《列宁全集》中文第 2 版增订版第 53 卷第 222 页;《回忆弗·伊·列宁》,第 1 卷,1968 年,第 70 页。

6 月 16 日和 7 月 2 日(6 月 29 日和 7 月 15 日)之间

列宁在乌法会见来自其他城市的社会民主党人:雅罗斯拉夫尔的弗·亚·诺斯科夫-萨马拉的彼·彼·鲁勉采夫,阿斯特拉罕的莉·米·克尼波维奇,以及皮斯库诺夫夫妇。列宁和他们讨论有关计划出版《火星报》的事,商谈密码暗语、地址、联系等问题。

B.H.斯捷潘诺夫:《列宁和〈火星报〉俄国组织(1900 — 1903 年)》,1969 年,第 32—33 页。

列宁给在彼得堡的《科学评论》杂志编辑米·米·菲力波夫写信,对刊登他的文章《非批判的批判》时作了歪曲表示不满(这封信没有找到)。

《列宁全集》中文第 2 版增订版第 53 卷第 493—494 页。

列宁和娜·康·克鲁普斯卡娅抄录一个姓名不详的人的来信,该信附有俄国社会民主工党第一次代表大会以后欧俄 27 个城市中发生逮捕事件的综合报告。

苏共中央马列主义研究院中央党务档案馆,第 2 号全宗,第 1 号目录,第 326 号保管单位。

7 月 2 日(15 日)

列宁给在波多利斯克的玛·亚·乌里扬诺娃写信,说他要推迟至 7 月 20 日或 21 日(8 月 2 日或 3 日)才能到她那里,因为他打算到一位同志那里去一趟;还说,他想路过波多利斯克去国外,并请德·伊·乌里扬诺夫为他准备好出发用的一切必需物品。

《列宁全集》中文第 2 版增订版第 53 卷第 222 页。

7 月,2 日(15 日)以后

列宁离开乌法去波多利斯克。

《列宁全集》中文第 2 版增订版第 53 卷第 222 页。

7 月 2 日和 10 日(15 日和 23 日)之间

列宁在从乌法去波多利斯克途中,在萨马拉(现古比雪夫)停留,在那里和当地的社会民主党人商谈请他们协助全俄社会民主党报纸的事和有关联系事宜。

《列宁全集》中文第 2 版增订版第 53 卷第 222 页;《回忆弗·伊·列宁》,第 1 卷,1968 年,第 70 页。

列宁去塞兹兰同当地的社会民主党人建立联系。他在那里会见 Π.季·叶利扎罗夫及其全家,讲述自己在西伯利亚舒申斯克村的流放生活,详细询问伏尔加河流域的农民生活情况。

Π.Π.叶利扎罗夫:《马尔克·叶利扎罗夫和乌里扬诺夫一家》,1967 年,第 55—56 页。

7 月,10 日(23 日)以前

经玛·亚·乌里扬诺娃申请,警察司准许列宁从乌法到波多利斯克来看望她,限期三天。

《红色文献》杂志,1934 年,第 1 期,第 136—137 页。

7 月 10 日(23 日)

列宁到达波多利斯克。

《红色文献》杂志,1934 年,第 1 期,第 136—137 页。

7 月,不晚于 13 日(26 日)

列宁从波多利斯克启程出国。

《列宁文集》俄文版第 8 卷第 96 页;《斯摩棱斯克通报》,1900 年 7 月 14 日,第 155 号。

7 月 13 日—15 日（26 日—28 日）

　　列宁出国途中在斯摩棱斯克停留。他在那里会见伊·瓦·巴布什金和弗·尼·罗扎诺夫,同他们商谈有关出版《火星报》和《曙光》杂志的问题,以及他们在俄国做工作协助《火星报》的事。

> 《列宁文集》俄文版第 8 卷第 96 页;《斯摩棱斯克通报》,1900 年 7 月 14 日,第 155 号;《科学和生活》杂志,1967 年,第 5 期,第 3—4 页。

7 月 15 日（28 日）

　　列宁写信给费·伊·唐恩(这封信没有找到)。

> 《列宁全集》中文第 2 版增订版第 44 卷第 100—101 页。

7 月 16 日（29 日）

　　列宁通过国境。

> 《回忆弗·伊·列宁》,第 1 卷,1968 年,第 70 页;《红色文献》杂志,1934 年,第 1 期,第 137 页;《科学和生活》杂志,1967 年,第 5 期,第 4 页。

7 月 19 日（8 月 1 日）

　　列宁从奥地利寄明信片给在乌法的娜·康·克鲁普斯卡娅(这张明信片没有找到)。

> 《列宁全集》中文第 2 版增订版第 53 卷第 493 页。

7 月 19 日（8 月 1 日）以后

　　列宁到达苏黎世(瑞士),在两天内会见劳动解放社成员帕·波·阿克雪里罗得,同他讨论《〈火星报〉和〈曙光〉杂志编辑部声明草案》,以及其他有关出版这两种报刊的问题。

> 《列宁全集》中文第 2 版增订版第 4 卷第 293 页。

　　列宁由苏黎世到韦采纳村(日内瓦附近),在那里一直住到 8 月 15 日（28 日）离开瑞士为止。

《列宁全集》中文第 2 版增订版第 4 卷第 293—310 页;《列宁文集》俄文版第 1 卷第 32 页。

列宁在日内瓦会见亚·尼·波特列索夫,从他那里了解到劳动解放社成员对《〈火星报〉和〈曙光〉杂志编辑部声明草案》的态度。

《列宁全集》中文第 2 版增订版第 4 卷第 293 页。

列宁同格·瓦·普列汉诺夫会见,同他讨论关于出版《火星报》和《曙光》杂志的问题,以及关于劳动解放社参加出版工作的问题。在讨论过程中,普列汉诺夫对计划出版报刊——这种青年力量的创举表示不信任;对出版纲领中提出的一系列原则问题表示不同意;表现出很不耐烦,不愿听取别人的意见。

《列宁全集》中文第 2 版增订版第 4 卷第 293—297 页。

8 月初

几天之后,列宁再次同格·瓦·普列汉诺夫会见,继续讨论出版《火星报》和《曙光》杂志的有关问题。普列汉诺夫把《编辑部声明草案》(数月前就由亚·尼·波特列索夫交给了他)还给列宁,声称他没有实质性的意见,只是希望"修改一下词句,把语气加强些,基本内容不变"。但是普列汉诺夫对声明原文并没有进行修改,只答应以后再说。

《列宁全集》中文第 2 版增订版第 4 卷第 297 页。

列宁修改《编辑部声明草案》。

《列宁全集》中文第 2 版增订版第 4 卷第 297 页。

列宁再一次同格·瓦·普列汉诺夫和维·伊·查苏利奇会见,宣读他修改过的《编辑部声明草案》,请普列汉诺夫对《草案》进行修改,但是遭到拒绝。

《列宁全集》中文第 2 版增订版第 4 卷第 297 页。

列宁在日内瓦同"社会民主党人"小组组员会见,就出版《火星报》和《曙光》杂志问题进行交谈。

《列宁全集》中文第 2 版增订版第 4 卷第 301—302 页。

8 月 5 日(18 日)

列宁给玛·亚·乌里扬诺娃写信(这封信没有找到)。

《列宁全集》中文第 2 版增订版第 53 卷第 466 页。

8 月,11 日(24 日)以前

列宁在韦采纳村同尼·埃·鲍曼会见,同他讨论在国外出版《火星报》和《曙光》杂志的计划,从他那里得知,在巴黎以尤·米·斯切克洛夫为首的社会民主党人侨民小组希望参加这一出版工作。列宁请鲍曼邀请斯切克洛夫前来瑞士商谈。

《无产阶级革命》杂志,1923 年,第 5 期,第 222—223 页。

列宁研究关于国外俄国社会民主党人联合会分裂的材料。

《列宁全集》中文第 2 版增订版第 44 卷第 36—39 页;苏共中央马列主义研究院中央党务档案馆,第 2 号全宗,第 1 号目录,第 328、329 号保管单位。

列宁给在乌法的娜·康·克鲁普斯卡娅写信,解释国外俄国社会民主党人联合会分裂的原因,赞同劳动解放社在反对《工人事业》杂志经济主义倾向的斗争中所持的立场。

《列宁全集》中文第 2 版增订版第 44 卷第 36—39 页。

列宁同尼·埃·鲍曼以及前来瑞士的尤·米·斯切克洛夫会见,讨论《火星报》和《曙光》杂志的任务和纲领问题。

《无产阶级革命》杂志,1923 年,第 5 期,第 222—223 页。

列宁在伯勒里夫出席会议,出席会议的还有格·瓦·普列汉

诺夫、维·伊·查苏利奇、亚·尼·波特列索夫、尼·埃·鲍曼和
尤·米·斯切克洛夫。会议讨论了出版《火星报》和《曙光》杂志的
任务和纲领问题。

《无产阶级革命》杂志,1923 年,第 5 期,第 222—223 页。

8 月 11 日—13 日(24 日—26 日)

列宁在科尔西埃(日内瓦近郊)出席同劳动解放社一起召开的
会议,会议讨论了《编辑部声明草案》。在讨论过程中,普列汉诺夫
对纲领和策略的一系列原则问题表示不同意,不愿意考虑革命运
动实践的条件和任务。在决定编辑部的组织工作时,他的态度也
是令人不能容忍的,他无视同志们关于由编委会领导报纸和杂志
的意见,而用最后通牒的方式要求由自己独揽编辑大权。

《列宁全集》中文第 2 版增订版第 4 卷第 297—301 页;《列宁
文集》俄文版第 1 卷第 32 页。

8 月 13 日(26 日)

列宁同亚·尼·波特列索夫讨论会议的结果;决定向普列汉
诺夫提出对他的行为表示愤慨;声明在这种条件下不能再同劳动
解放社继续进行谈判,打算回俄国去和同志们讨论出版报纸的问
题,而将现有的杂志材料印成小册子出版。

《列宁全集》中文第 2 版增订版第 4 卷第 301—304 页。

8 月 14 日(27 日)

列宁和亚·尼·波特列索夫在韦采纳会见帕·波·阿克雪里
罗得,并向他宣布他们的决定。根据阿克雪里罗得的请求,他们同
他和维·伊·查苏利奇讨论了这个决定。

《列宁全集》中文第 2 版增订版第 4 卷第 304—305 页。

列宁和亚·尼·波特列索夫给莱比锡的印刷所寄信,然后发

电报,要求把印刷《火星报》的准备工作停下来。

《列宁全集》中文第 2 版增订版第 4 卷第 305 页。

列宁根据帕·波·阿克雪里罗得和维·伊·查苏利奇的请求,继续同劳动解放社会谈。鉴于列宁坚持坚定的立场,普列汉诺夫只好作出让步。最后运成关于出版报纸和编委会组成的协议。

《列宁全集》中文第 2 版增订版第 4 卷第 306—308 页。

8 月 15 日(28 日)

列宁同亚·尼·波特列索夫讨论《曙光》杂志的问题。他们决定向劳动解放社提出建议,用共同为杂志搜集的材料试行出版一个文集。

《列宁全集》中文第 2 版增订版第 4 卷第 308 页。

列宁同维·伊·查苏利奇、帕·波·阿克雪里罗得、亚·尼·波特列索夫就出版文集的问题进行商谈。

《列宁全集》中文第 2 版增订版第 4 卷第 308 页。

列宁在日内瓦参加同劳动解放社举行的最后一次会议,对谈判过程表示不满意,对格·瓦·普列汉诺夫的行为表示愤慨。会上就组成编委会、共同出版文集、制定新的协议草案等方面达成协议。

《列宁全集》中文第 2 版增订版第 4 卷第 308—309 页。

列宁在韦采纳同"社会民主党人"小组的一个组员谈同劳动解放社开会的结果,以及组织出版《火星报》和《曙光》杂志的具体工作问题。

《列宁全集》中文第 2 版增订版第 4 卷第 310 页。

列宁离开日内瓦去慕尼黑。

《列宁全集》中文第 2 版增订版第 4 卷第 309 页。

8 月 15 日—23 日（8 月 28 日—9 月 5 日）

列宁在去纽伦堡途中和到达后,写出版《火星报》和《曙光》杂志的小组同国外"社会民主党人"小组之间的相互关系的协议草案。

《列宁全集》中文第 2 版增订版第 4 卷第 292、310 页。

8 月 15 日和 22 日（8 月 28 日和 9 月 4 日）之间

列宁阅读达·波·梁赞诺夫为《曙光》杂志写的文章《评〈工人事业〉杂志的纲领》,并对该文进行编辑加工。

苏共中央马列主义研究院中央党务档案馆,第 2 号全宗,第 1 号目录,第 332 号保管单位。

8 月 16 日和 24 日（8 月 29 日和 9 月 6 日）之间

由于必须弄清有关出版《火星报》和《曙光》杂志的一系列问题,列宁在纽伦堡停留。

《列宁全集》中文第 2 版增订版第 44 卷第 39—42、42—43 页；K.施特列布:《列宁在德国》,1959 年,第 17 页。

8 月 17 日（30 日）

列宁在纽伦堡会见安·伊·乌里扬诺娃-叶利扎罗娃,向她讲述在瑞士为出版《火星报》和《曙光》杂志同劳动解放社成员谈判的情况。

《无产阶级革命》杂志,1924 年,第 7 期,第 254 页。

8 月,18 日（31 日）以前

列宁给玛·亚·乌里扬诺娃写信(这封信没有找到)。

《列宁全集》中文第 2 版增订版第 53 卷第 223 页。

8 月 18 日（31 日）

列宁给在波多利斯克的玛·亚·乌里扬诺娃写信,谈到由于他给母亲写了两封信但未收到回信而深感不安；说他见到了安娜·伊里尼奇娜；请求玛丽亚·伊里尼奇娜把书给他寄来（为保密起见，通讯稿和信件是在书中传递的）。

《列宁全集》中文第 2 版增订版第 53 卷第 223 页。

8 月，20 日（9 月 2 日）和以后

列宁写《"火星"怎么会差一点熄灭了？》一文，文中叙述了关于出版《火星报》和《曙光》杂志同劳动解放社谈判的整个情况。

《列宁全集》中文第 2 版增订版第 4 卷第 293—310 页。

8 月 22 日—24 日（9 月 4 日—6 日）

列宁在纽伦堡同德国社会民主党的领导人之一——阿·布劳恩进行商谈，研究对出版《火星报》给予组织上和技术上的协助的问题。

《列宁全集》中文第 2 版增订版第 53 卷第 223—224 页；《俄国社会民主主义运动》，第 1 卷，1928 年，第 356 页；K.施特列布：《列宁在德国》，1959 年，第 17 页。

8 月，不晚于 22 日（9 月 4 日）

列宁回复尤·米·斯切克洛夫的来信。斯切克洛夫请求在《曙光》杂志上刊登达·波·梁赞诺夫的批判经济派的文章《评〈工人事业〉杂志的纲领》，列宁复信同意刊登，并提出自己对这篇文章的意见。

《列宁全集》中文第 2 版增订版第 44 卷第 39—42 页；《列宁文集》俄文版第 13 卷第 113—116 页。

8 月 23 日（9 月 5 日）

列宁答复一封来信（收信人不详），拒绝关于会见国外俄国社会民主党人联合会代表的建议，并声明自己打算对联合会的经济主义倾向作最坚决的斗争。

《列宁全集》中文第 2 版增订版第 44 卷第 42—45 页。

8 月,23 日(9 月 5 日)以后

列宁写准备在《火星报》创刊号上发表的《〈火星报〉编辑部声明》。

《列宁全集》中文第 2 版增订版第 4 卷第 311—318 页。

8 月 24 日(9 月 6 日)

列宁去慕尼黑,途中在布拉格稍作停留。列宁经捷克社会民主党人介绍,同印刷所工人弗·莫德拉切克商定,由他把俄国寄来的信件转寄列宁以及把列宁的信件寄回俄国。

《列宁全集》中文第 2 版增订版第 44 卷第 42—45、46—47 页,第 53 卷第 224,225 页;M.伊万诺夫:《列宁在布拉格》,布拉格,1963 年,第 33—51 页。

8 月 25 日(9 月 7 日)

列宁到达慕尼黑,这里被选定为《火星报》和《曙光》杂志编辑部所在地。

《列宁全集》中文第 2 版增订版第 44 卷第 46—47 页,第 53 卷第 225—226 页。

列宁给在波多利斯克的玛·亚·乌里扬诺娃写信,对得到家中消息表示非常高兴;说他已游览莱茵河(瑞士)回来,并打算不久再次因事外出;问到德·伊·乌里扬诺夫进入尤里耶夫大学的情况,马·季·叶利扎罗夫动身去莫斯科的日期,以及玛·伊·乌里扬诺娃的情况。

《列宁全集》中文第 2 版增订版第 53 卷第 224—225 页。

8 月 25 日和 9 月 1 日(9 月 7 日和 14 日)之间

列宁在一封回信中(收信人不详),说明《火星报》和《曙光》杂志是独立的刊物,并不依附于"社会民主党人"革命组织;对他愿意

参加这两种报刊的工作表示欢迎。

《列宁全集》中文第 2 版增订版第 44 卷第 46—47 页。

不早于 8 月底（9 月初）

　　列宁读给《火星报》的一篇通讯稿，该稿报道了彼得堡帕尔工厂、阿特拉斯炼铁厂和尼科利斯科耶纺织厂的工人状况，列宁对通讯稿进行编辑加工。

苏共中央马列主义研究院中央党务档案馆，第 2 号全宗，第 1
号目录，第 343 号保管单位。

　　列宁读一个姓名不详的人寄给《火星报》的谈克拉斯诺亚尔斯克铁路修配厂工人罢工的来信，在信上作批注，并进行编辑加工。

苏共中央马列主义研究院中央党务档案馆，第 2 号全宗，第 1
号目录，第 342 号保管单位。

　　列宁为在《火星报》上刊载 1897 年 12 月 10 日（23 日）四个大臣开会讨论查封《我们的言论》杂志的会议记录抄件作付印准备，并计算印刷符号。

苏共中央马列主义研究院中央党务档案馆，第 2 号全宗，第 1
号目录，第 341 号保管单位。

　　列宁读寄给《火星振》的萨马拉宗教法庭 1900 年 4 月 21 日（5 月 4 日）因禁止正教院（根据沙皇命令）为列夫·托尔斯泰逝世举行追悼仪式一事发布的通令抄件，在抄件上计算印刷符号。

苏共中央马列主义研究院中央党务档案馆，第 2 号全宗，第 1
号目录，第 344 号保管单位。

　　列宁读给《火星报》的一篇有关阿特拉斯工厂状况的通讯稿，在上面写批注："不适用"。

苏共中央马列主义研究院中央党务档案馆，第 2 号全宗，第 1
号目录，第 345 号保管单位。

列宁读一本署名"过来人"的有关工厂中工人状况的通讯稿集,写上标题:《1899 年 5 月里加工人罢工(续)》,并进行编辑加工。

苏共中央马列主义研究院中央党务档案馆,第 2 号全宗,第 1 号目录,第 346 号保管单位。

列宁为署名"科丘别伊"的一篇通讯稿《身穿神甫法衣的伪善者(波兹尼亚科夫遗产案)》作付印准备,划分出段落。

苏共中央马列主义研究院中央党务档案馆,第 2 号全宗,第 1 号目录,第 348 号保管单位。

列宁读寄给《火星报》编辑部的特维尔省地方自治机关呈请财政大臣取消差别税率的申请书草案抄件,在抄件上作批注,划重点。

苏共中央马列主义研究院中央党务档案馆,第 2 号全宗,第 1 号目录,第 347 号保管单位。

8 月

列宁阅读爱·伯恩施坦的《社会主义的理论和社会民主党的实践》(巴黎版)一书,在书中作批注。

苏共中央马列主义研究院中央党务档案馆,第 2 号全宗,第 1 号目录,第 335、340 号保管单位。

8 月—12 月

列宁在慕尼黑结识波兰革命者尤利安·马尔赫列夫斯基,经常同他会面,在组织出版报纸的工作中得到他的帮助。

K.施特列布:《列宁在德国》,1959 年,第 17—18 页。

9 月初

列宁收到维·伊·查苏利奇的信,信中说,格·瓦·普列汉诺夫承认自己在策略问题上不正确,并保证同《火星报》和《曙光》杂志编辑部的其他成员协调行动。

《俄国社会民主主义运动》,第 1 卷,1928 年,第 73—75 页。

9 月 1 日(14 日)以后

列宁翻阅 8 月份和 9 月 1 日的《圣彼得堡新闻》,摘录有关沙皇政府对内和对外政策问题的材料。列宁在《对华战争》一文中利用了这些材料。

苏共中央马列主义研究院中央党务档案馆,第 2 号全宗,第 1 号目录,第 349 号保管单位。

9 月,3 日(16 日)以前

列宁收到玛·伊·乌里扬诺娃的来信。

《列宁全集》中文第 2 版增订版第 53 卷第 225 页。

列宁收到玛·伊·乌里扬诺娃 8 月 24 日(9 月 6 日)的明信片,说她收到了运输事务处来信,信中再次提到寄给列宁的书的事。

《列宁全集》中文第 2 版增订版第 53 卷第 225 页。

9 月 3 日(16 日)

列宁收到玛·亚·乌里扬诺娃 8 月 23 日(9 月 5 日)的来信,说德·伊·乌里扬诺夫申请进大学遭到拒绝。

《列宁全集》中文第 2 版增订版第 53 卷第 225 页。

9 月 4 日(17 日)

列宁收到玛·伊·乌里扬诺娃寄来的《社会立法和统计学文库》。

《列宁全集》中文第 2 版增订版第 53 卷第 226 页。

9 月,5 日(18 日)以前

列宁寄给劳动解放社四份出席巴黎国际社会党代表大会的代

表委托书：三份来自乌拉尔社会民主党人小组，一份来自乌法市社会民主党组织。

《格·瓦·普列汉诺夫和帕·波·阿克雪里罗得通信集》，第2卷，1925年，第135—136页。

9 月 5 日（18 日）

列宁收到娜·康·克鲁普斯卡娅从乌法寄来的信，信中谈到她的生活和工作。

《列宁全集》中文第2版增订版第53卷第226页。

列宁收到安·伊·乌里扬诺娃-叶利扎罗娃的来信，信中告知她打算到慕尼黑列宁这里来。

《列宁全集》中文第2版增订版第53卷第226页。

9 月，6 日（19 日）以前

列宁给玛·伊·乌里扬诺娃回信，告知给出版社事务处的转寄书籍的地址。

《列宁全集》中文第2版增订版第53卷第225页。

9 月 6 日（19 日）

列宁给玛·亚·乌里扬诺娃回信，对德·伊·乌里扬诺夫被拒绝进大学表示遗憾，说他收到了安·伊·乌里扬诺娃和娜·康·克鲁普斯卡娅的来信，还说收到了玛·伊·乌里扬诺娃寄来的书。

《列宁全集》中文第2版增订版第53卷第225—226页。

9 月 10 日（23 日）以前

列宁为在《火星报》上刊载乌拉尔社会民主党人小组参加国际社会党代表大会代表委托书的《附件》作付印准备，并在上面作编辑标记。这一《附件》是寄给劳动解放社的（其中论述了乌拉尔社会民主主义运动的发展历史和现状）。

《历史文献》杂志,1955 年,第 6 期,第 5—8 页。

9 月 12 日（25 日）

列宁回复达·波·梁赞诺夫的来信。梁赞诺夫在信中声明,同意列宁对他写的《评〈工人事业〉杂志的纲领》一文提出的批评意见。列宁说,编辑部把这一声明看成是与《火星报》观点一致的表示,希望来信人与编辑部建立更为密切的联系。

《列宁全集》中文第 2 版增订版第 44 卷第 48—49 页；《列宁文集》俄文版第 13 卷第 119—121 页。

列宁回复尤·米·斯切克洛夫的来信。斯切克洛夫在信中说打算把他写的《俄国社会民主党在历史上的准备》一文寄来。列宁表示编辑部同意刊用这篇文章,对来信人和达·波·梁赞诺夫能为《火星报》及《曙光》杂志撰稿表示欢迎。

《列宁全集》中文第 2 版增订版第 44 卷第 47—48 页；《列宁文集》俄文版第 13 卷第 117—118 页。

9 月 19 日（10 月 2 日）

警察司命令各边防站宪兵队长对将从国外返回俄国的列宁实行监视,要海关官员注意,在他通过国境时,严格检查他的行李。

《红色文献》杂志,1934 年,第 1 期,第 137—138 页。

9 月,不晚于 20 日（10 月 3 日）

列宁收到玛·亚·乌里扬诺娃 9 月 8 日（21 日）的来信,信中说,德米特里·伊里奇有可能进尤里耶夫大学。

《列宁全集》中文第 2 版增订版第 53 卷第 226—227 页。

列宁收到玛·伊·乌里扬诺娃给他寄来的《政府公报》。

《列宁全集》中文第 2 版增订版第 53 卷第 227 页。

9 月 20 日（10 月 3 日）

列宁给在莫斯科的玛·亚·乌里扬诺娃写信,对得知德·伊·乌里扬诺夫有可能进大学的消息感到很高兴;问母亲的健康情况和玛丽亚·伊里尼奇娜的事情怎样;还谈到自己的身体情况。

《列宁全集》中文第 2 版增订版第 53 卷第 226—227 页。

9 月 23 日（10 月 6 日）

列宁参加起草俄国社会民主党人小组和劳动解放社之间关于出版《火星报》和《曙光》杂志的《专门协议》草案。

《列宁全集》中文第 2 版增订版第 4 卷第 411—412 页。

9 月 27 日（10 月 10 日）

列宁在给帕·波·阿克雪里罗得的回信中,感谢他寄来维亚特卡省奥尔洛夫市被流放的社会民主党人会议通过的关于赞同《俄国社会民主党人抗议书》的 23 人决议;告知关于出版《火星报》的《编辑部声明》即将印成专页,说德国社会民主党人约·亨·狄茨承担了在斯图加特出版《曙光》杂志的工作,但由于德国出版法有规定,还必须物色一个能够出面担任责任编辑的人。

《列宁全集》中文第 2 版增订版第 44 卷第 49—50 页。

尤·米·斯切克洛夫来信说,由于《火星报》和《曙光》杂志编辑部同时向两位作者——他和埃·古列维奇约稿撰写关于国际社会党代表大会和法国社会党代表大会的文章,因而产生误会。列宁回信说,文章将分别在《火星报》和《曙光》杂志两处发表;并要求波兰同志更具体地谈谈,为组织向俄国转运火星派书刊,他们需要些什么。

《列宁全集》中文第 2 版增订版第 44 卷第 52—53 页。

列宁在给维·巴·诺根的信中,请他来信讲讲自己的生活情况和打算,并寄两三个波尔塔瓦的可靠地址来;列宁把秘密通讯地址告诉了他。

《列宁全集》中文第 2 版增订版第 44 卷第 51—52 页。

9 月 27 日和 10 月 5 日(10 月 10 日和 18 日)之间

列宁写的《〈火星报〉编辑部声明》印成专页,并运往俄国散发。

《列宁全集》中文第 2 版增订版第 4 卷第 311—318 页,第 44
卷第 49、53 页。

9 月底

列宁在慕尼黑进入英语补习班。

《列宁全集》中文第 2 版增订版第 53 卷第 498 页。

9 月

列宁会见来到慕尼黑的康·米·塔赫塔廖夫,断然拒绝塔赫塔廖夫提出的请他为《工人思想报》撰稿的建议,因为该报具有经济主义倾向。

康·米·塔赫塔廖夫:《彼得堡工人运动》,1924 年,第 172—
173 页;《列宁文集》俄文版第 13 卷第 94—102 页。

列宁阅读卡·马克思主编的《新莱茵报。政治经济评论》合订本(1850 年),摘录了 4 期的内容。

苏共中央马列主义研究院中央党务档案馆,第 2 号全宗,第 1
号目录,第 357 号保管单位。

9 月—10 月初

列宁收到维·伊·查苏利奇的来信,她建议修改关于劳动解放社参加出版《火星报》和《曙光》杂志的《协议》的第 1 条,并说她曾试图吸收埃·古列维奇、埃·王德威尔得等人参加这两种报刊的工作。

《俄国社会民主主义运动》,第 1 卷,1928 年,第 75—76 页。

9 月—10 月

列宁写《对华战争》一文。

《列宁全集》中文第 2 版增订版第 4 卷第 319—323 页。

10 月 4 日（17 日）

列宁收到帕·波·阿克雪里罗得 10 月 2 日（15 日）的来信，信中说他已从第二国际巴黎代表大会回来，在那里他会见了奥地利社会民主党人弗·阿德勒，阿德勒答应为《曙光》杂志写一篇关于奥地利选举斗争的文章。阿克雪里罗得在信中还谈到他自己在为《火星报》写文章。

《列宁文集》俄文版第 3 卷第 64—68 页。

不早于 10 月 4 日（17 日）

列宁为寄给《火星报》的 1883 年 10 月 20 日（11 月 2 日）《莫斯科总督阁下致内务大臣阁下密函》的抄件作付印准备。密函的内容是取消俄罗斯语文爱好者学会原定召开的公开大会，因为列夫·托尔斯泰以及其他人可能在会上发言。列宁在抄件上作批注，并写了编者按语："历史片断。现将寄给我们的一份机密文件公开发表，这份文件正是我们的'内政管理'惯用方法的一个写照。"

《历史文献》杂志，1955 年，第 6 期，第 9 页。

10 月，4 日（17 日）以后

列宁收到维·巴·诺根 10 月 4 日（17 日）的来信。诺根在信中请求把关于出版《火星报》的《编辑部声明》全文寄给他；说工人旗帜社想要出版一种鼓动性的杂志；问《火星报》编辑部想要他担负什么性质的工作，并问编辑部是否能够通过国境线把人送回俄国做地下工作。

《列宁全集》中文第 2 版增订版第 44 卷第 62—64 页。

10 月 5 日（18 日）

列宁给在苏黎世的帕·波·阿克雪里罗得写信，说关于出版《火星报》的《编辑部声明》已经印成专页寄往俄国，也将给他寄去，说《火星报》创刊号不久即可付排；告知扎戈尔斯卡娅（因·格·斯米多维奇）已经到达慕尼黑，她将担任《火星报》编辑部秘书工作。

《列宁全集》中文第 2 版增订版第 44 卷第 53—55 页。

10 月 5 日和 11 月 3 日（10 月 18 日和 11 月 16 日）之间

列宁编辑小册子《哈尔科夫的五月》，并写序言。

《列宁全集》中文第 2 版增订版第 4 卷第 324—332 页，第 44 卷第 53 页。

10 月 6 日（19 日）

列宁收到"巴黎人"（达·波·梁赞诺夫、尤·米·斯切克洛夫、埃·李·古列维奇）从巴黎寄来的信，信中提出他们担任《火星报》和《曙光》杂志编辑部撰稿人的条件是要出版《曙光》杂志附刊。

《列宁全集》中文第 2 版增订版第 44 卷第 55 页。

列宁给在苏黎世的帕·波·阿克雪里罗得写信，告知收到了"巴黎人"的来信。

《列宁全集》中文第 2 版增订版第 44 卷第 55 页。

10 月 7 日（20 日）

列宁写信给玛·亚·乌里扬诺娃，告知弗·莫德拉切克的新地址是"奥地利布拉格斯麦茨基街 27 号弗兰茨·莫德拉切克先生（转弗·伊·）"，可以按这个地址给他写信寄到国外（这封信没有找到）。

《列宁全集》中文第 2 版增订版第 53 卷第 466 页。

列宁会见从苏黎世来的因·格·斯米多维奇,并同她进行交谈,通过她得到帕·波·阿克雪里罗得的口信,说他为《火星报》写的关于威·李卜克内西的文章抄好后就寄给编辑部;并说他想请列宁为一个要到俄国去的斗争社成员写一封介绍信并告诉他接头地点。

《列宁全集》中文第 2 版增订版第 44 卷第 56 页。

10 月 8 日(21 日)

列宁给在苏黎世的帕·波·阿克雪里罗得写信,告知会见因·格·斯米多维奇的情况,请他把答应给《火星报》写的关于李卜克内西的文章寄来。

《列宁全集》中文第 2 版增订版第 44 卷第 56—57 页。

列宁把一份在印刷所刊印的关于出版《火星报》和阐述该报纲领的《〈火星报〉编辑部声明》寄给帕·波·阿克雪里罗得,以便转寄美国。

《列宁全集》中文第 2 版增订版第 4 卷第 311—318 页,第 44
卷第 56—57 页。

10 月 8 日和 14 日(21 日和 27 日)之间

列宁收到格·瓦·普列汉诺夫的来信,普列汉诺夫对给他寄去《〈火星报〉编辑部声明》表示感谢,说他正在写一篇文章,并就物色一个正式责任编辑作为《曙光》杂志出版者的问题提出建议。

《列宁文集》俄文版第 3 卷第 75—76 页。

10 月 10 日(23 日)以前

列宁给在伦敦的阿·亚·雅库波娃寄去几封信(这些信没有找到)。

苏共中央马列主义研究院中央党务档案馆,第 2 号全宗,第 1

号目录,第 18979、18980 号保管单位。

不晚于 10 月 10 日(23 日)

列宁写信给娜·康·克鲁普斯卡娅(这封信没有找到)。

苏共中央马列主义研究院中央党务档案馆,第 12 号全宗,第 2 号目录,第 3 号保管单位。

10 月,不早于 11 日(24 日)

阿·亚·雅库波娃从伦敦来信,讲述彼得堡工人阶级解放斗争协会的活动情况,说《工人思想报》已复刊,其倾向有所改变,并建议参加该报工作。列宁在回复这封信时说,由于该报具有经济主义倾向,他拒绝为该报撰稿。

《列宁全集》中文第 2 版增订版第 44 卷第 57—58 页;苏共中央马列主义研究院中央党务档案馆,第 24 号全宗,第 28 号目录,第 18979 号保管单位。

10 月,12 日(25 日)以前

列宁给在日内瓦的格·瓦·普列汉诺夫写信,信中声明,由于《工人思想报》具有经济主义倾向,他断然拒绝为该报撰稿,同时还劝告普列汉诺夫也回绝参加该报工作的建议(这封信没有找到)。

《列宁全集》中文第 2 版增订版第 44 卷第 57—58 页。

10 月 12 日(25 日)

列宁收到阿·亚·雅库波娃 10 月 11 日(24 日)从伦敦寄来的信,她责备列宁不应该由于《工人思想报》原来倾向于经济主义而拒绝为该报撰稿,并且责备他不应该劝阻格·瓦·普列汉诺夫参加该报工作。

《列宁全集》中文第 2 版增订版第 44 卷第 57—58 页。

列宁给在日内瓦的格·瓦·普列汉诺夫写信,告知收到了阿·亚·雅库波娃寄给他的信,并简要地转述了信的内容(这封信

没有找到）。

《列宁全集》中文第 2 版增订版第 44 卷第 57 页。

10 月 13 日（26 日）

列宁给在伦敦的阿·亚·雅库波娃写回信,信中声明,由于对《工人思想报》方针转变的实质并无确实消息,他再次断然拒绝参加该报工作,并坚持同经济主义进行最坚决的斗争。

《列宁全集》中文第 2 版增订版第 44 卷第 57—60、61—62 页。

10 月上半月

列宁在给娜·康·克鲁普斯卡娅的信中建议她学习英语（这封信没有找到）。

《列宁全集》中文第 2 版增订版第 53 卷第 499—500 页。

10 月 20 日（11 月 2 日）

列宁在给维·巴·诺根 10 月 4 日（17 日）来信的复信中说,可能让他秘密越过国境线,去俄国散发《火星报》并同各委员会和小组建立联系。列宁写道:"我们对您的合作寄予很大的希望,特别是在同各地工人建立直接联系方面。"列宁告诉诺根说,给他寄去了一份关于出版《火星报》的《编辑部声明》,请他来信告知对声明的意见;并告诉他,同时将出版《曙光》杂志。

《列宁全集》中文第 2 版增订版第 44 卷第 62—64 页。

10 月 21 日（11 月 3 日）

列宁给帕·波·阿克雪里罗得写回信。阿克雪里罗得来信说,为《火星报》写的关于威·李卜克内西的文章已经写完。列宁问,由于文章篇幅长,而又不愿在《火星报》上分期刊登,是否可以把这篇文章印成单独的小册子;说现在正在排印小册子《哈尔科夫的五月》,接着排印报纸,然后才是关于李卜克内西的小册子。

《列宁全集》中文第 2 版增订版第 44 卷第 64—66 页。

10 月 24 日（11 月 6 日）

列宁收到玛·伊·乌里扬诺娃 1900 年 10 月 10 日（23 日）的来信。

《列宁全集》中文第 2 版增订版第 53 卷第 229 页。

10 月 24 日和 25 日（11 月 6 日和 7 日）

列宁在给玛·伊·乌里扬诺娃的信中说，收到了她寄来的书；谈到他去图书馆和学习德语的情况；问到马·季·叶利扎罗夫的情况；请她告知阿·巴·斯克利亚连科的地址。

《列宁全集》中文第 2 版增订版第 53 卷第 227—229 页；《无产阶级革命》杂志,1929 年,第 11 期,第 162—163 页。

10 月 ，26 日（11 月 8 日）以前

列宁写信给格·瓦·普列汉诺夫，说《火星报》创刊号已经准备好，但没有国外述评，不能这样出刊；请他写一篇国外述评，并请他把答应给《曙光》杂志第 1 期写的反驳司徒卢威的文章（《对我们的批判者的批判》）寄来（这封信没有找到）。

《格·瓦·普列汉诺夫和帕·波·阿克雪里罗得通信集》,第 2 卷,1925 年,第 137 页。

10 月 26 日（11 月 8 日）

列宁给在苏黎世的帕·波·阿克雪里罗得写回信，说收到了他 1900 年 10 月 23 日（11 月 5 日）的来信和为《火星报》写的《威廉·李卜克内西》一文；谈到同斗争社调整关系和《火星报》编辑部必须保密的问题；请他写信把出版《火星报》和《曙光》杂志的事告诉在美国的社会民主党人。

《列宁全集》中文第 2 版增订版第 44 卷第 66—68 页；《列宁文集》俄文版第 3 卷第 82—85 页。

10 月 27 日（11 月 9 日）

列宁按挂号印刷品给格·瓦·普列汉诺夫寄去准备刊登在《曙光》杂志第 1 期上的材料。

《列宁全集》中文第 2 版增订版第 44 卷第 68 页。

列宁给在日内瓦的格·瓦·普列汉诺夫写回信，告知已将《曙光》杂志的材料寄去；说编辑部的意见认为德·柯尔佐夫关于第二国际巴黎代表大会的文章不适用，并就瓦·雅·鲍古查尔斯基的《论旧和新》一文表示不同意普列汉诺夫的意见；还介绍了《火星报》和《曙光》杂志文章的编排情况。

《列宁全集》中文第 2 版增订版第 44 卷第 68—73 页。

10 月，不早于 27 日（11 月 9 日）

列宁收到阿·亚·雅库波娃从伦敦寄来的信，信中请求原谅她在上一封信中说过一些生硬的话，解释自己对《工人思想报》倾向的理解，讲述在巴黎国际社会党人代表大会上康·米·塔赫塔廖夫同格·瓦·普列汉诺夫关于普列汉诺夫参加该报工作的谈判情况。

《列宁文集》俄文版第 13 卷第 103—111 页。

10 月，28 日（11 月 10 日）以后

列宁读帕·波·阿克雪里罗得从苏黎世寄来的信，信中说，他收到尔·马尔托夫的文章《俄国无产阶级的新朋友》，并把文章寄给格·瓦·普列汉诺夫；还说他正在为《火星报》"纪事"栏写文章。

《列宁文集》俄文版第 3 卷第 90—91 页。

10 月

列宁收到维·伊·查苏利奇的来信，她请求告诉她，准备在《曙光》杂志上发表的亚·尼·波特列索夫的《发生了什么事情？》

一文是否修改完了,并请求把亚·米·卡尔梅柯娃的新地址告诉她。

《俄国社会民主主义运动》,第 1 卷,1928 年,第 76—77 页。

10 月—1902 年底

列宁读寄给《火星报》的一篇署名为"E. M."的作者不详的文章《谈谈我国的政论和小说(列·托尔斯泰和马·高尔基)》,在文中划出重点,并写上:"《曙光》用"。

苏共中央马列主义研究院中央党务档案馆,第 2 号全宗,第 1 号目录·第 23555 号保管单位。

10 月—1902 年

列宁对寄给《火星报》的一篇通讯稿作发排准备,写标题:《流放者关于经济斗争和政治斗争的一封信》,并对该文作了删节。

苏共中央马列主义研究院中央党务档案馆,第 2 号全宗,第 1 号目录,第 23554 号保管单位。

不早于 10 月—不晚于 1901 年 4 月

列宁读寄给《火星报》的通讯稿《西伯利亚来信》,该文论述 1899 年至 1900 年 9 月期间流放者的状况和组成情况,列宁在稿件背面计算该文印刷符号。

苏共中央马列主义研究院中央党务档案馆,第 2 号全宗,第 1 号目录,第 369 号保管单位。

10 月以后

列宁读寄给《火星报》编辑部的传单《圣彼得堡工人阶级解放斗争协会纲领》(1900 年 10 月);在传单上划重点,作标记,并计算印刷符号。

苏共中央马列主义研究院中央党务档案馆,第 2 号全宗,第 1 号目录,第 371 号保管单位。

列宁读《圣彼得堡工人阶级解放斗争协会纲领》,在文中划出重点,并写了批语:"在彼得堡寄来的一份以及在我所见到的另一份上,'工人组织委员会'这几个字被勾掉了"。

苏共中央马列主义研究院中央党务档案馆,第 2 号全宗,第 1 号目录,第 25182 号保管单位。

11 月 3 日(16 日)以前

列宁写《我们运动的迫切任务》一文,作为《火星报》创刊号社论。

《列宁全集》中文第 2 版增订版第 4 卷第 333—338 页,第 44 卷第 73 页。

列宁通过社会民主党人威·阿·布赫霍尔茨同社会民主运动的参加者叶·萨·厄廷格尔谈判,请她出面担任出版《曙光》杂志头两期的正式负责人。

《列宁全集》中文第 2 版增订版第 44 卷第 74 页。

11 月 3 日(16 日)

列宁答复帕·波·阿克雪里罗得从苏黎世寄来的信,感谢他寄来了对自己的《我们运动的迫切任务》一文的意见;告诉他已把自己为小册子《哈尔科夫的五月》所写的《序言》寄给他看,并说同叶·萨·厄廷格尔的谈判已经结束。

《列宁全集》中文第 2 版增订版第 44 卷第 73—74 页。

不早于 11 月 3 日(16 日)—不晚于 1901 年 1 月

列宁从《新闻报》、《圣彼得堡新闻》和《北方信使报》上摘录有关工人状况问题和有关奥尔洛夫贵族通过了省贵族代表提出的委任贵族为酒类专卖征收员的议案问题的资料。

苏共中央马列主义研究院中央党务档案馆,第 2 号全宗,第 1 号目录,第 373 号保管单位。

11 月 6 日（19 日）

　　帕·波·阿克雪里罗得 11 月 4 日（17 日）来信谈到对列宁为小册子《哈尔科夫的五月》所写的序言的一些意见。列宁回信说，怀着莫大的兴趣读完了这些意见；还说编辑部将想办法把预定在《火星报》上发表的文章更多地寄给他看。

　　　　　　　　　　　《列宁全集》中文第 2 版增订版第 44 卷第 74—75 页；《列宁文集》俄文版第 3 卷第 105—109 页。

11 月 13 日（26 日）

　　列宁收到约·索·布柳缅费尔德的来信，信中说《火星报》的问题已安排就绪，11 月 14 日（27 日）开始排字，因此请求把预定在《火星报》创刊号上发表的阿克雪里罗得为"国外纪事"栏写的文章寄去。

　　　　　　　　　　　　　　　《列宁全集》中文第 2 版增订版第 44 卷第 76 页。

　　列宁在给帕·波·阿克雪里罗得的信中说，收到印刷所的通知，11 月 14 日（27 日）开始排版《火星报》创刊号，在此期间必须把这一号的全部材料都寄到印刷所；请他把为"国外纪事"栏写的文章寄来。

　　　　　　　　　　　　　　　《列宁全集》中文第 2 版增订版第 44 卷第 76 页。

　　列宁把格·瓦·普列汉诺夫的文章寄给约·狄茨发排。

　　　　　　　　　　　　　　《列宁全集》中文第 2 版增订版第 44 卷第 76—77 页。

11 月 16 日（29 日）

　　列宁给在俄国的玛·伊·乌里扬诺娃写信，说收到了她 1900 年 11 月 6 日（19 日）的来信和附信；对没有收到她寄来的上一封信表示不安；问把错寄到他这里来的安·И.费杜洛娃的书籍寄到哪里去。

《列宁全集》中文第 2 版增订版第 53 卷第 229—230 页。

11 月 22 日（12 月 5 日）

列宁收到安·伊·乌里扬诺娃-叶利扎罗娃从巴黎寄来的信，信中说，玛·伊·乌里扬诺娃可能同娜·康·克鲁普斯卡娅一起到慕尼黑来。

《列宁全集》中文第 2 版增订版第 53 卷第 230—231 页。

11 月 23 日（12 月 6 日）

列宁给在莫斯科的玛·亚·乌里扬诺娃写信，说收到了玛·伊·乌里扬诺娃转寄给他的几封信；问马·季·叶利扎罗夫和德·伊·乌里扬诺夫的情况和他们今后的打算。

《列宁全集》中文第 2 版增订版第 53 卷第 230—231 页。

11 月 24 日（12 月 7 日）

列宁在给帕·波·阿克雪里罗得的信中说，《火星报》创刊号第一印张已付印，第二印张也差不多准备就绪，请尽快把为本期"国外纪事"栏写的短评寄来，并在信中把这一专栏的版面大小告诉他。

《列宁全集》中文第 2 版增订版第 44 卷第 77 页。

11 月 25 日（12 月 8 日）以前

列宁写短评《国外俄国社会民主党人联合会的分裂》，准备在《火星报》上发表。

《列宁全集》中文第 2 版增订版第 4 卷第 339—340 页。

列宁把他的短评《国外俄国社会民主党人联合会的分裂》寄给格·瓦·普列汉诺夫和帕·波·阿克雪里罗得过目。

《列宁文集》俄文版第 3 卷第 116 页。

11 月, 25 日(12 月 8 日)以后

列宁读格·瓦·普列汉诺夫给慕尼黑编辑部写来的信, 信中谈到对列宁《国外俄国社会民主党人联合会的分裂》一文的意见。

《列宁文集》俄文版第 3 卷第 116—117 页。

11 月, 不早于 26 日(12 月 9 日)

列宁给在乌法的娜·康·克鲁普斯卡娅写信, 请求以他的名义写信给《科学评论》杂志编辑米·米·菲力波夫, 要求寄回他的文章的手稿以及《非批判的批判》一文的稿费。

《列宁全集》中文第 2 版增订版第 53 卷第 241—242、501 页。

11 月 27 日(12 月 10 日)以后

列宁收到 C.从莱比锡寄来的信, 信中告知印刷所排印《火星报》创刊号的工作情况, 谈到必须解决有关出版该号报纸的一系列问题。

苏共中央马列主义研究院中央党务档案馆, 第 24 号全宗, 第 21 号目录, 第 640 号保管单位。

11 月, 28 日(12 月 11 日)以前

列宁收到尔·马尔托夫的来信, 信中说他不久将要到慕尼黑来。

《列宁全集》中文第 2 版增订版第 44 卷第 78 页。

列宁收到帕·波·阿克雪里罗得对他的《国外俄国社会民主党人联合会的分裂》一文的意见。

《列宁全集》中文第 2 版增订版第 44 卷第 78 页。

11 月 28 日(12 月 11 日)

列宁给在苏黎世的帕·波·阿克雪里罗得写信, 感谢他寄来对《国外俄国社会民主党人联合会的分裂》一文的意见。列宁在这封信的附言中通知阿·格·古列维奇,要他搞到一个适当的地址(中转地址),使叶菲莫夫(狄茨的排字工人)可以同日内瓦通信。

《列宁全集》中文第 2 版增订版第 44 卷第 78—79 页。

11 月 30 日(12 月 13 日)

列宁收到安·伊·乌里扬诺娃-叶利扎罗娃的来信,信中说,她打算过一段时间再动身回俄国。

《列宁全集》中文第 2 版增订版第 53 卷第 232 页。

11 月底

列宁筹备在斯图加特出版《曙光》杂志第 1 期。

《列宁全集》中文第 2 版增订版第 44 卷第 78—79 页。

11 月—12 月初

列宁为《火星报》编辑有关 1900 年俄国南部(叶卡捷琳诺斯拉夫、敖德萨、尼古拉耶夫)工人运动的通讯稿,作记号,进行编辑增补,划重点,并计算印刷符号。

苏共中央马列主义研究院中央党务档案馆,第 2 号全宗,第 1 号目录,第 382 号保管单位。

12 月 1 日(14 日)以前

列宁收到玛·伊·乌里扬诺娃的来信,信中告知把错寄到他那里去的安·И.费杜洛娃的书寄回的地址。

《列宁全集》中文第 2 版增订版第 53 卷第 232 页。

列宁收到谢·伊·米茨凯维奇从雅库特流放地寄来的信。

《列宁全集》中文第 2 版增订版第 53 卷第 232 页。

列宁收到莱比锡印刷所的来信,信中说《火星报》创刊号排版的结尾工作由于缺少帕·波·阿克雪里罗得的短评而耽搁,要求尽快把短评寄去。

《列宁全集》中文第 2 版增订版第 44 卷第 80 页。

列宁收到帕·波·阿克雪里罗得的电报,电报中说给《火星报》的文章已寄出。

《列宁全集》中文第 2 版增订版第 44 卷第 80 页。

列宁发电报给帕·波·阿克雪里罗得,请他尽快寄来给《火星报》创刊号"国外纪事"栏写的短评(电报没有找到)。

《列宁全集》中文第 2 版增订版第 44 卷第 80 页。

12 月 1 日(14 日)

列宁给在苏黎世的帕·波·阿克雪里罗得写信,说收到他的预定在《火星报》创刊号"国外纪事"栏发表的文章;对他答应很快就到慕尼黑来表示满意;谈到由于《火星报》创刊号即将出版,他打算去莱比锡。

《列宁全集》中文第 2 版增订版第 44 卷第 80 页。

列宁在给玛·伊·乌里扬诺娃的信中告知,收到了谢·伊·米茨凯维奇从雅库特流放地寄来的信和安·伊·乌里扬诺娃-叶利扎罗娃的来信。

《列宁全集》中文第 2 版增订版第 53 卷第 232 页。

12 月 1 日或 2 日(14 日或 15 日)

列宁把安·И.费杜洛妵的一箱书寄回去。

《列宁全集》中文第 2 版增订版第 53 卷第 232 页。

不早于 12 月 2 日(15 日)

列宁去莱比锡。

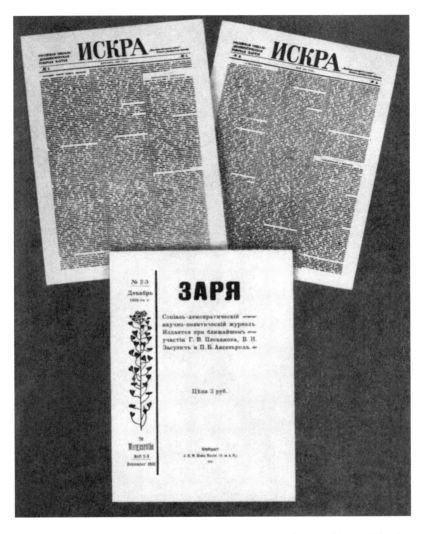

1900年12月载有列宁《我们运动的迫切任务》一文的《火星报》创刊号第1版

1901年载有列宁《从何着手?》一文的《火星报》第4号第1版

1901年《曙光》杂志第2—3期合刊的封面。本合刊载有列宁的著作:
《地方自治机关的迫害者和自由主义的汉尼拔》、《土地问题和
"马克思的批评家"》前4章和《内政评论》

《列宁全集》中文第 2 版增订版第 44 卷第 81 页。

12 月 2 日和 11 日（15 日和 24 日）之间

列宁在莱比锡，去印刷所（俄国人街 48 号）[1]解决有关出版《火星报》创刊号的一系列问题。

《列宁全集》中文第 2 版增订版第 44 卷第 81 页；К.施特列布：《列宁在德国》，1959 年，第 19 页。

12 月 5 日（18 日）

列宁读鲁佐夫（А.Г.奥尔洛夫）给《火星报》编辑部的文章《一个青年革命者的生活片断》，并在文章上作记号。

苏共中央马列主义研究院中央党务档案馆，第 2 号全宗，第 1 号目录，第 386 号保管单位。

12 月 10 日（23 日）

列宁从莱比锡返回慕尼黑。

《列宁全集》中文第 2 版增订版第 44 卷第 81 页；К.施特列布：《列宁在德国》，1959 年，第 19 页。

列宁收到帕·波·阿克雪里罗得的来信，信中问《火星报》创刊号什么时候出版，并要求把这份报纸寄给他，把《曙光》杂志第 1 期的出版日期也告诉他。

《列宁全集》中文第 2 版增订版第 44 卷第 81 页。

12 月 11 日（24 日）

全俄马克思主义的秘密报纸《火星报》创刊号出版，其中载有列宁的文章：《我们运动的迫切任务》（社论）、《对华战争》和《国外俄国社会民主党人联合会的分裂》。

《列宁全集》中文第 2 版增订版第 44 卷第 81 页；《火星报》，1900 年 12 月，第 1 号。

---

① 1956 年这里改建为《火星报》纪念馆。——俄文编者注

列宁收到阿·格·古列维奇的来信,信中说,帕·波·阿克雪里罗得收到了弗·阿德勒给《火星报》写的关于奥地利的文章,说一位里加的同志表示愿意参加把《火星报》运往俄国的工作。

《列宁全集》中文第 2 版增订版第 44 卷第 81—82 页。

列宁在给帕·波·阿克雪里罗得的信中告知,《火星报》创刊号已经排完,正在出版。列宁在这封信中附信给阿·格·古列维奇,请他来信告知,那位里加同志想帮助《火星报》做些什么工作,他有多少空闲时间,费用有没有保障。

《列宁全集》中文第 2 版增订版第 44 卷第 81—82 页。

12 月,11 日(24 日)以后

列宁读寄给《火星报》编辑部的 1900 年 12 月 11 日(24 日)内务部大臣的指令抄件,并在上面作记号。该指令建议各省省长命令各地书报检查机关禁止在书刊上称旧教牧师为高级僧正。

苏共中央马列主义研究院中央党务档案馆,第 2 号全宗,第 1 号目录,第 388 号保管单位。

12 月,13 日(26 日)以前

列宁收到玛·伊·乌里扬诺娃 1900 年 12 月 6 日(19 日)的来信,信中告知给他寄来了一本亚·谢·普希金的书。

《列宁全集》中文第 2 版增订版第 53 卷第 234 页。

列宁收到玛·伊·乌里扬诺娃从俄国给他寄来的亚·谢·普希金的书,书内夹带有秘密信件。

《列宁全集》中文第 2 版增订版第 53 卷第 234 页。

12 月 13 日(26 日)

列宁给在莫斯科的玛·亚·乌里扬诺娃写信,向她祝贺节日,告知他已从莱比锡回来,叙述观感,谈自己的工作和打算。

《列宁全集》中文第 2 版增订版第 53 卷第 233—234 页。

12 月上半月

列宁给在乌法的娜·康·克鲁普斯卡娅写信,告知他想出版他在西伯利亚流放地翻译的卡·考茨基的《伯恩施坦与社会民主党的纲领》一书,并请她把译稿寄来。

《列宁全集》中文第 2 版增订版第 53 卷第 503 页。

12 月 16 日(29 日)和 1901 年 1 月 17 日(30 日)之间

列宁抄录帕·波·阿克雪里罗得给彼·伯·司徒卢威的信,这封信谈到《火星报》和《曙光》杂志小组与司徒卢威之间达成的关于用《时评》为刊名共同出版《曙光》杂志附刊的协议草案。

苏共中央马列主义研究院中央党务档案馆,第 2 号全宗,第 1 号目录,第 391 号保管单位。

12 月 16 日(29 日)—1901 年 2 月中

列宁参加《火星报》和《曙光》杂志编辑部同来到慕尼黑的彼·伯·司徒卢威的谈判,讨论有关在国外共同出版书刊的方式问题,起草《火星报》和《曙光》杂志小组同合法马克思主义的代表关于共同出版《曙光》杂志附刊《时评》的协议草案。由于彼·伯·司徒卢威在谈判过程中企图利用社会民主党出版物为自由派资产阶级服务,列宁要求中断谈判。

《列宁全集》中文第 2 版增订版第 4 卷第 341—343 页,第 44 卷第 86—88、89—90、90—91 页;《格·瓦·普列汉诺夫和帕·波·阿克雪里罗得通信集》,第 2 卷,1925 年,第 139、141—142、144 页;《列宁文集》俄文版第 3 卷第 128—130、133、135、137 页。

12 月 16 日(29 日)夜至 17 日(30 日)凌晨

列宁开会回来后,记下自己关于同彼·伯·司徒卢威谈判过程和结果的印象。

《列宁全集》中文第 2 版增订版第 4 卷第 341—343 页。

12 月,17 日(30 日)以前

列宁写信给在伦敦的尼·亚·阿列克谢耶夫,请他把他收到用于散发火星派书刊所得的钱寄来(这封信没有找到)。

苏共中央马列主义研究院中央党务档案馆,第 24 号全宗,第 27 号目录,第 20948 号保管单位。

12 月 17 日(30 日)以后

列宁收到尼·亚·阿列克谢耶夫的来信,信中请求告知,出版物所得的钱应寄到什么地方;同时还发表意见,认为社会民主党人必须就同自由派联合的问题广泛地公布自己的政治纲领。

苏共中央马列主义研究院中央党务档案馆,第 24 号全宗,第 27 号目录,第 20984 号保管单位。

12 月 19 日(1901 年 1 月 1 日)以前

列宁获悉,安·И.费杜洛娃收到了他寄去的领取书籍的提书单。

《列宁全集》中文第 2 版增订版第 53 卷第 232、235 页。

12 月 19 日(1901 年 1 月 1 日)

列宁给在莫斯科的玛·亚·乌里扬诺娃写信,向她及全家祝贺新年;感谢玛·伊·乌里扬诺娃给他寄来带有书套的地图;希望在新的一年中一定能够结束她的流放期。

《列宁全集》中文第 2 版增订版第 53 卷第 235 页。

12 月 21 日(1901 年 1 月 3 日)以前

列宁阅读亨·迈·海德门的《社会主义、工联主义和政治斗争》一文的英文稿。这篇文章是通过维·巴·诺根寄给《火星报》的,列宁在文中作标记,划重点,并把它译成俄文,加上注释,计算

印刷符号。

《列宁全集》中文第 2 版增订版第 44 卷第 84 页；苏共中央马列主义研究院中央党务档案馆，第 2 号全宗，第 1 号目录，第 393、394 号保管单位。

12 月 21 日（1901 年 1 月 3 日）

列宁在给维·巴·诺根的信中告知，他不能接受米·B.斯米尔诺夫（工人旗帜社成员）关于出版他翻译的卡·考茨基《伯恩施坦与社会民主党的纲领》一书的建议，因为《火星报》准备出版这一译稿；问维·巴·诺根工人旗帜社会不会同意提供出版该书的经费，哪怕是提供一部分也好；告知收到了《德国的革命和反革命》一书，还收到了信件和通讯稿，其中一部分已在《火星报》上刊用。

《列宁全集》中文第 2 版增订版第 44 卷第 83—84 页。

年底

列宁读彼得堡寄来的关于 1897—1899 年期间科特威工厂和理查德工厂工人状况的通讯，在稿上作批注："不适用"。

苏共中央马列主义研究院中央党务档案馆，第 2 号全宗，第 1 号目录，第 396 号保管单位。

1900 年底—1901 年初

列宁收到达·波·梁赞诺夫的来信，信中说，他根据列宁的指示对《评〈工人事业〉杂志纲领》一文所作的修改和补充已寄出。

苏共中央马列主义研究院中央党务档案馆，第 24 号全宗，第 7y 号目录，第 28141 号保管单位。

1901 年

1 月，3 日（16 日）以前

列宁收到玛·伊·乌里扬诺娃通过格·波·克拉辛夹在相册里转寄给他的《社会革命党宣言》以及一些书籍。

《列宁全集》中文第 2 版增订版第 53 卷第 236 页。

1 月 3 日（16 日）

列宁给在莫斯科的玛·亚·乌里扬诺娃写信，告知收到她 1900 年 12 月 13 日（26 日）的来信和玛丽亚·伊里尼奇娜的附笔；对玛·伊·乌里扬诺娃和德·伊·乌里扬诺夫回到母亲那里过节表示高兴；说再过两个半月，娜·康·克鲁普斯卡娅在流放期满后，将从乌法到他这里来。

《列宁全集》中文第 2 版增订版第 53 卷第 236 页；《无产阶级革命》杂志，1929 年第 11 期，第 168—169 页。

1 月 11 日（24 日）

列宁把《火星报》创刊号寄给在伦敦的维·巴·诺根看并请他提意见。

《列宁全集》中文第 2 版增订版第 44 卷第 84—86 页。

维·巴·诺根曾来信请求弄一张外国护照或俄国护照，以便到俄国去。列宁回信说，关于护照的事已写信给一个同志；问诺根能否不久以后担任固定的运送书刊的职务；并说给他寄去了《火星报》创刊号,请他把意见写来。

《列宁全集》中文第 2 版增订版第 44 卷第 84—86 页。

列宁写信给某人,请求弄一张去俄国的护照(这封信没有找到)。

《列宁全集》中文第 2 版增订版第 44 卷第 84—85 页。

1 月,14 日(27 日)以前

列宁收到玛·伊·乌里扬诺娃的来信、德·伊·乌里扬诺夫的照片和普罗托波波夫的书。

《列宁全集》中文第 2 版增订版第 53 卷第 237 页。

1 月 14 日(27 日)

列宁给在莫斯科的玛·亚·乌里扬诺娃写信,谈到自己在国外的生活,以及同安·伊·乌里扬诺娃-叶利扎罗娃通信的情况,说希望很快就能见到她;列宁还告诉她说再过两个月娜·康·克鲁普斯卡娅将出国,并顺路到莫斯科。

《列宁全集》中文第 2 版增订版第 53 卷第 237—238 页。

1 月 16 日(29 日)以后

列宁读基辅闹风潮者独立小组 1 月 16 日(29 日)印发的号召罢课抗议把 183 个大学生送去当兵的传单,并写批注:"自波尔塔瓦寄交勒格纳"。

苏共中央马列主义研究院中央党务档案馆,第 2 号全宗,第 1 号目录,第 401 号保管单位。

1 月,17 日(30 日)以前

列宁写《火星报》和《曙光》杂志编辑部同合法马克思主义代表——民主反对派自由社关于共同出版《曙光》杂志附刊《时评》的《协议草案》补充意见。

《列宁全集》中文第 2 版增订版第 4 卷第 344—345 页。

1 月 17 日（30 日）

列宁出席慕尼黑编辑部成员同彼·伯·司徒卢威的"最后一次"会议，会上讨论了共同出版《时评》作为《曙光》杂志特刊的协议草案；列宁反对司徒卢威提出的取消草案中关于《火星报》利用《时评》材料的第 7 条的要求；同列宁相反，编辑部的其他成员对司徒卢威作了让步，同意他的要求。

《列宁全集》中文第 2 版增订版第 44 卷第 86—88 页。

列宁给在日内瓦的格·瓦·普列汉诺夫写信，对已结束的会议的结果表示不满；告知他打算把这封信作为抗议和"保留意见"附在会议记录中，并要求普列汉诺夫也对会议决议提出抗议。

《列宁全集》中文第 2 版增订版第 44 卷第 86—88 页。

1 月 17 日（30 日）以后

同乡会和大学生组织基辅联合委员会 1 月 17 日（30 日）发表宣言书，号召抗议把 183 个大学生送去当兵。列宁读了这份宣言书并在上面作批注："自波尔塔瓦寄交勒格纳"。

苏共中央马列主义研究院中央党务档案馆，第 2 号全宗，第 1 号目录，第 403 号保管单位。

1 月 18 日（31 日）

列宁收到维·巴·诺根 1901 年 1 月 16 日（29 日）的来信，诺根对《火星报》创刊号提出了批评意见。列宁在上面作批注："1901 年 1 月 31 日收到"。

苏共中央马列主义研究院中央党务档案馆，第 2 号全宗，第 1 号目录，第 24950 号保管单位。

1 月 20 日（2 月 2 日）

列宁收到斗争社的来信。信中说，由于没有及时寄去《编辑部声明》和达·波·梁赞诺夫文章的校样,以及缺乏关于出版情况的消息,因而拒绝为《火星报》和《曙光》杂志编辑部撰稿。列宁在上面作批注:"今天收到,尚未回复","1901 年 2 月 2 日收到"。

《列宁全集》中文第 2 版增订版第 44 卷第 89 页;《列宁文集》俄文版第 13 卷第 124 页。

1 月,20 日(2 月 2 日)以后

列宁收到格·瓦·普列汉诺夫的来信,信中强调必须同彼·伯·司徒卢威缔结协定,问列宁是否收到普列汉诺夫写的编辑部关于出版《时评》作为《曙光》杂志附刊的声明。

《列宁文集》俄文版第 3 卷第 133 页。

1 月 21 日(2 月 3 日)

列宁给在巴黎的斗争社写回信,说《编辑部声明》和达·波·梁赞诺夫文章的校样都附在给尤·米·斯切克洛夫的信中寄去了;说明《编辑部声明》寄晚的原因。

《列宁全集》中文第 2 版增订版第 44 卷第 89 页。

1 月 23 日(2 月 5 日)

达·波·梁赞诺夫从巴黎来信,对《火星报》编辑部删节他的文章《评〈工人事业〉杂志纲领》表示不满。列宁回信说,文章已经刊出,编辑部所作的删节既没有改变作者的思路,也没有削弱他的论据的分量;告诉他编辑部同司徒卢威之流就合法马克思主义者的代表参加《火星报》和《曙光》杂志,以及同他们共同出版《曙光》杂志的一般政治性附刊举行谈判的情况。

《列宁全集》中文第 2 版增订版第 44 卷第 90—91 页;苏共中央马列主义研究院中央党务档案馆,第 24 号全宗,第 7y 号目录,第 28138 号保管单位。

维·巴·诺根从伦敦来信对《火星报》创刊号提出详细评论。

列宁回信表示同意来信人关于报纸"国内评论"栏不能令人满意的意见;请他寄来《往事》杂志和伦敦的其他出版物,费边社和其他社会主义书局出版物的目录;告知可以弄到保加利亚的护照去俄国。

《列宁全集》中文第 2 版增订版第 44 卷第 91—93 页。

1 月 25 日(2 月 7 日)

列宁在慕尼黑去剧院观看雅·阿列维的歌剧《红衣主教之女》。

《列宁全集》中文第 2 版增订版第 53 卷第 239 页;K.施特列布:《列宁在德国》,1959 年,第 29 页。

1 月 26 日(2 月 8 日)以后

列宁读哈尔科夫市工艺学院学生组织委员会 1 月 26 日(2 月 8 日)的来信,信中附有敖德萨组织委员会号召抗议把 183 个大学生送去当兵的公告全文。列宁在上面作批注:"自波尔塔瓦寄交勒格纳"、"敖德萨"。

苏共中央马列主义研究院中央党务档案馆,第 2 号全宗,第 1 号目录,第 408 号保管单位。

1 月 27 日(2 月 9 日)以前

列宁收到玛·伊·乌里扬诺娃从俄国寄来的手稿和其他材料。

《列宁全集》中文第 2 版增订版第 53 卷第 239 页。

列宁收到安·伊·乌里扬诺娃-叶利扎罗娃的来信,信中说,她决定再推迟一段时间回俄国。

《列宁全集》中文第 2 版增订版第 53 卷第 239 页。

1 月 27 日(2 月 9 日)

列宁给在莫斯科的玛·亚·乌里扬诺娃写信,谈到自己在慕尼黑的生活,谈到去剧院看歌剧;说安·伊·乌里扬诺娃-叶利扎罗娃还要在国外耽搁一段时间;问玛丽亚·亚历山德罗夫娜是否打算递交申请书,请求允许娜·康·克鲁普斯卡娅从乌法到莫斯科去看她。

《列宁全集》中文第 2 版增订版第 53 卷第 239 页。

1 月 30 日(2 月 12 日)以后—4 月 19 日(5 月 2 日)以前

莫斯科大学生同乡会和大学生组织执行委员会发表关于莫斯科大学学生集会的《公告》。列宁在《公告》背面作批注:"莫斯科的学生运动和示威游行"、"自莫斯科寄交巴泽尔"。

苏共中央马列主义研究院中央党务档案馆,第 2 号全宗,第 1 号目录,第 410 号保管单位。

不早于 1 月底—不晚于 4 月 19 日(5 月 2 日)

工艺学院学生联合委员会和组织委员会散发《告哈尔科夫全体大学生》的传单,号召组织集会反对《暂行条例》和抗议把 183 个大学生送去当兵。列宁读这份传单,并在上面作批注:"自波尔塔瓦寄交勒格纳"。

苏共中央马列主义研究院中央党务档案馆,第 2 号全宗,第 1 号目录,第 411 号保管单位。

1 月

列宁写《183 个大学生被送去当兵》一文。

《列宁全集》中文第 2 版增订版第 4 卷第 346—351 页。

1 月—2 月

列宁给在波尔塔瓦的尔·马尔托夫写信,坚决要求列·伊·戈尔德曼前来慕尼黑,商谈在俄国组织《火星报》印刷所的问题(这封信没有找到)。

列·伊·戈尔德曼:《俄国的〈火星报〉组织和〈火星报〉印刷所》,1928 年,第 17—18 页。

1 月—1902 年 3 月 30 日(4 月 12 日)

列宁在慕尼黑经常去马克西姆斯·恩斯特印刷所(泽涅费尔德街 4 号)。《火星报》自第 2 号起在这里印刷。

K.施特列布:《列宁在德国》,1959 年,第 26 页。

1 月底—2 月初

列宁写总题为《时评》的三篇文章:《打吧,但不要打死》、《何必要加速时代的变迁?》、《客观的统计》。

《列宁全集》中文第 2 版增订版第 4 卷第 352—378 页。

2 月 4 日(17 日)以后—4 月 19 日(5 月 2 日)以前

同乡会和大学生组织哈尔科夫联合委员会 1901 年 2 月 4 日(17 日)发表《致哈尔科夫高等学校教授们的一封公开信》(建议支持大学生反对《暂行条例》和抗议把 183 个大学生送去当兵)。列宁读这篇通讯稿,并作批注:"自俄国寄交勒格纳"。

苏共中央马列主义研究院中央党务档案馆,第 2 号全宗,第 1 号目录,第 412 号保管单位。

2 月,7 日(20 日)以前

列宁在慕尼黑参加在该市街头举行的民众狂欢节。

《列宁全集》中文第 2 版增订版第 53 卷第 240 页。

2 月 7 日(20 日)

列宁读俄国社会民主工党基辅委员会 1901 年 1 月 5 日(18 日)的传单《告基辅市有轨电车司机和售票员》,在传单背面作批注:"寄自基辅,1901 年 2 月 20 日收到"。

苏共中央马列主义研究院中央党务档案馆,第 2 号全宗,第 1 号目录,第 414 号保管单位。

列宁读 1901 年 1 月 19 日（2 月 1 日）莫斯科大学生就《暂行条例》和把 183 个大学生送去当兵两事发表的宣言《怎么办？（告俄国大学生）》，在上面写批注。

苏共中央马列主义研究院中央党务档案馆，第 2 号全宗，第 1 号目录，第 415 号保管单位。

列宁给在莫斯科的玛·亚·乌里扬诺娃写信，对没有收到她的来信表示不安；叙述自己在慕尼黑的生活；说娜·康·克鲁普斯卡娅的流放期即将结束，他打算递交申请书，请求发给克鲁普斯卡娅出国护照；对契诃夫的新剧作《三姊妹》感兴趣；询问伊·克·拉拉扬茨的情况。

《列宁全集》中文第 2 版增订版第 53 卷第 240—241 页。

列宁收到玛·伊·乌里扬诺娃的来信。

《列宁全集》中文第 2 版增订版第 53 卷第 240 页。

2 月，7 日（20 日）以后

列宁读关于在彼得堡大批逮捕工人和知识分子的通讯稿《圣彼得堡私人来信》，并在上面作批注："副本"、"收到"。

苏共中央马列主义研究院中央党务档案馆，第 2 号全宗，第 1 号目录，第 416 号保管单位。

2 月，8 日（21 日）以前

《火星报》第 2 号出版，载有列宁的文章《183 个大学生被送去当兵》。

《列宁全集》中文第 2 版增订版第 4 卷第 346—351 页，第 44 卷第 95 页；《火星报》，1901 年 2 月，第 2 号。

2 月 8 日（21 日）

列宁给在伦敦的维·巴·诺根写信，感谢他寄来报纸；答应寄去《火星报》第 2 号；问诺根能否去《前夕》编辑部问一下，为什么没有给卡·列曼寄去已付款预订的报纸；请他把伦敦 74 个俄国侨民反对送 183 个大学生去当兵的抗议书抄件寄来。

《列宁全集》中文第 2 版增订版第 44 卷第 95 页。

斗争社来信要求同《火星报》和《曙光》杂志编辑部建立更明确的关系，要求让该社更充分地了解编辑部的工作。列宁回信说，斗争社为编辑部的出版物撰稿，这说明现有关系是相当明确的，只有在这个基础上才能逐渐使关系更为密切。

《列宁全集》中文第 2 版增订版第 44 卷第 94—95 页。

2 月 8 日(21 日)以后—4 月 11 日(24 日)以前

列宁读伦敦 74 个俄国侨民因基辅大学 183 个学生和彼得堡大学 25 个学生被送去当兵而发表的抗议书，抗议书援引了彼得堡学区督学要求大学生遵守大学秩序和警告要追究肇事者责任的通告原文；列宁在抗议书上作批注："诺沃谢洛夫寄来"。

苏共中央马列主义研究院中央党务档案馆，第 2 号全宗，第 1
号目录，第 420 号保管单位。

2 月 11 日(24 日)以前

列宁把准备在《火星报》和《曙光》杂志上发表的材料寄给帕·波·阿克雪里罗得过目。

《俄国社会民主主义运动》，第 1 卷，1928 年，第 79 页。

2 月，11 日(24 日)以前

列宁同前来慕尼黑的帕·波·阿克雪里罗得会见，商谈《火星报》和《曙光》杂志出版问题。

《格·瓦·普列汉诺夫和帕·波·阿克雪里罗得通信集》，第
2 卷，1925 年，第 145 页。

2 月，11 日(24 日)以后

列宁收到帕·波·阿克雪里罗得在从莱比锡去苏黎世的途中

写来的信,信中告知收到了从美国寄给《火星报》的钱,请求往美国寄两份《曙光》杂志,并回信解答有关出版《火星报》的一系列问题。

　　　　　　　　《列宁文集》俄文版第 3 卷第 134—135 页。

　　列宁收到帕·波·阿克雪里罗得 2 月 11 日(24 日)的来信,信中感谢寄去书刊,告知已同德国社会民主党人约·贝利和印刷所经理谈过《火星报》和《曙光》杂志耽搁出版的原因。

　　　　　　《俄国社会民主主义运动》,第 1 卷,1928 年,第 79 页。

2 月,14 日(27 日)以前

　　列宁从俄国得到学潮仍在继续的消息,并收到尔·马尔托夫的来信,信中说他打算最近离开俄国到国外来。

　　　　　　《列宁全集》中文第 2 版增订版第 44 卷第 96—97 页。

　　列宁写信给阿·巴·斯克利亚连科(这封信没有找到)。

　　　　　　　《列宁全集》中文第 2 版增订版第 53 卷第 242 页。

　　列宁收到约·狄茨的来信。来信表示,因为考虑到保密问题,拒绝在《曙光》杂志第 1 期上刊登编辑部关于出版《时评》作为《曙光》杂志附刊的声明。

　　　　　　《列宁全集》中文第 2 版增订版第 44 卷第 96—97 页。

　　列宁收到玛·伊·乌里扬诺娃从俄国给他寄来的《工业界报》。

　　　　　　　《列宁全集》中文第 2 版增订版第 53 卷第 241 页。

　　列宁收到玛·伊·乌里扬诺娃 1901 年 2 月 2 日(15 日)的来信。

　　　　　　　《列宁全集》中文第 2 版增订版第 53 卷第 241 页。

2 月 14 日(27 日)

　　列宁给在苏黎世的帕·波·阿克雪里罗得写信,说即将去布拉格办理私事;告知慕尼黑编辑部关于《曙光》杂志暂时留在斯图加特印刷的决定;谈到同斗争社恢复关系的问题。

《列宁全集》中文第 2 版增订版第 44 卷第 96—97 页。

列宁给在莫斯科的玛·亚·乌里扬诺娃写信,请她把《科学评论》编辑部退回给他的手稿转寄给娜·康·克鲁普斯卡娅;询问阿·巴·斯克利亚连科的地址。

《列宁全集》中文第 2 版增订版第 53 卷第 241—242 页。

2 月 15 日(28 日)

列宁从慕尼黑去布拉格安排娜·康·克鲁普斯卡娅出国事宜。

《列宁全集》中文第 2 版增订版第 44 卷第 96 页,第 53 卷第
242—243 页;《探照灯》杂志,1931 年,第 11 期,第 7—8 页。

2 月 16 日—17 日(3 月 1 日—2 日)

列宁在布拉格会见莫德拉切克(列宁曾通过他邮寄通讯稿),得知他更换了住址。

《列宁全集》中文第 2 版增订版第 53 卷第 244 页。

2 月 17 日(3 月 2 日)

列宁给在莫斯科的玛·亚·乌里扬诺娃写信,告知莫德拉切克更换了地址;讲述对布拉格的印象;为以前没有学捷克语表示遗憾。

《列宁全集》中文第 2 版增订版第 53 卷第 242—243 页。

列宁从布拉格前往维也纳俄国领事馆,为他在请求发给娜·康·克鲁普斯卡娅出国护照的申请书上面的签字取得证明。

《列宁全集》中文第 2 版增订版第 53 卷第 242 页。

2 月，19 日（3 月 4 日）以前

列宁写信给在乌法的娜·康·克鲁普斯卡娅，建议她来慕尼黑途中在维也纳稍作逗留，以参观名胜古迹；列宁还给她寄去维也纳的游览指南。

《列宁全集》中文第 2 版增订版第 53 卷第 244 页。

列宁在维也纳参观造型艺术博物馆，去剧院看剧，去人民大学听课。

《列宁全集》中文第 2 版增订版第 53 卷第 244 页。

2 月 19 日（3 月 4 日）

列宁写信给在莫斯科的玛·亚·乌里扬诺娃，讲述自己对维也纳的印象；建议所有亲属在出国时都到维也纳稍作逗留；告知娜·康·克鲁普斯卡娅打算在出国来慕尼黑前顺便到她那里去一趟；请玛·伊·乌里扬诺娃给娜捷施达·康斯坦丁诺夫娜买一本亨德舍尔铁路旅行指南。

《列宁全集》中文第 2 版增订版第 53 卷第 243—244 页。

2 月，19 日（3 月 4 日）以后

列宁从维也纳返回慕尼黑。

《列宁全集》中文第 2 版增订版第 53 卷第 244 页。

列宁写《工人政党和农民》一文。

《列宁全集》中文第 2 版增订版第 4 卷第 379—386 页；《火星报》，1901 年 4 月，第 3 号。

2 月 20 日（3 月 5 日）以后—3 月 21 日（4 月 3 日）以前

列宁对通讯稿《哈尔科夫 2 月 19 日大游行》和关于 2 月 19 日（3 月 4 日）哈尔科夫大学生游行示威的《一个大学生从哈尔科夫监狱的来信》（2 月 20 日（3 月 5 日））作付印准备；作批注："誊清"、

"多少印刷符号？35 行"，并计算印刷符号。

苏共中央马列主义研究院中央党务档案馆，第 2 号全宗，第 1
号目录，第 425 号保管单位。

2 月 24 日（3 月 9 日）

列宁读 1901 年 1 月 18 日（31 日）俄国社会民主工党彼得堡中央工人委员会的传单《致基辅当兵的大学生们》，传单末尾附有后记，署名为"H."，列宁在上面作批注："寄自巴黎，1901 年 3 月 9 日"。

苏共中央马列主义研究院中央党务档案馆，第 2 号全宗，第 1
号目录，第 426 号保管单位。

2 月 25 日（3 月 10 日）以后

列宁读发自喀山的 1901 年 2 月 25 日（3 月 10 日）关于喀山大学学生革命运动的通讯稿，在上面作批注："交去誊清"。

苏共中央马列主义研究院中央党务档案馆，第 2 号全宗，第 1
号目录，第 427 号保管单位。

2 月 26 日（3 月 11 日）

列宁读发自东西伯利亚的 1900 年 8 月 21 日（9 月 3 日）关于俄华战争的通讯稿《目击者记》，在上面作批注："寄自柏林，3 月 11 日收到"。

苏共中央马列主义研究院中央党务档案馆，第 2 号全宗，第 1
号目录，第 429 号保管单位。

列宁读社会革命党宣言的抄件，并在封面上作批注："3 月 11 日收到。自柏林寄交亨弗德尔斯（1 月 22 日）"。

苏共中央马列主义研究院中央党务档案馆，第 2 号全宗，第 1
号目录，第 460 号保管单位。

列宁给帕·波·阿克雪里罗得写回信。阿克雪里罗得 2 月 25 日（3 月 10 日）从苏黎世来信，请求再给他寄一份《火星报》第 2

号和几号《世界政策》小报。列宁在信中告知，来信人所要的材料
已寄出，并说自己已结束《曙光》杂志第 1 期的校对工作。

《列宁全集》中文第 2 版增订版第 44 卷第 97—98 页；《列宁文
集》俄文版第 3 卷第 138—139 页。

2 月 26 日和 4 月 19 日（3 月 11 日和 5 月 2 日）之间

列宁读关于莫斯科大学教授委员会反对大学生革命运动的号
召书的通讯稿《科学界伟人的国民功勋》；作批注："（＞18 000）"，
并计算数字。

苏共中央马列主义研究院中央党务档案馆，第 2 号全宗，第 1
号目录，第 431 号保管单位。

2 月，28 日（3 月 13 日）以前

列宁给在伦敦的阿·亚·塔赫塔廖娃（雅库波娃）寄信（这封
信没有找到）。

苏共中央马列主义研究院中央党务档案馆，第 24 号全宗，第
28 号目录，第 18982 号保管单位。

2 月 28 日（3 月 13 日）

列宁收到格·瓦·普列汉诺夫从日内瓦寄来的热烈赞扬《火
星报》第 2 号的信。

《列宁文集》俄文版第 3 卷第 141—142 页。

2 月 28 日（3 月 13 日）以后

列宁读署名"发起人小组"的为 1901 年 2 月 28 日（3 月 13
日）《新时报》出版二十五周年印发的传单，作批注："副本"。

苏共中央马列主义研究院中央党务档案馆，第 2 号全宗，第 1
号目录，第 433 号保管单位。

2 月底—3 月 6 日（19 日）以前

列宁读《火星报》组织的传单《2 月 19 日周年纪念》草稿，并作

文字上的修改。

苏共中央马列主义研究院中央党务档案馆,第 2 号全宗,第 1 号目录,第 432 号保管单位,第 2—5 张。

2 月

列宁会见从俄国来的社会民主党人列·伊·戈尔德曼,同他商谈在基什尼奥夫建立秘密印刷所出版《火星报》和火星派书刊的问题。

列·伊·戈尔德曼:《俄国的〈火星报〉组织和〈火星报〉印刷所》,1928 年,第 20 页。

列宁为列·伊·戈尔德曼写给约·狄茨的介绍信,请狄茨向戈尔德曼介绍安排铅版印刷事宜(这封信没有找到)。列宁派戈尔德曼到狄茨那里去。

列·伊·戈尔德曼:《俄国的〈火星报〉组织和〈火星报〉印刷所》,1928 年,第 20—21 页。

不早于 3 月 1 日(14 日)

列宁收到阿·亚·塔赫塔廖娃 1901 年 2 月 28 日(3 月 13 日)的来信,信中告知:《工人思想报》集团成员宣称该集团要独立存在并打算继续出版《工人思想报》,该集团领导人反对它同彼得堡工人阶级解放斗争协会合并。

苏共中央马列主义研究院中央党务档案馆,第 24 号全宗,第 28 号目录,第 18982 号保管单位。

3 月 2 日(15 日)

列宁收到埃·李·古列维奇的电报,说已将《火星报》顺利运到俄国。

《列宁文集》俄文版第 3 卷第 146、148 页。

3 月,3 日(16 日)以后

列宁收到帕·波·阿克雪里罗得从苏黎世寄来的信,信中告知《火星报》第 2 号和随同寄去的其他材料已运到俄国，并对以后几号报纸的材料和文章提出意见。

《列宁文集》俄文版第 3 卷第 146—148 页。

3 月 6 日（19 日）

列宁读用《火星报》署名印发的传单《2 月 19 日周年纪念》，在上面作批注："3 月 19 日　格伦瓦尔德"。

苏共中央马列主义研究院中央党务档案馆，第 2 号全宗，第 1
号目录，第 436 号保管单位。

列宁读埃·李·古列维奇 3 月 4 日（17 日）的来信。古列维奇请求给他寄去一些通讯地址，"主要是大学界的地址"。列宁在信封上作批注："寄自巴黎，3 月 19 日收到"。

苏共中央马列主义研究院中央党务档案馆，第 2 号全宗，第 1
号目录，第 435 号保管单位。

3 月 7 日（20 日）

列宁给在苏黎世的帕·波·阿克雪里罗得写回信，告知约·狄茨拒不采用阿克雪里罗得为《曙光》杂志第 1 期写的编辑部声明，而代之以一篇简短的前言《告读者》；说编辑部不得不作出决定，向彼·伯·司徒卢威发出最后通牒：如果不为《火星报》和《曙光》杂志提供固定的经费就与之断绝关系。之后列宁还告知《火星报》第 2 号在俄国获得成功，彼得堡、莫斯科、哈尔科夫和喀山爆发群众游行示威。

《列宁全集》中文第 2 版增订版第 44 卷第 98—100 页。

3 月 8 日（21 日）

列宁读 2 月 20 日（3 月 5 日）彼得堡来信，信中谈到 1901 年 2 月 19 日（3 月 4 日）大学生在喀山大教堂前的游行示威；在信上标出重点并作批注："第 12 封信"，"寄自柏林，1901 年 3 月 21 日"。

苏共中央马列主义研究院中央党务档案馆，第 2 号全宗，第 1
号目录．第 438 号保管单位。

3 月 9 日（22 日）

列宁回复在柏林的费·伊·唐恩 2 月 17 日（3 月 2 日）的来信，告知《火星报》和《曙光》杂志编辑部财务困难；请他尽力为报纸筹集经费，寄来交接装秘密书刊的箱子的地址以及更可靠的寄信和寄书的地址，并请他告知经芬兰转运《火星报》的情况。

《列宁全集》中文第 2 版增订版第 44 卷第 100—101 页。

3 月 10 日（23 日）

列宁给在伦敦的维·巴·诺根写信，告知给他寄去 5 份《火星报》第 2 号供散发用，并说准备最近从斯图加特寄出《曙光》杂志第 1 期，请他在伦敦采取较为有效的措施为《火星报》筹集经费。

《列宁全集》中文第 2 版增订版第 44 卷第 102 页。

《曙光》杂志第 1 期出版，刊载了列宁的三篇文章，总标题为《时评》。

《列宁全集》中文第 2 版增订版第 44 卷第 100、102 页；《帕·
波·阿克雪里罗得和尤·奥·马尔托夫书信集》，柏林，1924
年，第 17—19 页。

列宁读一个姓名不详的人 1901 年 2 月 20 日（3 月 5 日）从彼得堡寄来的信，信中讲述 1901 年 2 月 19 日（3 月 4 日）在喀山大教堂前举行游行示威的情况；列宁作批注："寄自巴黎，1901 年 3 月 23 日收到"。

苏共中央马列主义研究院中央党务档案馆，第 2 号全宗，第 1
号目录，第 440 号保管单位。

列宁读关于 1901 年 2 月 19 日（3 月 4 日）哈尔科夫大学生游

行示威的通讯稿,在上面标出重点并作批注:"寄自巴黎,1901 年 3 月 23 日收到","哈尔科夫通讯稿"。

苏共中央马列主义研究院中央党务档案馆,第 2 号全宗,第 1 号目录,第 441 号保管单位。

列宁读莫斯科大学学生小组 1901 年 2 月 27 日(3 月 12 日)的传单《答在致大学生书上签名的教授们》(关于 2 月 26 日(3 月 11 日)莫斯科大学教授委员会的反对学生革命运动的致大学生书)。列宁在上面作批注:"寄自巴黎,1901 年 3 月 23 日收到"。

苏共中央马列主义研究院中央党务档案馆,第 2 号全宗,第 1 号目录,第 442 号保管单位。

3 月 10 日(23 日)以后

列宁收到尼·亚·阿列克谢耶夫从伦敦寄来的信,信中对《曙光》杂志第 1 期提出意见。

苏共中央马列主义研究院中央党务档案馆,第 24 号全宗,第 21 号目录,第 20985 号保管单位。

3 月 13 日(26 日)

列宁读通讯稿《大学生答教授们》(关于 2 月 26 日(3 月 11 日)莫斯科大学教授委员会的反对学生革命运动的致大学生书),并在上面作批注:"寄自巴黎,1901 年 3 月 26 日收到"。

苏共中央马列主义研究院中央党务档案馆,第 2 号全宗,第 1 号目录,第 443 号保管单位。

3 月 14 日(27 日)

列宁读一个姓名不详的人从基辅寄来的信,来信说那里出现了一个新的工人意志社,它不同意俄国社会民主工党基辅委员会的策略和摇摆不定的路线;列宁读米·格·韦切斯洛夫关于这封信的附笔。列宁在信上作批注:"寄自柏林,1901 年 3 月 27 日"。

苏共中央马列主义研究院中央党务档案馆,第2号全宗,第1号目录,第444号保管单位。

3 月,不早于 14 日(27 日)

列宁读尤·米·斯切克洛夫的来信,信中谈到巴黎社会民主党团体斗争社同《火星报》和《曙光》杂志编辑部的关系;列宁在上面作批注:"1901 年 3 月 27 日作复"。

苏共中央马列主义研究院中央党务档案馆,第2号全宗,第1号目录,第446号保管单位。

3 月 15 日(28 日)

列宁读关于大学生运动的莫斯科通讯稿:《第 6 期。3 月 25 日。一、私人信件。莫斯科事件》;在上面作批注:"寄自柏林,1901 年 3 月 28 日收到"。

苏共中央马列主义研究院中央党务档案馆,第2号全宗,第1号目录,第447号保管单位。

列宁读给《火星报》的关于 1901 年 2 月 19 日(3 月 4 日)哈尔科夫学生风潮和大学生游行示威的 2 月 19 日(3 月 4 日)通讯稿,并在上面作批注:"寄自英国,1901 年 3 月 28 日收到"。

苏共中央马列主义研究院中央党务档案馆,第2号全宗,第1号目录,第448号保管单位。

列宁读给《火星报》的关于莫斯科大学生和工人风潮、关于钦德尔工厂和普罗霍罗夫纺织厂罢工的通讯稿,在上面作批注:"寄自英国,1901 年 3 月 28 日收到"。

苏共中央马列主义研究院中央党务档案馆,第2号全宗,第1号目录,第449号保管单位。

列宁读同乡会、大学生组织和基辅工学院组织委员会基辅联合委员会1901 年 3 月 6 日(19 日)印发的关于教授们 2 月 26 日(3 月 11 日)号召书的传单:《第 7 期。答莫斯科的教授们》;列宁在上面作批注:"寄自柏林,1901 年 3 月 28 日收到"。

苏共中央马列主义研究院中央党务档案馆,第 2 号全宗,第 1 号目录,第 450 号保管单位。

3 月 19 日(4 月 1 日)

列宁读一个姓名不详的人的通讯稿,该稿转述同乡会和大学生组织基辅联合委员会 2 月 24 日(3 月 9 日)为大学生卡尔波维奇行刺教育大臣博哥列波夫引发的学生革命运动所发表的传单;列宁在上面作批注:"寄自伦敦,4 月 1 日收到"。

苏共中央马列主义研究院中央党务档案馆,第 2 号全宗,第 1 号目录,第 451 号保管单位。

列宁读发自基辅的署名为"B. Hoв."的 1901 年 3 月 10 日(23 日)通讯稿,该稿报道当兵的大学生皮拉托夫被枪决和 1901 年 3 月 11 日(24 日)即将举行示威的情况;列宁还读随稿附上的关于 3 月 4 日(17 日)比亚韦斯托克工人游行示威的通讯稿。列宁在稿件上标出重点,并在空白处注明:"寄自伦敦,4 月 1 日收到"。

苏共中央马列主义研究院中央党务档案馆,第 2 号全宗,第 1 号目录,第 452 号保管单位。

3 月 20 日(4 月 2 日)

列宁读发自西伯利亚的报道国家官吏专横霸道的通讯稿,并在上面作批注:"寄自柏林,4 月 2 日收到"。

苏共中央马列主义研究院中央党务档案馆,第 2 号全宗,第 1 号目录,第 454 号保管单位。

列宁对一个姓名不详的人关于 1901 年 2 月底至 3 月初学生运动的莫斯科通讯稿作付印准备;在上面写批注:"4 月 2 日收到,给报纸用",并编写页码。

苏共中央马列主义研究院中央党务档案馆,第 2 号全宗,第 1 号目录,第 453 号保管单位。

列宁读发自彼得堡的 1901 年 3 月 10 日(23 日)关于 3 月 4 日(17 日)喀山大教堂前游行示威以及莫斯科和哈尔科夫游行示威情况的通讯稿;在上面作批注:"寄自巴黎,4 月 2 日"。

苏共中央马列主义研究院中央党务档案馆,第 2 号全宗,第 1 号目录,第 455 号保管单位。

3 月 24 日(4 月 6 日)

列宁回复维·巴·诺根对《曙光》杂志第 1 期提出意见的来信,感谢他写来详细的意见。

《列宁全集》中文第 2 版增订版第 44 卷第 102—103 页。

3 月 25 日(4 月 7 日)以后

列宁收到阿·亚·塔赫塔廖娃关于彼得堡工人阶级解放斗争协会印刷所的来信。

苏共中央马列主义研究院中央党务档案馆,第 24 号全宗,第 28 号目录,第 1150 号保管单位。

3 月 27 日(4 月 9 日)

列宁读号召进行革命斗争的传单《告 У.С.库尔巴托夫机械厂的工人们》,并在上面作批注:"1901 年 4 月 9 日收到"。

苏共中央马列主义研究院中央党务档案馆,第 2 号全宗,第 1 号目录,第 457 号保管单位。

列宁读俄国社会民主工党基辅委员会 1901 年 3 月 17 日(30 日)关于 3 月 11 日(24 日)基辅游行示威的传单《告全体男女工人》。这次游行示威是在基辅社会民主党组织 1898 年遭到破坏三周年纪念日为抗议镇压哈尔科夫、莫斯科和彼得堡的游行示威者而举行的。列宁在传单背面作批注:"1901 年 4 月 9 日收到"。

苏共中央马列主义研究院中央党务档案馆,第 2 号全宗,第 1 号目录,第 458 号保管单位。

列宁读 1901 年 2 月 26 日(3 月 11 日)署名"大学生"的传单《莫斯科最近事件…… 莫斯科大学生答教授们》,在传单上标出重点并作批注:"寄交勒格纳,1901 年 4 月 9 日收到"。

> 苏共中央马列主义研究院中央党务档案馆,第 2 号全宗,第 1 号目录,第 459 号保管单位。

列宁读 1901 年 3 月 14 日(27 日)的传单《告社会各界》,该传单揭露政府关于 1901 年 3 月 4 日(17 日)彼得堡喀山大教堂前游行示威情况的虚假报道。列宁作批注:"寄交勒格纳,1901 年 4 月 9 日收到"。

> 苏共中央马列主义研究院中央党务档案馆,第 2 号全宗,第 1 号目录,第 460 号保管单位。

不晚于 4 月 1 日(14 日)

娜·康·克鲁普斯卡娅从乌法来到慕尼黑列宁处。

> 《列宁全集》中文第 2 版增订版第 44 卷第 106—107 页;《列宁文集》俄文版第 3 卷第 154—155 页;《帕·波·阿克雪里罗得和尤·奥·马尔托夫书信集》,柏林,1924 年,第 24—25 页;《回忆弗·伊·列宁》,第 1 卷,1968 年,第 251 页。

4 月,1 日(14 日)以后

娜·康·克鲁普斯卡娅来到后,列宁迁入从一个德国工人那里租来的住所。列宁住在这里时,用的是保加利亚法学博士尤尔丹·K.尤尔丹诺夫的护照。

> 《回忆弗·伊·列宁》,第 1 卷,1968 年,第 255、257 页;K.施特列布:《列宁在德国》,1959 年,第 25 页。

4 月,不晚于 2 日(15 日)

列宁收到文集《在光荣的岗位上》。这本文集是民粹派为纪念他们的一个思想家尼·康·米海洛夫斯基从事写作和社会活动四十年而出版的。

《列宁全集》中文第 2 版增订版第 44 卷第 103 页。

列宁写信给在日内瓦的格·瓦·普列汉诺夫,说必须在《曙光》杂志上开展对文集《在光荣的岗位上》的批判,表示愿意负责切尔诺夫的几篇文章,建议普列汉诺夫承担拉法伊洛夫、尤沙柯夫和其他"社会学家"的文章。

《列宁全集》中文第 2 版增订版第 44 卷第 103 页。

4 月,6 日(19 日)以前

列宁委托《火星报》驻柏林代表写信给瑞典社会民主党领袖卡·亚·布兰亭,说明《火星报》和《曙光》杂志编辑部希望同瑞典和芬兰社会民主党人建立更加密切的联系。

《列宁全集》中文第 2 版增订版第 44 卷第 104 页。

4 月 6 日(19 日)

列宁用德文给在斯德哥尔摩的卡·亚·布兰亭写信,信中说,《火星报》编辑部希望同瑞典和芬兰社会民主党人建立密切的联系;请他为《火星报》和《曙光》杂志物色一个固定的芬兰撰稿人,以便介绍芬兰的政治情况和芬兰人反对专制制度的斗争。

《列宁全集》中文第 2 版增订版第 44 卷第 104—105 页。

列宁读关于学生游行示威情况的通讯稿《2 月 19 日在哈尔科夫》,并在上面作批注:"寄自柏林,4 月 19 日收到"。

苏共中央马列主义研究院中央党务档案馆,第 2 号全宗,第 1 号目录,第 462 号保管单位。

4 月 8 日(21 日)

列宁读一个姓名不详的人 1901 年 2 月 20 日(3 月 5 日)从哈尔科夫中央监狱寄来的信,信中谈到 1901 年 2 月 19 日(3 月 4 日)哈尔科夫学生游行示威的情况。列宁在上面作批注:"寄交亨弗德尔斯,4 月 21 日"。

苏共中央马列主义研究院中央党务档案馆,第 2 号全宗,第 1 号目录,第 463 号保管单位。

列宁写信给在日内瓦的格·瓦·普列汉诺夫,说明他前来慕尼黑参加编辑部会议的必要性;告知已给他寄去《工业界报》;表示同意他提出的关于五一节期间《火星报》在俄国采取的策略的意见;请他把《国民经济》杂志寄来或带来。

《列宁全集》中文第 2 版增订版第 44 卷第 105—106 页。

4 月 9 日(22 日)

列宁和娜·康·克鲁普斯卡娅共同写信给在柏林的米·格·韦切斯洛夫。列宁在信中就向彼得堡运送《火星报》五一节传单的问题作了指示,建议《火星报》柏林协助小组在柏林加强筹集运送书刊经费的工作;提出可以采纳波兰社会民主党人协助往俄国运送火星派书刊的建议,并给少量的书刊试运;答应给韦切斯洛夫另寄《曙光》杂志第 1 期和《火星报》第 3 号。

《列宁全集》中文第 2 版增订版第 44 卷第 106—107 页。

4 月 11 日(24 日)

列宁对省自治局 1901 年 3 月 13 日(26 日)向乌法省地方自治第 30 次非常会议所作的报告(关于给学校委员会的指令草案)作付印准备;编写页码和计算印刷符号。

苏共中央马列主义研究院中央党务档案馆,第 2 号全宗,第 1 号目录,第 466 号保管单位。

4 月 12 日(25 日)

列宁回复米·格·韦切斯洛夫关于《火星报》柏林协助小组打算出版自己的通报的来信,表示不同意这个计划,他强调,必须把一切写作力量和全部材料集中于《火星报》。列宁写道："别的办法只能说明不是反对目前思想上的动摇和涣散，而是助长它们。"列宁请他寄一份运送书刊的报告，并要求在柏林和其他地方加紧筹集运送书刊的经费；指示把小册子《哈尔科夫的五月》寄往南方。

《列宁全集》中文第 2 版增订版第 44 卷第 113—114 页。

列宁向劳动解放社提出把俄国革命社会民主党人组织联合为俄国革命社会民主党人国外同盟的计划。

《列宁全集》中文第 2 版增订版第 44 卷第 109—111 页。

列宁写信给在苏黎世的帕·波·阿克雪里罗得，告知《火星报》巴黎协助小组已解散，斗争社拒绝同《火星报》和《曙光》杂志编辑部合作，并且为《工人事业》杂志辩护；谈到编辑部打算在《火星报》第 4 号上批判《工人事业》。列宁还告诉他运送工作失败，警察局截获了 3 000 份《火星报》；说正在准备《曙光》杂志第 2 期，自己将很快写完《地方自治机关的迫害者和自由主义的汉尼拔》一文；告知《火星报》第 4 号预定的内容，并说给他寄去《曙光》杂志第 1 期 10 份，转寄美国。

《列宁全集》中文第 2 版增订版第 44 卷第 107—112 页。

列宁读 1901 年 4 月 3 日（16 日）莫斯科通讯稿（关于旧教徒向沙皇递交请愿书以及关于逮捕县贵族代表赫拉波维茨基），在上面作批注："第 4 号"、"4 月 25 日"，并对原文作修改。

苏共中央马列主义研究院中央党务档案馆，第 2 号全宗，第 1 号目录，第 468 号保管单位。

4 月，不晚于 14 日（27 日）

列宁草拟寄给在波尔塔瓦的《火星报》代办员柳·尼·拉德琴柯的信的要点，娜·康·克鲁普斯卡娅受列宁委托写了信的全文。

信中对火星派书刊运往俄国并在各地散发的问题作了回答;说明
《火星报》编辑部的意见:不希望根据《工人事业》杂志编辑部的提
议召开俄国社会民主党第二次代表大会,强调《火星报》俄国组织
加强工作掌握更多的地方和群众是很重要的。

《列宁文集》俄文版第 8 卷第 132—133 页。

4 月下半月

列宁在一个姓名不详的人关于彼得堡事件的来信背面写出版
《火星报》的进款清单,并计算会计处的现金数目。

苏共中央马列主义研究院中央党务档案馆,第 2 号全宗,第 1
号目录,第 27676 号保管单位。

4 月 18 日(5 月 1 日)

列宁和娜·康·克鲁普斯卡娅参加德国工人五一节游行。

《回忆弗·伊·列宁》,第 1 卷,1968 年,第 261 页。

4 月 19 日(5 月 2 日)以前

列宁读 2a36(潘·尼·勒柏辛斯基)报道彼得堡大学学生集
会和被送去当兵的大学生情况的通讯稿,并在上面写批注:"第 5
封信的结尾,2 月 19 日暴行和发自普斯科夫的关于当兵的大学生
的通讯稿"。

苏共中央马列主义研究院中央党务档案馆,第 2 号全宗,第 1
号目录,第 469 号保管单位。

列宁读发自彼得堡的 1901 年 2 月 27 日(3 月 12 日)关于 2 月
19 日(3 月 4 日)青年学生在喀山大教堂前游行示威的通讯稿,在
上面写批注:"第 11 封信",并标出重点。

苏共中央马列主义研究院中央党务档案馆,第 2 号全宗,第 1
号目录,第 470 号保管单位。

列宁读关于彼得堡游行示威(1901 年 3 月 4 日(17 日)在喀山

大教堂前）的通讯稿，在上面写批注："第 14 封信"，并在文中标出重点。

苏共中央马列主义研究院中央党务档案馆，第 2 号全宗，第 1 号目录，第 471 号保管单位。

列宁读给《火星报》编辑部的关于彼得堡大学生运动的通讯稿，在上面写批注："第 25 封信"，并在文中标出重点。

苏共冂央马列主义研究院中央党务档案馆，第 2 号全宗，第 1 号目录，第 472 号保管单位。

列宁读彼得堡通讯稿（关于 1901 年 2 月 19 日（3 月 4 日）在喀山大教堂前的游行示威），写批注："第 27 封信"，并标出重点。

苏共中央马列主义研究院中央党务档案馆，第 2 号全宗，第 1 号目录，第 473 号保管单位。

列宁读 1901 年 2 月 21 日（3 月 6 日）的传单《大学生致教授们》，传单内含告教授们在 1901 年 2 月 8 日（21 日）停课的呼吁书，因为学生预定在这一天罢课；列宁在上面写批注："第 28 封信"，并标出重点。

苏共中央马列主义研究院中央党务档案馆，第 2 号全宗，第 1 号目录，第 474 号保管单位。

列宁读彼得堡通讯稿（关于 3 月 4 日（17 日）在喀山大教堂前的游行示威），在上面写批注："第 32 封信"，并标出重点。

苏共中央马列主义研究院中央党务档案馆，第 2 号全宗，第 1 号目录，第 475 号保管单位。

列宁读 3 月 4 日（17 日）彼得堡喀山大教堂前游行示威的一个参加者的来信，在上面写批注："第 43 封信"，"圣彼得堡"，"寄自巴黎"；对原文作编辑加工。

苏共中央马列主义研究院中央党务档案馆，第 2 号全宗，第 1 号目录，第 476 号保管单位。

列宁读发自彼得堡的 3 月 5 日（18 日）关于喀山大教堂前游行示威的通讯稿，在上面写批注：“第 44 封信”，“寄自巴黎”，“圣彼得堡”，并在文中标出重点。

苏共中央马列主义研究院中央党务档案馆，第 2 号全宗，第 1 号目录，第 477 号保管单位。

列宁给在彼得堡的斯·伊·拉德琴柯写回信，告知收到他的来信，同意他提出的散发书刊的方法；希望他更多地关心社会主义者社，因该社答应为《火星报》进行宣传并设法靠拢《火星报》编辑部；告知《火星报》第 3 号和第 4 号正准备出版，有两份五月传单已经印出；请他尽力设法派人去柏林和普斯科夫找勒柏辛斯基取书刊。

《列宁全集》中文第 2 版增订版第 44 卷第 114—115 页；《列宁文集》俄文版第 8 卷第 123—124 页。

4 月 19 日（5 月 2 日）

《火星报》第 3 号出版，载有列宁的文章《工人政党和农民》。

《列宁全集》中文第 2 版增订版第 4 卷第 379—386 页；《列宁文集》俄文版第 3 卷第 169、173—174 页；《火星报》，1901 年 4 月，第 3 号。

4 月 19 日（5 月 2 日）以后

列宁从自己的《工人政党和农民》（《火星报》第 3 号）一文中摘录有关消灭农奴制残余的全国意义和社会民主党策略的论述。

苏共中央马列主义研究院中央党务档案馆，第 2 号全宗，第 1 号目录，第 478 号保管单位。

列宁读一封寄给《火星报》编辑部的署名“1852”的信，该信批评列宁的《工人政党和农民》一文；列宁在上面写批注：“注意第 3 页第 2 条”，划出重点，并作删节和编写页码。

苏共中央马列主义研究院中央党务档案馆，第 2 号全宗，第 1

号目录,第 479 号保管单位。

4 月 24 日(5 月 7 日)以前

列宁起草党纲初稿(这一文件没有找到)。

《列宁全集》俄文第 5 版第 5 卷第 411 页;《列宁文集》俄文版
第 3 卷第 199 页。

4 月 24 日和 5 月 1 日(5 月 7 日和 14 日)之间

列宁参加《火星报》和《曙光》杂志编辑部会议。会上讨论了成立俄国社会民主党组织国外同盟的计划和同盟的初步章程问题,同时还讨论了斗争社为商讨所有俄国社会民主党国外组织联合问题而再次提出的召开这些组织的代表预备会议的问题。

《列宁文集》俄文版第 3 卷第 169—170 页;《帕·波·阿克雪
里罗得和尤·奥·马尔托夫书信集》,柏林,1924 年,第 29—
30 页。

列宁对《俄国革命社会民主党人国外组织章程草案》提出意见并进行修改。

《列宁全集》中文第 2 版增订版第 5 卷第 343—347 页;《帕·
波·阿克雪里罗得和尤·奥·马尔托夫书信集》,柏林,1924
年,筹 30 页。

4 月 29 日(5 月 12 日)

列宁以《火星报》编辑部名义写信给巴黎的斗争社,表示同意恢复关于俄国社会民主工党国外组织联合问题的谈判,并接受斗争社就联合问题召开预备会议的建议,同时声明将继续同《工人事业》杂志展开论战。

《列宁全集》中文第 2 版增订版第 44 卷第 116 页。

4 月 29 日和 5 月 5 日(5 月 12 日和 18 日)之间

列宁读尔·马尔托六和娜·康·克鲁普斯卡娅写给米·格·韦切斯洛夫的信,信中请他转告波兰社会民主党人:《火星报》编辑部赞同并支持他们向俄国社会民主工党靠拢。列宁在这个地方加了一句话："口头转告他们,不要给他们看信。"

苏共中央马列主义研究院中央党务档案馆,第 2 号全宗,第 1 号目录,第 434 号保管单位;《列宁文集》俄文版第 8 卷第 136—137 页。

4 月

列宁开始写《怎么办?(我们运动中的迫切问题)》一书。

《列宁全集》中文第 2 版增订版第 5 卷第 6 页;《回忆弗·伊·列宁》,第 1 卷,1968 年,第 257 页;K.施特列布:《列宁在德国》,1959 年,第 25 页。

5 月 3 日(16 日)以后

列宁收到达·波·梁赞诺夫的来信,信中告知召开俄国社会民主工党国外组织代表预备会议的地点和时间,并对列宁的《从何着手?》一文提出意见。

苏共中央马列主义研究院中央党务档案馆,第 24 号全宗,第 7 号目录,第 28151 号保管单位。

5 月 4 日(17 日)以后—5 月 19 日(6 月 1 日)以前

列宁读给《火星报》的通讯稿《关于一篇彼得堡通讯》(一个女工关于 1901 年 5 月 4 日(17 日)彼得堡维堡区工人游行示威被驱散的来信),在上面作批注。

苏共中央马列主义研究院中央党务档案馆,第 2 号全宗,第 1 号目录,第 485 号保管单位。

5 月 5 日(18 日)

列宁起草给米·格·韦切斯洛夫的信,同意韦切斯洛夫提出的出版通报的计划,指出必须从组织工作方面仔细研究这一计划和解决一系列问题;希望通报的纲领能与出版《火星报》和《曙光》杂志的《编辑部声明》所阐述的纲领相一致;请他告知通报第 1 期出版日期。

《列宁全集》中文第 2 版增订版第 44 卷第 117—118 页。

列宁和娜·康·克鲁普斯卡娅迁入施瓦宾(慕尼黑郊区)的另一处住所,地址是齐格弗里德街 14 号。

《回忆弗·伊·列宁》,第 1 卷,1968 年,第 258 页;K.施特列布:《列宁在德国》,1959 年,第 26 页。

5 月,5 日(18 日)以后—12 月

列宁多次会见帮助组织印刷《火星报》和《曙光》杂志的德国社会民主党人。

K.施特列布:《列宁在德国》,1959 年,第 29 页。

5 月 6 日(19 日)以前

列宁收到由玛·亚·乌里扬诺娃转来的玛·伊·乌里扬诺娃从莫斯科监狱写来的信。

《列宁全集》中文第 2 版增订版第 53 卷第 246 页。

5 月 6 日(19 日)

列宁收到在监狱里的马·季·叶利扎罗夫从莫斯科写来的信。

《列宁全集》中文第 2 版增订版第 53 卷第 244 页。

列宁给在波多利斯克的玛·亚·乌里扬诺娃写信,信中说,安·伊·乌里扬诺娃-叶利扎罗娃已去柏林,想在柏林的图书馆学习一下;对在莫斯科近郊租到的别墅不好感到遗憾;安慰母亲说,玛·伊·乌里扬诺娃和马·季·叶利扎罗夫可能很快就会获释出狱,并提到给他们往监狱里送信的事。

《列宁全集》中文第 2 版增订版第 53 卷第 244—245 页。

列宁写信给在莫斯科的马·季·叶利扎罗夫,建议他在监禁

条件下要安排好作息时间,劝他学习外语和坚持做体操。

《列宁全集》中文第 2 版增订版第 53 卷第 246 页。

列宁给在莫斯科的玛·伊·乌里扬诺娃写信,建议她在单人牢房里要安排好从事脑力活动的正常作息制度,向她介绍经验,谈学习外语的最合理的方法,建议按现有书籍更正确地安排学习,使学习内容多样化,并且说每天必须做体操。

《列宁全集》中文第 2 版增订版第 53 卷第 246—247 页。

5 月,不早于 6 日(19 日)

列宁编制《火星报》编辑部自 1901 年 3 月 29 日(4 月 11 日)至 5 月 6 日(19 日)的收支清单。

苏共中央马列主义研究院中央党务档案馆,第 2 号全宗,第 1 号目录,第 489 号保管单位。

5 月 7 日(20 日)

列宁读圣彼得堡工人阶级解放斗争协会和俄国社会民主工党圣彼得堡委员会的传单《五一节》(诗体文),在上面写批注:"寄自蔡特金(寄交沙德利希(?)),1901 年 5 月 20 日收到"。

苏共中央马列主义研究院中央党务档案馆,第 2 号全宗,第 1 号目录,第 490 号保管单位。

列宁读埃·李·古列维奇寄给《火星报》编辑部的信,信中告知关于召开俄国社会民主工党国外组织代表会议的谈判进程以及预定召开会议的日期和地点。列宁在信的背面作批注:"1901 年 5 月 20 日"。

苏共中央马列主义研究院中央党务档案馆,第 2 号全宗,第 1 号目录,第 491 号保管单位。

5 月 7 日(20 日)以后—5 月 19 日(6 月 1 日)以前

列宁读尔·马尔托夫关于 1901 年春革命事件的文章《又在流

血》,计算印刷符号。

> 苏共中央马列主义研究院中央党务档案馆,第 2 号全宗,第 1
> 号目录,第 492 号保管单位。

5 月 9 日(22 日)

列宁读下诺夫哥罗德人给国民教育大臣的请愿书,要求赦免因参加 1898—1901 年大学生运动而遭到迫害的全体人员,列宁在上面作批注:"5 月 22 日"和"1901 年 1 月 22 日"。这封请愿书刊登在 1901 年 6 月《火星报》第 5 号上。

> 苏共中央马列主义研究院中央党务档案馆,第 2 号全宗,第 1
> 号目录,第 493 号保管单位;《火星报》,1901 年 6 月,第 5 号。

5 月 9 日和 15 日(22 日和 28 日)之间

列宁就《火星报》第 5 号的印刷问题给印刷所写了一张便条,提出要变动文章的编排次序,通知校样已寄出,并说还要寄去几篇文章。

> 《列宁全集》中文第 2 版增订版第 44 卷第 118 页。

5 月 11 日(24 日)

列宁回复尼·埃·鲍曼从莫斯科寄来的信,感谢他寄来关于火星派书刊发行情况和 1—4 月收支情况的报告;请他具体地谈谈自己的活动情况;提到由于没有组织好往俄国运送装有书刊的箱子以及为《火星报》筹集经费的工作,致使编辑部财务困难;建议他搬到靠近边境的地方去组织运送书刊的工作。

> 《列宁全集》中文第 2 版增订版第 44 卷第 119—120 页。

列宁给在巴黎的加·达·莱特伊仁写信,指示要立即派遣彼·阿·克拉西科夫到紧靠边境的地方去担任往俄国运送书刊的工作;告知编辑部同达·波·梁赞诺夫谈判的情况。

《列宁全集》中文第 2 版增订版第 44 卷第 120—122 页。

5 月 11 日—17 日（24 日—30 日）

列宁和《火星报》慕尼黑编辑部其他成员同达·波·梁赞诺夫会见，就斗争社为《火星报》撰稿的条件问题和俄国社会民主党国外组织的联合问题同他进行谈话。

《列宁全集》中文第 2 版增订版第 44 卷第 121—122 页；《帕·波·阿克雪里罗得和尤·奥·马尔托夫书信集》，柏林，1924 年，第 35 页。

5 月 12 日（25 日）

列宁给在苏黎世的帕·波·阿克雪里罗得写信，谈到斗争社又打算就俄国社会民主工党国外组织实行联合的问题进行谈判；列宁谈了关于召集这些组织的代表举行预备会议的计划；说自己同意召开预备会议；请他尽快提出"社会民主党人"组织对这一问题的答复；问他是否打算为《曙光》杂志写点什么。

《列宁全集》中文第 2 版增订版第 44 卷第 122—125 页。

5 月，13 日（26 日）以前

列宁读彼得堡大学学生组织委员会 5 月 1 日（14 日）关于被送去当兵的大学生拉古坚科身遭惨死而散发的传单；作批注："刊社会新闻栏"，"1901 年 5 月 26 日"；写标题：《在英勇的俄国军队中服役无上荣幸》。

苏共中央马列主义研究院中央党务档案馆，第 2 号全宗，第 1 号目录，第 498 号保管单位。

5 月 13 日—15 日（26 日—28 日）

列宁论述在俄国建立工人阶级革命政党具体计划的文章《从何着手？》作为社论刊登在《火星报》第 4 号上。

《列宁全集》中文第 2 版增订版第 5 卷第 1—10 页；《火星报》，

1901 年 5 月,第 4 号。

5 月 14 日(27 日)

列宁收到尤·米·斯切克洛夫的来信,信中谈到在《曙光》杂志第 3 期上发表他的《社会民主党是民族解放的教导者》一文的问题。

苏共中央马列主义研究院中央党务档案馆,第 2 号全宗,第 1 号目录,第 499 号保管单位。

5 月,15 日(28 日)以前

列宁读关于谢通工厂(莫斯科省)1900 年 9 月和 11 月两次罢工情况的通讯稿,对稿件进行修改,写上编辑部加的标题:《莫斯科省》,并计算印刷符号。

苏共中央马列主义研究院中央党务档案馆,第 2 号全宗,第 1 号目录,第 500 号保管单位。

5 月 15 日(28 日)

列宁读娜·康·克鲁普斯卡娅写给在阿斯特拉罕的莉·米·克尼波维奇的信,在信中附笔询问在俄国组织印刷《火星报》的计划,强调必须为俄国社会民主党的共同工作节约人力和物力。

《列宁全集》中文第 2 版增订版第 44 卷第 125—126 页。

列宁以《火星报》和《曙光》杂志编辑部的名义写信给罗·爱·克拉松,请他对这两个出版物给予财务上的援助。

《列宁全集》中文第 2 版增订版第 44 卷第 126 页。

5 月,不早于 18 日(31 日)—不晚于 1902 年

列宁在笔记本上作关于书籍和报刊文章的各种笔记和札记;计算《火星报》编辑部会计处的收支情况。

苏共中央马列主义研究院中央党务档案馆,第 2 号全宗,第 1 号目录,第 502 号保管单位。

5 月 ,19 日(6 月 1 日)以前

列宁对诗歌《那里是土耳其,讲良心只是空话一句》作付印准备,加上编辑部按语:"现刊登两首广泛流传、反映社会情绪的诗歌"。

苏共中央马列主义研究院中央党务档案馆,第 2 号全宗,第 1 号目录,第 706 号保管单位。

5 月 19 日(6 月 1 日)

列宁就往俄国运送《火星报》问题写信给在普斯科夫的潘·尼·勒柏辛斯基和彼·阿·克拉西科夫,请他们尽力改进运送的组织工作和细致讨论运送费用问题。

《列宁全集》中文第 2 版增订版第 44 卷第 127—128 页。

列宁给在苏黎世的帕·波·阿克雪里罗得写信,告知他寄来的 70 年代民粹派革命家弗·卡·杰博戈里-莫克里耶维奇的材料和信件已收到,同意在《曙光》杂志第 2 期上刊登这些材料;告知《曙光》杂志的篇幅和出版日期以及《火星报》第 5 号的内容和出版日期;请他把"社会民主党人"组织同意召开俄国社会民主工党所有国外组织代表预备会议的复信尽快寄来。

《列宁全集》中文第 2 版增订版第 44 卷第 128—130 页。

5 月 20 日(6 月 2 日)

列宁读"Б."寄给《火星报》编辑部的信,信中请求在《火星报》第 5 号或第 6 号上刊登一篇关于五一节的波兰通讯稿;列宁在上面作批注:"寄自柏林,6 月 2 日"。

苏共中央马列主义研究院中央党务档案馆,第 2 号全宗,第 1 号目录,第 505 号保管单位。

列宁读俄国社会民主工党基辅委员会关于 1901 年 5 月 6 日

（19 日）工人游行示威的传单《告基辅全体工人》,在上面作批注:
"自基辅寄交勒格纳,6 月 2 日"。

苏共中央马列主义研究院中央党务档案馆,第 2 号全宗,第 1
号目录,第 506 号保管单位。

5 月 22 日(6 月 4 日)

列宁读俄国社会民主工党基辅委员会 4 月 29 日(5 月 12 日)
号召庆祝五一节的传单《告基辅全体男女工人》,在上面作批注:
"自基辅寄交勒格纳,6 月 4 日"。

苏共中央马列主义研究院中央党务档案馆,第 2 号全宗,第 1
号目录,第 507 号保管单位。

列宁读一个姓名不详的人关于托木斯克大学生运动和在西伯
利亚各城市工人中间散发五月传单情况的通讯稿;在上面作批注,
进行编辑加工。

苏共中央马列主义研究院中央党务档案馆,第 2 号全宗,第 1
号目录,第 508 号保管单位。

5 月 23 日(6 月 5 日)

列宁读娜·康·克鲁普斯卡娅写给在斯摩棱斯克的 B.C.克
列斯托夫的信,在信中附笔,指示"医师"搬到边境去住,以便更好
地组织定期运送书刊的工作;答应供给他旅费和在边境住一两个
月的生活费。

《列宁全集》中文第 2 版增订版第 44 卷第 130—131 页;《弗·
伊·列宁和〈火星报〉编辑部同俄国国内的社会民主党组织通
信集》,第 1 卷,1969 年,第 113—114 页。

5 月 25 日(6 月 7 日)以前

列宁收到出版商亚·米·卡尔梅柯娃寄来的 250 卢布稿费。

《列宁全集》中文第 2 版增订版第 53 卷第 248 页。

列宁收到玛·亚·乌里扬诺娃的来信和德·伊·乌里扬诺夫

寄来的报纸。

《列宁全集》中文第 2 版增订版第 53 卷第 247 页。

列宁收到安·伊·乌里扬诺娃-叶利扎罗娃的来信,信中告知她收到稿费和玛·亚·乌里扬诺娃的信。

《列宁全集》中文第 2 版增订版第 53 卷第 247 页。

5 月 25 日(6 月 7 日)

列宁给在波多利斯克的玛·亚·乌里扬诺娃写信,告知收到德·伊·乌里扬诺夫寄来的报纸,希望他拣各种有意思的报纸寄来;讲述自己在施瓦宾的生活;为玛·伊·乌里扬诺娃和马·季·叶利扎罗夫延迟出狱表示遗憾。

《列宁全集》中文第 2 版增订版第 53 卷第 247—248 页。

5 月,29 日(6 月 11 日)以前

列宁收到出版商玛·伊·沃多沃佐娃寄来的 600 马克的支票。

《列宁全集》中文第 2 版增订版第 53 卷第 506 页。

列宁和娜·康·克鲁普斯卡娅在慕尼黑参观绘画陈列馆。

《列宁全集》中文第 2 版增订版第 53 卷第 506 页。

5 月 30 日(6 月 12 日)

列宁在给格·瓦·普列汉诺夫的信中告知要为《曙光》杂志第 2 期的内容补充材料。

《列宁全集》中文第 2 版增订版第 44 卷第 131 页。

5 月,31 日(6 月 13 日)以前

列宁编写(用俄文、法文和德文)从慕尼黑图书馆借阅俄文和外文书籍的书单;在上面作批注:"6 月 13 日查询",以后又注明哪些书有,哪些书没有。列宁在《地方自治机关的迫害者和自由主义

的汉尼拔》一文中部分地利用了上述书籍。

> 苏共中央马列主义研究院中央党务档案馆,第 2 号全宗,第 1 号目录,第 512 号保管单位。

5 月底

列宁写《新的激战》一文,从《新时报》上作摘录,并编写文章的详细提纲。

> 《列宁全集》中文第 2 版增订版第 5 卷第 11 — 16、348 — 350 页。

5 月

列宁在施瓦宾初次会见罗·卢森堡,商谈她为《曙光》杂志撰稿的问题。

> 《列宁全集》中文第 2 版增订版第 44 卷第 111、139 页;《回忆弗·伊·列宁》,第 1 卷,1968 年,第 261 页。

春天

列宁在慕尼黑多次同安·伊·乌里扬诺娃-叶利扎罗娃在晚上会面,谈论各种问题,向她讲述他想要写的小册子《怎么办?》的提纲以及写这本小册子的情况。

> 《无产阶级革命》杂志,1924 年,第 7 期,第 257 页。

列宁写信给出版商玛·伊·沃多沃佐娃(这封信没有找到)。

> 《列宁全集》中文第 2 版增订版第 44 卷第 181 页。

6 月,3 日(16 日)以前

列宁论述奥布霍夫保卫战的《新的激战》一文在《火星报》第 5 号上发表。

> 《列宁全集》中文第 2 版增订版第 5 卷第 11 — 16 页;《火星报》,1901 年 6 月,第 5 号;《列宁文集》俄文版第 8 卷第 156 页。

6 月 3 日（16 日）

列宁对娜·康·克鲁普斯卡娅以《火星报》编辑部名义写给《火星报》南方分处的信作文字上的修改,信中告知他们提出的运送书刊的方案不适用,建议在《火星报》的俄国秘密印刷所翻印《火星报》第 5 号或其中的某些文章。

《列宁文集》俄文版第 8 卷第 156 页。

列宁读娜·康·克鲁普斯卡娅以《火星报》编辑部名义写给 B.C.克列斯托夫的信,信中告知正在召开关于俄国社会民主党国外组织联合问题的预备会议。列宁对这封信作文字上的修改。

苏共中央马列主义研究院中央党务档案馆,第 2 号全宗,第 1 号目录,第 509 号保管单位,第 11 张;《弗·伊·列宁和〈火星报〉编辑部同俄国国内的社会民主党组织通信集》,第 1 卷, 1969 年,第 125—126 页。

6 月 4 日（17 日）以前

列宁会见从柏林到他这里来的《火星报》柏林协助小组代表米·格·韦切斯洛夫,商谈《火星报》事宜。

《列宁全集》中文第 2 版增订版第 44 卷第 132 页。

6 月 4 日（17 日）

列宁修改娜·康·克鲁普斯卡娅写给奥列霍沃-祖耶沃的《火星报》代办员伊·瓦·巴布什金的信,信中告知在《火星报》上刊登了他的通讯稿,指出必须写文章驳斥《俄国财富》上刊载的诽谤伊万诺沃-沃兹涅先斯克工人的文章;问他是否收到新出的几号《火星报》,有没有工资收入。

《列宁文集》俄文版第 8 卷第 158 页。

列宁回复米·格·韦切斯洛夫从柏林寄来的请求寄去出版通报所需经费的信,告知他要的款项必须由编委会决定才能拨付;坚决要求他寄来《火星报》柏林协助小组的工作报告。

《列宁全集》中文第 2 版增订版第 44 卷第 132 页。

6 月，4 日（17 日）以后

列宁从 1901 年 6 月 17 日《泰晤士报》上摘录有关彼得堡工潮的资料。

苏共中央马列主义研究院中央党务档案馆，第 2 号全宗，第 1 号目录，第 502 号保管单位。

6 月 5 日（18 日）

列宁收到列·叶·加尔佩林从巴库寄来的信，信中告知经维也纳运送书刊失败，说有可能在高加索印刷《火星报》；列宁在信上作批注：“6 月 18 日收到”。

《列宁文集》俄文版第 8 卷第 154—155 页。

6 月 5 日和 9 日（18 日和 22 日）之间

列宁回复列·叶·加尔佩林从巴库寄来的信，说寄送的书刊还有可能收到；请他通知六不里士的收件人接收书籍并在收到后告知编辑部；对在高加索筹建秘密印刷所的计划和与此有关的开支问题表示关切；建议他尽一切力量为《火星报》筹集经费和寻找新的运送路线。

《列宁全集》中文第 2 版增订版第 44 卷第 133—134 页。

6 月，11 日（24 日）以后

列宁从 1901 年 6 月 11 日（24 日）第 173 号《法兰克福报》上摘录有关圣彼得堡工潮的资料。

苏共中央马列主义研究院中央党务档案馆，第 2 号全宗，第 1 号目录，第 502 号保管单位。

6 月，12 日（25 日）以前

列宁读从彼得堡寄来的《一个工人的来信》，信中热烈赞扬《从

何着手?》一文和《火星报》第 4 号。

《火星报》,1901 年 8 月,第 7 号;《帕·波·阿克雪里罗得和尤·奥·马尔托夫书信集》,柏林,1924 年,第 39 页。

6 月 12 日或 13 日(25 日或 26 日)

列宁给在莫斯科的尼·埃·鲍曼写信,告知从 Э.Х.罗劳那里得到消息说,书刊有可能运过国境;请鲍曼检查这条运送路线并安排在俄国国境接收书刊。

《列宁全集》中文第 2 版增订版第 44 卷第 134—135 页。

6 月,13 日(26 日)以后

列宁收到安·伊·乌里扬诺娃-叶利扎罗娃从柏林寄来的信,信中告知给他寄了钱;请他写信谈谈同格·瓦·普列汉诺夫和帕·波·阿克雪里罗得的关系,同时还问到,为了解决与出版《火星报》有关的问题,她到哪些城市去比较合适。

苏共中央马列主义研究院中央党务档案馆,第 13 号全宗,第 1 号目录,第 21 号保管单位。

6 月,不晚于 18 日(7 月 1 日)

列宁编写写作《土地问题和“马克思的批评家”》所需的外文书刊目录,并在上面作批注:“1901 年 7 月 1 日订阅”。

苏共中央马列主义研究院中央党务档案馆,第 2 号全宗,第 1 号目录,第 516 号保管单位。

6 月 18 日(7 月 1 日)

列宁给在波多利斯克的玛·亚·乌里扬诺娃写信,为没有得到她的音信表示不安,说收到马·季·叶利扎罗夫的来信。

《列宁全集》中文第 2 版增订版第 53 卷第 248—249 页。

6 月,不晚于 20 日(7 月 3 日)

列宁读尼·埃·鲍曼的回信,信中写道,为了保密需要,他不能接受编辑部提出的搬到离边境不远处并组织定期运送火星派书刊工作的建议。

《列宁文集》俄文版第 8 卷第 174—175 页。

6 月 20 日(7 月 3 日)

列宁读娜·康·克鲁普斯卡娅以《火星报》编辑部名义写给在哈尔科夫的 А.И.彼得连科的信,信中告知收到他寄来的信件,请他给《火星报》寄来报道军官情况的通讯稿。列宁在信中此处加上"立即"一词和"我们一定刊登。这很有价值。请从头完整地讲述"几句话;对信作文字上的修改。

《列宁文集》俄文版第 8 卷第 171—172 页;《弗·伊·列宁和
〈火星报〉编辑部同俄国国内的社会民主党组织通信集》,第 1
卷,1969 年,第 152—153 页。

列宁读娜·康·克鲁普斯卡娅以《火星报》编辑部名义写给在莫斯科的尼·埃·鲍曼的信,信中委托他做分配书刊和建立联系的工作;请他尽力为出版《火星报》筹集经费。列宁在这里写上一句话:"俄国寄来的极少",并加上"很"、"一切"两词。

《列宁文集》俄文版第 8 卷第 174—175 页;《弗·伊·列宁和
〈火星报〉编辑部同俄国国内的社会民主党组织通信集》,第 1
卷,1969 年,第 153—154 页。

6 月 22 日(7 月 5 日)

列宁读娜·康·克鲁普斯卡娅以《火星报》编辑部名义写给在柏林的米·格·韦切斯洛夫的信,信中告知给他寄去购买杂志的钱,请他把最近寄出的杂志清单寄来,并请他告知在萨马拉被捕的人的姓名;列宁对信作修改。

《列宁文集》俄文版第 8 卷第 178—179 页。

6 月 24 日(7 月 7 日)以前

列宁和《火星报》慕尼黑编辑部一起参加制定《火星报》和《曙

光》杂志组织、"社会民主党人"组织同俄国社会民主党人联合会等组织联合的方案。

《列宁全集》中文第 2 版增订版第 44 卷第 137 页。

列宁同路过慕尼黑的卡·考茨基会见,同他商谈社会民主党活动的各种问题,包括他为《曙光》杂志撰稿的问题。

《列宁全集》中文第 2 版增订版第 44 卷第 136 页。

列宁写作《地方自治机关的迫害者和自由主义的汉尼拔》一文,写文章的提纲和文章开头部分的一种稿本,从刊登在 1883 年《自由言论》杂志第 53 期和第 60 期上的兹·斯·《官员们同地方自治机关战斗的十八年》一文中作摘录。

《列宁全集》中文第 2 版增订版第 5 卷第 18 — 64、351 — 357
页,第 44 卷第 136 页。

6 月 24 日（7 月 7 日）

列宁给在日内瓦的格·瓦·普列汉诺夫写信,告知从俄国得到有关召开俄国社会民主工党第二次代表大会的消息,因此强调加紧制定党纲的重要性;告知《曙光》杂志第 2 期的预定内容。

《列宁全集》中文第 2 版增订版第 44 卷第 135 — 137 页。

6 月 25 日（7 月 8 日）以后

列宁收到尼·埃·鲍曼 6 月 25 日（7 月 8 日）的来信,信中报告组织把书刊从国外运往俄国的工作计划。

《弗·伊·列宁和〈火星报〉编辑部同俄国国内的社会民主党
组织通信集》,第 1 卷,1969 年,第 159 — 160 页。

6 月 26 日（7 月 9 日）

列宁同维·巴·诺根和谢·瓦·安德罗波夫会见,他们将作为《火星报》代办员从伦敦回到俄国。列宁同他们商谈在各地开展工作的问题。

《列宁全集》中文第 2 版增订版第 44 卷第 139 页。

列宁给在苏黎世的帕·波·阿克雪里罗得写信,告知《火星报》第 6 号的排印情况和《曙光》杂志第 2 期的内容,并告知自己已结束《地方自治机关的迫害者和自由主义的汉尼拔》一文的写作;谈到加紧制定党纲的重要性,指出:"发表纲领草案**十分必要**,也会有重大的意义"。

《列宁全集》中文第 2 版增订版第 44 卷第 137—139 页。

列宁给帕·波·阿克雪里罗得寄去尤·米·斯切克洛夫的《那么,从何着手呢?》一文,这篇文章是斯切克洛夫为《曙光》杂志写的,但被慕尼黑编辑部驳回。

《列宁全集》中文第 2 版增订版第 44 卷第 136—137 页。

6 月 26 日和 7 月 18 日(7 月 9 日和 31 日)之间

列宁读《奥地利工人在最近一次选举中的胜利》一文,并在文中作批注。

苏共中央马列主义研究院中央党务档案馆,第 2 号全宗,第 1 号目录,第 523 号保管单位。

6 月,26 日(7 月 9 日)以后

列宁把自己的文章《地方自治机关的迫害者和自由主义的汉尼拔》寄给格·瓦·普列汉诺夫。

《列宁全集》中文第 2 版增订版第 44 卷第 136、138、140、141 页。

6 月,29 日(7 月 12 日)以前

列宁参加制定俄国革命社会民主党人国外组织的新章程草案。

《帕·波·阿克雪里罗得和尤·奥·马尔托夫书信集》,柏林,1924 年,第 40 页。

6 月 29 日(7 月 12 日)

列宁读俄国社会民主工党基辅委员会 1901 年 5 月 8 日(21 日)关于 1901 年 5 月 6 日(19 日)基辅游行示威被驱散和工人遭殴打的传单《告基辅全体男女工人》。列宁在传单上作批注:"1901 年 7 月 12 日"。

苏共中央马列主义研究院中央党务档案馆,第 2 号全宗,第 1 号目录,第 525 号保管单位。

6 月,29 日(7 月 12 日)以后

列宁读帕·波·阿克雪里罗得写给《火星报》慕尼黑编辑部的信,并在上面作批注:"1901 年 7 月 12 日"。

苏共中央马列主义研究院中央党务档案馆,第 2 号全宗,第 1 号目录,第 524 号保管单位。

6 月,不晚于 30 日(7 月 13 日)

列宁收到格·瓦·普列汉诺夫 6 月 28 日(7 月 11 日)来信,信中对预定在《曙光》杂志第 2 期上刊登的文章提出意见,并答应为写作《土地问题和"马克思的批评家"》寄来反驳切尔诺夫的材料。

《列宁全集》中文第 2 版增订版第 44 卷第 140—141 页。

6 月 30 日(7 月 13 日)

列宁给在日内瓦的格·瓦·普列汉诺夫写信,告知自己开始写《土地问题和"马克思的批评家"》;感谢普列汉诺夫提出要寄来切尔诺夫引用的有关法国和比利时的材料,请他寄来李卜克内西《论土地问题》一书并对《地方自治机关的迫害者和自由主义的汉尼拔》一文提出意见。

《列宁全集》中文第 2 版增订版第 44 卷第 140—141 页。

6 月底—7 月初

列宁收到埃·李·古列维奇(达涅维奇)的来信及他的文章《法国社会党人代表大会》,在文章上计算印刷符号,并在信封上注明:"达涅维奇关于法国代表大会的文章"。

苏共中央马列主义研究院中央党务档案馆,第 2 号全宗,第 1 号目录,第 564 号保管单位,第 1—2、10 张。

6 月—7 月

列宁编写有关欧洲农业经济学和统计学的外文书刊书目。他在《土地问题和"马克思的批评家"》一书中利用了这些书籍。

苏共中央马列主义研究院中央党务档案馆,第 2 号全宗,第 1 号目录,第 517 号保管单位。

6 月—9 月

列宁写作《土地问题和"马克思的批评家"》,研究书籍、杂志、报纸等资料,作摘录和计算。

《列宁全集》中文第 2 版增订版第 5 卷第 84—244 页。

列宁写《土地问题和"马克思的批评家"》一书的四种提纲稿。

《列宁全集》中文第 2 版增订版第 56 卷第 3—15 页。

列宁写《土地问题和"马克思的批评家"》一书的目录。

《列宁全集》中文第 2 版增订版第 56 卷第 16 页。

列宁写谢·布尔加柯夫《资本主义和农业》一书第 1 卷和第 2 卷(1900 年版)摘要;写批评意见并作摘录。

《列宁全集》中文第 2 版增订版第 56 卷第 63—78 页。

列宁写反驳谢·布尔加柯夫《资本主义和农业》一书的提纲。

《列宁全集》中文第 2 版增订版第 56 卷第 79 页。

列宁对谢·布尔加柯夫《资本主义和农业》以及弗·本辛格《农业机器对国民经济和私有经济的影响》两书写批评意见。

《列宁全集》中文第 2 版增订版第 56 卷第 80—87 页。

列宁编写维·米·切尔诺夫发表在《俄国财富》杂志和《在光荣的岗位上》文集中的论土地问题文章的目录。

《列宁全集》中文第 2 版增订版第 59 卷第 106—107 页。

列宁写刊登在 1900 年《俄国财富》杂志第 4—8 期和第 10 期上的维·米·切尔诺夫《资本主义和农业的演进类型》一文的摘要。

《列宁全集》中文第 2 版增订版第 59 卷第 107—119 页。

列宁从卡·马克思《资本论》中摘录论述农业中资本主义发展问题的几页。

《列宁全集》中文第 2 版增订版第 59 卷第 119—120 页。

列宁写刊登在 1900 年《俄国财富》杂志第 11 期上的维·米·切尔诺夫《论资本主义和农业的演进问题》一文的摘要。

《列宁全集》中文第 2 版增订版第 59 卷第 120—121 页。

列宁写反驳维·米·切尔诺夫的提纲。

《列宁全集》中文第 2 版增订版第 59 卷第 121—122 页。

列宁写标题为《又一个假内行》(论《在光荣的岗位上》文集(1900 年圣彼得堡版)中维·米·切尔诺夫先生的文章)的短评的提纲。

《列宁全集》中文第 2 版增订版第 59 卷第 122—123 页。

列宁对刊载于文集《在光荣的岗位上》的维·米·切尔诺夫的《经济制度范畴的农民和工人》一文作摘录,并写批评意见。

《列宁全集》中文第 2 版增订版第 59 卷第 123—124 页。

列宁对 1899 年出版的弗·赫茨《土地问题及其同社会主义的关系》一书进行批判性的分析，并写反驳该书的提纲。

《列宁全集》中文第 2 版增订版第 56 卷第 88—100 页。

列宁写威·李卜克内西《论土地问题》(1874 年莱比锡版)小册子的摘要。

《列宁全集》中文第 2 版增订版第 59 卷第 145—149 页。

列宁对《德国农民状况》一书作摘录并写批评意见。

《列宁全集》中文第 2 版增订版第 59 卷第 125—133 页。

列宁对 1883 年出版的巴登调查材料《对巴登大公国农业状况的调查》作批注。

《列宁全集》中文第 2 版增订版第 56 卷第 189—194 页。

列宁对巴登调查中 70 份收支表作批注。

《列宁全集》中文第 2 版增订版第 56 卷第 195—207 页。

列宁从德国农业统计资料中作"关于合作社问题"的摘录。

《列宁文集》俄文版第 19 卷第 302 页。

列宁对 1900 年出版的胡·伯特格尔《农村中的社会民主党》一书作摘录和批注。

《列宁文集》俄文版第 19 卷第 304 页。

列宁对奥·苏雄《农民地产(农业经济研究)》(1899 年巴黎版)一书写批评意见。

《列宁全集》中文第 2 版增订版第 56 卷第 178—180 页。

列宁对费·莫里斯《农业和社会问题。法国的农业和土地状况》(1892 年巴黎版)一书写批评意见。

《列宁全集》中文第 2 版增订版第 56 卷第 181—186 页。

列宁对收载于《农业年鉴》1896 年第 25 卷的胡·奥哈根《农业中的大生产和小生产》一文中的材料进行分析。

《列宁全集》中文第 2 版增订版第 56 卷第 123—137 页。

列宁对 1895 年出版的莫·黑希特《巴登哈尔特山区的三个村庄》一书中的资料进行分析。

《列宁全集》中文第 2 版增订版第 56 卷第 112—122 页。

列宁对收载于《社会立法和统计学文库》1900 年第 15 卷的奥·普林斯海姆《农业工场手工业和电气化农业》一文中的资料进行分析。

《列宁全集》中文第 2 版增订版第 56 卷第 101—104 页。

列宁对收载于《社会立法和统计学文库》1900 年第 15 卷的 H.赖赫贝格《德国的职业和行业调查(1895 年 6 月 14 日)》一文作摘录和札记。

《列宁全集》中文第 2 版增订版第 59 卷第 134—137 页。

列宁就 1900 年出版的阿·赫拉波沃-赫拉波夫斯基《19 世纪的比利时农业》一书写札记。

《列宁全集》中文第 2 版增订版第 56 卷第 187—188 页。

列宁从德国农业统计资料中作摘录。

《列宁全集》中文第 2 版增订版第 56 卷第 212—239 页。

列宁对收载于《农业年鉴》1899 年第 28 卷的卡·克拉夫基《论农业小生产的竞争能力》一文写批评意见。

《列宁全集》中文第 2 版增订版第 56 卷第 138—158 页。

列宁对收载于《农业年鉴》1899 年第 28 卷的布拉瑟《地产债务对经营农业的影响研究》一文中的资料进行分析。

《列宁全集》中文第 2 版增订版第 56 卷第 165—174 页。

列宁对收载于《社会政治协会学报》1896 年第 73 卷和第 74 卷、1898 年第 75 卷的《德国小农地产中的私人贷款》和《奥地利小农地产中的私人贷款》两书作批注。

《列宁全集》中文第 2 版增订版第 56 卷第 159—164 页。

列宁写威·贝尔《小地产研究》(1893 年伦敦版)小册子的札记。

《列宁全集》中文第 2 版增订版第 56 卷第 176—177 页。

列宁就一些书籍写书目摘记和图书简介。

《列宁全集》中文第 2 版增订版第 56 卷第 174—175 页。

列宁从法国农业统计资料中作摘录。

《列宁全集》中文第 2 版增订版第 56 卷第 247—273 页。

列宁对丹·左拉《农业经济学论文集》(1896 年巴黎版)和《土地问题的昨天和今天》(1894—1895 年巴黎版)两书作批注。

《列宁全集》中文第 2 版增订版第 56 卷第 274—276 页。

列宁根据 19 世纪 80 年代和 90 年代的调查统计,编写关于德国、法国、比利时、英国、美国和丹麦的农户综合资料。

《列宁全集》中文第 2 版增订版第 56 卷第 277—278 页。

列宁对《农民问题和巴伐利亚社会民主党(1893—1896)》小册子作摘录和札记。

《列宁全集》中文第 2 版增订版第 59 卷第 138—144 页。

列宁对昂·博德里亚尔《法国农业人口。诺曼底》(第 1 卷,1880 年巴黎版)一书作摘录和札记。

《列宁文集》俄文版第 32 卷第 82—105 页。

列宁写 A.巴克豪斯《农业中的分工》一文的札记。

《列宁文集》俄文版第 32 卷第 110—113 页。

列宁对刊登在 1899 年《社会主义月刊》第 2 期上的爱·大卫《农村的野蛮人》一文写批评意见。

《列宁全集》中文第 2 版增订版第 56 卷第 105—111 页。

列宁阅读《法国农业统计。1892 年的十年调查的总结》(1897 年巴黎版)一书;在空白处写批注,计算百分比,在书的正文中划重点和作标记。

苏共中央马列主义研究院中央党务档案馆,第 2 号全宗,第 1 号目录,第 513 号保管单位。

列宁对刊登在 1899—1900 年《新时代》杂志第 10—12 期和第 15 期上的卡·考茨基《我的〈土地问题〉的两位批判者》一文作摘要。

《列宁全集》中文第 2 版增订版第 59 卷第 96—105 页。

6 月—10 月

列宁写 E.塞努雷《社会经济和农业经济论文集》(1897 年巴黎版)一书的札记。

《列宁全集》中文第 2 版增订版第 56 卷第 209—211 页。

7 月 4 日(17 日)

列宁给在波多利斯克的玛·亚·乌里扬诺娃写信,信中说,从她那里得知玛·伊·乌里扬诺娃和马·季·叶利扎罗夫可望早日获释,为此感到高兴;告知收到安·伊·乌里扬诺娃-叶利扎罗娃的信,说她打算从柏林搬到别墅去过夏天,还收到由她转来的玛·伊·乌里扬诺娃从狱中写来的信。

《列宁全集》中文第 2 版增订版第 53 卷第 249—250 页。

不晚于 7 月 5 日（18 日）

列宁收到奥·亚·恩格贝格的来信，信中向《火星报》编辑部表示自愿承担把书刊运往俄国的工作。

《列宁全集》中文第 2 版增订版第 44 卷第 141—142 页；《弗·伊·列宁和〈火星报〉编辑部同俄国国内的社会民主党组织通信集》，第 1 卷，1969 年，第 163 页。

7 月 5 日（18 日）

列宁读娜·康·克鲁普斯卡娅写给在维堡的奥·亚·恩格贝格的信，对信稍加修改，附笔请他告知到柯尼斯堡或柏林去取装有书刊的箱子的日期，并计算每次往返所需费用。

《列宁全集》中文第 2 版增订版第 44 卷第 141—142 页；《弗·伊·列宁和〈火星报〉编辑部同俄国国内的社会民主党组织通信集》，第 1 卷，1969 年，第 163—164 页。

不早于 7 月 5 日（18 日）

列宁写信给柳·尼·拉德琴柯（这封信没有找到）。

《列宁全集》中文第 2 版增订版第 44 卷第 142 页。

7 月 5 日和 14 日（18 日和 27 日）之间

列宁读娜·康·克鲁普斯卡娅写给在哈尔科夫的柳·尼·拉德琴柯的便笺，附笔说收到她寄来的写有地址的便条，给她寄了回信；告知同《火星报》编辑部通信的地址。

《列宁全集》中文第 2 版增订版第 44 卷第 142—143 页。

7 月 7 日（20 日）

列宁读俄国社会民主工党基辅委员会 4 月 19 日（5 月 2 日）的传单《告基辅全体男女工人》。传单谈到大规模的搜捕并号召进行反对沙皇制度的斗争。列宁在上面作批注："7 月 20 日"。

苏共中央马列主义研究院中央党务档案馆，第 2 号全宗，第 1 号目录，第 569 号保管单位。

    列宁读俄国社会民主工党基辅委员会关于 1901 年 5 月 6 日（19 日）基辅游行示威的传单《告基辅全体男女工人》，在上面作批注："7 月 20 日"。

苏共中央马列主义研究院中央党务档案馆，第 2 号全宗，第 1
号目录，第 570 号保管单位。

    列宁读俄国社会民主工党基辅委员会 1901 年 5 月 29 日（6 月 11 日）纪念面包工人罢工一周年的传单《告基辅全体面包工人》，在上面作批注："7 月 20 日"。

苏共中央马列主义研究院中央党务档案馆，第 2 号全宗，第 1
号目录，第 571 号保管单位。

    列宁读俄国社会民主工党基辅委员会 1901 年 6 月 9 日（22 日）发出的号召书《告南俄机器制造厂的工人们》，并在上面作批注："7 月 20 日"。

苏共中央马列主义研究院中央党务档案馆，第 2 号全宗，第 1
号目录，第 572 号保管单位。

7 月 8 日（21 日）

    列宁给在苏黎世的帕·波·阿克雪里罗得写回信，告知收到他因迟迟未对《地方自治机关的迫害者和自由主义的汉尼拔》一文提出意见而请求原谅的信，请他不必急于提意见；表示自己不同意格·瓦·普列汉诺夫提出的文章在一些原则问题上总体语气激烈的意见。列宁请阿克雪里罗得把第二国际代表大会的记录、《先驱》杂志以及为写作《土地问题和"马克思的批评家"》所需的书籍寄来。

《列宁全集》中文第 2 版增订版第 44 卷第 143—145 页。

7 月 9 日（22 日）

    列宁读俄国社会民主工党基辅委员会 1901 年 5 月 21 日（6

月 3 日)号召团结起来同业主进行斗争的传单《告成衣店裁缝车间》,在上面作批注:"1901 年 7 月 22 日"。

苏共中央马列主义研究院中央党务档案馆,第 2 号全宗,第 1 号目录,第 574 号保管单位。

列宁读俄国社会民主工党基辅委员会 1901 年 6 月 6 日(19日)的传单《告基辅全体印刷工人》,并在上面作批注:"1901 年 7 月 22 日"。

苏共中央马列主义研究院中央党务档案馆,第 2 号全宗,第 1 号目录,第 575 号保管单位。

列宁读俄国社会民主工党基辅委员会 1901 年 6 月 8 日(21日)的传单《告铁路工厂的工人们》,并在上面作批注:"1901 年 7 月 22 日"。

苏共中央马列主义研究院中央党务档案馆,第 2 号全宗,第 1 号目录,第 576 号保管单位。

7 月 11 日(24 日)

列宁收到格·瓦·普列汉诺夫寄来的关于土地问题的书籍。

《列宁全集》中文第 2 版增订版第 44 卷第 146 页。

7 月,12 日(25 日)以前

列宁收到德·柯尔佐夫寄来的《自由言论》杂志。

《列宁全集》中文第 2 版增订版第 44 卷第 147 页。

7 月,不晚于 12 日(25 日)

列宁收到帕·波·阿克雪里罗得寄回的《地方自治机关的迫害者和自由主义的汉尼拔》一文以及对这篇文章提意见的信,信中建议列宁修改这篇文章,把对自由主义者的批评和文章总体语气改得缓和些。

《列宁全集》中文第 2 版增订版第 44 卷第 146—147 页。

7 月 12 日（25 日）

列宁给在日内瓦的格·瓦·普列汉诺夫写信,感谢他寄来关于土地问题的书籍;告知已开始写《土地问题和"马克思的批评家"》,并打算对修正主义者的观点进行批判。列宁告知收到帕·波·阿克雪里罗得对《地方自治机关的迫害者和自由主义的汉尼拔》一文的意见,说他的意见同普列汉诺夫的意见是一致的;告知他已对文章作了某些修改,但坚决拒绝改变文章的原则立场和总体语气。

《列宁全集》中文第 2 版增订版第 44 卷第 146—148 页。

7 月 13 日（26 日）

列宁给在苏黎世的帕·波·阿克雪里罗得写回信,告知已对《地方自治机关的迫害者和自由主义的汉尼拔》一文作了某些局部的修改,但坚决拒绝作原则性的修改,即缓和对资产阶级自由主义及其代言人彼·伯·司徒卢威的"政客作风"的批判;强调指出:"'地方自治机关的'自由主义对社会的影响和经济主义对工人的影响是一样的。我们对这两种狭隘性都必须予以抨击"。

《列宁全集》中文第 2 版增订版第 44 卷第 148—150 页。

7 月 14 日（27 日）

列宁读娜·康·克鲁普斯卡娅写给在维堡的奥·亚·恩格贝格的信,信中谈到往俄国运送火星派书刊的问题。列宁对这封信作文字上的修改。

《弗·伊·列宁和〈火星报〉编辑部同俄国国内的社会民主党组织通信集》,第 1 卷,1969 年,第 167—168 页。

《火星报》慕尼黑编辑部开会讨论列宁的《地方自治机关的迫害者和自由主义的汉尼拔》一文,并决定在《曙光》杂志上发表这篇文章。

《列宁全集》中文第 2 版增订版第 44 卷第 149—150 页。

7 月下半月

列宁回复谢·奥·策杰尔包姆从维尔诺寄来的附有在彼得堡筹建《火星报》俄国组织地区机关报计划的信，批评这个计划的不现实性和狭隘性，强调指出在俄国更好地组织运输和散发《火星报》的重要性。他写道："……我们认为，任何想由《火星报》俄国组织出版不管什么样的地区机关报和地方性机关报的计划，都是绝对错误和有害的。《火星报》组织的存在是为了支持和发展《火星报》，是为了实现党的**统一**，而不是为了**分散**……力量。"

《列宁全集》中文第 2 版增订版第 44 卷第 156—160 页。

7 月 16 日（29 日）

列宁读号召向专制制度展开斗争的传单《告卡缅斯克工厂的工人们》，在上面作批注："7 月 29 日"，并注明："寄交亨利希·马勒"。

苏共中央马列主义研究院中央党务档案馆，第 2 号全宗，第 1 号目录，第 23556 号保管单位。

7 月，17 日（30 日）以前

列宁写《地方自治机关的迫害者和自由主义的汉尼拔》一文的后记（这篇后记没有找到）。

《列宁全集》中文第 2 版增订版第 44 卷第 152 页。

7 月 17 日（30 日）

列宁回复帕·波·阿克雪里罗得从尼德尔浴场的来信。阿克雪里罗得在信中告知，他已约定同格·瓦·普列汉诺夫会见并已开始起草党纲，问列宁到苏黎世来讨论党纲问题的日期。列宁在回信中说，他打算 7 月 26 日至 30 日（8 月 8 日至 12 日）之间在苏

黎世同尔·纳杰日丁("革命社会主义的"自由社组织者)进行秘密
会见;请阿克雪里罗得允许在他的住所举行这次会见,并在会见之
后同他进行交谈。

《列宁全集》中文第 2 版增订版第 44 卷第 150—151 页。

　　列宁回复格·瓦·普列汉诺夫从沃州(瑞士)寄来的告知已开
始起草党纲的信。列宁对这一消息表示高兴,感谢普列汉诺夫寄
来关于土地问题的书籍,告知已把自己的文章《地方自治机关的迫
害者和自由主义的汉尼拔》寄出付排。列宁说,从国内得知大家都
被别尔嘉耶夫写的唯心主义的东西迷住了,必须对别尔嘉耶夫进
行批判。

《列宁全集》中文第 2 版增订版第 44 卷第 152—153 页。

不早于 7 月 17 日(30 日)

　　列宁对乔·布隆代《关于德国农村人口和农业危机的研究》
(1897 年巴黎版)一书作摘录和摘要。

《列宁文集》俄文版第 31 卷第 84—86 页。

7 月 18 日和 30 日(7 月 31 日和 8 月 12 日)之间

　　列宁以《火星报》编辑部名义给在巴库的列·叶·加尔佩林
发暗语电报,同意在高加索地下印刷所印刷《火星报》(这份电报
没有找到)。

《列宁全集》中文第 2 版增订版第 44 卷第 153 页。

　　列宁修改和补充娜·康·克鲁普斯卡娅写给列·叶·加尔佩
林的信。信中同意在巴库印刷《火星报》,说明可以用纸型翻印,解
释这种印刷方法的优越性和尽快使用这种方法的重要性。

《列宁全集》中文第 2 版增订版第 44 卷第 153—154 页;《列宁
文集》俄文版第 8 卷第 188—189 页。

列宁拟定火星派国内组织章程草案。

《列宁全集》中文第 2 版增订版第 44 卷第 155 页；《列宁文集》
俄文版第 8 卷第 191、196—197 页。

列宁收到从俄国寄来的《火星报》基什尼奥夫地下印刷所印刷的第一本小册子——娜·康·克鲁普斯卡娅的《工人妇女》。

《列宁全集》中文第 2 版增订版第 44 卷第 155 页；《列宁文集》
俄文版第 8 卷第 190—191 页。

列宁读娜·康·克鲁普斯卡娅以《火星报》编辑部名义写给在基什尼奥夫的列·伊·戈尔德曼的信，信中感谢寄来《火星报》基什尼奥夫印刷所印刷的第一本小册子——娜·康·克鲁普斯卡娅的《工人妇女》。列宁在信中附言："对我们来说极为重要的是尽快拿到俄国版的《火星报》。如果不行的话，请把《火星报》的单篇文章印出来"，而在信的末尾写道："在这里见到过您的一个新朋友以他个人的名义为这一成就向您三呼'乌拉'！！！"

《列宁全集》中文第 2 版增订版第 44 卷第 155—156 页。

7 月 19 日（8 月 1 日）

列宁收到玛·亚·乌里扬诺娃 6 月 13 日（26 日）的来信，信中告知现在狱中的玛·伊·乌里扬诺娃和马·季·叶利扎罗夫延迟结案，德·伊·乌里扬诺夫未获准去探望他们，并谈到自己在波多利斯克的生活。

《列宁全集》中文第 2 版增订版第 53 卷第 250—251、508—509 页。

7 月 21 日（8 月 3 日）

列宁写信给在波多利斯克的玛·亚·乌里扬诺娃，安慰她说，玛·伊·乌里扬诺娃和马·季·叶利扎罗夫案件的审理将会很快结束，推测说玛丽亚·伊里尼奇娜放逐的地点可能指定在离莫斯科不远的地方;问德米特里·伊里奇何时去尤里耶夫参加考试,并问他今后有何计划。

《列宁全集》中文第 2 版增订版第 53 卷第 250—251 页。

7 月 22 日(8 月 4 日)

列宁寄信给在苏黎世的亚·尤·芬-叶诺塔耶夫斯基,介绍他同帕·波·阿克雪里罗得会面(这封信没有找到)。

《列宁全集》中文第 2 版增订版第 44 卷第 160—161 页。

列宁给帕·波·阿克雪里罗得写回信,对从他的来信中得知很快就能在苏黎世会面表示高兴;告知亚·尤·芬-叶诺塔耶夫斯基打算从柏林前往苏黎世同他和格·瓦·普列汉诺夫会面;说明《火星报》柏林协助小组对芬-叶诺塔耶夫斯基保持警惕的原因是怀疑他同奸细鲁马有联系;请阿克雪里罗得搞清这件事,并给他写一封同格·瓦·普列汉诺夫会面的介绍信。

《列宁全集》中文第 2 版增订版第 44 卷第 160—162 页;《列宁文集》俄文版第 3 卷第 230 页。

列宁写信给安·伊·乌里扬诺娃-叶利扎罗娃,请她把有关亚·尤·芬-叶诺塔耶夫斯基活动的详细情况告诉他和帕·波·阿克雪里罗得(这封信没有找到)。

《列宁全集》中文第 2 版增订版第 44 卷第 162 页。

7 月 27 日(8 月 9 日)以后

列宁收到格·瓦·普列汉诺夫的来信,信中告知,寄来第二篇批判司徒卢威的文章《对我们的批判者的批判》,打算写关于爱·伯恩施坦的《历史唯物主义》一书和沃尔特曼的《历史唯物主义》、《达尔文的理论和社会主义》两书以及关于民粹派的《在光荣的岗位上》文集的书评,并准备就制定党纲的问题同帕·波·阿克雪里罗得会见。

苏共中央马列主义研究院中央党务档案馆,第 2 号全宗,第 1 号目录,第 586 号保管单位;《列宁文集》俄文版第 3 卷第 233—234 页。

7 月 28 日(8 月 10 日)

列宁读埃·李·古列维奇 1901 年 7 月 27 日(8 月 9 日)寄给《火星报》编辑部的信,信中谈到关于召开社会民主党国外组织"统一"代表大会的问题,随信寄来大会的议程草案。列宁在信上作批注:"8 月 10 日"。

苏共中央马列主义研究院中央党务档案馆,第 2 号全宗,第 1 号目录,第 585 号保管单位;《列宁文集》俄文版第 8 卷第 193 页。

7 月

列宁的《宝贵的招供》一文在《火星报》第 6 号上发表。

《列宁全集》中文第 2 版增订版第 5 卷第 65—71 页;《火星报》,1901 年 7 月,第 6 号。

8 月 3 日(16 日)

列宁读俄国社会民主工党梯弗利斯委员会 1901 年 7 月 19 日(8 月 1 日)的传单,传单号召为反对宪兵的非法行为和反对野蛮对待关在密杰赫城堡和军事监狱中的政治犯而斗争。列宁在上面作批注:"1901 年 8 月 16 日"。

苏共中央马列主义研究院中央党务档案馆,第 2 号全宗,第 1 号目录,第 590 号保管单位。

列宁读尔·马尔托夫写给在巴黎的埃·李·古列维奇的信,信中谈到召开俄国社会民主工党国外组织"统一"代表大会的地点、时间及大会议程和规则等问题。列宁对信作文字上的补充。

《列宁文集》俄文版第 8 卷第 193—194 页。

8 月 5 日(18 日)

列宁读俄国社会民主工党基辅委员会 1901 年 6 月 20 日(7 月 3 日)的传单《告全体印刷工人》,传单号召团结起来为反对剥削者而进行斗争。

苏共中央马列主义研究院中央党务档案馆,第 2 号全宗,第 1 号目录,第 591 号保管单位。

列宁读俄国社会民主工党基辅委员会 1901 年 6 月 24 日(7 月 7 日)的传单《告基辅全体工人》,传单号召支援罢工的面包工人,并为他们募捐。

苏共中央马列主义研究院中央党务档案馆,第 2 号全宗,第 1 号目录,第 592 号保管单位。

8 月 8 日(21 日)

列宁读帕·波·阿克雪里罗得 8 月 19 日(9 月 1 日)[①]寄给《火星报》慕尼黑编辑部的信,信中谈到他即将返回苏黎世,并谈到他对芬-叶诺塔耶夫斯基的印象。列宁在上面作批注:"8 月 21 日"。

苏共中央马列主义研究院中央党务档案馆,第 2 号全宗,第 1 号目录,第 593 号保管单位。

8 月 11 日(24 日)

列宁写信给在海利根施文迪(瑞士)的帕·波·阿克雪里罗得,告知给他寄去准备在《曙光》杂志上发表的尤·米·斯切克洛夫的文章《那么,从何着手呢?》,请他对发表这篇文章是否合适提出意见;对编辑部某些成员(尔·马尔托夫、亚·尼·波特列索夫、维·伊·查苏利奇)的行为表示愤慨,因为这些人一面说这篇文章是"卑鄙的"、"变节的",一面又说要在《曙光》杂志上发表它;列

[①] 原文如此,疑日期有误。——译者注

宁提醒必须完成制定党纲的工作。

《列宁全集》中文第 2 版增订版第 44 卷第 162—164 页。

8 月，13 日（26 日）以前

列宁给格·瓦·普列汉诺夫寄去对他的《Cant 反对康德或伯恩施坦先生的精神遗嘱》一文的意见，这篇文章预定在《曙光》杂志第 2 期上发表。

《列宁文集》俄文版第 3 卷第 243 页。

8 月，13 日（26 日）以后

列宁收到格·瓦·普列汉诺夫的来信，信中感谢给他寄去意见，为此请求在文章校样上进行更动和修改并把文章分成几个章节，以及表示反对在《曙光》杂志上刊登尤·米·斯切克洛夫的《那么，从何着手呢？》一文。

《列宁文集》俄文版第 3 卷第 243—244 页。

8 月 15 日（28 日）

列宁读从莫斯科给《火星报》的通讯稿，稿中引用 1901 年 3 月 10 日（23 日）为科斯特罗马多人遭到逮捕和审问而写的《告社会各界、青年学生及政府书》全文。列宁在上面作批注："8 月 28 日 莫斯科　朔普斯"。

苏共中央马列主义研究院中央党务档案馆，第 2 号全宗，第 1 号目录，第 596 号保管单位。

列宁读俄国社会民主工党基辅委员会 1901 年 8 月 3 日（16 日）的传单《告基辅裱糊工人》，传单号召参加罢工，列举工人对业主提出的要求。列宁在上面作批注："8 月 28 日"。

苏共中央马列主义研究院中央党务档案馆，第 2 号全宗，第 1 号目录，第 598 号保管单位。

列宁读俄国社会民主工党基辅委员会号召支援罢工的裱糊工人的传单,在上面作批注:"8 月 28 日"。

苏共中央马列主义研究院中央党务档案馆,第 2 号全宗,第 1 号目录,第 597 号保管单位。

8 月,17 日(30 日)以前

列宁读发自辛菲罗波尔的关于细木工场罢工的通讯稿,进行编辑加工并准备付排。这篇通讯稿刊登在《火星报》第 7 号上。

《火星报》,1901 年 8 月,第 7 号;《历史文献》杂志,1955 年,第 6 期,第 10—11 页。

列宁对发自乌拉尔的关于平炉车间工人罢工的通讯稿作付排准备。这篇通讯稿刊登在《火星报》第 7 号上。

《火星报》,1901 年 8 月,第 7 号;《历史文献》杂志,1955 年,第 6 期,第 12—13 页。

列宁的《危机的教训》一文在《火星报》第 7 号上发表。

《列宁全集》中文第 2 版增订版第 5 卷第 72—76 页;《火星报》,1901 年 8 月,第 7 号。

8 月 17 日(30 日)

列宁写信给在海利根施文迪的帕·波·阿克雪里罗得,告知不能按他提出的意见修改《地方自治机关的迫害者和自由主义的汉尼拔》一文;告知《火星报》第 8 号和《曙光》杂志第 2 期的内容;说自己在写作《土地问题和"马克思的批评家"》。

《列宁全集》中文第 2 版增订版第 44 卷第 164—165 页。

8 月 19 日(9 月 1 日)

列宁写信给在波多利斯克的玛·亚·乌里扬诺娃,为从她那里得知释放玛·伊·乌里扬诺娃和马·季·叶利扎罗夫出狱的决定推迟执行以及德·伊·乌里扬诺夫去探望他们遭到拒绝而表示遗憾；建议她去彼得堡控诉检察机关的非法行为；请她谈谈自己的健康情况。

《列宁全集》中文第 2 版增订版第 53 卷第 251—253 页。

列宁读俄国社会民主工党梯弗利斯委员会 1901 年 8 月 10 日（23 日）印发的纪念梯弗利斯铁路工厂和车库工人八月罢工一周年的传单；在上面作批注："1901 年 9 月 1 日"。

苏共中央马列主义研究院中央党务档案馆，第 2 号全宗，第 1
号目录，第 601 号保管单位。

8 月，27 日（9 月 9 日）以前

列宁写《农奴主在活动》一文；从 1901 年 6 月 8 日沙皇政府颁布的《关于西伯利亚官地拨给私人的法令》中作摘录；写文章的提纲和稿本。

《列宁全集》中文第 2 版增订版第 5 卷第 358—364 页。

列宁的文章《农奴主在活动》和短评《地方自治人士代表大会》在《火星报》第 8 号上发表。

《列宁全集》中文第 2 版增订版第 5 卷第 77—81、82—83 页；
《火星报》，1901 年 9 月 10 日，第 8 号。

8 月 30 日（9 月 12 日）

列宁读从彼得罗夫斯克给《火星报》的通讯稿，稿中报道莫斯科工厂主在彼得罗夫斯克（达吉斯坦）修建纺织厂和剥削当地居民的情况。列宁在上面作批注："9 月 12 日。青德尔"。

苏共中央马列主义研究院中央党务档案馆，第 2 号全宗，第 1
号目录，第 602 号保管单位。

8 月

列宁把火星派组织章程草案寄给俄国的《火星报》代办员，请他们讨论这一草案并把修改意见寄来。

《列宁文集》俄文版第 8 卷第 196—197、203 页。

8 月—10 月

列宁对《曙光》杂志第 2 期的材料作付排准备。

《列宁全集》中文第 2 版增订版第 44 卷第 165、171—172 页。

不早于 1901 年 8 月—不晚于 1904 年 2 月 10 日（23 日）

列宁根据《1884—1885 年度符腾堡王国韦恩斯贝格县维尔斯巴赫乡、黑伦贝格县厄谢尔布龙乡、卡尔夫县上科尔万根乡、盖拉布龙县魏森巴赫乡、比伯拉赫县英格尔京根乡和万根县克里斯塔茨霍芬乡农业状况的调查结果》（1886 年斯图加特版）中的材料编写统计表。

《列宁文集》俄文版第 32 卷第 155—160 页。

不早于 1901 年 8 月—不晚于 1904 年 9 月

列宁对阿·布亨贝格尔《农业与农业政策》（第 1 卷和第 2 卷，1892—1893 年莱比锡版）一书作摘录和札记。

《列宁全集》中文第 2 版增订版第 59 卷第 150—155 页。

列宁对泰·哥尔茨《农业经营学手册》（1896 年柏林版）一书作摘录和札记。

《列宁文集》俄文版第 32 卷第 162—165 页。

列宁从《黑森大公国农业调查》（两卷本，1884—1886 年）一书中作摘录并编写统计表。

《列宁文集》俄文版第 32 卷第 126—154 页。

不早于 9 月 3 日（16 日）—不晚于 9 月 23 日（10 月 6 日）

列宁多次同从俄国来到他这里的格·马·克尔日扎诺夫斯基和季·巴·克尔日扎诺夫斯卡娅会见，商谈在俄国建立《火星报》中心组织的计划。

《无产阶级革命》杂志,1928 年,第 1 期,第 161 页;《列宁文集》俄文版第 8 卷第 199—200 页。

9 月 4 日(17 日)

列宁对从敖德萨给《火星报》的 1901 年 8 月 20 日(9 月 2 日)关于缝纫工厂工人罢工和遭到逮捕的通讯稿进行编辑加工,在上面作批注:"工人来稿第 7 号","(6)"。

苏共中央马列主义研究院中央党务档案馆,第 2 号全宗,第 1 号目录,第 609 号保管单位。

列宁给尼·埃·鲍曼写信,说把他的地址给了一个去俄国的人,并告知接头暗号;请他告知通信密钥。

《弗·伊·列宁和〈火星报〉编辑部同俄国国内的社会民主党组织通信集》,第 1 卷,1969 年,第 227 页。

9 月 5 日(18 日)

列宁按格·瓦·普列汉诺夫的要求,对他的文章《Cant 反对康德或伯恩施坦先生的精神遗嘱》作了补充。

《列宁全集》中文第 2 版增订版第 44 卷第 166 页。

列宁寄信给波兰社会党党员齐·拉钦斯基(这封信没有找到)。

《列宁全集》中文第 2 版增订版第 44 卷第 166 页。

列宁给在日内瓦的格·瓦·普列汉诺夫写信,告知已把他要求补充的内容补充到反驳伯恩施坦的文章中,把文章分成几个章节并送去排版;还谈到自己正加紧写作《土地问题和"马克思的批评家"》。

《列宁全集》中文第 2 版增订版第 44 卷第 166 页。

9 月,不晚于 8 日(21 日)

列宁收到玛·亚·乌里扬诺娃 8 月 22 日(9 月 4 日)的来信。

信中告知给他寄了钱;说玛·伊·乌里扬诺娃和马·季·叶利扎罗夫案件的侦查拖延下来了,她打算去彼得堡申请保释他们;如果彼得堡有能帮忙的熟人,请他把地址寄去。

《列宁全集》中文第 2 版增订版第 53 卷第 253—254 页。

9 月 8 日(21 日)

列宁给在波多利斯克的玛·亚·乌里扬诺娃写回信,感谢她寄来钱,请她以后不必再寄来,因为他已收到出版商寄来的稿费;说收到安·伊·乌里扬诺娃-叶利扎罗娃的信,得知玛·伊·乌里扬诺娃和马·季·叶利扎罗夫的案件已侦查完毕,并已移交检察官;因此认为她请求保释他们的申请可望获准;告知彼得堡熟人的地址。

《列宁全集》中文第 2 版增订版第 53 卷第 253—254 页。

9 月 10 日(23 日)以前

列宁对埃·李·古列维奇寄给《火星报》的文章《法国来信。第二封信》进行编辑加工;在上面写批注:"小号铅字","国外评论。**小号铅字**"。

苏共中央马列主义研究院中央党务档案馆,第 2 号全宗,第 1 号目录,第 613 号保管单位。

9 月 10 日(23 日)

列宁收到格·瓦·普列汉诺夫的来信,信中说弗·梅林出版了卡·马克思文集,说他自己打算写一篇文章,介绍卡·马克思论伊壁鸠鲁的学位论文。列宁在上面作批注:"1901 年 9 月 23 日"。

《列宁文集》俄文版第 3 卷第 261 页。

列宁读署名"坦波夫的同志们"的 8 月 10 日(23 日)传单,传单号召铁路工厂工人恢复罢工,直到完全满足提出的要求为止。

列宁在上面作批注:"寄交 S.,9 月 23 日"。

苏共中央马列主义研究院中央党务档案馆,第 2 号全宗,第 1 号目录,第 614 号保管单位。

9 月 10 日(23 日)以后

列宁和娜·康·克鲁普斯卡娅共同写信给在基辅的约·波·巴索夫斯基,请他告知是否收到从国外运往俄国的书刊提货单以及是否收到这些书刊;建议他把管理运输书刊的任务承担起来。

《弗·伊·列宁和〈火星报〉编辑部同俄国国内的社会民主党组织通信集》,第 1 卷,1969 年,第 234 页。

9 月 12 日(25 日)以后

列宁对俄国社会民主工党敖德萨委员会的传单《告敖德萨市全体男女工人》进行编辑加工。

苏共中央马列主义研究院中央党务档案馆,第 2 号全宗,第 1 号目录,第 616 号保管单位。

9 月 14 日(27 日)

列宁读帕·波·阿克雪里罗得 9 月 12 日(25 日)给《火星报》慕尼黑编辑部的来信,信中告知,埃·李·古列维奇打算来慕尼黑和苏黎世谈判召开社会民主党国外组织"统一"代表大会事宜。列宁作批注:"9 月 27 日"。

《列宁文集》俄文版第 3 卷第 263 页;苏共中央马列主义研究院中央党务档案馆,第 2 号全宗,第 1 号目录,第 617 号保管单位。

不晚于 9 月 16 日(29 日)

列宁在慕尼黑会见埃·李·古列维奇,同他商谈为《火星报》和《曙光》杂志撰稿的问题。

《列宁全集》中文第 2 版增订版第 44 卷第 173 页;《列宁文集》俄文版第 3 卷第 263 页。

9 月 16 日（29 日）

列宁读基什尼奥夫社会民主党工人小组号召争取 12 小时工作日的传单《告基什尼奥夫全体男女工人》；在上面写批注："自瑞士寄交勒格纳，1901 年 9 月 29 日"。

苏共中央马列主义研究院中央党务档案馆，第 2 号全宗，第 1 号目录，第 618 号保管单位。

9 月 16 日和 19 日（9 月 29 日和 10 月 2 日）之间

列宁从慕尼黑去苏黎世参加俄国社会民主工党国外组织"统一"代表大会。

《列宁文集》俄文版第 3 卷第 263 页；《回忆弗·伊·列宁》，第 1 卷，1968 年，第 258 页。

9 月 17 日和 11 月 20 日（9 月 30 日和 12 月 3 日）之间

列宁写刊登在 1901 年《芬兰评论》杂志第 1 期上的弗鲁特《泛俄罗斯论和芬兰的实践》一文的书目札记。

苏共中央马列主义研究院中央党务档案馆，第 2 号全宗，第 1 号目录，第 502 号保管单位。

列宁从 1901 年《芬兰评论》杂志第 2 期上的图书目录中抄录关于芬兰的书籍和文章的名称。

苏共中央马列主义研究院中央党务档案馆，第 2 号全宗，第 1 号目录，第 502 号保管单位。

9 月 19 日（10 月 2 日）

列宁给尼·埃·鲍曼写信，对没有收到他和伊·瓦·巴布什金的来信表示不安；问从国外派去的人是否到过他那里，并再次写去同此人接头的暗号。

《弗·伊·列宁和〈火星报〉编辑部同俄国国内的社会民主党组织通信集》，第 1 卷，1969 年，第 256 页。

9 月 20 日（10 月 3 日）

列宁在苏黎世参加《火星报》和《曙光》杂志国外组织、"社会民主党人"组织代表的会议。会议委托列宁在俄国社会民主工党国外组织"统一"代表大会上发言。

《列宁全集》中文第 2 版增订版第 5 卷第 245—249 页;《"统一"代表大会文件汇编》,日内瓦,1901 年,第 5—6 页;《列宁研究院集刊》,第 1 辑,1927 年,第 100—101 页。

9 月 21 日（10 月 4 日）

列宁参加俄国社会民主工党国外组织"统一"代表大会的工作,会上讨论俄国社会民主工党国外组织在日内瓦六月代表会议上通过的决议。列宁记下波·尼·克里切夫斯基代表俄国社会民主党人联合会提出的对这一决议的修正案原文。列宁以《火星报》和《曙光》杂志国外组织、"社会民主党人"组织的名义向俄国社会民主党人联合会的代表提出问题,要求解释他们对六月代表会议决议的态度以及对经济主义的态度;发言揭露俄国社会民主党人联合会重新转向经济主义,并对《工人事业》杂志的机会主义立场进行批判。

《列宁全集》中文第 2 版增订版第 5 卷第 245—249、250 页;《列宁研究院集刊》,第 1 辑,1927 年,第 101 页。

9 月 22 日（10 月 5 日）

列宁出席"统一"代表大会会议。鉴于联合会代表的经济主义立场,列宁和他的志同道合者们要求代表大会休会。在休会期间,他们通过拒绝就统一问题继续谈判的决定,并将理由写入声明;讨论了声明全文。在宣读声明以后,他们退出代表大会。

《列宁文集》俄文版第 8 卷第 198 页;《"统一"代表大会文件汇编》,日内瓦,1901 年,第 I—II、8、9—10 页。

9 月 22 日或 23 日（10 月 5 日或 6 日）

列宁参加《火星报》和《曙光》杂志国外组织与"社会民主党人"组织成员的会议,这两个组织统一为俄国革命社会民主党人国外同盟。

> 《列宁全集》中文第 2 版增订版第 5 卷第 260—261 页;《弗·伊·列宁和〈火星报〉编辑部同俄国国内的社会民主党组织通信集》,第 1 卷,1969 年,第 263、274 页。

列宁写信给柳·伊·阿克雪里罗得(正统派),请她把"统一"代表大会的主要文件寄来,告知自己即将离开苏黎世返回慕尼黑。

> 《列宁全集》中文第 2 版增订版第 44 卷第 167—168 页。

列宁从苏黎世启程回慕尼黑。

> 《列宁全集》中文第 2 版增订版第 44 卷第 167 页。

9 月以后

列宁读一个姓名不详的人从西伯利亚寄给《火星报》编辑部的关于政治流放者马霍夫惨遭虐待的信,并在上面写批注:"备用"。

> 苏共中央马列主义研究院中央党务档案馆,第 2 号全宗,第 1 号目录,第 646 号保管单位。

9 月—10 月

列宁读达·波·梁赞诺夫的文章《两种真理》,并对该文写批评意见。

> 《列宁全集》中文第 2 版增订版第 5 卷第 365—367 页。

10 月 1 日（14 日）以后

列宁收到维·巴·诺根和谢·奥·策杰尔包姆从彼得堡寄来的信。信中告知 9 月 30 日(10 月 13 日)《火星报》组织同彼得堡工人阶级解放斗争协会签订联合行动的协议,并要求告知《火星报》编辑部对这一问题的意见。

《红色史料》杂志,1925 年,第 4 期,第 226—229 页。

10 月,2 日(15 日)以后

列宁收到维·巴·诺根从彼得堡寄来的信。信中告知将于 1901 年 10 月 12 日(25 日)对参加罢工的奥布霍夫工人作出判决;说俄国需要大量的火星派书刊,请求把书刊寄来;询问党纲何时出版。

《红色史料》杂志,1925 年,第 4 期,第 229—230 页。

10 月 2 日(15 日)以后

列宁读尔·马尔托夫以《火星报》编辑部名义写给彼得堡火星派小组的信,信中询问关于该小组同彼得堡工人阶级解放斗争协会的关系问题;列宁在信中附言,要求通知《火星报》编辑部:"在整个圣彼得堡协会中,特别是在它的核心中,有哪些倾向以及这些倾向具有多大的代表性,是否有积极肯干和享有威信的人等等。"

《列宁全集》中文第 2 版增订版第 44 卷第 168 页;《列宁文集》俄文版第 8 卷第 201—202 页。

10 月,5 日(18 日)以后

列宁收到约·波·巴索夫斯基报告书刊运送情况的信。

苏共中央马列主义研究院中央党务档案馆,第 24 号全宗,第 9 号目录,第 28333 号保管单位。

不晚于 10 月 6 日(19 日)

列宁作关于 70 份收支表中大农户、中等农户和小农户的比较统计材料摘录。

《列宁全集》中文第 2 版增订版第 56 卷第 208 页。

10 月,6 日(19 日)以后

列宁写《关于巴伐利亚王国 24 个村庄经济情况的调查》(1895

年慕尼黑版)一书札记。

《列宁全集》中文第 2 版增订版第 56 卷第 279—298 页。

10 月 6 日(19 日)以后

列宁写(用俄文和德文)有关俄文和外文书籍的书目札记;编写农户中使用雇佣劳动的统计表。

苏共中央马列主义研究院中央党务档案馆,第 2 号全宗,第 1
号目录,第 627 号保管单位。

10 月,8 日(21 日)以前

列宁将《新时代》杂志第 1 期寄给在日内瓦的格·瓦·普列汉诺夫,这期杂志上刊有弗·恩格斯《1891 年社会民主党纲领草案批判》一文。

《列宁全集》中文第 2 版增订版第 44 卷第 169 页。

10 月 8 日(21 日)

列宁写信给格·瓦·普列汉诺夫,告知《火星报》编辑部的工作情况;说自己打算为《曙光》杂志第 2—3 期合刊写《内政评论》一文,同时告知《怎么办?》一书的写作进程。

《列宁全集》中文第 2 版增订版第 44 卷第 169 页。

10 月,8 日(21 日)以后

列宁开始为《曙光》杂志写《内政评论》一文。

《列宁全集》中文第 2 版增订版第 44 卷第 169 页。

10 月 8 日和 20 日(10 月 21 日和 11 月 2 日)之间

列宁读小册子《给哈尔科夫大主教至圣的阿姆夫罗西的两封具有代表性的信:一封来自善良的基督徒,另一封来自自由主义学者》(1901 年哈尔科夫版);在上面作批注,并标出重点。列宁在《内政评论》一文中利用了这本小册子。

苏共中央马列主义研究院中央党务档案馆，第 2 号全宗，第 1 号目录，第 629 号保管单位。

10 月 9 日（22 日）

列宁回复柳·伊·阿克雪里罗得从伯尔尼的来信。阿克雪里罗得在信中告知由于缺少"统一"代表大会的某些文件，因此在短期内不能写出关于代表大会的报告。列宁建议她按顺序翻印提交代表大会主席团的所有文件和声明，缺少的文件可从大会秘书加·达·莱特伊仁和费·伊·唐恩处取得；将搜集到的材料尽快寄日内瓦出版。

《列宁全集》中文第 2 版增订版第 44 卷第 170—171 页。

10 月 20 日（11 月 2 日）

列宁给格·瓦·普列汉诺夫写回信，告知《火星报》第 9 号日内即将出版，他的《论一般策略，包括尼古拉的将军列阿德的策略，特别是论波·克里切夫斯基的策略》一文将刊登在《火星报》第 10 号上；问他是否收到载有弗·恩格斯和卡·考茨基关于社会民主党纲领文章的《新时代》杂志第 1 期和第 3 期；问他打算何时结束起草纲领的工作，何时寄来答应为《火星报》写的书评；告知自己写《内政评论》一文的情况。

《列宁全集》中文第 2 版增订版第 44 卷第 171—172 页；《火星报》，1901 年 11 月，第 10 号。

10 月 20 日（11 月 2 日）以后

列宁写短评《评〈自由〉杂志》。

《列宁全集》中文第 2 版增订版第 5 卷第 322—323 页。

10 月 21 日（11 月 3 日）

列宁给在巴黎的埃·李·古列维奇写信，询问他是否打算继续为《火星报》撰稿;告诉他说,成立俄国革命社会民主党人国外同盟不影响《火星报》和《曙光》杂志编辑部同它的撰稿人的写作关系。

《列宁全集》中文第 2 版增订版第 44 卷第 173—174 页。

列宁给在日内瓦的格·瓦·普列汉诺夫写信,告知给他寄去前往布鲁塞尔参加社会党国际局会议的路费。

《列宁全集》中文第 2 版增订版第 44 卷第 174—175 页。

10 月 22 日(11 月 4 日)以后

列宁从 1852 年 6 月 11 日斐·拉萨尔致卡·马克思的信中作摘录。这封信收在弗·梅林出版的《卡尔·马克思、弗里德里希·恩格斯和斐迪南·拉萨尔的遗著》第 4 卷(1902 年斯图加特版)。

苏共中央马列主义研究院中央党务档案馆,第 2 号全宗,第 1 号目录,第 634 号保管单位。

10 月 26 日(11 月 8 日)

列宁读关于 1901 年 10 月基辅工人运动和社会运动的传单《市侩文人》,在上面作批注:"寄自苏黎世,1901 年 11 月 8 日"。

苏共中央马列主义研究院中央党务档案馆,第 2 号全宗,第 1 号目录,第 635 号保管单位。

10 月,28 日(11 月 10 日)以前

列宁会见亚·尤·芬-叶诺塔耶夫斯基,他向列宁控告俄国革命社会民主党人国外同盟成员加·达·莱特伊仁散布流言,说他参与了奸细鲁马案件。列宁就这一问题同他进行谈话,建议他搜集所有证据并把结果刊出。

《列宁全集》中文第 2 版增订版第 44 卷第 175—176 页。

10 月 28 日（11 月 10 日）

列宁给加·达·莱特伊仁写信，告知自己同亚·尤·芬-叶诺塔耶夫斯基谈话的情况，对莱特伊仁的做法表示不满，因为这些做法构成芬-叶诺塔耶夫斯基向同盟提出控告的理由；也对莱特伊仁不采取措施解决同芬-叶诺塔耶夫斯基的冲突表示不满；建议帮助芬-叶诺塔耶夫斯基就他未参与奸细鲁马案件问题进行调查，并公布调查结果。

《列宁全集》中文第 2 版增订版第 44 卷第 175—176 页。

10 月，不早于 28 日（11 月 10 日）

列宁读发自哈尔科夫的 1901 年 10 月 19 日（11 月 1 日）关于学生运动的通讯稿和随同稿件寄给他的 1901 年 10 月 26 日（11月 8 日）的来信；列宁在通讯稿上作批注："10 月 19 日和 11 月 8日"，并在文中标出重点。

苏共中央马列主义研究院中央党务档案馆，第 2 号全宗，第 1号目录，第 637 号保管单位。

10 月，29 日（11 月 11 日）以前

列宁收到出版人约·狄茨转来的弗·德·邦契-布鲁耶维奇的信，信中谈到他曾把为《火星报》写的《俄国沙皇制度的牺牲品》一文寄给格·瓦·普列汉诺夫，现请求将该文退回。

《列宁全集》中文第 2 版增订版第 44 卷第 177 页。

10 月 29 日（11 月 11 日）

列宁给在日内瓦的格·瓦·普列汉诺夫写信，请他说明关于弗·德·邦契-布鲁耶维奇文章的问题，并请他把答应写的书评寄来。

《列宁全集》中文第 2 版增订版第 44 卷第 177 页。

列宁读同乡会和大学生组织哈尔科夫联合委员会 1901 年 10 月 16 日（29 日）关于恢复联合委员会工作的传单，传单号召为反对专制制度而进行积极的斗争；列宁在文中标出重点并作批注："哈尔科夫　10 月 16 日"。

苏共中央马列主义研究院中央党务档案馆，第 2 号全宗，第 1 号目录，第 638 号保管单位。

不早于 10 月 30 日（11 月 12 日）

列宁读大学学生会 1901 年 10 月 15 日（28 日）的小报《时事》，小报报道彼得堡高等学校学生举行集会，抗议发表在 1901 年 10 月 11 日（24 日）《公民》杂志第 78 期上的美舍尔斯基的文章《一个保守派的发言》。列宁在文中标出重点并作批注："圣彼得堡 10 月 15 日"。

苏共中央马列主义研究院中央党务档案馆，第 2 号全宗，第 1 号目录，第 640 号保管单位。

列宁读基什尼奥夫"联合抗议小组"1901 年 9 月 18 日和 25 日（10 月 1 日和 8 日）的第 4 号和第 5 号小报以及随同寄来的 10 月 26 日（11 月 8 日）的列日来信。在小报上作批注："基什尼奥夫（9 月）"，并在文中标出重点。

苏共中央马列主义研究院中央党务档案馆，第 2 号全宗，第 1 号目录，第 641 号保管单位。

10 月 31 日（11 月 13 日）

列宁读埃·李·古列维奇表示同意继续为《火星报》撰稿的复信，并在上面作批注："1901 年 11 月 13 日"。

苏共中央马列主义研究院中央党务档案馆，第 2 号全宗，第 1 号目录，第 642 号保管单位。

10 月

列宁会见从伊万诺沃-沃兹涅先斯克来的北方工人协会代表

弗·亚·诺斯科夫,同他商谈有关出版《火星报》和《曙光》杂志的问题以及北方工人协会的工作问题。

《回忆弗·伊·列宁》,第 1 卷,1968 年,第 256 页。

列宁读 1901 年 8 月 17 日(30 日)《内务大臣给各受灾省省长的通令》,并写批评意见。列宁在《同饥民作斗争》一文中利用了这些材料。

苏共中央马列主义研究院中央党务档案馆,第 2 号全宗,第 1
号目录,第 643 号保管单位。

列宁写作《同饥民作斗争》一文,打文章草稿。

《列宁全集》中文第 2 版增订版第 5 卷第 368—371 页。

列宁的《同饥民作斗争》、《答圣彼得堡委员会》、《国外情况》三篇文章在《火星报》第 9 号上发表。

《列宁全集》中文第 2 版增订版第 5 卷第 251—257、258—
259、260—261 页;《火星报》,1901 年 10 月,第 9 号。

列宁写信给出版人奥·尼·波波娃,请她寄一本他校订的悉·韦伯和比·韦伯合著的《英国工联主义的理论和实践》一书第 2 卷译本(这封信没有找到)。

《列宁全集》中文第 2 版增订版第 44 卷第 181 页。

10 月—11 月

列宁读一个姓名不详的人给《火星报》编辑部的社会生活内容的通讯稿,在文中作勾划并作批注:“不用”。

苏共中央马列主义研究院中央党务档案馆,第 2 号全宗,第 1
号目录,第 645 号保管单位。

11 月 1 日(14 日)

列宁写信给在巴黎的加·达·莱特伊仁,告知收到他解释有关亚·尤·芬-叶诺塔耶夫斯基事件问题的来信;说明自己的意见,认为必须帮助芬-叶诺塔耶夫斯基调查奸细鲁马的案件。

《列宁全集》中文第 2 版增订版第 44 卷第 178—179 页。

11 月 2 日(15 日)

列宁收到格·瓦·普列汉诺夫的来信,信中告知给编辑部寄来社会党国际局关于布尔人为争取南非英属殖民地独立而同英国人进行战争的宣言,以供发表。列宁在上面作批注:"11 月15 日"。

《列宁文集》俄文版第 3 卷第 269—270 页;苏共中央马列主义研究院中央党务档案馆,第 2 号全宗,第 1 号目录,第 648 号保管单位。

11 月 5 日(18 日)

列宁读格·瓦·普列汉诺夫寄给《火星报》慕尼黑编辑部的信,信中报告他起草俄国社会民主工党党纲的工作进程。列宁在上面作批注:"1901 年 11 月 18 日 19 时"。

《列宁文集》俄文版第 3 卷第 271 页;苏共中央马列主义研究院中央党务档案馆,第 2 号全宗,第 1 号目录,第 649 号保管单位。

11 月 6 日(19 日)

列宁写信给格·瓦·普列汉诺夫,告知给他寄去亚·尤·芬-叶诺塔耶夫斯基的文章《现代工业危机》,请他对这篇文章发表意见;告知编辑部大多数成员和撰稿人主张刊印"统一"代表大会的文件。

《列宁全集》中文第 2 版增订版第 44 卷第 180 页。

11 月 7 日(20 日)

列宁读署名"阿林娜"的诗稿《我们以什么为骄傲》(仿《民族的骄傲》一诗的讽刺性拟作)和《致被驱逐出境的同志们》,并在上面作批注:"寄自狄茨,1901 年 11 月 20 日"。

苏共中央马列主义研究院中央党务档案馆,第 2 号全宗,第 1
号目录,第 651 号保管单位。

列宁读俄国社会民主工党基辅委员会 1901 年 10 月 18 日(31日)的传单《告格兰德饭店职员和男女工人》,在上面作批注:"哥特弗里德·施伦贝格尔"和"11 月 20 日"。

苏共中央马列主义研究院中央党务档案馆,第 2 号全宗,第 1
号目录,第 652 号保管单位。

列宁读俄国社会民主二党基辅委员会 1901 年 9 月 16 日(29日)的传单《告成衣店裁缝车间的工人们》,在上面作批注:"哥特弗里德·施伦贝格尔"和"11 月 20 日"。

苏共中央马列主义研究院中央党务档案馆,第 2 号全宗,第 1
号目录,第 653 号保管单位。

11 月 12 日(25 日)

列宁读俄国社会民主工党基辅委员会 1901 年 11 月 1 日(14日)号召进行革命斗争的传单《告南俄机器制造厂的工人们》,在文中标出重点并作批注:"寄交施伦贝格尔,1901 年 11 月 25 日"。

苏共中央马列主义研究院中央党务档案馆,第 2 号全宗,第 1
号目录,第 654 号保管单位。

列宁读俄国社会民主工党基辅委员会 1901 年 10 月 30 日(11月 12 日)的传单《告官办酒精提纯厂男女工人们》,传单号召为改善经济状况而斗争;列宁在传单中标出重点,在背面写批注:"寄交施伦贝格尔,1901 年 11 月 25 日"。

苏共中央马列主义研究院中央党务档案馆,第 2 号全宗,第 1
号目录,第 655 号保管单位。

列宁读寄给《火星报》的《格鲁吉亚青年小组致列夫·尼古拉耶维奇·托尔斯泰的信》。这封信是因筹备庆祝格鲁吉亚并入俄国一百周年而写的，信中要求揭露沙皇政府在高加索的政策。列宁在信上写批注："社会生活第 7 号"，"1901 年 11 月 25 日　施伦贝格尔"。

苏共中央马列主义研究院中央党务档案馆，第 2 号全宗，第 1 号目录，第 656 号保管单位。

列宁读俄国社会民主工党梯弗利斯委员会 1901 年 9 月 14 日（27 日）的传单《士兵同志们！》，传单号召为反对专制制度而进行斗争。列宁在上面作批注："1901 年 11 月 25 日（贝奇）"。

苏共中央马列主义研究院中央党务档案馆，第 2 号全宗，第 1 号目录，第 657 号保管单位。

11 月 12 日和 12 月 6 日（11 月 25 日和 12 月 19 日）之间

列宁对发自梯弗利斯的报道 1901 年 1 月至 10 月工人运动的通讯稿作付印准备；在上面作批注："1901 年 11 月 25 日（贝奇）"，并作编辑修改。这篇经列宁修改的通讯稿刊登在 1901 年 12 月 6 日（19 日）《火星报》第 12 号上。

苏共中央马列主义研究院中央党务档案馆，第 2 号全宗，第 1 号目录，第 658 号保管单位。

11 月，14 日（27 日）以前

维·伊·查苏利奇把柳·伊·阿克雪里罗得的《托尔斯泰的世界观及其发展》一书转交列宁，并转达把该书推荐给出版人波波娃或沃多沃佐娃的请求。

《列宁全集》中文第 2 版增订版第 44 卷第 181 页。

11 月 14 日（27 日）

列宁给柳·伊·阿克雪里罗得写回信，感谢她寄来书，告知自己同出版人没有联系；建议她找一个同著作界和出版界有联系的人，或直接同出版人打交道；谈到自己正在写《怎么办？》一书。

《列宁全集》中文第 2 版增订版第 44 卷第 181—182 页。

11 月 17 日（30 日）

列宁读从莫斯科给《火星报》的通讯稿，该稿报道师范学校和高等女子学校的女学生代表团在教育大臣彼·谢·万诺夫斯基停留莫斯科期间拜会他的情况，以及阿·马·高尔基被流放到克里木和他途经莫斯科时大学生在车站举行游行示威的情况。列宁在通讯稿上写批注："寄自柏林，11 月 30 日"。

苏共中央马列主义研究院中央党务档案馆，第 2 号全宗，第 1 号目录，第 660 号保管单位。

11 月 18 日（12 月 1 日）

列宁写信给在日内瓦的格·瓦·普列汉诺夫，表示同意他对亚·尤·芬-叶诺塔耶夫斯基文章所提的意见，并请他把这些意见加到文章中去；谈到《火星报》经济栏和历史栏的缺点，指出必须加以改进；提醒他加紧制定党纲工作的重要性；告知自己写《怎么办?》一书的情况。

《列宁全集》中文第 2 版增订版第 44 卷第 182—183 页。

11 月 19 日（12 月 2 日）和 12 月 19 日（1902 年 1 月 1 日）之间

列宁读关于莫斯科大学学生同教育大臣彼·谢·万诺夫斯基谈判情况的莫斯科通讯稿《莫斯科大学生的情绪》，并在文中标出重点。

苏共中央马列主义研究院中央党务档案馆，第 2 号全宗，第 1 号目录，第 662 号保管单位。

11 月 20 日（12 月 3 日）以前

列宁的《苦役条例和苦役判决》一文在《火星报》第 10 号上发表。

《列宁全集》中文第 2 版增订版第 5 卷第 262—267 页;《火星报》,1901 年 11 月,第 10 号。

11 月 20 日(12 月 3 日)

列宁的《芬兰人民的抗议》一文在《火星报》第 11 号上发表。

《列宁全集》中文第 2 版增订版第 5 卷第 317—321 页;《火星报》,1901 年 11 月 20 日,第 11 号。

11 月 24 日(12 月 7 日)

列宁读 E.扎伊采娃 1901 年 12 月 3 日写给帕·波·阿克雪里罗得的关于为《火星报》转寄材料的信,在上面作批注:"寄自苏黎世,1901 年 12 月 7 日"。

苏共中央马列主义研究院中央党务档案馆,第 2 号全宗,第 1 号目录,第 663 号保管单位。

11 月 25 日(12 月 8 日)

列宁读俄国社会民主工党敖德萨委员会号召进行革命斗争的传单《告波波夫卷烟厂全体男女工人》,在上面作批注:"1901 年底"和"寄交格尔森,1901 年 12 月 8 日"。

苏共中央马列主义研究院中央党务档案馆,第 2 号全宗,第 1 号目录,第 664 号保管单位。

列宁读一个姓名不详的人从哈尔科夫寄给《火星报》编辑部的信,信中谈到哈尔科夫的学生运动,谈到马·高尔基经哈尔科夫前往行政流放地克里木和为此而采取的警察措施。列宁在上面写批注:"自弗兰克尔寄交狄茨,1901 年 12 月 8 日"。

苏共中央马列主义研究院中央党务档案馆,第 2 号全宗,第 1 号目录,第 665 号保管单位。

列宁读寄给《火星报》的署名"万事通"的诗体小品文《祖国的栋梁(基辅人物画像)》,在上面作批注:"寄自苏黎世,1901 年 12 月 8 日"。

苏共中央马列主义研究院中央党务档案馆,第2号全宗,第1号目录,第666号保管单位。

11月,27日(12月10日)以前

列宁给格·瓦·普列汉诺夫和帕·波·阿克雪里罗得写信,告知在布鲁塞尔召开社会党国际局会议,建议普列汉诺夫去布鲁塞尔,告知打算召开《火星报》和《曙光》杂志编辑部会议,为此请普列汉诺夫从布鲁塞尔返回时来慕尼黑,请阿克雪里罗得届时也来慕尼黑参加会议;列宁同时寄上《曙光》杂志第4期的内容计划(这封信没有找到)。

《列宁全集》中文第2版增订版第44卷第188、189页。

11月27日(12月10日)

列宁读俄国社会民主党里加小组的传单《告里加工人书》,并在上面写批注:"寄自狄茨,12月10日"。

苏共中央马列主义研究院中央党务档案馆,第2号全宗,第1号目录,第667号保管单位。

11月27日(12月10日)和12月19日(1902年1月1日)之间

列宁读11月15日(28日)随稿写来的署名"马尔"的便笺,在上面写批注:"圣彼得堡?",并在文中标出重点。

苏共中央马列主义研究院中央党务档案馆,第2号全宗,第1号目录,第669号保管单位。

列宁读一个姓名不详的人从莫斯科寄给《火星报》的关于学生运动的信,在上面注明:"关于学潮";作批注:"11月",并在文中标出重点。

苏共中央马列主义研究院中央党务档案馆,第2号全宗,第1号目录,第669号保管单位。

列宁读同乡会和大学生组织哈尔科夫联合委员会1901年10

月 16 日(29 日)关于恢复联合委员会工作的传单;在上面作批注:
"哈尔科夫   10 月 16 日"。

苏共中央马列主义研究院中央党务档案馆,第 2 号全宗,第 1
号目录,第 670 号保管单位。

11 月 30 日(12 月 13 日)

列宁读刊登在《医务报》第 41 号上署名本报编辑洛津斯基的
小品文《论医生在流放地的活动》,该文谈到叶尼塞斯克省博古昌
斯克医疗站医生马尔切夫斯基侮辱和毒打患病的流放者古列维奇
的情况。列宁在这一文件上写批注:"对西伯利亚史的更改"。

苏共中央马列主义研究院中央党务档案馆,第 2 号全宗,第 1
号目录,第 671 号保管单位。

11 月

列宁对寄来的莫斯科大学学生 1901 年 10 月 18 日(31 日)为
克·阿·季米里亚捷夫教授重返大学所作贺词草稿作付排准备,
在文中作删节,并作批注:"莫斯科   10 月 18 日"。

苏共中央马列主义研究院中央党务档案馆,第 2 号全宗,第 1
号目录,第 668 号保管单位。

列宁审阅俄国社会民主工党国外组织"统一"代表大会的材
料,准备把它印成小册子出版,并为小册子写序言。

《列宁全集》中文第 2 版增订版第 5 卷第 313—316 页。

11 月—12 月

列宁加紧写《怎么办?》一书。

《列宁全集》中文第 2 版增订版第 44 卷第 169、183、184、186、
191 页。

12 月 1 日(14 日)

列宁为在《火星报》上发表同乡会和大学生组织基辅联合委员

会 1901 年 11 月 18 日（12 月 1 日）的传单作准备，传单内容是：斯拉夫协会组织的报告会（《斯拉夫世纪》杂志编辑韦尔贡在报告会上作题为《跨入 20 世纪的斯拉夫人》的报告）上抗议声连连不断，会议被迫中断。列宁写标题和《火星报》编辑部的按语，并作批注："韦尔贡"，在文中作删节并计算印刷符号。

苏共中央马列主义研究院中央党务档案馆，第 2 号全宗，第 1 号目录，第 672 号保管单位。

　　列宁读同乡会和大学生组织执行委员会 1901 年 1 月 16 日（29 日）关于彼得堡学生运动的通讯稿《莫斯科来信。彼得堡通讯》；在上面作批注："12 月 14 日"，"圣彼得堡"。

苏共中央马列主义研究院中央党务档案馆，第 2 号全宗，第 1 号目录，第 673 号保管单位。

　　列宁和娜·康·克鲁普斯卡娅共同写信给在敖德萨的 К.И.扎哈罗娃，信中告知俄国社会民主党人联合会企图召开俄国社会民主工党代表大会，指示必须使代表大会的召开推迟到春天，如果代表大会举行的话，则必须坚持火星派路线。

《弗·伊·列宁和〈火星报〉编辑部同俄国国内的社会民主党组织通信集》，第 1 卷，1969 年，第 339—340 页。

12 月 3 日（16 日）

　　列宁读寄给《火星报》的索菲尔-阿纳尼耶夫斯基的诗《论 П.Я.诗作》，在背面写批注："寄自阿克雪里罗得，1901 年 12 月 16 日"。

苏共中央马列主义研究院中央党务档案馆，第 2 号全宗，第 1 号目录，第 674 号保管单位。

12 月 4 日（17 日）

　　列宁回复柳·伊·阿克雪里罗得请求他在伯尔尼纪念格·

瓦·普列汉诺夫从事革命活动二十五周年的群众大会上发表演说的来信,告知他不能前往伯尔尼,因为安排往俄国运送火星派书刊的工作十分繁忙,而且他正在写《怎么办?》一书。

《列宁全集》中文第 2 版增订版第 44 卷第 184—185 页。

12 月,5 日(18 日)以前

列宁读因·格·斯米多维奇 1901 年 11 月 27 日或 28 日(12 月 10 日或 11 日)给《火星报》编辑部的来信,信中告知,阿基姆(戈尔德曼)在《火星报》国内印刷所印刷经济派的基辅委员会的机关报——《前进报》。

《弗·伊·列宁及其领导的党的国外机关同乌克兰社会民主党组织通信集》,基辅,1964 年,第 107—109 页。

列宁回复《火星报》代表从俄国的来信(信中告知,俄国社会民主党人联合会准备召开俄国社会民主党各主要委员会的代表会议,以解决俄国社会民主工党各国外组织之间的冲突问题),建议争取使各委员会通过关于把代表会议推迟到《怎么办?》一书出版以后召开的决议。列宁指明同联合会分歧的实质,拟定保证《火星报》拥护者行动一致和贯彻执行火星派路线的一系列措施。

《列宁全集》中文第 2 版增订版第 44 卷第 185—187 页。

12 月 5 日(18 日)

由于得知《火星报》国内印刷所印刷经济派的《前进报》,列宁给在基辅的因·格·斯米多维奇写信表示愤慨,请她对此消息进行核实。

《列宁全集》中文第 2 版增订版第 44 卷第 187—188 页。

12 月 6 日(19 日)以前

列宁读 Е.И.库兹涅佐娃从基辅寄给《火星报》编辑部的信,信中告知她对俄国社会民主工党基辅委员会工作的初步印象。

《弗·伊·列宁及其领导的党的国外机关同乌克兰社会民主
党组织通信集》，基辅，1964 年，第 100—102、114 页。

　　列宁以《火星报》编辑部的名义给格·瓦·普列汉诺夫写贺信，祝贺他从事革命活动二十五周年。

《列宁全集》中文第 2 版增订版第 5 卷第 332 页。

　　列宁对谢·米·英格尔曼的文章《美国炼钢工人罢工》作印付准备，写批注："小号铅字"，加编者注，进行修改并计算印刷符号。这篇文章刊登在《火星报》第 12 号上。

苏共中央马列主义研究院中央党务档案馆，第 2 号全宗，第 1
号目录，第 678 号保管单位。

12 月，6 日（19 日）以前

　　列宁读俄国社会民主工党敖德萨委员会号召进行革命斗争的传单，并在上面写批注："1901 年 12 月 19 日。兰克"。

苏共中央马列主义研究院中央党务档案馆，第 2 号全宗，第 1
号目录，第 681 号保管单位。

12 月 6 日（19 日）

　　列宁回复格·瓦·普列汉诺夫 12 月 4 日（17 日）告知社会党国际局将举行会议的来信，说曾去信建议他去布鲁塞尔并寄去路费；请他在社会党国际局会议结束后来慕尼黑参加《火星报》和《曙光》杂志编辑部会议，并邀请阿克雪里罗得届时也来慕尼黑。

《列宁全集》中文第 2 版增订版第 44 卷第 188—189 页。

　　列宁写信给在苏黎世的帕·波·阿克雪里罗得，信中告知，格·瓦·普列汉诺夫将于 12 月 16 日（29 日）去布鲁塞尔参加社会党国际局会议，编辑部已发出请他来慕尼黑的邀请。列宁请阿克雪里罗得届时也来慕尼黑参加编辑部会议。

《列宁全集》中文第 2 版增订版第 44 卷第 189—190 页。

列宁的《同经济主义的拥护者商榷》一文在《火星报》第 12 号上发表。

《列宁全集》中文第 2 版增订版第 5 卷第 324—331 页;《火星报》,1901 年 12 月 6 日,第 12 号。

12 月,不晚于 6 日(19 日)

列宁读娜·康·克鲁普斯卡娅写给在基辅的维·尼·克罗赫马尔的信。信中说,基辅委员会两名委员表示愿意给《火星报》寄通讯稿,请他介绍他们两人的情况,要求他更经常地向编辑部报告组织内部的情况。

《弗·伊·列宁和〈火星报〉编辑部同俄国国内的社会民主党组织通信集》,第 1 卷,1969 年,第 349—350 页。

12 月 6 日(19 日)以后

列宁读 1901 年 12 月 6 日第 6 期通报《〈工人事业〉编辑部资料选编》。该通报的内容是:一部分哈尔科夫大学生中出现反犹太人的情绪,大学生中间存在不同派别的斗争。列宁在文中标出重点。

苏共中央马列主义研究院中央党务档案馆,第 2 号全宗,第 1 号目录,第 684 号保管单位。

12 月 7 日(20 日)

列宁给在日内瓦的格·瓦·普列汉诺夫写信,请他把娜·康·克鲁普斯卡娅寄去的关于《工人政党和农民》一文的信寄回《火星报》编辑部;请他告知预定来慕尼黑的日期;谈自己写《怎么办?》一书的情况。

《列宁全集》中文第 2 版增订版第 44 卷第 190—191 页。

12月8日或9日(21日或22日)

列宁的文章《地方自治机关的迫害者和自由主义的汉尼拔》、《内政评论》以及《土地问题和"马克思的批评家"》前4章(标题为《土地问题上的"批评家"先生们》——这是第一篇用尼·列宁署名的著作)在《曙光》杂志第2—3期合刊上发表。

《列宁全集》中文第2版增订版第5卷第18—64、84—138、268—312页,第44卷第189、191页;《曙光》杂志,斯图加特,1901年12月,第2—3期合刊,第60—100、252—302、361—403页。

12月9日(22日)

列宁抄写出版《曙光》杂志第2—3期合刊的账单。

苏共中央马列主义研究院中央党务档案馆,第2号全宗,第1号目录,第502号保管单位。

12月10日(23日)

列宁写信给在苏黎世的帕·波·阿克雪里罗得,证实曾把一封写给格·瓦·普列汉诺夫的挂号信①寄到他那里,请他向邮局声明信件遗失;问他是否收到《曙光》杂志第2—3期合刊,以及能否看一下《怎么办?》一书。

《列宁全集》中文第2版增订版第44卷第191—192页。

12月14日(27日)

列宁读一个姓名不详的人关于省宪兵局局长诺德贝格专横行为的哈尔科夫通讯稿,并在上面作批注:"12月27日　苏黎世"。

苏共中央马列主义研究院中央党务档案馆,第2号全宗,第1号目录,第689号保管单位。

---

① 列宁在1901年12月20日(23日)给帕·波·阿克雪里罗得的信中说,他"没用挂号"寄那封信(见《列宁全集》中文第2版增订版第44卷第191页)。——译者注

娜·康·克鲁普斯卡娅受弗·伊·列宁的委托,写信给在基辅的弗·维·瓦卡尔和波多利亚宁,信中以《火星报》编辑部名义感谢他们寄来材料和表示愿意给《火星报》寄通讯稿;欣赏他们同编辑部的意见一致;认为必须有一份全俄性的报纸,同时各地社会民主党人应积极参加办报工作;告知准备出版《怎么办?》一书,这部著作将阐明社会民主党活动的一切重大问题。

《弗·伊·列宁和〈火星报〉编辑部同俄国国内的社会民主党组织通信集》,第 1 卷,1969 年,第 354—355 页。

1901 年 12 月 18 日(31 日)和 1902 年 1 月 1 日(14 日)之间

列宁为在《火星报》上刊载发自哈尔科夫省苏梅市的通讯稿《教派信徒中的警察奸细》(关于对教派信徒的迫害)作准备。列宁在上面标出重点,作编辑修改,写按语:"我们也从其他来源得知有关这个奸细的情况,还知道此人是由至圣的正教院官员、有名的教派信徒迫害者斯克沃尔佐夫教授暗中派来的。请看我国的基督信徒的牧师是一些什么样的人!! 编者"。列宁在末尾计算印刷符号。

《历史文献》杂志,1955 年,第 6 期,第 13—14 页。

12 月,20 日(1902 年 1 月 2 日)以前

列宁收到《"南方工人"的来信》,信中祝贺俄国社会民主党内革命派的壮大,并向俄国革命社会民主党人国外同盟祝贺。

《列宁全集》中文第 2 版增订版第 5 卷第 337 页。

12 月 20 日(1902 年 1 月 2 日)

列宁的文章《游行示威开始了》和短评《关于"南方工人"的来信》在《火星报》第 13 号上发表。

《列宁全集》中文第 2 版增订版第 5 卷第 333—336、337 页;

《火星报》,1901 年 12 月 20 日,第 13 号。

12 月,21 日(1902 年 1 月 3 日)以前

列宁收到《火星报》基什尼奥夫地下印刷所翻印的第一份《火星报》第 10 号。

《列宁文集》俄文版第 8 卷第 217—219 页。

列宁回复列·伊·戈尔德曼从基什尼奥夫寄来的邀请他参加南方火星派代表大会的信,告知《火星报》编辑部准备对正在组建的南方火星派组织给予帮助;建议在代表大会上成立一个管理委员会,指出重要的是这个委员会"**一定**要想到整个俄国,而决不能只想到一个地区,因为《火星报》的整个前途如何,就要看它能不能克服地方手工业习气和地区隔绝状态,能不能**真正**成为全俄的报纸"。

《列宁全集》中文第 2 版增订版第 44 卷第 193—194 页。

12 月 21 日(1902 年 1 月 3 日)

列宁读给《火星报》的关于莫斯科警察镇压的 1901 年 12 月 8 日(21 日)通讯稿,并在上面写批注:"寄自茨韦托夫,1902 年 1 月 3 日"。

苏共中央马列主义研究院中央党务档案馆,第 2 号全宗,第 1 号目录,第 693 号保管单位。

列宁在给列·伊·戈尔德曼的信中祝贺在俄国翻印《火星报》第 10 号成功;询问对于《火星报》在俄国有一个印刷所这件事是否有必要保密,是否可以在国外让很多人看到俄国版的报纸;指出必须定期在俄国印刷所翻印某几号《火星报》,以便做到在全俄国正常地散发。

《列宁全集》中文第 2 版增订版第 44 卷第 194—195 页。

12 月 22 日（1902 年 1 月 4 日）

列宁读俄国社会民主工党基辅委员会 1901 年 12 月 13 日（26日）号召进行政治斗争的传单《告全体细木工人和木器工人》，在上面写批注："12 月 4 日。Chr.巴泽尔"。

苏共中央马列主义研究院中央党务档案馆，第 2 号全宗，第 1
号目录，第 695 号保管单位。

列宁读俄国社会民主工党基辅委员会号召进行革命斗争的传单《告女装裁缝们》，在上面写批注："12 月 4 日　　Chr.巴泽尔"。

苏共中央马列主义研究院中央党务档案馆，第 2 号全宗，第 1
号目录，第 696 号保管单位。

12 月 31 日（1902 年 1 月 13 日）

列宁写俄国社会民主工党纲领草案实践部分的某些条文的草稿（[D]第 11、12、13 条和[E]第（1）、（2）、（3）、（4）项），并记下帕·波·阿克雪里罗得和贝尔格（尔·马尔托夫）提出的关于纲领草案土地问题的条文。

《列宁全集》中文第 2 版增订版第 6 卷第 403—404 页。

12 月

列宁修改给列·伊·戈尔德曼的信和《火星报》组织向俄国社会民主工党第二次代表大会提出的报告。

苏共中央马列主义研究院中央党务档案馆，第 2 号全宗，第 1
号目录，第 1019 号保管单位。

1901 年底

列宁从《新时代》杂志和《前进报》中作摘录，在《怎么办？》一书中以及在拟定俄国社会民主工党纲领草案时部分地利用了这些摘录。

苏共中央马列主义研究院中央党务档案馆，第 2 号全宗，第 1

号目录,第 854 号保管单位。

由列宁作序的《"统一"代表大会文件汇编》小册子在日内瓦出版。

《"统一"代表大会文件汇编》,日内瓦,1901 年,IV,11 页。

1901 年

列宁给格·瓦·普列汉诺夫寄去一篇文章,并附上一张便条,请他把这篇文章连同意见一起寄回。

苏共中央马列主义研究院中央党务档案馆,第 2 号全宗,第 1 号目录,第 705 号保管单位。

列宁对《法国农业统计。1892 年的十年调查的总结》(1897 年巴黎版)一书中的资料进行分析。

《列宁全集》中文第 2 版增订版第 56 卷第 240—246 页。

列宁会见来慕尼黑担任《火星报》编辑部校对员工作的维·瓦·科热夫尼科娃,并同她进行谈话。

《无产阶级革命》杂志,1924 年,第 3 期,第 134—136 页。

列宁寄信给在波尔塔瓦的罗·萨·捷姆利亚奇卡,建议她作为《火星报》代办员前往敖德萨做地下工作。

《真理报》,1936 年 8 月 4 日,第 213 号;《光荣的布尔什维克》,1958 年,第 135 页。

列宁召请《火星报》代办员罗·萨·捷姆利亚奇卡从敖德萨到国外来汇报敖德萨和叶卡捷琳诺斯拉夫两地为贯彻火星派方针而斗争的情况。

《光荣的布尔什维克》,1958 年,第 136 页;《回忆弗·伊·列宁》,第 2 卷,1969 年,第 82—83 页。

列宁从 A.И.斯基布涅夫斯基的《莫斯科省博戈罗茨克县工厂工人住房情况》(1901 年)一书中摘录统计资料。

> 《列宁文集》俄文版第 33 卷第 481 页；苏共中央马列主义研究院中央党务档案馆，第 2 号全宗，第 1 号目录，第 702 号保管单位。

列宁写《无政府主义和社会主义》的提纲。

> 《列宁全集》中文第 2 版增订版第 5 卷第 338—341 页。

列宁同在国内并与彼得堡组织有密切联系的《火星报》代办员叶·德·斯塔索娃通信。

> 《回忆弗·伊·列宁》，第 2 卷，1969 年，第 210 页。

列宁编写（用德文和法文）有关各种问题的书单。

> 苏共中央马列主义研究院中央党务档案馆，第 2 号全宗，第 1 号目录，第 701 号保管单位。

列宁写《亚历山大二世皇帝统治时期废除俄国地主农民农奴地位的历史资料汇编》（第 1—3 卷，1860—1862 年）一书的书目札记。

> 苏共中央马列主义研究院中央党务档案馆，第 2 号全宗，第 1 号目录，第 703 号保管单位。

列宁对《法国农业统计》（1892 年巴黎版）一书中的统计资料进行分析（一部分是用法文写的）。

> 《列宁全集》中文第 2 版增订版第 56 卷第 240—246 页。

1901 年底—1902 年初

列宁读发表在《新时代》杂志和《前进报》上的卡·马克思和卡·考茨基关于制定社会民主党纲领问题的文章。列宁作摘录并在笔记本封面上注明："从不同年份的《新时代》所作的摘录"。

> 苏共中央马列主义研究院中央党务档案馆，第 2 号全宗，第 1 号目录，第 704 号保管单位。

1901 年—1903 年

列宁为一份不知是文章还是小册子的稿件写两条编者按语。

苏共中央马列主义研究院中央党务档案馆，第 2 号全宗，第 1
号目录，第 707 号保管单位。

列宁读署名"一工人"的给《火星报》的通讯稿《途中谈话片
断》，在上面作批注："稍加压缩并修改（文体方面）有毛病的地方"。

苏共中央马列主义研究院中央党务档案馆，第 2 号全宗，第 1
号目录，第 708 号保管单位。

列宁读从彼得堡寄给《火星报》的署名"工人联合会。涅瓦区"
的信，并在信上注明："不发表。这是社会民主党人与之斗争的**自
由派**工人协会"。

《历史文献》杂志，1955 年，第 6 期，第 19 页。

列宁编写有关各种问题的德文、俄文、法文和英文书的书目，
并标出这些书的图书馆书号。

苏共中央马列主义研究院中央党务档案馆，第 2 号全宗，第 1
号目录，第 700 号保管单位。

1901 年—1903 年

列宁读署名"纺织工"的给《火星报》的关于工人状况的通讯
稿，在上面作记号。

苏共中央马列主义研究院中央党务档案馆，第 2 号全宗，第 1
号目录，第 710 号保管单位。

不早于 1901 年—不晚于 1903 年 1 月

列宁写昂·博德里亚尔《法国农业人口。第 3 辑。南部人口》
（1893 年巴黎版）一书的札记。

《列宁全集》中文第 2 版增订版第 56 卷第 365—366 页。

1902 年

1 月 7 日（20 日）以后

列宁从发表在 1902 年 1 月 7 日（20 日）《新时报》上的一篇短评中作摘录，这篇短评对 Н.П.巴甫洛夫-西尔万斯基论封邑制度下罗斯的封建关系与西方国家有共同性的文章作出评论。

> 苏共中央马列主义研究院中央党务档案馆，第 2 号全宗，第 1 号目录，第 502 号保管单位，第 11 张。

不晚于 1 月 8 日（21 日）

列宁摘录格·瓦·普列汉诺夫写的俄国社会民主工党第一个纲领草案，写批评意见，拟定某些修改方案。

> 《列宁全集》中文第 2 版增订版第 6 卷第 184 — 191、405 — 408 页。

1 月 8 日（21 日）

列宁参加《火星报》编辑部会议。会议在慕尼黑郊区（施瓦宾，齐格弗里德街 14 号）列宁的住所举行；列宁发言批评格·瓦·普列汉诺夫起草的第一个纲领草案，并提出自己的修改方案。

> 《列宁全集》中文第 2 版增订版第 6 卷第 405—408 页；苏共中央马列主义研究院中央党务档案馆，第 12 号全宗，第 2 号目录，第 172 号保管单位，第 43 张；《回忆弗·伊·列宁》，第 1 卷，1968 年，第 258 页。

不早于 1 月 8 日（21 日）

列宁写关于《火星报》编辑部制定俄国社会民主工党纲领情况

的通报要点。

《列宁全集》中文第 2 版增订版第 6 卷第 410 页。

1 月 8 日和 2 月 18 日（1 月 21 日和 3 月 3 日）之间

列宁草拟俄国社会民主工党纲领草案。他研究格·瓦·普列汉诺夫的草案初稿，对草案的第一节和第二节的两种稿本进行比较，并在上面（在娜·康·克鲁普斯卡娅手抄的副本上）记下《火星报》编辑部会议的表决情况："是否从俄国讲起的问题尚悬而未决（3 票赞成，3 票反对）"，在第四节开头处作批注："（作者认为这是同一节）"。

列宁写纲领草案的理论部分、土地部分和结束语的初稿及不同稿本，拟定纲领草案的正文，对纲领草案的正文写了三个修正案，并对纲领的土地部分和工厂部分写了补充意见。

《列宁全集》中文第 2 版增订版第 6 卷第 192 — 199、409、411 — 423 页，第 44 卷第 196 页；《列宁文集》俄文版第 2 卷第 15 — 16 页。

1 月，15 日（28 日）以前

列宁对从萨拉普尔给《火星报》的关于制鞋工人状况的通讯稿进行编辑加工，在上面注明："放在最后"。这篇通讯稿刊登在 1902 年 1 月 15 日（28 日）《火星报》第 15 号上。

苏共中央马列主义研究院中央党务档案馆，第 2 号全宗，第 1 号目录，第 719 号保管单位；《火星报》，1902 年 1 月 15 日，第 15 号。

1 月 15 日（28 日）

列宁的《评国家预算》一文在《火星报》第 15 号上发表。

《列宁全集》中文第 2 版增订版第 6 卷第 240 — 245 页；《火星报》，1902 年 1 月 15 日，第 15 号。

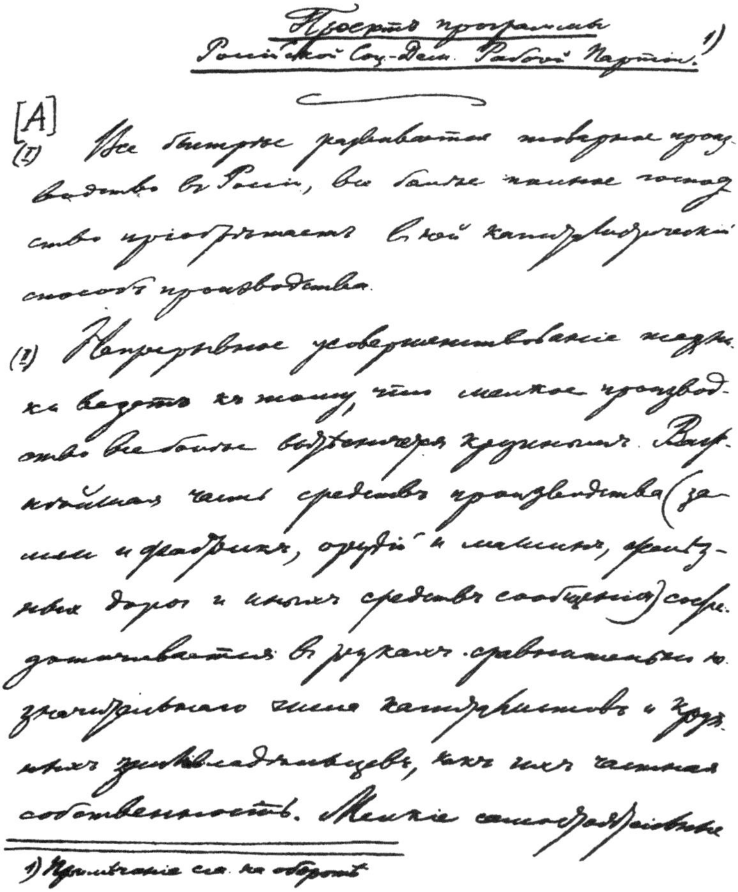

1902年列宁《俄国社会民主工党纲领草案》手稿第1页

1 月中

列宁完成《怎么办？（我们运动中的迫切问题）》一书的写作。

> 《列宁全集》中文第 2 版增订版第 6 卷第 147 页，第 44 卷第
> 196 页。

1 月 25 日（2 月 7 日）

列宁把尔·马尔托夫对纲领草案提出的修改意见全文寄给《火星报》各编委。

> 《列宁全集》中文第 2 版增订版第 44 卷第 196 页；《列宁文集》
> 俄文版第 2 卷第 52—53 页。

列宁给在日内瓦的格·瓦·普列汉诺夫写信，请求告知，在给他寄去的纲领草案中有哪些地方不能使他满意，他是否要进行修改或是提出反草案；询问他为《曙光》杂志写文章的情况；告知小册子《怎么办？》正在排版。

> 《列宁全集》中文第 2 版增订版第 44 卷第 196—197 页。

1 月 30 日（2 月 12 日）以后

列宁回复季·巴·克尔日扎诺夫斯卡娅从萨马拉寄来的信，来信告知火星派会议（会上建立了《火星报》俄国组织）所作各项决议。列宁在回信中写道："你们的创举使我们非常高兴。乌拉！就应该这样！放手干吧！你们要更独立地、更主动地开展活动。你们最先这样放开手脚，今后也一定会获得成功！"

> 《列宁全集》俄文第 5 版第 6 卷第 455 页；《社会民主党各委员
> 会向俄国社会民主工党第二次代表大会提出的报告》，1930
> 年，第 41 页。

2 月 1 日（14 日）

列宁的文章《政治鼓动和"阶级观点"》和短评《答"一读者"》在《火星报》第 16 号上发表。

《列宁全集》中文第 2 版增订版第 6 卷第 246—252、253—254 页;《火星报》,1902 年 2 月 1 日,第 16 号。

2 月 5 日(18 日)

列宁回复柳·伊·阿克雪里罗得从伯尔尼寄来的信,来信告知她为《曙光》杂志写的有关哲学问题的文章很快就能脱稿。列宁在回信中建议她批判维·米·切尔诺夫的论主观方法、论尼·亚·别尔嘉耶夫等人的文章;告诉她叶·尤·洛津斯基的文章,说他"也抛弃唯物主义,赞扬别尔嘉耶夫";告知沃洛格达的流放者正在争论哲学问题,亚·亚·波格丹诺夫和别尔嘉耶夫现在正在那里。

《列宁全集》中文第 2 版增订版第 44 卷第 197—198 页。

2 月 11 日(24 日)

列宁读小册子《1899 年 9 月 4 日在哈尔科夫召开的南俄矿业主紧急代表大会》,在小册子的封面上作批注:**"寄自哈尔科夫,2 月 24 日"**。

《克里姆林宫的弗·伊·列宁藏书》,1961 年,第 424 页。

2 月 12 日(25 日)

列宁读哈尔科夫印发的署名"联合委员会"的传单《大学生致教授们的公开信》,在上面作批注:"转自杰杰,1902 年 2 月 25 日"。

苏共中央马列主义研究院中央党务档案馆,第 2 号全宗,第 1 号目录,第 724 号保管单位。

2 月,13 日(26 日)以前

列宁写信给在萨马拉的玛·亚·乌里扬诺娃,答复她寄来的附有家人合影的信(列宁的信没有找到)。

《列宁全集》中文第 2 版增订版第 53 卷第 256 页。

列宁收到玛·亚·乌里扬诺娃和玛·伊·乌里扬诺娃的信，信中告知今后一切寄书的琐事都由德·伊·乌里扬诺夫承担。

《列宁全集》中文第 2 版增订版第 53 卷第 255 页。

2 月 13 日（26 日）

列宁给在萨马拉的玛·亚·乌里扬诺娃写信，告知收到信件和书籍，请她代向马·季·叶利扎罗夫问好，同时也代向阿·安·普列奥布拉任斯基问好。

《列宁全集》中文第 2 版增订版第 53 卷第 255—256 页。

2 月 15 日（28 日）

列宁的文章《破产的征兆》和《俄国经济生活》在《火星报》第 17 号上发表。

《列宁全集》中文第 2 版增订版第 6 卷第 255—260、261—271 页；《火星报》，1902 年 2 月 15 日，第 17 号。

2 月下半月或 3 月初

列宁写信给基什尼奥夫的《火星报》印刷所组织者列·伊·戈尔德曼，答复他告知在基辅的火星派成员被捕一事。列宁在信中建议不要采取任何措施同狱外的火星派成员联系，因为《火星报》俄国组织常设局成员自己会到基什尼奥夫去（这封信没有找到）。

列·伊·戈尔德曼：《俄国的〈火星报〉组织和〈火星报〉印刷所》，1928 年，第 39 页；《弗·伊·列宁和〈火星报〉编辑部同俄国国内的社会民主党组织通信集》，第 1 卷，1969 年，第 431—432 页。

2 月 18 日（3 月 3 日）

列宁给在苏黎世的帕·波·阿克雪里罗得写信，说尔·马尔托夫给他寄去集体读过的"事务性函件"（列宁起草的俄国社会民

主工党纲领草案）。列宁还随信附上对纲领草案原则部分的三个
修正案。

《列宁全集》中文第 2 版增订版第 44 卷第 198 页。

2 月

列宁写《怎么办?》一书的序言。

《列宁全集》中文第 2 版增订版第 6 卷第 1—4 页。

2 月—3 月上半月

列宁写《俄国社会民主党的土地纲领》一文,即俄国社会民主
工党纲领土地部分的说明。

《列宁全集》中文第 2 版增订版第 6 卷第 281—320 页,第 44
卷第 204 页。

3 月初

列宁的《怎么办? (我们运动中的迫切问题)》一书在斯图加特
狄茨出版社出版。

《列宁全集》中文第 2 版增订版第 6 卷第 1—183 页;《火星
报》,1902 年 3 月 10 日,第 18 号;弗・伊・列宁:《怎么办?
(我们运动中的迫切问题)》,斯图加特,1902 年,Ⅶ,144 页。
标题前作者署名:尼・列宁。

3 月 1 日和 10 日(14 日和 23 日)之间

列宁读寄给《火星报》的传单《全俄大学生代表大会宣言》,在
上面作批注:"副本"。

苏其中央马列主义研究院中央党务档案馆,第 2 号全宗,第 1
号目录,第 733 号保管单位。

3 月 5 日(18 日)

列宁写《〈火星报〉编辑部向俄国社会民主工党各委员会会议
(代表会议)的报告》(会议在比亚韦斯托克召开)和决议草案稿。

Что дѣлать?

Наболѣвшіе вопросы нашего движенія

Н. ЛЕНИНА.

> . . . „Партійная борьба придаетъ партіи силу и жизненность, величайшимъ доказательствомъ слабости партіи является ея расплывчатость и притупленіе рѣзко обозначенныхъ границъ, партія укрѣпляется тѣмъ, что очищаетъ себя" . . . (Изъ письма Лассаля къ Марксу отъ 24 іюня 1852 г.).

Цѣна 1 руб.

Preis 2 Mark = 2.50 Francs.

STUTTGART

Verlag von J. H. W. Dietz Nachf. (G. m. b. H.)

1902

1902年列宁《怎么办?》一书封面

《列宁全集》中文第 2 版增订版第 6 卷第 272—280 页。

3 月 5 日和 8 日（18 日和 21 日）之间

列宁参加因即将举行的俄国社会民主工党比亚韦斯托克代表会议而召开的《火星报》编辑部会议；对前往出席代表会议的《火星报》代表费·伊·唐恩作指示。

《列宁全集》中文第 2 版增订版第 6 卷第 272—280 页；《无产阶级革命》杂志，1924 年，第 3 期，第 138—140 页；1928 年，第 6—7 期，第 140—141 页。

3 月，9 日（22 日）以前

列宁参与关于拟定委员会的俄国社会民主工党纲领草案的协议草案起草工作。

《列宁全集》中文第 2 版增订版第 44 卷第 199 页；《列宁全集》俄文第 5 版第 6 卷第 463 页；《列宁文集》俄文版第 2 卷第 91—92 页。

3 月 9 日（22 日）

列宁告知在苏黎世的帕·波·阿克雪里罗得，维·伊·查苏利奇给他寄去格·瓦·普列汉诺夫起草的俄国社会民主工党第二个纲领草案和关于拟定委员会的纲领草案的协议草案；表示反对把纲领草案提交俄国革命社会民主党人同盟表决，并反对《火星报》编委之间就纲领问题在报刊上展开辩论。

《列宁全集》中文第 2 版增订版第 44 卷第 199—200 页。

3 月 10 日（23 日）以前

列宁写信给在巴黎的加·达·莱特伊仁，请他对一条传闻进行核实，这条传闻说波·尼·克里切夫斯基曾经收到米勒兰的一封感谢信，感谢他为《前进报》写的几篇维护法国社会民主主义改良派的通讯；列宁指出，鉴于《前进报》编辑部同《曙光》杂志编辑部正展开激烈的论战,"必须**立即**尽**一切**努力对这件事进行最严密的("追根究底"的)调查"。

　　　　　　　　　　《列宁全集》中文第 2 版增订版第 44 卷第 200—201 页。

3 月 10 日（23 日）

　　列宁的文章《一封给地方自治人士的信》和短评《关于"斗争"社》在《火星报》第 18 号上发表。

　　　　　　　　　　《列宁全集》中文第 2 版增订版第 6 卷第 339—347、348 页；
　　　　　　　　　　《火星报》,1902 年 3 月 10 日,第 18 号。

3 月 11 日（24 日）

　　列宁给在萨马拉的玛·亚·乌里扬诺娃写信,询问家人打算怎样过夏天;说很想知道她对刊登在《世间》杂志上的维·维·韦列萨耶夫的中篇小说《变迁》的意见,谈自己对这部小说的感想。

　　　　　　　　　　《列宁全集》中文第 2 版增订版第 53 卷第 256—257 页。

　　列宁读给《火星报》的关于 1902 年 2 月 9 日（22 日）莫斯科大学学生集会的通讯稿,在上面作批注:"转自柯尔佐夫,3 月 24 日"。

　　　　　　　　　　苏共中央马列主义研究院中央党务档案馆,第 2 号全宗,第 1 号目录,第 738 号保管单位。

3 月,14 日（27 日）以前

　　鉴于德国警察局对在德国出版《火星报》进行监视,《火星报》编辑部讨论把报纸迁往伦敦出版的问题。

　　　　　　　　　　《列宁全集》中文第 2 版增订版第 44 卷第 201 页;《列宁文集》
　　　　　　　　　　俄文版第 2 卷第 105 页,第 3 卷第 288 页。

　　列宁写对格·瓦·普列汉诺夫起草的俄国社会民主工党第二个纲领草案的批评意见和评论。

　　　　　　　　　　《列宁全集》中文第 2 版增订版第 6 卷第 200—223 页,第 44

卷第 201—202 页。

列宁把自己对格·瓦·普列汉诺夫起草的俄国社会民主工党第二个纲领草案的意见寄给亚·尼·波特列索夫。

《列宁全集》中文第 2 版增订版第 44 卷第 201 页。

3 月 14 日（27 日）

列宁收到帕·波·阿克雪里罗得从苏黎世寄来的谈格·瓦·普列汉诺夫起草的俄国社会民主工党第二个纲领草案的信。

《列宁全集》中文第 2 版增订版第 44 卷第 201 页；《列宁文集》俄文版第 2 卷第 99—101 页。

列宁给在苏黎世的帕·波·阿克雪里罗得写回信，支持在《曙光》杂志上发表他的论资产阶级民主的文章（而不作为《火星报》的附刊出版小册子）的建议；答应把自己对格·瓦·普列汉诺夫的俄国社会民主工党第二个纲领草案的意见寄去；认为召开《火星报》编委会议讨论草案为时尚早。

《列宁全集》中文第 2 版增订版第 44 卷第 201—202 页。

列宁读沃伊诺娃寄给《火星报》的关于 1902 年 2 月 9 日（22 日）大学生集会和 1902 年 2 月 19 日（3 月 4 日）莫斯科示威游行的信，在上面作批注："3 月 27 日。存档"。

苏共中央马列主义研究院中央党务档案馆，第 2 号全宗，第 1 号目录，第 739 号保管单位。

3 月 15 日和 4 月 6 日（3 月 28 日和 4 月 19 日）之间

列宁写信给沃洛格达流放者写作组秘书亚·亚·波格丹诺夫，赞同和《火星报》编辑部共同出版通俗小册子的建议，请求"不要坚持这样的条件：小册子不作任何局部修改，要全部接受下来或者退回"。

《列宁全集》中文第 2 版增订版第 44 卷第 202—203 页；《弗·伊·列宁和〈火星报〉编辑部同俄国国内的社会民主党组织通信集》，第 1 卷，1969 年，第 444—446、485—486 页。

3 月，16 日（29 日）以前

列宁写信给亚·尼·波特列索夫，说《火星报》计划从慕尼黑迁往伦敦出版（这封信没有找到）。

《列宁文集》俄文版第 3 卷第 288 页。

3 月 16 日和 20 日（3 月 29 日和 4 月 2 日）之间

列宁给亚·尼·波特列索夫写信，不同意他提出的调查能否把《火星报》迁往布鲁塞尔出版的建议，说打算对自己拟定的纲领草案第 7 条进行修改（这封信没有找到）。

《列宁文集》俄文版第 2 卷第 105—106 页。

3 月 20 日（4 月 2 日）以前

列宁给在柏林的安·伊·乌里扬诺娃-叶利扎罗娃写信，请她告知是否很久未收到玛·亚·乌里扬诺娃从萨马拉寄来的信（这封信没有找到）。

《列宁全集》中文第 2 版增订版第 53 卷第 257—258 页。

列宁收到玛·伊·乌里扬诺娃的来信。

《列宁全集》中文第 2 版增订版第 53 卷第 257 页。

3 月 20 日（4 月 2 日）

列宁给玛·亚·乌里扬诺娃写信，询问她的健康情况及夏天出国的打算；感谢玛·伊·乌里扬诺娃来信并为他整理从西伯利亚寄来的书籍，请她在收到伦敦的地址后把俄文书籍包括全部统计资料寄来。

《列宁全集》中文第 2 版增订版第 53 卷第 257—258 页。

3 月,20 日(4 月 2 日)以后

列宁收到亚·尼·波特列索夫的来信,信中同意把《火星报》编辑部迁往伦敦,并谈到对列宁的纲领草案和普列汉诺夫的纲领草案的意见。

《列宁文集》俄文版第 2 卷第 105—107 页。

3 月,22 日(4 月 4 日)以前

列宁写俄国社会民主工党纲领草案土地部分第 4 项的修正案(建议取消关于赎买的问题),把修正案提交《火星报》编委表决。

《列宁全集》中文第 2 版增订版第 6 卷第 224—225 页,第 44 卷第 204—206 页。

3 月 22 日(4 月 4 日)

列宁给在日内瓦的格·瓦·普列汉诺夫写信,说给他寄去《俄国社会民主党的土地纲领》一文,请他告知对这篇文章以及对维·伊·查苏利奇在文章空白处所作批语的意见。

《列宁全集》中文第 2 版增订版第 44 卷第 204—205 页。

3 月 23 日(4 月 5 日)

列宁收到格·瓦·普列汉诺夫从日内瓦寄来的信,信中对协商委员会拟定的纲领草案提出意见,建议把《曙光》杂志迁往日内瓦出版并明确区分《火星报》编辑部和《曙光》杂志编辑部的工作范围,或者允许他在日内瓦出版一种单独的报纸。列宁在 3 月 22 日(4 月 4 日)给普列汉诺夫的信的附言中告知,已把他的信转交《火星报》编委过目。

《列宁全集》中文第 2 版增订版第 44 卷第 206 页;《列宁文集》俄文版第 2 卷第 108—112 页。

3 月 24 日(4 月 6 日)

列宁写信给亚·尼·波特列索夫,说同格·瓦·普列汉诺夫在拟定纲领草案的问题上仍然存在分歧,还说普列汉诺夫打算在日内瓦出版一种单独的报纸(这封信没有找到)。

《列宁文集》俄文版第 4 卷第 96—97 页。

3 月 25 日(4 月 7 日)

列宁读给《火星报》编辑部的关于 1900 年哈尔科夫十月事件参加者在报上所发表声明的信,在上面作批注:"寄交布肯(汉堡),1902 年 4 月 7 日"。

苏共中央马列主义研究院中央党务档案馆,第 2 号全宗,第 1
号目录,第 744 号保管单位。

3 月 28 日(4 月 10 日)

列宁给在柏林的安·伊·乌里扬诺娃-叶利扎罗娃写信,告知将于 1902 年 3 月 30 日(4 月 12 日)启程去伦敦,请她把信寄到伦敦尼·亚·阿列克谢耶夫处。

《列宁全集》中文第 2 版增订版第 53 卷第 259—260 页。

3 月 30 日(4 月 12 日)以前

列宁给在伦敦的尼·亚·阿列克谢耶夫写信,告知《火星报》慕尼黑编辑部将在最近迁往伦敦(这封信没有找到)。

《回忆弗·伊·列宁》,第 2 卷,1969 年,第 87 页。

列宁在去伦敦之前,委托《火星报》编辑部事务秘书维·瓦·科热夫尼科娃在慕尼黑监督出版几号报纸,直到在伦敦出版报纸的工作就绪。

《无产阶级革命》杂志,1924 年,第 3 期,第 136—137 页。

3 月 30 日(4 月 12 日)

列宁在从慕尼黑启程去伦敦前给尔·马尔托夫寄去两封信(这两封信没有找到)。

《列宁全集》中文第 2 版增订版第 44 卷第 208 页。

列宁和娜·康·克鲁普斯卡娅从慕尼黑启程去伦敦。途中列宁在火车上写关于《火星报》编辑部协商委员会拟定的俄国社会民主工党纲领草案的意见；表示希望"崇高的委员会能更好地工作、考虑和推敲，给我们提供一个不是拼凑起来的而是**自己的**完整的草案"。

《列宁全集》中文第 2 版增订版第 6 卷第 236 页，第 53 卷第 259 页。

3 月 31 日（4 月 13 日）

列宁和娜·康·克鲁普斯卡娅在从慕尼黑去伦敦途中在科隆停留，参观大教堂。列宁在科隆大教堂的游人休息室里写对委员会的纲领草案的补充意见，把自己的全部意见寄给在苏黎世的帕·波·阿克雪里罗得。

《列宁全集》中文第 2 版增订版第 6 卷第 237—239 页，第 44 卷第 208 页；《列宁文集》俄文版第 2 卷第 118 页。

4 月初

列宁和克鲁普斯卡娅途经列日，在尼·列·美舍利亚科夫处停留，参观民众文化馆，后又同美舍利亚科夫一起去布鲁塞尔，游览城市，走访工人合作社和工人党机关，观看工人游行示威。

《回忆弗·伊·列宁》，第 1 卷，1968 年，第 261—262 页；第 2 卷，1969 年，第 94 页。

列宁和娜·康·克鲁普斯卡娅抵达伦敦，用里希特的姓住下，地址是：西中央区　彭顿维尔　霍尔福广场 30 号。

《列宁全集》中文第 2 版增订版第 44 卷第 209 页；《回忆弗·伊·列宁》，第 1 卷，1968 年，第 262、266 页；第 2 卷，1969 年，第 88 页。

4月1日(14日)

列宁的《对〈怎么办?〉一书的一个更正》在《火星报》第19号上发表。

《列宁全集》中文第2版增订版第6卷第182—183页;《火星报》,1902年4月1日,第19号。

4月,1日(14日)以后

列宁给在慕尼黑的维·瓦·科热夫尼科娃写信,称赞收到的《火星报》第19号。列宁写道:"这一号很好,看得出校对员是尽了自己的力量的。"

《列宁全集》俄文第5版第6卷第457—458页;《无产阶级革命》杂志,1924年,第3期,第137页。

4月,3日(16日)以后

列宁收到帕·波·阿克雪里罗得从苏黎世寄来的信,信中谈到《火星报》编委会开会讨论委员会的党纲草案和列宁的文章《俄国社会民主党的土地纲领》的情况。

《列宁文集》俄文版第2卷第135—137页。

4月4日(17)日

列宁同英国社会民主联盟中央机关报《正义报》编辑哈里·奎尔奇商谈在该报印刷所印刷《火星报》的问题。后来,1913年列宁在《哈里·奎尔奇》一文(悼词)中写道:"不能不指出奎尔奇对俄国社会民主党人的同情和支援。11年前,俄国社会民主党的报纸不得不在伦敦出版。以奎尔奇为首的英国社会民主党人非常乐意地让出自己的印刷所。奎尔奇本人不得不因此'挤一挤',在印刷所里用薄木板给他隔出一个小角落作为编辑室。在这个小角落里安放了一张非常小的写字桌,桌子上方的墙上有一个摆满书的搁板,还有一把椅子。当时,当笔者到这个'编辑室'拜访奎尔奇的时候,已经没有地方再摆另外一把椅子了……"

《列宁全集》中文第 2 版增订版第 23 卷第 465 页,第 44 卷第 206—207 页。

列宁给在日内瓦的格·瓦·普列汉诺夫写信,请他写信给哈里·奎尔奇,请奎尔奇协助已经开始的关于在《正义报》印刷所印刷《火星报》的谈判;询问排字工人是否准备好来伦敦,尔·马尔托夫和维·伊·查苏利奇现在在哪里,他们谁先启程。

《列宁全集》中文第 2 版增订版第 44 卷第 206—207 页。

不早于 4 月 4 日(17 日)

列宁读在彼得堡印发的关于斯·瓦·巴尔马晓夫刺杀内务大臣德·谢·西皮亚金的传单《论螳螂和女食客》,加编者按,指出这份传单生动地描述了由巴尔马晓夫的英雄行为所引起的那种情绪。

苏共中央马列主义研究院中央党务档案馆,第 2 号全宗,第 1 号目录,第 752 号保管单位。

4 月,4 日(17 日)以后

列宁收到尔·马尔托夫从苏黎世寄来的信,信中谈到同普列汉诺夫的分歧,告知在《火星报》编辑部会议上批准了委员会的党纲草案并讨论了列宁关于俄国社会民主工党的土地纲领的文章。

《列宁文集》俄文版第 3 卷第 399—403 页。

4 月 5 日(18 日)

列宁写信给在苏黎世的帕·波·阿克雪里罗得,告知正忙于安排《火星报》的印刷,谈到对伦敦的初步印象;请阿克雪里罗得转告尔·马尔托夫,让他来信告知:他何时走、去哪里,是否收到 3 月

30 日(4 月 12 日)从慕尼黑寄给他的两封信(这两封信没有找到)。

《列宁全集》中文第 2 版增订版第 44 卷第 208 页。

4 月 7 日或 8 日(20 日或 21 日)

列宁收到工联总联合会总书记艾·米切尔写给英国博物馆馆长的介绍信,以便有权进入博物馆阅览室。

《十月》杂志,1968 年,第 3 期,第 173 页。

4 月,不早于 7 日(20 日)

列宁读从里加给《火星报》编辑部的关于在市剧院散发传单的通讯稿,在上面作批注:"备用。如不付排即退回"。

苏共中央马列主义研究院中央党务档案馆,第 2 号全宗,第 1 号目录,第 754 号保管单位。

4 月 8 日(21 日)

列宁给英国博物馆馆长写信(署名"雅科布·里希特"),申请发给他博物馆阅览室的阅览证,以便研究土地问题。列宁随信附上工联总联合会总书记艾·米切尔的介绍信。

《列宁全集》中文第 2 版增订版第 6 卷第 429 页。

4 月 10 日(23 日)

列宁给帕·波·阿克雪里罗得写信,告知自己在伦敦的地址。为保密起见,列宁请他只把这个地址告诉最亲近的人,其他人则使用尼·亚·阿列克谢耶夫和约·狄茨的地址;询问格·瓦·普列汉诺夫是否写好《火星报》第 20 号的社论,是否已送到印刷所。

《列宁全集》中文第 2 版增订版第 44 卷第 209—210 页。

4 月 10 日或 11 日(23 日或 24 日)

列宁收到艾·米切尔写给英国博物馆馆长的第二封介绍信,因为在第一封介绍信里写的是米切尔的未列入正式簿册的住址,因此发给列宁博物馆阅览室出入证的事被耽搁了。

《外国文学》杂志,1957 年,第 4 期,第 22 页;《十月》杂志,1968 年,第 3 期,第 174 页。

4 月 10 日和 20 日(4 月 23 日和 5 月 3 日)之间

列宁在《火星报》慕尼黑编辑部会议讨论他的关于土地纲领的文章后,对这篇文章作了某些修改,编写了勘误表。

《列宁全集》中文第 2 版增订版第 6 卷第 337—338 页,第 44 卷第 210 页。

4 月 11 日(24 日)

列宁给英国博物馆馆长写第二封信,并附上艾·米切尔新写的介绍信。

《列宁全集》中文第 2 版增订版第 6 卷第 430 页。

4 月,不早于 11 日(24 日)

列宁读给《火星报》编辑部的标题为《别日察(布良斯克股份公司工厂)工人运动概况》的通讯稿,在上面作批注:"约 17 000 字母"。这篇通讯稿刊登在 10 月 15 日(28 日)和 11 月 1 日(14 日)《火星报》第 26 号和第 27 号上。

苏共中央马列主义研究院中央党务档案馆,第 2 号全宗,第 1 号目录,第 759 号保管单位;《火星报》,1902 年 10 月 15 日,第 26 号;11 月 1 日,第 27 号。

4 月,不早于 12 日(25 日)

列宁收到英国博物馆馆长的通知函,在六个月内将此通知函向阅览室工作人员出示,即可发给他阅览室的阅览证。

《在国外》杂志,1962 年,第 16 期,第 5 页。

4 月 16 日(29 日)

列宁在英国博物馆阅览室登记簿上签名,表示已了解阅览室规则,登记自己的住址,并领到 A 72453 号阅览证。

《图书馆馆员》杂志,1961 年,第 4 期,第 29 页。

不早于 1902 年 4 月 16 日(29 日)—不晚于 1903 年 4 月

列宁在英国博物馆阅览室进行工作,研究有关土地问题的书籍。他在标题为《胡巴赫。普鲁士调查。哥尔茨及其他》的笔记本里作摘录和札记。

苏共中央马列主义研究院中央党务档案馆,第 2 号全宗,第 1
号目录,第 775 号保管单位;《列宁文集》俄文版第 32 卷第
195—353 页。

列宁写保·蒂罗《1866—1870 年农业调查总结》(1877 年巴黎版)一书的札记。

《列宁全集》中文第 2 版增订版第 56 卷第 364 页。

列宁对收载于《农业年鉴》第 18 卷和第 19 卷(胡·蒂尔出版,1890 年和 1891 年柏林版)的《普鲁士调查》(《关于普鲁士农业一般情况的调查》)作摘录和札记。

《列宁文集》俄文版第 32 卷第 7、8 专页,第 266—279 页,第 9
专页,第 298—353 页。

列宁从 1901 年伦敦出版的英国工厂总视察员年度报告《1900 年工厂和作坊总视察员年度报告》和 1902 年出版的 1901 年度同类报告中作札记和摘录。

苏共中央马列主义研究院中央党务档案馆,第 2 号全宗,第 1
号目录,第 712 号保管单位。

列宁编写有关各种问题的英文书籍、报纸和杂志的目录,并在上面作批注。

《外国文学》杂志,1957 年,第 4 期,第 22—23 页。

列宁对收载于《普鲁士王国统计局杂志》第 38 年卷(1898 年

柏林版)的 G.埃弗特《1883 年至 1896 年普鲁士部分行政区的农村地产债务》一文作摘录和札记,并把这篇文章的资料同收载于 1899 年同一刊物的其他文章的资料进行比较。

《列宁文集》俄文版第 32 卷第 226—239 页。

列宁对马·梅克尔《钾肥及其对农业增产和降低农产品价格的意义》(1892 年柏林版)一书作摘录和札记。

《列宁文集》俄文版第 32 卷第 240—241 页。

列宁对泰·哥尔茨《当前的农业任务》(1895 年耶拿版)一书作摘录和札记。

《列宁文集》俄文版第 32 卷第 242—255 页。

列宁对 A.赫尔佐格《从对三个村庄的调查看阿尔萨斯农民状况》(1886 年斯特拉斯堡版)一书以及同一作者的《洛林地区萨尔堡州农民状况》(1897 年萨韦纳版)一书作摘录和札记。

《列宁文集》俄文版第 32 卷第 258—263 页。

列宁以《论俄国乡村的未来》为标题,对收载于《农业年鉴》第 24 卷(胡·蒂尔出版,1895 年柏林版)的 P.伯尼施《中西里西亚土地关系的历史发展》一文作摘录和批注。

《列宁文集》俄文版第 32 卷第 208—211 页。

列宁对收载于《农业年鉴》第 30 卷(胡·蒂尔出版,1902 年柏林版)的 H.比尔《波恩州的现代农业管理制度》一书作摘录和札记。

《列宁文集》俄文版第 32 卷第 10、11、12 专页,第 282—297 页。

列宁对收载于《农业年鉴》第 23 卷(胡·蒂尔出版,1894 年柏林版)的 K.胡巴赫《关于下黑森省农村地产债务的统计》一文作摘录和札记。

《列宁文集》俄文版第 32 卷第 196—201 页。

列宁对收载于《国民经济和统计年鉴》第 13 卷(约·康拉德和 L.埃尔斯特出版,1887 年耶拿版)的 P.科尔曼《奥尔登堡大公国的农业债务》一文作摘录和札记。

《列宁文集》俄文版第 32 卷第 256—257 页。

列宁以《1890 年荷兰农业调查摘录》为标题,对收载于《农业年鉴》第 22 卷(胡·蒂尔出版,1893 年柏林版)的 G.格罗曼关于荷兰农业调查的文章作摘录并写意见。

《列宁全集》中文第 2 版增订版第 56 卷第 299—303 页。

列宁对埃·施图姆普费《小地产和粮食价格》(1897 年莱比锡版)一书作摘录并写批评意见。

《列宁全集》中文第 2 版增订版第 56 卷第 315—323 页。

列宁写(用俄文、德文、英文、意大利文和法文)关于土地问题和其他问题的书目札记。

苏共中央马列主义研究院中央党务档案馆,第 2 号全宗,第 1 号目录,第 912 号保管单位。

4 月,20 日(5 月 3 日)以前

列宁写信给 K.(收信人姓名不详),并把信寄到在苏黎世的帕·波·阿克雪里罗得的地址(这封信没有找到)。

《列宁全集》中文第 2 版增订版第 44 卷第 210 页。

4 月 20 日(5 月 3 日)

列宁读小册子《赫尔松地方自治局书库 1900 年度报告书》,在封面上作批注:"1902 年 5 月 3 日"。

《克里姆林宫的弗·伊·列宁藏书》,1961 年,第 530 页。

列宁研究 B.Ф.阿尔诺德《赫尔松县农户农业技术和农业经济的一般特点》(1902 年赫尔松版)一书;在《关于赫尔松研究》的总标题下对这本书作摘录并写意见,同时在书中作计算和标出重点,在书的封面上作批注:"1902 年 5 月 3 日"。

《列宁全集》中文第 2 版增订版第 57 卷第 239—247、683 页。

列宁写信给在苏黎世的帕·波·阿克雪里罗得,告知准备在《火星报》上发表俄国社会民主工党纲领草案,说他根据"权威编委会"(《火星报》编辑部苏黎世会议)的指示,修改了自己的《俄国社会民主党的土地纲领》一文。

《列宁全集》中文第 2 版增订版第 44 卷第 210—212 页。

列宁把他的《俄国社会民主党的土地纲领》一文寄给在日内瓦的格·瓦·普列汉诺夫,请他阅后转寄帕·波·阿克雪里罗得。

《列宁全集》中文第 2 版增订版第 44 卷第 210 页。

4 月 20 日和 23 日(5 月 3 日和 6 日)之间

列宁在经娜·康·克鲁普斯卡娅由密码译出的格·马·克尔日扎诺夫斯基的来信上作批注:"私人信件",并作勾划和标出重点。克尔日扎诺夫斯基在信中告知,被流放的大学生经萨马拉前往西伯利亚,费·伊·唐恩参加比亚韦斯托克代表会议。

《弗·伊·列宁和〈火星报〉编辑部同俄国国内的社会民主党组织通信集》,第 1 卷,1969 年,第 491—493 页。

4 月 21 日(5 月 4 日)

列宁写信给在巴黎的崩得国外委员会代表亚·约·克列梅尔,表示担心参加俄国社会民主工党比亚韦斯托克代表会议的《火星报》编辑部代表费·伊·唐恩可能被捕并在被捕前来不及同编辑部取得联系;请克列梅尔告知,还有谁被选为筹备俄国社会民主工党第二次代表大会的组织委员会委员,以及怎样同组织委员会委员建立联系。

《列宁全集》中文第 2 版增订版第 44 卷第 212—213 页。

列宁给设在巴黎的国外俄国社会民主党人联合会写信(署名:"代表《火星报》编辑部　弗雷"),请它设法把五一节传单送交社会民主党各委员会,因为从参加比亚韦斯托克代表会议的《火星报》代表那里未能获得关于"约定地点"的任何消息。列宁写道:"大概我们中间有人被捕了。"

《列宁全集》中文第 2 版增订版第 44 卷第 213 页。

列宁写信给在巴黎的加·达·莱特伊仁,向他布置紧急任务(这封信没有找到)。

《列宁全集》中文第 2 版增订版第 44 卷第 214 页。

4 月,22 日(5 月 5 日)以前

列宁写信给亚·米·卡尔梅柯娃(这封信没有找到)。

苏共中央马列主义研究院中央党务档案馆,第 24 号全宗,第 27 号目录,第 18991 号保管单位。

4 月 22 日(5 月 5 日)

列宁写信给在巴黎的加·达·莱特伊仁,要求一定要找到 4 月 21 日(5 月 4 日)寄给他的一封十分重要的信件,并完成信中布置的任务;说已得知他要来伦敦。

《列宁全集》中文第 2 版增订版第 44 卷第 214 页。

列宁对娜·康·克鲁普斯卡娅写给在普斯科夫的潘·尼·勒柏辛斯基和伊·伊·拉德琴柯的信作补充,这封信谈到在瓦尔德(挪威)建立转运站往俄国运送秘密书刊的问题,以及在沃罗涅日和雅罗斯拉夫尔发生逮捕的情况。列宁附笔感谢他们寄来统计方

面的书籍,并请他们寄来弗拉基米尔省土地估价的材料。

《列宁全集》中文第 2 版增订版第 44 卷第 215 页;《列宁文集》俄文版第 8 卷第 228 页。

4 月 22 日(5 月 5 日)以后

列宁研究《下诺夫哥罗德省戈尔巴托夫县巴甫洛沃小五金区》(1902 年下诺夫哥罗德版)一书;在书中作批注,并在《关于巴甫洛沃的一本新书的笔记》标题下作札记和摘录。

《列宁全集》中文第 2 版增订版第 57 卷第 641—648 页。

列宁对布罗克豪斯和叶弗龙《百科词典》(第 17 卷,1896 年)中的瓦·加·亚罗茨基所著条目《手工工业》作摘录和札记。

《列宁全集》中文第 2 版增订版第 57 卷第 647—648 页。

4 月 23 日(5 月 6 日)

列宁写信给在萨马拉的格·马·克尔日扎诺夫斯基,推测参加比亚韦斯托克代表会议的《火星报》代表费·伊·唐恩可能已经被捕,要求克尔日扎诺夫斯基立即转入地下;鉴于在比亚韦斯托克代表会议上成立了筹备召开俄国社会民主工党第二次代表大会的组织委员会,列宁提出,主要任务在于争取各地方委员会,特别是中部地区、伊万诺沃、乌拉尔和南部地区的委员会站到《火星报》这边来。列宁写道:"……一切其他的事情必须服从这个任务,要记住第二次代表大会最重要的意义!"

《列宁全集》中文第 2 版增订版第 44 卷第 215—217 页。

4 月,25 日(5 月 8 日)以前

列宁收到玛·伊·乌里扬诺娃从萨马拉寄来的明信片。

《列宁全集》中文第 2 版增订版第 53 卷第 260 页。

列宁给在萨马拉的玛·亚·乌里扬诺娃和玛·伊·乌里扬诺

娃写过几封信(这些信没有找到)。

《列宁全集》中文第 2 版增订版第 53 卷第 260 页。

4 月 25 日(5 月 8 日)

列宁写信给在萨马拉的玛·亚·乌里扬诺娃,希望她很快能来国外,向她介绍最佳旅行办法;问她是否同住在彼得堡的伊·瓦·克鲁普斯卡娅通信。列宁写道:"我迫切地等待着你动身的消息。"

《列宁全集》中文第 2 版增订版第 53 卷第 260—261 页。

4 月 27 日(5 月 10 日)

列宁在伦敦的《雅典神殿。英国和外国文学、科学、美术、音乐及戏剧杂志》(周刊)上刊登广告:"俄国法学博士及其妻子愿以教授俄语为交换条件,延请一位英国人(男女均可)讲授英语。来信请寄彭顿维尔霍尔福广场 30 号雅·里希特先生。"

《雅典神殿。英国和外国文学、科学、美术、音乐及戏剧杂志》,
1902 年 5 月 10 日,第 3889 期,第 577 页;《回忆弗·伊·列
宁》,第 1 卷,1968 年,第 263 页;《周刊》,1961 年,第 37 期,第
2 页。

4 月 27 日(5 月 10 日)以后

列宁和娜·康·克鲁普斯卡娅为提高自己的英语水平,向出版商行职员雷蒙德、事务所职员威廉斯和工人约克学习英语,同时也给他们讲授俄语。

《回忆弗·伊·列宁》,第 1 卷,1968 年,第 263、265 页;第 2
卷,1969 年,第 89 页。

4 月,不早于 27 日(5 月 10 日)

列宁读标题为《转折》的关于俄国大学生运动任务的文章(署名"前大学生 A."),在上面作批注:"不适用"。

苏共中央马列主义研究院中央党务档案馆,第 2 号全宗,第 1 号目录,第 772 号保管单位。

4 月,29 日(5 月 12 日)以前

列宁写信给亚・米・卡尔梅柯娃(这封信没有找到)。

苏共中央马列主义研究院中央党务档案馆,第 2 号全宗,第 1 号目录,第 781 号保管单位。

4 月 29 日(5 月 12 日)以后

列宁收到亚・米・卡尔梅柯娃的来信,信中建议在《火星报》上发表一篇对《生活》杂志第 1 期的评论;列宁在上面标出重点。

苏共中央马列主义研究院中央党务档案馆,第 2 号全宗,第 1 号目录,第 781 号保管单位。

4 月

列宁写《给"俄国社会民主工党北方协会"的信》,对寄给《火星报》编辑部的协会纲领提出批评意见。

《列宁全集》中文第 2 版增订版第 6 卷第 349—359 页。

4 月—5 月

列宁同维・瓦・科热夫尼科娃经常通信,在《火星报》在伦敦出版工作就绪以前,她一直在慕尼黑监督报纸的出版工作。后来科热夫尼科娃回忆说:"我把自己的一切困难都写给弗拉基米尔・伊里奇,于是每天都准时得到他逐条的回答,几乎每次伦敦邮班都有信来,就是说,通常是每天四次。回答总是准确的、清楚的,弗拉基米尔・伊里奇在整个这段时间内(有好几个月)没有漏掉一个问题未予回答。"

《无产阶级革命》杂志,1924 年,第 3 期,第 136—137 页。

1902 年 4 月—1903 年 4 月

列宁经常在刊印《火星报》的印刷所(克勒肯韦尔草坪 37A

号)编辑《火星报》材料。

列宁在伦敦居住期间,经常同尼·亚·阿列克谢耶夫、阿·亚·雅库波娃、康·米·塔赫塔廖夫、费·阿·罗特施坦和英国女社会党人泽尔达·卡恩-科茨等人会见;常去访问西德茅斯街的公寓,从慕尼黑来的《火星报》编辑部成员尔·马尔托夫和维·伊·查苏利奇同阿列克谢耶夫一起住在那里;还经常同来到伦敦的因·格·斯米多维奇和彼·格·斯米多维奇、叶·米·亚历山德罗娃、米·斯·奥里明斯基、列·格·捷依奇、尼·列·美舍利亚科夫等人会晤。

列宁和娜·康·克鲁普斯卡娅到海德公园去听讲演,参观博物馆,其中特别使列宁感兴趣的是1848年革命博物馆;去大众食堂、公共阅览室,去通常在礼拜结束后举行各种报告会和辩论会的教堂,去经常有社会民主党人发表演说的"七姊妹"教堂。列宁和克鲁普斯卡娅经常乘公共马车或步行游览全市,了解工人居住区的生活,参加伦敦怀特彻佩尔工人区的群众大会;有时去城郊,最常去的是樱草丘和海格特公墓的卡尔·马克思墓地。

《列宁全集》中文第2版增订版第23卷第465页,第44卷第207页;《回忆弗·伊·列宁》,第1卷,1968年,第262—266、271—272页;第2卷,1969年,第88—91、95页;第5卷,1969年,第37—68页;《帝国主义和工人阶级斗争》,1960年,第56—57页。

5月1日（14日）

列宁收到格·瓦·普列汉诺夫从日内瓦寄来的《俄国社会民主党的土地纲领》一文,以及普列汉诺夫和帕·波·阿克雪里罗得对列宁这篇文章的意见。

《列宁全集》中文第2版增订版第6卷第321—338页,第44卷第217页。

列宁给在日内瓦的格·瓦·普列汉诺夫写信,抗议他对关于俄国社会民主工党土地纲领的文章所提意见,认为他的意见和口吻令人不能容忍。

《列宁全集》中文第 2 版增订版第 44 卷第 217 页。

列宁就格·瓦·普列汉诺夫和帕·波·阿克雪里罗得对《俄国社会民主党的土地纲领》一文的意见写答复。

《列宁全集》中文第 2 版增订版第 6 卷第 321—338 页。

列宁就格·瓦·普列汉诺夫对《俄国社会民主党的土地纲领》一文的意见写信给亚·尼·波特列索夫(这封信没有找到)。

《列宁全集》俄文第 5 版第 6 卷第 458 页;苏共中央马列主义研究院中央党务档案馆,第 24 号全宗,第 27 号目录,第 18316 号保管单位。

5 月,5 日(18 日)以后

列宁对从下诺夫哥罗德寄给《火星报》编辑部的信进行文字修改,来信谈到市内游行示威和大逮捕的情况,以及彼得·扎洛莫夫在下诺夫哥罗德和彼尔姆的工作情况。

苏共中央马列主义研究院中央党务档案馆,第 2 号全宗,第 1 号目录,第 779 号保管单位。

5 月,7 日(20 日)以后

列宁在给《火星报》编辑部的报道芬兰由于实行新兵役法而引发事件的通讯稿上作批注:"芬兰"。这篇通讯稿刊登在 1902 年 7 月《火星报》第 22 号上。

苏共中央马列主义研究院中央党务档案馆,第 2 号全宗,第 1 号目录,第 797 号保管单位;《火星报》,1902 年 7 月,第 22 号。

5 月 8 日(21 日)以前

列宁读给《火星报》编辑部的报道德文斯克五一节游行示威

和切尔尼戈夫省绍斯特卡火药厂工潮的通讯稿;在上面注明:
"德文斯克——刊'社会生活'栏","绍斯特卡——刊工人运动
栏",并计算印刷符号。这篇通讯稿刊登在 1902 年 7 月《火星
报》第 22 号上。

苏共中央马列主义研究院中央党务档案馆,第 2 号全宗,第 1
号目录,第 796 号保管单位;《火星报》,1902 年 7 月,第 22 号。

5 月, 8 日(21 日)以后

列宁读伊·伊·拉德琴柯从萨马拉和普斯科夫寄给《火星报》
编辑部的信,信中谈到散发火星派书刊以及同火星派建立联系的
情况。拉德琴柯写道:"我们非常需要最近几号《火星报》和《怎么
办?》。我们尽量只把这本小册子给那些迫切需要的、积极进行活
动的人,而供给大家广泛阅读则数量不够,对它的需要量很大。这
本小册子起了极好的、巨大的推动作用。"

《弗·伊·列宁和〈火星报〉编辑部同俄国国内的社会民主党
组织通信集》,第 1 卷,1969 年,第 530—532 页。

5 月, 9 日(22 日)以后

列宁读俄国社会民主工党顿河区委员会印发的关于斯·瓦·
巴尔马晓夫因刺杀内务大臣德·谢·西皮亚金而被判处死刑的传
单《告俄国公民书》,为这一传单写《火星报》编辑部引言。

《列宁全集》中文第 2 版增订版第 6 卷第 360 页。

5 月 10 日(23 日)

列宁读娜·康·克鲁普斯卡娅写给萨马拉《火星报》俄国组织
常设局弗·威·林格尼克和格·马·克尔日扎诺夫斯基的信,信
中告知比亚韦斯托克代表会议选出的组织委员会委员被捕。列宁
对信作补充,提出重建组织委员会并把《火星报》的拥护者派到绝

大多数地方委员会的任务。

《列宁全集》中文第 2 版增订版第 44 卷第 218 页;《列宁文集》俄文版第 8 卷第 238—239 页。

5 月 24 日(6 月 6 日)

列宁读娜·康·克鲁普斯卡娅写给在彼得堡的伊·伊·拉德琴柯的信,信中谈到崩得和国外俄国社会民主党人联合会的策略问题,比亚韦斯托克代表会议的结果以及社会革命党的成立问题;列宁对这封信作修改。

苏共中央马列主义研究院中央党务档案馆,第 2 号全宗,第 1 号目录,第 782 号保管单位,第 6 张;《弗·伊·列宁和〈火星报〉编辑部同俄国国内的社会民主党组织通信集》,第 2 卷,1969 年,第 12—14 页。

5 月,25 日(6 月 7 日)以前

列宁给在德国的安·伊·乌里扬诺娃-叶利扎罗娃写过几封信,询问她同玛·亚·乌里扬诺娃预定夏天在国外见面的地点(这些信没有找到)。

《列宁全集》中文第 2 版增订版第 53 卷第 261—262 页。

5 月,不晚于 25 日(6 月 7 日)

列宁收到玛·伊·乌里扬诺娃从萨马拉寄来的信,信中要他把寄书的地址寄去。

《列宁全集》中文第 2 版增订版第 53 卷第 261 页。

5 月 25 日(6 月 7 日)

列宁写信给在萨马拉的玛·亚·乌里扬诺娃,说以极大的兴趣读了寄来的阿·马·高尔基和斯基塔列茨(斯·加·彼得罗夫)的书,答应寄去寄书的地址。列宁写道:"我们都在等待着你,我亲爱的妈妈,我正和阿纽塔在信中谈论她的计划:究竟怎样和你一块

住,住在什么地方。"

《列宁全集》中文第 2 版增订版第 53 卷第 261—262 页。

5 月, 26 日(6 月 8 日)以前

列宁写信给亚·尼·波特列索夫,谈由于同格·瓦·普列汉诺夫关系紧张而形成的《火星报》编辑部状况(这封信没有找到)。

《列宁全集》俄文第 5 版第 6 卷第 458 页;《列宁文集》俄文版第 4 卷第 104 页。

5 月 26 日(6 月 8 日)以后

列宁收到亚·尼·波特列索夫的来信,信中提出调解《火星报》编辑部内部关系的办法。列宁把这封信转寄给尔·马尔托夫,并注明:"给贝尔格。这封信一定要尽快退回"。

《列宁文集》俄文版第 4 卷第 104—105 页。

不早于 5 月 28 日(6 月 10 日)

列宁读预告《解放》杂志即将出版的印刷宣传单《编者的话》(彼·伯·司徒卢威)。列宁在上面作批注,标出重点,并注明:"1902 年 6 月 10 日(公历)前后出版"。

苏共中央马列主义研究院中央党务档案馆,第 2 号全宗,第 1 号目录,第 786 号保管单位。

5 月, 29 日(6 月 11 日)以前

列宁写信给亚·米·卡尔梅柯娃,谈出版《火星报》和火星派书刊的经费问题,以及组织往俄国运送的问题(这封信没有找到)。

苏共中央马列主义研究院中央党务档案馆,第 2 号全宗,第 1 号目录,第 785 号保管单位。

5 月, 29 日(6 月 11 日)以后

列宁收到亚·米·卡尔梅柯娃从德累斯顿寄来的信,信中说她打算于 7 月或 8 月初来伦敦,并谈到为《火星报》筹款的情况。

列宁在信中标出通信地址并作批注:"地址"。

苏共中央马列主义研究院中央党务档案馆,第 2 号全宗,第 1 号目录,第 785 号保管单位。

不早于 5 月 30 日(6 月 12 日)

列宁读弗·格·什克利亚列维奇从克里木给《火星报》编辑部的报道 1902 年 5 月 1 日在雅尔塔散发社会民主党传单情况的通讯稿;在上面作批注:"雅尔塔",并计算印刷符号。这篇通讯稿刊登在 1902 年 7 月《火星报》第 22 号上。

苏共中央马列主义研究院中央党务档案馆,第 2 号全宗,第 1 号目录,第 788 号保管单位;《火星报》,1902 年 7 月,第 22 号。

列宁读彼得堡自由艺术家协会印发的号召参加预定在 3 月 3 日举行的游行示威的传单,计算印刷符号,并写《火星报》编辑部的按语:"**艺术家和争取自由的斗争**(不久前的一份文件)。现将圣彼得堡'自由艺术家协会'印发的关于预定在 3 月 3 日举行游行示威的一份耐人寻味的传单转引如下"。这份传单连同按语刊登在 1902 年 7 月《火星报》第 22 号上。

苏共中央马列主义研究院中央党务档案馆,第 2 号全宗,第 1 号目录,第 787 号保管单位;《火星报》,1902 年 7 月,第 22 号。

5 月 31 日(6 月 13 日)

列宁读娜·康·克鲁普斯卡娅写给在萨马拉的格·马·克尔日扎诺夫斯基和季·巴·克尔日扎诺夫斯卡娅的信,信中告知米·卢里叶、米·亚·西尔文和费·伊·唐恩已被捕,要求他们寄来新的通信地址。列宁在信中作补充。

《弗·伊·列宁和〈火星报〉编辑部同俄国国内的社会民主党组织通信集》,第 2 卷,1969 年,第 22—23 页。

5 月 31 日(6 月 13 日)以后

列宁收到尔·马尔托夫从巴黎寄来的信,信中谈到由于列宁关于土地纲领的文章而引起的《火星报》编辑部内的意见分歧。

《列宁文集》俄文版第 4 卷第 112—114 页。

6 月 1 日（14 日）

《火星报》第 21 号发表了《火星报》和《曙光》杂志编辑部在列宁直接参加下拟定的俄国社会民主工党纲领草案。

《火星报》，1902 年 6 月 1 日，第 21 号。

列宁写信给在苏黎世的柳·伊·阿克雪里罗得，问她的工作进行得怎样，建议她在夏天休息，请她把附上的信转交亚·尼·波特列索夫。

《列宁全集》中文第 2 版增订版第 44 卷第 219 页。

列宁给亚·尼·波特列索夫写信，谈由于准备在《曙光》杂志上发表列宁关于俄国社会民主工党土地纲领的文章而同格·瓦·普列汉诺夫发生的意见分歧（这封信没有找到）。

《列宁全集》中文第 2 版增订版第 44 卷第 219 页；《列宁文集》
俄文版第 4 卷第 118 页。

6 月，不早于 3 日（16 日）

列宁读从彼尔姆给《火星报》编辑部的关于省地方自治局职员抗议为西皮亚金举行追悼会的通讯稿，在上面计算印刷符号。这篇通讯稿刊登在 1902 年 7 月《火星报》第 22 号上。

苏共中央马列主义研究院中央党务档案馆，第 2 号全宗，第 1
号目录，第 790 号保管单位；《火星报》，1902 年 7 月，第 22 号。

6 月，3 日（16 日）以后

列宁收到亚·尼·波特列索夫的来信，信中对因列宁关于俄国社会民主工党土地纲领的文章而引起的同格·瓦·普列汉诺夫的冲突提出调解办法。

《列宁文集》俄文版第 4 卷第 118 页。

6 月,4 日(17 日)以前

列宁给在巴黎的尔·马尔托夫写信,要求推迟自己去巴黎作报告的时间;谈到尼·尼·洛霍夫提出迅速成立筹备召开俄国社会民主工党第二次代表大会的组织委员会国外分会的建议;对自己提出的《火星报》编辑部和《曙光》杂志编辑部的分工方案作出说明(这封信没有找到)。

《列宁全集》俄文第 5 版第 6 卷第 459 页;《列宁文集》俄文版第 4 卷第 119—120、127—128 页。

6 月,4 日(17 日)以后

列宁收到尔·马尔托夫从巴黎寄来的信,信中说在巴黎的报告会只能推迟到 6 月 14 日或 15 日(27 日或 28 日)。

《列宁文集》俄文版第 4 卷第 119—120 页。

6 月 5 日(18 日)以前

列宁写信给亚·尼·波特列索夫,建议《火星报》编辑部和《曙光》杂志编辑部实行分工——扩大《火星报》,并出版小册子作为它的附刊;把《曙光》杂志的编辑工作交给格·瓦·普列汉诺夫,在日内瓦出版(这封信没有找到)。

《列宁全集》俄文第 5 版第 6 卷第 459 页;《列宁文集》俄文版第 4 卷第 122、127—128 页。

不晚于 6 月 5 日(18 日)

列宁写信给尔·马尔托夫,建议《火星报》编辑部和《工人事业》联名发表抗议信,抗议《前进报》报道彼·伯·司徒卢威主编的《解放》杂志即将出版,并称它为"社会民主党新机关刊物";列宁认为必须尽快实行拟议中的《火星报》编辑部和《曙光》杂志编辑部的分工并发表关于土地纲领的文章（这封信没有找到）。

《列宁全集》俄文第5版第6卷第459页；《列宁文集》俄文版第4卷第124—126页。

6月5日（18日）

列宁写信给亚·尼·波特列索夫，请他写《火星报》编辑部和《曙光》杂志编辑部分工方案的附加说明（这封信没有找到）。

《列宁全集》俄文第5版第6卷第459—460页；《列宁文集》俄文版第4卷第127—128页。

6月,6日（19日）以后

列宁收到伊·伊·拉德琴柯从彼得堡寄给《火星报》编辑部的信，信中告知同工人们谈社会民主党工作安排的情况，说他们的谈话体现了列宁《怎么办？》一书的精神，请求寄最近几号《火星报》和《怎么办？》。

《弗·伊·列宁和〈火星报〉编辑部同俄国国内的社会民主党组织通信集》，第2卷，1969年，第25—30页。

6月8日（21日）

列宁写信给亚·尼·波特列索夫，谈《火星报》编辑部和《曙光》杂志编辑部的分工问题（这封信没有找到）。

《列宁全集》俄文第5版第6卷第460页；《列宁文集》俄文版第4卷第131页。

6月8日（21日）以后

列宁收到尔·马尔托夫的来信，信中同意列宁提出的给《前进报》写信的内容，谈到就《火星报》编辑部和《曙光》杂志编辑部分工问题同维·伊·查苏利奇通信的情况。

《列宁文集》俄文版第4卷第124—126页。

6月9日（22日）

列宁给在彼得堡的伊·伊·拉德琴柯写信，委托他同崩得代表和《火星报》俄国组织常设局一起重建筹备召开俄国社会民主工党第二次代表大会的组织委员会,使组织委员会的工作完全归火星派领导。

《列宁全集》中文第 2 版增订版第 44 卷第 219—220 页。

6 月,10 日(23 日)以前

列宁给在苏黎世的帕·波·阿克雪里罗得写信,请求告知能否在柏林为他(列宁)安排一次专题报告会(这封信没有找到)。

《列宁全集》俄文第 5 版第 6 卷第 460 页。

6 月 10 日(23 日)

列宁收到格·瓦·普列汉诺夫从日内瓦寄来的信,信中建议解决因关于俄国社会民主工党土地纲领的文章而引起的冲突。

《列宁全集》中文第 2 版增订版第 44 卷第 222 页;《列宁文集》俄文版第 3 卷第 429—430 页。

列宁给格·瓦·普列汉诺夫写信,对他打算消除冲突的意图表示满意;认为普列汉诺夫可以在报刊上就引起分歧的那些问题发表自己的意见,也可以就关于土地纲领的文章应作哪些修改再次进行讨论;列宁说必须尽快进行谈判和出版《曙光》杂志下一期。

《列宁全集》中文第 2 版增订版第 44 卷第 222—223 页。

列宁给在伯尔尼的柳·伊·阿克雪里罗得写信,答复她让列宁去伯尔尼作关于社会革命党人和社会民主党人土地纲领问题的报告的请求,说由于健康状况不能前往。

《列宁全集》中文第 2 版增订版第 44 卷第 221 页。

6 月,10 日(23 日)以后

列宁收到帕·波·阿克雪里罗得的来信,信中说在柏林安排报告会有危险,因为有消息说,警察局打算"把俄国人从柏林清除

出去"。

《列宁全集》俄文第 5 版第 6 卷第 460 页。

6 月，11 日（24 日）以后

列宁收到尔·马尔托夫从巴黎寄来的信，信中对同普列汉诺夫消除冲突表示满意，谈到《火星报》的影响日益增长，报纸必须扩大，告知列宁在巴黎的报告会定在 6 月 14 日（27 日）举行。

列宁在信封上注明："（私人）**重要的**（细节第 2 点和……）"。

苏共中央马列主义研究院中央党务档案馆，第 2 号全宗，第 1 号目录，第 794 号保管单位；《列宁文集》俄文版第 4 卷第 133—135 页。

6 月，不早于 12 日（25 日）

列宁读《火星报》编辑部收到的社会革命党战斗组织就格·瓦·普列汉诺夫在《火星报》第 20 号发表的《西皮亚金之死和我们的鼓动任务》一文的来信，在上面注明："社会革命党人来信"，"（大约）6 月 20 日以后、6 月 25 日以前收到"。

苏共中央马列主义研究院中央党务档案馆，第 2 号全宗，第 1 号目录，第 793 号保管单位。

6 月，13 日（26 日）以前

列宁对从维尔诺给《火星报》编辑部的署名"NN"的通讯稿进行编辑加工，这篇通讯稿标题为：《安息的宫廷狩猎官西皮亚金充当罗马教皇，维尔纳省省长冯-瓦尔则充当罗马天主教会主教》；列宁为排字工人作各种标注。这篇通讯稿刊登在 1902 年 7 月《火星报》第 22 号上。

苏共中央马列主义研究院中央党务档案馆，第 2 号全宗，第 1 号目录，第 798 号保管单位；《火星报》，1902 年 7 月，第 22 号。

列宁读从克拉斯诺亚尔斯克给《火星报》编辑部的报道庆祝五

一节事件的通讯稿；注明："关于这份传单，见伊尔库茨克通讯。——**编者**"，并计算印刷符号。这篇通讯稿刊登在 1902 年 7 月《火星报》第 22 号上。

苏共中央马列主义研究院中央党务档案馆，第 2 号全宗，第 1 号目录，第 795 号保管单位；《火星报》，1902 年 7 月，第 22 号。

6 月 13 日或 14 日（26 日或 27 日）

列宁抵达巴黎。

《列宁全集》中文第 2 版增订版第 44 卷第 221 页；《列宁文集》俄文版第 4 卷第 119、135 页。

6 月 14 日（27 日）

列宁在旅居巴黎的俄国政治侨民集会上作关于社会革命党人的纲领和策略的报告。

《列宁全集》中文第 2 版增订版第 44 卷第 221 页；《列宁文集》俄文版第 4 卷第 119、135 页。

6 月下半月—7 月 12 日（25 日）

列宁同玛·亚·乌里扬诺娃和安·伊·乌里扬诺娃-叶利扎罗娃一起住在洛居维（法国北海岸布列塔尼）。

《列宁全集》中文第 2 版增订版第 44 卷第 223、230—231、238 页，第 53 卷第 260—262 页。

6 月 19 日（7 月 2 日）

列宁给在日内瓦的格·瓦·普列汉诺夫写信，告知他本人来到布列塔尼（洛居维），说在对待恐怖手段的问题上同尔·马尔托夫和维·伊·查苏利奇有分歧（因在《火星报》第 21 号上发表的关于希·Д·勒克尔特谋刺维尔纳省省长维·威·冯-瓦尔的短评），希望普列汉诺夫把自己关于恐怖手段问题的文章改写成《火星报》第 22 号的社论。

《列宁全集》中文第 2 版增订版第 44 卷第 223—224 页。

6 月,26 日(7 月 9 日)以后

列宁收到尔·马尔托夫从巴黎寄来的信,信中告知同尼·尼·洛霍夫共同拟定的筹备召开俄国社会民主工党第二次代表大会的组织委员会国外分会给俄国组织委员会的提案全文。列宁在信上写批语:"忘掉了同盟的代表权(3 票)和联合会的代表权(2 票)!!《火星报》俄国组织连一票也没有!!!",在议事日程中所列"党的组织"一项旁边写道:"毫无道理",在提案的一系列项目旁边打上问号。

《列宁文集》俄文版第 8 卷第 247—250 页。

6 月 26 日和 7 月 3 日(7 月 9 日和 16 日)之间

列宁写信给在彼得堡的伊·伊·拉德琴柯,祝贺他开始进行俄国社会民主工党彼得堡委员会的改组工作;应他的要求制定使火星派战胜经济派的地方工作的实际任务。由于得知俄国社会民主工党彼得堡委员会已转到火星派的立场上来,列宁建议公开声明该委员会原来的观点是错误的,拟定在《火星报》和地方小报发表声明的基本要点。

《列宁全集》中文第 2 版增订版第 44 卷第 225—230 页。

6 月,29 日(7 月 12 日)以前

列宁写信给尔·马尔托夫,说明对国外俄国社会民主党人联合会成员应采取较为严肃和谨慎的态度(这封信没有找到)。

《列宁全集》中文第 2 版增订版第 44 卷第 231 页。

6 月 29 日(7 月 12 日)

列宁给格·瓦·普列汉诺夫写信,告知收到他为《曙光》杂志第 4 期写的《对我们的批判者的批判》一文,并已把它寄往伦敦;问

他为什么没有去布鲁塞尔参加社会党国际局会议;拒绝列·格·捷依奇提出的要列宁和马尔托夫去瑞士会见俄国火星派实际工作者的计划;表示希望普列汉诺夫和"俄国人"来伦敦。

《列宁全集》中文第 2 版增订版第 44 卷第 230—232 页。

6 月,29 日(7 月 12 日)以后

列宁读莫斯科大学生从克拉斯诺亚尔斯克转解犯监狱寄给《火星报》编辑部的信件,写标题:**《流放学生来信选登》**。这些信刊登在 1902 年 7 月《火星报》第 22 号上。

苏共中央马列主义研究院中央党务档案馆,第 2 号全宗,第 1 号目录,第 805 号保管单位;《火星报》,1902 年 7 月,第 22 号。

6 月底—7 月

列宁写《为什么社会民主党应当坚决无情地向社会革命党人宣战?》一文。

《列宁全集》中文第 2 版增订版第 6 卷第 361—364 页。

7 月 3 日(16 日)

列宁给在彼得堡的伊·伊·拉德琴柯写信,请他转告以前提到的同他们谈过话的工人小组成员,希望他们写些东西,"**不只是为了在报刊上发表**,也是为了交流思想,使彼此不失掉联系并做到相互了解";说想知道工人对《怎么办?》一书有什么意见。列宁在信中拟定俄国社会民主工党彼得堡组织根据火星派的原则进行统一的主要实际工作任务,以及筹备召开俄国社会民主工党第二次代表大会的俄国组织委员会的人选。

《列宁全集》中文第 2 版增订版第 44 卷第 234—237 页。

列宁收到娜·康·克鲁普斯卡娅从伦敦寄来的告知预定在瑞士召开在俄国国内工作的火星派代表大会的信,并收到自己关于

土地纲领的文章的校样。

《列宁全集》中文第 2 版增订版第 44 卷第 232 页。

列宁给在伦敦的娜·康·克鲁普斯卡娅写信,反对预定在瑞士召开正在那里的火星派实际工作者代表大会,请她对他的关于土地纲领的文章的校样作些修改。

《列宁全集》中文第 2 版增订版第 44 卷第 232—234 页。

7 月,8 日(21 日)以前

列宁给娜·康·克鲁普斯卡娅写信,告知他的健康状况正在好转,还要在洛居维再耽搁一段时间(这封信没有找到)。

《俄国社会民主主义运动》,第 1 卷,1928 年,第 97 页。

7 月 11 日(24 日)

列宁给在巴黎的加·达·莱特伊仁写信,告知包括彼得堡委员会在内的俄国的一系列委员会正在转向《火星报》。

《列宁全集》中文第 2 版增订版第 44 卷第 238—239 页。

7 月,12 日(25 日)以前

列宁写信给亚·米·卡尔梅柯娃,请她寄 500 马克供出版和散发《火星报》使用(这封信没有找到)。

苏共中央马列主义研究院中央党务档案馆,第 2 号全宗,第 1 号目录,第 810 号保管单位。

7 月 12 日(25 日)

列宁从洛居维启程回伦敦。

《列宁全集》中文第 2 版增订版第 44 卷第 238、239 页。

7 月,12 日(25 日)以后

列宁收到亚·米·卡尔梅柯娃的来信,信中告知寄来 500 马克。

苏共中央马列主义研究院中央党务档案馆,第 2 号全宗,第 1 号目录,第 810 号保管单位。

列宁写信给玛·亚·乌里扬诺娃(这封信没有找到)。

《列宁全集》俄文第 5 版第 55 卷第 461 页。

7 月 15 日(28 日)

在英国博物馆阅览室的登记簿上有如下记载:雅科布·里希特(弗·伊·列宁)阅览证的有效期延长三个月。

《在国外》杂志,1962 年,第 16 期,第 5 页。

列宁给在日内瓦的格·瓦·普列汉诺夫写信,告知给他寄去来伦敦的路费。

《列宁全集》中文第 2 版增订版第 44 卷第 239—240 页。

不晚于 7 月 16 日(29 日)

列宁收到弗·格·什克利亚列维奇从科列兹(克里木)寄来的信,来信请《火星报》编辑部找律师处理一位在国外逝世的俄国臣民的遗产案件,为此《火星报》编辑部可获得遗产的三分之一。

《列宁全集》中文第 2 版增订版第 44 卷第 240 页;《弗·伊·列宁和〈火星报〉编辑部同俄国国内的社会民主党组织通信集》,第 2 卷,1969 年,第 24—25 页。

7 月 16 日(29 日)

列宁给在科列兹的弗·格·什克利亚列维奇写回信,说他关于"遗产"问题的来信中有好多东西使人奇怪和不理解,特别是要求《火星报》编辑部去找律师一事;表明必须弄清详细情况才能作出最终的答复;请他设法使《火星报》编辑部同俄国南方工人社会民主党组织建立"切实和直接的"联系。

《列宁全集》中文第 2 版增订版第 44 卷第 240—241 页。

列宁收到伊·伊·拉德琴柯从彼得堡寄来的信,信中代表火星派感谢对地方委员会顺利开始改组工作所表示的祝贺。拉德琴柯写道："我们跟着您前进,并衷心祝愿您为了我们的整个运动精力旺盛。"

《弗·伊·列宁和〈火星报〉编辑部同俄国国内的社会民主党组织通信集》,第 2 卷,1969 年,第 96 页。

7 月,20 日(8 月 2 日)以前

列宁写信给在苏黎世的弗·亚·诺斯科夫(这封信没有找到)。

《列宁全集》俄文第 5 版第 6 卷第 461 页;《弗·伊·列宁和〈火星报〉编辑部同俄国国内的社会民主党组织通信集》,第 2 卷,1969 年,第 108—110 页。

7 月 20 日(8 月 2 日)

列宁给在马赛的彼·格·斯米多维奇写信,对他提出的关于《怎么办?》一书第四章的问题(关于职业革命家同群众的相互关系)作答复。

《列宁全集》中文第 2 版增订版第 44 卷第 241—243 页。

7 月 20 日(8 月 2 日)以后

列宁收到伊·伊·拉德琴柯从彼得堡寄来的信,信中告知:彼得堡委员会和工人组织同意列宁所拟定的关于他们拥护《火星报》立场的几点声明。

《弗·伊·列宁和〈火星报〉编辑部同俄国国内的社会民主党组织通信集》,第 2 卷,1969 年,第 103—104 页。

7 月,22 日(8 月 4 日)以前

列宁写信给在苏黎世的费·伊·舍科尔金,请他谈谈俄国的情况,特别是俄国社会民主工党北方协会的情况,谈谈协会对《火星报》俄国组织的态度(这封信没有找到)。

《列宁全集》中文第 2 版增订版第 44 卷第 243 页;《弗·伊·列宁和〈火星报〉编辑部同俄国国内的社会民主党组织通信集》,第 2 卷,1969 年,第 115—117 页。

7 月 22 日(8 月 4 日)

列宁回复弗·亚·诺斯科夫从苏黎世寄来的对《火星报》代办员表示不满的信,说选拔代办员和从国外领导他们的工作有困难,指出迫切需要建立《火星报》俄国组织。

《列宁全集》中文第 2 版增订版第 44 卷第 243—247 页;《弗·伊·列宁和〈火星报〉编辑部同俄国国内的社会民主党组织通信集》,第 2 卷,1969 年,第 107—109 页。

列宁修改娜·康·克鲁普斯卡娅写给俄国社会民主工党基辅委员会卡尔塔夫采夫的请求告知该委员会内情况的信,并对信作补充,要求到国外来的人在一切重要的事情上直接同《火星报》编辑部联系。

《列宁全集》中文第 2 版增订版第 44 卷第 247—248 页。

7 月 25 日(8 月 7 日)

列宁给在彼得堡的伊·伊·拉德琴柯写信,信中建议:一旦经济派在彼得堡委员会内的影响增强,就应"组织彼得堡的火星派同经济主义的残余展开斗争",斗争要双管齐下,帮助火星派摆脱彼得堡委员会内部的不坚定分子,同时要依靠工人小组,努力使工人小组拥护《怎么办?》的基本原则,用主要力量去争取工人组织站到《火星报》方面来。

《列宁全集》中文第 2 版增订版第 44 卷第 249—252 页;《弗·伊·列宁和〈火星报〉编辑部同俄国国内的社会民主党组织通信集》,第 2 卷,1969 年,第 122—125 页。

列宁读娜·康·克鲁普斯卡娅写给在彼得堡的伊·伊·拉德琴柯的信,信中告知收到《火星报》俄国组织常设局和基辅委员会的来信,已安排经芬兰运送火星派书刊的转运点。列宁在信上写附言,说由于警察加强监视,拉德琴柯必须离开彼得堡。

《列宁全集》中文第 2 版增订版第 44 卷第 253 页;《弗·伊·列宁和〈火星报〉编辑部同俄国国内的社会民主党组织通信集》,第 2 卷,1969 年,第 121—122 页。

列宁同弗·潘·克拉斯努哈会见,他受俄国社会民主工党彼得堡委员会委派,到伦敦来参加筹备党的代表大会的火星派会议。

《列宁全集》中文第 2 版增订版第 44 卷第 253—254 页;《社会民主党各委员会向俄国社会民主工党第二次代表大会提出的报告》,1930 年,第 74 页。

7 月,26 日(8 月 8 日)以前

列宁写信给在苏黎世的费·伊·舍科尔金,谈俄国社会民主工党北方协会准备和《火星报》俄国组织合并的问题(这封信没有找到)。

《弗·伊·列宁和〈火星报〉编辑部同俄国国内的社会民主党组织通信集》,第 2 卷,1969 年,第 130—131 页。

7 月 26 日(8 月 8 日)

列宁写信给格·瓦·普列汉诺夫,告知弗·潘·克拉斯努哈已到达这里,请普列汉诺夫转告从彼得堡到日内瓦的彼·阿·克拉西科夫,邀请他来伦敦“参加共同的会谈”;希望普列汉诺夫暂时推迟到伦敦来,最好在日内瓦会见克拉斯努哈,以顶住工人事业派可能对他产生的影响。

《列宁全集》中文第 2 版增订版第 44 卷第 253—255 页。

7 月 30 日(8 月 12 日)

列宁同弗·潘·克拉斯努哈一起阅读和讨论伊·伊·拉德琴柯从彼得堡寄给《火星报》编辑部的信。拉德琴柯在信中告知工人组织对同彼得堡委员会统一表示不满。

《列宁全集》中文第 2 版增订版第 44 卷第 255 页；《弗·伊·列宁和〈火星报〉编辑部同俄国国内的社会民主党组织通信集》，第 2 卷，1969 年，第 120 页。

列宁写信给伊·伊·拉德琴柯，说必须尽快增补新的工人委员参加彼得堡委员会的改组委员会；建议他去南方——哈尔科夫或基辅工作，以免遭到逮捕。

《列宁全集》中文第 2 版增订版第 44 卷第 255 页。

7 月底—8 月初

列宁写信给弗·亚·诺斯科夫，谈一件"极端机密的事"（这封信没有找到）。

《列宁全集》俄文第 5 版第 6 卷第 461—462 页。

列宁写信给列·格·捷依奇（这封信没有找到）。

《列宁全集》俄文第 5 版第 6 卷第 461—462 页。

7 月以后

列宁读署名为"读者朋友"的寄给《火星报》编辑的信，信中批评刊登在《火星报》第 22 号上的格·瓦·普列汉诺夫的《俄国工人阶级和警察的鞭笞》一文；列宁在上面作批注："转自狄茨"。

苏共中央马列主义研究院中央党务档案馆，第 2 号全宗，第 1 号目录，第 819 号保管单位。

列宁读亚·马尔丁诺夫的小册子《工人和革命》（1902 年日内瓦俄国社会民主党人联合会版）；在上面作批注："第 34 页"，并在第 34 页上标出重点。

苏共中央马列主义研究院中央党务档案馆，第 2 号全宗，第 1 号目录，第 818 号保管单位。

8 月 1 日（14 日）

列宁的《革命冒险主义》一文第一部分在《火星报》第 23 号

上发表。

《列宁全集》中文第 2 版增订版第 6 卷第 365 — 375 页；《火星报》，1902 年 8 月 1 日，第 23 号。

8 月，不早于 1 日（14 日）

列宁读叶·雅·列文和叶·谢·列文娜从波尔塔瓦寄给《火星报》编辑部的信，信中谈到《南方工人报》编辑部打算同《火星报》和《曙光》杂志紧密合作，说几个南方城市的代表开会作出支持《火星报》的决议。

《列宁全集》中文第 2 版增订版第 44 卷第 257 页；《弗·伊·列宁和〈火星报〉编辑部同俄国国内的社会民主党组织通信集》，第 2 卷，1969 年，第 126 — 127 页。

8 月，不早于 2 日（15 日）

列宁修改为俄国南方一个城市的社会民主党小组的决议写的编辑部按语，这份决议是该小组在讨论《火星报》和《曙光》杂志编辑部拟定的俄国社会民主工党纲领草案之后作出的。这份决议连同按语和编辑部的文章刊登在 1902 年 9 月 15 日（28 日）《火星报》第 25 号上。

苏共中央马列主义研究院中央党务档案馆，第 2 号全宗，第 1 号目录，第 820 号保管单位；《火星报》，1902 年 9 月 15 日，第 25 号。

8 月 2 日（15 日）

列宁同来到伦敦的火星派——俄国社会民主工党彼得堡委员会的代表（弗·潘·克拉斯努哈）、《火星报》俄国组织的代表（彼·阿·克拉西科夫）以及北方工人协会的代表（弗·亚·诺斯科夫）举行会议，会上组成筹备党的第二次代表大会的组织委员会的火星派核心。

列宁在讨论这一问题时作简要的笔记（这一文件没有找到）。

《列宁全集》中文第 2 版增订版第 44 卷第 270 页;《列宁文集》俄文版第 8 卷第 272—273 页;《社会民主党各委员会向俄国社会民主工党第二次代表大会提出的报告》,1930 年,第 74 页。

8 月 3 日(16 日)

列宁读娜·康·克鲁普斯卡娅写给伊·伊·拉德琴柯的信,并在信中作补充。这封信的内容是关于 1902 年 8 月 2 日(15 日)伦敦会议所取得的成果。

《列宁文集》俄文版第 8 卷第 272—274 页;《弗·伊·列宁和〈火星报〉编辑部同俄国国内的社会民主党组织通信集》,第 2 卷,1969 年,第 148—149 页。

8 月 6 日(19 日)

列宁回复帕·波·阿克雪里罗得告知伊·克·拉拉扬茨来到苏黎世的来电。列宁在信中写道:"向老朋友多多致意!附上一封给他的信。"(这封信没有找到)列宁接着写道,他希望阿克雪里罗得去慕尼黑参加德国社会民主党代表大会。

《列宁全集》中文第 2 版增订版第 44 卷第 256 页。

8 月,9 日(22 日)以前

列宁写信给在苏黎世的弗·亚·诺斯科夫,谈到帕·波·阿克雪里罗得可能去慕尼黑参加德国社会民主党代表大会(这封信没有找到)。

苏共中央马列主义研究院中央党务档案馆,第 24 号全宗,第 28 号目录,第 20991 号保管单位。

列宁写信给在波尔塔瓦的《南方工人报》编委,对该报编辑部打算同《火星报》建立紧密的联系和合作表示满意,请他们告知编辑部当前的实际计划以及同原《南方工人报》编辑部观点分歧的实质,同时请他们帮助弄清南方各委员会的立场。

《列宁全集》中文第 2 版增订版第 44 卷第 257—258 页。

8 月 11 日(24 日)

列宁给俄国社会民主工党莫斯科委员会写信,对他们拥护《怎么办?》一书的观点表示感谢;希望委员会能通过《火星报》公开声明自己的立场。

《列宁全集》中文第 2 版增订版第 44 卷第 258—260 页。

8 月 15 日(28 日)

列宁收到亚·米·卡尔梅柯娃从德累斯顿寄来的信,信中谈到与出版《火星报》有关的钱款账目和收入;列宁在上面作批注:"8 月 28 日作复",并写回信(列宁的信没有找到)。

苏共中央马列主义研究院中央党务档案馆,第 2 号全宗,第 1 号目录,第 824 号保管单位。

8 月

列宁的《俄国社会民主党的土地纲领》一文在《曙光》杂志第 4 期上发表。

《列宁全集》中文第 2 版增订版第 6 卷第 281—320 页;《曙光》杂志,斯图加特,1902 年 8 月,第 4 期,第 152—183 页,第 2 部分。

列宁写小册子《俄国社会民主党人的任务》第 2 版的序言要点、序言的未完稿和序言。

《列宁全集》中文第 2 版增订版第 6 卷第 387—392、424—428 页。

8 月以后

列宁读小册子《社会革命党农民协会致全体俄国农民》(1902 年),并在上面作批注。

《列宁文集》俄文版第 19 卷第 315—316 页。

列宁读社会革命党和社会主义土地同盟 1902 年出版的小册子《关于土地的谈话》，并在上面作批注。

《列宁文集》俄文版第 19 卷第 315 页。

列宁就美国农业部出版的刊物《书目月刊》的性质和内容写札记。

苏共中央马列主义研究院中央党务档案馆，第 2 号全宗，第 1 号目录，第 827 号保管单位。

8 月以后—12 月 1 日（14 日）以前

列宁读寄给《火星报》编辑部的关于俄国南方某城市监狱发生暴动的信，在上面注明："刑事犯监狱里的暴动（8 月）。鞭答"，作批注："阿斯特拉罕（？）"，并标出重点。

苏共中央马列主义研究院中央党务档案馆，第 2 号全宗，第 1 号目录，第 828 号保管单位。

9 月 1 日（14 日）以前

列宁收到玛·亚·乌里扬诺娃在从国外返回萨马拉途中发来的电报和明信片。

《列宁全集》中文第 2 版增订版第 53 卷第 263 页。

9 月 1 日（14 日）

列宁的《革命冒险主义》一文第二部分和《新罢工法草案》在《火星报》第 24 号上发表。

《列宁全集》中文第 2 版增订版第 6 卷第 375—386、393—401 页；《火星报》，1902 年 9 月 1 日，第 24 号。

列宁写信给在萨马拉的玛·亚·乌里扬诺娃，问她旅途（从国外返回萨马拉）是否劳累，告知收到了安·伊·乌里扬诺娃-叶利扎罗娃寄来的亚·伊·乌里扬诺夫的照片，照片完好无损。

《列宁全集》中文第 2 版增订版第 53 卷第 263 页。

不早于 9 月 1 日（14 日）

列宁读彼得堡社会民主党人阿·阿·施涅尔松寄来的《彼得堡工人革命党组织的任务（致同志们的信）》，信中附有改组彼得堡社会民主党组织的方案。作者在信的结尾写道："信和方案的作者请求列宁同志注意这封信，并且非常希望能得到他的批评。回信可以经圣彼得堡委员会转交叶列马。"

> 《弗·伊·列宁和〈火星报〉编辑部同俄国国内的社会民主党组织通信集》，第 2 卷，1969 年，第 223—230 页。

9 月 1 日和 11 日（14 日和 24 日）之间

列宁写《就我们的组织任务给一位同志的信》（对阿·阿·施涅尔松来信的答复），阐述建党的计划。彼得堡方面在收到列宁的信以后，曾多次用胶版翻印，辗转手抄，使它在彼得堡社会民主党人中间广泛流传。

> 《列宁全集》中文第 2 版增订版第 7 卷第 1—18、431—432 页，第 8 卷第 101—102 页。

9 月 3 日（16 日）

列宁回复南方工人社的来信，信中谈到以前同《火星报》的意见分歧和该社的内部情况，并表示支持《火星报》的立场。列宁在信中说，必须建立一个全俄性的组织，它将使"各委员会在思想上取得统一，使党在实际上和组织上取得统一"；建议尽快印发传单或在《火星报》上发表确定该社的党的立场的声明，同时建议不要急于出版地方报纸，而应集中全党的力量出版《火星报》。

> 《列宁全集》中文第 2 版增订版第 44 卷第 260—263 页；《弗·伊·列宁和〈火星报〉编辑部同俄国国内的社会民主党组织通信集》，第 2 卷，1969 年，第 214—219 页。

不早于 1902 年 9 月 7 日（20 日）—不晚于 1907 年

列宁从刊登在 1902 年《新时代》杂志第 20 年卷第 2 册第 24

期上的古·班格《丹麦下层农民的生活状况》一文中作摘录。

苏共中央马列主义研究院中央党务档案馆，第 2 号全宗，第 1
号目录，第 838 号保管单位。

9 月，不早于 9 日（22 日）

列宁对给《火星报》编辑部的以《西欧社会生活》为标题的关于加利西亚和法国事件的通讯稿进行编辑加工。这篇通讯稿刊登在 1902 年 10 月 15 日（28 日）《火星报》第 26 号上。

苏共中央马列主义研究院中央党务档案馆，第 2 号全宗，第 1
号目录，第 839 号保管单位；《火星报》，1902 年 10 月 15 日，第
26 号。

9 月 10 日（23 日）

列宁读娜·康·克鲁普斯卡娅写给在萨马拉的格·马·克尔日扎诺夫斯基和季·巴·克尔日扎诺夫斯卡娅的信，信中告知收到他们的来信，并且谈到经马赛—巴统和经芬兰运送秘密书刊的问题。列宁在信的附言中询问玛·伊·乌里扬诺娃是否收到伊·克·拉拉扬茨一到国外就写去的信；告知拉拉扬茨已去日内瓦。

《列宁全集》中文第 2 版增订版第 44 卷第 263—264 页；《列宁
文集》俄文版第 8 卷第 279—280 页。

9 月 11 日（24 日）

列宁写信给在彼得堡的弗·潘·克拉斯努哈和叶·德·斯塔索娃，信中说，以亚·谢·托卡列夫为首的经济派企图把彼得堡工人阶级解放斗争协会的多数人拉到他们那方面去并撕毁俄国社会民主工党彼得堡委员会同《火星报》的协议，对此必须"最坚决和最勇敢地予以回击"。

《列宁全集》中文第 2 版增订版第 44 卷第 264—265 页。

9 月 14 日（27 日）

列宁写信给在德累斯顿的亚·米·卡尔梅柯娃，回复她来信所谈的给《火星报》编辑部的拨款办法和党的经费开支问题。

《列宁全集》中文第 2 版增订版第 44 卷第 265—267 页。

　　列宁写信给在萨马拉的玛·亚·乌里扬诺娃,询问她的健康情况,问她打算怎样过冬;说自己把很多的时间花在图书馆里。

《列宁全集》中文第 2 版增订版第 53 卷第 263—264 页。

　　列宁读娜·康·克鲁普斯卡娅写给在巴库的列·波·克拉辛的信,信中说已把火星派书刊运往巴库,并且谈到经费有困难。列宁在信中作补充:"(在谈钱的问题上还要说得有力些)"。

《列宁文集》俄文版第 8 卷第 290 页。

9 月 14 日和 10 月 27 日(9 月 27 日和 11 月 9 日)之间

　　列宁因获悉德·伊·乌里扬诺夫被捕而写信给在萨马拉的玛·亚·乌里扬诺娃(这封信没有找到)。

《列宁全集》中文第 2 版增订版第 53 卷第 264—265 页。

9 月 15 日(28 日)以前

　　列宁对从彼尔姆给《火星报》编辑部的关于监狱犯人绝食和关于莫托维利哈工厂工人因工程师纳扎罗夫被刺而遭逮捕的通讯稿进行编辑加工。这篇通讯稿刊登在 9 月 15 日(28 日)《火星报》第 25 号上。

苏共中央马列主义研究院中央党务档案馆,第 2 号全宗,第 1 号目录,第 844 号保管单位;《火星报》,1902 年 9 月 15 日,第 25 号。

9 月 21 日(10 月 4 日)以前

　　列宁写信给约·波·巴索夫斯基,建议由他来领导往俄国运送《火星报》和火星派书刊的组织工作,并给他寄去自己起草的关于集中管理火星派书刊运输事务的方案(这封信和方案均未找到）。

《列宁全集》俄文第 5 版第 7 卷第 443 页；《弗·伊·列宁和〈火星报〉编辑部同俄国国内的社会民主党组织通信集》，第 2 卷，1969 年，第 302、305 页。

9 月 21 日（10 月 4 日）以后

列宁收到约·波·巴索夫斯基关于组织运送《火星报》和火星派书刊的来信，并在上面标出重点。

苏共中央马列主义研究院中央党务档案馆，第 2 号全宗，第 1 号目录，第 845 号保管单位；《弗·伊·列宁和〈火星报〉编辑部同俄国国内的社会民主党组织通信集》，第 2 卷，1969 年，第 302—303 页。

列宁收到约·波·巴索夫斯基寄来的两封信，信中报告参与组织运送火星派书刊人员会议的决议，并谈到向俄国运送书刊的其他问题。

《弗·伊·列宁和〈火星报〉编辑部同俄国国内的社会民主党组织通信集》，第 2 卷，1969 年，第 304—306 页。

9 月，22 日（10 月 5 日）以前

列宁写信给在巴黎的加·达·莱特伊仁，说明自己对奸细米·伊·古罗维奇案件审理委员会决议草案的意见。

《列宁全集》中文第 2 版增订版第 44 卷第 267—269 页。

不早于 9 月 23 日（10 月 6 日）

列宁读从彼尔姆给《火星报》的关于因五一节前散发传单而发生逮捕和关于莫托维利哈工厂经理纳扎罗夫工程师被刺事件的通讯稿，在上面作批注："过时了"。

苏共中央马列主义研究院中央党务档案馆，第 2 号全宗，第 1 号目录，第 847 号保管单位。

9 月 27 日（10 月 10 日）以后

列宁读从奥廖克明斯克寄给《火星报》编辑部的信，信中谈到

被流放的大学生拒绝按照雅库特省省长的命令从奥廖克明斯克和雅库茨克迁往伊尔库茨克;列宁在上面作批注:"过时了"。

苏共中央马列主义研究院中央党务档案馆,第 2 号全宗,第 1 号目录,第 848 号保管单位。

9 月

列宁同从叶卡捷琳诺斯拉夫监狱越狱来到伦敦的伊·瓦·巴布什金进行多次谈话,从日内瓦来的格·瓦·普列汉诺夫也参加了这些谈话。列宁指出火星派国内组织的当前任务,要求巴布什金写他从事革命活动的回忆录。列宁后来写道:"在那里我们在一起交谈了很多事情,共同讨论了许多问题。"

《列宁全集》中文第 2 版增订版第 20 卷第 80 页;《回忆弗·伊·列宁》,第 1 卷,1968 年,第 269—270 页;《伊万·瓦西里耶维奇·巴布什金回忆录》,1951 年,第 173 页;《往事》杂志,1924 年,第 24 期,第 25 页。

列宁同从基辅监狱越狱来到国外的火星派分子尼·埃·鲍曼、维·尼·克罗赫马尔、约·索·布柳缅费尔德、马·马·李维诺夫、奥·阿·皮亚特尼茨基会见。

《回忆弗·伊·列宁》,第 1 卷,1968 年,第 270 页;《列宁文集》俄文版第 8 卷第 279 页。

10 月,6 日(19 日)以后

列宁写短评《关于游行示威》。

《列宁全集》中文第 2 版增订版第 7 卷第 19 页。

10 月,15 日(28 日)以前

列宁读从赫尔松给《火星报》编辑部的关于中学生学潮和手工业工人工潮的两篇通讯稿;在上面作编辑批注:"刊社会生活栏"和"刊工人运动栏"。关于手工业工人的通讯稿刊登在 10 月 15 日(28 日)《火星报》第 26 号上。

苏共中央马列主义研究院中央党务档案馆,第 2 号全宗,第 1 号目录,第 853 号保管单位;《火星报》,1902 年 10 月 15 日,第 26 号。

列宁对从高加索给《火星报》的关于库塔伊西省农民运动的通讯稿进行编辑加工。这篇通讯稿刊登在 10 月 15 日(28 日)《火星报》第 26 号上。

苏共中央马列主义研究院中央党务档案馆,第 2 号全宗,第 1 号目录,第 849 号保管单位;《火星报》,1902 年 10 月 15 日,第 26 号。

10 月 15 日(28 日)

列宁的《政治斗争和政治手腕》一文在《火星报》第 26 号上发表。

《列宁全集》中文第 2 版增订版第 7 卷第 20 — 28 页;《火星报》,1902 年 10 月 15 日,第 26 号。

1902 年 10 月上半月

列宁读从斯塔夫罗波尔给《火星报》编辑部的关于因 H. H. 别兹缅诺夫案被捕的两个农民惨遭毒打的通讯稿;在上面作批注:"不适用"。

苏共中央马列主义研究院中央党务档案馆,第 2 号全宗,第 1 号目录,第 854 号保管单位。

10 月 25 日和 12 月 15 日(11 月 7 日和 12 月 28 日)之间

列宁在一个被流放的大学生从西伯利亚寄给《火星报》编辑部的谈流放到那里的大学生情绪的信上作批注:"不适用"。

苏共中央马列主义研究院中央党务档案馆,第 2 号全宗,第 1 号目录,第 855 号保管单位。

10 月,27 日(11 月 9 日)以前

列宁读寄给《火星报》编辑部的标题为《关于莫斯科市机械工

人互助会的工人来信》的传单；在上面作批注，进行文字上的修改并计算印刷符号。

苏共中央马列主义研究院中央党务档案馆，第 2 号全宗，第 1 号目录，第 861 号保管单位。

列宁对从雅尔塔给《火星报》的谈由于罗曼诺夫一家要到雅尔塔来而大量外迁居民的通讯稿进行编辑加工，在上面注明："社会生活栏"。这篇通讯稿刊登在 11 月 1 日（14 日）《火星报》第 27 号上。

苏共中央马列主义研究院中央党务档案馆，第 2 号全宗，第 1 号目录，第 860 号保管单位；《火星报》，1902 年 11 月 1 日，第 27 号。

10 月，不晚于 27 日（11 月 9 日）

列宁收到玛·亚·乌里扬诺娃的来信，信中说德·伊·乌里扬诺夫已获释。

《列宁全集》中文第 2 版增订版第 53 卷第 264—265 页。

列宁给在普斯科夫的彼·阿·克拉西科夫写信，答复他要列宁把在 1902 年 8 月 2 日（15 日）伦敦会议上所作笔记寄去的请求。列宁在信中说，找不到这些笔记；对拟定的组织委员会的人选表示满意；提出筹备代表大会和制定大会议事日程的措施；强调必须全力以赴尽快召开代表大会。列宁写道："组织委员会的每一个正式步骤都应切实地通知我们。"

《列宁全集》中文第 2 版增订版第 44 卷第 270—271 页；《弗·伊·列宁和〈火星报〉编辑部同俄国国内的社会民主党组织通信集》，第 2 卷，1969 年，第 357—358 页。

10 月 27 日（11 月 9 日）

列宁写信给在萨马拉的玛·亚·乌里扬诺娃，谈到自己在伦敦的生活，正在通过实践掌握英语；说收到俄文书籍，包括弗·

雅·热列兹诺夫的《政治经济学概论》。

《列宁全集》中文第 2 版增订版第 53 卷第 264—265 页。

列宁从伦敦去瑞士作关于社会革命党人的纲领和策略的报告。

《列宁全集》中文第 2 版增订版第 44 卷第 271—272 页,第 53 卷第 264—265 页。

列宁在列日作关于社会革命党人的纲领和策略的报告。

《红色文献》杂志,1934 年,第 1 期,第 153 页;《回忆列宁》,第 2 册,1925 年,第 62—63 页。

列宁在洛桑作关于社会革命党人的纲领和策略的报告。

《列宁全集》中文第 2 版增订版第 44 卷第 271—272 页;《列宁文集》俄文版第 4 卷第 163 页。

10 月 29 日(11 月 11 日)

列宁写信给在伯尔尼的柳·伊·阿克雪里罗得,请她把他的关于社会革命党人的纲领和策略的报告安排在星期六(11 月 2 日(15 日))以前;告知已在洛桑和日内瓦作了报告,并打算在苏黎世作报告。

《列宁全集》中文第 2 版增订版第 44 卷第 271—272 页。

列宁在日内瓦手工艺大厅作《谈当前问题(社会民主党人对社会革命党人的态度)》的专题报告。

《列宁全集》中文第 2 版增订版第 44 卷第 271—272 页;苏共中央马列主义研究院中央党务档案馆,第 14 号全宗,第 1 号目录,第 128 号保管单位;《红色文献》杂志,1934 年,第 1 期,第 153 页;《红色史料》杂志,1926 年,第 6 期,第 28—29 页。

10 月 31 日(11 月 13 日)

列宁记录维·米·切尔诺夫、尔·纳杰日丁、亚·萨·马尔丁诺夫和 O.米诺尔就他在日内瓦的报告辩论时所作的发言;起草反驳切尔诺夫和马尔丁诺夫的提纲。

《列宁全集》中文第 2 版增订版第 44 卷第 271—272 页；《列宁
文集》俄文版第 19 卷第 203—214 页。

不早于 10 月—不晚于 12 月 15 日（28 日）

列宁读标题为《寄自遥远的西伯利亚》、署名为"西伯利亚流放
大学生小组"的通讯稿；在上面作批注："副本"。

苏共中央马列主义研究院中央党务档案馆，第 2 号全宗，第 1
号目录，第 862 号保管单位。

11 月初

列宁就为《火星报》写文章的问题从伯尔尼写信给在日内瓦的
格·瓦·普列汉诺夫（这封信没有找到）。

《列宁全集》中文第 2 版增订版第 44 卷第 273 页。

11 月 1 日（14 日）

列宁的《社会革命党人所复活的庸俗社会主义和民粹主义》一
文在《火星报》第 27 号上发表。

《列宁全集》中文第 2 版增订版第 7 卷第 29—35 页；《火星
报》，1902 年 11 月 1 日，第 27 号。

11 月 2 日（15 日）

列宁在伯尔尼作关于社会革命党人的纲领和策略的报告。

《列宁全集》中文第 2 版增订版第 44 卷第 271—272 页；《列宁
研究院集刊》，第 1 辑，1927 年，第 104 页。

11 月 2 日—3 日（15 日—16 日）

俄国火星派遵照列宁的指示，在普斯科夫召开有俄国社会民
主工党彼得堡委员会、《火星报》俄国组织和南方工人社代表参加
的会议，会上成立了筹备召开党的第二次代表大会的组织委员会，
委员有：弗·潘·克拉斯努哈、彼·阿·克拉西科夫、格·马·克

尔日扎诺夫斯基、叶·雅·列文、弗·威·林格尼克、潘·尼·勒柏辛斯基、伊·伊·拉德琴柯和亚·米·斯托帕尼。

潘·尼·勒柏辛斯基:《在转折关头》,1955 年,第 142 — 144 页;《列宁文集》俄文版第 8 卷第 296 — 297 页。

11 月 3 日(16 日)以后

列宁写《一个针对社会革命党人的基本论点》一文。

《列宁全集》中文第 2 版增订版第 7 卷第 36 — 39 页。

11 月,不晚于 7 日(20 日)

列宁在苏黎世作关于社会革命党人的纲领和策略的报告。

《列宁全集》中文第 2 版增订版第 44 卷 272 页;《列宁文集》俄文版第 4 卷第 163 页。

11 月 7 日(20 日)以后

列宁就发自基辅的关于在犹太手工业者、工厂工人和大中学生中间进行逮捕的通讯稿,为《火星报》写短评。

苏共中央马列主义研究院中央党务档案馆,第 2 号全宗,第 1 号目录,第 880 号保管单位。

列宁读寄给《火星报》编辑部的俄国社会民主工党顿河区委员会印发的标题为《告弗拉基高加索铁路工厂工人》的传单;对附记进行修改,并在传单上为排字工人标明材料的编排顺序。

苏共中央马列主义研究院中央党务档案馆,第 2 号全宗,第 1 号目录,第 865 号保管单位。

列宁读给《火星报》编辑部的关于罗斯托夫罢工的通讯稿;作批注:“不适用”、“顿河畔罗斯托夫”,编写页码并作删略。

苏共中央马列主义研究院中央党务档案馆,第 2 号全宗,第 1 号目录,第 864 号保管单位。

11 月 8 日(21 日)以后

列宁读给《火星报》编辑部的 M.布拉伊洛夫斯基关于顿河畔

罗斯托夫铁路员工罢工的通讯稿；在上面作批注："转自苏黎世"。

苏共中央马列主义研究院中央党务档案馆，第 2 号全宗，第 1
号目录，第 866 号保管单位。

11 月 12 日（25 日）

列宁就运送火星派书刊问题写信给在利沃夫的约·波·巴索
夫斯基（这封信没有找到）。

《弗·伊·列宁和〈火星报〉编辑部同俄国国内的社会民主党
组织通信集》，第 2 卷，1969 年，第 471 页。

11 月 13 日（26 日）以后

列宁读寄给《火星报》编辑部的关于罗斯托夫罢工的信；在上
面作批注："不适用"、"顿河畔罗斯托夫"，并作删略。

苏共中央马列主义研究院中央党务档案馆，第 2 号全宗，第 1
号目录，第 867 号保管单位。

11 月 15 日（28 日）以前

列宁在赫尔松和敖德萨大主教写给赫尔松教区牧师们的一封
关于必须同"居心不良分子"作斗争的密信抄件上作了一处校正。
这封信刊登在 11 月 15 日（28 日）《火星报》第 28 号上。

苏共中央马列主义研究院中央党务档案馆，第 2 号全宗，第 1
号目录，第 868 号保管单位，《火星报》，1902 年 11 月 15 日，第
28 号。

11 月 15 日（28 日）

列宁回伦敦后写信给在伯尔尼的柳·伊·阿克雪里罗得，告
知收到她寄来的信、钱和《红旗》杂志。列宁写道："旅行之后，我感
到相当疲劳，但目前已开始'恢复'，不过明天还得在这里再作一次
报告。"

《列宁全集》中文第 2 版增订版第 44 卷第 272—273 页。

11 月 16 日（29 日）

列宁在伦敦怀特彻佩尔工人区作关于社会革命党人的纲领和策略的报告，记录持反对意见的人的发言。

《列宁全集》中文第 2 版增订版第 44 卷第 272、278 页；《列宁文集》俄文版第 19 卷第 216—220 页；《回忆弗·伊·列宁》，第 2 卷，1969 年，第 89—90 页。

11 月 18 日（12 月 1 日）

列宁写信给在日内瓦的格·瓦·普列汉诺夫，请他就为《火星报》写文章的事尽快回信；谈到《火星报》第 28 号上维·伊·查苏利奇反驳社会革命党人文章的内容。

《列宁全集》中文第 2 版增订版第 44 卷第 273—274 页。

11 月，21 日（12 月 4 日）以前

列宁写信给在利沃夫的约·波·巴索夫斯基，并寄给他 100 卢布用于组织运送火星派书刊（这封信没有找到）。

《弗·伊·列宁和〈火星报〉编辑部同俄国国内的社会民主党组织通信集》，第 2 卷，1969 年，第 486 页。

11 月，22 日（12 月 5 日）以前

列宁写信给在巴黎的叶·米·亚历山德罗娃，谈把俄国各地社会民主党组织统一起来的计划（这封信没有找到）。

《列宁文集》俄文版第 4 卷第 177 页。

11 月 25 日（12 月 8 日）

列宁读寄给《火星报》编辑部的俄国社会民主工党下诺夫哥罗德委员会的传单，该传单刊印了因组织五月游行而被送交法庭的索尔莫沃工人们的演说。列宁为传单写前言和标题，注明："小品文，立即抽印出来"，并给排字工人写提示。这份传单连同前言一起刊登在 12 月 1 日（14 日）《火星报》第 29 号上。

《列宁全集》中文第 2 版增订版第 7 卷第 48 页；《火星报》，1902 年 12 月 1 日，第 29 号；《历史文献》杂志，1955 年，第 6 期，第 12 页和第 13 页之间。

11 月,28 日(12 月 11 日)以前

列宁参加《火星报》编委会议,讨论俄国社会民主工党第二次代表大会的议事日程问题。列宁在会上坚持自己提出的关于党的中央机关报问题应是代表大会最先讨论的问题之一的建议。

《列宁全集》中文第 2 版增订版第 44 卷第 274—276 页。

11 月,不早于 28 日(12 月 11 日)

列宁写信给在哈尔科夫的叶·雅·列文,对他报告的筹备俄国社会民主工党第二次代表大会的组织委员会的活动情况表示满意;询问各地方委员会对组织委员会的态度;告知在《火星报》编委会议上拟定的党的第二次代表大会的议事日程草案,以及在会上讨论这个草案的第 1—5 条的情况;请他注意必须设法得到每个委员会承认组织委员会的正式声明;建议在俄国发表关于成立组织委员会的通告,任命各主要中心(彼得堡、莫斯科、基辅)的组织委员会委员;请求把他们的接头地点写来,以便使所有到俄国去的党的工作者都能服从组织委员会的指挥。

《列宁全集》中文第 2 版增订版第 44 卷第 274—277 页；《弗·伊·列宁和〈火星报〉编辑部同俄国国内的社会民主党组织通信集》,第 2 卷,1969 年,第 497—498 页。

不早于 11 月 30 日(12 月 13 日)

列宁读西伯利亚社会民主党人联合会委员会印发的传单《告托木斯克市的工人们》,作收件批注:"12 月 13 日。卡茨",并注明:"托木斯克的传单"。

苏共中央马列主义研究院中央党务档案馆,第 2 号全宗,第 1 号目录,第 872 号保管单位。

11 月底

列宁写《新事件和旧问题》一文的提纲和正文。

《列宁全集》中文第 2 版增订版第 7 卷第 42 — 47、337 — 341 页。

列宁写《论社会民主主义运动的任务》一文。

《列宁全集》中文第 2 版增订版第 7 卷第 40—41 页。

11 月底—12 月初

列宁读从海德堡给《火星报》编辑部的通讯稿，该稿内容是从一封私人信件中得知的关于顿河畔罗斯托夫举行罢工的情况。列宁在上面加编辑符号。

苏共中央马列主义研究院中央党务档案馆，第 2 号全宗，第 1 号目录，第 874 号保管单位。

列宁在关于 1902 年罗斯托夫事件的通讯稿上注明："罗斯托夫罢工"、"不适用"，并作删略。

苏共中央马列主义研究院中央党务档案馆，第 2 号全宗，第 1 号目录，第 877 号保管单位。

列宁读关于 1902 年 11 月顿河畔罗斯托夫铁路员工罢工的短评；在上面注明："不适用"，并划掉正文。

苏共中央马列主义研究院中央党务档案馆，第 2 号全宗，第 1 号目录，第 878 号保管单位。

11 月

列宁读寄给《火星报》编辑部的署名"一个造反者"的信，信中告知在亚速及其周边散发传单的情况；列宁在上面注明："亚速来信"。

苏共中央马列主义研究院中央党务档案馆，第 2 号全宗，第 1 号目录，第 881 号保管单位。

11 月—1903 年 6 月上半月

列宁校订卡·考茨基的小册子《社会革命》的俄译文；写编者

注(在小册子第 129—130 页上),在注文中根据俄国工业统计资料指出,组织大工业企业以代替小企业对俄国经济是有利的。

《列宁全集》中文第 2 版增订版第 44 卷第 282—283、319—320、345、600—601 页;《火星报》,1903 年 6 月 15 日,第 42 号;卡·考茨基:《社会革命》,日内瓦,1903 年,207 页。

12 月 1 日(14 日)以前

列宁读中学生南俄组织中央委员会印发的号召书《致中学生》,为传单写编后记和《火星报》编辑部按语。这份传单连同后记和按语刊登在 12 月 1 日(14 日)《火星报》第 29 号上。

《列宁全集》中文第 2 版增订版第 7 卷第 49、440 页;苏共中央马列主义研究院中央党务档案馆,第 2 号全宗,第 1 号目录,第 850 号保管单位;《火星报》,1902 年 12 月 1 日,第 29 号。

12 月 1 日(14 日)

列宁的《新事件和旧问题》一文在《火星报》第 29 号上发表。

《列宁全集》中文第 2 版增订版第 7 卷第 42—47 页;《火星报》,1902 年 12 月 1 日,第 29 号。

列宁写信给在日内瓦的格·瓦·普列汉诺夫,请他为《火星报》第 30 号写一篇文章和一篇小品文,同时承担写一本驳斥社会革命党人的小册子;因普列汉诺夫要去布鲁塞尔参加社会党国际局会议,列宁建议他来伦敦作反对无政府主义者的报告并共同讨论一些重要问题,特别是同在俄国成立筹备召开俄国社会民主工党第二次代表大会的组织委员会有关的问题。

《列宁全集》中文第 2 版增订版第 44 卷第 277—279 页。

12 月 1 日和 7 日(14 日和 20 日)之间

列宁接到巴黎的俄国社会科学高等学校的邀请,请他到该校作几次关于土地问题的讲演。

《列宁全集》中文第 2 版增订版第 44 卷第 277—278、297 页;

《列宁文集》俄文版第 4 卷第 183、198 页。

12 月 3 日（16 日）

列宁读给《火星报》写来的批判彼·伯·司徒卢威的政治思想立场的文章《批判式教条的英雄》；在上面作批注："寄交达姆施塔特的埃特林，1902 年 12 月 16 日"，并计算印刷符号。

苏共中央马列主义研究院中央党务档案馆，第 2 号全宗，第 1 号目录，第 883 号保管单位。

列宁读娜·康·克鲁普斯卡娅写给在敖德萨的德·伊·乌里扬诺夫的信，信中说必须争取使俄国社会民主工党委员会同靠近《火星报》的南方革命联合会合并。列宁补充说，只有在保证火星派胜利的条件下，这两个组织才可以合并。

《列宁全集》中文第 2 版增订版第 44 卷第 279—280 页。

12 月 4 日（17 日）

列宁给在萨马拉的玛·亚·乌里扬诺娃写信，告知收到她和姊妹们的来信，说打算给玛·伊·乌里扬诺娃寄去一本英语教科书；认为图森的教科书很好；并说想订一本《唯心主义问题》文集。

《列宁全集》中文第 2 版增订版第 53 卷第 266—267 页。

12 月 5 日（18 日）

列宁写信给在伯尔尼的柳·伊·阿克雪里罗得，说给她和从俄国来到伯尔尼的罗斯托夫罢工领导人之一——伊·伊·斯塔夫斯基寄去《火星报》第 29 号；认为斯塔夫斯基的到来对火星派小组是"一个巨大收获"；请她对俄国来的社会民主党人"做些工作"，把他们争取到《火星报》方面来。

《列宁全集》中文第 2 版增订版第 44 卷第 280—281 页。

列宁写信给在伯尔尼的伊·伊·斯塔夫斯基，请他为编写关于罗斯托夫罢工的小册子寄些材料(这封信没有找到)。

《列宁全集》中文第 2 版增订版第 44 卷第 280 页。

　　列宁读柳·伊·阿克雪里罗得转寄给《火星报》的标题为《顿河畔罗斯托夫事件(一个参与者的讲述)》的通讯稿,在上面作批注:"经柳·伊·寄自伯尔尼,1902 年 12 月 18 日",并计算印刷符号。

苏共中央马列主义研究院中央党务档案馆,第 2 号全宗,第 1 号目录,第 887 号保管单位。

12 月,不早于 5 日(18 日)

　　列宁在给《火星报》编辑部的关于 1902 年罗斯托夫罢工的通讯稿上作批注:"几乎全是重复(比较第 3 页)","顿河畔罗斯托夫",并编写页码。

苏共中央马列主义研究院中央党务档案馆,第 2 号全宗,第 1 号目录,第 888 号保管单位。

12 月 6 日(19 日)

　　列宁写信给在日内瓦的格·瓦·普列汉诺夫,回复他同意写驳斥社会革命党人的小册子的来信,请他把小册子的部分章节寄给《火星报》发表,同时请他回击尼·谢·鲁萨诺夫(K.塔拉索夫)的《俄国社会主义思想的演变》一文;告知要把卡·考茨基的小册子《社会革命》译文的开头部分寄去付排,说拥护《火星报》的工人在彼得堡被逮捕,托木斯克社会民主党组织重印了纲领草案。

《列宁全集》中文第 2 版增订版第 44 卷第 282—283 页。

　　列宁在从托木斯克寄来的胶版《火星报》和《曙光》杂志编辑部拟定的俄国社会民主工党纲领草案(附序言)上作批注:"寄自斯塔罗韦尔,1902 年 12 月 19 日"。

苏共中央马列主义研究院中央党务档案馆,第 2 号全宗,第 1 号目录,第 889 号保管单位。

1902 年 12 月 8 日(21 日)以后—1903 年 1 月 1 日(14 日)以前

列宁读从柏林寄给《火星报》编辑部的关于侨民组织问题的信;在《火星报》的"信箱"栏作答复:"Rb.Sp.Pn.请把详细情况寄来。看来您是对的"。这一答复刊登在 1903 年 1 月 1 日(14 日)《火星报》第 31 号上。

苏共中央马列主义研究院中央党务档案馆,第 2 号全宗,第 1 号目录,第 891 号保管单位;《火星报》,1903 年 1 月 1 日,第 31 号。

12 月 12 日(25 日)

列宁给在日内瓦的格·瓦·普列汉诺夫写信,回复他来信告知为争取弗·德·邦契-布鲁耶维奇加入俄国革命社会民主党人国外同盟而同其进行谈判的情况。列宁建议,只有当邦契-布鲁耶维奇在《火星报》上发表关于《生活》杂志编辑部发生分裂而他自己转到《火星报》方面来的信时,才可以提名让他加入同盟。

《列宁全集》中文第 2 版增订版第 44 卷第 284—286 页。

12 月 13 日(26 日)

列宁写信给安·伊·乌里扬诺娃-叶利扎罗娃,因不知道地址而把信转寄给在萨马拉的玛·亚·乌里扬诺娃(这封信没有找到)。

《列宁全集》中文第 2 版增订版第 53 卷第 267—268 页。

列宁写信给在萨马拉的玛·亚·乌里扬诺娃,问安·伊·乌里扬诺娃-叶利扎罗娃和德·伊·乌里扬诺夫及其妻子是否回来过节;告知最近他因德国的事件(德国社会民主党反对提高粮价的斗争)对德国报纸比往常更感兴趣。

《列宁全集》中文第 2 版增订版第 53 卷第 267—268 页。

列宁写信给在日内瓦的亚·尼·波特列索夫,告知已按照他的要求给他寄去《火星报》第 29 号和安·伊·波格丹诺维奇的小册子;请他通过格·瓦·普列汉诺夫和伊·克·拉拉扬茨结识阿·阿·萨宁,并吸引他参加工作。

《列宁全集》中文第 2 版增订版第 44 卷第 286—287 页。

12 月,不晚于 14 日(27 日)

列宁收到亚·爱·列里赫从彼得堡寄来的请求派人去帮助火星派的信。

《列宁全集》中文第 2 版增订版第 44 卷第 287 页。

12 月 14 日(27 日)

列宁写信给在彼得堡的 В.И.拉甫罗夫和叶·德·斯塔索娃,说打算派人去帮助彼得堡组织,要求立即来信告知彼得堡分裂的经过,并就此提出一系列具体的问题。

《列宁全集》中文第 2 版增订版第 44 卷第 287—288 页。

列宁给在基辅的弗·威·林格尼克写信,回复他告知经济派夺取俄国社会民主工党基辅委员会的情况。列宁指出必须立即参加委员会并同经济派进行坚决的斗争;告知火星派书刊很快将运到基辅;要求必须转寄一部分给彼得堡。

《列宁全集》中文第 2 版增订版第 44 卷第 288—289 页。

12 月 15 日(28 日)

列宁在娜·康·克鲁普斯卡娅寄给萨马拉《火星报》俄国组织常设局的信中附言,强调指出当前的主要任务是巩固组织委员会和尽快筹备俄国社会民主工党第二次代表大会。列宁写道:"关于组织委员会必须尽快宣布。"

《列宁全集》中文第 2 版增订版第 44 卷第 289—290 页；《列宁文集》俄文版第 8 卷第 307—309 页。

列宁的短评《关于"自由社"》在《火星报》第 30 号上发表。

《列宁全集》中文第 2 版增订版第 7 卷第 50—51 页；《火星报》,1902 年 12 月 15 日,第 30 号。

12 月 17 日（30 日）

列宁读从敖德萨给《火星报》编辑部的标题为《再谈神学院的暴动》的通讯稿；在上面作批注："转自狄茨,1902 年 12 月 30 日"。

苏共中央马列主义研究院中央党务档案馆,第 2 号全宗,第 1 号目录,第 899 号保管单位。

12 月 19 日（1903 年 1 月 1 日）

列宁给在日内瓦的弗·德·邦契–布鲁耶维奇写信,对他来信并给《火星报》寄来已经停刊的《生活》杂志的稿件（通讯稿）材料作出回复。列宁在信中说,打算从他寄来的材料当中选一些稿件登在最近几号《火星报》上。

《列宁全集》中文第 2 版增订版第 44 卷第 291—292 页。

列宁就《火星报》的稿件问题写信给在日内瓦的亚·尼·波特列索夫,请他写一篇纪念尼·阿·涅克拉索夫逝世二十五周年的短评、专论或杂文；告知在《生活》杂志停刊后弗·德·邦契–布鲁耶维奇的立场问题上,对他来信并寄来《生活》杂志编辑部稿件感到相当满意。

《列宁全集》中文第 2 版增订版第 44 卷第 292—293 页。

12 月,19 日（1903 年 1 月 1 日）以后

列宁读关于下诺夫哥罗德、萨拉托夫和科斯特罗马游行示威参加者被送交法庭审判的传单《俄国社会民主工党莫斯科委员会给同志们的一封信》,在上面注明："1903 年 1 月 1 日 **前后**收到"、

"寄自何处??"、"1902 年 10 月"。

苏共中央马列主义研究院中央党务档案馆,第 2 号全宗,第 1 号目录,第 902 号保管单位。

12 月 20 日（1903 年 1 月 2 日）

列宁给俄国社会民主工党下诺夫哥罗德委员会写信,同意委员会决定对下诺夫哥罗德和索尔莫沃工人因参加 1902 年 5 月 1 日的游行示威而被判刑的事件不提出上诉,要求写一封信给《火星报》谈谈他们在法庭上英勇的表现;迫切要求及时报告委员会的每个正式步骤。列宁写道:"火星派分子应该齐心协力,迅速而全面地向《火星报》反映情况。"

《列宁全集》中文第 2 版增订版第 44 卷第 293—294 页;《弗·伊·列宁和〈火星报〉编辑部同俄国国内的社会民主党组织通信集》,第 3 卷,1970 年,第 13、483 页。

列宁读俄国社会民主工党顿河区委员会关于 1902 年 11 月罗斯托夫罢工事件的传单《告全俄公民》;写引言并注明:"立即用小号铅字排版并印成单行本:第 31 号《火星报》抽印本"。传单和引言一起刊登在 1903 年 1 月 1 日(14 日)《火星报》第 31 号上,并印成单行本。

《列宁全集》中文第 2 版增订版第 7 卷第 52、441 页;《历史文献》杂志,1965 年,第 6 期,第 20 页和第 21 页之间;《火星报》,1903 年 1 月 1 日,第 31 号;《告全俄公民》[传单],《火星报》印刷所,1902 年 12 月,4 页。

列宁读娜·康·克鲁普斯卡娅写给在托木斯克的安·伊·乌里扬诺娃-叶利扎罗娃的信,信中说必须参加俄国社会民主工党委员会,告知成立了筹备俄国社会民主工党第二次代表大会的组织委员会;列宁对这封信作修改。

《弗·伊·列宁和〈火星报〉编辑部同俄国国内的社会民主党

组织通信集》,第 3 卷,1970 年,第 15—16 页。

12 月 21 日(1903 年 1 月 3 日)

列宁收到伊·瓦·巴布什金从彼得堡寄来的信,信中请求拟定一些同宣传小组成员进行谈话用的问题。

《列宁全集》中文第 2 版增订版第 44 卷第 295 页;《弗·伊·列宁和〈火星报〉编辑部同俄国国内的社会民主党组织通信集》,第 3 卷,1970 年,第 17—19 页。

12 月,不早于 21 日(1903 年 1 月 3 日)

列宁读给《火星报》编辑部的关于 1902 年罗斯托夫罢工的通讯稿;在上面作批注:"过时了"。

苏共中央马列主义研究院中央党务档案馆,第 2 号全宗,第 1 号目录,第 904 号保管单位。

12 月 23 日(1903 年 1 月 5 日)

列宁读俄国社会民主工党萨拉托夫委员会的传单,标题为《致〈火星报〉编辑部的公开信》。传单承认《火星报》是党的领导机关,提出必须召开党的代表大会和出版通俗政治书刊。列宁写栏目名称"党内生活",注明:"寄交青德尔,1903 年 1 月 5 日收到",给排字工人写提示,并在文中作修改。传单刊登在 1 月 1 日(14 日)《火星报》第 31 号上。

苏共中央马列主义研究院中央党务档案馆,第 2 号全宗,第 1 号目录,第 905 号保管单位;《火星报》,1903 年 1 月 1 日,第 31 号。

12 月 24 日(1903 年 1 月 6 日)

列宁写信给在彼得堡的伊·瓦·巴布什金,要求宣传员们谈谈他们现在阅读的或打算阅读的计划,以便给他们提出详细建议;列宁就俄国社会民主工党彼得堡组织的状况提出一系列问题。

《列宁全集》中文第 2 版增订版第 44 卷第 295—296 页。

12 月, 26 日（1903 年 1 月 8 日）以后

列宁读给《火星报》编辑部的关于当局对绍斯特卡河畔工人村居民和切尔尼戈夫省火药厂工人采取非法暴行的通讯稿；在上面注明："转自狄茨，1903 年 1 月 8 日(？)收到(？)"。

苏共中央马列主义研究院中央党务档案馆，第 2 号全宗，第 1 号目录，第 907 号保管单位。

12 月 28 日（1903 年 1 月 10 日）

列宁写信给在日内瓦的格·瓦·普列汉诺夫，请他催促罗斯托夫人寄来编写关于罗斯托夫罢工的小册子的材料；问到驳斥社会革命党人的小册子和《无产阶级和农民》一文的完稿日期，请他对列宁打算在巴黎的俄国社会科学高等学校作土地问题讲演一事发表意见。

《列宁全集》中文第 2 版增订版第 44 卷第 296—297 页。

列宁读娜·康·克鲁普斯卡娅写给哈尔科夫的《南方工人报》编辑部的信，信中赞同他们向《火星报》编辑部介绍其全部活动的意图；列宁附言强调必须更经常、更详细地把筹备俄国社会民主工党第二次代表大会的情况报告《火星报》编辑部，认为迟迟未把要在《火星报》上发表的关于组织委员会成立的声明寄来是不可容忍的，建议尽快用传单形式印发声明。

《列宁全集》中文第 2 版增订版第 44 卷第 298 页。

列宁写信给在伯尔尼的柳·伊·阿克雪里罗得，请她尽快寄来编写关于罗斯托夫罢工的小册子的材料（这封信没有找到）。

《列宁全集》中文第 2 版增订版第 44 卷第 296 页。

12 月 30 日（1903 年 1 月 12 日）

列宁写信给在日内瓦的弗·德·邦契-布鲁耶维奇，说收到他寄来的全部信件和《生活》杂志编辑部的材料。

《列宁全集》中文第 2 版增订版第 44 卷第 298—299 页。

列宁读标题为《高加索的亚美尼亚移民》的通讯稿；在上面作批注："1 月 12 日"，"放到最后，备用"。

苏共中央马列主义研究院中央党务档案馆，第 2 号全宗，第 1
号目录，第 910 号保管单位。

12 月

列宁写驳斥社会革命党人的文章（这篇文章没有写完）。

《列宁全集》中文第 2 版增订版第 7 卷第 53—54 页。

列宁读关于 1902 年罗斯托夫罢工的通讯稿，在上面作批注："不适用（重复）。除第 4 页关于酗酒的内容以外"，"顿河畔罗斯托夫"。

苏共中央马列主义研究院中央党务档案馆，第 2 号全宗，第 1
号目录，第 879 号保管单位。

12 月—1903 年 1 月

列宁写《关于俄国社会民主工党各委员会和团体向全党代表大会的报告的问题》一信的提纲和正文。

《列宁全集》中文第 2 版增订版第 7 卷第 55 — 67、342 —
343 页。

1902 年

列宁对古·费舍《机器在农业中的社会意义》（1902 年莱比锡版）一书作摘录和札记。

《列宁全集》中文第 2 版增订版第 56 卷第 355—363 页。

不早于 1902 年—不晚于 1903 年 1 月

列宁对收载于《农业年鉴》第 25 卷（蒂尔出版，1896 年柏林版）的埃·施图姆普费《论中小土地占有者与大土地占有者的竞争能力》一文作摘录和札记。

《列宁全集》中文第 2 版增订版第 56 卷第 304—314 页。

1902 年下半年—不晚于 1903 年 4 月

列宁在怀特彻佩尔俄国侨民工人小组辅导他们学习俄国社会民主工党纲领草案。

《回忆弗·伊·列宁》,第 2 卷,1969 年,第 91 页;伊·康·米哈伊洛夫:《一个地下工作者的四分之一世纪》,1957 年,第 86 页;《关于伊里奇》,1926 年,第 125 页。

1902 年底—1903 年初

列宁在沃尔科沃县贵族代表给国民学校教员通令的抄件上作批注:"注意",标出重点并作勾划。这个抄件是由《生活》杂志编辑部寄给《火星报》编辑部的,并附有弗·德·邦契-布鲁耶维奇的一段话。

苏共中央马列主义研究院中央党务档案馆,第 2 号全宗,第 1 号目录,第 916 号保管单位。

1903 年

1 月 1 日（14 日）

列宁的《莫斯科的祖巴托夫分子在彼得堡》一文在《火星报》第 31 号上发表。

《列宁全集》中文第 2 版增订版第 7 卷第 68—73 页；《火星报》，1903 年 1 月 1 日，第 31 号。

1 月，不晚于 2 日（15 日）

列宁收到从伯尔尼寄来的编写关于罗斯托夫罢工小册子的材料以及三个罗斯托夫社会民主党人拥护《火星报》的声明。

《列宁全集》中文第 2 版增订版第 44 卷第 299 页。

1 月 2 日（15 日）

列宁写信给在伯尔尼的柳·伊·阿克雪里罗得，说他收到的三个罗斯托夫人的信是私人性质的，所以不应刊登；认为顿河区委员会必须寄来关于拥护《火星报》的声明，并正式委托《火星报》编辑部出版关于罗斯托夫罢工的小册子。

《列宁全集》中文第 2 版增订版第 44 卷第 299—300 页。

列宁写信给在彼得堡的叶·德·斯塔索娃，说他收到的彼得堡经济派 1902 年 10 月的传单是杂乱和恶毒的；坚决要求把经济派印发的所有文件都寄到《火星报》编辑部；对俄国社会民主工党彼得堡委员会拖延印发回击的传单表示不满；建议把伊·瓦·巴布什金选入组织委员会,接替被捕的弗·潘·克拉斯努哈。

《列宁全集》中文第 2 版增订版第 44 卷第 300—301 页。

　　列宁回复俄国社会民主工党哈尔科夫委员会报告社会民主党组织工作情况的信,说这样的来信可以巩固国外编辑部同地方工作者之间的密切联系;同意信中所述关于建立社会民主党组织的计划;请他们回答一系列问题:关于独立派、《工人储金会小报》和经济派的影响,以及关于工人对《火星报》的态度等。

《列宁全集》中文第 2 版增订版第 44 卷第 301—302 页;《弗·
伊·列宁和〈火星报〉编辑部同俄国国内的社会民主党组织通
信集》,第 3 卷,1970 年,第 23—25 页。

1 月 3 日（16 日）

　　列宁写信给在彼得堡的叶·德·斯塔索娃,说收到载有经济派反对彼得堡委员会声明拥护《火星报》和《曙光》杂志的抗议信的《工人思想报》第 16 号;列宁强调指出,必须印发驳斥经济派的传单,同他们进行坚决的斗争。

《列宁全集》中文第 2 版增订版第 44 卷第 303 页。

　　列宁写信给在彼得堡的伊·瓦·巴布什金,坚决建议彼得堡委员会印发传单提出抗议,驳斥经济派发表在《工人思想报》第 16 号上的抗议信,并立即展开同经济派的斗争;欢迎巴布什金的有力行动。

《列宁全集》中文第 2 版增订版第 44 卷第 303—304 页。

1 月 4 日（17 日）

　　列宁写信给在基辅的弗·威·林格尼克,对没有把《基辅社会民主党小报》及时寄给《火星报》编辑部表示不满;请他按时把全部小报寄来,并按时报告工作情况。

《列宁全集》中文第 2 版增订版第 44 卷第 305 页。

1 月,6 日(19 日)以前

列宁写信给玛·亚·乌里扬诺娃(这封信没有找到)。

《列宁全集》俄文第 5 版第 55 卷第 461 页。

1 月,不早于 7 日(20 日)

列宁读给《火星报》的标题为《同敖德萨的鼠疫作斗争》的通讯稿;计算印刷符号。

苏共中央马列主义研究院中央党务档案馆,第 2 号全宗,第 1 号目录,第 924 号保管单位。

列宁对从苏黎世给《火星报》编辑部的署名"流浪者"的通讯稿进行编辑加工,通讯稿的内容是 1897 年由于玛·费·韦特罗娃自杀而引起的哈尔科夫大学生游行示威。列宁写标题:《一页回忆》。

苏共中央马列主义研究院中央党务档案馆,第 2 号全宗,第 1 号目录,第 925 号保管单位。

1 月,不早于 13 日(26 日)

列宁读给《火星报》编辑部的标题为《"基督教"政府怎样庇护土耳其基督徒》的通讯稿,在上面注明:"《生活》杂志的材料中也有同样的报道"。

苏共中央马列主义研究院中央党务档案馆,第 2 号全宗,第 1 号目录,第 927 号保管单位。

1 月 14 日(27 日)

列宁写信给在伯尔尼的柳·伊·阿克雪里罗得,对不能立即给她寄去《唯心主义问题》文集表示歉意,因为这本书在维·伊·查苏利奇那里,建议她写信给在蒙特勒的亚·尼·波特列索夫。

《列宁全集》中文第 2 版增订版第 44 卷第 306 页。

列宁写信给在日内瓦的弗·德·邦契-布鲁耶维奇,说收到给

《火星报》的材料,并说打算在《火星报》上刊登《西皮亚金在外省被杀》一文。

《列宁全集》中文第 2 版增订版第 44 卷第 306—307 页。

列宁写信给在萨马拉的格·马·克尔日扎诺夫斯基,就筹备召开党的第二次代表大会的组织委员会的工作做得不好的原因提出自己的看法,并希望格·马·克尔日扎诺夫斯基和莉·米·克尼波维奇去波尔塔瓦领导组织委员会的工作。

《列宁全集》中文第 2 版增订版第 44 卷第 307—309 页。

列宁写信给在蒙特勒(瑞士)的亚·尼·波特列索夫,对《生活》杂志停刊后的事务实际上没有集中在《火星报》编辑部而集中在格·阿·库克林手中表示遗憾。

《列宁全集》中文第 2 版增订版第 44 卷第 309—310 页。

1 月 15 日(28 日)

列宁写信给在日内瓦的格·瓦·普列汉诺夫,说给他寄去将在《火星报》第 32 号上发表的组织委员会的声明,告知将在该报第 33 号上发表的材料;请他组织人翻译刊登在《无产阶级报》(亚美尼亚社会民主党人联合会机关报)上的关于民族主义和联邦制的材料,并尽快把这些材料寄来;谈到打算写一篇驳斥社会革命党人亚·鲁金的文章并出版自己驳斥社会革命党人的文集。

《列宁全集》中文第 2 版增订版第 44 卷第 310—312 页。

列宁写信给在彼得堡的叶·德·斯塔索娃,认为对《工人思想报》第 16 号上的经济派的信不提出抗议是不能容忍的;对销毁《〈工人思想报〉专页》第 1 号和拖延发行《出版不自由的二百周年》专刊表示不满;请她把所有出版的小报、俄国社会民主工党彼得堡委员会的募捐情况报告和工人通讯稿都寄给《火星报》编辑部。

《列宁全集》中文第 2 版增订版第 44 卷第 312—313 页。

列宁为《关于"组织委员会"成立的通告》写的编辑部后记和《通告》正文一起在《火星报》第 32 号上发表。

《列宁全集》中文第 2 版增订版第 7 卷第 74—78 页;《火星报》,1903 年 1 月 15 日,第 32 号。

1 月,不早于 16 日(29 日)

列宁在给《火星报》的关于 11 名社会民主党人 1902 年 8 月 18 日(9 月 1 日)从基辅监狱越狱的通讯稿上注明:"过时了(8 月!)"。

苏共中央马列主义研究院中央党务档案馆,第 2 号全宗,第 1 号目录,第 932 号保管单位。

不早于 1 月 17 日(30 日)—不晚于 2 月 1 日(14 日)

列宁在俄国社会民主工党梯弗利斯委员会关于参加游行争取言论和集会自由者被逐出高加索的传单上作批注:"梯弗利斯",写《火星报》编辑部按语并修改传单正文;给排字工人写提示:"注意!! 均不另起行!!"。这份传单刊登在 2 月 1 日(14 日)《火星报》第 33 号上。

苏共中央马列主义研究院中央党务档案馆,第 2 号全宗,第 1 号目录,第 933 号保管单位;《火星报》,1903 年 2 月 1 日,第 33 号。

1 月 17 日和 2 月 1 日(1 月 30 日和 2 月 14 日)之间

列宁读俄国社会民主工党沃罗涅日委员会因县地方自治会议议员马尔丁诺夫和布纳柯夫被捕而印发的传单《告沃罗涅日全体工人》,并注明:"写过简讯"。

苏共中央马列主义研究院中央党务档案馆,第 2 号全宗,第 1 号目录,第 934 号保管单位。

1月21日和2月1日(2月3日和14日)之间

列宁读俄国社会民主工党基什尼奥夫委员会关于1902年11月罗斯托夫罢工的传单;在上面注明:"编过简讯"。

《摩尔达维亚史》,第1卷,基什尼奥夫,1951年,第554页。

列宁读俄国社会民主工党基什尼奥夫委员会号召支持在基什尼奥夫成立的社会民主党委员会的传单《告同志们!》,在上面注明:"编过简讯"。

《摩尔达维亚史》,第1卷,基什尼奥夫,1951年,第552页。

1月21日(2月3日)以后

列宁读波·伊·哥列夫(戈尔德曼)寄给《火星报》编辑部的信,信中批评"彼得堡人"(康·米·塔赫塔廖夫)的小册子《90年代彼得堡工人运动概述》;列宁在信中作补充,指出必须把社会民主党工人党员选入各委员会,并注明:"波里斯写于2月初,2日或3日"。

《弗·伊·列宁和〈火星报〉编辑部同俄国国内的社会民主党组织通信集》,第3卷,1970年,第90—93页。

1月22日(2月4日)

列宁写信给在萨马拉的玛·亚·乌里扬诺娃,问她健康情况如何,德·伊·乌里扬诺夫是否已经来过,他有些什么打算,以及安·伊·乌里扬诺娃-叶利扎罗娃是否已去旅顺口;列宁谈到自己在伦敦的生活,说同娜·康·克鲁普斯卡娅去过德国剧院,还听过一场演奏柴可夫斯基第六交响乐的音乐会。

《列宁全集》中文第2版增订版第53卷第269—270页。

列宁收到尼·尼·洛霍夫从巴黎寄来的信,信中以国外俄国社会民主党人联合会的名义建议立即着手成立筹备召开俄国社会

民主工党第二次代表大会的俄国组织委员会国外分会;列宁在上
面作批注:"1903 年 2 月 4 日收到"。

《列宁全集》中文第 2 版增订版第 44 卷第 313—314 页;苏共
中央马列主义研究院中央党务档案馆,第 2 号全宗,第 1 号目
录,第 939 号保管单位。

1 月 22 日或 23 日(2 月 4 日或 5 日)

列宁以俄国革命社会民主党人国外同盟的名义写信给设在巴
黎的国外俄国社会民主党人联合会,信中告知同盟同意联合会关
于必须成立俄国组织委员会国外分会的意见,说同盟将就这个问
题立即写信给组织委员会,但是认为在没有收到俄国组织委员会
的复信之前就着手成立国外分会是不合理的和不完全正当的。

《列宁全集》中文第 2 版增订版第 44 卷第 313—315 页。

列宁写俄国组织委员会告俄国革命社会民主党人国外同盟、
国外俄国社会民主党人联合会和崩得国外委员会书的草案,建议
成立组织委员会国外分会。

《列宁全集》中文第 2 版增订版第 7 卷第 79 页。

1 月,22 日(2 月 4 日)以后

列宁读俄国社会民主工党基辅委员会的标题为《一个铁路工
人的来信》的传单,在上面注明:"旧的基辅传单"。

苏共中央马列主义研究院中央党务档案馆,第 2 号全宗,第 1
号目录,第 940 号保管单位。

1 月 23 日(2 月 5 日)

列宁给在巴黎的尔·马尔托夫寄去国外俄国社会民主党人联
合会关于成立组织委员会国外分会问题的来信抄件、同盟给联合
会的回信初稿以及《俄国组织委员会告俄国革命社会民主党人国
外同盟、国外俄国社会民主党人联合会和崩得国外委员会书的草

案》。列宁在给马尔托夫的信中请他就同盟的回信初稿和组织委员会的草案同现在在国外的俄国组织委员会委员彼·阿·克拉西科夫和弗·亚·诺斯科夫取得一致意见,然后把这些文件转寄给在日内瓦的格·瓦·普列汉诺夫;强调指出组织委员会国外分会应当是俄国组织委员会的一个分会。

《列宁全集》中文第 2 版增订版第 44 卷第 315—317 页。

列宁写信给在日内瓦的格·瓦·普列汉诺夫,说已给他转寄去同盟对国外俄国社会民主党人联合会关于成立组织委员会国外分会问题来信的回信初稿,如果普列汉诺夫同意,就请他把回信转交给尼·尼·洛霍夫,如果不同意,则把初稿的修改意见提交同盟成员表决或重新起草;信中对约·波·巴索夫斯基往俄国运送火星派书刊的工作表示赞许。

《列宁全集》中文第 2 版增订版第 44 卷第 317—319 页。

不早于 1 月 23 日（2 月 5 日）—不晚于 2 月 1 日（14 日）

列宁读因店员布罗茨基自杀而印发的传单《告敖德萨全体男女店员》,在上面作批注:"工人生活栏",写《火星报》编辑部按语。这份传单刊登在 2 月 1 日（14 日）《火星报》第 33 号上。

苏共中央马列主义研究院中央党务档案馆,第 2 号全宗,第 1 号目录,第 945 号保管单位;《火星报》,1903 年 2 月 1 日,第 33 号。

1 月 26 日（2 月 8 日）

列宁在寄给《火星报》编辑部的一封信（未署名）上作批注:"1903 年 2 月 7 日",并在同一作者的标题为《德国通讯》的通讯稿上作批注:"1903 年 2 月 7 日（??）"。

苏共中央马列主义研究院中央党务档案馆,第 2 号全宗,第 1 号目录,第 946 号保管单位。

列宁写信给在日内瓦的弗·德·邦契–布鲁耶维奇，鉴于缺乏写作力量而不同意他提出的出版《火星报》丛书的建议；告知已收到给《火星报》的材料，并告知为出版通俗书刊募集资金的方法；说自己正在校订卡·考茨基的小册子《社会革命》的俄译文。

《列宁全集》中文第 2 版增订版第 44 卷第 319—320 页。

1 月，不早于 27 日（2 月 9 日）

列宁对从哈尔科夫寄给《火星报》编辑部的标题为《乡长、录事和地方自治长官的统治》的通讯稿进行编辑加工。

《历史文献》杂志，1955 年，第 6 期，第 16—20 页、第 20 页和第 21 页之间。

1 月

列宁读给《火星报》编辑部的关于莫斯科教师代表大会的通讯稿和莫斯科委员会的号召书，注明："依我看，不登这一篇。只登莫斯科委员会的号召书"。

苏共中央马列主义研究院中央党务档案馆，第 2 号全宗，第 1 号目录，第 950 号保管单位。

2 月 1 日（14 日）

列宁的《论亚美尼亚社会民主党人联合会的宣言》和《论崩得的声明》两篇文章在《火星报》第 33 号上发表。

《列宁全集》中文第 2 版增订版第 7 卷第 80—90 页；《火星报》，1903 年 2 月 1 日，第 33 号。

2 月，2 日（15 日）以后

列宁在埃·王德威尔得发表在 1902—1903 年《社会主义运动》杂志上的几篇文章上注明："王德威尔得"和"雷托尔"。

苏共中央马列主义研究院中央党务档案馆，第 2 号全宗，第 1 号目录，第 952 号保管单位。

2 月,不早于 3 日(16 日)

列宁从 1903 年 2 月 16 日的《每日新闻报》上剪下《向工党进一言》一文,注明剪报的页码,在上面写:《每日新闻报》,并在封套上注明:"1903 年 2 月 16 日《每日新闻报》上的一篇短文"。

苏共中央马列主义研究院中央党务档案馆,第 2 号全宗,第 1 号目录,笫 953 号保管单位。

2 月 8 日(21 日)

列宁写信给在日内瓦的弗·德·邦契-布鲁耶维奇,说明自己因准备到巴黎作报告而很久没有给他写信;告知写信到巴黎的地址。

《列宁全集》中文第 2 版增订版第 44 卷第 320—321 页。

2 月,9 日(22 日)以前

列宁收到玛·亚·乌里扬诺娃从萨马拉寄来的信和安·伊·乌里扬诺娃-叶利扎罗娃从远东寄来的信。

《列宁全集》中文第 2 版增订版第 53 卷第 270 页。

2 月 9 日(22 日)

列宁写信给玛·亚·乌里扬诺娃,说自己已不像以前那样感到劳累,并说打算最近去巴黎;请她把附上的一封信转给安·伊·乌里扬诺娃-叶利扎罗娃(这封信没有找到)。

《列宁全集》中文第 2 版增订版第 53 卷第 270—271 页。

2 月,10 日(23 日)以前

列宁收到从柏林转来的传单《下诺夫哥罗德委员会给〈火星报〉编辑部的信》,信中谈对恐怖的态度问题。

《列宁全集》中文第 2 版增订版第 44 卷第 294 页。

列宁为在巴黎的俄国社会科学高等学校作题为《对欧洲和俄

国的土地问题的马克思主义观点》的讲演以及为作关于社会革命
党人和社会民主党人的土地纲领的专题报告做准备工作,阅读和
研究有关土地问题的书刊。

《列宁全集》中文第 2 版增订版第 44 卷第 320 页。

列宁翻译弗·恩格斯《法德农民问题》一文,并从文中作摘录。

《列宁全集》中文第 2 版增订版第 59 卷第 171—178 页;《列宁文集》俄文版第 19 卷第 295—300 页。

列宁从卡·马克思和弗·恩格斯的文章《废除封建义务的法案》和《法兰克福关于波兰问题的辩论》中作摘录(总标题为:《马克思论土地民主制》)。

《列宁全集》中文第 2 版增订版第 59 卷第 179—180 页。

列宁从刊登在 1894—1895 年《新时代》杂志第 13 年卷第 1 册第 12 期上的《国际代表大会上的土地问题》一文中作摘录。

《列宁文集》俄文版第 19 卷第 303—304 页。

列宁对收载于《农业年鉴》第 31 卷(胡·蒂尔出版,1902 年柏林版)的埃·施图姆普费《农业中的大、中、小生产》一书作摘录并写批语。列宁在摘录上作批注:"援引第 7、9—10、12、13、16 页"。

《列宁全集》中文第 2 版增订版第 56 卷第 324—354 页。

列宁就刊登在 1894—1895 年《新时代》杂志第 13 年卷第 2 册第 30 期上的麦·贝尔《论土地所有者——农民的状况》一文写札记。

《列宁文集》俄文版第 19 卷第 338 页。

列宁写罗·罗基尼《农业辛迪加及其活动》(1900 年巴黎版)一书的摘要,并从书中作摘录。

《列宁全集》中文第 2 版增订版第 59 卷第 181—195 页。

列宁对路·格朗多《农业的成就和农业辛迪加》(1889 年巴黎版)小册子作摘录和札记。

《列宁文集》俄文版第 32 卷第 184—187 页。

列宁写埃·库莱《法国农业中的辛迪加运动和合作社运动》(1898 年蒙彼利埃版)一书的札记。

《列宁全集》中文第 2 版增订版第 56 卷第 367 页。

列宁就刊登在《社会主义评论》杂志第 29 卷第 170 期(1899 年 2 月,巴黎)上的古·鲁瓦奈《论农业辛迪加的危险和未来》一文写札记。

《列宁全集》中文第 2 版增订版第 56 卷第 368—369 页。

列宁从阿·诺西希《对社会主义的修正》(第 2 卷,现代土地问题,1902 年柏林—伯尔尼版)一书中作摘录。

《列宁全集》中文第 2 版增订版第 56 卷第 370—371 页。

列宁在理·琼斯《论财富分配和税收来源》(1831 年伦敦版)一书的摘录笔记本上注明:"这里请尽可能写上详细而准确的书名、出版地和出版时间"。

苏共中央马列主义研究院中央党务档案馆,第 2 号全宗,第 1 号目录,第 951 号保管单位。

列宁根据 1895 年 6 月 14 日德国农户调查资料编写在德国农业中使用农业机器的表格。

《列宁文集》俄文版第 19 卷第 314 页。

列宁从彼·马斯洛夫《俄国农业发展的条件(试析农业关系)》(1903 年圣彼得堡版)一书中作摘录。

《列宁文集》俄文版第 19 卷第 307—309 页。

列宁写题为《对欧洲和俄国的土地问题的马克思主义观点》的

讲演提纲和要点。

《列宁全集》中文第 2 版增订版第 7 卷第 91—92 页;《列宁文集》俄文版第 19 卷第 225—228、230—240 页。

2 月 10 日(23 日)

列宁抵达巴黎。

《列宁全集》中文第 2 版增订版第 44 卷第 320—321 页,第 53 卷第 271 页。

2 月 10 日—13 日(23 日—26 日)

列宁在巴黎的俄国社会科学高等学校作四次题为《对欧洲和俄国的土地问题的马克思主义观点》的讲演。

《列宁全集》中文第 2 版增订版第 7 卷第 93—98 页;苏共中央马列主义研究院中央党务档案馆,第 2 号全宗,第 1 号目录,第 967、968 号保管单位。

2 月 10 日和 13 日(23 日和 26 日)之间

列宁对他题为《对欧洲和俄国的土地问题的马克思主义观点》的第一次讲演的记录稿进行修改,记录稿是巴黎的俄国社会科学高等学校的一个学生作的。

《列宁全集》中文第 2 版增订版第 7 卷第 93—98 页;苏共中央马列主义研究院中央党务档案馆,第 2 号全宗,第 1 号目录,第 967 号保管单位。

列宁在巴黎的俄国社会科学高等学校女学生 A.雷日科娃所作该校讲师速写集中自己的画像(速写)下面签名:"弗·乌里扬诺夫"。

苏共中央马列主义研究院中央党务档案馆,第 2 号全宗,第 1 号目录,第 23557 号保管单位。

2 月 11 日和 15 日(24 日和 28 日)之间

列宁写寄往基辅的《对 7ц.6ф.的信的几点意见》(7ц.6ф.是

弗·威·林格尼克的代号)一信,在信中对社会民主党人在工人中间的工作提出批评。

《列宁全集》中文第 2 版增订版第 44 卷第 321—328 页;《弗·伊·列宁和〈火星报〉编辑部同俄国国内的社会民主党组织通信集》,第 3 卷,1970 年,第 118—129、171—176 页。

2 月 15 日(28 日)

列宁的《犹太无产阶级是否需要"独立的政党"》一文在《火星报》第 34 号上发表。

《列宁全集》中文第 2 版增订版第 7 卷第 99—104 页;《火星报》,1903 年 2 月 15 日,第 34 号。

2 月 17 日(3 月 2 日)

列宁给格·瓦·普列汉诺夫写信,向全体《火星报》编委提出增补第七名编委的建议。

《列宁全集》中文第 2 版增订版第 44 卷第 328—330 页。

2 月,不晚于 18 日(3 月 3 日)

列宁在巴黎国家图书馆进行研究工作,准备关于社会革命党人和社会民主党人的土地纲领的专题报告,写关于土地问题的书目札记(这些书的作者是:M.埃尔特利、C.利赫特、路·格朗多、维尤尔茨勒等)。

苏共中央马列主义研究院中央党务档案馆,第 2 号全宗,第 1 号目录,第 969 号保管单位。

列宁写关于社会革命党人和社会民主党人的土地纲领的专题报告提纲。

《列宁文集》俄文版第 19 卷第 249—255、257—261 页。

列宁从亚·尼·恩格尔哈特的《农村来信》(1885 年圣彼得堡版)一书中和从刊登在 1882 年《祖国纪事》杂志第 8 期和第 9 期上

的瓦·沃·（瓦·巴·沃龙佐夫）的《我国农民经济和农业》一文中作摘录。

《列宁文集》俄文版第 19 卷第 310—313 页。

列宁对俄国农民的土地结构作统计,后来在《告贫苦农民》这本小册子里利用了这一统计。

《列宁全集》中文第 2 版增订版第 7 卷第 359—360 页;《列宁文集》俄文版第 19 卷第 313 页。

列宁记下有关农业工人和小农状况的文献资料。

《列宁文集》俄文版第 19 卷第 310、311 页。

2 月 18 日—21 日（3 月 3 日—6 日）

列宁在旅居巴黎的俄国政治流亡者的会议上作关于社会革命党人和社会民主党人的土地纲领的专题报告;参加对报告的辩论,记录尤·米·斯切克洛夫、维·米·切尔诺夫、波·尼·克里切夫斯基、列·达·托洛茨基的发言;写总结发言的提纲和要点,以及报告的提要;作总结发言。

《列宁文集》俄文版第 19 卷第 249—255、257—265、266—275、277—287 页。

2 月 20 日或 21 日（3 月 5 日或 6 日）

列宁写信给在伦敦的娜·康·克鲁普斯卡娅,说收到筹备召开俄国社会民主工党第二次代表大会的组织委员会的信,并附上自己给组织委员会的回信初稿。列宁在回信初稿中指出,代表大会议事日程的事先筹备工作应由组织委员会去做,表示反对把这个问题提交各地方委员会表决。列宁在信的末尾讲到关于自己在巴黎所作报告的辩论情况,并说预定在星期日（2 月 23 日（3 月 8 日））返回伦敦。

《列宁全集》中文第 2 版增订版第 44 卷第 330—331 页。

2 月 21 日和 24 日（3 月 6 日和 9 日）之间

列宁写信给组织委员会，对组织委员会寄来的党代表大会的章程草案表示满意；建议对草案作补充——规定一个期限，在此期限内，各委员会和各组织必须提出并送来自己对章程草案的修改意见；说《火星报》编辑部将给火星派各组织去信，建议立即和完全接受代表大会的章程草案。

《列宁全集》中文第 2 版增订版第 44 卷第 332—333 页。

2 月 24 日（3 月 9 日）

列宁从巴黎返抵伦敦。

《帕·波·阿克雪里罗得和尤·奥·马尔托夫书信集》，柏林，1924 年，第 79 页。

不早于 2 月 26（3 月 11 日）—不晚于 3 月 1 日（14 日）

列宁读乌法工人委员会关于加入俄国社会民主工党并同意《火星报》和《曙光》杂志的理论观点及组织思想的声明；在上面作批注："一定要刊登在第 35 号上！"这份声明刊登在 3 月 1 日（14日）《火星报》第 35 号上。

苏共中央马列主义研究院中央党务档案馆，第 2 号全宗，第 1号目录，第 977 号保管单位；《火星报》，1903 年 3 月 1 日，第 35 号。

2 月—4 月

列宁在《合作社》的标题下汇编德国、丹麦和俄国农户的统计资料。

《列宁文集》俄文版第 31 卷第 181—182 页。

不早于 2 月

列宁从 1903 年 2 月的英文期刊《派尔—麦尔杂志》上作有关摩

根家族在美国和其他国家铁路系统中的地位、各摩根企业的纯收入的摘录,并注明:"派尔—麦尔杂志","1903 年 2 月","**摩根家族**"。

苏共中央马列主义研究院中央党务档案馆,第 2 号全宗,第 1号目录,第 979 号保管单位。

3 月 1 日(14 日)以前

列宁读俄国社会民主工党彼得堡委员会的传单《给大学生的一封公开信》,在上面作批注:"应刊登在第 35 号上"。

苏共中央马列主义研究院中央党务档案馆,第 2 号全宗,第 1号目录,第 978 号保管单位。

3 月 1 日(14 日)

列宁的《专制制度在动摇中……》一文在《火星报》第 35 号上发表。

《列宁全集》中文第 2 版增订版第 7 卷第 105—110 页;《火星报》,1903 年 3 月 1 日,第 35 号。

3 月 1 日和 28 日(3 月 14 日和 4 月 10 日)之间

列宁写小册子《告贫苦农民(向农民讲解社会民主党人要求什么)》;收集关于农民经济状况的资料,作统计计算,起草小册子的四个提纲,起草个别章节的初稿,写小册子的正文。

《列宁全集》中文第 2 版增订版第 7 卷第 156—157、344—361页,第 44 卷第 334、339 页。

3 月 2 日(15 日)

列宁回复格·瓦·普列汉诺夫告知正在为《火星报》写《3 月望日》一文的来信,请他尽快把这篇文章寄来;对彼·巴·马斯洛夫的《俄国农业发展的条件》和爱·大卫的《社会主义和农业》两书发表自己的意见,并答应把这两本书寄给普列汉诺夫;说自己正在写小册子《告贫苦农民》。

《列宁全集》中文第 2 版增订版第 44 卷第 334—335 页。

列宁在娜·康·克鲁普斯卡娅给在萨马拉的组织委员会委员格·马·克尔日扎诺夫斯基的信中附言,说《火星报》编辑部将从伦敦迁往日内瓦。

《列宁全集》中文第 2 版增订版第 44 卷第 333—334 页。

3 月,5 日(18 日)以前

列宁在怀特彻佩尔(伦敦)向俄国工人侨民作题为《民粹派和社会民主党》的报告,驳斥社会革命党人的纲领和策略。

伊·康·米哈伊洛夫:《一个地下工作者的四分之一世纪》,1957 年,第 91—92 页;《回忆弗·伊·列宁》,第 2 卷,1969 年,第 39—90 页。

3 月 5 日(18 日)

列宁在怀特彻佩尔俄国工人侨民群众大会上发表纪念巴黎公社的讲话。

巴黎公社的参加者路易丝·米歇尔在群众大会上发言,然后请弗·伊·列宁讲话。列宁的讲话稿没有保存下来。讲话的内容是根据工人伊·康·米哈伊洛夫的回忆知道的。

《回忆弗·伊·列宁》,第 2 卷,1969 年,第 90 页;伊·康·米哈伊洛夫:《一个地下工作者的四分之一世纪》,1957 年,第 92—93 页。

列宁对《火星报》编辑部秘书娜·康·克鲁普斯卡娅写给崩得国外委员会的信作文字上的修改。

《列宁文集》俄文版第 13 卷第 151—152 页。

3 月,10 日(23 日)以前

列宁参加《火星报》编辑部会议,投票反对把编辑部从伦敦迁往日内瓦。

《回忆弗·伊·列宁》,第 1 卷,1968 年,第 274 页;《帕·波·阿克雪里罗得和尤·奥·马尔托夫书信集》,柏林,1924 年,第 78 页。

3 月,11 日(24 日)以后

列宁收到格·马·克尔日扎诺夫斯基从萨马拉寄来的报告组织委员会哈尔科夫会议情况的信。

《弗·伊·列宁和〈火星报〉编辑部同俄国国内的社会民主党组织通信集》,第 3 卷,1970 年,第 234—238 页。

3 月,16 日(29 日)以前

列宁在写小册子《告贫苦农民》时感到俄国文献不足,因而写信给俄国一位专门研究土地问题的统计学家(姓名不详),请他收集有关俄国土地占有情况的资料。

《列宁全集》中文第 2 版增订版第 7 卷第 206 页;《列宁文集》俄文版第 19 卷第 350—355 页。

列宁同娜·康·克鲁普斯卡娅和她的母亲伊·瓦·克鲁普斯卡娅在星期日到伦敦郊外去游玩。

《列宁全集》中文第 2 版增订版第 53 卷 272 页。

列宁收到玛·亚·乌里扬诺娃的来信,信中说全家人都很健康。

《列宁全集》中文第 2 版增订版第 53 卷第 271—272 页。

3 月 16 日(29 日)

列宁写信给玛·亚·乌里扬诺娃,说他近来身体很好,工作正常,没有杂事缠身;说娜·康·克鲁普斯卡娅和伊·瓦·克鲁普斯卡娅也都健康。

《列宁全集》中文第 2 版增订版第 53 卷 271—272 页。

3 月,16 日(29 日)以后

列宁收到一位专门研究土地问题的统计学家从俄国寄来的回

信,内有列宁询问的关于按份地数量划分农民的资料和关于 28 个省割地情况的资料;列宁在上面按省分类计算徭役农民的平均百分比,在关于俄国不同地区割地的统计表上作总计;按农村阶级划分来统计土地分配的数字并编制图表。列宁在写《告贫苦农民》小册子和《答对我们纲领草案的批评》一文时引用了这封信。

《列宁全集》中文第 2 版增订版第 7 卷第 206 — 207、214、359—361 页;《列宁文集》俄文版第 19 卷第 350—356 页。

3 月 18 日(31 日)

列宁在娜·康·克鲁普斯卡娅写给《南方工人报》编辑部的信中附言,建议为筹备俄国社会民主工党第二次代表大会采取以下一些措施:由组织委员会和波兰社会民主党人共同发表正式声明,表示波兰王国和立陶宛社会民主党完全赞同俄国社会民主工党并愿意加入党,以便在这一基础上邀请波兰社会民主党的代表参加代表大会;加紧准备在代表大会上同崩得进行斗争;要求把代表大会的代表名单寄来。

《列宁全集》中文第 2 版增订版第 44 卷第 335—336 页;《列宁文集》俄文版第 8 卷第 336—337 页。

3 月,20 日(4 月 2 日)以后

列宁收到格·瓦·普列汉诺夫的信,信中谈了彼得堡委员会的工作情况,说在实行集中制方面方法不对,告知要派一位已经来到国外的工人委员到列宁那里进行会谈。

《"劳动解放社"文集》,第 4 辑,1926 年,第 337—339 页。

3 月 21 日(4 月 3 日)

列宁给在萨马拉的组织委员会委员格·马·克尔日扎诺夫斯基写信,提出要尽一切力量加速筹备代表大会并保证代表大会代

表的多数是火星派;严厉批评崩得所宣传的联邦制建党原则;说打
算给犹太工人出版一本小册子,说明同俄国工人紧密团结的必要
性和崩得民族主义立场的危害性。

《列宁全集》中文第 2 版增订版第 44 卷第 336—337 页。

3 月 24 日(4 月 6 日)

由于组织委员会国外分会想扩大自己的职权并监督《火星报》
编辑部同俄国各地方委员会的通信往来,列宁写信给组织委员会,
建议限制组织委员会国外分会的职权。

《列宁全集》中文第 2 版增订版第 44 卷第 337—338 页;《回忆
弗·伊·列宁》,第 1 卷,1968 年,第 273—274 页。

3 月 25 日(4 月 7 日)

列宁读 К.И.扎哈罗娃从莫斯科寄来的一篇文章,该文捍卫
《火星报》的组织计划,阐明《火星报》在团结各地方组织中的作用。
列宁在上面作批注:"1903 年 4 月 7 日夹在一本书里,由蔡特金在
汉堡转交贝克尔"。

《弗·伊·列宁和〈火星报〉编辑部同俄国国内的社会民主党
组织通信集》,第 3 卷,1970 年,第 266—271 页。

3 月 26 日(4 月 8 日)

列宁读俄国社会民主工党伊丽莎白格勒委员会号召工人联合
起来反对资本家和沙皇制度的传单《告伊丽莎白格勒全体工人》,
并注明:"应在'党内生活'栏里加以说明"。

《弗·伊·列宁和〈火星报〉编辑部同俄国国内的社会民主党
组织通信集》,第 3 卷,1970 年,第 555 页;《火星报》,1903 年 5
月 1 日,第 39 号。

3 月,26 日(4 月 8 日)以后

列宁收到俄国社会民主工党基辅委员会委员弗·维·瓦卡尔

（弗·普拉夫金）的来信,信中报告基辅委员会的情况,说委员会完全是由火星派组成的,说《火星报》在工人中间的影响不断增长,并谈到同工人事业派（经济派）进行斗争的情况。

《弗·伊·列宁及其领导的党的国外机关同乌克兰社会民主党组织通信集》,基辅,1964 年,第 341—345 页。

3 月,28 日（4 月 10 日）以前

列宁给在日内瓦的格·瓦·普列汉诺夫寄去《告贫苦农民（向农民讲解社会民主党人要求什么）》小册子的手稿。

《列宁全集》中文第 2 版增订版第 44 卷第 339 页;《帕·波·阿克雪里罗得和尤·奥·马尔托夫书信集》,柏林,1924 年,第 83 页。

3 月,不早于 28 日（4 月 10 日）

列宁读从费奥多西亚绐《火星报》编辑部的关于费奥多西亚社会民主党工作日趋活跃的通讯稿,并注明:"1903 年 4 月 10 日在伦敦转交的通讯稿"。

苏共中央马列主义研究院中央党务档案馆,第 2 号全宗,第 1 号目录,第 987 号保管单位;《火星报》,1903 年 5 月 15 日,第 40 号。

3 月 28 日（4 月 10 日）

列宁写信给格·瓦·普列汉诺夫,告知收到他为《火星报》第 38 号写的文章《布列什柯夫斯卡娅女士和契吉林案件》,询问写作《废除连环保》一文的进展情况;请他尽快将《告贫苦农民》小册子付排。

《列宁全集》中文第 2 版增订版第 44 卷第 339 页。

3 月—4 月

列宁写爱·大卫《社会主义和农业》一书的提要和札记。在《告贫苦农民》小册子和其他著作中列宁对这本书作了批判。

《列宁全集》中文第 2 版增订版第 7 卷第 141、187—191 页,第

44 卷第 334 页,第 56 卷第 372—388 页。

列宁写卡·考茨基的《社会主义和农业》一文的提要和对这篇文章的意见。

《列宁全集》中文第 2 版增订版第 44 卷第 334 页;《列宁文集》俄文版第 19 卷第 336—337 页。

4 月 1 日(14 日)

列宁的《司徒卢威先生被自己的同事揭穿了》一文在《火星报》第 37 号上发表。

《列宁全集》中文第 2 版增订版第 7 卷第 179—186 页;《火星报》,1903 年 4 月 1 日,第 37 号。

4 月,不早于 2 日(15 日)

列宁为在《火星报》上发表俄国社会民主工党波尔塔瓦委员会的传单《告波尔塔瓦全体男女工人》做准备工作;写编辑部按语:"波尔塔瓦。俄国社会民主工党委员会在这里成立,并发表号召书如下"。

《弗·伊·列宁和〈火星报〉编辑部同俄国国内的社会民主党组织通信集》,第 3 卷,1970 年,第 558 页。

4 月,6 日(19 日)以前

列宁写信给格·瓦·普列汉诺夫,表示想要出版弗·恩格斯的《法德农民问题》小册子俄文版(这封信没有找到)。

《俄国社会民主主义运动》,第 1 卷,1928 年,第 102 页。

4 月,6 日(19 日)以后

列宁收到格·瓦·普列汉诺夫 4 月 6 日(19 日)寄来的两封信。普列汉诺夫在第一封信中要求对他的关于废除连环保的文章作一处修改;在第二封信中告知,他按弗·伊·列宁约稿翻译的弗·恩格斯的《法德农民问题》小册子俄译文已经完成,即可付印。

《俄国社会民主主义运动》,第 1 卷,1928 年,第 101—102 页。

不早于 4 月 7 日(20 日)—不晚于 5 月 1 日(14 日)

列宁读给《火星报》的通讯稿《基什尼奥夫暴行中的沙皇政府》(作者:"火星派分子"),并注明:"复火星派分子。收到。已经写过文章"。

苏共中央马列主义研究院中央党务档案馆,第 2 号全宗,第 1 号目录,第 995 号保管单位,第 1 张。

4 月 9 日(22 日)

娜·康·克鲁普斯卡娅写信给俄国社会民主工党特维尔委员会,说她收到了寄来的信件和通讯稿,并答应寄去给农民的传单,告知列宁的小册子《告贫苦农民》即将出版。

苏共中央马列主义研究院中央党务档案馆,第 24 号全宗,第 11 号目录,第 28372 号保管单位,第 5 张背面。

4 月 9 日和 5 月 15 日(4 月 22 日和 5 月 28 日)之间

列宁向图书馆借阅《革命俄国通报》杂志第 2 期,为此在图书借阅登记簿上登记:"列宁。《革命俄国通报》第 2 期"。

苏共中央马列主义研究院中央党务档案馆,第 2 号全宗,第 1 号目录,第 1000 号保管单位,第 12 张。

不早于 4 月 12 日(25 日)—不晚于 5 月 1 日(14 日)

列宁读托木斯克通讯稿。该通讯稿报道已翻印 150 份《火星报》第 34 号和 300 份《曙光》杂志第 1 期上的文章《发生了什么事情?》,并报告革命社会民主党人小组同俄国社会民主工党西伯利亚委员会统一的消息。列宁在上面作批注并标明:"付排"。

苏共中央马列主义研究院中央党务档案馆,第 2 号全宗,第 1 号目录,第 1003 号保管单位;《火星报》,1903 年 5 月 1 日,第 39 号。

4 月,不早于 14 日(27 日)

列宁读寄给《火星报》的关于技术学校学生霍洛德尼科夫自杀引起青年学生举行游行示威的通讯稿,在上面注明:"?? 此事发生在哪里?? 什么时候? 顿河畔罗斯托夫?"

> 苏共中央马列主义研究院中央党务档案馆,第 2 号全宗,第 1 号目录,第 996 号保管单位。

不早于 4 月 14 日(27 日)—不晚于 7 月 20 日(8 月 2 日)

列宁读崩得国外委员会的传单《自治还是联邦制?》,在传单上作许多记号和着重标记;列宁在党的第二次代表大会 7 月 20 日(8 月 2 日)《关于崩得在俄国社会民主工党内的地位问题的发言》中引用了这一传单。

> 《列宁全集》中文第 2 版增订版第 7 卷第 248—250 页;苏共中央马列主义研究院中央党务档案馆,第 2 号全宗,第 1 号目录,第 998 号保管单位,第 2、3、4 张。

4 月 15 日(28 日)

列宁的《Les beaux esprits se rencontrent(俄语大意是:智者所见略同)》一文在《火星报》第 38 号上发表。

> 《列宁全集》中文第 2 版增订版第 7 卷第 187—191 页;《火星报》,1903 年 4 月 15 日,第 38 号。

4 月,不早于 18 日(5 月 1 日)

列宁读通讯稿《致宣传员的信》(评刊登在《火星报》第 34 号上的谢韦里亚宁(弗·亚·诺斯科夫)的《论小组的宣传工作》一文);在上面注明:"复扎拉图斯特拉。收到"。

> 苏共中央马列主义研究院中央党务档案馆,第 2 号全宗,第 1 号目录,第 999 号保管单位。

不早于 4 月 25 日(5 月 8 日)—不晚于 5 月 15 日(28 日)

列宁读从俄国寄来的奸细彼得·亚尔科夫致工人书的抄

件,亚尔科夫在致工人书中建议工人向警察局提供关于革命者的活动情况;列宁在上面注明:"不适用,但要防备亚尔科夫(加以说明)"。

苏共中央马列主义研究院中央党务档案馆,第2号全宗,第1号目录,第1002号保管单位;《火星报》,1903年5月15日,第40号。

列宁读拉夫鲁什卡(谢·伊·古谢夫)的通讯稿《匿名公司车辆制造厂》(发自特维尔),来稿报道该厂的劳动条件十分艰苦。列宁在上面作批注:"刊工人运动栏"。这篇通讯稿刊登在1903年5月15日(28日)的《火星报》上。

苏共中央马列主义研究院中央党务档案馆,第2号全宗,第1号目录,第1004号保管单位;《火星报》,1903年5月15日,第40号。

4月,27日(5月10日)以前

列宁给俄国社会民主二党基辅委员会委员弗·维·瓦卡尔(弗·普拉夫金)写信(这封信没有找到)。

《弗·伊·列宁及其领导的党的国外机关同乌克兰社会民主党组织通信集》,基辅,1964年,第350页。

4月底

列宁同尼·亚·阿列克谢耶夫交谈;在谈话过程中,阿列克谢耶夫嘲笑刊登在英国社会民主联盟中央机关报《正义报》上的一篇谈到社会革命即将来临的文章。阿列克谢耶夫回忆说:"弗拉基米尔·伊里奇对我的讽刺表示不满,他坚决地说:'而我希望活到社会主义革命',并且对怀疑论者加了几个贬义的形容词。"

《回忆弗·伊·列宁》,第2卷,1969年,第91—92页。

在从伦敦迁往日内瓦前夕,列宁患病。病程大约两周时间。

《回忆弗·伊·列宁》,第1卷,1968年,第274页;《红色史料》杂志,1924 年,第 2 期,第 40—41 页。

  由于《火星报》迁往日内瓦出版,列宁同娜·康·克鲁普斯卡娅离开伦敦去日内瓦。

> 苏共中央马列主义研究院中央党务档案馆,第 24 号全宗,第 11 号目录,第 28372 号保管单位,第 8 张;第 4 号目录,第 1286 号保管单位,第 9 张背面;《回忆弗·伊·列宁》,第 1 卷,1968 年,第 274 页;《俄国社会民主主义运动》,第 1 卷,1928 年,第 102 页。

  列宁同娜·康·克鲁普斯卡娅到达日内瓦后,住在莫拉尔公寓(五月大街 15 号和 15 号乙)。他们在这里住了大约两周时间,直到列宁恢复健康。

> A.C.库德里亚夫采夫等:《列宁在日内瓦》,1967 年,第 40—42 页。

5 月初

  列宁同从西伯利亚流放地逃出来的社会民主党人维·巴·诺根和谢·瓦·安德罗波夫交谈。安德罗波夫在 5 月 7 日(20 日)寄往阿钦斯克的信中写道:“他非常高兴、非常亲切地接待了我们,谈了很多事情。他充满了战斗情绪。”

> 苏共中央马列主义研究院中央党务档案馆,ДП 全宗,第 15 号目录,第 34706 号保管单位;B.阿尔汉格尔斯基:《诺根》,1966 年,第 164—165 页;《红色史料》杂志,1924 年,第 2 期,第 40—41 页。

  列宁恢复《火星报》的编辑工作和筹备党的第二次代表大会的工作。

> 伊·拉拉扬茨:《布尔什维克主义的起源——俄国社会民主工党的产生》,1934 年,第 94 页;苏共中央马列主义研究院中央党务档案馆,ДП 全宗,第 15 号目录,第 34706 号保管单位;第 2 号全宗,第 1 号目录,第 1007 号保管单位。

  由于莫拉尔公寓位于闹市,列宁开始物色新的住所。

《回忆弗·伊·列宁》，第 1 册，1956 年，第 268 页。

列宁和娜·康·克鲁普斯卡娅从莫拉尔公寓迁居日内瓦郊区卡鲁日科林街 2 号（现田涅里街 2 号）。他们在这里住了大约一个月时间。

A.C.库德里亚夫采夫等：《列宁在日内瓦》，1967 年，第 42 — 44 页。

5 月 5 日和 15 日（18 日和 28 日）之间

列宁对托布列尔（B.M.布龙涅尔）发自托木斯克的 4 月 20 日（5 月 3 日）关于俄国社会民主工党托木斯克委员会和俄国社会民主工党西伯利亚联合会活动情况的通讯稿进行编辑加工。这篇通讯稿刊登在 5 月 15 日（28 日）的《火星报》上。

苏共中央马列主义研究院中央党务档案馆，第 2 号全宗，第 1 号目录，第 1007 号保管单位；《火星报》，1903 年 5 月 15 日，第 40 号。

列宁对俄国社会民主工党叶卡捷琳诺斯拉夫委员会给《火星报》编辑部的一篇声明进行编辑加工。该声明宣称在纲领、策略、组织等一切问题上都同《火星报》和《曙光》杂志的观点一致，并承认《火星报》和《曙光》杂志为自己的领导机关。这篇声明刊登在 5 月 15 日（28 日）的《火星报》上。

苏共中央马列主义研究院中央党务档案馆，第 2 号全宗，第 1 号目灵，第 1006 号保管单位；《火星报》，1903 年 5 月 15 日，第 40 号。

列宁读一个姓名不详的作者关于 4 月 26 日（5 月 5 日）[①]凌晨举行的工人集会和印发传单情况的顿河畔罗斯托夫通讯稿，在上面注明："顿河畔罗斯托夫"。这篇通讯稿刊登在 5 月 15 日（28

---

① 原文如此。——译者注

日)的《火星报》上。

苏共中央马列主义研究院中央党务档案馆,第 2 号全宗,第 1 号目录,第 1008 号保管单位;《火星报》,1903 年 5 月 15 日,第 40 号。

5 月,9 日(22 日)以前

列宁写信给在基辅的筹备召开俄国社会民主工党第二次代表大会的组织委员会委员叶·米·亚历山德罗娃(这封信没有找到)。

《列宁文集》俄文版第 8 卷第 350 页。

5 月,9 日(22 日)以后

列宁回复叶·米·亚历山德罗娃抱怨组织委员会的工作条件艰苦的来信,指出结束地方组织工作的混乱状态的唯一方法是尽快召开党的代表大会,并阐述自己对崩得、波兰社会党和党中央机关的意见;请她把这封信的内容告诉组织委员会的全体成员。

《列宁全集》中文第 2 版增订版第 44 卷第 340—343 页;《列宁文集》俄文版第 8 卷第 345—353 页。

5 月 11 日(24 日)

列宁写信给在萨马拉的格·马·克尔日扎诺夫斯基,请他介绍关于筹备党的第二次代表大会的工作情况;询问关于弗·威·林格尼克的情况;建议对反对在即将举行的代表大会上建立两个中央领导机关的叶·米·亚历山德罗娃施加影响;列宁对玛·伊·乌里扬诺娃的健康情况表示关注。

《列宁全集》中文第 2 版增订版第 44 卷第 343—344 页;《列宁文集》俄文版第 8 卷第 352 页。

5 月,不早于 12 日(25 日)

列宁读署名"崩得的异教徒"的报道警察在德文斯克驱散犹太

工人集会并殴打被捕者的通讯稿；在上面作批注："过时了"。

苏共中央马列主义研究院中央党务档案馆，第 2 号全宗，第 1 号目录，第 1011 号保管单位，第 1 张。

5 月 12 日和 15 日（25 日和 28 日）之间

列宁读发自兹拉托乌斯特的报道 1903 年 3 月 13 日（26 日）兹拉托乌斯特采矿厂集会的参加者遭到殴打和枪杀的通讯稿，并作批注："副本"和"在兹拉托乌斯特？"。这篇通讯稿刊登在 5 月 15 日（28 日）的《火星报》上。

苏共中央马列主义研究院中央党务档案馆，第 2 号全宗，第 1 号目录，第 1010 号保管单位；《火星报》，1903 年 5 月 15 日，第 40 号。

5 月，15 日（28 日）以前

列宁读发自基辅的报道正在酝酿虐犹暴行的通讯稿，注明："基辅"。这篇通讯稿刊登在 5 月 15 日（28 日）的《火星报》上。

苏共中央马列主义研究院中央党务档案馆，第 2 号全宗，第 1 号目录，第 1012 号保管单位，第 1 张；《火星报》，1903 年 5 月 15 日，第 40 号。

列宁同经济派《工人思想报》原编辑康·米·塔赫塔廖夫就 1896—1897 年彼得堡工人运动中经济主义产生的经过问题进行谈话。

《火星报》，1903 年 5 月 15 日，第 40 号。

列宁为"彼得堡人"（康·米·塔赫塔廖夫）的《给编辑部的信》写按语，这封信谈的是彼得堡工人阶级解放斗争协会的领导人分为"老年派"和"青年派"一事。

《火星报》，1903 年 5 月 15 日，第 40 号。

5 月，不晚于 15 日（28 日）

列宁读署名"俄国军队一军官"的寄给《火星报》编辑部的信。

来信请求发表附上的传单《告俄国军官》,传单指出俄国军官作为解放运动的镇压者,其地位是不光彩的。列宁在传单上注明:"不适用(加以说明)"。

苏共中央马列主义研究院中央党务档案馆,第 2 号全宗,第 1 号目录,第 1001 号保管单位;《火星报》,1903 年 5 月 15 日,第 40 号。

5 月,不早于 24 日(6 月 6 日)

列宁读署名"哈尔科夫学生联合会"的通讯稿,这份稿件认为《火星报》第 31 号刊登的关于未能为安葬一个开枪自杀的中学生举行游行示威的报道不属实。列宁在上面注明:"用几句话加以说明?"

苏共中央马列主义研究院中央党务档案馆,第 2 号全宗,第 1 号目录,第 1015 号保管单位。

5 月,25 日(6 月 7 日)以后

列宁读俄国社会民主工党基辅委员会的传单《祖巴托夫分子在基辅》,传单揭露沙皇政府推行扶植祖巴托夫组织的政策。列宁在上面作批注:"基辅传单"。

苏共中央马列主义研究院中央党务档案馆,第 2 号全宗,第 1 号目录,第 1016 号保管单位。

5 月,不早于 26 日(6 月 8 日)

列宁对 Л.拉什科夫斯基关于在士兵和新入伍者当中进行宣传工作的方法问题给《火星报》的信作文字上的修改,并写编辑部按语。

《历史文献》杂志,1955 年,第 6 期,第 21 页。

5 月下半月—6 月

列宁起草党章草案初稿。

《列宁全集》中文第 2 版增订版第 7 卷第 362—367 页,第 8 卷第 236—240 页;《俄国革命社会民主党人国外同盟第二次(例行)代表大会记录》,日内瓦,1903 年,第 58—59 页;尔·马尔托夫:《同俄国社会民主工党内的"戒严状态"作斗争》,日内瓦,1904 年,第 IV—V 页。

5 月

列宁的小册子《告贫苦农民(向农民讲解社会民主党人要求什么)》在日内瓦出版。

弗·伊·列宁:《告贫苦农民(向农民讲解社会民主党人要求什么)》,日内瓦,1903 年,92 页,标题前作者署名:尼·列宁;《火星报》,1903 年 5 月 15 日,第 40 号;《红色文献》杂志,1934 年,第 1 期,第 154 页。

5 月—6 月

列宁在瑞士的一些城市(伯尔尼、日内瓦)作关于土地问题的讲演。维·米·韦利奇金娜在 5 月 10 日(23 日)从朗西(日内瓦附近)寄往彼得堡的信中写道:"现在列宁正在我们这里作一系列关于土地问题的讲演。他是一个多么有才能的人啊!"

苏共中央马列主义研究院中央党务档案馆,ДП 全宗,第 1 号目录,第 34713 号保管单位;《列宁研究院集刊》,第 1 辑,1927 年,第 104 页;《回忆列宁》,第 2 册,1925 年,第 65 页;《无产阶级革命》杂志,1927 年,第 1 期,第 5—7 页。

不早于 5 月—不晚于 7 月 17 日(30 日)

列宁修改娜·康·克鲁普斯卡娅起草的《火星报》组织向俄国社会民主工党第二次代表大会提出的关于在 1901 年 4 月—1902 年 11 月期间国内组织工作的报告。

《无产阶级革命》杂志,1928 年,第 1 期,第 147、153、154、159、161—162 页。

列宁写关于向俄国社会民主工党第二次代表大会作《火星报》组织工作的报告的笔记。

РОССІЙСКАЯ СОЦІАЛЬДЕМОКРАТИЧЕСКАЯ РАБОЧАЯ ПАРТІЯ .

Пролетаріи всѣхъ странъ, соединяйтесь!

Н. ЛЕНИНЪ

Къ деревенской бѣднотѣ.

Объясненіе для крестьянъ, чего хотятъ соціальдемократы.

Съ приложеніемъ.
Проекта программы Россійской Соціальдемократической
Рабочей Партіи.

Изданіе Загран. Лиги Русск. Революціонной Соціальдемократіи.

ЖЕНЕВА
Типографія Лиги, Route Caroline, 27.
1903

1903年列宁《告贫苦农民》小册子封面

《列宁全集》中文第 2 版增订版第 7 卷第 368—369 页。

春天

列宁拟订第二次代表大会议事日程,起草《俄国社会民主工党第二次代表大会议事规程和议程初稿》。

《列宁文集》俄文版第 6 卷第 50—52 页。

列宁准备写反驳社会革命党人的小册子,起草小册子的提纲(这本小册子没有写成)。

《列宁全集》中文第 2 版增订版第 7 卷第 192—200 页。

6 月初

列宁和娜·康·克鲁普斯卡娅迁居位于塞舍龙工人区的新住所(福瓦耶小路 10 号)。他们在这里住到 1904 年 6 月 18 日(7 月 1 日)。这所房子没有保留到现在。

《回忆弗·伊·列宁》,第 1 卷,1968 年,第 274 页;A.C.库德里亚夫采夫等:《列宁在日内瓦》,1967 年,第 44 页。

6 月,15 日(28 日)以前

列宁对关于五一节传单《告西伯利亚工人》的克拉斯诺亚尔斯克通讯稿进行编辑加工,在上面注明:"6 月 2 日寄自伯尔尼","关于游行示威"。

苏共中央马列主义研究院中央党务档案馆,第 2 号全宗,第 1 号目录,第 1014 号保管单位。

6 月,20 日(7 月 3 日)以后

社会民主党各地方委员会纷纷来信要弗·伊·列宁的小册子《告贫苦农民》。

《弗·伊·列宁和〈火星报〉编辑部同俄国国内的社会民主党组织通信集》,第 3 卷,1970 年,第 414、431 页。

6 月, 29 日(7 月 12 日)以前

列宁校订的卡·考茨基的《社会革命》小册子的俄译本在日内瓦出版。

> 《列宁全集》中文第 2 版增订版第 44 卷第 345、600—601 页；卡·考茨基:《社会革命》,H.卡尔波夫译自德文,尼·列宁校,日内瓦,同盟印刷所,1903 年,204 页。

6 月 29 日(7 月 12 日)

列宁写信给在柏林的卡·考茨基,告知给他寄去他的《社会革命》小册子的俄译本,并告知自己所加的编者注的内容。

> 《列宁全集》中文第 2 版增订版第 44 卷第 345、600—601 页。

6 月, 不晚于 30 日(7 月 13 日)

列宁读俄国社会民主工党萨拉托夫委员会 1903 年 6 月印发的传单《工人杰尼索夫在法庭上的演说》,在上面注明:"杰尼索夫在法庭上的演说"。这篇演说稿刊登在 7 月 1 日(14 日)的《火星报》上。

> 苏共中央马列主义研究院中央党务档案馆,第 2 号全宗,第 1号目录,第 1025 号保管单位;《火星报》,1903 年 7 月 1 日,第 43 号。

6 月底—7 月初

列宁把在伯尔尼作讲演的收入上交,作为《火星报》的基金。

> 《火星报》,1903 年 7 月 1 日,第 43 号。

列宁写党章草案的第二稿,向《火星报》编委和已经到达的第二次代表大会的代表介绍第二稿的内容。

> 《列宁全集》中文第 2 版增订版第 7 卷第 238—239 页,第 8 卷第 237—239 页。

6 月底—7 月上半月

列宁继续拟订俄国社会民主工党第二次代表大会的议事日

程,起草《俄国社会民主工党第二次(例行)代表大会计划》。他在第 24 条的解释中第一次提出了党的领导核心的组成原则(选出两个三人小组:三人进入中央机关报和三人进入中央委员会)。

《列宁全集》中文第 2 版增订版第 7 卷第 370—377 页,第 8 卷第 39、55—57、93 页。

6 月—7 月 15 日(28 日)以前

列宁写《答对我们纲领草案的批评》一文。该文同彼·巴·马斯洛夫的《论土地纲领》一文一起印成单独的小册子,散发给第二次代表大会的代表,以代替关于土地问题的报告。

《列宁全集》中文第 2 版增订版第 7 卷第 203—217 页;《火星报》,1903 年 7 月 15 日,第 44 号。

6 月—7 月上半月

列宁会见前来出席俄国社会民主工党第二次代表大会的代表,同他们就代表大会议程、党纲草案和党章草案,崩得的立场及其他问题进行交谈;积极参加《火星报》编委同代表大会的火星派代表为统一观点举行的会议。列宁特别重视彼得堡委员会、图拉委员会和基辅委员会所选出的工人代表(亚·瓦·绍特曼、谢·伊·斯捷潘诺夫、伊·康·尼基京),向他们解释代表大会的任务。

《列宁全集》中文第 2 版增订版第 8 卷第 39 页;《回忆弗·伊·列宁》,第 1 卷,1968 年,第 274—275、276 页;《回忆俄国社会民主工党第二次代表大会》,1959 年,第 107—111、132 页。

6 月—7 月 17 日(30 日)以前

列宁同出席俄国社会民主工党第二次代表大会的萨拉托夫委员会代表马·尼·利亚多夫和彼得堡委员会代表亚·瓦·绍特曼进行谈话;向他们了解当地的情况,给他们讲述《火星报》编辑部的困难状况。这次谈话在日内瓦湖畔散步时进行,然后又在列宁的住所进行。

《回忆俄国社会民主工党第二次代表大会》,1959 年,第 54—56、112 页。

列宁参加《火星报》编辑部、党的工作者和罗斯托夫工人——著名的罗斯托夫大罢工的组织者在普列汉诺夫住所举行的同志会见。

《苦役与流放》杂志,1924 年,第 3 期,第 17—18 页;1928 年,第 8—9 期,第 18—19 页。

鉴于《火星报》编辑部内出现的严重局面,即在决定重要问题时均分为两个三票(列宁、马尔托夫、波特列索夫——普列汉诺夫、阿克雪里罗得、查苏利奇),致使编辑部无法开展工作,列宁再次建议增补第七名编委参加编辑部,并提名彼·阿·克拉西科夫为候选人。列宁的建议获得通过。

《列宁全集》中文第 2 版增订版第 8 卷第 39、210 页;《回忆弗·伊·列宁》,第 1 卷,1968 年,第 275 页。

列宁为党的第二次代表大会起草下列决议草案:关于崩得在俄国社会民主工党内的地位的决议草案、关于经济斗争的决议草案、关于五一节的决议草案、关于国际代表大会的决议草案、关于游行示威的决议草案、关于恐怖手段的决议草案、关于宣传工作的决议草案、关于对青年学生的态度的决议草案、关于力量配置的决议草案、关于党的书刊的决议草案。

《列宁全集》中文第 2 版增订版第 7 卷第 227—237 页。

列宁来到人数众多的会场,准备参加《革命俄国报》编辑部组织的社会革命党人同社会民主党人的公开辩论会。由于社会革命党人的领袖们没有到会,辩论会没有开成。

《回忆俄国社会民主工党第二次代表大会》,1959 年,第 113—114 页。

7 月 3 日（16 日）

列宁收到弗·德·邦契-布鲁耶维奇根据他和普列汉诺夫的建议为俄国社会民主工党第二次代表大会起草的报告《俄国教会的分裂和教派运动》。

《列宁全集》中文第 2 版增订版第 44 卷第 346 页；《黎明报》，1904 年，第 6—7 号合刊，第 161—174 页。

列宁为写《答对我们纲领草案的批评》一文，写信给弗·德·邦契-布鲁耶维奇，请他设法弄到布罗克豪斯和叶弗龙《百科词典》中载有关于土地问题条目的各卷。

《列宁全集》中文第 2 版增订版第 44 卷第 346 页。

列宁收到弗·恩格斯的《法德农民问题》小册子，把它寄给弗·德·邦契-布鲁耶维奇，请维·米·韦利奇金娜译出全部前言，并将小册子尽快寄还给他。

《列宁全集》中文第 2 版增订版第 44 卷第 346 页。

7 月 12 日—14 日（25 日—27 日）

列宁读传单《俄国社会民主工党沃罗涅日委员会答自称"组织委员会"的团体和〈火星报〉，回应它们在〈火星报〉第 36 号上的声明》，列宁在上面作批注："沃罗涅日委员会答**组织委员会**"。

苏共中央马列主义研究院中央党务档案馆，第 2 号全宗，第 1 号目录，第 1018 号保管单位；《俄国社会民主工党第二次代表大会》，1959 年，第 738—741 页。

7 月，14 日（27 日）以前

列宁会见国外革命报纸《大学生报》编委 С.И.扎戈尔斯基，同他就该报的政治方向和《编辑部声明》中的缺点进行谈话，答应在供稿以及印刷和运输方面给予协助。

《列宁全集》中文第 2 版增订版第 7 卷第 322—335 页;苏共中央马列主义研究院中央党务档案馆,第 24 号全宗,第 6y 号目录,第 28021 号保管单位,第 3 张—第 4 张背面。

7 月,14 日(27 日)以后

列宁收到《大学生报》编委 С.И.扎戈尔斯基从锡西孔(瑞士乌里州)寄来的信,信中说给列宁寄来了新的《编辑部声明》,并告知第 2 号报纸的内容,请求列宁把答应写的关于社会民主党人和社会革命党人的区别的文章寄去,请求开列一份写作论述大学生在同西方专制制度斗争中的作用的文章所用的书目,同时还请求告知将在什么地方和什么时间印刷第 2 号报纸。

苏共中央马列主义研究院中央党务档案馆,第 24 号全宗,第 6y 号目录,第 28021 号保管单位,第 1 张—第 2 张背面。

7 月,15 日(28 日)以前

列宁在到达日内瓦的俄国社会民主工党第二次代表大会代表们的集会上作关于民族问题的报告,这个报告后来改写成《我们纲领中的民族问题》一文。

《列宁全集》中文第 2 版增订版第 8 卷第 39 页;《俄国革命社会民主党人国外同盟第二次(例行)代表大会记录》,日内瓦,1903 年.第 54 页。

7 月 15 日(28 日)

列宁的《我们纲领中的民族问题》一文在《火星报》第 44 号上发表。

《列宁全集》中文第 2 版增订版第 7 卷第 218—226 页;《火星报》,1903 年 7 月 15 日,第 44 号。

7 月上半月

列宁写一篇驳社会革命党人的文章的提纲。

《列宁全集》中文第 2 版增订版第 7 卷第 201—202 页。

7 月，17 日（30 日）以前

列宁收到尔·马尔托夫的信，信中对列宁起草的即将举行的代表大会的议事规程和议程提出意见；列宁在信封上注明："非常重要！马尔托夫对我提的议程的回信"。

《列宁全集》中文第 2 版增订版第 7 卷第 370—377 页；苏共中央马列主义研究院中央党务档案馆，第 2 号全宗，第 1 号目录，第 1034 号保管单位。

列宁在同《火星报》编委尔·马尔托夫和亚·尼·波特列索夫的谈话中向他们介绍自己的《俄国社会民主工党第二次（例行）代表大会计划》以及选举两个三人小组进入中央机关报和中央委员会的计划。

《列宁全集》中文第 2 版增订版第 8 卷第 15—16、93 页；《俄国革命社会民主党人国外同盟第二次（例行）代表大会记录》，日内瓦，1903 年，第 53、64—65 页。

列宁写党章草案定稿，后来将其提交第二次代表大会章程委员会审查（定稿原文没有保存下来）。定稿区别于第二稿的地方是：第一，规定党总委员会不是党的仲裁机关，而是党的最高机关；第二，定稿中增加了必须在一致同意的情况下才能增补中央机关报和中央委员会委员的要求，以及中央委员会和中央机关报在增补时应互相监督的要求。

《列宁全集》中文第 2 版增订版第 7 卷第 238—239 页，第 8 卷第 238—239 页；巴甫洛维奇：《就俄国社会民主工党第二次代表大会给同志们的信》，日内瓦，1904 年，第 5—6 页。

列宁同马尔托夫一起当选为俄国革命社会民主党人国外同盟出席俄国社会民主工党第二次代表大会的代表。

《列宁全集》中文第 2 版增订版第 8 卷第 39—40 页。

列宁同一批出席俄国社会民主工党第二次代表大会的代表会

见并进行谈话,其中有谢·伊·古谢夫;列宁不同意古谢夫在出版
问题上的立场,古谢夫认为除党的中央机关报外,还应该出版给工
人看的通俗机关报;列宁向他解释说,南方工人社想以通俗机关报
作掩护,保存自己的报纸。

《回忆俄国社会民主工党第二次代表大会》,1959 年,第
85 页。

列宁在自己的住所会见出席第二次代表大会的敖德萨委员会
代表罗·萨·捷姆利亚奇卡,同她讨论党内的工作和即将在俄国
社会民主工党第二次代表大会上同机会主义者展开的坚决斗争。

《回忆俄国社会民主工党第二次代表大会》,1959 年,第 154—
155 页;《回忆弗·伊·列宁》,第 2 卷,1969 年,第 82—83 页。

列宁会见出席第二次代表大会的俄国社会民主工党图拉委员
会代表谢·伊·斯捷潘诺夫,询问关于党组织、关于工人的生活和
斗争的情况;谈到必须建立坚强的马克思主义革命政党,并问到工
人是怎样理解他的《怎么办?》一书的。

《回忆俄国社会民主工党第二次代表大会》,1959 年,第
132 页。

列宁在俄国社会民主工党第二次代表大会前夕编写代表大会
的代表组成名单表,估计将有哪些人站在《火星报》的革命原则立
场上。列宁的分析——火星派分子 32 票、反火星派分子 8 票、动
摇分子(中派、泥潭派)11 票——几乎同火星派分子分裂前代表大
会上的斗争情况完全一致(火星派分子 33 名、反火星派分子 8 名、
中派分子 10 名)。

《列宁全集》中文第 2 版增订版第 7 卷第 378—379 页,第 8 卷
第 1—2、333—347 页。

列宁在俄国社会民主工党第二次代表大会前夕同当选为代表

大会代表的火星派分子举行一系列会议,在会议上对形势作说明,确定要同机会主义分子进行坚决的斗争。

《回忆弗·伊·列宁》,第 2 卷,1969 年,第 83 页;《回忆俄国社会民主工党第二次代表大会》,1959 年,第 54—57、110—111、155 页。

列宁同为教派信徒办的《黎明报》的出版人弗·德·邦契-布鲁耶维奇进行谈话,支持他提出的把该报变成党的刊物的建议。

《列宁全集》中文第 2 版增订版第 7 卷第 293 页;《苦役与流放》杂志,1924 年,第 3 期,第 18—19 页。

列宁读《德国社会民主党的开端(纪念全德工人联合会成立四十周年)》一文,作批注:"不适用"。这篇文章作为《火星报》第 44 号附刊发表,署名为"Π."。

苏共中央马列主义研究院中央党务档案馆,第 2 号全宗,第 1 号目录,第 1035 号保管单位;《火星报》,1903 年 7 月 15 日,第 44 号附刊。

列宁同出席第二次代表大会的矿业工人联合会代表约·尼·莫申斯基进行谈话,建议他提出一份关于在顿巴斯矿工和五金工人中进行社会民主主义宣传和关于联合会实际工作的详细报告。

《苦役与流放》杂志,1928 年,第 8—9 期,第 18—19 页;《火星报》,1903 年 8 月 1 日,第 45 号。

列宁同俄国社会民主工党第二次代表大会的其他代表一起从日内瓦启程去布鲁塞尔。列宁到达布鲁塞尔以后,关心对不懂外语的大会代表的安置,了解他们的住宿情况,建议他们在空闲时参观当地的名胜古迹。

《回忆俄国社会民主工党第二次代表大会》,1959 年,第 28、57—58、114—115 页。

在俄国社会民主工党第二次代表大会开幕之前,列宁参加出席代表大会的《火星报》组织成员会议,讨论选派大会代表的问题。由于《火星报》俄国组织代表没有到会,会议决定把它的两份代表委托书交给国外同盟代表中的一人——列宁或马尔托夫。问题采取抽签方式解决——马尔托夫成为《火星报》组织的代表。列宁成为国外同盟的唯一代表(2 票)。

《列宁全集》中文第 2 版增订版第 8 卷第 5、39—40 页;《俄国社会民主工党第二次代表大会》,1959 年,第 443 页。

7 月 17 日(30 日)

列宁在俄国社会民主工党第二次代表大会开幕前夕同马尔托夫谈话时得知一个机密消息:《火星报》组织成员、组织委员会委员叶·米·亚历山德罗娃在组织委员会中坚持邀请"倒戈分子"伊·瓦·切尔内绍夫以具有发言权的代表资格出席大会,切尔内绍夫起初是经济派分子,后来成为火星派分子,然后又跑到《工人事业》那边去。列宁对叶·米·亚历山德罗娃作了很不好的政治评价。

《列宁全集》中文第 2 版增订版第 8 卷第 6—7 页。

7 月 17 日(30 日)—8 月 10 日(23 日)

列宁参加在布鲁塞尔和伦敦举行的俄国社会民主工党第二次代表大会的工作,写各次会议的日志。

《列宁全集》中文第 2 版增订版第 7 卷第 380—402 页。

7 月 17 日(30 日)

列宁参加俄国社会民主工党第二次代表大会第 1 次会议,格·瓦·普列汉诺夫于午后 2 时 55 分庄严宣布大会开幕。列宁提出选举 3 人组成代表大会常务委员会(主席团)的提案。代表大会通过了列宁的提案,否决了马尔托夫提出的选举 9 人组成主席团的提案。列宁后来说道:"而我则认为必须选出一个能够执行坚定不移的政策、在必要时甚至能够使用所谓'刺猬皮手套'的主席团。"

经不记名选举(票选),列宁当选为代表大会副主席和代表资格审查委员会委员。

列宁在讨论代表大会议事规程时三次发言:提议只有持委托书的代表才有表决权;说明有发言权的代表只能在讨论代表大会议事规程时参加表决;提议一切问题均由简单多数表决通过。

在通过组织委员会提出的代表大会议程时,列宁三次发言:

1.回答米·伊·李伯尔,为什么把民族问题从通过纲领的问题中单独提出;

2.反对马尔托夫提出的把"各种问题"一项列入议程的提案;

3.向李伯尔解释,应该怎样理解"民族组织"一项,以及为什么把这一项单独提出,而与崩得在党内的地位问题无关。

列宁发言维护的议程经代表大会多数通过。

《列宁全集》中文第 2 版增订版第 7 卷第 240—241、380—381 页,第 8 卷第 2—5、40 页;《俄国社会民主工党第二次代表大会》,1959 年,第 5—6、14、15、17—18 页。

7 月 17 日(30 日)晚至 18 日(31 日)凌晨

列宁参加代表资格审查委员会会议。

《列宁全集》中文第 2 版增订版第 8 卷第 40 页;《俄国社会民主工党第二次代表大会》,1959 年,第 45 页。

7 月 18 日(31 日)

列宁在代表大会第 2 次(上午)会议讨论议程问题时两次发言:

1.说明把崩得在党内地位问题列入第一项议程的理由;

2.反对经济派分子弗·彼·阿基莫夫提出的把关于批准中央

机关报的第三项议程放在讨论组织问题之后的提案。

在讨论代表资格审查委员会的报告时,列宁参加主席团的一个短会,讨论代表大会休会问题,休会请求是刚刚到会的南方工人社代表、组织委员会委员叶·雅·列文提出的,理由是他要同组织委员会的其他委员就正在讨论的邀请斗争社参加代表大会的问题进行磋商。常务委员会决定作为特殊情况宣布休会。同作为党的最高权力机关的代表大会所作的决议相违背,组织委员会决定邀请斗争社的代表以具有发言权的代表资格参加代表大会,因此产生了所谓"组委会事件"。

列宁在休会后讨论"组委会事件"时两次发言,声明组织委员会决定邀请斗争社代表给代表大会的工作带来新的情况;提议就斗争社问题进行表决。

《列宁全集》中文第 2 版增订版第 7 卷第 242—243、381—382页,第 8 卷第 5—9、40—42、207—213 页;《俄国社会民主工党第二次代表大会》,1959 年,第 20、23、24、26、30、31 页。

列宁在代表大会第 3 次(下午)会议通过第 1 次会议记录时发言。

在分析"组委会事件"时,列宁两次发言,批评维护限权代表委托书原则的叶·雅·列文;指责组织委员会违反代表大会决议,恢复限权委托书,并批评组织委员会某些委员的行为,他们"在委员会内说一套,而在代表大会上又说另一套",这里指的是组织委员会委员叶·米·亚历山德罗娃的行为;提议把组织委员会今后的活动局限于实际问题。列宁的提案以 32 票对 16 票的多数通过。

列宁作为代表资格审查委员会的委员,就波兰社会民主党人参加代表大会问题两次发言,提议邀请他们以具有发言权的代表资格参加大会。列宁的提案获得通过。

在代表大会开会期间,列宁对代表大会通过的三项决议作文字上的修改,并在上面作批注:"通过"。这三项决议是:1.关于沃罗涅日委员会的决议;2.关于邀请波兰社会民主党代表的决议;3.关于斗争社的决议。

《列宁全集》中文第 2 版增订版第 7 卷第 244—245、246、382—383 页,第 8 卷第 41—43、211—216 页;《俄国社会民主工党第二次代表大会》,1959 年,第 32、35—36、39、40—41、42—43、47、48 页;苏共中央马列主义研究院中央党务档案馆,第 2 号全宗,第 1 号目录,第 1042 号保管单位;《回忆弗·伊·列宁》,第 1 卷,1968 年,第 278 页。

7 月 18 日(晚间)或 19 日(7 月 31 日(晚间)或 8 月 1 日)

列宁参加《火星报》组织成员的第一次会议,会上讨论组织委员会委员、《火星报》组织成员叶·米·亚历山德罗娃声明自己退出《火星报》组织的行为;列宁对亚历山德罗娃的行为感到气愤,并提议指定一个委员会进行调查;列宁宣布代表大会揭露了在党内存在着许多以当火星派分子为耻的火星派分子。

《列宁全集》中文第 2 版增订版第 8 卷第 6—10、92—95、272—276 页;巴甫洛维奇:《就俄国社会民主工党第二次代表大会给同志们的信》,日内瓦,1904 年,第 10 页。

7 月 19 日(8 月 1 日)

列宁参加代表大会第 4 次(上午)会议,会议讨论第二项议程:崩得在党内的地位问题。米·伊·李伯尔在报告中说明崩得要求以联邦制原则建设俄国社会民主工党的理由,列宁详细地记下了他报告的要点。

《列宁全集》中文第 2 版增订版第 7 卷第 383—385 页;《俄国社会民主工党第二次代表大会》,1959 年,第 49—59 页。

列宁参加代表大会第 5 次(下午)会议,会议继续讨论崩得在党内的地位问题。

《列宁全集》中文第 2 版增订版第 7 卷第 385 页;《俄国社会民主工党第二次代表大会》,1959 年,第 60—76 页。

不早于 7 月 19 日,不晚于 21 日(8 月 1 日—3 日)

列宁对尔·马尔托夫等人在代表大会第 4 次会议上提出的关于崩得在党内地位的决议草案稿作文字上的修改。

苏共中央马列主义研究院中央党务档案馆,第 2 号全宗,第 1 号目录,第 1045 号保管单位;《俄国社会民主工党第二次代表大会》,1959 年,第 57—58、106—107 页。

7 月,19 日(8 月 1 日)以后

列宁参加《火星报》组织的第二次会议,坚决谴责叶·米·亚历山德罗娃的行为。亚历山德罗娃表示可以在彼·阿·克拉西科夫退出会场的条件下作出自己的解释。列宁坚决抗议《火星报》组织部分成员对亚历山德罗娃的行为所采取的自由主义态度;列宁退出会场以示抗议。

《列宁全集》中文第 2 版增订版第 8 卷第 9—10、272—276 页;《俄国革命社会民主党人国外同盟第二次(例行)代表大会记录》,日内瓦,1903 年,第 63—64 页。

列宁在《火星报》组织成员会议以后把会议的决议通知给一些火星派代表。

《回忆俄国社会民主工党第二次代表大会》,1959 年,第 59—60 页。

7 月 19 日—20 日(8 月 1 日—2 日)

列宁写在代表大会第 6 次会议上作关于崩得在俄国社会民主工党内地位问题的发言提纲。

《列宁全集》中文第 2 版增订版第 7 卷第 403—404 页。

7 月 20 日(8 月 2 日)

在继续讨论崩得在党内地位问题的第 6 次(上午)会议上,列

宁在辩论中几次发言:向崩得代表阿布拉姆松解释,约·尼·莫申斯基代表的发言在对崩得的态度上没有任何不尊重的地方;当崩得分子 M.Я.列文松发言谈到某些代表好像对崩得的影响在迅速发展表示遗憾时,列宁插话说:"恰好相反,而是对其他组织落后于这种发展表示遗憾"。

列宁就崩得在社会民主工党内的地位问题作长篇发言,指明崩得所坚持的联邦制建党原则的危害性,对在代表大会上有火星派的"紧密的多数派"表示欢迎。

《列宁全集》中文第 2 版增订版第 7 卷第 248—250 页;《俄国社会民主工党第二次代表大会》,1959 年,第 80、85、86、88—91 页。

7 月 21 日(8 月 3 日)

列宁参加代表大会第 7 次(上午)会议,会议继续讨论崩得在党内的地位问题,这一问题实际上已转为建党原则问题。

《列宁全集》中文第 2 版增订版第 7 卷第 386 页;《俄国社会民主工党第二次代表大会》,1959 年,第 96—102 页。

列宁参加代表大会第 8 次(下午)会议,会议继续讨论崩得在俄国社会民主工党内的地位问题。列宁发言反对崩得代表 M.Я.列文松提出的立即(在通过决议以前)在代表大会上讨论崩得章程的提案,而提议把马尔托夫的关于崩得在党内地位的决议草案付诸表决;列宁参加关于崩得在自治原则上加入俄国社会民主工党的决议草案的记名投票表决,决议以 46 票对 5 票通过。

当代表大会转入讨论党纲草案时,列宁就讨论程序问题发言;列宁被选入纲领委员会;经济派分子亚·马尔丁诺夫对党纲草案提出了批评,列宁在自己的《俄国社会民主工党第二次代表大会会议日志》中记下了他发言的主要论点。

《列宁全集》中文第 2 版增订版第 7 卷第 386—387 页;《俄国社会民主工党第二次代表大会》,1932 年,第 508 页,注 97;《俄国社会民主工党第二次代表大会》,1959 年,第 106—119、122 页。

7 月 21 日和 29 日(8 月 3 日和 11 日)之间

列宁在代表大会各次会议的休会期间参加纲领委员会的工作,发言反对马尔丁诺夫和阿基莫夫的修正案,记下波兰社会民主党人的修正案,写关于纲领委员会工作的笔记。

《列宁全集》中文第 2 版增订版第 7 卷第 405—407 页。

7 月 22 日(8 月 4 日)

列宁参加代表大会第 9 次(上午)会议,记录弗·菲·哥林对党纲原则部分的修改和补充,记下格·瓦·普列汉诺夫、弗·彼·阿基莫夫和其他人的发言要点,写关于党纲原则部分的发言提纲,并就这一问题作长篇发言,捍卫《怎么办?》一书中提出的关于工人运动的自发性和自觉性的理论原则。

《列宁全集》中文第 2 版增订版第 7 卷第 251—253、387—389、408 页;《俄国社会民主工党第二次代表大会》,1959 年,第 133—135 页。

列宁参加代表大会第 10 次(下午)会议,就进一步讨论党纲草案问题发言。列宁在驳斥经济派分子弗·彼·阿基莫夫和列·达·托洛茨基时发表意见,指出不能把党纲的总纲部分和专门部分分割开来,并提议"或者把整个党纲提交委员会,或者继续就整个党纲进行辩论"。代表大会以 24 票的多数通过了列宁关于把整个党纲全部交给委员会的提案。

列宁发言支持普列汉诺夫的提案:选举一个委员会审查由出席代表大会的波兰社会民主党人提出的关于波兰王国和立陶宛社会民主党与俄国社会民主工党合并的协议。代表大会通过了这一提案。

在转入讨论第三项议程——关于党的中央机关报问题时,列宁在回答弗·彼·阿基莫夫的问题时发言,说明这项议程涉及到是批准旧的党中央机关报还是创办新的党中央机关报。

列宁发言反对米·伊·李伯尔提出的关于承认《工人报》和《火星报》同样是中央机关报的提案,投票赞成下述决议:取消俄国社会民主工党第一次代表大会承认《工人报》为党中央机关报的决定。

《列宁全集》中文第 2 版增订版第 7 卷第 389 页;《俄国社会民主工党第二次代表大会》,1959 年,第 138、142、143、152 页。

7 月 23 日(8 月 5 日)

在代表大会第 11 次(上午)会议上,列宁就宣读和批准会议记录的程序问题两次发言:支持尔·马尔托夫关于缩短宣读记录时间的提案,同时提议不仅发言人可以读发言记录,其他想读的人也可以读;宣布如果大会通过宣读记录的新程序,那么记录将成为合法的,可以作为正式依据。

《列宁全集》中文第 2 版增订版第 7 卷第 389—390 页;《俄国社会民主工党第二次代表大会》,1959 年,第 156—157、158 页。

列宁主持代表大会第 12 次(下午)会议,会议讨论巴库委员会、萨拉托夫委员会、矿业委员会、《火星报》俄国组织和南方工人社等地方委员会的报告;列宁在自己的日志中记笔记;在巴库委员会作报告时,向报告人建议只讲地方工作中最主要的事件;列宁报告关于马哈伊斯基和米特克维奇从亚历山德罗夫监狱越狱,以及另外四人在去西伯利亚流放地途中逃跑的消息。关于上述消息列宁写道:"在下午会议开始时通过常务委员会向代表大会报告这一消息。"

《列宁全集》中文第 2 版增订版第 7 卷第 390 页;《俄国社会民主工党第二次代表大会》,1932 年,第 515 页,注 129;《俄国社会民主工党第二次代表大会》,1959 年,第 161、481—487 页。

7 月 24 日(8 月 6 日)

列宁参加代表大会第 13 次(下午)会议,会议继续讨论地方委员会的报告。

由于受到比利时警察局的追查,代表大会在布鲁塞尔的工作到这次会议被迫中断。

《列宁全集》中文第 2 版增订版第 7 卷第 390 页;《俄国社会民主工党第二次代表大会》,1959 年,第 162、487—488 页。

7 月 24 日和 29 日(8 月 6 和 11 日)之间

列宁同娜·康·克鲁普斯卡娅、尼·埃·鲍曼、马·尼·利亚多夫一起启程去伦敦,俄国社会民主工党第二次代表大会的工作转移到那里进行。这次旅行的路线是:奥斯坦德—多佛尔—伦敦。后来马·尼·利亚多夫回忆道:"和伊里奇在一起度过的这一两天时间永远铭刻在我的记忆里了。伊里奇对我们无话不谈。他详细讲述了在《火星报》编辑部发生的一切事情、编辑部内部的一切冲突。"

《回忆俄国社会民主工党第二次代表大会》,1959 年,第 61—62、118 页。

列宁关心安置大会代表的情况,协助寻找代表大会会议地址(会议地址经常变换),多次组织参观城市和游览名胜古迹。

《回忆俄国社会民主工党第二次代表大会》,1959 年,第 63—64 页;《关于伊里奇》,1924 年,第 128—129 页。

7 月 29 日(8 月 11 日)

列宁参加代表大会第 14 次(上午)会议;以代表资格审查委员

会的名义提议邀请两位同志以具有发言权的代表资格出席代表大会（很可能是康·米·塔赫塔廖夫和阿·亚·雅库波娃，因为他们协助安排了代表大会在伦敦的正常工作）。列宁的提案获得通过。

在转入第五项议程——党章时，列宁作关于党章的报告；在讨论他的报告时，详细记录弗·尼·罗扎诺夫、叶·雅·列文、米·伊·李伯尔、弗·彼·阿基莫夫等持反对意见的人的发言；列宁发言说明中央委员会将如何建立党的地方委员会。

> 《列宁全集》中文第 2 版增订版第 7 卷第 254、391—393 页；《俄国社会民主工党第二次代表大会》，1959 年，第 163—164、167 页。

列宁参加代表大会第 15 次（下午）会议，会议继续讨论党章草案。主席普列汉诺夫提议请列宁作总结发言，列宁称总结发言将在委员会审订党章以后再作。

列宁被选入党章审订委员会。在讨论党纲的总纲部分时，列宁发言反对纲领委员会以多数票提出的修正案——在"无产者的人数在增加，他们的团结在增强"一句中，在"团结"之后加上"自觉性"一词。他说，这样的修改不好，因为它会形成一种概念，似乎自觉性是自发地提高的。委员会的修正案被代表大会否决。

在进行第 15 次会议时，列宁在《俄国社会民主工党第二次代表大会会议日志》中，为即将举行的纲领委员会会议拟定党纲草案中有关国家对工人保护的条文。列宁的条文稍经改动后在代表大会第 18 次会议上通过。

> 《列宁全集》中文第 2 版增订版第 7 卷第 255、393 页；《俄国社会民主工党第二次代表大会》，1959 年，第 174、178、202—204、419、422 页。

7 月 29 日和 8 月 10 日（8 月 11 日和 23 日）之间

列宁同马·尼·利亚多夫谈话，对普列汉诺夫和多数派（坚定的火星派)站在一起反对马尔托夫派表示非常满意。

> 《回忆俄国社会民主工党第二次代表大会》,1959 年,第 64—
> 65 页。

7 月,不早于 29 日(8 月 11 日)

列宁读俄国社会民主工党彼尔姆委员会号召开展农村革命工作的传单《致男女教师》(1903 年 7 月),在上面注明:"彼尔姆告教师们的传单"。

> 苏共中央马列主义研究院中央党务档案馆,第 2 号全宗,第 1
> 号目录,第 1051 号保管单位;《火星报》,1903 年 8 月 1 日,第
> 45 号。

列宁读俄国社会民主工党彼尔姆委员会关于两个农民被捕和在监狱受到虐待的传单,在上面作批注:"彼尔姆"。

> 苏共中央马列主义研究院中央党务档案馆,第 2 号全宗,第 1
> 号目录,第 1052 号保管单位;《火星报》,1903 年 8 月 1 日,第
> 45 号。

7 月,29 日(8 月 11 日)以后

列宁收到《大学生报》编委 C.И.扎戈尔斯基从锡西孔(瑞士乌里州)寄来的信,信中告知给列宁寄来新的编辑部声明,说没有收到 7 月 14 日(27 日)来信的复信;信中请求把列宁为第 2 号报纸写的文章寄去,说正急切地等待着这篇文章。列宁在代表大会结束后写《革命青年的任务》一文,以回复这封信。

> 《列宁全集》中文第 2 版增订版第 7 卷第 322—335 页;苏共中
> 央马列主义研究院中央党务档案馆,第 24 号全宗,第 6y 号目
> 录,第 28022 号保管单位,第 1 张—第 1 张背面。

7 月 30 日(8 月 12 日)

在代表大会第 16 次(上午)会议上,在讨论党纲中一般政治要求的第 1 条时,列宁发言反对康·米·塔赫塔廖夫提出的用"人民

掌权"代替"人民专制"的修正案。

在讨论第 3 条("实行广泛的地方自治和区域自治")时，列宁提议去掉"区域自治"一词，因为这个词可能被解释为社会民主党人要求把整个国家分割成若干小的区域。

会议讨论第 7 条("废除等级制，全体公民不分性别、宗教信仰、种族、民族和语言一律平等")时，发生了"语言平等事件"，其实质在于：崩得和南方工人社的代表要求在党纲中专立一条谈语言平等的问题。列宁参加一系列表决，其中有两次为记名表决：一次是投票反对米·伊·李伯尔希望把语言平等问题专立一条的提案；另一次是投票反对诺·尼·饶尔丹尼亚的修正案。

《列宁全集》中文第 2 版增订版第 7 卷第 256、394 页，第 8 卷第 43—44、219—227 页；《俄国社会民主工党第二次代表大会》，1959 年，第 179—184、186—187 页。

列宁参加第 17 次(下午)会议，会议继续讨论党纲草案第 7 条。由于在表决经科斯特罗夫修改后的第 7 条全文时双方票数相等，列宁提议把这一条提交纲领委员会解决。然后，列宁以主席团名义，把自己提出的关于把第 7 条(不加特别说明)提交纲领委员会的提案以及普列汉诺夫提出的把第 7 条分成两部分的提案付诸表决。

由于米·伊·李伯尔提出成立新的纲领委员会并把第 7 条交给它审订的提案，列宁投票赞同把第 7 条提交现有的纲领委员会。列宁在《进一步，退两步》一书中写道，尽管引起冲突的导火线微不足道，但是火星派和反火星派之间的这一场斗争却具有原则的性质，同时具有"非常激烈的形式，直到有人企图'**推翻**'纲领委员会"。

在讨论第 8 条(关于民族自决权)时，列宁投票反对崩得分子戈尔德布拉特和李伯尔提出的把民族文化自治的要求列入纲领的提案。

在讨论第 9 条（"任何公民都有权向法庭控告任何官吏，不必向其上级申诉"）时，列宁发言反对维·尼·克罗赫马尔提出的补充（在"公民"一词后加上"以及外国人"），认为这是多余的。

> 《列宁全集》中文第 2 版增订版第 7 卷第 256、394 页，第 8 卷第 221—227 页；《俄国社会民主工党第二次代表大会》，1959 年，第 183、189—192 页。

7 月 30 日（8 月 12 日）晚

列宁参加党章审订委员会会议，会议讨论马尔托夫对党章第 1 条的修正案和其他有争议的条文。

> 《列宁文集》俄文版第 6 卷第 148—149 页。

7 月 30 日—8 月 1 日（8 月 12 日—14 日）

列宁参加纲领委员会为再次审订党纲草案第 7 条而召开的会议；写关于第 7 条和第 11 条的决议草案。

> 《列宁全集》中文第 2 版增订版第 7 卷第 258 页；《俄国社会民主工党第二次代表大会》，1959 年，第 255 页。

7 月，不晚于 31 日（8 月 13 日）

俄国革命社会民主党人国外同盟印行的载有彼·巴·马斯洛夫的《论土地纲领》和弗·伊·列宁的《答对我们纲领草案的批评》两篇文章的小册子分发给俄国社会民主工党第二次代表大会的代表。列宁的这篇文章就作为关于党纲土地部分的报告。

> 《列宁全集》中文第 2 版增订版第 7 卷第 203—217、260 页。

7 月 31 日（8 月 13 日）

在代表大会第 18 次（上午）会议上，列宁担任主席，宣读提交主席团的关于第 17 次会议上马尔托夫和李伯尔冲突事件的声明；

列宁代表主席团宣布,事情已经了结,并号召各位代表避免使用侮辱性的词句。

在讨论党纲中一般政治部分的第 12 条(实行普遍的人民武装)时,列宁发言反对李伯尔提出的用"民兵"一词代替"普遍的人民武装"的提案,同时反对马尔托夫提出的补充党纲中一般政治部分的第 14 条的提案。列宁说:"对于各项细目的修改,放到委员会研究之后更为适宜。"

在讨论党纲中关于工人保护部分时,列宁支持马·尼·利亚多夫提出的为工人要求每周有 42 小时休息时间的提案,反对米·伊·李伯尔提出的对小生产部门进行监督的提案。列宁说,草案中指出对一切生产部门实行监督:"当我们的纲领成为法案时,我们再把细节写进去"。

《列宁全集》中文第 2 版增订版第 7 卷第 257、259、394 页;《俄国社会民主工党第二次代表大会》,1959 年,第 195—204 页。

列宁参加第 19 次(下午)会议,会议继续讨论党纲的工人部分;列宁发言反对利亚多夫的修正案;对李伯尔关于各劳动部门是否都设立行业法庭的问题,列宁作肯定的回答。

在转入党纲土地部分的讨论时,列宁回答李伯尔提出的有关土地问题报告的问题。当大会代表叶·雅·列文发言指出,俄国社会民主工党在农民中进行宣传鼓动不会有多大成效时,列宁反驳道:"那我们还要看看事实"。

列宁在回答反火星派分子的批评时,就土地问题作长篇发言,他在发言中捍卫党纲的理论原则,指出"一种正确的理论上的决定就能**保证**鼓动工作取得稳固的成效"。

《列宁全集》中文第 2 版增订版第 7 卷第 259、260—262、394—398 页,第 8 卷第 227—235 页;《俄国社会民主工党第二次代表大会》,1959 年,第 205、206、207、212—214、215—216、222 页。

8 月 1 日（14 日）

在代表大会第 20 次（上午）会议上,列宁就土地问题作第二次发言,批判反火星派分子不相信农民革命的可能性。

在讨论党纲土地部分时,列宁提出对引言第一段进行修改:在"党"字后面把"将力求"改成"首先要求"。

在讨论党纲土地部分前三条时,列宁发言反对马·尼·利亚多夫、亚·马尔丁诺夫、亚·米·斯托帕尼提出的补充,同时谈到皇族土地与皇室土地的区别。

《列宁全集》中文第 2 版增订版第 7 卷第 263—266、398—399 页,第 8 卷第 227—235 页;《俄国社会民主工党第二次代表大会》,1959 年,第 228—229、231、233、234、238、423 页。

列宁参加代表大会第 21 次（下午）会议,在讨论党纲土地部分第 4 条（关于农民委员会的职能）时两次发言,支持关于要特别指明消灭高加索农奴制关系的提案。

在进一步讨论第 4 条的过程中,列宁两次发言反驳李伯尔。李伯尔主张取消关于割地和革命农民委员会的条文,用他的话说,不知道社会民主党在革命时期将如何影响农民委员会。列宁说:"我希望,到那时候社会民主党人可以不那么困难地举行代表大会,并且在代表大会上商定在每一个特定情况下如何行动。"

在讨论党纲土地部分第 5 条（授权法庭降低地租和宣布盘剥性契约无效）时,列宁两次发言,反对科斯特罗夫和李伯尔的补充。

在第 21 次会议结束时,列宁参加对于整个党纲的记名表决。俄国社会民主工党纲领获得一致通过（1 票弃权）。

《列宁全集》中文第 2 版增订版第 7 卷第 266—268 页,第 8 卷

第 227—235 页;《俄国社会民主工党第二次代表大会》,1959
年,第 240—241、243—244、246、248、256 页。

8 月,1 日(14 日)以后

列宁读俄国社会民主工党科斯特罗马委员会为 1903 年 5
月 8 日(21 日)工人游行示威而印发的传单,在背面写上:"告科
斯特罗马工人的传单(1903 年 6 月 1 日)在《火星报》第 45 号上
提到过"。

《火星报》,1903 年 8 月 1 日,第 45 号;苏共中央马列主义研究
院中央党务档案馆,第 2 号全宗,第 1 号目录,第 1062 号保管
单位。

8 月 1 日和 15 日(14 日和 28 日)之间

列宁编制《不同作者刊登在中央机关报上的文章篇数统计
表》,据这张《统计表》计算,列宁撰写文章 32 篇(其中社论 15 篇),
尔·马尔托夫——39 篇(社论 9 篇),格·瓦·普列汉诺夫——24
篇(社论 12 篇),亚·尼·波特列索夫——8 篇,维·伊·查苏利
奇——6 篇,帕·波·阿克雪里罗得——4 篇。

《在马克思主义旗帜下》杂志,1923 年,第 6—7 期,第 105—
109 页。

8 月,不晚于 2 日(15 日)

列宁为代表大会即将举行的一次会议起草关于俄国社会民主
工党党章第 1 条条文的决议草案。

《俄国社会民主工党第二次代表大会》,1959 年,第 262 页,
注 2。

8 月 2 日(15 日)

列宁参加章程委员会工作,在讨论党章引言时两次发言。

《列宁文集》俄文版第 6 卷第 151—152 页。

列宁参加第 22 次(上午)会议,会议讨论党章草案。在讨论党

章引言部分时,列宁作为主席回答提出的问题。由于崩得代表主张先讨论崩得的章程,然后再讨论俄国社会民主工党党章草案,列宁将这一问题付诸表决。在大会决定听取崩得代表发言后,列宁让李伯尔发言;列宁作关于辩论的笔记并拟定自己发言的题目。列宁在总结有关这一问题的辩论时,坚决反驳崩得分子的提案,他说:"从没听说过部分要先于整体"。代表大会支持列宁,转入对俄国社会民主工党党章草案的讨论,然后再讨论崩得的章程。

在讨论党章草案第 1 条时,列宁发言捍卫自己提出的条文,强调指出,这一条文能促进"组织起来!"。

列宁就有关党章第 1 条的辩论作详细的笔记。

> 《列宁全集》中文第 2 版增订版第 7 卷第 269、399、409、410—413 页,第 8 卷第 10—12、247—272 页;《俄国社会民主工党第二次代表大会》,1959 年,第 259、260—263、265—266、267—269 页。

列宁参加代表大会第 23 次(下午)会议,作关于党章第 1 条辩论过程的详细笔记,发表长篇讲话,驳斥尔·马尔托夫、列·达·托洛茨基、帕·波·阿克雪里罗得。列宁在发言中阐明了建设无产阶级政党的基本原则:"宁可十个办实事的人不自称为党员(真正办实事的人是不追求头衔的!),也不让一个说空话的人有权利和机会当党员。"

列宁参加对党章第 1 条的记名表决,投票反对马尔托夫的条文。列宁提出的党章草案第 1 条条文被马尔托夫分子(不坚定的火星派分子)、经济派分子和崩得分子的多数票所否决(28 票对 22 票,1 票弃权)。

在表决党章第 1 条时,列宁收到马尔托夫的一张便条(这张便条没有保存下来)。

列宁发言支持利亚多夫提出的把在物质上支持党这一原则列入党章第 1 条的提案。利亚多夫的提案获得通过。

《列宁全集》中文第 2 版增订版第 7 卷第 269—272、399、410—413 页,第 8 卷第 10—12、44—46、247—272 页;《俄国社会民主工党第二次代表大会》,1959 年,第 275—278、279—280 页。

在党章第 1 条表决后休息时,列宁和多数派的拥护者谢·伊·古谢夫交谈。

《回忆俄国社会民主工党第二次代表大会》,1959 年,第 87—88 页。

列宁起草关于党章组织章程草案第 4 条(关于党总委员会的组成和任务)的提案。

《列宁文集》俄文版第 6 卷第 155—156 页。

8 月初

列宁和属于中派的一个代表谈话,这个代表抱怨代表大会上形势紧张,充满了激烈的思想斗争。后来列宁写道:"他向我抱怨说:'我们的代表大会充满了多么沉重的气氛啊!……'我回答他说:'我们的代表大会太好了!公开地、自由地进行斗争。各种意见都得到发表。各种色彩都暴露出来。各种集团都显现出来。手举过了,决议通过了。一个阶段度过了。前进吧!——这一切太好了。这才是生活。这并不是知识分子那种无休无止的讨厌的无谓口角,他们停止这种无谓口角,并不是因为他们已经解决了问题,而只是因为他们说得疲倦了……'

这位'中派'同志用大惑不解的目光看着我,耸了耸肩膀。我们没有共同的语言。"

《列宁全集》中文第 2 版增订版第 8 卷第 345 页;《回忆弗·伊·列宁》,第 1 卷,1968 年,第 280 页。

8 月 3 日（16 日）

在第 24 次（下午）会议上批准第 9 次会议记录时，马尔丁诺夫声称：列宁错误地引用了他关于否定无产阶级专政和贫困理论的发言。列宁就此发言，声明他没有作过任何改动。

在讨论党章草案第 3 条时，列宁反驳托洛茨基，提议只讨论这一条当中不涉及党的最高机关的那一部分，关于党的最高机关问题留待讨论完第 4、5、6 各条以后再回过来讨论。代表大会通过了列宁的提案。

《俄国社会民主工党第二次代表大会》，1959 年，第 283、284 页。

8 月 4 日（17 日）

列宁在代表大会第 25 次（上午）会议开始前参加大会主席团会议。由于代表大会的工作推延，经费已经用完，主席团提议取消第 9—18 项议程。

列宁主持代表大会第 25 次（上午）会议，说明主席团提出关于加速代表大会工作的决议草案的理由。

在讨论党章草案第 4 条（党总委员会的组成和任务）时，列宁发言反对李伯尔关于先讨论中央委员会和中央机关报的职能，然后再讨论有关党总委员会的条文的提案；反对尔·马尔托夫和弗·亚·诺斯科夫的条文，他们提议：党总委员会不由代表大会选举产生，而由中央委员会和中央机关报的委员们任命（各提两个名额），而党总委员会的第五名委员——由四名当选的委员任命；列宁提出，第五名委员和其他四名委员一样，应由代表大会选举产生。在讨论党章草案第 4 条过程中，列宁再次发言，驳斥维·伊·查苏利奇为维护马尔托夫和诺斯科夫关于党总委员会组成办法的提案所列举的各项理由。

在第 4 条讨论结束时,列宁把关于党总委员会组成的马尔托夫—诺斯科夫条文和列宁—罗扎诺夫条文付诸表决。代表大会就任命四名党总委员会委员问题通过了马尔托夫—诺斯科夫条文,就选举党总委员会第五名委员问题通过了列宁的条文。

在讨论党总委员会委员出缺时的替补问题时,列宁提出修正案:"党总委员会委员出缺时,由党总委员会自行替补";发言对自己的修正案加以说明。

在通过了叶·雅·列文提出的关于由党总委员会自行替补出缺的第五名委员的修正案之后,列宁提出补充:"当他(即党总委员会第五名委员)不属于两中央机关中任何一机关时"。

在讨论党章草案第 4 条第 2 段时,列宁提出关于党总委员会有权重建中央委员会和中央机关报的修正案:"如果这两个机关中的任何一个机关全体委员出缺时"。这一修正案获得代表大会通过(见党章第 5 条)。

《列宁全集》中文第 2 版增订版第 7 卷第 274 页;《俄国社会民主工党第二次代表大会》,1959 年,第 290、292、295、297 — 300、426 页。

在第 26 次(下午)会议上讨论党章第 7 条(授权中央机关报在思想上领导党)时,列宁发言,坚决主张在党章中保留这一条;回答提出的问题。

在开始讨论党章草案第 10 条时,列宁发言反对李伯尔提出的关于中断大会会议,以便使没有来得及讨论完党章后面几条的章程委员会能够继续进行工作的提案。列宁认为可以在代表大会上对党章进行进一步的讨论。

在讨论党章草案第 10 条(每一个党员都有权要求把他的声明

原原本本送达党的中央机关或党代表大会)时,列宁发言维护这一条,反对马尔托夫取消这一条的提案。

在讨论党章草案第 12 条(中央委员会和中央机关报有权增补新委员)时,列宁发言反对叶·雅·列文提出的把法定多数的比例由 4/5 降为 2/3 的提案;反对在增补时投反对票须说明理由的规定;赞同中央委员会和中央机关报有权对增补互相监督。

列宁就党章草案第 12 条再次发言,反对尔·马尔托夫和叶·雅·列文提出的关于授权党总委员会对中央委员会和中央机关报的增补进行监督的提案。

在会议结束时,列宁对维·尼·克罗赫马尔的修正案提出修改。克罗赫马尔提议,在缺少两张说明理由的反对票时,规定增补的法定多数为 2/3。列宁则提议"在缺少一张说明理由的反对票时"。

《列宁全集》中文第 2 版增订版第 7 卷第 275 — 276 页;《俄国社会民主二党第二次代表大会》,1959 年,第 303、305、307、308、309 页。

8 月 5 日(18 日)

列宁主持代表大会第 27 次(上午)会议,会议继续讨论党章草案第 12 条。

在表决马尔托夫关于增补的提案时,列宁提出补充修正案:"只有经党总委员会全体委员同意,才能增补中央委员会委员和中央机关报编辑部成员";发言说明这一修正案;参加对这一修正案的记名表决。

列宁两次发言反对马尔托夫的新提案:如果在中央委员会和中央机关报进行增补时未能取得一致意见,党总委员会有权重新审议增补问题;列宁反对把这一提案付诸表决,因为它和以前通过的关于中央委员会和中央机关报增补委员须经一致同意的条文相抵触。

列宁两次发言,捍卫关于承认俄国革命社会民主党人国外同盟为俄国社会民主工党在国外的唯一组织的党章第 13 条。

在转入关于民族组织和关于崩得问题的讨论时,列宁参加对崩得章程第 2 条的表决。章程第 2 条规定,崩得作为犹太无产阶级的唯一代表加入俄国社会民主工党。列宁和多数派一起投票反对这一条。崩得代表团声明崩得退出俄国社会民主工党,并离开代表大会。

《列宁全集》中文第 2 版增订版第 7 卷第 277、278—279、400 页;《俄国社会民主工党第二次代表大会》,1959 年,第 310—312、315—316、321—322 页。

在会议休息期间,列宁参加代表大会主席团会议,讨论拒绝参加代表大会工作的马尔丁诺夫和阿基莫夫提出的声明。列宁起草决议草案,这一草案未提交代表大会。

《列宁全集》中文第 2 版增订版第 7 卷第 280 页;《俄国社会民主工党第二次代表大会》,1959 年,第 315、323 页。

列宁主持代表大会第 28 次(下午)会议,在会议开始时,向代表大会报告主席团会议讨论马尔丁诺夫和阿基莫夫声明的情况,把这一问题提交代表大会讨论,并发言。

在会议根据马尔丁诺夫和阿基莫夫的要求宣布休会时,列宁宣读提交主席团的马尔托夫关于崩得代表离开代表大会的决议草案。列宁起草关于崩得退出俄国社会民主工党的决议草案;起草对于马尔托夫提出的关于崩得退出俄国社会民主工党的决议草案的补充案。在讨论这一草案的过程中,列宁宣读阿·亚·雅库波娃提出的决议草案,她提议留待下次会议再作决定,以便得到崩得代表关于他们离开代表大会问题的详细说明。列宁把这一提案付诸表决。

　　在恢复讨论马尔丁诺夫和阿基莫夫的声明时,由于莉·彼·马赫诺韦茨提出的决议案在实际上必然导致重新审议已经通过的党章第 13 条,列宁发言解释说,我们不能牵动党章。决议案被否决,马尔丁诺夫和阿基莫夫离开代表大会。代表大会的力量对比发生了有利于坚定的火星派-列宁派分子的变化。

《列宁全集》中文第 2 版增订版第 7 卷第 281—282、283、284 页;《俄国社会民主工党第二次代表大会》,1959 年,第 323、326—329、337 页。

　　傍晚,在代表大会第 28 次会议以后,列宁参加《火星报》组织的第四次(最后一次)会议(有 9 名坚定的火星派分子和 7 名“不坚定路线”的火星派分子出席),会议讨论中央委员会候选人问题。列宁投票反对叶·米·亚历山德罗娃作为候选人。列宁不愿形成分裂,提出由五人组成的“调和的名单”(多数派 3 名,少数派 2 名)。马尔托夫反对这个“调和的名单”,企图使少数派占有 3 个名额。以列宁为首的坚定火星派分子通过了自己的中央委员会候选人名单(弗·亚·诺斯科夫、格·马·克尔日扎诺夫斯基、弗·尼·波波夫——后来换成弗·威·林格尼克)。马尔托夫分子便向反火星派分子求援。《火星报》组织在中央领导机关的人选问题上发生分裂。

《列宁全集》中文第 2 版增订版第 8 卷第 8—9、12—13、272—284 页。

8 月 5 日或 6 日(18 日或 19 日)

　　列宁起草关于各独立团体的决议草案。

《列宁全集》中文第 2 版增订版第 7 卷第 285 页;《俄国社会民

主工党第二次代表大会》,1959 年,第 345 页。

8 月 5 日—10 日(18 日—23 日)

列宁起草关于军队工作和关于农民工作的决议草案。

《列宁全集》中文第 2 版增订版第 7 卷第 286、287 页。

8 月 6 日(19 日)

列宁主持代表大会第 29 次(上午)会议,会议讨论第七项议程:党的独立组织。列宁在讨论开始时,发言说明这一项的讨论内容,宣读组织名单;发言同意波·阿·金兹堡提出的决议草案,大会通过了这一决议草案。

列宁在讨论一系列决议时作批注——在亚·米·斯托帕尼提出的关于党的地方组织的决议草案上写:"被否决",在季·亚·托普里泽和诺·尼·饶尔丹尼亚提出的关于地区组织的决议案上、在格·瓦·普列汉诺夫提出的关于解散国外俄国社会民主党人联合会的决议草案上写:"通过",在尔·马尔托夫提出的关于斗争社的决议草案上写:"通过"(并注明表决结果)。

《俄国社会民主工党第二次代表大会》,1959 年,第 338—346 页;苏共中央马列主义研究院中央党务档案馆,第 2 号全宗,第 1 号目录,第 1071、1073、1074、1075、1076 号保管单位。

列宁主持第 30 次(下午)会议,会议就南方工人社问题展开热烈讨论。列宁以代表大会常务委员会的名义支持米·索·兹博罗夫斯基临时提出的关于通俗机关报问题的决议案,并主张立即予以审议,以缓解紧张局势。列宁发言反对马尔托夫和托洛茨基企图拖延讨论这一问题的一些提案。

在讨论同波兰社会民主党代表举行谈判的委员会提出的决议案时,列宁发言反对叶·雅·列文提出的恢复辩论并根据波兰社会民主党人的要求就党纲中他们所不同意的关于民族自决的条文作出专门决议案的提案。列宁指出,从代表大会的记录中可以清楚地看出俄国社会民主工党对这一问题的观点,因此辩论是多余的。

列宁在关于波兰社会民主党退出代表大会的决议上作批注:"通过"。

在第 30 次(下午)会议即将结束,大会转入选举党的中央机关和讨论党中央机关报任命办法时,弗·伊·列宁和格·瓦·普列汉诺夫一起离开代表大会会场。在讨论这一问题时,坚定的火星派-列宁派分子主张选举三人小组进入中央机关报;马尔托夫分子主张批准旧编辑部。会议未作出任何决议而结束。

《俄国社会民主工党第二次代表大会》,1959 年,第 347—357、359、439 页;《无产阶级革命》杂志,1928 年,第 8 期,第 44 页;《回忆俄国社会民主工党第二次代表大会》,1959 年,第 90—95 页;苏共中央马列主义研究院中央党务档案馆,第 2 号全宗,第 1 号目录,第 1077 号保管单位。

列宁离开代表大会会场以后,同大会代表谢·伊·古谢夫交谈,问他为什么不发言。古谢夫写道:"我把列宁的这一提问理解为一种委托……"

《回忆俄国社会民主工党第二次代表大会》,1959 年,第 95 页。

傍晚,在回家的路上,列宁偶遇叶卡捷琳诺斯拉夫委员会代表列·谢·列昂诺夫-维连斯基,同他谈到代表大会在宣布选举两个三人小组进入中央委员会和中央机关报以后所出现的局面。列宁说明党的中央机关报的作用和使命,中央机关报作为党的稳定的组织中心,将不得不由于党中央委员会在俄国不可避免地遭到破坏而负责重建、并且是不止一次地重建。列宁谈到中央机关报旧班子中的摩擦,谈到必须建立一个精干的编辑委员会。

《无产阶级革命》杂志,1928 年,第 8 期,第 45—47 页。

8 月 6 日或 7 日(19 日或 20 日)

列宁读尔·马尔托夫和亚·尼·波特列索夫提出的关于俄国社会民主工党第二次代表大会中央委员会少数派委员候选人的声明,在声明上作批注,在信封上注明:"非常重要。马尔托夫和斯塔罗韦尔的代表大会'函件'"。

苏共中央马列主义研究院中央党务档案馆,第 2 号全宗,第 1 号目录,第 1079 号保管单位。

8 月,7 日(20 日)以前

列宁在会议结束后同第二次代表大会代表亚·瓦·绍特曼长谈,详细说明党内分歧的实质。

《无产阶级革命》杂志,1928 年,第 6—7 期,第 62—63 页。

8 月 7 日(20 日)

在代表大会第 31 次会议决定选举三人小组进入中央机关报以后,列宁和旧编辑部的其他编委一起被请入会场。

马尔托夫发言声称,选举三人小组的建议是列宁一人提出来的,到目前为止旧编辑部中任何人都不知道,说他(马尔托夫)进入没有旧伙伴参加的新编辑部,会污损他的政治声誉。列宁记录马尔托夫发言的主要论点,提请大会代表允许他回答马尔托夫;列宁作长篇发言予以驳斥,指出马尔托夫的混乱、虚伪和无原则性。由于马尔托夫、托洛茨基和查苏利奇多次打断列宁的发言,列宁提出抗议,并要求秘书把打断他发言的次数写入记录。发言之后,列宁记下自己的发言提纲——"事后记录的提纲"。

在选举中央机关报编辑部时,列宁就辩论过程发言;记录波·米·克努尼扬茨关于不记名投票选举三人进入中央机关报决议案的表决结果;参加不记名投票选举中央机关报编辑部——在选票上写:"普列汉诺夫"。

列宁同普列汉诺夫和马尔托夫一起被选入中央机关报编辑部。

在大会转入选举中央委员会时,列宁发言,对在代表大会上有一个"紧密的多数派"表示欢迎,主张立即选举中央委员会,支持波·米·克努尼扬茨提出的建议:中央委员会的表决结果由主席掌握,为保密起见,代表大会只宣布一个中央委员的名字。代表大会支持列宁的发言,否决马尔托夫提出的关于推迟选举中央委员会的提案。

列宁参加不记名投票选举中央委员会,投票赞成多数派的名单——弗·亚·诺斯科夫、格·马·克尔日扎诺夫斯基、弗·威·林格尼克。这三人当选为中央委员。

列宁的拥护者在选举党的领导机关时获得多数,后来被称为布尔什维克;列宁的反对者则被称为孟什维克。

《列宁全集》中文第 2 版增订版第 7 卷第 288 — 291、292、400—402、414 页,第 8 卷第 283 页;《俄国社会民主工党第二次代表大会》,1959 年,第 371 — 374、375、377 — 380 页;苏共中央马列主义研究院中央党务档案馆,第 2 号全宗,第 1 号目录,第 1082、1083、1086 号保管单位;《回忆弗·伊·列宁》,第 1 卷,1968 年,第 279—280 页。

列宁主持第 32 次(下午)会议,会议选举党总委员会第五名委员。列宁被选为统计选举党总委员会第五名委员选票的检票人。列宁参加选举,在选票上写:"普列汉诺夫"。

列宁计算选举党总委员会第五名委员的选票,宣布选举结果(格·瓦·普列汉诺夫当选)。

列宁在开会时同叶卡捷琳诺斯拉夫委员会出席俄国社会民主

工党第二次代表大会的代表列·谢·列昂诺夫-维连斯基交谈。帕·波·阿克雪里罗得和列·格·捷依奇曾请列昂诺夫-维连斯基同他(列宁)就中央机关报编辑部组成问题进行谈判。列宁声明,他为避免分裂起见将就此问题与普列汉诺夫商谈,他本人不反对吸收一名旧编辑部的编委进入编辑部三人小组,但坚决反对把《火星报》旧编辑部的所有编委都增补进去,因为这样就违背了代表大会的意志。

由于部分代表拒绝投票,弗·尼·罗扎诺夫向主席团质疑代表大会的决定是否合法,列宁就此发言,说明党中央机关的选举是合法的,指出少数派不是拒绝参加选举,而是在表决时弃权。

列宁在代表大会会议结束时宣布第 24 项议程进行完毕,提出下次会议的开会时间,要求秘书整理好记录;提醒必须就几项特别重要的问题作出决议;建议新当选的中央委员现在就开始就职,并应细致地了解各地方代表,同他们商量工作。

《列宁全集》中文第 2 版增订版第 8 卷第 47—48、305—327页;《俄国社会民主工党第二次代表大会》,1959 年,第 383—385 页;《无产阶级革命》杂志,1928 年,第 8 期,第 48—49 页;苏共中央马列主义研究院中央党务档案馆,第 2 号全宗,第 1号目录,第 1084、1087 号保管单位。

列宁记下代表大会的开支(付给格·瓦·普列汉诺夫、罗·萨·捷姆利亚奇卡、阿·格·祖拉博夫、德·伊·乌里扬诺夫、彼·阿·克拉西科夫等代表的款项)。

《列宁文集》俄文版第 6 卷第 142 页。

8 月 7 日和 10 日(20 日和 23 日)之间

由于马尔托夫拒绝参加中央机关报新编辑部,列宁委托几位代表,其中包括图拉委员会代表、工人谢·伊·斯捷潘诺夫,同马尔托夫进行谈话,以便对他有所影响并消除冲突。

《无产阶级革命》杂志,1928 年,第 6—7 期,第 61 页。

8 月 7 日和 15 日(20 日和 28 日)之间

列宁读崩得国外委员会报道崩得第五次代表大会及其各项决议的传单《立陶宛、波兰和俄罗斯犹太工人总联盟第五次代表大会》,在上面作批注。列宁在《崩得民族主义的顶峰》一文中对这次代表大会的决议进行了批判,列宁的文章发表在《火星报》第 46 号上。

《列宁全集》中文第 2 版增订版第 7 卷第 303—306 页;《火星报》,1903 年 8 月 15 日,第 46 号;苏共中央马列主义研究院中央党务档案馆,第 2 号全宗,第 1 号目录,第 1088 号保管单位。

8 月 7 日(20 日)夜至 8 日(21 日)凌晨

列宁决定拒绝参加党中央机关报——《火星报》编辑部。

《回忆俄国社会民主工党第二次代表大会》,1959 年,第 95—96 页;《回忆列宁》,第 1 册,1925 年,第 42 页。

8 月 8 日(21 日)

列宁前往参加代表大会第 33 次(上午)会议,遇到一些多数派代表——从俄国来的地方党的工作者,向他们说明自己拒绝参加《火星报》编辑部的决定。由于他们坚决不同意列宁的想法,列宁放弃了自己最初的决定。

《回忆俄国社会民主工党第二次代表大会》,1959 年,第 96 页。

列宁参加代表大会第 34 次(下午)会议,会议批准第 10、16、23、24、25 和 33 次会议的记录。列宁发言反对托洛茨基提出的关于委托专门的修辞委员会对党纲进行文字修改的提案,提议把这项工作委托给纲领委员会余下人员。大会通过了列宁的提案。

《俄国社会民主工党第二次代表大会》,1959 年,第 390 页。

8 月 9 日（22 日）

列宁参加第 35 次（上午）会议,会议批准第 34、32 和 31 次会议记录。列宁建议代表大会的代表分成两组,以便加速批准记录。在批准第 32 次会议记录时,少数派代表要求把记录中的"在表决时弃权"改成"拒绝参加表决",这时列宁发言指出,少数派的某些代表的确声明过,他们拒绝表决,而不是弃权,但是在法律上只有三种表决形式：同意、反对和弃权,不投票就是在表决时弃权。

在批准第 31 次会议记录时,列宁表示同意对他的发言作改动,要求列入记录,声明他发言的主要意思"是马尔托夫同志认为他进入没有他的其余伙伴参加的编辑部三人小组对他来说是一种侮辱"。

列宁以代表大会主席团的名义起草关于公布记名表决结果的声明。

《俄国社会民主工党第二次代表大会》,1959 年,第 391 — 393 页。

列宁参加代表大会第 36 次（下午）会议,在批准第 35 次会议记录时发言;在讨论代表大会各项决议的宣读程序时两次发言,坚决主张代表大会的各项决议应立即在法律上生效;在负责公布俄国社会民主工党第二次代表大会记录的委员会候选人名单上作批注："通过",并作补充："选出的机构应立即开始履职";在关于代表大会决议宣读程序的决议案和关于公布俄国社会民主工党第二次代表大会记录的决议案上划掉尔·马尔托夫的补充,并作批注："通过"。

苏共中央马列主义研究院中央党务档案馆,第 2 号全宗,第 1 号目录,第 1090、1091、1092、1093 号保管单位;《俄国社会民主工党第二次代表大会》,1959年,第397、488—492页。

8月10日(23日)

列宁起草关于为教派信徒出版通俗报纸的决议草案、关于对青年学生的态度的决议草案和关于格鲁吉亚—亚美尼亚报纸的决议草案(后一决议草案的原稿没有找到)。

《列宁全集》中文第2版增订版第7卷第293页;《俄国社会民主工党第二次代表大会》,1959年,第401、410—411页。

列宁参加代表大会最后一次——第37次会议,把自己起草的关于为教派信徒出版报刊的决议草案、关于格鲁吉亚—亚美尼亚报纸的决议草案提交会议讨论,发言对这些决议草案加以说明;对普列汉诺夫的关于自由派的决议草案进行修改,并签署这一决议案以提交代表大会讨论;发言反对亚·尼·波特列索夫提出的关于自由派的决议草案。

在讨论帕·波·阿克雪里罗得提出的关于社会革命党人的决议草案时,列宁发言为格·瓦·普列汉诺夫的修正案辩护。普列汉诺夫提议代表大会坚决谴责促使社会民主党人和社会革命党人合并的一切企图,认为只能允许在中央委员会监督下达成局部协议。在表决普列汉诺夫的修正案时,列宁记下表决过程(代表姓名、票数统计)。

列宁把自己起草的关于青年学生的决议草案提交代表大会讨论,发言为这一草案辩护。尔·马尔托夫提出关于党的书刊的决议草案,说党的中央机关报应当办得更加通俗,"尽可能排除纯理论性的文章"。在讨论这一草案时,列宁提出修正案,提议去掉引号中的这段话。

在讨论列·格·捷依奇提出的关于每周出版《火星报》的决议

草案时，列宁提出补充："在尽可能短的时间内"。

《列宁全集》中文第 2 版增订版第 7 卷第 293、294、295 页；《列宁文集》俄文版第 6 卷第 177—178 页；《俄国社会民主工党第二次代表大会》，1959 年，第 399—412 页；苏共中央马列主义研究院中央党务档案馆，第 2 号全宗，第 1 号目录，第 1096、1098 号保管单位。

8 月 10 日和 25 日（8 月 23 日和 9 月 7 日）之间

列宁按派别划分编制大会代表名单。

《列宁全集》中文第 2 版增订版第 7 卷第 415—419 页。

8 月，10 日（23 日）以后

在第二次代表大会工作结束后，列宁和多数派拥护者一起去海格特公墓参谒马克思墓。

《回忆俄国社会民主工党第二次代表大会》，1959 年，第 65—66 页。

列宁用几天时间对回俄国的多数派代表作具体指示。图拉工人谢·伊·斯捷潘诺夫回忆道："……列宁有好几天和我们在一起研究工作，有时和各小组，有时单独和每个人，热情嘱咐尽可能多地吸收工人入党，加强同职业革命家的联系。"

《回忆俄国社会民主工党第二次代表大会》，1959 年，第 133 页。

8 月 11 日（24 日）

列宁作为第二次代表大会选出的中央机关报编委，开始同普列汉诺夫一起编辑《火星报》。

《列宁全集》中文第 2 版增订版第 8 卷第 17—19、29、347—356 页；《火星报》，1903 年，第 47—51 号。

列宁读社会民主工党顿河区委员会的传单《告阿斯莫洛夫卷烟厂女工》，作批注："顿河区委员会传单"。

《火星报》,1903 年 9 月 1 日,第 47 号;苏共中央马列主义研究院中央党务档案馆,第 2 号全宗,第 1 号目录,第 1101 号保管单位。

列宁同普列汉诺夫一起支持中央委员弗·亚·诺斯科夫提出的建议:在保证《火星报》编辑部有代表参加党总委员会的条件下,即在两名代表当中一定有一名属于党内多数派的条件下,把全部四名旧编委都增补进去。党中央委员会的这一条件遭到马尔托夫分子的拒绝。

《列宁全集》中文第 2 版增订版第 8 卷第 347—350 页。

8 月,11 日(24 日)以后

列宁和其他多数派拥护者一起由伦敦返回日内瓦。

《无产阶级革命》杂志,1928 年,第 6—7 期,第 64 页;1930 年,第 4 期,第 90 页。

列宁给伊·克·拉拉扬茨送去一张便条,告知第二天早晨到他那里去详谈一些事情(这张便条没有找到)。

《无产阶级革命》杂志,1930 年,第 4 期,第 90 页;伊·拉拉扬茨:《布尔什维主义的起源——俄国社会民主工党的分裂》,1931 年 第 15 页。

列宁同弗·德·邦契-布鲁耶维奇谈第二次代表大会的工作、分裂的原因和多数派拥护者团结一致的必要性。

弗·德·邦契-布鲁耶维奇:《回忆列宁》,1965 年,第 19—21 页。

列宁从伦敦俄国社会民主工党第二次代表大会回来后,根据第二次代表大会参加者的要求,同普列汉诺夫一起组织并在 2—3 周内数次举行同多数派拥护者在"兰多尔特"咖啡馆的会见。在有尼·埃·鲍曼、谢·伊·古谢夫、马·马·李维诺夫、瓦·瓦·沃罗夫斯基、彼·阿·克拉西科夫等人出席的这些会议上,列宁分析第二次代表大会以后党内形成的状况，揭示意见分歧的原因，指出巩固俄国社会民主工党的途径。

> 《苦役与流放》杂志，1924 年，第 3 期，第 22 — 23 页；《无产阶级革命》杂志，1930 年，第 4 期，第 93 页；《关于伊里奇》，1924 年，第 71 — 72 页。

8 月 11 日和 18 日（24 日和 31 日）之间

列宁同伊·克·拉拉扬茨会见，委托他通过同志式的谈话说服马尔托夫参加编辑部并尽快消除冲突和分裂的危险。

> 《列宁全集》中文第 2 版增订版第 8 卷第 29 页；《无产阶级革命》杂志，1930 年，第 4 期，第 90 — 91、92 页；伊·拉拉扬茨：《布尔什维克主义的起源——俄国社会民主工党的分裂》，1931 年，第 17 — 18 页；《布尔什维克主义在国际舞台上。布尔什维克向 1904 年阿姆斯特丹代表大会提出的报告》，1932 年，第 65 页；《帕·波·阿克雪里罗得和尤·奥·马尔托夫书信集》，柏林，1924 年，第 87 页。

列宁同普列汉诺夫一起向俄国革命社会民主党人国外同盟的成员报告党的第二次代表大会的结果，说明自己对第二次代表大会出现分裂所持的态度。

> 《帕·波·阿克雪里罗得和尤·奥·马尔托夫书信集》，柏林，1924 年，第 87 页。

8 月 11 日（24 日）以后—10 月 13 日（26 日）以前

列宁和普列汉诺夫一起同旧编委就为《火星报》撰稿问题进行谈判，建议他们在报上阐述自己的不同意见。以马尔托夫、托洛茨基和阿克雪里罗得为首的少数派拒绝以任何方式参加《火星报》的工作，他们为改变党的最高机关的组成制定斗争计划，开始出版秘密刊物，在国外散发这些刊物，并分发给各地方委员会。

> 《列宁全集》中文第 2 版增订版第 8 卷第 18 — 19、29 — 30、54 — 58、82、86 — 90、91 — 96、115 — 160、164 — 168、347 — 367 页；《列宁文集》俄文版第 6 卷第 245 — 249 页；《帕·波·阿克

雪里罗得和尤·奥·马尔托夫书信集》,柏林,1924 年,第 87—88 页。

1903 年 8 月 11 日(24 日)以后—1905 年 4 月以前

列宁给在伦敦的尼·亚·阿列克谢耶夫写信,谈到党内的严重形势,对从伦敦迁到日内瓦表示遗憾(这封信没有保存下来)。

《回忆弗·伊·列宁》,第 2 卷,1969 年,第 92 页;《我们的伊里奇》,1969 年,第 48 页。

不早于 8 月 14 日(27 日)—不晚于 9 月 1 日(14 日)

列宁读崩得戈梅利委员会的传单《萨罗夫的奇迹和总罢工》,作批注:"戈梅利关于总罢工的传单"。

苏共中央马列主义研究院中央党务档案馆,第 2 号全宗,第 1 号目录,第 1102 号保管单位;《火星报》,1903 年 9 月 1 日,第 47 号。

8 月 15 日(28 日)

列宁的《改革的时代》和《崩得民族主义的顶峰》两篇文章在《火星报》上发表。

《列宁全集》中文第 2 版增订版第 7 卷第 296—302、303—306 页;《火星报》,1903 年 8 月 15 日,第 46 号。

8 月,18 日(31 日)以前

列宁给在德累斯顿的亚·米·卡尔梅柯娃寄去两封信,谈在俄国社会民主工党第二次代表大会上的分裂(这两封信没有找到)。

《列宁文集》俄文版第 6 卷第 201 页。

8 月,20 日(9 月 2 日)以后

《火星报》编辑部收到维·巴·诺根从叶卡捷琳诺斯拉夫(第聂伯罗彼得罗夫斯克)寄来的信,信中请求寄去弗·伊·列宁的《怎么办?》一书。

《弗·伊·列宁及其领导的党的国外机关同乌克兰社会民主党组织通信集》,基辅,1964 年,第 368 页。

8 月 25 日(9 月 7 日)

列宁收到亚·米·卡尔梅柯娃从德累斯顿寄来的信,信中对火星派分子在俄国社会民主工党第二次代表大会上的分裂表示遗憾。

《列宁文集》俄文版第 6 卷第 201—202 页。

列宁在俄国社会民主工党基什尼奥夫委员会的传单《谁是基什尼奥夫暴行的罪魁祸首》上作批注:"基什尼奥夫传单(关于暴行)。1903 年 9 月 7 日"。

苏共中央马列主义研究院中央党务档案馆,第 2 号全宗,第 1 号目录,第 1106 号保管单位。

8 月 25 日—26 日(9 月 7 日—8 日)

列宁给在德累斯顿的亚·米·卡尔梅柯娃写回信,分析代表大会上的斗争,指出斗争的原因;在卡尔梅柯娃来信的信封上注明:"1903 年 9 月 7 日收到。1903 年 9 月 8 日作复"。

《列宁全集》中文第 2 版增订版第 44 卷第 348—351 页;苏共中央马列主义研究院中央党务档案馆,第 2 号全宗,第 1 号目录,第 1108 号保管单位。

8 月,28 日(9 月 10 日)以前

列宁读弗·德·邦契-布鲁耶维奇《俄国教权主义的力量》一文的校样。这篇文章刊登在 9 月 1 日(14 日)的《火星报》上。

《列宁全集》中文第 2 版增订版第 44 卷第 352 页;《火星报》,1903 年 9 月 1 日,第 47 号。

8 月 28 日(9 月 10 日)

列宁因准备在《火星报》上发表弗·德·邦契-布鲁耶维奇的《俄国教权主义的力量》一文,写信给邦契-布鲁耶维奇。

《列宁全集》中文第 2 版增订版第 44 卷第 352 页；《火星报》，1903 年 9 月 1 日，第 47 号。

8 月 28 日和 9 月 1 日（9 月 10 日和 14 日）之间

列宁回复在基辅的中央委员格·马·克尔日扎诺夫斯基的来信，要求各地方准备同马尔托夫分子作坚决的斗争，"使他们想插手各委员会的尝试立即遭到坚决的回击"，号召其他中央委员——弗·威·林格尼克和弗·亚·诺斯科夫准备对马尔托夫分子的破坏活动给予坚决回击。

《列宁全集》中文第 2 版增订版第 44 卷第 352—353 页。

8 月 28 日（9 月 10 日）以后—9 月 15 日（28 日）以前

列宁读寄自澳大利亚的工会理事会书记 C.巴克的来信。巴克以墨尔本（澳大利亚）工人的名义对惨遭迫害的犹太人表示同情，并向反对专制制度的战士致敬。列宁作批注："已说明。准备完"。巴克的来信刊登在 9 月 15 日（28 日）的《火星报》上。

《火星报》，1903 年 9 月 15 日，第 48 号；苏共中央马列主义研究院中央党务档案馆，第 2 号全宗，第 1 号目录，第 1112 号保管单位。

8 月 31 日（9 月 13 日）

列宁写信给亚·尼·波特列索夫，谈到党内分裂的极大危险性，必须对采取了不正确的路线的马尔托夫施加影响，认为必须予以纠正。

《列宁全集》中文第 2 版增订版第 44 卷第 354—357 页。

8 月，不晚于 31 日（9 月 13 日）

列宁把《火星报》编辑部的委托书寄给在柏林的中央委员会国外代办员马·尼·利亚多夫，派他出席在德累斯顿召开的德国社会民主党代表大会。

《列宁全集》中文第 2 版增订版第 8 卷第 539 页；《火星报》，1903 年 9 月 15 日，第 48 号；《布尔什维主义在国际舞台上。布尔什维克向 1904 年阿姆斯特丹代表大会提出的报告》，1932 年，第 5 页；《回忆俄国社会民主工党第二次代表大会》，1959 年，第 67 页。

8 月底

列宁写短评《马尔托夫的矛盾和曲折》。

《列宁全集》中文第 2 版增订版第 7 卷第 307 页。

列宁委派马·尼·利亚多夫巡视国外各社会民主党人居住区，并在所有重要的俄国侨民中心建立多数派拥护者小组。

马·利亚多夫：《党的生活》，1926 年，第 4—5、7 页。

列宁委派马·尼·利亚多夫去柏林，作为俄国社会民主工党新选出的中央委员会派驻德国社会民主党中央委员会的代表，向德国社会民主党领导介绍党的第二次代表大会的决议，捍卫多数派的路线。列宁答应向利亚多夫通报今后同机会主义少数派进行斗争的情况，并寄去各种指示。

《布尔什维主义在国际舞台上。布尔什维克向 1904 年阿姆斯特丹代表大会提出的报告》，1932 年，第 3—5 页；《回忆俄国社会民主工党第二次代表大会》，1959 年，第 67 页。

不早于 8 月底

列宁读社会民主党小组的学习活动计划，注明："第二次代表大会以后中央委员会编写的宣传大纲草案"。

苏共中央马列主义研究院中央党务档案馆，第 2 号全宗，第 1 号目录，第 1116 号保管单位。

8 月—9 月

列宁写《关于革命青年的任务的信的提纲》。

《列宁全集》中文第 2 版增订版第 7 卷第 420—421 页。

9 月 1 日（14 日）以前

　　列宁安排协助出版《大学生报》的工作,委托娜·康·克鲁普斯卡娅写信给中央委员格·马·克尔日扎诺夫斯基,让他筹集出版经费。

> 苏共中央马列主义研究院中央党务档案馆,第 2 号全宗,第 1 号目录,第 985 号保管单位,第 17 张—第 17 张背面。

9 月 1 日（14 日）

　　列宁的《一项给遭受不幸事故的工人发放抚恤金的法令》一文在《火星报》第 47 号上发表。

> 《列宁全集》中文第 2 版增订版第 7 卷第 308—315 页;《火星报》,1903 年 9 月 1 日,第 47 号。

9 月 1 日和 10 月 1 日（9 月 14 日和 10 月 14 日）之间

　　列宁读费奥多西亚社会民主党小组的传单《告知识分子书》,作批注:"费奥多西亚传单"。

> 苏共中央马列主义研究院中央党务档案馆,第 2 号全宗,第 1 号目录,第 1119 号保管单位;《火星报》,1903 年 10 月 1 日,第 49 号。

　　列宁读通讯稿《俄国纪行》(未署名),在封面上作批注:"材料完全不适用。存档"、"不适用"。

> 苏共中央马列主义研究院中央党务档案馆,第 2 号全宗,第 1 号目录,第 1120 号保管单位。

9 月,不早于 2 日（15 日）

　　列宁读阿·斯维特洛夫的通讯稿《警察局刑讯室书刊》,作批注:"不适用"。

> 苏共中央马列主义研究院中央党务档案馆,第 2 号全宗,第 1 号目录,第 1121 号保管单位。

9 月 3 日（16 日）

列宁读一个姓名不详的人寄给《火星报》编辑部的谈 1903 年 3 月 2 日（15 日）罗斯托夫游行示威案诉讼情况的信，写批注："塔甘罗格。9 月 16 日转自波列塔耶夫和邦契"。

> 苏共中央马列主义研究院中央党务档案馆，第 2 号全宗，第 1 号目录，第 1122 号保管单位；《火星报》，1903 年 9 月 1 日，第 47 号；9 月 15 日，第 48 号。

9 月 7 日（20 日）以后

列宁同参加德国社会民主党德累斯顿代表大会归来的马·尼·利亚多夫谈话，批评德国社会民主党领袖们同机会主义分子斗争不坚决。

> 《布尔什维主义在国际舞台上。布尔什维克向 1904 年阿姆斯特丹代表大会提出的报告》，1932 年，第 5—6 页。

列宁委派马·尼·利亚多夫去柏林拜访卡·考茨基，向他介绍俄国社会民主工党第二次代表大会的情况、在会上发生分裂的原因以及孟什维克的分裂活动。

> 《布尔什维主义在国际舞台上。布尔什维克向 1904 年阿姆斯特丹代表大会提出的报告》，1932 年，第 6 页。

列宁同马·尼·利亚多夫谈话。利亚多夫讲述他拜访卡·考茨基的情况，同时谈到他同奥·倍倍尔、保·辛格尔和奥尔的会见，列宁希望利亚多夫继续向卡·考茨基和罗·卢森堡介绍俄国社会民主工党的情况。

> 《布尔什维主义在国际舞台上。布尔什维克向 1904 年阿姆斯特丹代表大会提出的报告》，1932 年，第 7 页。

9 月 8 日（21 日）以后

列宁收到《火星报》旧编辑部成员列·格·捷依奇请求同他会

见以便进行谈判的来信。

苏共中央马列主义研究院中央党务档案馆,第 24 号全宗,第 27 号目录,第 695 号保管单位。

9 月 9 日和 10 月 1 日(9 月 22 日和 10 月 14 日)之间

列宁读崩得国外委员会为答复《火星报》第 46 号上所载列宁的《崩得民族主义的顶峰》一文而印发的传单《第五次代表大会关于崩得在党内的地位的决议受到火星派牌号的爱国者们的审判》;作批注并标出重点。列宁在《最高的无耻和最低的逻辑》一文中对这份传单进行了批判。

《列宁全集》中文第 2 版增订版第 8 卷第 22—28 页;《火星报》,1903 年 10 月 1 日,第 49 号;苏共中央马列主义研究院中央党务档案馆,第 2 号全宗,第 1 号目录,第 1125 号保管单位。

列宁起草《党的第二次代表大会》一文的提纲。这篇文章没有写成。

《列宁全集》中文第 2 版增订版第 7 卷第 422—423 页。

9 月 11 日(24 日)

列宁读从乌法给《火星报》编辑部的关于在乌法加强警察活动的通讯稿,作批注:"大量删节,并与第 44 号核对。1903 年 9 月 24 日"。

苏共中央马列主义研究院中央党务档案馆,第 2 号全宗,第 1 号目录 第 1127 号保管单位;《火星报》,1903 年 10 月 15 日,第 50 号。

9 月 13 日(26 日)

列宁写《马尔托夫拟定的同〈火星报〉前编辑部谈判的基本条件的记录》。

《列宁文集》俄文版第 6 卷第 262 页。

9 月,15 日(28 日)以前

列宁读一篇报道在沃洛格达和奥涅加对参加革命活动的人进行逮捕、审讯和判决以及流放者逃跑和再次被流放的通讯稿(未署名),作批注:"沃洛格达。革命斗争大事记栏(**备用**)","**沃洛格达。暂缓**"。

苏共中央马列主义研究院中央党务档案馆,第 2 号全宗,第 1 号目录,第 1131 号保管单位;《火星报》,1903 年 9 月 15 日,第 48 号。

列宁读兹拉托乌斯特案起诉书的抄件,注明:"小号铅字。作报纸附刊发,单独排成小册子",并计算字母数量。起诉书作为《火星报》第 48 号附刊印出。

苏共中央马列主义研究院中央党务档案馆,第 2 号全宗,第 1 号目录,第 1130 号保管单位;《火星报》,1903 年 9 月 15 日,第 48 号附刊。

9 月 15 日(28 日)

列宁的《拆穿了!……》一文在《火星报》第 48 号上发表。

《列宁全集》中文第 2 版增订版第 7 卷第 316—321 页;《火星报》,1903 年 9 月 15 日,第 48 号。

9 月上半月

列宁写《俄国社会民主工党第二次代表大会记事》。

《列宁全集》中文第 2 版增订版第 8 卷第 19 页,第 44 卷第 353 页;《列宁文集》俄文版第 6 卷第 258—259 页;尔·马尔托夫:《同俄国社会民主工党内的"戒严状态"作斗争》,日内瓦,1904 年,第 88 页。

9 月,15 日(28 日)以后

列宁在《火星报》第 48 号上注明《拆穿了!……》一文是他写的。

《列宁全集》中文第 2 版增订版第 7 卷第 316—321 页;苏共中

央马列主义研究院中央党务档案馆,第 2 号全宗,第 1 号目录,第 2141 号保管单位,第 182 张。

9 月,不早于 16 日(29 日)

列宁读关于俄国南方罢工的通讯稿,在上面写附言:"**稍加压缩,前后加以连贯,并说明延误原因**"。

《历史文献》杂志,1955 年,第 6 期,第 22—25 页;苏共中央马列主义研究院中央党务档案馆,第 2 号全宗,第 1 号目录,第 1135 号保管单位。

列宁读波兰革命运动的参加者给《火星报》编辑部的信,信中叙述对《火星报》的活动、犹太问题以及其他问题的看法。

苏共中央马列主义研究院中央党务档案馆,第 2 号全宗,第 1 号目录,第 1134 号保管单位。

9 月 16 日和 10 月 1 日(9 月 29 日和 10 月 14 日)之间

列宁为在《火星报》上发表关于抵制选举工厂工长的敖德萨通讯稿做准备工作;为通讯稿写编者按语:"这里我们要指出,我们认为较正确的策略不是一概拒绝选举工长,而是进行坚定不移的斗争,以反对搞假选举,反对企图通过工长进行特务活动等等。关于这一点我们已在《火星报》第 46 号上发表过意见。**编者**"。这篇敖德萨通讯和列宁为它写的编者按语刊登在 1903 年 10 月 1 日《火星报》第 49 号上。

《列宁全集》中文第 2 版增订版第 7 卷第 296—302 页;《火星报》,1903 年 10 月 1 日,第 49 号;苏共中央马列主义研究院中央党务档案馆,第 2 号全宗,第 1 号目录,第 1136 号保管单位。

9 月 17 日(30 日)

列宁为《火星报》编辑部租用约·索·布柳缅费尔德的印刷所而付给他 4 000 法郎。

苏共中央马列主义研究院中央党务档案馆,第 24 号全宗,第 2 号目录,第 219 号保管单位。

　　列宁写信给在德累斯顿(德国)的亚·米·卡尔梅柯娃,答复她 1903 年 9 月 8 日(21 日)的来信。列宁在信中讲述俄国社会民主工党第二次代表大会以后孟什维克的破坏活动。

《列宁全集》中文第 2 版增订版第 44 卷第 357—359 页;《列宁文集》俄文版第 6 卷第 250 页。

　　列宁就一篇有关宪兵上校彼得罗夫斯基的通讯稿问题写信给在维也纳的 К.Л.富特米勒。

《列宁全集》中文第 2 版增订版第 44 卷第 359—360 页;《列宁文集》俄文版第 8 卷第 153—154 页。

　　列宁对娜·康·克鲁普斯卡娅写给俄国社会民主工党叶卡捷琳诺斯拉夫委员会的信作修改。克鲁普斯卡娅在信中询问委员会的工作情况,对委员会工作的安排提出建议,并告知国外俄国社会民主党人中的新闻。

苏共中央马列主义研究院中央党务档案馆,第 2 号全宗,第 1 号目录,第 1139 号保管单位,第 5 张背面—第 6 张;《苏共党史》,第 1 卷,1964 年,第 486 页。

9 月 18 日(10 月 1 日)

　　列宁给俄国社会民主工党敖德萨委员会复信,解释党的第二次代表大会关于参加工厂工长选举的决议,支持委员会提出的关于更经常地交换意见以避免分歧的建议,答应写说明经济斗争和政治斗争的关系的传单。

《列宁全集》中文第 2 版增订版第 44 卷第 360—361 页。

9 月,不早于 19 日(10 月 2 日)

　　列宁读给《火星报》编辑部寄来的一大批因 1901 年敖德萨委员会案被捕入狱的社会民主党人作出的关于 Ш.迈尔、И.米尔金、И.坎托罗维奇、В.特拉赫滕贝格和 Т.柴尼科夫等人在受审时的可耻叛卖行为的决议,在上面写附言:"不适用(第 48 号上已有要点)"。

第二份决议的内容是敖德萨委员会避而不谈米尔金、迈尔、坎托罗维奇、特拉赫滕贝格和柴尼科夫等人案件,因此请求俄国社会民主工党中央委员会制定党员在受审时和在法庭上的行为准则。列宁对这份决议作删节。

> 苏共中央马列主义研究院中央党务档案馆,第 2 号全宗,第 1 号目录,第 1141 号保管单位,第 7 张,第 12 张背面;《火星报》,1903 年 9 月 15 日,第 48 号。

列宁读给《火星报》编辑部寄来的一份传单,随传单附有奥廖尔省省长指使多尔戈耶村村长参加杜布罗夫卡站迫害犹太人暴行的命令,列宁在上面写附言:"来自奥廖尔的关于庸吏挑唆者的通讯稿附件"。

> 苏共中央马列主义研究院中央党务档案馆,第 2 号全宗,第 1 号目录,第 1142 号保管单位,第 1 张背面;《火星报》,1903 年 10 月 1 日,第 49 号。

列宁读报道敖德萨监狱政治犯 8 月 18 日(31 日)遭到毒打的 1903 年 9 月 8 日(21 日)敖德萨通讯稿,在上面写附言:"敖德萨监狱的暴行。编写简讯,但要严格核对是否重复"。

> 苏共中央马列主义研究院中央党务档案馆,第 2 号全宗,第 1 号目录,第 1143 号保管单位;《火星报》,1903 年 10 月 15 日,第 50 号。

9 月 21 日(10 月 4 日)

列宁和《火星报》编委格·瓦·普列汉诺夫及中央委员弗·威·林格尼克一起同尔·马尔托夫、帕·波·阿克雪里罗得、亚·尼·波特列索夫及维·伊·查苏利奇就共同在中央机关报工作的条件举行谈判。谈判持续三小时,最终毫无结果。

《列宁全集》中文第 2 版增订版第 8 卷第 352 页,第 44 卷第 364 页;《列宁文集》俄文版第 6 卷第 267、290、304—305 页。

列宁起草给俄国社会民主工党第二次代表大会记录委员会的声明,以自己和格·瓦·普列汉诺夫的名义通知:同意在代表大会的记录中公布他们的姓名。

《列宁全集》中文第 2 版增订版第 8 卷第 20 页。

9 月 21 日—23 日(10 月 4 日—6 日)

列宁起草中央机关报编辑部邀请尔·马尔托夫参加《火星报》和《曙光》杂志撰稿工作的信稿。

《列宁文集》俄文版第 6 卷第 297—299 页。

9 月 22 日(10 月 5 日)

列宁读一个姓名不详的人 1903 年 9 月 12 日(25 日)报告 9 月 9 日在莫斯科开始的印刷工人罢工情况的来信,在上面注明:"转自伊里亚,1903 年 10 月 5 日"。

苏共中央马列主义研究院中央党务档案馆,第 2 号全宗,第 1 号目录,第 1147 号保管单位。

列宁致函在基辅的中央委员格·马·克尔日扎诺夫斯基和弗·亚·诺斯科夫,谈到孟什维克的破坏活动,并提议准备同他们进行坚决的斗争,加强自己在各委员会中的影响;建议把多数派拥护者列·叶·加尔佩林和彼·阿·克拉西科夫增补进中央委员会。

《列宁全集》中文第 2 版增订版第 8 卷第 352 页,第 44 卷第 364—365 页;《列宁文集》俄文版第 6 卷第 267、269、273—274、290、304 页。

9 月 23 日(10 月 6 日)

列宁以中央委员会的名义写信给俄国社会民主工党第二次代

表大会记录委员会,要求寄来代表大会通过的纲领、组织章程、全部决议和决定。

《列宁全集》中文第 2 版增订版第 8 卷第 21 页。

列宁以中央机关报编辑部的名义写信给尔·马尔托夫和《火星报》以前的其他编辑,邀请他们为《火星报》和《曙光》杂志撰稿。

《列宁全集》中文第 2 版增订版第 8 卷第 352—353 页,第 44
卷第 366—367、603 页;《列宁文集》俄文版第 6 卷第 300 页。

不早于 9 月 23 日(10 月 6 日)——不晚于 10 月 15 日(28 日)

列宁读关于尼科波尔成衣工人罢工的通讯稿,在上面注明:"写成来自**尼科波尔**的罢工简讯"。

苏共中央马列主义研究院中央党务档案馆,第 2 号全宗,第 1
号目录,第 1153 号保管单位;《火星报》,1903 年 10 月 15 日,
第 50 号。

9 月,不早于 25 日(10 月 8 日)

列宁把马尔托夫分子的复信抄在中央机关报编辑部致尔·马尔托夫信的初稿上:"马尔托夫分子的声明:'自《**火星报**》转入新编辑部手中之时起,下列署名人不再参加该报的任何工作。查苏利奇、阿克雪里罗得、斯塔罗韦尔、马尔托夫、托洛茨基、柯尔佐夫'"。

《列宁全集》中文第 2 版增订版第 8 卷第 352—354 页;《列宁
文集》俄文版第 6 卷第 303—304 页;苏共中央马列主义研究
院中央党务档案馆,第 2 号全宗,第 1 号目录,第 1145 号保管
单位。

列宁读关于莫斯科印刷工人罢工的报道,并在上面注明:"过时了"、"不适用"。

苏共中央马列主义研究院中央党务档案馆,第 2 号全宗,第 1
号目录,第 1155 号保管单位。

不早于 9 月 25 日(10 月 8 日)——不晚于 10 月 1 日(14 日)

列宁读报道敖德萨监狱中政治犯情况的敖德萨通讯稿,在上面写附言:"大量压缩,去掉拙劣的'漂亮'词句"。

苏共中央马列主义研究院中央党务档案馆,第 2 号全宗,第 1 号目录,第 1156 号保管单位;《火星报》,1903 年 10 月 1 日,第 49 号;10 月 15 日,第 50 号。

9 月 25 日和 10 月 22 日(10 月 8 日和 11 月 4 日)之间

列宁读给《火星报》编辑部寄来的敖德萨监狱男监政治犯名单,在上面作批注:"寄自敖德萨。10 月 8 日收到",并在单张纸上注明:"最好在此基础上编写一篇简讯。编成统计表。**被捕者统计**"(根据这份名单写的标题为《关于被捕者的统计》的简讯(看来为列宁所写)发表在 1903 年 10 月 22 日《火星报》第 51 号上)。

《列宁全集》俄文第 5 版第 8 卷第 501 页;《历史文献》杂志,1955 年,第 6 期,第 15 页;《火星报》,1903 年 10 月 22 日,第 51 号。

9 月,不早于 26 日(10 月 9 日)

列宁在一个信封上注明:"很重要。我和普列汉诺夫 1903 年 10 月 6 日给马尔托夫等的信的抄件以及马尔托夫的回信。"后来列宁在写《进一步,退两步》一书时使用了这些文件。

《列宁全集》中文第 2 版增订版第 8 卷第 352—354 页,第 44 卷第 603 页;《列宁文集》俄文版第 6 卷第 304—305 页。

9 月 26 日和 10 月 13 日(10 月 9 日和 26 日)之间

列宁写中央委员会和中央机关报编辑部告孟什维克反对派领袖书草稿,呼吁他们履行党员义务并停止对中央机关的抵制,建议向全体党员说明原则上的分歧。

《列宁全集》中文第 2 版增订版第 8 卷第 29—30 页;《列宁文集》俄文版第 6 卷第 303—311 页。

9 月 27 日(10 月 10 日)

列宁给在博蒙(法国)的俄国革命社会民主党人国外同盟领导

机关成员加·达·莱特伊仁复信，表示反对召开同盟第二次代表
大会。

《列宁全集》中文第 2 版增订版第 44 卷第 367—369 页；《列宁
文集》俄文版第 7 卷第 49—53 页。

9 月 27 日和 10 月 13 日（10 月 10 日和 26 日）之间

列宁为参加国外同盟第二次代表大会做准备工作：起草关于
俄国社会民主工党第二次代表大会的报告的提纲，在中央委员会
给同盟成员的通告和同盟的原有章程上作批注，编写同盟成员名
单，初步统计布尔什维克和孟什维克在这一组织即将召开的代表
大会上的力量对比情况，等等。

《列宁全集》中文第 2 版增订版第 8 卷第 457—463 页；《列宁
文集》俄文版第 7 卷第 55—57、59—62、64—65 页。

9 月底，不早于 28 日（10 月 11 日）

列宁读署名"基辅工人"的关于 1903 年 7 月基辅总罢工的通
讯稿，在上面注明："稍加压缩和修改"。

苏共中央马列主义研究院中央党务档案馆，第 2 号全宗，第 1
号目录，第 1160 号保管单位。

不早于 9 月 29 日（10 月 12 日）—不晚于 10 月 15 日（28 日）

列宁读 1903 年 7 月 9 日（22 日）在彼得堡召开的纺织厂厂主
代表会议的会议记录副本，会议作出违背工人利益的决议。列宁
在这份文件上写附言："在此基础上编写一篇简讯"。

苏共中央马列主义研究院中央党务档案馆，第 2 号全宗，第 1
号目录，第 1161 号保管单位；《火星报》，1903 年 10 月 15 日，
第 50 号。

9 月，不晚于 29 日（10 月 12 日）

列宁赞成允许马尔托夫分子在服从中央机关报监督的条件下
组成著作家集团，坚持在《火星报》第 50 号上公布马尔托夫分子关

于拒绝参加报纸任何工作的声明。

《列宁文集》俄文版第 7 卷第 79—81 页。

不早于 9 月 30 日（10 月 13 日）—10 月初

列宁读标题为《挪威。国外评论》的关于 1903 年 5 月 16 日（29 日）召开的挪威工党第十七次代表大会的通讯稿，在上面作批注："不适用"。

苏共中央马列主义研究院中央党务档案馆，第 2 号全宗，第 1
号目录，第 1162 号保管单位。

9 月下半月

列宁读从墨尔本（澳大利亚）转寄《火星报》编辑部的工会理事会书记 C.巴克 1903 年 8 月 11 日（24 日）信的副本，信中表示支持俄国的革命运动；在上面写附言："已载《火星报》（第 48 号）"。

苏共中央马列主义研究院中央党务档案馆，第 2 号全宗，第 1
号目录，第 1133 号保管单位；《火星报》，1903 年 9 月 15 日，第
48 号。

9 月底—10 月 19 日（11 月 1 日）以前

列宁以《火星报》编辑部的名义写信给俄国社会民主工党顿河区委员会，要求解释委员会所作出的关于党的第二次代表大会分裂情况的决议。

《列宁全集》中文第 2 版增订版第 8 卷第 60、81 页，第 44 卷第
372—373 页；尔·马尔托夫：《同俄国社会民主工党内的"戒
严状态"作斗争》，日内瓦，1904 年，第 30—31 页；尼·沙霍
夫：《为召开代表大会而斗争》，日内瓦，1904 年，第 8 页。

列宁以《火星报》编辑部的名义写信给矿业工人联合会，要求就联合会通过的关于党的第二次代表大会分裂情况的决议回答一系列问题，并要求把这些问题"在委员会全体会议上"讨论。

《列宁全集》中文第 2 版增订版第 8 卷第 60、81 页，第 44 卷第

373—374 页;尔·马尔托夫:《同俄国社会民主工党内的"戒严状态"作斗争》,日内瓦,1904 年,第 27—28 页;尼·沙霍夫:《为召开代表大会而斗争》,日内瓦,1904 年,第 9—13 页。

9 月

列宁的《革命青年的任务。第一封信》一文在《大学生报》第 2—3 号合刊上发表。

《列宁全集》中文第 2 版增订版第 7 卷第 322—335、552 页;《大学生报》,苏黎世,1903 年 9 月,第 2—3 号合刊。

9 月—10 月

列宁的含揭露孟什维克在党的第二次代表大会后分裂破坏活动内容的《俄国社会民主工党第二次代表大会记事》以手抄本形式在社会民主党人中间流传,抄有很多副本。这一文件在同孟什维克的斗争中和在团结布尔什维克拥护者的事业中发挥了很大作用。

《俄国革命社会民主党人国外同盟第二次(例行)代表大会记录》,日内瓦,1903 年,第 66 页;尔·马尔托夫:《同俄国社会民主工党内的"戒严状态"作斗争》,日内瓦,1904 年,第 86—87 页。

1903 年 9 月—1904 年 2 月

列宁和在柏林的马·尼·利亚多夫通信,向他通报政治新闻,就运送秘密书刊等问题提出具体建议(这些信件没有找到)。

《列宁全集》俄文第 5 版第 8 卷第 497 页;《回忆俄国社会民主工党第二次代表大会》,1959 年,第 67 页。

10 月 1 日(14 日)以前

列宁读顿河革命组织号召对沙皇专制制度进行斗争的传单《哥萨克的愿望》,在传单上注明自己想就这个问题写一篇短评,摘引了传单的一些段落。

苏共中央马列主义研究院中央党务档案馆,第 2 号全宗,第 1 号目录,第 25515 号保管单位;《火星报》,1903 年 10 月 1 日,第 49 号。

10 月初

列宁读 1903 年 9 月 14 日(27 日)的通讯稿,稿件的内容是彼得堡邮政总局官吏拒绝要他们参加罢工的建议,以及库尔斯克政治犯监狱犯人进行绝食;列宁在通讯稿上作批注:"圣彼得堡邮政总局","好像在《解放》上刊载过传单","编写简讯"。

苏共中央马列主义研究院中央党务档案馆,第 2 号全宗,第 1 号目录,第 1164 号保管单位。

列宁读 1903 年 9 月 4 日(17 日)给《火星报》编辑部寄来的一封私人信件,信中谈到 1903 年 8 月底在戈梅利发生了虐犹暴行。列宁在上面写附言:"关于戈梅利的补充材料","同第 49 号核对"。

苏共中央马列主义研究院中央党务档案馆,第 2 号全宗,第 1 号目录,第 1165 号保管单位;《火星报》,1903 年 10 月 1 日,第 49 号。

列宁读用胶版印刷的费奥多西亚社会民主党工人小组号召工人联合起来同专制制度进行斗争的传单,在上面写附言:"在费奥多西亚通讯里已经提到"。

苏共中央马列主义研究院中央党务档案馆,第 2 号全宗,第 1 号目录,第 1166 号保管单位;《火星报》,1903 年 10 月 1 日,第 49 号。

10 月 1 日(14 日)

列宁的《最高的无耻和最低的逻辑》一文在《火星报》第 49 号上发表。

《列宁全集》中文第 2 版增订版第 8 卷第 22—28 页;《火星报》,1903 年 10 月 1 日,第 49 号。

10 月，1 日（14 日）以后

列宁读一个姓名不详的人谈 1903 年 9 月 8 日（21 日）在顿河畔罗斯托夫逮捕学生小组成员的来信摘录，在上面注明："不适用"，"已见第 49 号"。

苏共中央马列主义研究院中央党务档案馆，第 2 号全宗，第 1 号目录，第 1167 号保管单位；《火星报》，1903 年 10 月 1 日，第 49 号。

10 月，不早于 2 日（15 日）

列宁读关于 1903 年 9 月印刷工人罢工的莫斯科通讯稿，并在上面注明："莫斯科。排字工人（和**其他工人**）罢工。对第 49 号作补充。编成通讯（比较《俄罗斯新闻》），刊第 50 号"。

《历史文献》杂志，1955 年，第 6 期，第 24 页；苏共中央马列主义研究院中央党务档案馆，第 2 号全宗，第 1 号目录，第 1169 号保管单位；《火星报》，1903 年 10 月 1 日，第 49 号；10 月 15 日，第 50 号。

不早于 10 月 3 日（16 日）—不晚于 10 月 15 日（28 日）

列宁读关于尤佐夫卡冶金厂 9 月举行罢工的通讯稿，在上面注明："**顿涅茨区来稿**（稍加压缩，编成详细的通讯）"。

苏共中央马列主义研究院中央党务档案馆，第 2 号全宗，第 1 号目录，第 1170 号保管单位；《火星报》，1903 年 10 月 15 日，第 50 号。

10 月 7 日（20 日）

列宁给在基辅的格·马·克尔日扎诺夫斯基写信，要求中央委员会采取更加坚决的行动，反对各委员会中少数派的破坏活动；提出要克尔日扎诺夫斯基来日内瓦；坚决反对弗·亚·诺斯科夫在 1903 年 9 月 29 日（10 月 12 日）写给列宁和弗·威·林格尼克的信中提出的关于把尔·马尔托夫增补进中央委员会的计划。

《列宁全集》中文第 2 版增订版第 44 卷第 369—371 页；《列宁文集》俄文版第 7 卷第 94—95、98 页。

列宁以自己和格·瓦·普列汉诺夫的名义写信给高加索联合会委员会，同意联合会委员会关于撤销倒向孟什维克的季·亚·托普里泽职务的决定，并号召坚定不移地执行党内多数派的路线，告知在国外组织出版格鲁吉亚文和亚美尼亚文书刊的计划。

《列宁全集》中文第 2 版增订版第 44 卷第 371—372 页。

列宁参加起草给俄国革命社会民主党人国外同盟成员的公开信，并和同盟的布尔什维克成员一起（共 12 人）签名，信中指出必须改组同盟和制定新的章程，同时对同盟领导机关成员列·格·捷依奇粗暴破坏党纪的行为表示抗议。

《列宁全集》中文第 2 版增订版第 8 卷第 357—358 页；《列宁文集》俄文版第 7 卷第 72—76 页；《给俄国革命社会民主党人国外同盟成员的公开信》，日内瓦，1903 年 10 月 20 日，5 页，胶印版。

10 月 13 日—17 日（26 日—30 日）

列宁参加在日内瓦举行的俄国革命社会民主党人国外同盟第二次代表大会的各次会议。

《列宁全集》中文第 2 版增订版第 8 卷第 35—49、51 页，第 44 卷第 384—385 页；《列宁文集》俄文版第 7 卷第 135 页；《俄国革命社会民主党人国外同盟第二次（例行）代表大会记录》，日内瓦，1903 年，第 18—112 页；《回忆党的第二次代表大会》，1934 年，第 85 页。

10 月 13 日（26 日）

列宁在俄国革命社会民主党人国外同盟第二次代表大会第 1 次会议上，在讨论议事日程问题时发言 9 次，在对俄国社会民主工党第二次代表大会的报告作预先说明时发言 8 次。在会议上他作关于辩论过程的札记，计算布尔什维克和孟什维克在代表大会上的力量对比。

《列宁全集》□文第 2 版增订版第 8 卷第 35—37、464—466 页;《俄国革命社会民主党人国外同盟第二次(例行)代表大会记录》,日内瓦,1903 年,第 20、22、26、27—28、36、37、38、39、40、41、42 页。

10 月 14 日(27 日)

列宁在同盟代表大会第 2 次会议上作关于俄国社会民主工党第二次代表大会的报告,就尔·马尔托夫的副报告作笔记。

《列宁全集》中文第 2 版增订版第 8 卷第 38—39 页;《列宁文集》俄文版第 7 卷第 153—156 页;《俄国革命社会民主党人国外同盟第二次(例行)代表大会记录》,日内瓦,1903 年,第 43—51 页。

10 月 15 日(28 日)

列宁在同盟代表大会第 3 次会议上尔·马尔托夫作副报告过程中在座位上插话,就报告作笔记。

列宁在马尔托夫发言后立即对马尔托夫所采取的卑鄙的斗争手段和粗暴的捏造表示坚决抗议。列宁和多数派拥护者一起退出代表大会会场。

《列宁全集》中文第 2 版增订版第 8 卷第 49、54、357—358 页;《列宁文集》俄文版第 7 卷第 158—162 页;《俄国革命社会民主党人国外同盟第二次(例行)代表大会记录》,日内瓦,1903 年,第 59.60、63、65、66、68 页。

10 月 16 日(29 日)

列宁起草书面抗议(后来加标题为《没有提交的声明》),反驳尔·马尔托夫在同盟代表大会上所作副报告中对布尔什维克进行的诽谤性责难。

《列宁全集》中文第 2 版增订版第 8 卷第 54—58、514 页。

列宁在同盟代表大会第 4 次会议开始时发表声明说,鉴于尔·马尔托夫的非党活动,拒绝参加讨论关于党的第二次代表大会的报告和作总结发言。同盟的布尔什维克成员集体提出书面抗议,支持这一声明,并在提出抗议后退出代表大会会场。

《列宁全集》中文第 2 版增订版第 8 卷第 50 页;《俄国革命社
会民主党人国外同盟第二次(例行)代表大会记录》,日内瓦,
1903 年,第 75—76 页。

10 月 17 日(30 日)

在同盟代表大会第 5 次会议上,列宁三次发言谈同盟章程问题。他强调指出,在未经中央认可以前,同盟章程不能生效。当代表大会通过尔·马尔托夫提出的关于同盟章程无须经中央认可的决议案以后,列宁代表多数派拥护者提出抗议,反对这一粗暴违反党章的行为。

《列宁全集》中文第 2 版增订版第 8 卷第 51—53 页;《苏联共
产党代表大会、代表会议和中央全会决议汇编》,第 1 卷,1970
年,第 69—70 页;《俄国革命社会民主党人国外同盟第二次
(例行)代表大会记录》,日内瓦,1903 年,第 95、104—106 页。

傍晚,国外同盟代表大会第 5 次会议以后,列宁参加同盟的布尔什维克成员和他们新提出的 11 名同盟成员候选人一起召开的非正式会议。会议是在日内瓦"兰多尔特"咖啡馆里举行的。

《列宁全集》中文第 2 版增订版第 8 卷第 174—175、497 页,第
44 卷第 385 页;奥·皮亚特尼茨基:《一个布尔什维克的笔
记》,第 5 版,1956 年,第 58 页。

10 月 18 日(31 日)

傍晚,国外同盟代表大会结束以后,列宁参加同盟的布尔什维克成员会议,在会上格·瓦·普列汉诺夫表示要同孟什维克进行和平谈判。

《列宁全集》中文第 2 版增订版第 8 卷第 174—177、368 页,第
44 卷第 385 页;伊·拉拉扬茨:《布尔什维主义的起源——俄国社会民主工党的产生》,第 2 版,1934 年,第 112—113 页。

10 月,18 日(31 日)以后

列宁在俄国革命社会民主党人国外同盟第二次代表大会通过的决议文本上作批注并标出重点,在装这些文件的封套上注明:"**注意**:同盟决议"。

《列宁全集》口文第 2 版增订版第 8 卷第 33 页;苏共中央马列主义研究院中央党务档案馆,第 2 号全宗,第 1 号目录,第 1180 号保管单位。

10 月 19 日(11 月 1 日)以前

列宁读尔·马尔托夫的标题为《工业困境》的短评,并在上面注明:"备用","如果不用,即予退回"。

苏共中央马列主义研究院中央党务档案馆,第 2 号全宗,第 1 号目录,第 181 号保管单位。

列宁和弗·威·林格尼克一起要求召集党总委员会会议,以确认中央委员在国外同盟第二次代表大会上所采取的行动正确。

《列宁全集》中文第 2 版增订版第 8 卷第 59 页。

10 月中,不晚于 19 日(11 月 1 日)

列宁劝说弗·威·林格尼克留下来和孟什维克的《火星报》编辑部一起工作。

《列宁全集》中文第 2 版增订版第 44 卷第 375 页。

10 月 19 日(11 月 1 日)

早晨,列宁由弗·威·林格尼克和列·叶·加尔佩林陪同,再次同普列汉诺夫谈话,劝他不要向马尔托夫派让步,谈到把旧编委重新增补进中央机关报是不能容忍的。鉴于普列汉诺夫意图向孟什维克让步,列宁提出自己退出编辑部的问题。

《列宁全集》中文第 2 版增订版第 8 卷第 174—177 页;《列宁

文集》俄文版第 7 卷第 180—182 页。

列宁在俄国社会民主工党总委员会会议上参加拟定党总委员会关于国外同盟和中央委员会的冲突问题的决议。由于孟什维克拒绝执行中央委员会提出的关于同盟章程必须与党章一致的要求,弗·威·林格尼克宣布同盟代表大会是非法的,总委员会承认出席同盟代表大会的中央委员会代表林格尼克的这一行动是正确的。党总委员会决定通过吸收新成员的办法改组同盟。

《列宁全集》中文第 2 版增订版第 8 卷 59 页;《列宁文集》俄文版第 7 卷第 180—182 页;《俄国革命社会民主党人国外同盟第二次(例行)代表大会记录》,日内瓦,1903 年,第 124—125 页。

列宁写信给格·瓦·普列汉诺夫,劝他不要向马尔托夫派让步,同时指出这种让步将会给党带来极大的危害。

《列宁全集》中文第 2 版增订版第 44 卷第 375—376 页。

列宁不同意格·瓦·普列汉诺夫提出的认为对马尔托夫派让步和增补孟什维克旧编委进入中央机关报会有利于党的统一的意见,向党总委员会主席普列汉诺夫提出声明,辞去党总委员会委员和中央机关报编辑部成员的职务。

《列宁全集》中文第 2 版增订版第 8 卷第 60 页。

10 月 20 日(11 月 2 日)

列宁收到格·瓦·普列汉诺夫的来信,信中告知即将与孟什维克反对派代表亚·尼·波特列索夫和维·伊·查苏利奇进行谈判。列宁在信上注明:"1903 年 11 月 2 日"。

《列宁文集》俄文版第 7 卷第 201—202 页。

10 月 21 日(11 月 3 日)

列宁收到格·瓦·普列汉诺夫的来信,信中请他第二天午后三时到"兰多尔特"咖啡馆商谈孟什维克反对派提出的协议条件。列宁在信封上注明："非常重要"。

《列宁文集》俄文版第 7 卷第 205 页。

　　列宁收到格·瓦·普列汉诺夫的关于面谈同孟什维克反对派进行谈判一事的第二封信。普列汉诺夫在信中请列宁为此于午后三时半去他的住所。列宁在信上注明："1903 年 11 月 3 日"。

《列宁文集》俄文版第 7 卷第 206 页。

　　列宁和弗·威·林格尼克一起会见格·瓦·普列汉诺夫。普列汉诺夫声明他想向马尔托夫派让步并邀请他们进入《火星报》编辑部,对此列宁重申他退出中央机关报编辑部的决定。同时,列宁还告诉普列汉诺夫,如果得到中央委员会全体委员的同意,他决定进入俄国社会民主工党中央委员会。

《列宁全集》中文第 2 版增订版第 8 卷第 176—177 页;《列宁
文集》俄文版第 7 卷第 194,202—206 页;尔·马尔托夫:《同
俄国社会民主工党内的"戒严状态"作斗争》,日内瓦,1904
年,第 82 页。

　　列宁读一个姓名不详者的来信,信中谈到由于把亚美尼亚教会财产交由国库掌管而引起的外高加索的骚动,列宁在信上注明："1903 年 11 月 3 日,由在日内瓦的鲁边转来"。

《列宁全集》中文第 2 版增订版第 8 卷第 581 页;苏共中央马
列主义研究院中央党务档案馆,第 2 号全宗,第 1 号目录,第
1191 号保管单位。

10 月,22 日(11 月 4 日)以前

　　列宁读关于工人运动的切尔尼戈夫通讯稿,在上面注明："大约压缩 1/3,**保留特色和对话**"。通讯稿经列宁这样修改后刊登在《火星报》第 51 号上。

《历史文献》杂志,1955 年,第 6 期,第 25—27 页;《火星报》,

1903 年 10 月 1 日,第 49 号;10 月 22 日,第 51 号;苏共中央马列主义研究院中央党务档案馆,第 2 号全宗,第 1 号目录,第 1175 号保管单位。

　　列宁在写《崩得在党内的地位》一文时,读崩得以类似的标题发表的 1903 年《工人呼声报》第 34 号上的一篇文章的译文,在小册子上作批注并标出重点。

《列宁全集》中文第 2 版增订版第 8 卷第 61 页;苏共中央马列主义研究院中央党务档案馆,第 2 号全宗,第 1 号目录,第 1192 号保管单位。

10 月 22 日（11 月 4 日）

　　列宁和弗·威·林格尼克拜访格·瓦·普列汉诺夫。普列汉诺夫告诉他们马尔托夫派提出的与孟什维克反对派讲和的条件,并坚持要中央委员会让步。列宁和林格尼克向普列汉诺夫声明,孟什维克的条件是不能接受的,并指出必须征求中央委员会其他委员的意见。

《列宁全集》中文第 2 版增订版第 44 卷第 376—379、385 页;《列宁文集》俄文版第 7 卷第 205—206 页;《帕·波·阿克雪里罗得和尤·奥·马尔托夫书信集》,柏林,1924 年,第 96 页。

　　列宁和弗·威·林格尼克在当天派伊·克·拉拉扬茨到俄国去。拉拉扬茨受托向中央委员会委员介绍同盟第二次代表大会上和代表大会以后的事态发展,并要求格·马·克尔日扎诺夫斯基和其他任何一位中央委员尽快到日内瓦来。

《列宁全集》中文第 2 版增订版第 44 卷第 378—379 页;伊·拉拉扬茨:《布尔什维主义的起源——俄国社会民主工党的产生》,第 2 版,1934 年,第 116 页。

　　列宁写信给在基辅的格·马·克尔日扎诺夫斯基,告知格·瓦·普列汉诺夫转向孟什维克一边,指出格·马·克尔日扎诺夫斯基和弗·亚·诺斯科夫必须到日内瓦来。

《列宁全集》中文第 2 版增订版第 44 卷第 376—377 页。

列宁致函中央委员会,告知马尔托夫派提出的同孟什维克反对派讲和的条件,建议中央委员会向孟什维克提出自己的条件,并在信中拟定这些条件的方案。列宁谈到自己打算退出编辑部,进入中央委员会,并出版一本揭露孟什维克破坏活动的小册子。

《列宁全集》中文第 2 版增订版第 44 卷第 377—378 页。

列宁的《崩得在党内的地位》一文在《火星报》第 51 号上发表。

《列宁全集》中文第 2 版增订版第 8 卷第 61—71 页;《火星报》,1903 年 10 月 22 日,第 51 号。

10 月 23 日(11 月 5 日)

列宁致函在基辅的中央委员格·马·克尔日扎诺夫斯基和弗·亚·诺斯科夫,指出中央委员会必须同马尔托夫派进行坚决的斗争,并请克尔日扎诺夫斯基和诺斯科夫尽快到日内瓦来,以确定中央委员会在这场斗争中的路线。

《列宁全集》中文第 2 版增订版第 44 卷第 378—379 页。

列宁同格·瓦·普列汉诺夫谈话,普列汉诺夫建议他劝告列·叶·加尔佩林退出党总委员会,并声称,否则他——普列汉诺夫将保留"完全的行动自由"。这次谈话促使列宁最后作出退出编辑部的决定。

《列宁全集》中文第 2 版增订版第 44 卷第 379—380 页。

10 月 24 日(11 月 6 日)

列宁寄信给格·瓦·普列汉诺夫,声明不同意他提出的关于列·叶·加尔佩林退出党总委员会的建议,同时告知,要把全部编辑事务移交普列汉诺夫,并把中央机关报编辑部的稿件寄给他。

《列宁全集》中文第 2 版增订版第 44 卷第 379—380、385 页。

10 月 24 日或 25 日(11 月 6 日或 7 日)

列宁参加布尔什维克日内瓦小组会议,会议谴责格·瓦·普列汉诺夫的行为。会议参加者向普列汉诺夫说明他背叛党内多数派的"可悲的真情"。

《列宁全集》中文第 2 版增订版第 44 卷第 386 页。

10 月,不早于 26 日(11 月 8 日)

列宁读娜·康·克鲁普斯卡娅写给一位姓名不详的收信人的信,信中谈到孟什维克在俄国革命社会民主党人国外同盟第二次代表大会上和代表大会以后的行为,谈到格·瓦·普列汉诺夫对孟什维克采取的调和主义的态度,谈到列宁退出《火星报》编辑部的情况。列宁对这封信作修改。

苏共中央马列主义研究院中央党务档案馆,第 2 号全宗,第 1 号目录,第 1197 号保管单位。

列宁给在基辅的格·马·克尔日扎诺夫斯基写信,告知自己完全退出《火星报》编辑部,指出必须为捍卫中央委员会而斗争,反对孟什维克夺取中央委员会,坚决主张克尔日扎诺夫斯基和其他中央委员到国外来一趟。

《列宁全集》中文第 2 版增订版第 44 卷第 380—383 页。

10 月 27 日或 28 日(11 月 9 日或 10 日)

列宁回复格·瓦·普列汉诺夫 1903 年 10 月 26 日(11 月 8 日)发出问询的来信,告知自己打算为《火星报》写一篇论土地问题的文章,同时分析民粹派和自由派的观点。

《列宁文集》俄文版第 7 卷第 217、230 页。

10 月 28 日(11 月 10 日)

列宁写信给马·尼·利亚多夫(这封信没有寄出),详细叙述在同盟第二次代表大会上和代表大会以后同孟什维克斗争的过程。列宁在信中指出,布尔什维克现在应该为捍卫中央委员会和争取迅速召开新的党代表大会而斗争。

《列宁全集》中文第 2 版增订版第 44 卷第 384—389 页。

10 月 29 日和 11 月 5 日(11 月 11 日和 18 日)之间

列宁写《民粹派化的资产阶级和惊慌失措的民粹派》一文:就发表在自由派资产阶级《解放》杂志 1903 年 10 月 19 日(11 月 1 日)第 9 期(总第 33 期)上的尔·《论土地问题》一文作摘要,从刊登在社会革命党人的《革命俄国报》1903 年 9 月 15 日和 10 月 1 日第 32 号和第 33 号上的彼·诺沃勃兰策夫(阿·瓦·彼舍霍诺夫)的文章中作摘录,给自己的文章初拟几个标题,并起草文章的提纲,写文章的第一部分(关于"民粹派化的资产阶级")。

《列宁全集》中文第 2 版增订版第 8 卷第 72—80、467—475、
516 页;《解放》杂志,1903 年 10 月 19 日,第 9 期;《革命俄国
报》,1903 年 9 月 15 日,第 32 号;10 月 1 日,第 33 号;苏共中
央马列主义研究院中央党务档案馆,第 2 号全宗,第 1 号目
录,第 1201 号保管单位。

11 月 1 日(14 日)

列宁回复格·瓦·普列汉诺夫 1903 年 10 月 31 日(11 月 13 日)询问下一号《火星报》用的论土地问题一文写作情况的来信,说他已经开始写这篇文章,预计在星期二即 11 月 4 日(17 日)完稿。

《列宁全集》中文第 2 版增订版第 44 卷第 389—390 页;《列宁
文集》俄文版第 7 卷第 232 页。

11 月 5 日(18 日)

列宁应格·瓦·普列汉诺夫的要求,给他寄去《民粹派化的资产阶级和惊慌失措的民粹派》一文,供《火星报》发表。

《列宁全集》中文第 2 版增订版第 44 卷第 390—391 页;《列宁

文集》俄文版第 7 卷第 250 页。

列宁给格·瓦·普列汉诺夫寄去关于自己从 1903 年 10 月 19 日（11 月 1 日）起退出《火星报》编辑部的声明，并请他将这一声明在《火星报》上发表。

《列宁全集》中文第 2 版增订版第 8 卷第 81 页，第 44 卷第 390—391 页。

11 月上半月，不早于 6 日（19 日）

列宁同格·马·克尔日扎诺夫斯基多次谈话，克尔日扎诺夫斯基为使列宁与孟什维克和解而从俄国来到这里。

《列宁文集》俄文版第 7 卷第 236—237、248—249、254—255、270 页；《回忆弗·伊·列宁》，第 2 卷，1969 年，第 26—27 页。

11 月 6 日—8 日（19 日—21 日）

列宁被增补进中央委员会。

《列宁文集》俄文版第 7 卷第 236—237、248—249、254—255、264、270 页；马·利亚多夫：《1903—1907 年党的生活》，1956 年，第 43 页；《帕·波·阿克雪里罗得和尤·奥·马尔托夫书信集》，柏林，1924 年，第 99 页。

11 月 7 日和 19 日（11 月 20 日和 12 月 2 日）之间

列宁写《给〈火星报〉编辑部的信》，评《火星报》第 52 号上发表的格·瓦·普列汉诺夫《不该这么办》一文。列宁打文章内容草稿并写正文。

《列宁全集》中文第 2 版增订版第 8 卷第 86—90、476 页；《列宁文集》俄文版第 10 卷第 25—26、27 页；《火星报》，1903 年 11 月 7 日，第 52 号。

11 月，7 日（20 日）以后

列宁在 1900—1903 年《火星报》第 1—52 号合订本上标出文章作者，并作记号和标出重点。

苏共中央马列主义研究院中央党务档案馆,第 2 号全宗,第 1
号目录,第 1206 号保管单位;苏共中央马列主义研究院,未发
表的关于弗·伊·列宁的回忆录全宗,弗·德·邦契-布鲁耶
维奇:《关于我的地下出版物藏书和丢失的四卷档案》,第 2—
4 页。

11 月 12 日(25 日)

列宁在日内瓦参加中央委员会会议。根据列宁的提议,中央
委员会草拟最后通牒,向孟什维克提出确立党内和平的条件。

《列宁全集》中文第 2 版增订版第 8 卷第 82、375—376 页;《列
宁文集》俄文版第 7 卷第 257—262 页。

11 月 13 日和 12 月 9 日(11 月 26 日和 12 月 22 日)之间

列宁读孟什维克《火星报》编辑部给俄国社会民主工党各委员
会的信。

《列宁全集》中文第 2 版增订版第 8 卷第 368 页;《列宁文集》
俄文版第 10 卷第 80—81 页;苏共中央马列主义研究院中央
党务档案馆,第 2 号全宗,第 1 号目录,第 1209、1230 号保管
单位。

11 月 14 日(27 日)

列宁向中央委员会会议提出关于反对格·瓦·普列汉诺夫把
以前的孟什维克编辑增补进《火星报》编辑部的声明草案。

《列宁全集》中文第 2 版增订版第 8 卷第 82 页。

11 月 14 日和 22 日(11 月 27 日和 12 月 5 日)之间

列宁以娜·康·克鲁普斯卡娅的名义写信给《火星报》编辑
部,说她本人同意继续担任编辑部秘书工作。

《列宁文集》俄文版第 10 卷第 30—31 页;苏共中央马列主义
研究院中央党务档案馆,第 2 号全宗,第 1 号目录,第 1211 号
保管单位。

11 月 16 日(29 日)

列宁根据中央委员会的准荐,代表俄国社会民主工党中央委

员会参加党总委员会。

> 《列宁文集》俄文版第 7 卷第 281—283 页。

列宁在格·马·克尔日扎诺夫斯基的调解下,同尔·马尔托夫互相交换消除他们之间在同盟代表大会上出现的个人冲突的书面声明。

> 《列宁全集》中文第 2 版增订版第 44 卷第 391—392 页;《列宁文集》俄文版第 7 卷第 292—295 页。

不早于 11 月 16 日(29 日)

列宁写《俄国社会民主工党中央委员会给国外同盟领导机关、国外党的协助小组和全体党员的信》草稿,信中谈的是党的国外工作的安排。列宁把信的草稿告知弗·威·林格尼克。信看来没有寄出,但信中所制定的国外支持俄国国内革命运动的计划实际上成为中央委员会国外工作的基础。

> 《列宁全集》中文第 2 版增订版第 8 卷第 83—85 页;《列宁文集》俄文版第 7 卷第 297、301 页。

11 月 17 日和 29 日(11 月 30 日和 12 月 12 日)之间

列宁在娜·康·克鲁普斯卡娅从 1903 年 11 月 17 日(30 日)《世界政策问题小报》第 48 号上刊登的亚·李·帕尔乌斯的文章中所作摘录(用德文)上作批注。列宁在《我为什么退出了〈火星报〉编辑部?》这封给《火星报》编辑部的信中引用了这一摘录。

> 《列宁全集》中文第 2 版增订版第 8 卷第 91—98、520、595—596 页;苏共中央马列主义研究院中央党务档案馆,第 2 号全宗,第 1 号目录,第 1216 号保管单位。

11 月 19 日(12 月 2 日)

列宁回复费·伊·唐恩 1903 年 11 月 18 日(12 月 1 日)发出问询的来信。唐恩在为出版同盟第二次代表大会的记录做准备工作。列宁表示反对在记录中删改他本人的关于俄国社会民主工党第二次代表大会的报告以及尔·马尔托夫的副报告。

《列宁全集》中文第 2 版增订版第 44 卷第 392 页;《列宁文集》
俄文版第 1C 卷第 17—18、20 页。

不早于 11 月 19 日(12 月 2 日)

列宁收到费·伊·唐恩同意在同盟代表大会的记录中不删改列宁关于俄国社会民主工党第二次代表大会的报告和尔·马尔托夫的副报告的复信。

《列宁文集》俄文版第 10 卷第 20 页。

11 月 19 日或 20 日(12 月 2 日或 3 日)

列宁把自己评格·瓦·普列汉诺夫《不该这么办》一文的《给〈火星报〉编辑部的信》寄给《火星报》;在这一文件的附信中表示愿意为报纸撰稿。

《列宁文集》俄文版第 10 卷第 25—26 页。

11 月 20 日(12 月 3 日)

列宁为答复维·伊·查苏利奇的询问而两次致信中央机关报编辑部,要求不要拖延发表他给《火星报》编辑部的信,并把这封信刊登在报纸第 53 号上,重申他打算继续为《火星报》撰稿,拟定他给报纸写文章的计划,要求对他写的所有文章都署名:"尼·列宁"。

《列宁全集》中文第 2 版增订版第 44 卷第 393 页;《列宁文集》
俄文版第 10 卷第 27—29 页。

11 月,25 日(12 月 8 日)以前

列宁对一个姓名不详的作者给《火星报》的关于在哈尔滨庆祝五一节以及在赤塔成立"外贝加尔工人联合会"的通讯稿进行编辑

加工。这篇通讯稿刊登在《火星报》第53号上。

苏共中央马列主义研究院中央党务档案馆,第2号全宗,第1号目录,第1220号保管单位;《火星报》,1903年11月25日,第53号。

11月25日(12月8日)

《火星报》第53号发表列宁退出编辑部的通告,并刊登他给《火星报》编辑部的信(评《火星报》第52号上的格·瓦·普列汉诺夫的《不该这么办》一文)。

《列宁全集》中文第2版增订版第8卷第86—90页;《火星报》,1903年11月25日,第53号。

11月25日和29日(12月8日和12日)之间

列宁写给《火星报》的公开信——《我为什么退出了〈火星报〉编辑部?》。该报孟什维克编辑部拒绝发表这封信。1903年12月这封信印成单页出版。

《列宁全集》中文第2版增订版第8卷第91—98页,第44卷第398、403、405页;《列宁文集》俄文版第10卷第54、71—72页。

11月27日(12月10日)

列宁在给俄国中央委员的信中提出召开党的第三次代表大会的要求。

《列宁全集》中文第2版增订版第44卷第394—395、408、412页。

11月29日(12月12日)

列宁发信给《火星报》编辑部,呼吁孟什维克反对派成员停止派别斗争。

《列宁全集》中文第2版增订版第44卷第396—397页。

秋天

列宁写信给马·尼·利亚多夫，建议他担任中央委员会驻柏林的代办员。

> 《布尔什维主义在国际舞台上。布尔什维克向1904年阿姆斯特丹代表大会提出的报告》，1932年，第3页。

列宁作关于土地问题的讲演。

> 康·叶列梅耶夫：《列宁和工人阶级》，1924年，第23—24页；《共青团真理报》，1940年1月21日，第17号。

12月1日（14日）

列宁的《民粹派化的资产阶级和惊慌失措的民粹派》一文在《火星报》第54号上发表。

> 《列宁全集》中文第2版增订版第8卷第72—80页；《火星报》，1903年12月1日，第54号。

12月4日（17日）

列宁收到党内多数派拥护者、俄国社会民主工党叶卡捷琳诺斯拉夫委员会委员尼·叶·维洛诺夫的来信，信中请求列宁阐述他对分裂后党内状况的看法。列宁为再版《就我们的组织任务给一位同志的信》这本小册子而写后记时，引用了维洛诺夫的信。

> 《列宁全集》中文第2版增订版第7卷第1—18页，第8卷第101—109页；《列宁文集》俄文版第10卷第87—89页。

12月4日和9日（17日和22日）之间

列宁给在叶卡捷琳诺斯拉夫的尼·叶·维洛诺夫写信，讲述党内斗争的重大事件，谈到孟什维克夺取中央机关报编辑部和进行反对中央委员会的破坏活动，请他来信告知叶卡捷琳诺斯拉夫委员会内的情况。

> 《列宁全集》中文第2版增订版第44卷第397—400页；《列宁文集》俄文版第10卷第83—86页。

12 月 5 日（18 日）

列宁写信给在基辅的格·马·克尔日扎诺夫斯基，严厉批评个别中央委员在对待党的破坏者——马尔托夫派的态度问题上所表现的调和主义情绪，并建议立即筹备召开党的代表大会。

《列宁全集》中文第 2 版增订版第 44 卷第 401—403 页。

12 月 6 日（19 日）

列宁以中央委员会的名义给尔·马尔托夫复信，谈有关弗·德·邦契-布鲁耶维奇为教派信徒出版社会民主党小报《黎明报》的问题。

《列宁全集》中文第 2 版增订版第 44 卷第 404 页；《列宁文集》俄文版第 13 卷第 156—157 页。

12 月 9 日（22 日）

列宁在给中央委员会的信中声明反对以中央委员会的名义散发给各委员会的通知，这份通知抹杀党内的尖锐斗争，鼓吹对孟什维克采取调和主义的政策。

《列宁全集》中文第 2 版增订版第 44 卷第 405—406 页。

12 月 11 日和 14 日（24 日和 27 日）之间

列宁以中央委员会国外代表弗·威·林格尼克的名义写信给《火星报》编辑部，抗议中央机关报编辑部就列宁的《我为什么退出了〈火星报〉编辑部？》这封信所通过的决议。

《列宁全集》中文第 2 版增订版第 44 卷第 406—407 页；《列宁文集》俄文版第 10 卷第 90—92、96—98 页。

12 月 15 日（28 日）

列宁应《火星报》编辑部秘书约·索·布柳缅费尔德的请求，答应为《火星报》写一篇文章回应刊登在波兰社会党机关刊物《黎明》第 9 期上的关于波兰问题的文章。

《列宁文集》俄文版第 13 卷第 157 页。

12 月 17 日（30 日）和 20 日（1904 年 1 月 2 日）

列宁写信给在俄国的中央委员会，要求了解清楚各中央委员对召开党代表大会问题所持的态度，并号召同孟什维克展开积极的斗争。这封信在 1903 年 12 月 23 日（1904 年 1 月 5 日）寄出。

《列宁全集》中文第 2 版增订版第 44 卷第 408—412 页；《列宁
文集》俄文版第 10 卷第 115、117 页。

12 月 22 日（1904 年 1 月 4 日）

列宁收到格·马·克尔日扎诺夫斯基 1903 年 12 月 18 日（31 日）从俄国寄来的信，信中说孟什维克《火星报》编辑部把攻击列宁和布尔什维克的信件散发给俄国社会民主工党各委员会。后来，列宁在 1904 年 1 月 16 日（29 日）俄国社会民主工党总委员会的会议上就关于恢复党内和平的措施问题进行发言时摘引了克尔日扎诺夫斯基的来信。

《列宁全集》中文第 2 版增订版第 8 卷第 136—137 页；《列宁
文集》俄文版第 10 卷第 127、140、142 页。

列宁写信给在基辅的格·马·克尔日扎诺夫斯基，尖锐地批评俄国国内个别中央委员的调和主义行为，要求对孟什维克进行无情的斗争，坚决要求尽快召开党的代表大会。

《列宁全集》中文第 2 版增订版第 44 卷第 412—415 页。

12 月 26 日（1904 年 1 月 8 日）以前

列宁同娜·康·克鲁普斯卡娅和弗·威·林格尼克到日内瓦附近的萨莱夫山去旅行。

《列宁全集》中文第 2 版增订版第 53 卷第 273 页。

12 月 26 日（1904 年 1 月 8 日）

列宁和弗·威·林格尼克写信给《火星报》编辑部，指出必须"给全体党员以尽可能充分的自由来批评中央机关"。

《列宁全集》中文第 2 版增订版第 44 卷第 415—416 页;《列宁文集》俄文版第 10 卷第 130—132 页。

列宁写信给在基辅的玛·亚·乌里扬诺娃，请她买一本伊·米·谢切诺夫的《思想的要素》和一本俄法词典，叙述去萨莱夫山旅行的感想，并说打算在春天作一次周游瑞士的徒步旅行。

《列宁全集》中文第 2 版增订版第 53 卷第 273、669 页。

12 月下半月

列宁写《谈谈新〈火星报〉的立场》。

《列宁全集》中文第 2 版增订版第 8 卷第 99—100 页;《列宁文集》俄文版第 10 卷第 149 页。

12 月下半月—1904 年 1 月

列宁准备再版小册子《就我们的组织任务给一位同志的信》，写小册子的序言和后记。

《列宁全集》中文第 2 版增订版第 7 卷第 1—18 页,第 8 卷第 101—102、103—109 页;《列宁文集》俄文版第 10 卷第 150 页;《火星报》,1903 年 12 月 15 日,第 55 号;苏共中央马列主义研究院中央党务档案馆,第 2 号全宗,第 1 号目录,第 1271 号保管单位。

12 月底

列宁收到 1903 年 12 月 24 日（1904 年 1 月 6 日）从敖德萨寄来的信,信中说,孟什维克《火星报》编辑部没有通知中央委员会,就派维·尼·克罗赫马尔(扎戈尔斯基)到俄国社会民主工党敖德萨委员会进行有利于孟什维克的宣传鼓动。后来,列宁在俄国社会民主工党总委员会 1904 年 1 月 17 日（30 日）会议上就出版党的书刊问题进行发言时引用了这封信所提供的情况。

《列宁全集》中文第 2 版增订版第 8 卷第 159 — 160、580 页；
《列宁文集》俄文版第 10 卷第 142—143 页。

年底

列宁写信给在西伯利亚流放地的约·维·斯大林，扼要地说明最近时期党的工作计划（这封信没有保存下来）。

《回忆弗·伊·列宁》，第 2 卷，1969 年，第 131 页。

列宁和娜·康·克鲁普斯卡娅同朋友们在一起欢度新年。

《回忆弗·伊·列宁》，第 2 卷，1969 年，第 105 页。

1903 年

列宁作弗·宇伯威格《哲学史概论》（共 3 卷，1876 — 1880 年柏林版）和弗·保尔森《哲学引论》（1899 年柏林版）两书的札记。

《列宁全集》中文第 2 版增订版第 55 卷第 323 — 326、647、734—735 页。

列宁开列有关社会经济问题的英文、德文和法文书籍的目录，作《手工劳动和机器劳动》（劳动问题委员会第 13 年度报告。1898 年，第 1 卷和第 2 卷。1899 年华盛顿版）一书摘录；从下列书中作摘录：P.默里奥《现代欧洲的城市居民点》（1897 年巴黎版）；《机器生产方法和手工生产方法一览表》；《工业及手工业普查（1896 年 10 月 31 日）》（第 1—2、4—5 卷，1900 — 1901 年布鲁塞尔版）。

苏共中央马列主义研究院中央党务档案馆，第 2 号全宗，第 1 号目录，第 1238、1243 号保管单位。

1903 年下半年—1904 年 2 月

列宁经常与俄国社会民主工党中央委员会驻柏林代表马·尼·利亚多夫通信（这些信件没有找到）。

《列宁全集》俄文第 5 版第 8 卷第 497 页；《回忆俄国社会民主

工党第二次代表大会》，1959 年，第 67—68 页。

1903 年—1904 年

列宁写亨·赖德·哈格德《农业的英国。1901 年和 1902 年进行的农业和社会调查报告》（两卷本，1902 年伦敦版）一书的摘要。

《列宁全集》中文第 2 版增订版第 9 卷第 49 页；《列宁文集》俄文版第 32 卷第 354—371、390 页。

1904 年

1 月 4 日和 10 日（17 日和 23 日）之间

列宁写《告党员书》草稿。

《列宁全集》中文第 2 版增订版第 8 卷第 110—113 页；《列宁文集》俄文版第 10 卷第 168、174、175 页。

1 月 7 日（20 日）

列宁写信给在基辅的玛·亚·乌里扬诺娃，询问 1904 年 1 月在基辅被捕的亲属——安·伊·乌里扬诺娃-叶利扎罗娃、玛·伊·乌里扬诺娃和德·伊·乌里扬诺夫的健康情况；为了谈出版方面的事情询问马·季·叶利扎罗夫在彼得堡的地址，并请回信告知玛·亚·乌里扬诺娃是否收到娜·康·克鲁普斯卡娅不久前给她寄去的信。

《列宁全集》中文第 2 版增订版第 53 卷第 274 页。

1 月 10 日（23 日）

列宁就即将召开党总委员会会议问题，起草给总委员会主席格·瓦·普列汉诺夫的正式信稿。这封信以中央委员会国外代表弗·威·林格尼克的名义寄给普列汉诺夫。林格尼克曾对信稿稍加修改。

《列宁全集》中文第 2 版增订版第 44 卷第 417—418 页；《列宁文集》俄文版第 10 卷第 175—176 页。

1 月 14 日（27 日）

列宁写信给党总委员会主席格·瓦·普列汉诺夫，以中央委员会代表的名义反对中央机关报编辑部提议由费·伊·唐恩担任即将召开的党总委员会会议的书记。

> 《列宁全集》中文第 2 版增订版第 44 卷第 418—419 页。

1 月 15 日—17 日（28 日—30 日）

列宁在日内瓦参加由中央机关报召集的党总委员会会议，会议的目的是使中央委员会和中央机关报在出版党的书刊工作方面步调一致。

> 《列宁全集》中文第 2 版增订版第 8 卷第 114—162 页；《列宁文集》俄文版第 10 卷第 181—277 页。

1 月 15 日（28 日）

在党总委员会第 1 次会议上，列宁就会议程序发言，建议讨论恢复党内和平的措施问题，就这一问题发言五次，并提出关于这一问题的决议草案。

> 《列宁全集》中文第 2 版增订版第 8 卷第 114—127 页；《列宁文集》俄文版第 10 卷第 182—205 页。

列宁就党总委员会会议上的发言作笔记。

> 《列宁文集》俄文版第 10 卷第 283—290 页。

1 月 16 日（29 日）

在党总委员会第 2 次会议上，列宁就恢复党内和平问题四次发言，提出关于这一问题的新的决议草案，多次就议程和程序问题发言。

> 《列宁全集》中文第 2 版增订版第 8 卷第 128—143 页；《列宁文集》俄文版第 10 卷第 207—247 页。

列宁写《俄国社会民主工党中央委员会按语》，号召对日内瓦党的图书馆和档案库的组织者们给予帮助。

《列宁全集》中文第 2 版增订版第 8 卷第 163 页。

1 月 17 日(30 日)

在党总委员会第 3 次会议上,列宁以中央委员会几位代表的名义宣读保留意见,抗议总委员会通过格·瓦·普列汉诺夫关于增补孟什维克进入中央委员会的提案。

列宁建议讨论召开党的第三次代表大会的问题,就这一问题三次发言并提出关于这一问题的决议草案。

列宁就出版党的书刊问题四次发言。

列宁就议程、程序问题和其他问题发言。

《列宁全集》中文第 2 版增订版第 8 卷第 144—162 页;《列宁文集》俄文版第 10 卷第 247—277 页。

1 月 18 日(31 日)

列宁写信给在俄国的中央委员会,报告党总委员会会议的结果:这次会议在一些重要问题上通过了孟什维克的决议;要求中央委员们要为立即召开党的第三次代表大会而坚决斗争。

《列宁全集》中文第 2 版增订版第 44 卷第 419—421 页。

1 月,不早于 18 日(31 日)

列宁写《告全党书》草稿。

《列宁全集》中文第 2 版增订版第 8 卷第 164—168 页;《列宁文集》我文版第 10 卷第 302 页。

1 月 20 日和 25 日(2 月 2 日和 7 日)之间

列宁从来自俄国的中央委员玛·莫·埃森那里了解到有关俄国国内、党组织内和中央委员会内的情况。因此,列宁致信在基辅的格·马·克尔日扎诺夫斯基,坚持要他转入地下,并到各委员会去巡视;提醒要注意孟什维克夺取中央委员会的危险,并指出,各地方委员会必须坚决反对孟什维克中央机关报的破坏活动。

《列宁全集》中文第 2 版增订版第 44 卷第 422—423 页;《列宁文集》俄文版第 10 卷第 302、303—304、308—309 页;《火星报》,1904 年 1 月 25 日,第 58 号。

1 月 25 日(2 月 7 日)

列宁以俄国社会民主工党中央委员会的名义,请波兰社会党中央委员会更详细地说明波兰社会党提出的关于召开俄国社会民主工党和波兰社会党代表会议的建议。

《列宁全集》中文第 2 版增订版第 44 卷第 423—424 页。

1 月 26 日(2 月 8 日)

列宁写信给弗·德·邦契-布鲁耶维奇,建议他把俄国社会民主工党中央委员会发行部掌握到自己手里。

《列宁全集》中文第 2 版增订版第 44 卷第 424 页。

列宁短时间离开日内瓦(去处不详)。

《列宁全集》中文第 2 版增订版第 44 卷第 424 页。

1 月 27 日(2 月 9 日)以后

列宁在日内瓦群众集会上发表演说,谈已经开始的日俄战争和未来的革命。

《列宁格勒真理报》,1925 年 1 月 21 日,第 17 号;《苏共党史》,第 2 卷,1966 年,第 12 页。

1 月下半月—2 月

列宁着手写作《进一步,退两步》一书的准备工作:研究党的第二次代表大会的记录,从中作摘录,编写大会代表发言的页码索引,标出他们发言中突出的地方,统计在表决各项问题时的票数划分情况,等等。

《列宁全集》中文第 2 版增订版第 8 卷第 179、201、477 — 496 页;《列宁文集》俄文版第 10 卷第 149、302 页,第 11 卷第 261—318 页,第 15 卷第 288—289 页;《火星报》,1904 年 1 月 15 日,第 57 号。

1 月

列宁同瓦·瓦·沃罗夫斯基、谢·伊·古谢夫以及尼·瓦连廷诺夫就尼·加·车尔尼雪夫斯基的创作进行谈话。

尼·瓦连廷诺夫:《同列宁见面》,纽约,1953 年,第 102 — 119 页。

1 月—2 月

列宁向日内瓦俄国社会民主工党中央委员会图书馆和档案库的组织者们建议,在图书馆中设立文学作品部。为了充实该部,列宁编写了一份作家名单,其中包括别林斯基、赫尔岑、果戈理、高尔基、格里鲍耶陀夫、柯罗连科、莱蒙托夫、涅克拉索夫、奥格辽夫、皮萨列夫、普希金、托尔斯泰、乌斯宾斯基、萨尔蒂科夫–谢德林等。

《列宁全集》中文第 2 版增订版第 8 卷第 163、525 页;苏共中央马列主义研究院,未发表的关于弗·伊·列宁的回忆录全宗,弗·德·邦契-布鲁耶维奇:《列宁对普希金的态度》,第 2—3 页。

1 月以后

列宁编辑加工一个姓名不详的作者写的一篇关于俄国社会民主工党第二次代表大会的文章。

苏共中央马列主义研究院中央党务档案馆,第 2 号全宗,第 1 号目录,第 1272 号保管单位。

2 月 3 日（16 日）

列宁写俄国社会民主工党中央委员会关于日俄战争的传单《告俄国无产阶级书》。

《列宁全集》中文第 2 版增订版第 8 卷第 169 — 173 页;《列宁

文集》俄文版第 10 卷第 323、324—325 页；《告俄国无产阶级书》[传单]，1904 年 2 月 3 日，叶卡捷琳诺斯拉夫委员会印刷所，2 页（俄国社会民主工党）。

2 月，不晚于 7 日（20 日）

列宁写《关于退出〈火星报〉编辑部的一些情况》一信的片断异文。

《列宁全集》中文第 2 版增订版第 8 卷第 497 页。

2 月 7 日（20 日）

列宁写《关于退出〈火星报〉编辑部的一些情况》一信，并把它发给《对俄国革命社会民主党人国外同盟第二次代表大会记录的述评》这本小册子的编者们，要求把这封信作为附录收入。

《列宁全集》中文第 2 版增订版第 8 卷第 174—180 页。

列宁作为俄国社会民主工党中央委员会委员，签署《俄国社会民主工党中央委员会图书馆和档案库条例》。

《列宁全集》中文第 2 版增订版第 8 卷第 525 页。

2 月 13 日（26 日）

列宁以中央委员会国外代表的名义写信给《火星报》编辑部，就编辑部在中央委员会国外部信件上的侵权行为提出正式抗议。

《列宁全集》中文第 2 版增订版第 44 卷第 425 页；《列宁文集》俄文版第 15 卷第 7 页。

2 月上半月

列宁和弗·威·林格尼克寄信给国内各中央委员，建议解决关于立即召开党代表大会的问题，增补彼·阿·克拉西科夫和潘·尼·勒柏辛斯基进入中央委员会并选举中央委员会执行小组（这封信没有找到）。

《列宁文集》俄文版第 10 卷第 352—353 页。

2 月下半月, 不晚于 22 日(3 月 6 日)

列宁把领取寄给中央委员会的信件的委托书交给弗·德·邦契-布鲁耶维奇。

> 弗·邦契-布鲁耶维奇:《我们党的违禁出版物怎样在国外刊印和秘密运入俄国》,第 2 版,1927 年,第 60 页;《火星报》,1904 年 2 月 25 日,第 60 号所附单页(中央委员会传单)。

2 月 25 日(3 月 9 日)

《火星报》第 60 号所附单页发表了中央委员会 1904 年 2 月 22 日(3 月 6 日)关于中央委员会和党的发行部更换国外地址的通知:所有寄给中央委员会和党的发行部的国外信件均寄给列宁,而不再寄往原来的帕·波·阿克雪里罗得的地址。

> 《火星报》,1904 年 2 月 25 日,第 60 号所附单页(中央委员会传单);3 月 5 日,第 61 号;弗·邦契-布鲁耶维奇:《我们党的违禁出版物怎样在国外刊印和秘密运入俄国》,第 2 版,1927 年,第 58—60 页。

2 月 29 日(3 月 13 日)

列宁以中央委员会国外部的名义写信给国内各中央委员,说他和弗·威·林格尼克暂时退出党总委员会。

> 《列宁全集》中文第 2 版增订版第 44 卷第 428—429 页;《列宁文集》俄文版第 10 卷第 355—356 页。

2 月

列宁写信给国内各中央委员,严厉批评他们的调和主义立场,指出摆脱分裂状态和破坏活动的唯一出路是召开党的第三次代表大会;号召中央委员会在党内政策上采取坚定方针并对孟什维克进行不调和的斗争。

> 《列宁全集》中文第 2 版增订版第 44 卷第 426—427 页;《列宁文集》俄文版第 10 卷第 327—329、347—348 页。

列宁同尼·瓦连廷诺夫谈话,尖锐批判他在哲学上的马赫主义观点,坚决反对修正马克思主义哲学。

尼·瓦连廷诺夫:《同列宁见面》,纽约,1953 年,第 251—255 页。

2 月—3 月

列宁给党的地方工作者写一系列信件,说明必须尽快召开俄国社会民主工党第三次代表大会,并交马·尼·利亚多夫送往俄国(这些信件没有找到)。

马·利亚多夫:《1903—1907 年党的生活》,1956 年,第 27 页。

2 月—5 月 6 日(19 日)以前

列宁写《进一步,退两步》一书。

《列宁全集》中文第 2 版增订版第 8 卷第 197—425 页;《列宁文集》俄文版第 15 卷第 22 页。

3 月 1 日(14 日)

列宁写给党总委员会主席的声明,说明他和弗·威·林格尼克暂时退出党总委员会。

《列宁全集》中文第 2 版增订版第 44 卷第 429 页;《列宁文集》俄文版第 10 卷第 357 页。

3 月 5 日(18 日)

列宁以中央委员会国外代表代理的名义,要求中央机关报编辑部撤销它在《火星报》第 61 号上发表的关于要把《火星报》和《曙光》杂志的经费寄到编辑部的通告。

《列宁全集》中文第 2 版增订版第 44 卷第 429—430 页;《火星报》,1904 年 3 月 5 日,第 61 号。

3 月 5 日和 5 月 6 日(3 月 18 日和 5 月 19 日)之间

列宁读俄国社会民主工党沃罗涅日委员会论党内分裂的传

单，准备在《进一步，退两步》一书中加以引用。

> 《列宁全集》中文第 2 版增订版第 8 卷第 408—409 页；《列宁文集》俄文版第 15 卷第 22 页；苏共中央马列主义研究院中央党务档案馆，第 2 号全宗，第 1 号目录，第 1282 号保管单位；《火星报》，1904 年 3 月 5 日，第 61 号。

3 月 9 日（22 日）

列宁在社会民主党人的集会上作关于巴黎公社的报告。

> 《列宁全集》中文第 2 版增订版第 8 卷第 181—192 页；《回忆弗·伊·列宁》，第 2 卷，1969 年，第 114—115，171 页；M. 皮昂佐拉：《列宁在瑞士》，1958 年，第 28 页；《工人真理报》，梯弗利斯，1924 年 1 月 30 日，第 24 号。

3 月 15 日和 5 月 6 日（3 月 28 日和 5 月 19 日）之间

列宁读俄国社会民主工党第二次代表大会代表马·尼·利亚多夫和弗·菲·哥林印发的传单《仲裁法庭中的第四者》，在《进一步，退两步》一书的附录中引用了这份传单。

> 《列宁全集》中文第 2 版增订版第 8 卷第 416—425 页；《列宁文集》俄文版第 15 卷第 22 页；《火星报》，1904 年 3 月 15 日，第 62 号；苏共中央马列主义研究院中央党务档案馆，第 2 号全宗，第 1 号目录，第 1286 号保管单位。

3 月

列宁支持建立俄国社会民主工党中央委员会南方局的想法，同意敖德萨委员会关于必须召开党的第三次代表大会的决议草案。

> 尼·沙霍夫：《为召开代表大会而斗争》，日内瓦，1904 年，第 49—54，91 页；伊·拉拉扬茨：《布尔什维克主义的起源——俄国社会民主工党的产生》，第 2 版，1934 年，第 127—129 页；《俄国社会民主工党第三次代表大会（文件和资料集）》，1955 年，第 46 页。

3 月—4 月

列宁领导社会民主党人的党章研究小组。

N. LENIN. Ein Schritt vorwärts, zwei Schritt rückwärts
(Über die Krise in unserer Partei).

Россійская Соціальдемократическая Рабочая Партія

Н. ЛЕНИНЪ.

Шагъ впередъ,

два шага назадъ

(Кризисъ въ нашей Партіи).

ЖЕНЕВА

Типографія Партіи. Rue de la Coulouvrenière, 27.

1904

1904年列宁《进一步，退两步》一书封面

《无产阶级革命》杂志,1924 年,第 3 期,第 92 页。

4 月 2 日(15 日)

列宁写五一节传单草稿,该传单由党中央委员会和中央机关报署名印发。

《列宁全集》中文第 2 版增订版第 8 卷第 193—196 页;《列宁文集》俄文版第 15 卷第 16 页;《无产阶级革命》杂志,1928 年,第 1 期,第 112 页。

5 月 6 日(19 日)以前

列宁校订马·尼·利亚多夫为《新时代》杂志写的关于俄国社会民主工党党内分歧的文章。这篇文章没有发表。

《布尔什维主义在国际舞台上。布尔什维克向 1904 年阿姆斯特丹代表大会提出的报告》,1932 年,第 7 页;《列宁文集》俄文版第 15 卷第 23—24 页;《火星报》,1904 年 5 月 15 日,第 66 号。

5 月 6 日(19 日)

列宁的《进一步,退两步(我们党内的危机)》一书出版。

《列宁文集》俄文版第 15 卷第 22 页;弗·伊·列宁:《进一步,退两步(我们党内的危机)》,日内瓦,1904 年,标题前作者署名:尼·列宁。

5 月 13 日(26 日)

列宁就中央委员会内部分歧尖锐化写信给各中央委员;告知自己又回到党总委员会。

《列宁全集》中文第 2 版增订版第 8 卷第 426—430 页,第 9 卷第 20—21 页。

列宁起草《三个中央委员的声明》,说已经议定只有在意见一致、共同署名的情况下才能以中央委员会的名义进行一切活动。这一声明经弗·亚·诺斯科夫、玛·莫·埃森(兹韦列夫)和弗·伊·列宁署名,并寄给国内的俄国社会民主工党全体中央委员。

《列宁全集》中文第 2 版增订版第 8 卷第 431—432 页,第 9 卷第 20—21 页;《列宁文集》俄文版第 15 卷第 27 页。

列宁写信给弗·威·林格尼克,坚决要求林格尼克和罗·萨·捷姆利亚奇卡不要退出中央委员会,而要在中央委员会内为布尔什维克路线的胜利而斗争。

《列宁全集》中文第 2 版增订版第 44 卷第 430—431 页;《列宁文集》俄文版第 15 卷第 26—28 页。

5 月 13 日(26 日)前后

列宁和弗·亚·诺斯科夫委派从俄国各委员会巡视回来的马·尼·利亚多夫担任中央委员会国外会计和中央委员会国外部全权代表。

马·利亚多夫:《1903—1907 年党的生活》,1956 年,第 44 页。

5 月,不早于 13 日(26 日)

列宁分别写信给中央委员列·波·克拉辛和格·马·克尔日扎诺夫斯基,要他们弄清在党内生活中发生的事件的实质,并在同孟什维克进行的斗争中站稳原则立场。

《列宁全集》中文第 2 版增订版第 44 卷第 431—433 页。

5 月中,不晚于 19 日(6 月 1 日)

列宁准备自己在党总委员会的发言材料,向中央委员会南方局成员询问尼古拉耶夫委员会内布尔什维克和孟什维克冲突的情况。

《列宁全集》中文第 2 版增订版第 44 卷第 434—436 页;《列宁文集》俄文版第 15 卷第 37—41 页。

5 月,不早于 20 日(6 月 2 日)

列宁读娜·康·克鲁普斯卡娅写给玛·伊·乌里扬诺娃的信,信中告知党内工作状况,并表示相信布尔什维克一定能战胜孟什维克。

苏共中央马列主义研究院中央党务档案馆,第 2 号全宗,第 1 号目录,第 1295 号保管单位。

5 月 31 日和 6 月 5 日(6 月 13 日和 18 日)

列宁参加党总委员会会议。

《列宁全集》中文第 2 版增订版第 8 卷第 437—454 页;《列宁文集》俄文版第 15 卷第 45—84 页。

5 月 31 日(6 月 13 日)

列宁在党总委员会第 1 次会议上,就召开各党联席代表会议问题发言四次;就俄国社会民主工党派代表参加国际社会党代表大会问题发言三次;就议程问题和辩论过程发言多次。

《列宁全集》中文第 2 版增订版第 8 卷第 437—444 页;《列宁文集》俄文版第 15 卷第 45—62 页。

列宁就党总委员会会议上的发言作笔记。

苏共中央马列主义研究院中央党务档案馆,第 2 号全宗,第 1 号目录,第 1298 号保管单位。

5 月下半月

列宁起草《告全党书》提纲。

《列宁全集》中文第 2 版增订版第 8 卷第 433—434 页。

列宁同意马·尼·利亚多夫起草的对刊登在 1904 年 5 月 15 日(28 日)《火星报》第 66 号上的格·瓦·普列汉诺夫致中央委员会的公开信《现在不能沉默!》的答复。利亚多夫的答复刊登在 1904 年 6 月 1 日(14 日)《火星报》第 67 号上。

马·利亚多夫:《1903—1907 年党的生活》,1956 年,第 45—46 页;《火星报》,1904 年 5 月 15 日,第 66 号;6 月 1 日,第 67 号。

5 月—不晚于 6 月 12 日(25 日)

列宁同中央委员弗·亚·诺斯科夫订立关于在向阿姆斯特丹代表大会的报告中不提党内分歧的协议。

《列宁全集》中文第 2 版增订版第 9 卷第 101 页,第 53 卷第 275—276 页。

5 月或 6 月

列宁写信给亚·亚·波格丹诺夫,批判他的《经验一元论》一书(这封信没有找到)。

《列宁全集》中文第 2 版增订版第 45 卷第 172 页;娜·康·克鲁普斯卡娅:《列宁回忆录》,第 2 版,1968 年,第 156—157 页。

6 月 4 日(17 日)

娜·康·克鲁普斯卡娅受列宁的委托,紧急召请中央委员列·波·克拉辛到国外来,以便中央委员会的那些如她所说"已经开始各执一词"的委员都能协商一致。

《列宁文集》俄文版第 15 卷第 86 页。

6 月 5 日(18 日)

在党总委员会第 2 次会议上,列宁就中央机关报和中央委员会召回驻党总委员会代表的权利问题发言。

列宁就地方委员会增补委员和中央委员会有权向地方委员会增补新委员问题发言四次,就决定召开俄国社会民主工党第三次代表大会问题时的表决程序发言四次,就《黎明报》问题发言两次,就公布党总委员会会议记录问题和其他问题发言三次。

《列宁全集》中文第 2 版增订版第 8 卷第 445—454 页;《列宁文集》俄文版第 15 卷第 62—84 页。

列宁就党总委员会会议上的发言作笔记。

苏共中央马列主义研究院中央党务档案馆,第 2 号全宗,第 1 号目录,第 1298 号保管单位。

6 月 6 日(19 日)

列宁收到叶·德·斯塔索娃的来信,在发往莫斯科给她和弗·威·林格尼克的信中询问有关拟定在国外召开中央委员会的情况,并请求针对调和派可能把持全会采取措施。

《列宁全集》中文第 2 版增订版第 44 卷第 436—437 页;《列宁文集》俄文版第 15 卷第 87—90 页。

6 月 7 日(20 日)

列宁同弗·亚·诺斯科夫一起通知《火星报》编辑部,他和诺斯科夫作为中央委员会的国外代表,任命马·尼·利亚多夫为中央委员会的会计。

《列宁全集》中文第 2 版增订版第 44 卷第 438 页。

6 月,不晚于 8 日(21 日)

列宁、娜·康·克鲁普斯卡娅和玛·莫·埃森一起郊游:他们坐轮船到蒙特勒,参观希尔翁城堡,并攀登一座山峰。

《列宁文集》俄文版第 15 卷第 90 页;《无产阶级革命》杂志,1928 年,第 1 期,第 117—118 页;玛·埃森:《同列宁见面》,1968 年,第 26—28 页。

6 月 8 日(21 日)

列宁收到中央委员玛·莫·埃森由于要返回俄国而要求代她行使投票权的委托书。

《列宁文集》俄文版第 15 卷第 90 页。

6 月 11 日或 12 日(24 日或 25 日)

列宁拒绝调和派中央委员弗·亚·诺斯科夫提出的参加孟什维克《火星报》编辑部和同意增补两名孟什维克进入中央委员会的

建议。

《列宁文集》俄文版第 15 卷第 90—91、95—96 页。

6 月 12 日（25 日）以前

列宁起草批判恩·马赫哲学观点的提纲,长达 11 页(这份提纲没有找到)。

《列宁全集》中文第 2 版增订版第 53 卷第 276 页;《列宁全集》俄文第 5 版第 8 卷 498 页;尼·瓦连廷诺夫:《同列宁见面》,纽约,1953 年,第 282—305、335 页。

6 月 12 日或 13 日（25 日或 26 日）

列宁和娜·康·克鲁普斯卡娅从日内瓦启程去洛桑,到瑞士各地旅行。

《列宁全集》中文第 2 版增订版第 53 卷第 275—276 页。

6 月 12 日或 13 日至 20 日（6 月 25 日或 26 日至 7 月 3 日）

列宁和娜·康·克鲁普斯卡娅在洛桑休息。

《列宁全集》中文第 2 版增订版第 53 卷第 275—276 页。

6 月 16 日（29 日）

马·尼·利亚多夫受列宁委托通知《火星报》编辑部:《终于等到了!》一文的作者"列兵"(亚·亚·波格丹诺夫)是党员,中央委员会证明他有党籍。

苏共中央马列主义研究院中央党务档案馆,第 17 号全宗,第 1 号目录,第 191 号保管单位。

6 月 17 日（30 日）

列宁同 Л.维贝尔订立房屋租赁合同,租期为 1904 年 9 月 18 日(10 月 1 日)至 1905 年 9 月 17 日(30 日),地址为卡鲁日街 91 号。

苏共中央马列主义研究院中央党务档案馆,第 4 号全宗,第 1

号目录,第 57 号保管单位。

6 月 19 日(7 月 2 日)

列宁在娜·康·克鲁普斯卡娅写给在基辅的玛·亚·乌里扬诺娃的信中附言,谈到自己休息的情况,请求她夏天"一定要休息",要搬到"野外去住"。

《列宁全集》中文第 2 版增订版第 53 卷第 276 页。

6 月 20 日(7 月 3 日)——7 月上半月

列宁和娜·康·克鲁普斯卡娅在瑞士旅行:他们从洛桑向蒙特勒方向进发,登蒙特勒山,下到罗讷河谷,去贝莱班拜访克鲁普斯卡娅少年时代的一个女友,沿河往上游走,越过盖米山口来到奥伯尔兰德,一直走到布里恩茨湖畔,在伊塞尔特瓦尔德停留一周后,又继续旅行。后来在回忆起这次旅行时,克鲁普斯卡娅写道:"1903——1904 年那个冬天特别苦,神经都被折磨坏了,想松散一下,暂时忘掉一切事情和牵挂。山地帮了我们的忙。新鲜的景物,山地的空气,幽寂的生活,有益的疲劳和充分的睡眠,这一切都大大促进了弗拉基米尔·伊里奇的健康。他又恢复了精力、朝气和愉快的情绪。"

《列宁全集》中文第 2 版增订版第 44 卷第 439——440 页,第 53
卷第 275——279、567——568 页。

6 月 24 日——25 日(7 月 7 日——8 日)前后

列宁待在弗鲁蒂根(瑞士)。

《列宁全集》中文第 2 版增订版第 53 卷第 277 页。

6 月 24 日或 25 日(7 月 7 日或 8 日)

列宁从弗鲁蒂根把一张印有坎德斯泰格风景的明信片寄给在基辅的玛·亚·乌里扬诺娃。

《列宁全集》中文第 2 版增订版第 53 卷第 277 页。

6 月 25 日和 7 月 1 日(7 月 8 日和 14 日)之间

列宁读寄给他的俄国社会民主工党向第二国际阿姆斯特丹代表大会提出的报告草稿,并建议报告起草人费·伊·唐恩或者完全不涉及党内分歧,或者在报告中让布尔什维克和孟什维克各占同样多的篇幅。唐恩拒绝按这个建议去办。

《列宁文集》俄文版第 15 卷第 96—98 页。

6 月底—7 月初

列宁以中央委员会名义,就俄国革命社会民主党人国外同盟巴黎分部询问伊尔库茨克委员会事件一事,起草复信稿。

《列宁全集》中文第 2 版增订版第 44 卷第 438—439 页;《列宁文集》俄文版第 15 卷第 94—95 页。

7 月 3 日(16 日)

列宁和娜·康·克鲁普斯卡娅把一张印有布里恩茨湖畔伊塞尔特瓦尔德风景的明信片寄给在基辅的玛·亚·乌里扬诺娃和玛·伊·乌里扬诺娃。

《列宁全集》中文第 2 版增订版第 53 卷第 278 页。

7 月,不晚于 6 日(19 日)

列宁同意多数派向全党发表宣言,阐明多数派对当前状况的看法。

《列宁文集》俄文版第 15 卷第 98—99 页。

7 月 7 日(20 日)

列宁和娜·康·克鲁普斯卡娅把一张印有小沙伊德格山和少女峰风景的明信片寄给玛·亚·乌里扬诺娃。列宁在明信片上说,他们曾到过攀登少女峰的一条新路附近,现正经过迈林根去卢塞恩。

《列宁全集》中文第 2 版增订版第 53 卷第 278—279 页；苏共中央马列主义研究院中央党务档案馆，第 2 号全宗，第 1 号目录，第 1306 号保管单位。

7 月 13 日（26 日）

列宁给在日内瓦的弗·德·邦契-布鲁耶维奇写信，回复他 1904 年 7 月 10 日（23 日）的来信。列宁在信中谈国外布尔什维克的今后工作任务，指出在同孟什维克的关系问题上必须遵循原定的策略。

《列宁全集》中文第 2 版增订版第 44 卷第 439—440 页。

7 月 15 日（28 日）前后

列宁待在布伦嫩（瑞士）。

《列宁全集》中文第 2 版增订版第 8 卷第 455 页。

7 月 15 日（28 日）

列宁把关于中央委员会国外代表弗·伊·列宁和弗·亚·诺斯科夫不在时委托中央委员会国外代办员（潘·尼·勒柏辛斯基、弗·德·邦契-布鲁耶维奇、马·尼·利亚多夫）组成的委员会代行职权的正式声明由布伦嫩寄往日内瓦。

《列宁全集》中文第 2 版增订版第 8 卷第 455 页。

7 月中

列宁和国外布尔什维克打算在国外召开布尔什维克会议，以便制定行动纲领，同掌握在孟什维克手中的党中央机关的政策进行坚决的斗争。

《列宁文集》俄文版第 15 卷第 102—103 页。

不早于 7 月 16 日（29 日）

列宁在俄国革命社会民主党人国外同盟领导机关致各协助小

组的信的背面写多数派拥护者名单。

苏共中央马列主义研究院中央党务档案馆,第 2 号全宗,第 1
号目录,第 1309 号保管单位。

7 月下半月,不晚于 22 日(8 月 4 日)

列宁读译成德文并由印刷所刊印出来的费·伊·唐恩起草的俄国社会民主工党代表向第二国际阿姆斯特丹代表大会提出的报告。由于这个报告从孟什维克的观点出发,有倾向性地陈述党内状况,列宁决定立即起草一份同孟什维克的报告相对立的布尔什维克派向阿姆斯特丹代表大会提出的报告。

《建立新型政党的历史片断。布尔什维克向 1904 年国际社会
党代表大会提出的报告》,1963 年,第 16 页;《回忆俄国社会
民主工党第二次代表大会》,1959 年,第 68 页;马·利亚多
夫:《1903—1907 年党的生活》,1956 年,第 48 页。

7 月 22 日和 30 日(8 月 4 日和 12 日)之间

列宁领导起草布尔什维克向第二国际阿姆斯特丹代表大会提出的报告的工作,拟定报告提纲,参加起草报告,并对报告作全面的修改。

《列宁全集》俄文第 5 版第 8 卷第 500 页;《建立新型政党的历
史片断。布尔什维克向 1904 年国际社会党代表大会提出的
报告》,1963 年,第 16—17 页;《回忆俄国社会民主工党第二
次代表大会》,1959 年,第 68—69 页;马·利亚多夫:《1903—
1907 年党的生活》,1956 年,第 48—49 页;《阿姆斯特丹国际
社会党代表大会》(1904 年 8 月 14—20 日),柏林,1904 年。

7 月 25 日(8 月 7 日)

列宁收到《平民新闻》编辑发来的通知,说他同意在松山市俄国俘虏中间散发书刊。

苏共中央马列主义研究院中央党务档案馆,第 2 号全宗,第 5
号目录,第 152 号保管单位。

7 月 28 日（8 月 10 日）

列宁给俄国社会民主工党总委员会书记尔·马尔托夫写回信，声明自己拒绝投票选举马尔托夫提出的第二国际阿姆斯特丹代表大会代表候选人列·格·捷依奇、维·伊·查苏利奇、费·伊·唐恩，提醒说，党总委员会曾决定由总委员会全体委员作为代表出席大会；提出委派马·尼·利亚多夫和彼·阿·克拉西科夫代替他出席大会。

《列宁全集》中文第 2 版增订版第 44 卷第 440—441 页；《列宁文集》俄文版第 15 卷第 105—107 页。

7 月 31 日（8 月 13 日）

列宁收到尔·马尔托夫的来信，这封信是对列宁 1904 年 7 月 28 日（8 月 10 日）有关出席阿姆斯特丹国际社会党代表大会代表团组成问题的信的回复。

苏共中央马列主义研究院中央党务档案馆，第 2 号全宗，第 5 号目录，第 36 号保管单位；《列宁文集》俄文版第 15 卷第 107—108 页。

7 月底

列宁写《告全党书》初稿，标题为《我们争取什么？》。

《列宁全集》中文第 2 版增订版第 9 卷第 1—9 页。

列宁就出席第二国际阿姆斯特丹代表大会的代表问题给社会党国际局发电报和信。

《布尔什维克党是怎样诞生的？》，1925 年，第 511 页；马·利亚多夫：《1903—1907 年党的生活》，1956 年，第 49 页。

列宁在洛桑会见从俄国来的帕·格·达乌盖，并同他就拉脱维亚社会民主党的活动和国内党的工作问题进行谈话。列宁同意达乌盖为德国《新时代》杂志写的论述俄国社会民主工党党内分歧的信。这封信没有被考茨基刊用。

　　列宁在空闲时同达乌盖一起休息,向他询问有关莫斯科生活等情况。

《拉脱维亚革命者回忆列宁》,1969 年,第 62 页;苏共中央马列主义研究院·未发表的关于弗·伊·列宁的回忆录全宗,1924 年 1 月 31 日和 1930 年 1 月 12 日全苏老布尔什维克协会会员会议速记记录,第 49 页。

　　在列宁领导下,在日内瓦附近举行 22 个布尔什维克会议。会议通过列宁起草的《告全党书》。《告全党书》立即被寄往俄国各委员会,成为布尔什维克为召开党的第三次代表大会(摆脱党内危机的唯一出路)而斗争的纲领。

《列宁全集》中文第 2 版增订版第 9 卷第 10—17 页;《列宁文集》俄文版第 15 卷第 108—109 页;《无产阶级革命》杂志,1924 年,第 11 期,第 25—27 页。

　　列宁在马·利金《说明俄国社会民主党危机的材料》(《火星报》印刷所,1904 年日内瓦版)一书的封面和扉页上作批注:"利金的书","别人的样书,**需要归还!!**","利金的书","还给邦契-布鲁耶维奇"。列宁曾参加这本书的编写和修改工作。

《列宁全集》中文第 2 版增订版第 45 卷第 517 页;苏共中央马列主义研究院中央党务档案馆,第 2 号全宗,第 1 号目录,第 1314 号保管单位。

7 月底—8 月

　　列宁派玛·莫·埃森前往巴黎,找到亚·亚·波格丹诺夫、阿·瓦·卢那察尔斯基、米·斯·奥里明斯基,同他们约定来日内瓦会见列宁的时间。

苏共中央马列主义研究院·未发表的关于弗·伊·列宁的回忆录全宗,玛·埃森:《同列宁见面》,第 5 页。

　　列宁和娜·康·克鲁普斯卡娅住在离布雷湖畔(洛桑附近)谢

布尔站不远的一个偏僻的农村。他们同米·斯·奥里明斯基、亚·亚·波格丹诺夫、佩尔武欣一起商定要在国外出版自己的机关报，在俄国开展召开党的第三次代表大会的鼓动工作。列宁组织布尔什维克的写作力量（瓦·瓦·沃罗夫斯基、阿·瓦·卢那察尔斯基、亚·亚·波格丹诺夫、米·斯·奥里明斯基）。

娜·康·克鲁普斯卡娅：《列宁回忆录》，第 2 版，1968 年，第 91 页；《无产阶级革命》杂志，1924 年，第 11 期，第 35—83 页。

7 月

列宁编写（用英文、法文和德文）日内瓦图书馆的书目，对格奥尔格·韦格讷《战时中国纪行。1900 年—1901 年》（1902 年柏林版）一书写意见："几乎毫无兴味，尽是小品文体的废话"。

苏共中央马列主义研究院中央党务档案馆，第 2 号全宗，第 1 号目录，第 1313 号保管单位。

8 月以前

列宁作爱德华·勒库特《农业教程》（1879 年巴黎版）和《高生产率的农业》（1892 年巴黎版）两书的摘录和笔记。列宁打算把这个材料用在《农民与社会民主党》一著中。

《列宁文集》俄文版第 32 卷第 372—381 页。

8 月 1 日（14 日）

俄国社会民主工党敖德萨委员会授权列宁代表敖德萨组织出席阿姆斯特丹国际社会党代表大会。

《列宁文集》俄文版第 15 卷第 108 页。

娜·康·克鲁普斯卡娅受列宁的委托，把 22 个布尔什维克的宣言寄给在敖德萨的瓦·瓦·沃罗夫斯基，请他翻印并在社会民主党人中间散发。

《弗·伊·列宁及其领导的党的国外机关同乌克兰社会民主党组织通信集》,基辅,1964年,第441—442页。

列宁收到伊·伊·拉德琴柯的来信,信中祝愿在党内状况严重的时刻保持精神饱满,并告知即将把他和潘·尼·勒柏辛斯基提出的《整个中央机关工作技术分工》草案寄给列宁审阅。

苏共中央马列主义研究院中央党务档案馆,第2号全宗,第5号目录,第37号保管单位。

8 月 2 日(15 日)

列宁给米·康·弗拉基米罗夫写回信,告知党内的严重状况,指出各地方委员会活动走下坡路的原因,揭露孟什维克的分裂和破坏活动及调和派的立场,号召为召开党的第三次代表大会(摆脱党内危机的唯一出路)而斗争,同时满意地指出,已经有十多个委员会赞成召开代表大会。

《列宁全集》中文第2版增订版第44卷第442—444页。

8 月 5 日(18 日)

列宁通过中央委员会柏林代办员奥·阿·皮亚特尼茨基收到中央委员会《七月宣言》的不完整文本,这项宣言是调和派中央委员在国内召开的会议上非法通过的,弗·伊·列宁和罗·萨·捷姆利亚奇卡这两个中央委员根本不知道。

根据这项宣言,委派调和派分子弗·亚·诺斯科夫代替列宁担任中央委员会国外代表,而让列宁仅仅负责中央委员会的出版工作,并且列宁不经中央委员会全体委员的批准便无权刊印任何东西。

《列宁全集》中文第2版增订版第9卷第18页;尼·沙霍夫:《为召开代表大会而斗争》,日内瓦,1904年,第90页。

在收到罗·萨·捷姆利亚奇卡说明她并未退出中央委员会的

来信后,列宁写信给俄国社会民主工党中央委员会的五个委员,声明坚决抗议中央委员会的《七月宣言》,并揭露调和派中央委员通过这项宣言的非法行径。

《列宁全集》中文第 2 版增订版第 9 卷第 18—19 页;《列宁文集》俄文版第 15 卷第 104 页。

列宁向中央委员会代办员和多数派委员会委员发出通告信,告知关于中央委员会内部出现的冲突和中央委员会的情况,并把中央委员会调和派的行径提交全党评判。

列宁请他们让党内的所有积极分子都能读到这封信和随信寄去的有关中央委员会内部冲突的文件。

《列宁全集》中文第 2 版增订版第 9 卷第 20—22 页。

8 月 5 日和 18 日(18 日和 31 日)之间

列宁写信给党的发行部主任弗·德·邦契-布鲁耶维奇,建议采取一切措施尽快出版布尔什维克书刊和发表关于布尔什维克筹建弗·邦契-布鲁耶维奇和尼·列宁出版社的声明,催促邦契-布鲁耶维奇同日内瓦俄文合作印刷所订立出版布尔什维克书刊的合同。

《列宁全集》中文第 2 版增订版第 44 卷第 444—445 页。

8 月 11 日(24 日)

列宁写信给俄国社会民主工党中央机关报《火星报》编辑部,对编辑部企图发表中央委员会调和派通过的《七月宣言》提出抗议,并要求:如果刊登这项宣言,则必须在《火星报》上发表列宁 1904 年 8 月 5 日(18 日)反对这一宣言的抗议书。

《列宁全集》中文第 2 版增订版第 44 卷第 446—447 页。

8 月 12 日—13 日(25 日—26 日)

列宁收到新《火星报》编辑部拒绝刊登他反对中央委员会《七

月宣言》的抗议书的来信。

《列宁文集》俄文版第 15 卷第 118—119 页。

8 月 15 日（28 日）

列宁写信给在萨布林诺（彼得堡近郊）的玛·亚·乌里扬诺娃，说他收到伊·瓦·克鲁普斯卡娅和玛·伊·乌里扬诺娃从俄国寄来的信，感谢玛·伊·乌里扬诺娃为翻译的事操心，问别墅好不好，他们在那里好好休息了没有，并问到姊妹们出狱后的健康情况。

《列宁全集》中文第 2 版增订版第 53 卷第 279—280 页。

列宁收到一本约·阿·霍布森论帝国主义的书，并开始翻译这本书。

《列宁全集》中文第 2 版增订版第 53 卷第 279 页。

8 月，不早于 15 日（28 日）

列宁写信给俄国国内多数派委员会委员和所有积极支持多数派的人，说孟什维克勾结调和派准备篡夺中央委员会；同时请他们立即为布尔什维克国外的出版社收集稿件和款项，寄到国外来。

《列宁全集》中文第 2 版增订版第 44 卷第 447—448 页。

8 月上半月

在列宁领导下准备的布尔什维克向第二国际阿姆斯特丹国际社会党代表大会提出的报告用德文出版，标题为《俄国社会民主工党党内危机的说明材料》，这一报告在代表大会闭幕前一天发给了代表大会各代表。

《建立新型政党的历史片断。布尔什维克向 1904 年国际社会党代表大会提出的报告》，1963 年，第 19 页；马·利亚多夫：《1903—1907 年党的生活》，1956 年，第 57 页。

8 月 17 日（30 日）

列宁收到弗·亚·诺斯科夫的来信,信中附有中央委员会《七月宣言》未发表的部分,信中还建议对宣言中拟增补进入中央委员会的三名新委员进行表决。

列宁在回信中说,在没有收到对他 8 月 5 日(18 日)抗议书的答复以前,拒绝参加对提出的中央委员会候选人进行表决。

《列宁全集》中文第 2 版增订版第 9 卷第 18—19 页,第 44 卷第 448—449 页。

8 月 17 日或 18 日（30 日或 31 日）

列宁领导中央委员会国外代办员反对弗·亚·诺斯科夫企图实现《七月宣言》中涉及中央委员会国外部活动的某些条文。

列宁以中央委员会国外代办员的名义写信给弗·亚·诺斯科夫,要求立即把有关中央委员会七月会议成员的确切材料和各个与会者的书面声明寄给他。列宁在信中声明,在中央委员会决议的合法性未经证实以前,将不考虑诺斯科夫的一切声明。

《列宁全集》中文第 2 版增订版第 44 卷第 449—450 页。

8 月,18 日（31 日）以前

列宁写的《告全党书》在俄国社会民主工党里加委员会印刷所印成单页出版。

《列宁全集》中文第 2 版增订版第 9 卷第 10—17 页;弗·伊·列宁:《告全党书》,未注明出版地,1904 年 8 月,2 页,未署名;《列宁文集》俄文版第 15 卷第 137—138 页。

8 月,18 日（31 日）以后

列宁和娜·康·克鲁普斯卡娅通过在日内瓦的中央委员会布尔什维克代办员马·尼·利亚多夫和潘·尼·勒柏辛斯基,收到马·马·李维诺夫关于在俄国出版 22 个布尔什维克会议的呼吁书的通知和俄国社会民主工党里加委员会同意这个呼吁书的决议。

《列宁全集》中文第 2 版增订版第 9 卷第 10—17 页;《俄国社会民主工党第三次代表大会(文件和资料集)》,1955 年,第 118—119、305—306 页。

8 月,19 日(9 月 1 日)以前

列宁领导组建布尔什维克的社会民主党书刊出版社的工作。

《列宁全集》中文第 2 版增订版第 44 卷第 444—445、447—448、456 页;《列宁文集》俄文版第 15 卷第 161、179 页。

8 月 19 日(9 月 1 日)

列宁给在日内瓦的马·尼·利亚多夫写信,说明把罗·萨·捷姆利亚奇卡和格·马·克尔日扎诺夫斯基从中央委员会除名是非法的。

《列宁全集》中文第 2 版增订版第 44 卷第 450 页。

在列宁的领导下,弗·邦契-布鲁耶维奇和尼·列宁社会民主党书刊出版社在日内瓦开始进行工作。

《列宁全集》中文第 2 版增订版第 44 卷第 444—445、456 页;《列宁文集》俄文版第 15 卷第 161、176、179、214 页。

8 月,20 日(9 月 2 日)以前

列宁编辑加工米·斯·奥里明斯基(加廖尔卡)的文章《没有党的机关报和没有机关报的党》,这篇文章收入加廖尔卡和列兵的总标题为《我们之间的争论》的文集。

《列宁全集》俄文第 5 版第 9 卷第 415—416 页;《列宁文集》俄文版第 15 卷第 174—175 页;苏共中央马列主义研究院中央党务档案馆,第 2 号全宗,第 1 号目录,第 1325 号保管单位。

8 月 20 日(9 月 2 日)

列宁回复尔·马尔托夫邀请他参加 1904 年 8 月 21 日(9 月 3

日)党总委员会会议的来信,拒绝在中央委员会全体委员尚未审查其成员的合法性以前,参加总委员会会议。

列宁在信中指出,3 个中央委员在七月"会议"上对中央委员会成员的"审查"显然是虚假的和不正确的,并且声明,在审查以前,无论是他或是诺斯科夫都无权在党总委员会里代表中央委员会,他认为诺斯科夫的一切正式行动都是非法的。

> 《列宁全集》中文第 2 版增订版第 44 卷第 451—452 页;《列宁文集》俄文版第 15 卷第 127 页。

列宁收到弗·亚·诺斯科夫 1904 年 8 月 18 日(31 日)的来信,信中通知将于 8 月 21 日(9 月 3 日)举行党总委员会会议,并建议由中央委员会代表方面委派总委员会会议书记。

> 《列宁文集》俄文版第 15 卷第 128 页。

列宁写信给弗·亚·诺斯科夫,要求答复他对中央委员会宣言提出的抗议,并且询问:罗·萨·捷姆利亚奇卡是在怎样的中央委员会上次例会上声明退出中央委员会的? 格·马·克尔日扎诺夫斯基在什么时候、对什么人正式通知过他辞职的事? 列宁坚决要求审查中央委员会成员在通过《七月宣言》中所说的决定时的合法性,在这个要求未得到满足以前,他本人拒绝在党总委员会里代表中央委员会,同时也反对诺斯科夫有权在党总委员会里代表中央委员会。

> 《列宁全集》中文第 2 版增订版第 44 卷第 452—453 页;《列宁文集》俄文版第 15 卷第 123—125、128 页;苏共中央马列主义研究院中央党务档案馆,第 2 号全宗,第 1 号目录,第 1327 号保管单位,第 1 张背面;第 1328 号保管单位。

8 月 20 日或 21 日(9 月 2 日或 3 日)

列宁写信给党的印刷所的排字工人们,要求他们把亚·亚·

波格丹诺夫和米·斯·奥里明斯基的小册子《我们之间的争论》交还给米·斯·奥里明斯基。

《列宁全集》中文第 2 版增订版第 44 卷第 453 页。

8 月 22 日（9 月 4 日）

列宁收到中央委员弗·亚·诺斯科夫对列宁本人 1904 年 8 月 5 日（18 日）和 17 日（30 日）两封信的答复，信中对以前所作的关于在俄国召开的中央委员会七月会议决定的通告加以说明和补充，并通知说已将列宁的单独声朋提交党总委员会解决。

苏共中央马列主义研究院中央党务档案馆，第 2 号全宗，第 5 号目录，第 40 号保管单位；《列宁文集》俄文版第 15 卷第 134—136 页。

8 月 23 日（9 月 5 日）

列宁收到弗·亚·诺斯科夫就列宁本人对中央委员会《七月宣言》提出的抗议所作的补充答复。诺斯科夫在信中声明，列宁反对他在党总委员会里代表中央委员会，他对此不予考虑。

《列宁文集》俄文版第 15 卷第 136—137 页。

8 月 23 日和 31 日（9 月 5 日和 13 日）之间

列宁写信给党的印刷所经理伊·谢·维连斯基和党员排字工人们，要求把加廖卡尔和列兵的小册子《我们之间的争论》交还给书的作者。

《列宁全集》中文第 2 版增订版第 44 卷第 454 页。

8 月，25 日（9 月 7 日）以前

列宁从俄国得知，许多委员会立场坚定，支持布尔什维克路线。

《无产阶级革命》杂志，1930 年，第 9 期，第 129 页。

8 月 25 日(9 月 7 日)

列宁收到尔·马尔托夫寄来的党总委员会 1904 年 8 月 21 日(9 月 3 日)决定的抄件和邀请信,请列宁出席 9 月 8 日总委员会会议,以便审理他同中央委员会的冲突。

《列宁文集》俄文版第 15 卷第 152—155 页。

列宁写信给党总委员会书记尔·马尔托夫,拒绝把中央委员会的内部冲突搬到党总委员会去审理。

《列宁全集》中文第 2 版增订版第 44 卷第 455 页。

8 月 25 日(9 月 7 日)以后

列宁起草在布尔什维克日内瓦小组会议上的发言提纲,写关于对待《七月宣言》和新中央委员会的态度的决议草案。

在决议草案中,列宁号召党员支持新组建的布尔什维克出版社,并为召开党的第三次代表大会进行鼓动工作。

《列宁全集》中文第 2 版增订版第 9 卷第 23—24 页;苏共中央马克思主义研究院中央党务档案馆,第 2 号全宗,第 1 号目录,第 1333 号保管单位。

8 月,28 日(9 月 10 日)以后

列宁和娜·康·克鲁普斯卡娅收到奥·伊·维诺格拉多娃从敖德萨寄来的信,信中告知各地方委员会的工作情况,并问是否收到她从慕尼黑寄出的钱。

《弗·伊·列宁及其领导的党的国外机关同乌克兰社会民主党组织通信集》,基辅,1964 年,第 442—444 页。

8 月,29 日(9 月 11 日)以前

列宁收到调和派中央委员弗·亚·诺斯科夫的便条,他建议列宁参加新《火星报》编辑部。

马·利亚多夫:《1903—1907 党的生活》,1956 年,第 59 页。

8 月 29 日（9 月 11 日）

　　列宁写信给弗·亚·诺斯科夫,对中央委员会成员及通过《七月宣言》的那次会议的合法性提出异议;拒绝关于参加新《火星报》编辑部的建议。列宁在说明自己拒绝的理由时,论证必须召开党代表大会,认为这是摆脱现有状况的唯一出路,揭露在中央委员会里占多数的调和派的背叛行径,抗议把三个调和派新委员增补进中央委员会,并表示断绝同诺斯科夫的私人关系。

《列宁全集》中文第 2 版增订版第 9 卷第 25—32 页;尼·沙霍夫:《为召开代表大会而斗争》,日内瓦,1904 年,第 94—99 页。

8 月,29 日（9 月 11 日）以后

　　列宁收到罗·萨·捷姆利亚奇卡 1904 年 8 月 29 日（9 月 11日）从莫斯科寄来的信,信中说彼得堡委员会和莫斯科委员会支持22 个布尔什维克的决议。

《红色文献》杂志,1935 年,第 1 期,第 29 页。

8 月 31 日（9 月 13 日）

　　列宁写信给弗·德·邦契-布鲁耶维奇,建议在加廖尔卡和列兵的小册子《我们之间的争论》上贴一张印有关于新出版社的公告的附页,并告知他将于 1904 年 9 月 2 日（15 日）返回日内瓦。

《列宁全集》中文第 2 版增订版第 44 卷第 456 页。

8 月底

　　列宁就罗·卢森堡发表在德国《新时代》杂志（1904 年第 42期和第 43 期）和 1904 年 7 月 10 日《火星报》第 69 号上的《俄国社会民主党的组织问题》一文写札记。

《列宁文集》俄文版第 15 卷第 182—183 页。

夏天

据娜·康·克鲁普斯卡娅记述,列宁给在伦敦的尼·亚·阿列克谢耶夫写信说:"代表大会以后我所经受的精神疲惫时期已经结束。"(这封信没有找到)

《历史文献》杂志,1957 年,第 2 期,第 26 页;娜·康·克鲁普斯卡娅:《列宁回忆录》,第 2 版,1968 年,第 89 页。

9 月 1 日(14 日)

新《火星报》第 73 号发表党总委员会的《说明》,称在个别党员出版的书刊上不允许放党的名称("俄国社会民主工党")。这项《说明》针对的是多数派的出版社(弗·邦契-布鲁耶维奇和尼·列宁出版社)。

《火星报》,1904 年 9 月 1 日,第 73 号。

9 月 2 日(15 日)

列宁在夏季休息之后返回日内瓦。

《列宁全集》中文第 2 版增订版第 44 卷第 456 页。

9 月,2 日(15 日)以后

列宁和娜·康·克鲁普斯卡娅从日内瓦近郊迁到离市中心较近的地方,住在卡鲁日街 91 号。

《回忆弗·伊·列宁》,第 1 卷,1968 年,第 288 页;A.C.库德里亚夫采夫等:《列宁在日内瓦》,1967 年,第 87 页。

列宁写《进一步,退两步(尼·列宁给罗莎·卢森堡的答复)》一文,评罗莎·卢森堡的文章《俄国社会民主党的组织问题》。

《列宁全集》中文第 2 版增订版第 9 卷第 35—46 页。

列宁审阅自己的《进一步,退两步(尼·列宁给罗莎·卢森堡的答复)》一文的德文手稿,并对手稿进行修改。这个手稿的抄写者不详。

《列宁全集》中文第2版增订版第9卷第35—46、408页；苏共中央马列主义研究院中央党务档案馆，第2号全宗，第1号目录，第1345号保管单位。

9月3日（16日）

娜·康·克鲁普斯卡娅以列宁的名义写信给И.И.斯特拉申斯基，要求建立经常的通信联系，信中向他谈党内的事务，告知成立布尔什维克出版社和出版布尔什维克的新的小册子和文集的情况。

《列宁全集》中文第2版增订版第44卷第457—458页。

9月7日（20日）以前

列宁为尼·沙霍夫（马利宁）的小册子《为召开代表大会而斗争》写序言，在小册子的手稿上作文字修改。

《列宁全集》中文第2版增订版第9卷第33—34页，第44卷第461页；苏共中央马列主义研究院中央党务档案馆，第2号全宗，第1号目录，第1338号保管单位；尼·沙霍夫《为召开代表大会而斗争》，日内瓦，1904年，114页。

9月7日（20日）

娜·康·克鲁普斯卡娅以列宁的名义写信给在尼古拉耶夫的马·莱博维奇（叶夫谢伊（马柳特金）），信中谈到调和派的中央委员会向多数派的进攻，谈到对全党隐瞒了的中央委员会《七月宣言》的条文，谈到中央委员会和少数派将要举行的代表会议，谈到中央委员会和中央机关报合伙进行的反对旧《火星报》的活动，谈到成立独立的布尔什维克出版社的情况，并说，在20个俄国委员会中有12个赞成召开代表大会。

《列宁全集》中文第2版增订版第44卷第459—462页。

9 月 8 日（21 日）

列宁写信给维·巴·诺根,请他把赞成召开党的第三次代表大会的俄国社会民主工党下诺夫哥罗德委员会的决议寄来。

《列宁全集》中文第 2 版增订版第 44 卷第 462—463 页。

9 月,10 日（23 日）以前

列宁和娜·康·克鲁普斯卡娅收到弗·威·林格尼克等布尔什维克从莫斯科塔甘卡监狱的来信（8 月 22 日（9 月 4 日））,信中说,他们决心继续为反对孟什维克和调和派的中央委员会而斗争,并报告进行这一斗争的计划。

《列宁文集》俄文版第 15 卷第 159—162 页。

9 月 10 日（23 日）

娜·康·克鲁普斯卡娅受列宁的委托,写信给在塔甘卡监狱中的叶·德·斯塔索娃、弗·威·林格尼克和其他同志,信中说布尔什维克因成立了自己的出版社而情绪高昂,并请他们通过吸收新的力量参加写作工作来支持出版社。

《列宁全集》中文第 2 版增订版第 44 卷第 463—464、469 页;苏共中央马列主义研究院中央党务档案馆,第 2 号全宗,第 1 号目录,第 1342 号保管单位。

9 月 13 日（26 日）

娜·康·克鲁普斯卡娅以列宁的名义写信给在彼得堡的玛·伊·乌里扬诺娃,请她告知是否收到 1904 年 9 月 3 日（16 日）写去的信;说没有收到彼得堡委员会关于同意 22 个布尔什维克的呼吁书的决议。

苏共中央马列主义研究院中央党务档案馆,第 2 号全宗,第 1 号目录,第 1343 号保管单位。

9 月，13 日（26 日）以后

列宁和娜·康·克鲁普斯卡娅收到俄国社会民主工党中央委员会南方局成员 И.A. 的来信，信中告知中央委员会解散南方局一事。写信人说，南方局并未屈从中央委员会的决定，而以南方各多数派委员会的名义继续进行活动。

《弗·伊·列宁及其领导的党的国外机关同乌克兰社会民主党组织通信集》，基辅，1964 年，第 447—449 页。

9 月 16 日（29 日）

列宁回复加·达·莱特伊仁 1904 年 9 月 15 日（28 日）的来信，在寄往巴黎的信中说同意他的政治立场，并提出在完成共同任务的基础上恢复他们以往的良好关系。

《列宁全集》中文第 2 版增订版第 44 卷第 464—465 页；《列宁文集》俄文版第 15 卷第 216 页。

9 月，17 日（30 日）以后

列宁收到 A.尤扎宁寄来的信。尤扎宁在信中尖锐地批判少数派的活动，并表示同意和支持布尔什维克的立场；同时还说，他给作为中央委员会国外代表的列宁寄来关于在军队中进行宣传工作的意见。

苏共中央马列主义研究院中央党务档案馆，第 2 号全宗，第 5 号目录，第 47 号保管单位。

9 月，20 日（10 月 3 日）以前

列宁编辑加工加廖尔卡（米·斯·奥里明斯基）的小册子《踏上新的道路》的手稿。

《列宁全集》俄文第 5 版第 9 卷第 416 页；苏共中央马列主义研究院中央党务档案馆，第 2 号全宗，第 1 号目录，第 1346 号保管单位。

9 月‚20 日(10 月 3 日)以后

列宁在一份文件上写书目札记:"亨利希·普多尔博士。国外的农业协作社。第 1 卷:斯堪的纳维亚各国的农业协作社。VIII＋154。1904 年莱比锡版"‚并注意第 1 卷的定价。

《苏共历史问题》杂志‚1965 年‚第 12 期‚第 109 页;苏共中央
马列主义研究院中央党务档案馆‚第 2 号全宗‚第 1 号目录‚
第 1270 号保管单位‚第 2 张。

9 月 22 日(10 月 5 日)

列宁收到南方委员会——敖德萨委员会、尼古拉耶夫委员会、叶卡捷琳诺斯拉夫委员会代表会议和俄国社会民主工党中央委员会南方局关于筹备党的第三次代表大会的决议和为召开代表大会成立组织委员会的决议。

《列宁文集》俄文版第 15 卷第 217—219、220 页。

9 月‚22 日(10 月 5 日)以后

列宁寄信给多数派各委员会‚建议他们立即正式请求俄国国内中央委员会把新创办的弗·邦契-布鲁耶维奇和尼·列宁出版社出版的一切书刊按时发给各委员会;询问是否收到刊登党总委员会决定的《火星报》第 73 号和第 74 号附刊;号召他们对总委员会直接偷换代表大会的做法提出抗议‚并告知‚布尔什维克出版社即将出版一本详细分析总委员会的这些决定的小册子。

《列宁全集》中文第 2 版增订版第 44 卷第 466 页。

列宁起草给俄国社会民主工党敖德萨委员会的信稿‚谈到寄去 22 个布尔什维克会议对成立筹备召开党的第三次代表大会的组织委员会的问题的答复‚请求他们告知是否同意这一答复‚是否有修正意见‚同时请求寄来尼古拉耶夫委员会关于第三次代表大

会问题的决定。

《列宁全集》中文第 2 版增订版第 44 卷第 466 页。

　　列宁写信给南方委员会代表会议参加者和俄国社会民主工党中央委员会南方局,建议把筹备召开党的第三次代表大会的组织委员会称为多数派委员会常务局,并以 22 个布尔什维克会议参加者的名义推荐组成常务局的候选人。

《列宁全集》中文第 2 版增订版第 44 卷第 465 页。

　　列宁写信给玛·彼·哥卢别娃,说曾经给她寄去一封详谈党内工作的信,并请哥卢别娃经常来信报告萨拉托夫组织的情况。

《列宁全集》中文第 2 版增订版第 44 卷第 467 页。

9 月,27 日(10 月 10 日)以前

　　列宁和娜·康·克鲁普斯卡娅迁居达维德·迪富尔路 3 号。

《列宁全集》中文第 2 版增订版第 44 卷第 468 页;《回忆弗·伊·列宁》,第 1 卷,1968 年,第 288 页。

9 月 27 日(10 月 10 日)

　　列宁写信给卡·考茨基,说给他寄去自己的《进一步,退两步(尼·列宁给罗莎·卢森堡的答复)》一文,供《新时代》杂志发表。

《列宁全集》中文第 2 版增订版第 44 卷第 468 页。

9 月底

　　列宁主持国外布尔什维克(22 个布尔什维克会议参加者)会议,会上确定布尔什维克新的机关报《前进报》的编委和俄国国内实际的中央机关——多数派委员会常务局的成员。

《列宁全集》中文第 2 版增订版第 44 卷第 466 页;马·利亚多夫:《1903—1907 年党的生活》,1956 年,第 65 页。

9 月—10 月 4 日(17 日)以前

　　列宁给一个姓名不详的同志——多数派的支持者写了两封

信,问他是否参加列宁建议他参加的工作,并请他告知对召开党的第三次代表大会的态度。

收信人回信同意在列宁写信告诉他的那个小组工作,并表示赞成召开党的第三次代表大会。

《列宁全集》俄文第 5 版第 9 卷第 413 页。

不早于 9 月

列宁起草题为《农民与社会民主党》的文章(或报告)的两种提纲稿,为此他引用了自己在 1903 年 2—3 月所作的关于土地问题的摘录和笔记。

《列宁全集》中文第 2 版增订版第 9 卷第 47—49、418 页;《列宁文集》俄文版第 19 卷 225—248 页,第 32 卷第 372—381 页。

列宁编写有关土地问题的法文书目和学习德语口语的书目。

《列宁文集》俄文版第 32 卷第 380 页。

10 月 1 日(14 日)

娜·康·克鲁普斯卡娅受列宁委托写信给在基辅的弗·维·瓦卡尔,请他寄来一份许可函:允许列宁把他写的一篇谈地方报纸的文章从《火星报》编辑部取走,以便在布尔什维克的弗·邦契-布鲁耶维奇和尼·列宁出版社刊印。

《弗·伊·列宁及其领导的党的国外机关同乌克兰社会民主党组织通信集》,基辅,1964 年,第 454 页。

娜·康·克鲁普斯卡娅受列宁委托写信给叶·德·斯塔索娃、弗·威·林格尼克等人,告知布尔什维克的弗·邦契-布鲁耶维奇和尼·列宁出版社出版了许多小册子、文集和传单,并讲述为召开党的第三次代表大会而进行斗争的过程。

《列宁全集》中文第 2 版增订版第 44 卷第 469—470 页。

10月1日和7日（14日和20日）之间

列宁收到俄国社会民主党人工人小组成员伊万诺夫和罗伯特从巴黎寄来的信，信中说给列宁寄来《致俄国社会民主工党总委员会的一封公开信》。这封公开信是这个小组7名成员就列宁给中央委员弗·亚·诺斯科夫的信而写的，要求公布有关俄国社会民主工党内部分歧的全部文件。

苏共中央马列主义研究院中央党务档案馆，第2号全宗，第5号目录，第52号保管单位。

10月，2日（15日）以后

列宁写《一个热心效劳的自由派》一文，评彼·伯·司徒卢威对少数派的看法。

《列宁全集》中文第2版增订版第9卷第55—58页。

10月，7日（20日）以后

列宁收到加·达·莱特伊仁从巴黎寄来的信，他在信中表示愿意成为未来的布尔什维克机关报《前进报》的经常撰稿人和该报驻法国的记者，还说他打算把自己的一篇报告和关于选举法的一本小册子寄来，并谈到报纸的经费来源问题。

苏共中央马列主义研究院中央党务档案馆，第2号全宗，第5号目录，第53号保管单位。

10月，不早于9日（22日）

列宁就皮埃尔·吉法尔《卢布和机灵鬼》（1904年巴黎什托克出版社版）一书写书目札记，并作批注："注意"，作笔记："书评载于1904年《法兰克福报》第293号上午版（1904年10月21日），文中将书名译为《卢布和钻营者》。作者是《晨报》记者，因言词激烈而被召回。他揭露俄国官吏、军官、宫廷等收受贿赂和贪赃枉法的行为。打过仗"。

列宁就胡戈·甘斯《垮台之前。沙皇俄国印象记》一书写书目札记,注意到该书的出版者和出版地,并作笔记:"书评载于《慕尼黑新闻》第 497 号,1904 年 10 月 21 日下午版。作者在战争初期在俄国住过 3 个月(1904 年),描写了俄国的状况(特别是尼古拉二世的性格)"。

列宁读国外报纸上登载的有关 1904 年日俄战争的文章内容,并作笔记:"《莱比锡人民报》,1904 年 10 月 19 日(第 214 号),以及《前进报》在这以前(我不记得确切日期)攻击饶勒斯在议院中鼓动媾和的提案(说它是肉麻的和平说教,含混不清的感情政策,多愁善感等等)。既不支持日本,也不支持俄国,而且也不帮助俄国摆脱困境,不要忘记战争和阶级统治是分不开的"。

"饶勒斯和《前进报》交换意见——《人道报》,20 日或 21 日?和 1904 年 10 月 22 日《前进报》"。

苏共中央马列主义研究院中央党务档案馆,第 2 号全宗,第 1 号目录,第 1238 号保管单位,第 7 张。

列宁编写有关海运发展的法文、德文和英文书籍的目录,以及关于日本的新书目录。

苏共中央马列主义研究院中央党务档案馆,第 2 号全宗,第 1 号目录,第 1238 号保管单位,第 7 张背面,第 8 张。

10 月 13 日(26 日)

列宁写信给卡·考茨基,请他告知,《新时代》杂志编辑部是否采用列宁寄去的文章《进一步,退两步(尼·列宁给罗莎·卢森堡的答复)》。

《列宁全集》中文第 2 版增订版第 44 卷第 471 页。

10 月,14 日(27 日)以后

列宁收到卡·考茨基的信,来信拒绝在《新时代》杂志上发表列宁为答复罗·卢森堡的《俄国社会民主党的组织问题》一文而写的文章。

《列宁文集》俄文版第 15 卷第 224—226 页。

10 月 15 日(28 日)

列宁给在乌拉尔的伊·伊·拉德琴柯复信,请他把俄国社会民主工党乌拉尔委员会关于代表大会的决议寄来;告知党内的状况,各委员会对召开党的第三次代表大会的态度,党的中央机关为反对召开代表大会而进行的斗争,以及彼得堡孟什维克的破坏活动。

《列宁全集》中文第 2 版增订版第 44 卷第 472—474 页。

10 月 17 日(30 日)

列宁写信给俄国社会民主工党西伯利亚委员会,答复西伯利亚联合会代表维·阿·古托夫斯基 9 月 4 日(17 日)写来的一封信,对他的调和主义立场进行尖锐的批判,说明由于少数派的破坏活动而造成的党内的实际状况,并阐明为进一步团结多数派、为召开党的第三次代表大会而斗争的纲领。

《列宁全集》中文第 2 版增订版第 44 卷第 474—478 页;《列宁文集》俄文版第 15 卷第 141—143 页。

10 月,不早于 18 日(31 日)

列宁收到一个姓名不详的人从巴黎寄来的信,信中谈到加·达·莱特伊仁的报告《革命利益和党的利益》以及列宁计划要作的报告。

苏共中央马列主义研究院中央党务档案馆,第 2 号全宗,第 5

号目录,第56号保管单位。

列宁收到加·达·莱特伊仁从巴黎寄来的信,信中报告他的工作,答应把他所作的报告《革命利益和党的利益》寄给列宁,并告知准备在巴黎组建多数派小组。

苏共中央马列主义研究院中央党务档案馆,第2号全宗,第5号目录,第57号保管单位。

10 月 20 日(11 月 2 日)以前

列宁写《关于成立多数派委员会常务局的通知》草案。

《列宁全集》中文第2版增订版第9卷第50—54页。

10 月 20 日(11 月 2 日)

列宁和娜·康·克鲁普斯卡娅写信给在俄国的亚·亚·波格丹诺夫,谈布尔什维克成立出版社所存在的困难,请他详细告知俄国国内的情况,讲到少数派和调和派的所作所为,说即将选举多数派委员会常务局并要印发《通知》,说明常务局的组成情况以及拟议进入多数派委员会常务局的候选人情况,同时还建议他同阿·马·高尔基约定一个暗号。

《列宁全集》中文第2版增订版第44卷第479—481页。

娜·康·克鲁普斯卡娅受列宁委托写信给约·彼·戈尔登贝格,告知在《火星报》第75号上就萨拉托夫委员会对召开党的第三次代表大会的态度有一篇报道,说《火星报》编辑部闭口不谈各委员会作出的赞成召开第三次代表大会的决议;请他把萨拉托夫委员会作出的关于代表大会的决议和委员会最近几个月的所有出版物寄来,同时还请他来信报告萨拉托夫党的工作情况。

《列宁全集》中文第2版增订版第44卷第481—483页。

10 月 22 日(11 月 4 日)

列宁召请国内的多数派委员会常务局候选人爱·爱·埃森前

来汇报他巡视各委员会的结果,并商谈多数派委员会常务局今后的工作。

《列宁全集》中文第 2 版增订版第 44 卷第 483 页。

10 月 24 日和 11 月 22 日(11 月 6 日和 12 月 5 日)之间

列宁编辑加工奥尔洛夫斯基(瓦·瓦·沃罗夫斯基)的小册子《反党的总委员会》。

《列宁全集》俄文第 5 版第 9 卷第 416 页。

10 月 28 日(11 月 10 日)

列宁写信给在巴库的亚·米·斯托帕尼,告知俄国社会民主工党中央委员会已转入少数派阵营,党的中央机关正为反对召开党的第三次代表大会而进行活动;指出为了同孟什维克及中央委员会中的调和派作斗争,必须建立多数派委员会常务局,多方面支持和扩充布尔什维克国外出版社;请他尽快去梯弗利斯,向高加索委员会传达多数派的最新文件。

《列宁全集》中文第 2 版增订版第 44 卷第 484—486 页。

10 月 30 日和 11 月 8 日(11 月 12 日和 21 日)之间

列宁读《火星报》编辑部关于利用地方自治运动向政府提出要求的计划的传单《给各党组织的信》;在传单上作记号,标出重点,按栏编号,并注明:"1904 年 11 月 12 日收到";后又标注:"第一封信"。

苏共中央马列主义研究院中央党务档案馆,第 2 号全宗,第 1 号目录,第 1362 号保管单位。

列宁写小册子《地方自治运动和〈火星报〉的计划》,1904 年 11 月在日内瓦印成单行本出版。

《列宁全集》中文第 2 版增订版第 9 卷第 59 页;弗·伊·列

宁:《地方自治运动和〈火星报〉的计划》,日内瓦,1904 年,26
页,标题前作者署名:尼·列宁。

10 月

列宁就刊登在《革命俄国报》第 53 号附刊上的 A.科莫夫和
尤·加尔德宁关于社会革命党人的纲领草案的争论写札记。

> 苏共中央马列主义研究院中央党务档案馆,第 2 号全宗,第 1
> 号目录,第 1349 号保管单位。

列宁读他收到的俄国社会民主工党特维尔委员会的传单《告
新兵书》,在号召武装起义的地方标出重点,并注明:"注意"。

> 苏共中央马列主义研究院中央党务档案馆,第 2 号全宗,第 1
> 号目录,第 1365 号保管单位。

列宁的《一个热心效劳的自由派》一文在日内瓦由布尔什维克
的弗·邦契-布鲁耶维奇和尼·列宁出版社印成单页出版,印数
2 000 份,散发给俄国国内外各组织。

> 《列宁全集》中文第 2 版增订版第 9 卷第 55—58 页;弗·伊·
> 列宁:《一个热心效劳的自由派》,日内瓦,1904 年,4 页,标题
> 前未注明作者;《列宁文集》俄文版第 15 卷第 239 页;《俄国社
> 会民主工党第三次代表大会记录》,1959 年,第 525 页。

列宁到日内瓦公共图书馆,填写皮埃尔·沃谢《瑞士的历史学
教授和官方负责人。人物简介》(1886 年日内瓦版)一书借书单。
列宁在借书单上注明住址:"达维德·迪富尔路 3 号 弗·乌里扬
诺夫"。

> 苏共中央马列主义研究院中央党务档案馆,第 2 号全宗,第 1
> 号目录,第 1021 号保管单位;《回忆弗·伊·列宁》,第 1 卷,
> 1968 年,第 288 页;A.C.库德里亚夫采夫等:《列宁在日内
> 瓦》,1967 年,第 87—88、139 页。

10 月—12 月

列宁在写给俄国社会民主工党彼得堡组织的信中告知,彼得

堡设有莫斯科祖巴托夫协会的分会,并且警告说,同该协会打交道
必须小心。

《列宁全集》中文第 2 版增订版第 44 卷第 479 页。

11 月 3 日（16 日）以前

列宁请中央委员会柏林代办员奥·阿·皮亚特尼茨基把中央
委员会国外委员弗·亚·诺斯科夫同中央委员会国内委员之间的
通信寄来,认为这些通信可以证明他们欺骗国内各委员会。为了
揭露这种欺骗,列宁在他的《关于中央机关与党决裂的声明和文
件》小册子里公布了这些通信。

《列宁全集》中文第 2 版增订版第 44 卷第 486—488 页。

11 月,3 日（16 日）以后

列宁收到中央委员会柏林代办员奥·阿·皮亚特尼茨基的来
信,说收到了列宁的信,并报告自己的工作情况。

苏共中央马列主义研究院中央党务档案馆,第 2 号全宗,第 5
号目录,第 59 号保管单位。

11 月 6 日（19 日）

列宁在娜·康·克鲁普斯卡娅给一个姓名不详的人的信中附
笔告知,没有收到马·尼·利亚多夫的消息,也没有罗·萨·捷姆
利亚奇卡的地址,请收信人到特维尔去商谈工作问题。

苏共中央马列主义研究院中央党务档案馆,第 2 号全宗,第 1
号目录,第 1369 号保管单位。

11 月,6 日（19 日）以后

列宁读 1904 年 11 月 6 日（19 日）的《最新消息》,在《有关地
方自治人士代表大会的鼓动。地方自治人士制定的宪法草案》一
文中作记号并标出重点。

苏共中央马列主义研究院中央党务档案馆,第 2 号全宗,第 1 号目录,第 1370 号保管单位。

11 月 8 日(21 日)

列宁在给亚·亚·波格丹诺夫的信中指出,必须经常寄来关于俄国国内情况的通讯稿和报道;告知党总委员会在无耻地伪造代表大会,并说中央机关报编辑部印发了关于参加地方自治运动的计划给党员的信;提到他在《地方自治运动和〈火星报〉的计划》小册子中回应了这封信。

列宁建议要更努力、更加紧地为团结多数派委员会而工作,要和国外保持更密切的联系,并提出要加紧筹备出版布尔什维克机关报。

《列宁全集》中文第 2 版增订版第 44 卷第 488—490 页。

11 月,8 日(21 日)以后

列宁收到尼·亚·阿列克谢耶夫寄来的信,信中阐述了他对召开党的第三次代表大会问题以及其他问题的看法。

《老布尔什维克》文集,第 1 辑,1933 年,第 97—98 页。

列宁收到俄国国内的中央委员会全体委员针对他 1904 年 8 月 5 日(18 日)反对中央委员会《七月宣言》的抗议书寄来的答复。调和派的中央委员会声明,完全同意弗·亚·诺斯科夫于 8—9 月在国外对列宁所作的全部回答;同时询问列宁,他是否坚持认为中央委员会的现有组成不合法,以及是否准备服从它的决议。

《列宁文集》俄文版第 15 卷第 241—242 页。

11 月,10 日(23 日)以后

列宁收到巴库来信,信中告知,按照罗·萨·捷姆利亚奇卡提供的地址,寄出了俄国社会民主工党巴库委员会的一封重要信件、

几项决议、该委员会的一些传单和其他文件。信中有新寄文件的目录。列宁在信上作各种记号。

《列宁文集》俄文版第 15 卷第 256 页。

11 月 13 日（26 日）

列宁在给俄国社会民主工党特维尔委员会的信中告知,他们的两份决议已经收到,并将刊印在多数派的传单上。信中询问委员会是否收到了《火星报》给各党组织的关于地方自治运动的传单,告知他已在自己的《地方自治运动和〈火星报〉的计划》小册子中回应了这份传单;要求报告该组织的工作情况,并寄来投寄书刊的地址。

《列宁全集》中文第 2 版增订版第 44 卷第 490—491 页。

11 月,14 日（27 日）以后

列宁从 1904 年 11 月 27 日的法国报纸《巴黎回声报》中摘录关于在彼得堡召开地方自治人士代表大会的消息。

苏共中央马列主义研究院中央党务档案馆,第 2 号全宗,第 1
号目录,第 1373 号保管单位。

11 月 15 日（28 日）

娜·康·克鲁普斯卡娅受列宁委托写信给俄国社会民主工党伊梅列季亚-明格列利亚委员会,告知收到他们寄来的信和赞成召开党的第三次代表大会的决议,介绍党内情况和中央委员会与中央机关报达成协议反对召开代表大会的分裂活动,并说多数派决定为召开代表大会而斗争。

《列宁全集》中文第 2 版增订版第 44 卷第 492—494 页。

11 月,15 日（28）日以后

列宁收到斯·格·邵武勉从柏林寄来的信,信中告知亚美尼

亚大学生小组在彼得堡用亚美尼亚文出版一种合法的马克思主义文集，请列宁为文集撰稿。

《斯·邵武勉书信集（1896—1918 年）》，埃里温，1959 年，第19—20 页。

11 月 16 日（29 日）

列宁通知俄国社会民主工党莫斯科委员会，说收到他们的表示完全赞同他的观点的决议，感谢他们答应在创办布尔什维克书刊出版社的工作中提供帮助，请他们报告委员会的工作情况。

《列宁全集》中文第 2 版增订版第 44 卷第 494—495 页。

娜·康·克鲁普斯卡娅以列宁的名义写信给俄国社会民主工党巴库委员会，告知已寄出布尔什维克的书刊，谈到《火星报》编辑部闭口不谈多数派委员会关于赞成召开代表大会的决议，说多数派打算出版自己的机关报，请他们寄来通讯稿件并报告巴统的工作情况。

《列宁全集》中文第 2 版增订版第 44 卷第 495—496 页。

11 月 19 日（12 月 2 日）以前

列宁在日内瓦"卡捷尔恩"咖啡馆给党员作题为《地方自治运动和〈火星报〉的计划》的报告。

《列宁全集》中文第 2 版增订版第 9 卷第 543 页；苏共中央马列主义研究院中央党务档案馆，第 4 号全宗，第 1 号目录，第55 号保管单位，第 2 张。

列宁给一个姓名不详的人复信，说他本人要暂时离开日内瓦，等回到日内瓦时才能同他会面。

《列宁全集》中文第 2 版增订版第 44 卷第 497 页。

11 月 19 日—25 日（12 月 2 日—8 日）

列宁在巴黎、苏黎世、伯尔尼等地旅行，作关于党内状况（关于孟什维克在组织问题和策略问题上的机会主义)的报告,并记录在报告会上的辩论情况。新火星报分子到处跟踪列宁,对此,弗拉基米尔·伊里奇曾经指出:"他们像影子一样跟在我的后面"。

《列宁全集》中文第 2 版增订版第 44 卷第 499 页;《列宁文集》俄文版第 16 卷第 74——77 页;《革命年鉴》杂志,1923 年,第 5 期,第 42—51 页。

11 月 19 日(12 月 2 日)

列宁在巴黎拜访转到多数派立场上来的加·达·莱特伊仁,在他那里看到格·瓦·普列汉诺夫攻击列宁的信。列宁在莱特伊仁那里起草他的关于党内状况的报告提纲。

《列宁全集》中文第 2 版增订版第 9 卷第 79—80 页,第 44 卷第 498—499 页。

列宁在巴黎俄国政治流亡者会议上会见阿·瓦·卢那察尔斯基。列宁在开始作报告之前,向卢那察尔斯基简略地说明党内的状况。

阿·瓦·卢邦察尔斯基:《回忆与印象》,1968 年,第 84、90 页;《回忆列宁》,第 2 册,1925 年,第 92 页。

列宁在巴黎俄国政治流亡者会议上作关于党内状况(关于孟什维克在组织问题和策略问题上的机会主义)的报告,并记录对报告的辩论情况。

《列宁全集》中文第 2 版增订版第 9 卷第 79—80 页;《列宁文集》俄文版第 16 卷第 74—75 页。

11 月,19 日(12 月 2 日)以后

列宁收到帕尔乌斯(亚·李·格尔方德)评价弗·伊·列宁的小册子《地方自治运动和〈火星报〉的计划》的信。

苏共中央马列主义研究院中央党务档案馆,第 2 号全宗,第 5 号目录,第 64 号保管单位。

11 月 20 日（12 月 3 日）

列宁从巴黎写信给在日内瓦的弗·德·邦契-布鲁耶维奇（这封信没有找到）。

《列宁全集》中文第 2 版增订版第 44 卷第 497 页。

列宁从巴黎写信给在日内瓦的娜·康·克鲁普斯卡娅，告知收到了她的信，建议把他寄去的高加索联合会委员会和中央委员会高加索代表反对党总委员会决议的声明翻印成传单，要求立即写信通知各多数派委员会，要它们向日内瓦寄来正式要求：公开翻印《火星报》写给各党组织的关于"地方自治运动"的信。列宁在信中还就其他各种党内事务作指示，讲述巴黎的新闻。

《列宁全集》中文第 2 版增订版第 44 卷第 497—499 页。

列宁从巴黎写信寄往日内瓦，通过娜·康·克鲁普斯卡娅转达给弗·德·邦契-布鲁耶维奇的指示：把加·达·莱特伊仁的《社会主义理论与实践手册》印 3 000 册。

《列宁全集》中文第 2 版增订版第 44 卷第 497 页。

列宁从巴黎写信给在俄国的亚·亚·波格丹诺夫、罗·萨·捷姆利亚奇卡和马·马·李维诺夫（通过娜·康·克鲁普斯卡娅转寄），批评他们和党内其他布尔什维克工作人员对在国外创办布尔什维克机关报协助不力，要求在国内为这一机关报筹集经费，声明反对在俄国创办机关报的打算和反对同中央委员会搞任何交易，坚决要求多数派各委员会立即同中央委员会和总委员会决裂，一切行动要与组织委员会或多数派常务局统一步调。

《列宁全集》中文第 2 版增订版第 44 卷第 500—502 页。

11 月 21 日（12 月 4 日）

列宁出席巴黎的俄国政治流亡者会议，会议继续对列宁关于党内状况的报告进行辩论。列宁记录会上的辩论情况。

《列宁全集》中文第 2 版增订版第 44 卷第 497—499 页;《列宁
文集》俄文版第 16 卷第 74—75 页。

11 月 22 日(12 月 5 日)

列宁读俄国社会民主工党巴库委员会 1904 年 10 月 23 日(11
月 5 日)的传单《新的狐狸尾巴政策》,传单揭露内务大臣彼·丹·
斯维亚托波尔克-米尔斯基所推行的政策;列宁在传单上作记号并
标出重点。

《列宁全集》中文第 2 版增订版第 44 卷第 503 页;苏共中央马
列主义研究院中央党务档案馆,第 2 号全宗,第 1 号目录,第
1380 号保管单位。

列宁致函俄国社会民主工党高加索联合会委员会,告知收到
他们寄来的材料,正在出版奥尔洛夫斯基(瓦·瓦·沃罗夫斯基)
的小册子《反党的总委员会》;《火星报》编辑部印发了关于党组织
参加地方自治运动的传单,他已在《地方自治运动和〈火星报〉的计
划》小册子中回应了这份传单。

《列宁全集》中文第 2 版增订版第 44 卷第 503—504 页。

列宁从巴黎前往苏黎世作关于党内状况的报告。

《列宁全集》中文第 2 版增订版第 44 卷第 499 页。

11 月 23 日和 24 日(12 月 6 日和 7 日)

列宁在苏黎世俄国政治流亡者的会议上作关于党内状况的报
告,揭露孟什维克在组织问题和策略问题上的机会主义,并记录对
报告的辩论情况。

《列宁全集》中文第 2 版增订版第 44 卷第 499 页;《列宁文集》
俄文版第 16 卷第 75—76 页。

11 月 23 日(12 月 6 日)以后

列宁收到拉多夫(化名"伊赛")从下诺夫哥罗德寄来的信,信

中报告了委员会的工作情况。写信人还请求拟定一份小组学习活动的提纲。

苏共中央马列主义研究院中央党务档案馆,第 2 号全宗,第 5 号目录,第 66 号保管单位。

11 月,25 日(12 月 8 日)以前

列宁起草《新〈火星报〉周年纪念》一文的提纲(这篇文章没有写成)。

《列宁文集》俄文版第 15 卷第 242 页;《火星报》,1903 年 11 月 25 日,第 53 号。

11 月 25 日(12 月 8 日)

列宁给马·马·李维诺夫写回信,说必须联合多数派委员会并成立多数派委员会常务局;建议立即由常务局发出关于成立筹备召开党的第三次代表大会的组织委员会的通知;告知未来的多数派机关报《前进报》编辑部的人选;指出必须揭露孟什维克的反党阴谋。

《列宁全集》中文第 2 版增订版第 44 卷第 504—507 页。

列宁在伯尔尼俄国政治流亡者会议上作关于党内状况的报告,并记录对报告的辩论情况。

《列宁全集》中文第 2 版增订版第 44 卷第 499 页;《列宁文集》俄文版第 16 卷第 77 页。

11 月 26 日—27 日(12 月 9 日—10 日)

列宁在巡回(巴黎、苏黎世、伯尔尼)作关于党内状况的报告后回到日内瓦。

《列宁全集》中文第 2 版增订版第 44 卷第 499、507 页。

列宁给在俄国的罗·萨·捷姆利亚奇卡写信,告知已从外地作完报告归来,并接到她寄来的信;谈到必须加强同俄国社会民主

工党国内各委员会的联系；要求尽快在国内发布关于成立组织委员会（多数派委员会常务局）的书面通知，并要求多数派委员会常务局授予以它的名义在国外出版机关报的全权。

《列宁全集》中文第 2 版增订版第 44 卷第 507—509 页。

11 月，不早于 27 日（12 月 10 日）

列宁浏览外国报刊，根据 1904 年 11 月 15 日《法兰克福报》、1904 年 12 月 10 日《经济学家》杂志、《新历史评论》（1904 年第 3 期）和《政治经济学评论》杂志（1904 年第 18 期）的报道，写关于新书的书目札记。

苏共中央马列主义研究院中央党务档案馆，第 2 号全宗，第 1 号目录，第 1384 号保管单位。

列宁编制关于战争问题的英文书目和关于经济问题的法文书籍和文章的目录。

苏共中央马列主义研究院中央党务档案馆，第 2 号全宗，第 1 号目录，第 1385 号保管单位。

11 月，29 日（12 月 12 日）以前

列宁浏览新《火星报》第 78 号，研究亚·尼·波特列索夫的文章《我们的厄运（1. 关于自由主义和**领导权**）》，作摘录和标记，并写评语。列宁在写《工人民主派和资产阶级民主派》一文时利用了这些材料。

《列宁全集》中文第 2 版增订版第 9 卷第 168—169、171—173 页，第 59 卷第 208—213 页。

11 月 29 日（12 月 12 日）

列宁主持布尔什维克会议，会上作出关于出版党内多数派机关报《前进报》的最后决定，并确定该报编委。

《列宁全集》中文第 2 版增订版第 9 卷第 83 页，第 44 卷第 510

页；马·利亚多夫：《1903—1907 年党的生活》，1956 年，第66 页。

列宁写《给同志们的信（关于党内多数派机关报的出版）》。

《列宁全集》中文第 2 版增订版第 9 卷第 83—88 页。

列宁写信给加·达·莱特伊仁，告知布尔什维克的机关报《前进报》即将出版，告知报纸的篇幅、价格以及出版机关报在经济方面的困难，询问他能提供的物质支持以及他与新机关报的协作关系的性质。

列宁在信中提到《火星报》编辑部关于地方自治运动的信，以及斯塔罗韦尔（亚·尼·波特列索夫）刊载于《火星报》第 78 号上的《我们的厄运》一文，并请莱特伊仁寄来资料，以便驳斥斯塔罗韦尔对克列孟梭的话的引用。

《列宁全集》中文第 2 版增订版第 44 卷第 510—512 页。

列宁用法文填写加入日内瓦读书协会图书馆的申请登记表。

苏共中央马列主义研究院中央党务档案馆，第 2 号全宗，第 1号目录，第 23558 号保管单位；《外国文学》杂志，1957 年，第 4期，第 245—246 页。

11 月 29 日和 12 月 10 日（12 月 12 日和 23 日）之间

列宁给阿·伊·叶拉马索夫写信，请他筹集经费支援《前进报》的出版工作。

《列宁全集》中文第 2 版增订版第 9 卷第 545 页，第 44 卷第347、518—519 页。

11 月 29 日（12 月 12 日）以后

列宁收到 1904 年 11 月在梯弗利斯举行的俄国社会民主工党高加索联合会委员会区域代表会议的各项决议。根据高加索各委员会以前通过的关于同意《22 人的决议》和关于召开紧急党代表大会的决议,代表会议通过了关于为召开党的第三次代表大会开展广泛鼓动工作的决定,并为此选出了一个专门的常务局,委托它同 22 名布尔什维克小组联系。

《列宁全集》中文第 2 版增订版第 44 卷第 512 页;《俄国社会民主工党第三次代表大会(文件和资料集)》,1955 年,第 44—48 页。

列宁致函俄国社会民主工党高加索联合会委员会,同意他们派遣代表到国外布尔什维克中心来的计划;坚持必须立即成立多数派委员会常务局,发表关于成立常务局的声明,把有关召开代表大会和领导各委员会的一切事务全部交给常务局;要求支持多数派的机关报《前进报》。

《列宁全集》中文第 2 版增订版第 44 卷第 512—513 页。

11 月 30 日(12 月 13 日)

列宁写信给罗·萨·捷姆利亚奇卡,说收到了她的来信,请她把和阿·马·高尔基洽商给予《前进报》经费援助的事进行到底。

《列宁全集》中文第 2 版增订版第 44 卷第 513—514 页。

秋天

列宁同娜·康·克鲁普斯卡娅一起经常出席日内瓦布尔什维克小组的会议,参加组织性会议,确定宣传员小组的学习科目,制定学习方法,以培养在俄国国内进行群众工作的人员。

《列宁全集》中文第 2 版增订版第 9 卷第 424—425 页;《无产阶级革命》杂志,1929 年,第 8—9 期合刊,第 97 页。

根据列宁的倡议,在日内瓦成立宣传员小组,列宁是小组的主要领导人,担任党纲问题的课程。小组的目的在于培养在俄国开展群众工作的人员。

列宁在同一时间起草关于社会民主党纲领的三次讲话的

提纲。

《列宁全集》中文第 2 版增订版第 9 卷第 91—92 页；《无产阶级革命》杂志，1929 年，第 8—9 期合刊，第 97 页；1931 年，第 2—3 期合刊，第 110—112 页；《苏共历史问题》杂志，1965 年，第 12 期，第 108—111 页。

列宁出席宣传员小组就《工业危机及其意义》主题的学习活动，对报告提出批评意见，并就应该怎样向广大听众作报告进行方法上的指导。

列宁就小组一个成员所作的报告作摘要。

应同志们的请求，列宁在宣传员小组学习活动时，作以广大工人为对象的题为《工业危机及其意义》的示范报告，并编写关于危机的宣传讲话提纲。

《列宁全集》中文第 2 版增订版第 9 卷第 89—90 页；《列宁文集》俄文版第 15 卷第 283—285、287 页；《苏共历史问题》杂志，1965 年，第 12 期，第 108—111 页。

12 月 1 日（14 日）以前

列宁收到当时在俄国社会民主工党高加索联合会委员会工作的列·波·加米涅夫的信和《〈火星报〉的军事行动》一文的开头部分。写信人请求列宁对地方工作和对联合会的实际步骤给予指示。

《列宁全集》中文第 2 版增订版第 44 卷第 514—515 页；《列宁文集》俄文版第 5 卷第 143 页。

12 月 1 日（14 日）

列宁在通过俄国社会民主工党高加索联合会委员会寄给列·波·加米涅夫的回信中，建议他把列宁的《给同志们的信（关于党内多数派机关报的出版）》尽可能广泛地介绍给多数派拥护者，约他为报纸撰稿，并要他来信谈谈地方工作。

《列宁全集》中文第2版增订版第44卷第514—515页。

12月,1日(14日)以后

列宁写《无产者的漂亮示威和某些知识分子的拙劣议论》一文,评论1904年12月1日(14日)新《火星报》第79号上刊登的述评《无产阶级的示威》。

《列宁全集》中文第2版增订版第9卷第117—122页;《火星报》,1904年12月1日,第79号。

12月2日(15日)以前

列宁写信给在伦敦的尼·亚·阿列克谢耶夫,告知将要出版《前进报》,建议他为报纸撰稿,并请他把第一篇稿件在1904年12月8日(21日)以前寄来(这封信没有找到)。

《老布尔什维克》文集,第1辑,1933年,第98页。

12月,2日(15日)以后

列宁收到加·达·莱特伊仁从巴黎寄来的对他1904年11月29日(12月12日)去信的复信。莱特伊仁在信中回答列宁的问题,答应在12月底以前确定他可以支援出版《前进报》的经费数目。莱特伊仁告知,他将在12月9日(22日)以前寄来自己的通讯稿,并答应寄来列宁为驳斥斯塔罗韦尔对克列孟梭的话的引用所需要的材料。

《列宁全集》中文第2版增订版第44卷第510—512页;苏共中央马列主义研究院中央党务档案馆,第2号全宗,第5号目录,第67号保管单位。

列宁在浏览1904年12月15日《法兰克福报》第1次上午版时,读到一篇谈生物学新书的小品文,并写关于恩·海克尔《生命的奇迹》和《宇宙之谜》的书评的札记。后来,列宁在《唯物主义和经验批判主义》一书中对《宇宙之谜》作了评论。

《列宁全集》中文第 2 版增订版第 18 卷第 365—373 页,第 55 卷第 327 页。

列宁收到尼·亚·阿列克谢耶夫从伦敦寄来的信,信中说收到列宁的信,并表示同意为《前进报》撰稿。

《老布尔什维克》文集,第 1 辑,1933 年,第 98—99 页。

12 月,5 日(18 日)以后

列宁从 1904 年 12 月 16 日、17 日和 19 日《泰晤士报》上摘录(用俄文和英文)有关俄国的困境、有关塞瓦斯托波尔水兵的发动、有关俄国陆海军在对日作战中失败原因的资料。他在《旅顺口的陷落》一文中利用了这些摘录。

《列宁全集》中文第 2 版增订版第 9 卷第 134—142、367—369 页;苏共中央马列主义研究院中央党务档案馆,第 2 号全宗,第 1 号目录,第 1394 号保管单位。

12 月,7 日(20 日)以前

列宁准备对中央委员会提出公开控诉,把它告上仲裁法庭,并准备公布一系列说明中央委员会欺骗全党的“秘密”文件,同时坚持要多数派委员会常务局尽快发表自己一方的公开声明。

《列宁文集》俄文版第 15 卷第 268—269 页。

12 月 7 日(20 日)

列宁应高加索联合会委员会的请求,同意参加俄国社会民主工党高加索联合会机关报《无产阶级斗争报》的撰稿工作。该报由约·维·斯大林、亚·格·楚卢基泽和斯·格·邵武勉主持出版。列宁在信中告知筹备出版《前进报》的工作情况,要求为新的机关报多寄些工人的通讯稿来。

《列宁全集》中文第 2 版增订版第 44 卷第 515—516 页。

列宁给俄国社会民主工党特维尔委员会写信,要求该委员会函告对出版《前进报》以及对地方自治运动问题的态度,同时要求报告地方工作的情况。

《列宁全集》中文第 2 版增订版第 44 卷第 516—517 页。

列宁委托娜·康·克鲁普斯卡娅就党的工作问题给马·马·李维诺夫写信,并在信中作了一些修改补充。

《列宁文集》俄文版第 15 卷第 268—269 页;苏共中央马列主义研究院中央党务档案馆,第 2 号全宗,第 1 号目录,第 1396 号保管单位。

12 月,不早于 7 日(20 日)

列宁浏览 1904 年 12 月 20 日《泰晤士报》,摘录关于 1904 年 12 月 5 日(18 日)彼得堡的工程师举行宴会的消息,工程师们表示拥护立宪,反对把政府订货交给外国企业主。列宁在《专制制度和无产阶级》一文中利用了这一摘录。

《列宁全集》中文第 2 版增订版第 9 卷第 113—114 页;苏共中央马列主义研究院中央党务档案馆,第 2 号全宗,第 1 号目录,第 1398 号保管单位。

12 月 9 日(22 日)

列宁以多数派出版社(弗·邦契-布鲁耶维奇和尼·列宁出版社)编辑部的名义起草声明,说从《地方自治运动和〈火星报〉的计划》这本小册子中去掉“仅供党员阅读”的字样,以扩大读者范围。这一声明被印成单页贴在出版社仓库里剩下的小册子上。

《列宁全集》中文第 2 版增订版第 9 卷第 78 页。

12 月 10 日(23 日)

经列宁加工过的多数派机关报《前进报》发刊预告发表。

《列宁全集》中文第 2 版增订版第 44 卷第 519—520 页;《列宁全集》俄文第 5 版第 9 卷第 416—417 页;《〈前进报〉发刊预告》[单页,日内瓦,1904 年 12 月,2 页]。

12 月 10 日和 22 日（12 月 23 日和 1905 年 1 月 4 日）之间

列宁给在塞兹兰的阿·伊·叶拉马索夫写信,谈到孟什维克的破坏活动和他们反对党的第三次代表大会的斗争,谈到 13 个多数派委员会已联合起来,同时告知《前进报》的发刊预告已发表,并请他对该报给予物质支持。

《列宁全集》中文第 2 版增订版第 44 卷第 518—519 页。

列宁写信给在萨拉托夫的玛·彼·哥卢别娃,请她说明久不来信的原因,并请她回信。

《列宁全集》中文第 2 版增订版第 44 卷第 517 页。

12 月 11 日（24 日）

列宁出席阿·瓦·卢那察尔斯基的报告会,并记下他的发言。

《列宁文集》俄文版第 16 卷第 283 页。

列宁写信给玛·莫·埃森,告知《前进报》的发刊预告已经发表;谈到新机关报的写作小组的人选;说秘密地把孟什维克增补进来的中央委员会反对召开俄国社会民主工党第三次代表大会,多数派委员会正在联合起来并成立了多数派委员会常务局。

《列宁全集》中文第 2 版增订版第 44 卷第 519—520 页。

12 月,11 日（24 日）以后

列宁预先统计有权参加代表大会的委员会的数目和它们的票数,估计一些组织的最可能的代表候选人,起草代表大会的第一份议程草案。

《列宁文集》俄文版第 5 卷第 189—191 页。

列宁草拟《关于成立组织委员会和召开俄国社会民主工党第三次（例行）代表大会的通知》的提纲并写正文,把它分寄给俄国多数派委员会常务局委员。列宁的这一文件是正式的《关于召开党

的第三次代表大会的通知》的基础，该通知由多数派委员会常务局签署，发表在 1905 年 2 月 15 日（28 日）的《前进报》第 8 号上。

《列宁全集》中文第 2 版增订版第 9 卷第 93—95 页；《列宁文集》俄文版第 5 卷第 184—186 页。

列宁就 1904 年 12 月 11 日（24 日）《经济学家》杂志上有关俄国问题的文章写札记，他在《专制制度和无产阶级》一文中利用了这些札记。

苏共中央马列主义研究院中央党务档案馆，第 2 号全宗，第 1 号目录，第 1406 号保管单位。

12 月 12 日（25 日）

列宁读俄国社会民主工党彼得堡委员会委员、工人 H.H. 寄来的信，信中谈到 1904 年 11 月 28 日（12 月 11 日）的游行示威失败的原因。列宁在《是结束的时候了》一文中利用了这封信。

《列宁全集》中文第 2 版增订版第 9 卷第 123—125 页；苏共中央马列主义研究院中央党务档案馆，第 2 号全宗，第 1 号目录，第 1407 号保管单位。

列宁读 1904 年 11 月 8 日（21 日）署名"222"的给尤里的信，信中谈到对彼得堡委员会无所作为产生的不满情绪、缺少布尔什维克书刊的情况以及为改善地方党的工作所采取的措施；作批注："退还"。

苏共中央马列主义研究院中央党务档案馆，第 2 号全宗，第 1 号目录，第 23559 号保管单位；《无产阶级革命》杂志，1925 年，第 3 期，第 10—12 页。

12 月，不早于 12 日（25 日）

列宁致函俄国社会民主工党高加索局，告知给他们寄去各种党内文件，说赞成召开党的第三次代表大会的北方各委员会举行了代表会议，说孟什维克破坏了彼得堡 1904 年 11 月 28 日（12 月

11 日)的游行示威,并指出各多数派委员会必须团结一致。

《列宁全集》中文第 2 版增订版第 44 卷第 520—522 页。

12 月,12 日(25 日)以后

列宁读约·伊·霍多罗夫斯基给娜·康·克鲁普斯卡娅的信,信中谈到俄国社会民主工党彼得堡组织的情况、少数派和多数派之间的斗争以及 1904 年 11 月 28 日(12 月 11 日)游行示威遭到破坏的情况。

列宁对这封信作文字上的修改和删减,并计算字母数量。

苏共中央马列主义研究院中央党务档案馆,第 2 号全宗,第 1 号目录,第 1409 号保管单位。

12 月,13 日(26 日)以前

列宁收到北方代表会议的记录。北方代表会议完全同意 22 人的呼吁书,表示赞成立即召开党的第三次代表大会,并选举了常务局,以便筹备代表大会。

《列宁全集》中文第 2 版增订版第 44 卷第 522 页;《俄国社会民主工党第三次代表大会(文件和资料集)》,1955 年,第 48—50 页。

12 月 13 日(26 日)

列宁写信给多数派委员会常务局委员罗·萨·捷姆利亚奇卡,对常务局的工作和北方委员会代表会议的结果表示非常满意,要求尽快发表多数派委员会常务局关于召开第三次代表大会的通知,建议加强支持《前进报》的宣传。

列宁在信中告知,接到她授权在审理孟什维克中央委员会对她提出的控告时代表她(捷姆利亚奇卡)出席的委任书。列宁告诉捷姆利亚奇卡,过几天他要在报刊上谈到她的事情,即发表自己的小册子《关于中央机关与党决裂的声明和文件》。

《列宁全集》中文第 2 版增订版第 9 卷第 98—102 页,第 44 卷第 522—523 页。

列宁在娜·康·克鲁普斯卡娅写给 А.Я.伊萨延科的谈出版《前进报》有经费困难的信中作补充,并附笔谈到必须对企图分裂俄国社会民主工党各委员会的孟什维克积极进行斗争。

《列宁全集》中文第 2 版增订版第 44 卷第 524 页;苏共中央马列主义研究院中央党务档案馆,第 2 号全宗,第 1 号目录,第 1411 号保管单位。

12 月,15 日(28 日)以后

列宁在瓦·瓦·沃罗夫斯基编制的《前进报》创刊号的文章和简讯目录上计算印刷符号。

苏共中央马列主义研究院中央党务档案馆,第 2 号全宗,第 1 号目录,第 1413 号保管单位。

列宁用德文摘录 1904 年 12 月 15 日(28 日)《福斯报》评 1904 年 12 月 12 日(25 日)沙皇给执政参议院的命令的社论。这项命令称,有可能对立法作出重大革新。

《列宁文集》俄文版第 26 卷第 240—241 页。

12 月,16 日(29 日)以后

列宁为《前进报》创刊号写《俄国的新公债》一文。该文没有发表。

《列宁全集》中文第 2 版增订版第 9 卷第 96—97 页。

12 月 19 日(1905 年 1 月 1 日)

列宁收到罗·萨·捷姆利亚奇卡 1904 年 12 月 13 日(26 日)的来信,信中告知收到他 11 月 20 日和 27 日(12 月 3 日和 10 日)的信。捷姆利亚奇卡在信中向列宁报告她为宣传召开俄国社会民主工党第三次代表大会而巡视各委员会所取得的结果,为在国外

出版机关报而进行的宣传,以及多数派委员会常务局就召开俄国
社会民主工党第三次代表大会发表的公开声明等情况。

《无产阶级革命》杂志,1925 年,第 3 期,第 13—17 页。

12 月,不早于 19 日(1905 年 1 月 1 日)

列宁写信给在彼得堡的罗·萨·捷姆利亚奇卡,积极评价她
争取 15 个委员会到多数派方面来和组织召开 3 个多数派委员会
代表会议的工作;同意多数派委员会常务局暂缓发表公开声明,并
请她经常来信。

《列宁全集》中文第 2 版增订版第 45 卷第 1—2 页。

12 月,19 日(1905 年 1 月 1 日)以后

列宁收到以前曾在俄国社会民主工党敖德萨组织中工作的格
里沙和彼佳从巴黎寄来的信,来信请求使他们能和巴黎的组织取
得联系。

苏共中央马列主义研究院中央党务档案馆,第 2 号全宗,第 5
号目录,第 71 号保管单位。

12 月,21 日(1905 年 1 月 3 日)以后

列宁就国外报刊关于旅顺口陷落的报道写札记,从《泰晤士
报》、《福斯报》、《比利时独立报》等报刊作摘录,草拟《旅顺口的陷
落》一文的提纲和文章的某些要点。

《列宁全集》中文第 2 版增订版第 9 卷第 367—369 页;《列宁
文集》俄文版第 16 卷第 37—42 页,第 26 卷第 246—249 页。

12 月,22 日(1905 年 1 月 4 日)以前

列宁参加日内瓦布尔什维克小组会议,报告布尔什维克的报
纸即将出版,建议将该报定名为《前进报》,并向会议介绍在场的编
辑人员:米·斯·奥里明斯基、瓦·瓦·沃罗夫斯基、阿·瓦·卢

那察尔斯基。

《历史问题》杂志,1954 年,第 4 期,第 8 页;《无产阶级革命》杂志,1924 年,第 11 期,第 41 页。

　　列宁为筹备《前进报》创刊号而紧张工作,起草报纸内容的方案,写文章和简讯,编辑资料。

《列宁文集》俄文版第 26 卷第 415 页;苏共中央马列主义研究院中央党务档案馆,第 2 号全宗,第 1 号目录,第 1412 号保管单位。

　　列宁为《前进报》创刊号写《专制制度和无产阶级》一文,看该文的校样,并在校样上作记号。

《列宁全集》中文第 2 版增订版第 9 卷第 107—116 页;苏共中央马列主义研究院中央党务档案馆,第 2 号全宗,第 1 号目录,第 1417 号保管单位。

　　列宁为《前进报》创刊号编辑加工阿·瓦·卢那察尔斯基的文章《双头鹰的犹疑》,给文章编页码,注明:“小号铅字”,并计算印刷符号。

苏共中央马列主义研究院中央党务档案馆,第 2 号全宗,第 1 号目录,第 1418 号保管单位。

　　列宁为《前进报》创刊号写《无产者的漂亮示威和某些知识分子的拙劣议论》一文,看该文校样。

《列宁全集》中文第 2 版增订版第 9 卷第 117—122 页;苏共中央马列主义研究院中央党务档案馆,第 2 号全宗,第 1 号目录,第 1419 号保管单位。

　　列宁和瓦·瓦·沃罗夫斯基合写《是结束的时候了》一文,揭露孟什维克的破坏行为,号召同他们彻底决裂。

《列宁全集》中文第 2 版增订版第 9 卷第 123—127、428 页;苏共中央马列主义研究院中央党务档案馆,第 2 号全宗,第 1 号目录,第 1420 号保管单位。

列宁为《前进报》创刊号编辑加工关于政治犯越狱的卢甘斯克通讯稿。

苏共中央马列主义研究院中央党务档案馆,第 2 号全宗,第 1 号目录,第 23561 号保管单位。

12 月 22 日(1905 年 1 月 4 日)

列宁写小册子《关于中央机关与党决裂的声明和文件》。

《列宁全集》中文第 2 版增订版第 9 卷第 98—106 页。

12 月,22 日(1905 年 1 月 4 日)以后

列宁写《彼得堡来信》一文的标题,并起草《前进报》评彼得堡 1904 年 11 月游行示威期间孟什维克的瓦解策略的《编辑部按语》的两种文稿。

《列宁文集》俄文版第 26 卷第 420 页。

12 月 22 日和 1905 年 1 月 1 日(1905 年 1 月 4 日和 14 日)之间

列宁读一个姓名不详的人的来信,信中告知收到一封从下诺夫哥罗德寄来的关于同《前进报》编辑部取得联系、技术上的失败以及其他问题的信件。

苏共中央马列主义研究院中央党务档案馆,第 2 号全宗,第 5 号目录,第 72 号保管单位。

列宁在准备《前进报》第 2 号的材料时,写标题《北方委员会代表会议决议》和北方委员会代表会议关于党的中央机关、关于列宁的著作家小组等决议的编辑部按语,在文件上编页码并把缩写的词写全。

《列宁文集》俄文版第 26 卷第 419 页;苏共中央马列主义研究院中央党务档案馆,第 2 号全宗,第 1 号目录,第 1441 号保管单位。

12 月 23 日(1905 年 1 月 5 日)

列宁的小册子《关于中央机关与党决裂的声明和文件》出版。

《列宁全集》中文第 2 版增订版第 9 卷第 98—106 页,第 44 卷第 522 页;弗·伊·列宁:《关于中央机关与党决裂的声明和文件》,日内瓦,1905 年,13 页,标题前作者署名:尼·列宁。奥·皮亚特尼茨基:《一个布尔什维克的笔记》,第 5 版,1956 年,第 64 页。

列宁审阅自己的小册子《关于中央机关与党决裂的声明和文件》的德译文,并对译文作文字上的修改。

苏共中央马列主义研究院中央党务档案馆,第 2 号全宗,第 1 号目录,第 1399 号保管单位,第 1、2 张。

列宁写信给在维也纳的涅菲奥多夫,告知《前进报》创刊号将于明日出刊,请他写一写当地的情况,并告知寄送报纸的地址。

苏共中央马列主义研究院中央党务档案馆,第 2 号全宗,第 1 号目录,第 1424 号保管单位。

12 月,23 日(1905 年 1 月 5 日)以后

列宁收到署名 Ал.П.(没有查清是谁)的响应向工人发出的为党的多数派机关报《前进报》撰稿号召写来的信。

苏共中央马列主义研究院中央党务档案馆,第 2 号全宗,第 5 号目录,第 73 号保管单位。

12 月 24 日(1905 年 1 月 6 日)

列宁主编的《前进报》创刊号在日内瓦出版。这一号上发表了列宁的下列文章:《专制制度和无产阶级》(社论)、《无产者的漂亮示威和某些知识分子的拙劣议论》、《是结束的时候了》和《地方委员会的代表会议》。由于排版耽搁,《前进报》创刊号并未像报上注明的那样在 1904 年 12 月 22 日(1 月 4 日)出刊,而是迟了两天。

《列宁全集》中文第 2 版增订版第 9 卷第 107—128 页,第 45 卷第 6 页;苏共中央马列主义研究院中央党务档案馆,第 2 号全宗,第 1 号目录,第 1425 号保管单位;《前进报》,日内瓦,1905 年 1 月 4 日(12 月 22 日),第 1 号。

列宁写《给到俄国去的一位同志的信》,感谢他寄来详细的信,

尖锐批判孟什维克的《火星报》在对待资产阶级民主派的态度问题上的立场,告知《前进报》创刊号已出版,请他来信详细告知对报纸的印象,并多给报纸投稿,特别是工人栏。

《列宁全集》中文第 2 版增订版第 45 卷第 3—6 页。

列宁准备给旅居日内瓦的俄国政治流亡者作关于工人民主派和资产阶级民主派的报告。

《列宁全集》中文第 2 版增订版第 45 卷第 6 页。

列宁在日内瓦的俄国政治流亡者居住区作关于工人民主派和资产阶级民主派的报告。

《列宁全集》中文第 2 版增订版第 45 卷第 6 页;苏共中央马列
主义研究院中央党务档案馆,第 35 号全宗,第 1 号目录,第
44 号保管单位,第 1 张。

12 月,不早于 24 日(1905 年 1 月 6 日)

列宁从 1905 年 1 月 4 日《慕尼黑总汇报》、1905 年 1 月 6 日《瑞士日报》和 1905 年 1 月 5 日《联邦报》上,就有关旅顺口陷落、俄国革命的前景以及在旅顺口被消灭的俄国舰队的造价作札记和摘录(用德文);在《旅顺口的陷落》一文中利用了这些资料。

《列宁全集》中文第 2 版增订版第 9 卷第 134—142 页;《列宁
文集》俄文版第 26 卷第 242—245 页。

12 月,24 日(1905 年 1 月 6 日)以后

列宁在"兰多尔特"咖啡馆参加国外布尔什维克为庆祝《前进报》创刊而举行的联欢晚会。

马·利亚多夫:《1903—1907 年党的生活》,1956 年,第 67 页;
《回忆列宁》,第 2 册,1925 年,第 93 页。

列宁收到丹琴科的来信,信中祝贺《前进报》创刊号出版,请求寄去两份报纸。列宁在信上划出重点。

苏共中央马列主义研究院中央党务档案馆,第 2 号全宗,第 1
号目录,第 1426 号保管单位。

12 月,26 日(1905 年 1 月 8 日)以前

列宁收到奥·伊·维诺格拉多娃从下诺夫哥罗德寄来的信,
来信说,俄国社会民主工党地方委员会讨论了中央委员会代表提
出的关于对待多数派委员会常务局的态度、关于中央委员会在地
方机关同委员会发生冲突时的居中调解等问题。

苏共中央马列主义研究院中央党务档案馆,第 2 号全宗,第 5
号目录,第 74 号保管单位。

12 月,27 日(1905 年 1 月 9 日)以前

列宁写信给在巴黎的加·达·莱特伊仁(这封信没有找到)。

苏共中央马列主义研究院中央党务档案馆,第 2 号全宗,第 5
号目录,第 75 号保管单位。

12 月,27 日(1905 年 1 月 9 日)以后

列宁收到加·达·莱特伊仁的来信,他在信中谈到自己为《前
进报》写的两篇文章,并告知收到了列宁的信。

苏共中央马列主义研究院中央党务档案馆,第 2 号全宗,第 5
号目录,第 75 号保管单位。

12 月 28 日(1905 年 1 月 10 日)

列宁给在彼得堡的多数派委员会常务局委员亚·亚·波格丹
诺夫写信,告知布尔什维克的《前进报》已出版,说必须对报纸给予
财务上的支持,并在国内组织人撰稿;要求同孟什维克的党中央机关
彻底决裂,并立即发表关于多数派委员会常务局成立的公开声明。

《列宁全集》中文第 2 版增订版第 45 卷第 7—10 页。

列宁收到署名"无产者"的彼得堡来信,来信祝贺《前进报》创
刊并尖锐地批判孟什维克《火星报》的机会主义。

苏共中央马列主义研究院中央党务档案馆,第 2 号全宗,第 1
号目录,第 1428 号保管单位。

12 月 28 日和 1905 年 1 月 11 日(1905 年 1 月 10 日和 24 日)之间

列宁为回应孟什维克《火星报》编辑部和格·瓦·普列汉诺夫
对他的小册子《地方自治运动和〈火星报〉的计划》所进行的攻击,
写《他们是如何为自己辩护的?》一文的提纲要点。

《列宁全集》中文第 2 版增订版第 9 卷第 132—133 页。

12 月 29 日(1905 年 1 月 11 日)

列宁和娜·康·克鲁普斯卡娅收到奥·伊·维诺格拉多娃从
下诺夫哥罗德寄来的汇报委员会情况的信。信中对列宁的询问
(有人告诉他,似乎下诺夫哥罗德的宣传员是支持布尔什维克的)
作了否定的回答。

苏共中央马列主义研究院中央党务档案馆,第 2 号全宗,第 5
号目录,第 76 号保管单位。

12 月 31 日(1905 年 1 月 13 日)

列宁写致中央委员弗·亚·诺斯科夫、列·波·克拉辛、列·
叶·加尔佩林的书面声明,指定瓦·瓦·沃罗夫斯基同志和阿·
瓦·卢那察尔斯基同志为他的代表,同中央委员一道出席仲裁法
庭的审理。

《列宁全集》中文第 2 版增订版第 45 卷第 11 页。

12 月下半月

列宁收到亚·亚·波格丹诺夫从俄国寄来的信,他在信中谈
到自己的工作计划,谈到经费来源,并说就这一问题将要同阿·
马·高尔基商谈,告知中央委员列·波·克拉辛在俄国社会民主
工党特维尔委员会中遭到失败,俄国社会民主工党特维尔委员会

通过了关于立即召开党的第三次代表大会的决议。

《无产阶级革命》杂志,1925 年,第 3 期,第 26—27 页。

12 月底

列宁委托到俄国去的马·尼·利亚多夫在基辅同格·马·克尔日扎诺夫斯基取得联系,并向他传达弗·伊·列宁有关筹备俄国社会民主工党第三次代表大会问题的指示。

马·利亚多夫:《1903—1907 年党的生活》,1956 年,第 68、
77—78 页。

列宁审阅和编辑加工米·斯·奥里明斯基的文章《当务之急》,在文章各页上写简短的批吾,建议作一系列修改;提议以《杜撰的分歧和现实的急需》为题改写文章。

列宁第二次审阅米·斯·奥里明斯基的《当务之急》一文的手稿,结合瓦·瓦·沃罗夫斯基对文章的意见写详细而系统的评语,指出这篇文章必须彻底改写。

《列宁文集》俄文版第 16 卷第 261—269 页。

列宁编辑米·斯·奥里明斯基的文章《自由派的伤心事》和阿·瓦·卢那察尔斯基的文章《欧洲无产阶级革命斗争史纲要》。文章刊登在 1 月 1 日(14 日)《前进报》第 2 号上。

苏共中央马列主义研究院中央党务档案馆,第 2 号全宗,第 1
号目录·第 1442、1443 号保管单位。

列宁以创建日内瓦俄国社会民主工党图书馆发起人小组的名义起草声明:在党的第三次代表大会作出决议之前,图书馆交由多数派委员会常务局管理。

《列宁全集》中文第 2 版增订版第 9 卷第 131 页。

12 月底—1905 年 1 月

列宁同来自国内的俄国社会民主工党敖德萨委员会的两名青

年委员谈话,对他们不愿吸收工人参加委员会提出严厉批评。

《无产阶级革命》杂志,1924 年,第 3 期,第 30 页。

12 月

列宁在谢·伊·古谢夫从日内瓦动身去彼得堡之前同他商谈将要在俄国开展的工作,并且约定:古谢夫将向他详细报告彼得堡组织的情况。

《无产阶级革命》杂志,1925 年,第 2 期,第 32 页,第 71 页,注 18。

列宁的《给同志们的信(关于党内多数派机关报的出版)》在柏林印成单页出版。

《列宁全集》中文第 2 版增订版第 9 卷第 88 页;弗·伊·列宁:《给同志们的信(关于党内多数派机关报的出版)》,柏林,1904 年 12 月,胶版,5 页,署名:尼·列宁。

年底

列宁在日内瓦图书馆进行研究工作,编制有关各种问题(主要是日本问题)的俄文、德文、法文和英文书籍目录。

苏共中央马列主义研究院中央党务档案馆,第 2 号全宗,第 1 号目录,第 1448 号保管单位。

列宁同娜·康·克鲁普斯卡娅和马·尼·利亚多夫一起去剧院观看由著名女演员萨拉·伯恩哈特参加演出的小仲马的名剧《茶花女》。

《回忆列宁》,第 2 册,1925 年,第 92 页。

不早于 1904 年

列宁从刊载于《瑞士统计杂志》(1904 年第 2 卷第 5 期)上的文章《瑞士丝织业中的家庭手工业》中用俄文和德文作札记和摘录。

苏共中央马列主义研究院中央党务档案馆,第 2 号全宗,第 1
号目录,第 1450 号保管单位。

列宁收到《实在论世界观论丛。哲学、社会科学与生活论文
集》一书(1904 年圣彼得堡版,第 7 辑);了解该书内容,在目录上
和书的空白处划出和标出重点,并作记号。

苏共中央马列主义研究院中央党务档案馆,第 2 号全宗,第 1
号目录,第 25154 号保管单位;《克里姆林宫的弗·伊·列宁
藏书》,1961 年,第 166 页。

1905 年

年初

列宁收到尔·纳杰日丁(叶·奥·捷连斯基)从意大利寄来的信,要求能让他承担党的工作。

苏共中央马列主义研究院中央党务档案馆,第 2 号全宗,第 5 号目录,第 77 号保管单位。

1 月 1 日(14 日)

列宁的文章《旅顺口的陷落》和《寓言喂不了夜莺》在《前进报》第 2 号上发表。

《列宁全集》中文第 2 版增订版第 9 卷第 134—149 页。

1 月,4 日(17 日)以前

列宁通过马·尼·利亚多夫请求阿·马·高尔基在物质上援助党,并参加党的报刊工作。

马·利亚多夫:《1903—1907 年党的生活》,1956 年,第 71 页;《阿·马·高尔基生平和创作年表》,第 1 辑,1958 年,第 501 页。

1 月 4 日(17 日)

列宁收到 M.B.斯托亚诺夫斯基 1 月 2 日(15 日)从巴黎寄来的信,信中告知给《前进报》编辑部寄来他的手稿《关于〈怎么办?〉的批评家们》和关于革命冒险主义的文章。写信人建议,可以利用巴黎印刷所和他本人帮忙搞翻译工作。

苏共中央马列主义研究院中央党务档案馆,第 2 号全宗,第 5 号目录,第 78 号保管单位。

列宁收到叶·德·斯塔索娃的来信,信中告知她交保获释的情况和其他留在监狱的同志的情况。斯塔索娃请求出版一本关于社会民主党人在法庭上应该持什么态度的小册子,因为对这一问题有各种不同的看法;信中还谈了地方委员会的情况。

苏共中央马列主义研究院中央党务档案馆,第 2 号全宗,第 5 号目录,第 79 号保管单位。

1 月,4 日(17 日)以后

列宁读 1904 年 11 月 6 日(19 日)关于塔吉耶夫工厂(巴库县)职员——农民米尔·加桑·加吉·米尔·阿加·奥格雷·莫夫苏莫夫收藏社会民主党地下书刊案的起诉书副本。

苏共中央马列主义研究院中央党务档案馆,第 2 号全宗,第 1 号目录,第 1452 号保管单位。

1 月 5 日(18 日)

列宁给布尔什维克苏黎世小组写信,号召同孟什维克彻底决裂并立即召开第三次党代表大会,谈到布尔什维克国外小组团结在自己的中央机关周围的情况。

《列宁全集》中文第 2 版增订版第 9 卷第 150—152 页。

列宁委托弗·德·邦契-布鲁耶维奇同阿·马·高尔基商洽在国外出版他的作品一事,希望能把稿费移做党的经费使用。

《新世界》杂志,1928 年,第 5 期,第 187 页。

1 月,不早于 5 日(18 日)

列宁计算 M.B.斯托亚诺夫斯基《关于〈怎么办?〉的批评家们》一文的印刷符号。

苏共中央马列主义研究院中央党务档案馆,第 2 号全宗,第 1

号目录,第 1454 号保管单位。

1 月,6 日(19 日)以前

列宁收到莫斯科塔甘卡监狱中的同志们的便条,他们要求写一本关于社会民主党人在受审时和在法庭上应该持什么态度的小册子。

《列宁全集》中文第 2 版增订版第 9 卷第 431 页;叶·德·斯塔索娃:《生活和斗争的篇章》,1960 年,第 51 页。

1 月 6 日(19 日)

列宁写信给叶·德·斯塔索娃和莫斯科监狱中的同志们,就社会民主党人在法庭上的态度问题作指示,并谈到党内的状况,他写道:"我们的事情现在进行得很顺利…… 我们和退却的策略也一刀两断了。现在我们正在进攻。俄国国内的各委员会也开始跟瓦解组织分子决裂。自己的报纸已经创立,也有了自己的实际的中央机关(常务局)。"

《列宁全集》中文第 2 版增订版第 9 卷第 153—157 页。

1 月,6 日(19 日)以后

列宁收到谢·伊·古谢夫的来信,信中谈到彼得堡的事件、加邦的名声和活动,谈到预定在 1 月 9 日举行的向冬宫的请愿游行,谈到对加邦不信任。古谢夫在信中写道:必须在《前进报》以及小册子和传单中揭露加邦。

《列宁全集》中文第 2 版增订版第 45 卷第 12 页;《无产阶级革命》杂志,1925 年,第 2 期,第 23—26 页。

1 月 7 日(20 日)夜至 8 日(21 日)凌晨

列宁同弗·德·邦契-布鲁耶维奇就他将要在俄国开展的工作进行交谈,邦契-布鲁耶维奇即将作为多数派委员会常务局的代办员秘密回国。

> 苏共中央马列主义研究院,未发表的关于弗·伊·列宁的回
> 忆录全宗,弗·德·邦契-布鲁耶维奇:《弗拉基米尔·伊里奇
> 与 1905 年革命》,第 1 页;同上,弗·德·邦契-布鲁耶维奇:
> 《我同列宁的通言》,第 19 页。

列宁写《彼得堡的罢工》一文,并计算文章的印刷符号。

> 《列宁全集》中文第 2 版增订版第 9 卷第 160—161 页;苏共中
> 央马列主义研究院中央党务档案馆,第 2 号全宗,第 1 号目
> 录,第 1456 号保管单位。

1 月,8 日(21 日)以后

列宁收到谢·伊·古谢夫 1 月 8 日(21 日)报告彼得堡工人
情绪的来信。古谢夫告知,社会民主党人在工人集会上发表演讲,
说明向沙皇递交请愿书毫无用处,必须进行武装起义;同时还报告
社会民主党拟定的策略:同群众一起到冬宫去,目的在于把工人的
游行变成声势浩大的示威。

> 《列宁全集》中文第 2 版增订版第 45 卷第 12 页;苏共中央马
> 列主义研究院中央党务档案馆,第 2 号全宗,第 5 号目录,第
> 81 号保管单位。

1 月,9 日(22 日)以前

列宁起草《1895 和 1905(小小的对比)》一文的提纲。

> 《列宁全集》中文第 2 版增订版第 9 卷第 162—163 页。

列宁的笔名和党内化名索引

F

费多尔·彼得罗维奇（Федор Петрович）
——第 130 页。

弗拉基米尔·伊林（Владимир Ильин）
——第 220、224、248、252、265、266 页。

弗雷（Фрей）——第 460 页。

K

克·土林（К.Т-н）——第 169、189 页。

克·土林（К.Тулин）——第 147 页。

库贝什金（Кубышкин）——第 9 页。

L

老头（Старик）——第 279—280、283 页。

N

尼·列宁（Н.Ленин）——第 432、620 页。

Y

雅科布·里希特（Якоб Рихтер）——第
451、454、462、479 页。

尤尔丹·К.尤尔丹诺夫（Иордан К.
Иорданов）——第 363 页。

人　名　索　引

布罗克豪斯,弗·阿·(Brockhaus,F.A.)
——第461、549页。

布纳柯夫(Бунаков)——第517页。

C

蔡特金,克拉拉(Zetkin,Clara)——第
373、533页。

策杰尔包姆,谢·奥·(Цедербаум,С.О.)
——第398、412页。

查理四世(Karl IV)——第29页。

查钦娜,奥·伊·(Чачина,О.И.)——第
118页。

查苏利奇,维·伊·(Засулич,В.И.)——
第177、252、291、309、311、312、317、
322、329、403、423、445、449、453、464、
472、475、499、515、548、569、572、579、
598、600、611、620、647页。

柴可夫斯基,彼·伊·(Чайковский,П.
И.)——第518页。

柴尼科夫,T.(Чайников,T.)——第598
页。

车尔尼雪夫斯基,尼·加·(Черны-
шевский,Н.Г.)——第17、38、44、51、
237、632页。

楚卢基泽,亚·格·(Цулукидзе,А.Г.)
——第685页。

茨韦托夫(Цветов)——第434页。

D

达尔文,查理·罗伯特(Darwin,Charles
Robert)——第45页。

达涅维奇——见古列维奇,埃·李·。

达维多夫,И.(Давыдов,И.)——第297
页。

达乌盖,帕·格·(Дауге,П.Г.)——第
647、648页。

大卫,爱德华(David,Eduard)——第

393、529、534页。

丹尼尔逊,尼·弗·(尼古拉·—逊)
(Даниельсон,Н.Ф.(Николай—он))
——第59、87、144页。

丹年贝格,С.Р.(Данненберг,С.Р.)——第
88页。

丹琴科(Данченко)——第695页。

德米特里耶夫,П.Д.(Дмитриев,П.Д.)
——第109页。

狄茨,约翰·亨利希·威廉(Dietz,Jo-
hann Heinrich Wilhelm)——第321、
332、335、351、356、357、418、422、425、
426、444、454、483、507、510页。

蒂罗,保尔(Turot,Paul)——第456页。

读者朋友(Друг-читатель)——第483
页。

杜勃罗留波夫,尼·亚·(Добролюбов,
Н.А.)——第17、38页。

杜尔诺沃,彼·尼·(Дурново,П.Н.)
——第42—44、58页。

杜冈-巴拉诺夫斯基,米·伊·(Туган-
Барановский,М.И.)——第101、144、
169、194、200、201、233、234、260—
261、262、294、296页。

杜希诺夫(Духинов)——第80页。

多尔戈夫,尼·斯·(Долгов,Н.С.)——
第54、85页。

多尔米东托夫,О.П.(Дормидонтов,О.
П.)——第34页。

E

俄国军队一军官(Офицер русской армии)
——第542页。

厄廷格尔,叶·萨·(Эттингер,Е.С.)
——第331页。

恩格贝格,奥·亚·(Энгберг,О.А.)——
第196、255、269、277、290、394、397页。

恩格尔哈特,亚·尼·(Энгельгардт, А. Н.)——第 526 页。

恩格尔哈特,М. Н.(Энгельгардт, М. Н.)——第 276、277 页。

恩格斯,弗里德里希(Engels, Friedrich)——第 45、53、59、94、101、105、120、192、232、286、415—417、523、535、549 页。

尔·(Л.)——第 616 页。

F

纺织工(Ткач)——第 438 页。

菲拉托娃(Филатова)——第 34 页。

菲力波夫,米·米·(Филиппов, М. М.)——第 298、306、334 页。

菲力波夫,А. А.(Филиппов, А. А.)——第 159 页。

费杜洛娃,安·И·(Федулова, А. И.)——第 332、335、336、340 页。

费多尔·阿列克谢耶维奇(沙皇)(Федор Алексеевич(царь))——第 29 页。

费多罗夫,И. Ф.(Федоров, И. Ф.)——第 126 页。

费多特琴科,А.(Федотченко, А.)——第 21 页。

费多谢耶夫,尼·叶·(Федосеев, Н. Е.)——第 45、49、79、80、85、87、90、96、97、179、181、210—213、227、256 页。

费舍,古斯塔夫(Fischer, Gustav)——第 511 页。

芬-叶诺塔耶夫斯基,亚·尤·(Финн-Енотаевский, А. Ю.)——第 401、403、417、418、420—421、424 页。

弗拉基米罗夫,米·康·(Владимиров, М. К.)——第 650 页。

弗鲁特(Vlugt)——第 411 页。

福尔马科夫斯基,波·(Формаковский, Б.)——第 12 页。

福维尔,阿·(Foville, A.)——第 144 页。

富特米勒,К. Л.(Фюртмиллер, К. Л.)——第 597 页。

G

盖得,茹尔(Guesde, Jules)——第 263、264 页。

盖斯基(Гайский)——第 75 页。

甘申,阿·亚·(Ганшин, А. А.)——第 104、106 页。

甘斯,胡戈(Gans, Hugo)——第 667 页。

高尔基,马克西姆(**彼什科夫,阿·马·**)(Горький, Максим(Пешков, А. М.))——第 424、425、467、632、669、682、697、701、702 页。

戈尔德布拉特——见麦迭姆,弗·达·。

戈尔德曼,列·伊·(阿基姆)(Гольдман, Л. И.(Аким))——第 347、356、400、429、434、435、443 页。

戈尔登贝格,约·彼·(Гольденберг, И. П.)——第 669 页。

戈尔杰耶夫(Гордеев)——第 53 页。

戈洛文,康·费·(Головин, К. Ф.)——第 143 页。

哥尔茨,泰奥多尔·亚历山大(Goltz, Theodor Alexander)——第 407、456、457 页。

哥列夫(**戈尔德曼**),波·伊·(Горев(Гольдман), Б. И.)——第 518 页。

哥林,弗·菲·(Горин, В. Ф.)——第 560、636 页。

哥卢别娃,玛·彼·(Голубева, М. П.)——第 70、76、664、687 页。

格尔方德,亚·李·——见帕尔乌斯,亚·李·。

格尔森,J.(Gerson, J.)——第 425 页。

L

X

Y

地 名 索 引

Z

组织机构索引

F

《列宁年谱》第一卷编译人员

本卷编译人员：李宏梅　侯静娜　王昕然　韩　英
本卷审定人员：赵国顺　李京洲　张海滨　戴隆斌

本卷俄文版由苏共中央马克思列宁主义研究院科研人员 Г.Н.戈利科夫（负责人）、С.Ф.布托奇尼科娃、М.Г.弗拉索娃、Н.П.马迈（编辑）、Л.Ф.尼科利斯卡娅、А.П.斯米尔诺娃、Е.Н.斯捷利费罗夫斯卡娅（编辑）、Е.Б.斯特鲁科娃、Н.Н.苏罗夫采娃、Б.М.雅科夫列夫、Я.С.齐鲁利尼科夫编写。

Л.П.切列什涅娃编制人名、地名和组织机构索引。

А.И.戈尔巴乔娃、А.П.茹科娃担任校对。

由 Г.Н.戈利科夫、Г.Д.奥比奇金、А.А.索洛维约夫主编。

项目统筹：崔继新

责任编辑：曹　歌　李　航

封面设计：石笑梦

版式设计：汪　阳

责任校对：马　婕

图书在版编目(CIP)数据

列宁年谱.第一卷/苏共中央马克思列宁主义研究院编;中共中央党史和文献研究院
　　编译.—北京:人民出版社,2021.12
ISBN 978 - 7 - 01 - 023943 - 9

Ⅰ.①列…　Ⅱ.①苏…②中…　Ⅲ.①列宁(Lenin,Vladimir Ilich 1870—1924)-年谱
　　Ⅳ.①A733

中国版本图书馆 CIP 数据核字(2021)第 224054 号

书　　　名	**列宁年谱**
	LIENING NIANPU
	第一卷
编 译 者	中共中央党史和文献研究院
出版发行	人 民 大 版 社
	(北京市东城区隆福寺街 99 号　邮编 100706)
邮购电话	(010)65250042　65289539
经　　销	新华书店
印　　刷	北京新华印刷有限公司
版　　次	2021 年 12 月第 1 版　2021 年 12 月北京第 1 次印刷
开　　本	880 毫米×1230 毫米 1/32
印　　张	24.125
插　　页	14
字　　数	538 千字
印　　数	0,001—3,000 册
书　　号	ISBN 978 - 7 - 01 - 023943 - 9
定　　价	68.00 元

ISBN 978-7-01-023943-9

9 787010 239439 >